高速铁路线路养护维修

李超雄　常光辉　曲玉福　邓鹏飞　主编

中国铁道出版社有限公司

2021年·北　京

内 容 简 介

本书以最新的技术规范、标准为依据，主要介绍高速铁路工务基本知识，系统地总结高速铁路线路、道岔、钢轨、扣件、轨枕、道床等设备的养护修理方法，同时汇集了国内外高速铁路养护维修的先进技术和经验。

本书可供从事高速铁路线路维护的技术管理人员、铁路职工、大专院校师生学习参考，也可作为高速铁路线路维护技术培训专用教材。

图书在版编目(CIP)数据

高速铁路线路养护维修/李超雄等主编．—北京：中国铁道出版社，2015.6（2021.7重印）
ISBN 978-7-113-20355-9

Ⅰ.①高… Ⅱ.①李… Ⅲ.①高速铁路-铁路养护②高速铁路-铁路线路-维修 Ⅳ.①U238

中国版本图书馆 CIP 数据核字(2015)第 095215 号

书　　名：高速铁路线路养护维修
作　　者：李超雄　常光辉　曲玉福　邓鹏飞

策　　划：时　博
责任编辑：时　博　　**编辑部电话：**(010) 51873141　　**电子信箱：**crph@163.com
封面设计：崔　欣
责任校对：王　杰
责任印制：高春晓

出版发行：中国铁道出版社有限公司（100054，北京市西城区右安门西街 8 号）
网　　址：http://www.tdpress.com
印　　刷：国铁印务有限公司
版　　次：2015 年 6 月第 1 版　2021 年 7 月第 3 次印刷
开　　本：787 mm×1 092 mm　1/16　**印张：**23.75　**字数：**630 千
书　　号：ISBN 978-7-113-20355-9
定　　价：68.00 元

前　言

线路养护维修技术是高速铁路技术体系的重要组成部分。随着我国高速铁路的不断发展，经过多年的积极探索，初步形成了一套比较完整的高速铁路线路养护维修技术，保持了高速铁路工务设备的高可靠性、高稳定性和高平顺性，保证了高速铁路的运营安全和良好的运行品质。

高速铁路线路养护维修不但要坚持“安全第一、预防为主”的原则，更要突出“防治结合、严检慎修”的理念，根据线路状态的变化规律，合理安排养护与维修，做到精确检测、全面分析、精细修理，以有效预防和整治病害，防患于未然，并应积极采用新技术、新设备、新材料、新工艺和先进的施工作业方法，优化作业组织，以提高线路检修质量。

本书以最新的技术规范、标准为依据，主要介绍高速铁路工务基本知识，系统地总结高速铁路线路、道岔、钢轨、扣件、轨枕、道床等设备的养护修理方法，同时汇集了国内外高速铁路养护维修的先进技术和经验，内容丰富，图文并茂，针对性强，可供从事高速铁路线路维护的技术人员、铁路职工、大专院校师生学习参考，也可作为高速铁路线路维护技术培训专用教材。

本书由李超雄、常光辉、曲玉福、邓鹏飞主编，武汉桥工段李发枝、陈佳欣、刘伟、冯志敏、桂军、周军、邱和平、雷端、王进、虎少江、程桂林、李晨希，以及武汉铁路职业技术学院郭占月、王瑗琳、磨巧梅、王旭芳等同志参加了本书的编写工作。

由于编写时间仓促，加之编者水平所限，书中难免有疏漏和不足之处，恳请广大读者提出宝贵的意见和建议。

编　者

2015 年 2 月

目　录

第一章　高速铁路线路设备概述

高速铁路对轨道高平顺性、高稳定性、耐久性和少维修的技术要求促进了我国铁路轨道整体技术的飞跃。我国在总结分析多年科研成果和消化吸收世界高速铁路先进技术的基础上，博采众长，自主创新，形成了具有中国特色的高速铁路轨道技术体系。我国高速铁路轨道系统具有以下主要技术特点：

(1)设计时速 300 km 以上高速铁路主要采用无砟轨道，设计时速 200～250 km 高速铁路主要采用有砟轨道，其中长大隧道采用无砟轨道。根据我国高速铁路不同工程条件和环境条件，采用了 CRTSⅠ型板式、CRTSⅡ型板式、CRTSⅢ型板式、双块式和岔区轨枕埋入式、板式等六种型式无砟轨道结构。无砟轨道扣件系统采用 WJ-7 型、WJ-8 型、300-1 型、SFC 型及岔区弹性扣件，有砟轨道扣件系统采用弹条Ⅳ型、弹条Ⅴ型及 FC 型扣件。

(2)采用跨区间无缝线路技术。长轨条贯通高速线路整个区间，并与无缝道岔焊联，消灭了钢轨接头，取消了缓冲区，实现钢轨无缝化，提高了轨道平顺性。为适应长大桥梁无缝线路梁-轨相互作用，自主研发了时速 350 km 客运专线无砟轨道 60 kg/m 钢轨伸缩调节器。

(3)高速客运线路采用 U71Mnk、60 kg/m 百米定尺长钢轨。自主研发的长钢轨制造、焊接、运输和铺设成套技术为轨道高平顺性、稳定性和安全性提供了可靠保证。

(4)采用大号码可动心轨高速道岔，并应用于路基和高架桥等不同结构物上。高速道岔分三大系列，即客专线系列、CN 系列和 CZ 系列高速道岔。其中我国自主研制了侧向通过速度分别为 80 km/h、160 km/h、220 km/h 的 18 号、42 号和 62 号客专线高速道岔。

(5)沿线建立高精度的工程测量平面控制网和高程控制网，为轨道铺设和运营维护提供了可靠的测量控制基准，为高速铁路轨道空间几何形位的建立和长期保持提供了技术保障。

第一节　高速铁路有砟轨道结构

一、钢　　轨

高速铁路钢轨材质及强度等级的选用应同步考虑道岔用钢轨问题。目前我国 200 km/h 以上高速客运铁路选用 U71MnG 钢轨，200～250 km/h 兼顾货运铁路选用 U75VG 钢轨。$R \leqslant 2\,800$ m 曲线铁路，包括动车组运行入库和出库正线、联络线等均选用相应的热处理钢轨，即铺设 U71MnG 钢轨的线路，选用 U71Mn 或 U75V 热处理钢轨；铺设 U75VG 钢轨的线路，选用 U75V 热处理钢轨。

我国高速铁路道岔钢轨材质选用情况为：300～350 km/h 的高速铁路道岔选用强度等级为 880 MPa 的 U71MnG 热轧钢轨或 U71MnC 在线热处理钢轨；200～250 km/h 兼顾货运的高速铁路道岔，选用 U75VG 在线热处理钢轨，包括 60 kg/m、60D40 等断面的钢轨，在线热处理钢轨轨面硬度大于 340HB，硬化层深度大于 30 mm。

伸缩调节器用钢轨，选用与区间钢轨同材质的热轧钢轨或在线热处理钢轨，厂制胶接绝缘接头钢轨优先选用 U75V 热处理钢轨。

根据我国高速铁路发展需要，目前采用 100 m 定尺长的 60 kg/m 无螺栓孔新钢轨，并规定了与百米定尺长度配套的三种规格的短尺轨长度，分别为 95 m、96 m 和 99 m。

我国高速铁路无缝线路由百米定尺钢轨焊接而成，钢轨焊接包括基地焊接和现场焊接两部分。基地焊接是在百米钢轨焊接基地采用固定式闪光焊接方法，将百米定尺钢轨焊接成 500 m 的焊接长钢轨。现场焊接分单元焊接和锁定焊接两个阶段：采用移动式闪光焊接方法，在线路上将 500 m 焊接长钢轨焊接成 1 500～2 000 m 的单元轨节，称为单元焊接；单元轨节之间的焊接称为锁定焊接。道岔区钢轨采用铝热焊方法现场焊接。

二、轨　　枕

我国有砟高速铁路目前主要采用的是 2.6 m 长Ⅲ型无挡肩预应力混凝土轨枕和Ⅲ型有挡肩预应力混凝土轨枕，每公里铺设 1 667 根，轨枕中心间距 600 mm。Ⅲ型枕设计参数见表 1-1-1。混凝土枕的主要优点是：纵横向阻力大，能提供足够的稳定性，可以满足高速铁路的要求；轨枕承载能力可以根据不同的高速运行条件进行设计，使之满足长期使用的耐久性要求，寿命长和维修工作量小等。

表 1-1-1　Ⅲ型轨枕主要设计参数

长度（mm）	轨底面积（cm^2）	端头面积（cm^2）	轨枕重量（kg）	高度（mm）		顶面宽度（mm）		底面宽度（mm）		设计承载弯矩（kN·m）	
				轨下	枕中	轨下	枕中	轨下	枕中	轨下	枕中
2 600	7 720	590	320	230	185	170	200	300	280	19.05	－17.30

三、道　　床

碎石道床是有砟轨道的突出特点。散粒体道床不仅要承受轨枕传递的各种力的作用，保持轨道结构的稳定性，而且要便于进行养护。对高速铁路而言，散粒体道床的这些作用显得尤为重要。根据我国高速铁路道床技术要求，我国高速铁路有砟道床尺寸应满足以下技术条件：

(1)路基地段道床断面(图 1-1-1)，道床顶面宽度 3 600 mm，道床厚 350 mm，道床边坡1∶1.75，道床顶面与Ⅲ型枕枕中部顶面平齐，岔枕、桥枕地段低于承轨面 40 mm，砟肩堆高 150 mm。双线道床顶面宽度应分别按单线设计。石质路堑地段采用弹性轨枕或铺设砟下弹性垫层。

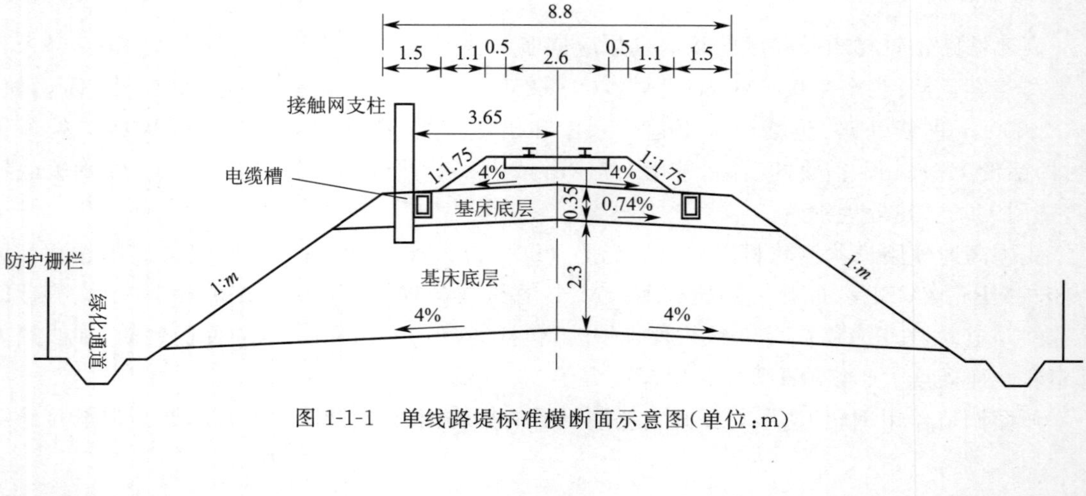

图 1-1-1　单线路堤标准横断面示意图(单位：m)

（2）混凝土桥上道床标准应与路基地段相同，采用弹性轨枕或铺设砟下弹性垫层。砟肩至挡砟墙之间以道砟填平。

（3）隧道内道床标准与路基地段相同，应采用弹性轨枕或铺设砟下弹性垫层。砟肩至边墙（或高侧水沟）之间以道砟填平。

四、扣　　件

我国目前高速铁路有砟轨道使用的是Ⅳ型扣件、Ⅴ型扣件、FC型扣件和弹条Ⅱ型分开式扣件；其中Ⅳ型扣件、Ⅴ型扣件和FC型扣件在线路上使用，弹条Ⅱ型分开式扣件在道岔上使用。

1. 弹条Ⅳ型扣件结构特征

弹条Ⅳ型扣件为无螺栓扣件（图1-1-2），属轨枕不带混凝土挡肩的不分开式有砟轨道用扣件，其主要结构特征如下：

图1-1-2　弹条Ⅳ型扣件

（1）在制作混凝土轨枕时预先埋设预埋铁座，弹条通过插入预埋铁座扣压钢轨，无需螺栓紧固。

（2）预埋铁座挡肩与钢轨间设置绝缘轨距块用以调整轨距并起绝缘作用，通过更换不同号码的绝缘轨距块可实现钢轨左右位置调整。

（3）钢轨与混凝土轨枕承轨面间设橡胶垫板起绝缘缓冲和减振作用。

（4）扣件系统与预应力混凝土无挡肩轨枕配套使用。弹条Ⅳ型扣件结构可以安装在原Ⅲb型预应力混凝土枕上。

（5）本扣件不能进行钢轨高低调整。

2. 弹条Ⅴ型扣件结构特征

弹条Ⅴ型扣件为有螺栓扣件（图1-1-3），属轨枕带混凝土挡肩的不分开式有砟轨道用扣件，其主要结构特征如下：

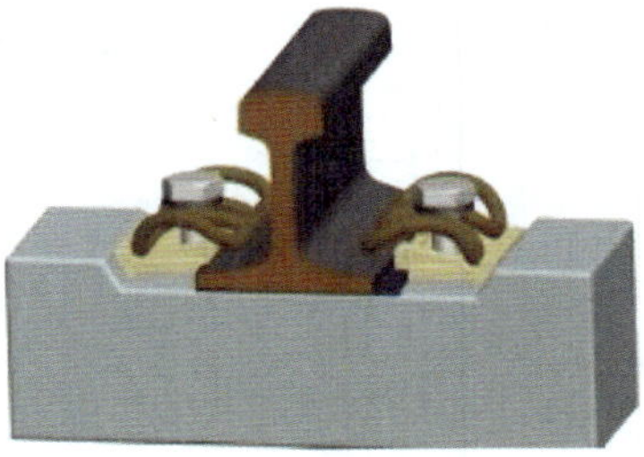

图1-1-3　弹条Ⅴ型扣件

（1）采用螺旋道钉与套管配合紧固弹条，提高了扣件系统的绝缘性能。

（2）可安装多种弹条，既可安装大扣压力弹条也可安装小扣压力弹条。配合不同摩擦系数的轨下垫板（橡胶垫板或复合垫板），满足不同线路阻力的需求。

（3）利用工程塑料制造的轨距挡板调整轨距并起绝缘作用，减少扣件部件数量，避免调整轨距时影响螺旋道钉的受力状态。

（4）通过在轨下垫板与混凝土轨枕承轨面间垫入调高垫板实现钢轨高低调整。

3. 弹条FC型扣件结构特征

弹条FC型扣件为无螺栓扣件（图1-1-4），属轨枕不带混凝土挡肩的不分开式有砟轨道用扣件，其主要结构特征如下：

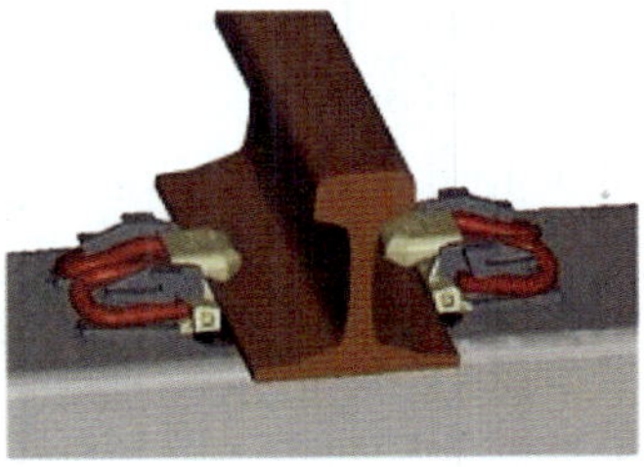

图1-1-4　弹条FC型扣件

（1）扣件系统为无挡肩无螺栓扣件，零部件少，结构紧凑，保持轨距能力强。

(2)在制作轨枕时预先埋设底座,弹条通过插入预埋底座扣压钢轨。

(3)预埋底座与钢轨间设有绝缘轨距块,通过更换绝缘轨距块实现钢轨左右位置的调整。

(4)本扣件不能进行钢轨高低的调整。

思 考 题

1. 我国高速铁路轨道系统具有哪些主要技术特点?
2. 我国高速铁路轨道有哪几种短尺钢轨?
3. 我国有砟高速铁路使用的Ⅲ型轨枕有哪几种?长度是多少?每公里铺设多少根?
4. 有砟轨道正线单线道床顶面宽度、道床厚度、道床边坡分别是多少?
5. 我国目前高速铁路有砟轨道使用的扣件有哪几种?

第二节 高速铁路无砟轨道结构

一、轨道结构类型

(一) CRTSⅠ型板式无砟轨道

CRTSⅠ型板式无砟轨道如图 1-2-1 所示。

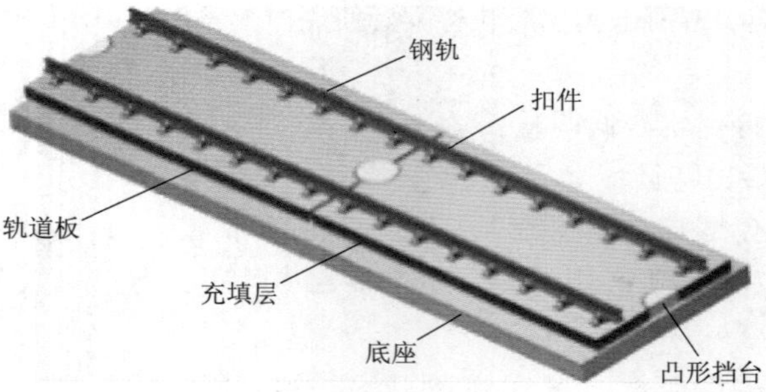

图 1-2-1 CRTS Ⅰ型板式无砟轨道示意图

1. CRTSⅠ型板式无砟道床结构及主要技术要求

(1)道床结构由轨道板、水泥乳化沥青砂浆充填层、混凝土底座、凸形挡台及其周围填充树脂等部分组成。曲线超高在底座上设置。

(2)轨道板结构类型可分为预应力混凝土平板、预应力混凝土框架板和钢筋混凝土框架板。标准轨道板长度为 4 962 mm,轨道板宽度为 2400 mm,厚度不宜小于 190 mm。轨道板两端设半圆形缺口,半径为 300 mm。扣件节点间距不宜大于 650 mm。

(3)水泥乳化沥青砂浆充填层厚度为 50 mm,不应小于 40 mm。减振型板式轨道水泥乳化沥青砂浆充填层厚度为 40 mm,不应小于 35 mm。

(4)水泥乳化沥青砂浆应灌注饱满,与轨道板底部密贴,轨道板边悬空深度应小于 30 mm。

(5)凸形挡板台分为圆形和半圆形,半径为 260 mm,其周围填充树脂厚度为 40 mm,不应小于 30 mm。

(6)预应力混凝土轨道板不允许开裂,普通混凝土框架板混凝土裂缝宽度不得大于

0.2 mm。

(7)底座混凝土裂缝宽度不得大于 0.2 mm,路基和隧道地段混凝土底座间伸缩缝宽度为 20 mm,状态应良好。

(8)排水通道,特别是框架式轨道板内排水、底座内预埋横向排水管道,应保持通畅。

2. 路基地段 CRTSⅠ型板式无砟轨道

(1)底座在路基基床表层上设置。

(2)底座每隔一定长度,对应凸形挡台中心位置,设置横向伸缩缝。

(3)线间排水应结合线路纵坡、桥涵等线路条件和环境条件具体设计。采用集水井方式时,集水井设置间隔根据汇水面积和当地气象条件计算确定。严寒地区线间排水设计应考虑防冻措施。

(4)线路两侧及线间路基面应进行防水处理。

3. 桥梁地段 CRTSⅠ型板式无砟轨道

(1)底座在梁面上设置,通过梁体预埋套筒植筋或预埋钢筋方式与桥梁连接。轨道中心线 2.6 m 范围内,梁面应进行拉毛处理。

(2)底座对应每段轨道板,在凸板挡台中心位置设置横向伸缩缝。

(3)底座范围内,梁面不设防水层和保护层。

(4)桥上扣件纵向阻力及梁端扣件结构型式根据计算确定。

4. 隧道地段 CRTSⅠ型板式无砟轨道

(1)有仰拱隧道内,地坐在仰拱回填层上构筑。沿线路纵向,底座每隔一定长度,对应凸形挡台中心位置,设置横向伸缩缝。底座在隧道沉降缝位置,设置伸缩缝。底座宽度范围内,仰拱回填层表面进行拉毛处理。

(2)无仰拱隧道内,底座与隧道地板合并设置并连续铺设。当位于曲线地段时,超高一般在底座面上设置。

(3)据隧道洞口 100 m 范围,仰拱回填层设置钢筋与底座连接。

(二)CRTSⅡ型板式无砟轨道

CRTSⅡ型板式无砟轨道标准轨道板长度为 6 450 mm,宽度为 2 550 mm,厚度为 200 mm,补偿板和特殊板根据具体条件配置。

1. CRTSⅡ型板式无砟道床结构及主要技术要求

(1)路基地段道床结构由轨道板、水泥乳化沥青砂浆充填层、支承层等部分组成,如图 1-2-2 所示。曲线超高在路基基床表层上设置。

(2)桥梁地段道床结构有轨道板、水泥乳化沥青砂浆充填层、底座板、滑动层、高强度挤塑板、侧向挡块及弹性限位板等部分组成。桥台后路基设置锚固结构(包括摩擦板、土工布、端刺)及过渡板。曲线超高在底座板上设置。长大桥区段底座板设有钢板连接器后浇带。

(3)隧道地段道床结构由轨道板、水泥乳化沥青砂浆充填层、支承层等部分组成。曲线超高一般在仰拱回填层(有仰拱隧道)或底板(无仰拱隧道)上设置。

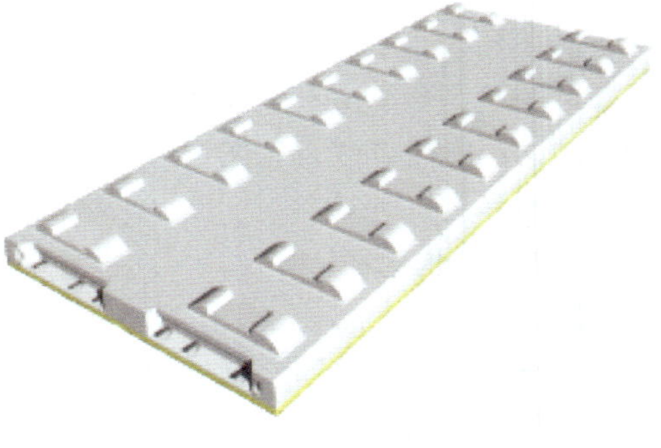

图 1-2-2 CRTSⅡ型板式无砟轨道混凝土轨道板示意图

(4)水泥乳化沥青砂浆填充层应与轨道板底部和支承层或底座板密贴,厚度为 30 mm,不应小于 20 mm,不宜大于 40 mm。

(5)轨道板除预裂缝处以外,其他部分不得有裂缝。

(6)轨道板间接缝处混凝土裂缝不得大于 0.2 mm,接缝现浇混凝土与轨道板间离缝不得大于 0.3 mm。

(7)桥梁地段连续底座板(含后浇带部位)混凝土裂缝不得大于 0.3 mm,侧向挡块与底座板不得粘连。

(8)路基和隧道地段支承层不得有竖向贯通裂缝。

(9)排水通道应保持通畅。

2. 路基地段 CRTSⅡ型板式无砟轨道

(1)支承层在路基基床表层上设置,其性能应符合相关规定。支承层顶面宽度为 2 950 mm,地面宽度为 3 250 mm,厚度为 300 mm。沿线路纵向,每隔不大于 5 m 切一横向预裂缝,缝深为厚度的 1/3。轨道板宽度范围内的支承层表面进行拉毛处理。

(2)线间排水应结合线路纵坡、桥涵等线路条件和环境条件具体设计。当采用集水井方式时,集水井设置间隔根据汇水面积和当地气象条件计算确定。

(3)线路两侧及线间路基面进行防水处理。

3. 桥梁地段 CRTSⅡ型板式无砟轨道

(1)底座板为纵向连续的钢筋混凝土结构,混凝土强度等级为 C30,底座板宽度为 2 950 mm;直线区段的底座板厚度不宜小于 190 mm;曲线内侧的底座板厚度不应小于 175 mm。

(2)底座板宽度范围内,梁面设置滑动层,滑动层结构及性能应符合相关规定。

(3)在桥梁固定支座上方,梁体设置底座板纵向限位机构,相应位置设置抗剪齿槽及锚固筋连接套筒,形式尺寸及数量应根据计算确定。

(4)底座板两侧隔一定距离设置侧向挡块,梁体相应位置设置钢筋连接套筒。侧向挡块与底座板间设置弹性限位板。

(5)距梁端一定范围,梁面设置高强度挤塑板,厚度为 50 mm。

(6)轨道板外侧的底座板顶面设置横向排水坡。

(7)台后路基应设置锚固结构(端刺、摩擦板等)及过渡板。

4. 隧道地段 CRTSⅡ型板式无砟轨道

隧道地段轨道结构的技术要求与路基地段基本相同。

(三)CRTSⅢ型板式无砟轨道

CRTSⅢ型板式无砟轨道是在现浇的钢筋混凝土底座上铺装板底预设连接钢筋的预制混凝土轨道板,中间设置自密实混凝土层,并适应 ZPW-2000 轨道电路的无砟轨道结构形式,如图 1-2-3 所示。

1. 道床结构组成

(1)轨 道 板

轨道板采用双向后张无黏结预应力体系,板顶面设置承轨台,板底预留连接钢筋,通过轨道板与自密实混凝土之间的黏结以及连接钢筋限制轨道板纵横位移。

轨道板类型有 P5350(P 指预应力平板,5350 指轨道板长度)、P5600、P4925 和 P4856 等。轨道板宽度 2 500 mm,厚度 190 mm 或 210 mm。扣件间距 687 mm、630 mm、617 mm 等。

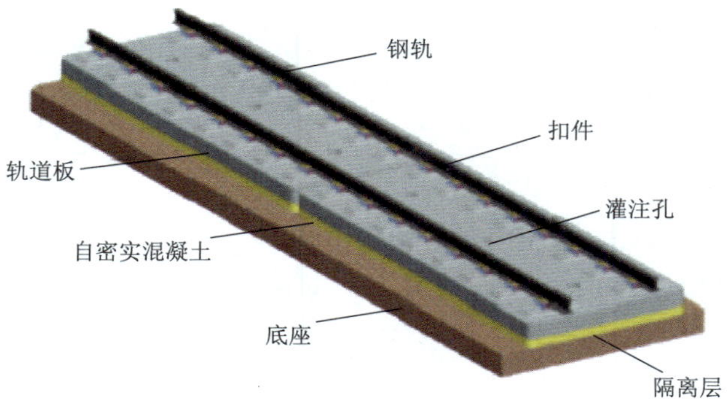

图 1-2-3　CRTSⅢ型板式无砟轨道结构组成示意图

(2)自密实混凝土层

采用强度较高、流动性及耐久性良好的自密实混凝土砂浆作为板式无砟轨道充填层是CRTSⅢ型板式无砟轨道结构的主要技术特征，设计厚度一般在 90～100 mm 范围，其不仅作为调整层，为预制轨道板提供支承和调整，同时作为结构层，自密实混凝土内设有钢筋网片，通过轨道板中部灌注孔充填自密实混凝土后，与预制轨道板形成复合结构，并与下部底座形成凹凸限位结构，承受竖向和水平荷载。

(3)底　　座

底座现场浇注完成，路基地段宽 3 100 mm，厚度为 200～300 mm；桥梁和隧道区段宽度为 2 900 mm，厚度一般为 200 mm 左右。底座中部设置限位凹槽，底座顶面设隔离层(土工布)，凹槽侧立面设弹性缓冲垫层。

路基地段 2～4 块轨道板范围的底座设置一横向伸缩缝；桥梁地段对应每块轨道板设置独立混凝土底座；隧道地段一般 2 块轨道板范围设置一横向伸缩缝，遇隧道沉降缝对应设置伸缩缝。

2. 轨道结构特点

(1)采用弹性不分开式扣件(如 WJ-8 型)，板面承轨部位设置挡肩。

(2)轨道板底面预留门形筋与自密实混凝土层连接，形成复合结构。

(3)采用自密实混凝土作为轨道板下充填材料。

(4)自密实混凝土层和混凝土底座之间设置隔离层。

(5)底座设置限位凹槽，与自密实混凝土层形成凹凸结构，提供轨道水平限位。

(四)双块式无砟轨道

双块式无砟轨道道床板采用钢筋混凝土结构，现场浇筑成型，混凝土强度等级为 C40，如图 1-2-4 所示。

1. 双块式无砟道床结构及主要技术要求

(1)路基地段道床结构由双块式轨枕、道床板、支承层等部分组成，道床板一般为纵向连续的钢筋混凝土结构。曲线超高在基床表层上设置。

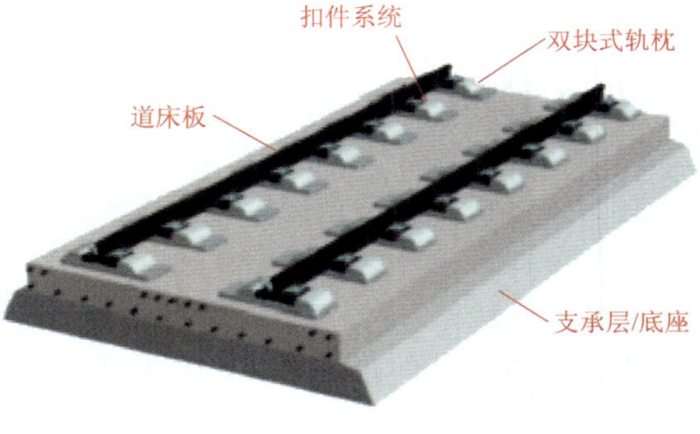

图 1-2-4　双块式无砟轨道结构组成示意图

(2)桥梁地段道床结构由双块式轨枕、道床板、隔离层、底座(或钢筋混凝土保护层)、凹槽(或凸台)周围弹性垫层等部分组成。道床板或底座沿线路纵向分块设置,间隔缝为 100 mm。道床板与底座(或保护层)间设置隔离层,底座凹槽(或凸台)侧立面粘贴弹性垫层。曲线超高在底座或道床板上设置。

(3)隧道地段道床结构由双块式轨枕、道床板等部分组成,道床板为纵向连续的钢筋混凝土结构。曲线超高在道床板上设置。

(4)双块式轨枕不得有裂缝,道床板混凝土不得有横向或竖向贯通裂缝。

(5)路基地段支承层不应有竖向贯通裂缝,支承层与道床板、路基基床表层间应密贴,不得有离缝。

(6)排水通道应保持通畅,道床板表面不得积水。

2. 路基地段双块式无砟轨道

(1)支承层在路基基床表层上设置。支承层顶面宽度为 3 200 mm,地面宽度为 3 400 mm,厚度为 300 mm。沿线路纵向,每隔不大于 5 m 设一横向预裂缝,缝深为厚度的 1/3。道床板宽度范围内的支承层表面进行拉毛处理。

(2)道床板为纵向连续的钢板混凝土结构,在支承层上构筑。道床板宽度为 2 800 mm,厚度为 260 mm。

(3)线间排水应结合线路纵坡、桥涵等线路条件和环境条件确定。当采用集水井方式时,集水井设置间隔根据汇水面积和当地气象条件计算确定。

(4)线路两侧及线间路基面进行防水处理。

3. 桥梁地段双块式无砟轨道

(1)道床板宽度为 2 800 mm,厚度为 260 mm。底座宽度为 2 800 mm,直线地段底座厚度不宜小于 210 mm,曲线地段底座内侧厚度不应小于 100 mm。

(2)底座通过梁体预埋套筒植筋或预埋钢筋与桥梁连接,轨道中心线 2.6 m 范围内,两面进行拉毛处理。

(3)底座范围内,梁面不设防水层和保护层。

(4)桥上扣件纵向阻力及梁端扣件结构形成根据计算确定。

4. 隧道地段双块式无砟轨道

(1)道床板为纵向连续的钢筋混凝土结构,直接在隧道仰拱回填层(有仰拱隧道)或底板(无仰拱隧道)上构筑。道床板宽度为 2 800 mm,厚度为 260 mm,其宽度范围内,仰拱回填层或底板表面进行拉毛处理。

(2)距洞口 200 m 范围,隧道内道床板结构与路基地段相同。其余地段的道床板结构根据相应的设计荷载确定。

(五)道岔区轨枕埋入式无砟轨道

道岔区轨枕埋入式无砟轨道如图 1-2-5 所示,其结构及主要技术要求如下:

(1)路基和隧道地段道床结构由桁架式预应力岔枕、道床板、底座或支承层等部分组成。

(2)桥梁地段道床结构由桁梁式预应力岔枕、道床板、隔离层、底座及凹槽周围弹性垫层等部分组成。

(3)道岔区扣件间距为 600 mm,特殊位置的扣件间距根据道岔结构确定。

(4)道床板采用钢筋混凝土结构,混凝土强度等级为 C40。

(5)底座采用钢筋混凝土结构,混凝土强度等级为 C30。底座厚度为 300 mm,宽度根据道

图 1-2-5　长枕埋入式无砟轨道图

岔结构尺寸确定。对应转辙器及辙叉区段，底座设置与道床板的连接钢筋。

(6)路基地段找平层混凝土强度等级为 C25，纵向连续铺设，每隔 5 m 左右设一横向切缝，切割深度为找平层厚度的 1/3，表面拉毛处理。

(7)道床板表面设置横向排水坡。排水通道应保持通畅，道床板表面不得积水。

(8)道床区范围内的轨道刚度设计应均匀，并与区间轨道刚度相匹配。

(9)无砟轨道结构设计应满足道岔电务设备的安装要求。

(10)岔枕不应出现裂缝，道床板混凝土裂缝不得有横向或竖向贯通裂缝。

(11)底座混凝土裂缝不得大于 0.2 mm，底座或支承层不得有竖向贯通裂缝。

(六)道岔区板式无砟轨道

道岔区板式无砟轨道如图 1-2-6 所示。其结构及主要技术要求如下：

图 1-2-6　板式无砟轨道图

(1)路基地段道床结构由道岔板、底座(自密实混凝土层)及找平层等部分组成。

(2)桥梁地段道床结构由道岔板、水泥乳化沥青砂浆充填层、底座、滑动层、高强度挤塑板、侧向挡块及弹性限位板等部分组成。

(3)道岔区扣件间距宜为 600 mm，特殊位置的扣件间根据道岔结构设计确定。

(4)道岔板采用钢筋混凝土结构，混凝土强度等级为 C50。道岔板厚度为 240 mm，宽度根据道岔结构尺寸确定。道岔板表面设横向排水坡，排水通道应保持通畅，道岔板表面不得积水。

(5)底座采用钢筋混凝土结构,混凝土强度等级为 C40,厚度不宜小于 180 mm,宽度根据道岔结构尺寸确定。

(6)道岔区范围内的轨道刚度设计应均匀,并与区间轨道刚度相匹配。

(7)无砟轨道结构设计应满足道岔电务设备的安装要求。

(8)道岔板(或预设裂缝处)混凝土裂缝宽度应不小于 0.2 mm,扣件周围不得有裂缝。

(9)路基地段连续底座、桥梁地段水泥乳化沥青砂浆充填层应与道岔板底部密贴。水泥乳化沥青砂浆充填层厚度为 30 mm,不应小于 20 mm,不宜大于 40 mm。

(10)桥梁地段连续底座混凝土裂缝不得大于 0.3 mm,侧向挡块不得有裂缝。

二、扣件类型

(一)WJ-7 型扣件

WJ-7 型扣件为无砟轨道扣件,属轨枕轨道板不带混凝土挡肩的分开式扣件,如图 1-2-7 所示。其主要结构特征如下:

(1)铁垫板上设置轨底坡,轨枕/轨道板承轨面为平坡。

(2)铁垫板上设有 T 型螺栓插入座和挡肩,通过拧紧 T 型螺栓的螺母紧固弹条。

(3)铁垫板上挡肩与钢轨间设有绝缘块,起绝缘作用。通过锚固螺栓与轨枕/轨道板中预埋的绝缘套管配合紧固铁垫板。轨向和轨距的调整通过移动铁垫板来实现,为连续无级调整。

(4)可垫入调高垫板实现钢轨高低调整。

(二)WJ-8 型扣件

WJ-8 型扣件为无砟轨道扣件,属轨枕/轨道板带混凝土挡肩的不分开式扣件,如图 1-2-8 所示。其主要结构特征如下:

(1)铁垫板上设挡肩,挡肩与钢轨之间设有绝缘块。

(2)通过螺旋道钉与轨枕/轨道板中预埋的套管配合紧固弹条。

(3)铁垫板与混凝土挡肩间设置轨距挡板,通过更换轨距挡板实现钢轨左右位置的调整。可垫入调高垫板实现钢轨高低调整。

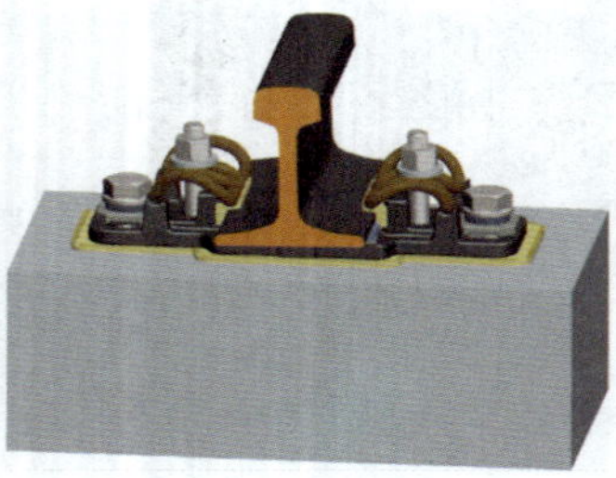

图 1-2-7　WJ-7 型扣件

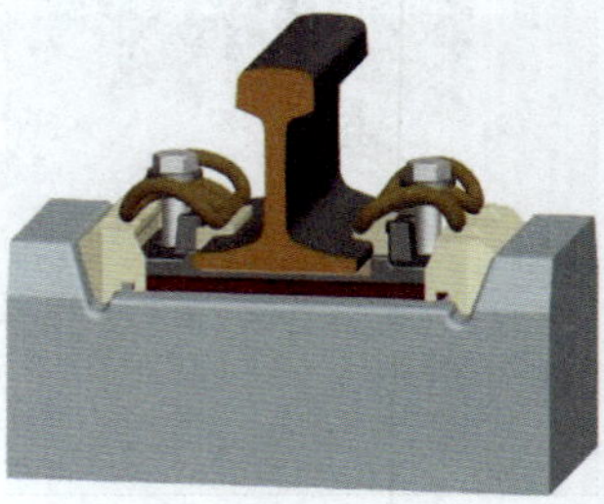

图 1-2-8　WJ-8 型扣件

(三)300 型扣件

300 型扣件属轨枕/轨道板带混凝土挡肩的不分开式扣件,有 300-1a 型和 300-1U 型两种,如图 1-2-9、图 1-2-10 所示,主要结构特征如下:

(1)通过轨枕螺栓与轨枕/轨道板中预埋的套管配合紧固弹条。

(2)钢轨与混凝土挡肩间设置轨距挡板,通过更换轨距挡板实现钢轨左右位置的调整。

(3)可垫入调高垫板实现钢轨高低调整。

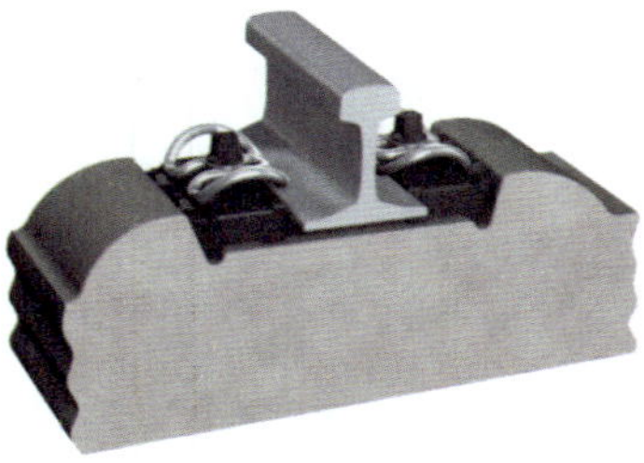

图 1-2-9　300-1a 型扣件

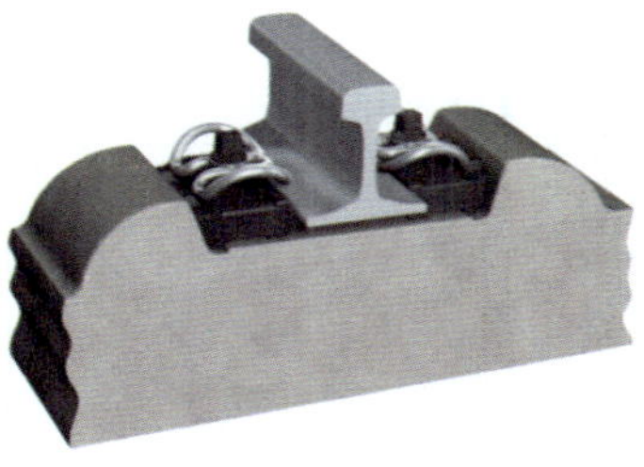

图 1-2-10　300-1U 型扣件

(四)SFC 型扣件

SFC 型扣件(图 1-2-11、图 1-2-12)主要结构特征如下：

(1)铁垫板上设置 1∶40 轨底坡。

(2)弹条通过插入铸铁底板的挡肩坚固钢轨。

(3)铸铁底板挡肩与钢轨间设有绝缘块,起绝缘作用。

(4)通过锚固螺栓与轨枕和轨道板中的预埋套管配合紧固铸铁底板。

(5)轨向和轨距的调整通过移动铸铁底板来实现。

(6)在铸铁底板下垫入调高垫板实现钢轨高低调整。

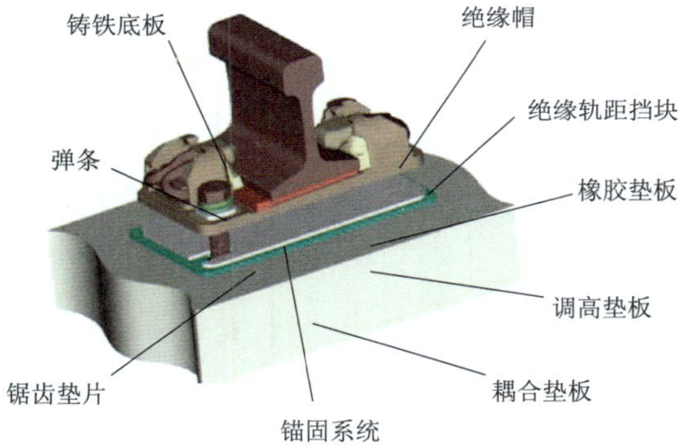

图 1-2-11　错列式 SFC 型扣件部件组成

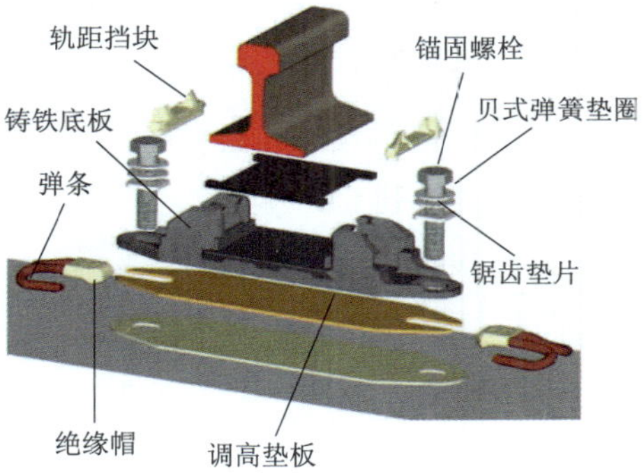

图 1-2-12　直列式 SFC 型扣件部件组成

思考题

1. 无砟轨道有哪几种类型?
2. CRTSⅠ型板式无砟道床结构有哪些部分组成?
3. CRTSⅠ型板式无砟轨道的标准轨道板长度、宽度、厚度分别是多少?
4. CRTSⅡ型板式无砟轨道的标准轨道板长度、宽度、厚度分别是多少?
5. CRTSⅡ型板式无砟道床桥梁地段由哪几部分组成?
6. CRTSⅢ型板式无砟轨道结构特点有哪些?
7. CRTSⅢ型板式无砟轨道的轨道板有哪些类型? 其长度、宽度和厚度分别是多少?

8. 双块式无砟道床结构桥梁地段由哪几部分组成?

9. 道岔区轨枕埋入式无砟道床结构路基和隧道地段道床由哪几部分组成?

10. 道岔区板式无砟轨道桥梁地段道床结构由哪几部分组成?

11. 无砟轨道扣件有哪几种?

第三节　高速铁路道岔

高速铁路道岔是指高速铁路、客运专线或城际铁路正线铺设的道岔，直向容许通过速度不小于 250 km/h。广义上的高速道岔除包括道岔本身外，还包括混凝土岔枕和转换设备，但一般不包括道岔板。其主要技术特点如下：

(1)道岔种类较为单一，以单开道岔为主；

(2)道岔号码较大，一般在 18 号以上，最大可达 65 号；

(3)道岔要具有高平顺性、高稳定性，保证列车平稳、舒适运行；

(4)辙叉普遍采用可动心轨辙叉；

(5)道岔适用于跨区间无缝线路；

(6)电务转换采用外锁闭装置；

(7)轨下基础采用混凝土长岔枕，并与道床相匹配；

(8)道岔配有监测系统，用于严寒地区的道岔要装有融雪装置；

(9)道岔要具有较高的制造、组装、铺设精度，道岔铺设采用专用设备。

我国高速道岔按轨道类型分为两种，即有砟高速道岔和无砟高速道岔；按技术类型分为三种，即我国自主研发的高速道岔(简称客专线系列高速道岔)、引进法国技术的道岔(简称 CZ 系列高速道岔)和中德合资生产的高速道岔(简称 CN 系列高速道岔)。

一、客专线系列高速道岔

(一) 主要特征

尖轨采用 60D40 钢轨制造；尖轨跟端采用间隔铁、限位器或无传力结构；翼轨采用轧制的特种断面翼轨，翼轨与长心轨或岔跟尖轨胶接；岔跟尖轨用 60 kg/m 钢轨制造；部分滑床板间隔设置施维格辊轮，辊轮高度可方便地进行调整；扣件铁垫板采用硫化处理，扣压件为Ⅱ型弹条；牵引点设两岔枕之间，尖轨采用多机多点、分动转换；混凝土岔枕采用长岔枕，垂直于道岔直股布置。

(二)主要尺寸

1. 客专线 60-18 号道岔平面布置

为了改善顺向出岔对尖轨及基本轨前端的磨耗，提高使用寿命，客专 18 号道岔采用了 12 mm 相离单圆曲线线形，有别于原来的相切线形，圆曲线终点进入辙叉范围，如图 1-3-1 所示。

2. 客专线 60-42 号道岔平面布置

图 1-3-2 为客专线 60-42 号道岔平面布置图。

(三)扣件系统

有砟道岔与无砟道岔采用相同的Ⅱ型弹条分开式扣件系统(图 1-3-3)，即钢轨和弹性铁垫板的联结采用Ⅱ型弹条结构，铁垫板与岔枕的联结采用不大于 30 岔枕螺栓及带缓

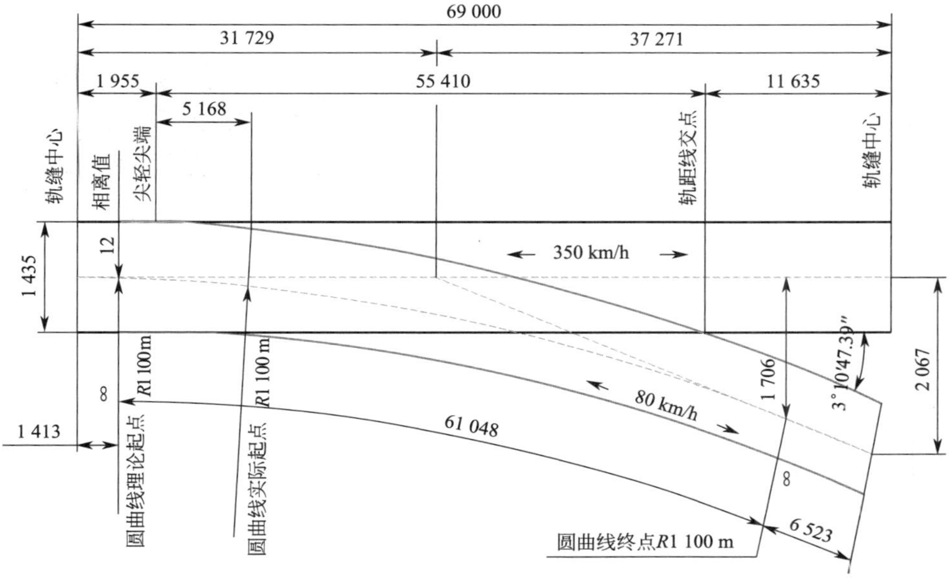

图 1-3-1　18 号道岔线形及主要尺寸(图中单位除标注外为 mm)

注:相离值 12 mm 指道岔侧股中心圆曲线理论起点至道岔直股中心线的距离。

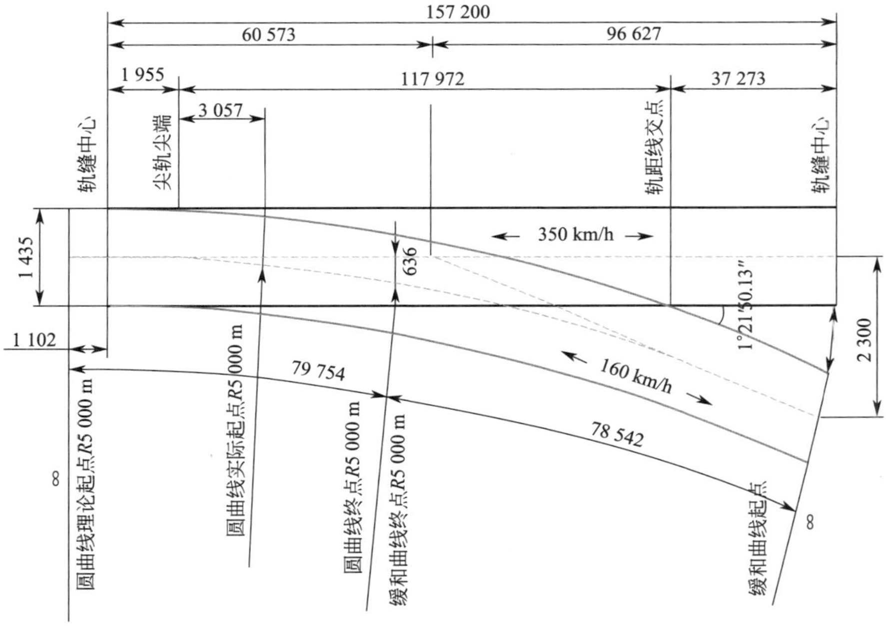

图 1-3-2　42 号道岔线形及主要尺寸(图中单位除标注外为 mm)

冲套、缓冲调距块的结构。轨下设 5 mm 橡胶垫板,板下设 20 mm 橡胶垫层与铁垫板硫化在一起(弹性铁垫板)。调高垫板设在岔枕顶面和弹性铁垫板间,可实现−4～+26 mm 调高量。铁座与轨底间设置轨距块,与缓冲调距块相结合,可实现−8～+4 mm 的调距量,调距精度为 1 mm。

二、CZ 系列高速道岔

(一)CZ 系列高速道岔主要特征

法国技术的高速道岔(CZ 系列)主要特征如下:尖轨采用 60D40 钢轨制造,尖轨跟端不设传力结构;翼轨采用高锰钢铸造与 A74 钢轨焊接的方式;心轨采用 60D40 钢轨拼接,岔跟尖轨用 60D40 钢轨制造;铁垫板不采用硫化处理;转辙器部分间隔设置辊轮滑床板;扣件为窄形弹条,滑床板部分用弹性夹扣压;混凝土岔枕采用长岔枕;牵引点设置在混凝土岔枕上;尖轨采用一机多点、联动转换。

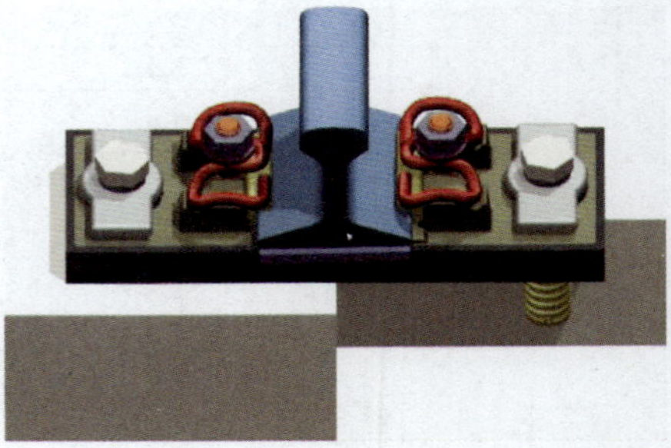

图 1-3-3 分开式弹条Ⅱ型扣件

(二)CZ 道岔主要尺寸

1. C218 号道岔平面布置

C218 号道岔平面布置图如图 1-3-4 所示。

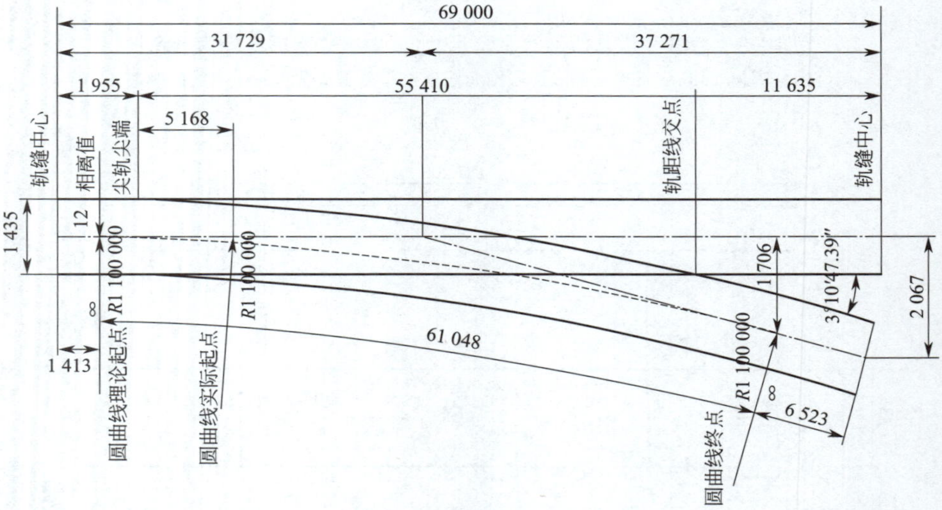

图 1-3-4 18 号道岔线形及主要尺寸(单位:mm)

2. C241 号道岔平面布置

C241 号道岔平面布置图如图 1-3-5 所示。

(三)扣件系统

采用 300W 扣件系统,如图 1-3-6 所示,使用 SKL15 弹条,轨下设 6 mm 橡胶垫层,板下设 12 mm 弹性垫层。铸铁挡肩与岔枕上的 V 形槽相配合,锚固螺栓受力点较低。板下设置调高垫层,可实现−4~+26 mm 的调高量,绝缘轨距块与调整垫片相配合实现轨距调整,调距量为−4~+8 mm。

三、CN 系列高速道岔

(一)CN 系列高速道岔主要特征

CN 系列高速道岔其尖轨采用 Zul-60 钢轨制造,尖轨跟端采用限位器结构;基本轨设有轨

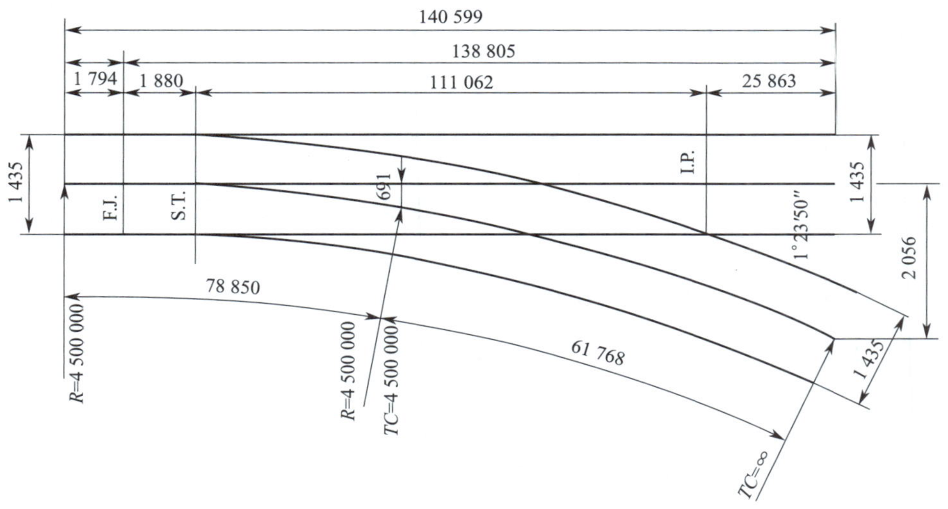

图 1-3-5　41 号道岔线形及主要尺寸(单位:mm)

距加宽(即 FAKOP);翼轨采用普通钢轨制造;心轨前端采用整体锻制,岔跟尖轨用厚腰钢轨制造;转辙器部分间隔设置滚轮滑床板,滚轮设在滑床板中间;扣件为窄形弹条,滑床板部分用两根分体弹条扣压,扣件铁垫板采用硫化处理(大号码道岔可动心轨辙叉部分不采用硫化处理);混凝土长岔枕采用铰接,按扇形布置;尖轨采用多机多点、分动转换,有砟道岔牵引点设钢岔枕;无砟道岔可动心轨设有下拉装置。

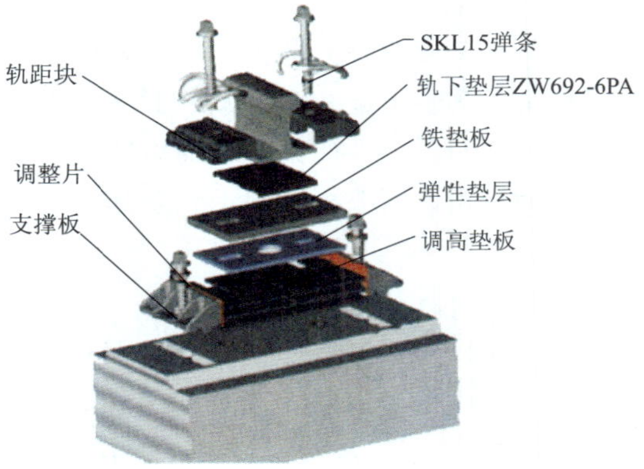

图 1-3-6　300 W 扣件示意图

(二)道岔平面线形

(1)18 号道岔 $R=1\ 100$ m 圆曲线,道岔尖轨长度 22 012 mm,道岔基本轨长度 24 596 mm,可动心轨辙叉长度 15 014 mm,辙叉角 3°10′7.39″,如图 1-3-7 所示。

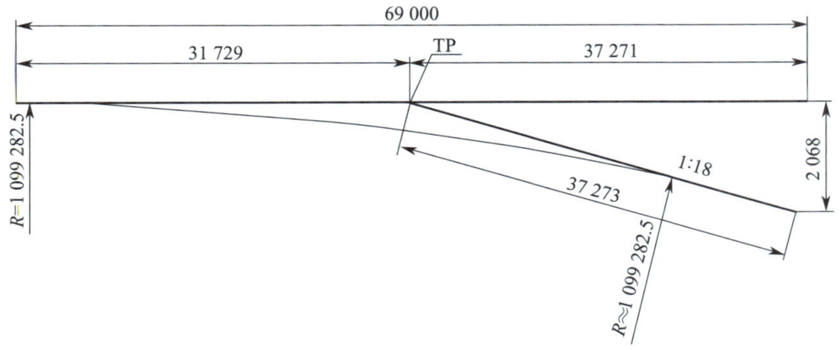

图 1-3-7　18 号道岔平面线形(单位:mm)

(2)42 号道岔缓和曲线 $R=10\ 119$ m,圆曲线 $R=4\ 100$ m,缓和曲线 $R=\infty$,岔尖轨长度 47 248 mm,道岔基本轨长度 51 598 mm,可动心轨辙叉长度 24 050 mm,辙叉角 1°1′50.13″,如图 1-3-8 所示。

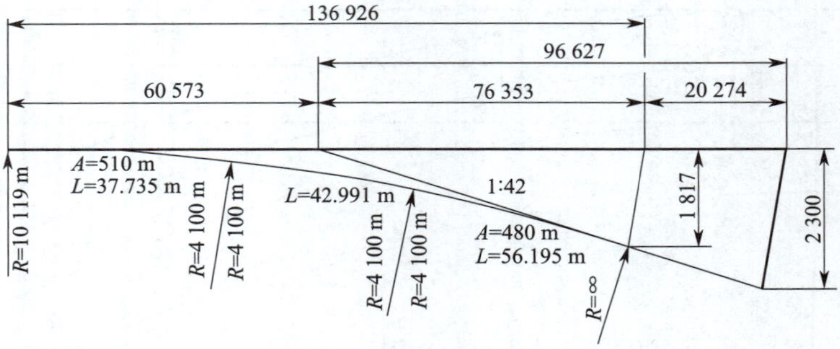

图 1-3-8　42 号道岔平面线形(图中单位除标注外为 mm)

(三)VosslohSKL-12 型扣件

VosslohSKL-12 型扣件为无砟轨道扣件(图 1-3-9),属轨枕轨道板不带混凝土挡肩的分开式扣件。其主要结构特征如下:

(1)肋形基板两端分别设置单独螺孔,用道岔螺栓与轨枕/轨道板连接。

(2)肋形基板上设有 T 形螺栓插入座和挡肩,通过拧紧 T 形螺栓的螺母紧固弹条。

(3)使用不同尺寸的偏心形锥销来完成水平侧向的调整。

(4)可垫入调高垫板实现钢轨高低调整。

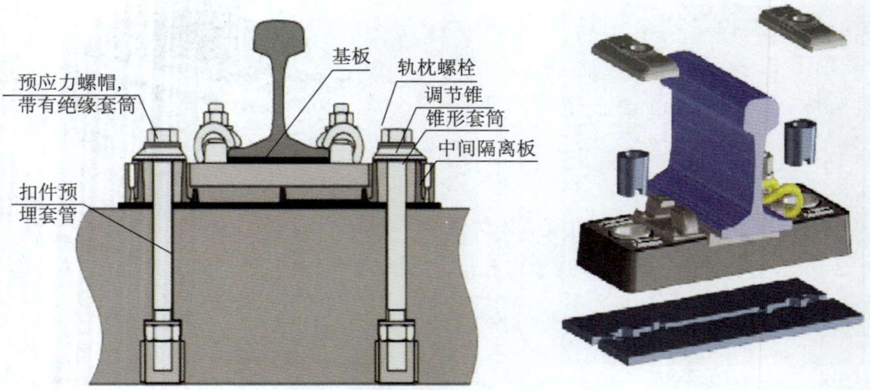

图 1-3-9　VosslohSKL-12 型扣件组图

四、钢轨伸缩调节器

1. 钢轨伸缩调节器的作用

钢轨伸缩调节器是高速铁路重要的轨道部件之一。高速铁路长大连续梁上铺设无缝线路,通常需要设置调节器。调节器的功能是协调因温度引起的长大桥梁梁端伸缩位移和长钢轨伸缩位移之间的位移差,使桥上长钢轨自动调整温度力,从而减小轨道及桥梁所承受的荷载。

2. 钢轨伸缩调节器的类型

(1)按运行速度分为时速 250 km 高速铁路有砟轨道(兼顾货运)钢轨伸缩调节器和时速

350 km 高速铁路无砟轨道钢轨伸缩调节器两种型号，如图 1-3-10 所示。

(2)按伸缩方向分为单向伸缩调节器和双向伸缩调节器两种类型，如图 1-3-11 所示。

(3)按轨下基础类型可分为无砟轨道用和有砟轨道用两种类型。

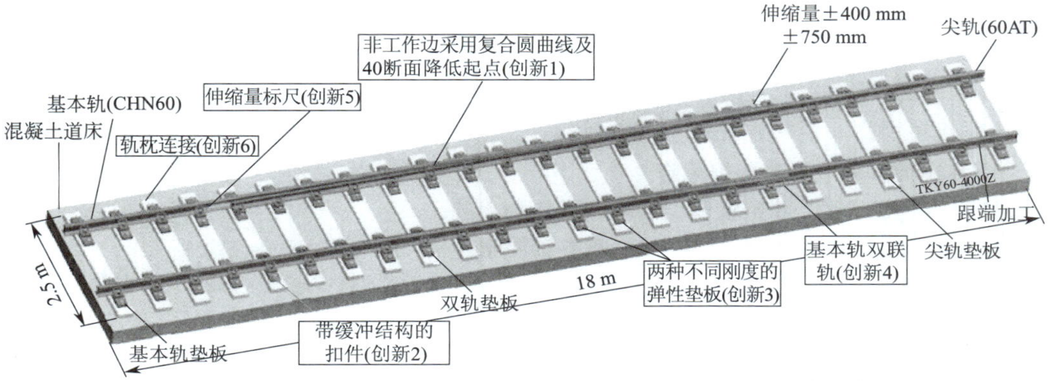

图 1-3-10　时速 350 km 高速铁路长枕埋入式无砟轨道 60 kg/m 钢轨单向伸缩调节器

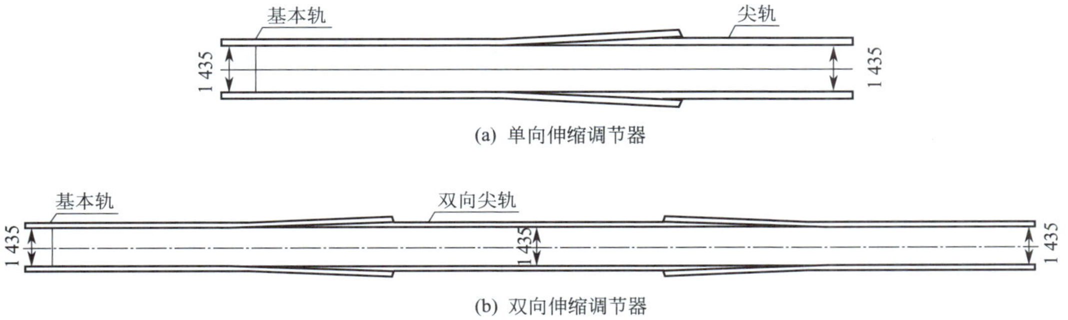

图 1-3-11　钢轨伸缩调节器(单位：mm)

3. 钢轨伸缩调节器的组成

高速铁路钢轨伸缩调节器左右股对称，单向伸缩调节器由基本轨、尖轨、铁垫板总成(图 1-3-12)、轨枕或轨道板组成；双向伸缩调节器由基本轨、双向尖轨、铁垫板总成(图 1-3-12)、轨枕或轨道板组成，长度约是同类型单向伸缩调节器长度的 2 倍。调节器尖轨工作边提供轨距线，其基本轨伸缩、尖轨锁定。基本轨允许伸缩量为±400 mm。

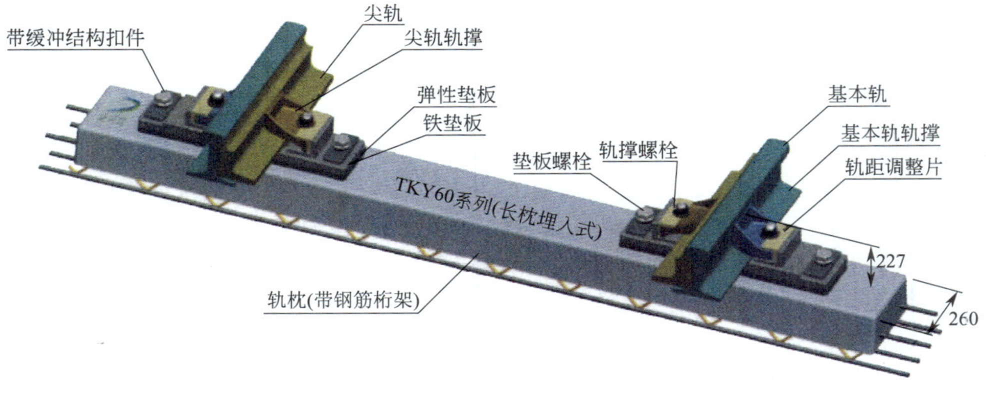

图 1-3-12　高速铁路钢轨伸缩调节器铁垫板总成(单位：mm)

铁垫板总成如图 1-3-12 所示，其零部件包括基本轨和尖轨轨撑、轨撑螺栓、轨距调整片、铁垫板、弹性垫板及调高垫板、垫板螺栓副。

思 考 题

1. 什么是高速道岔？
2. 高速道岔的主要技术特点有哪些？
3. 我国高速道岔按技术类型分为哪几种？
4. 客专线系列高速道岔有哪些主要特征？
5. 客专线系列高速道岔 18 号道岔使用的是哪种扣件？调高量和调距量分别是多少？
6. CZ 系列高速道岔有哪些主要特征？
7. CZ 系列高速道岔 18 号道岔使用的是哪种扣件？调高量和调距量分别是多少？
8. CN 系列高速道岔有哪些主要特征？
9. 钢轨伸缩调节器有何作用？按伸缩方向分为哪几种？

第四节　高速铁路精密控制网

为了保证轨道各级测量控制网测量精度同时满足线下工程施工和轨道工程施工的精度要求，即同时满足绝对定位和相对定位的精度要求，且实现运营维护阶段轨道几何状态的绝对定位和相对定位，需要建立高速铁路轨道精测三级控制网。

一、三级控制网内容

(1) 第一级为基础平面控制网(CPⅠ)，主要为勘测、施工、运营维护提供坐标基准。沿线路走向布设，按 GPS 静态相对定位原理建立，为全线(段)各级平面控制测量的基准。

(2) 第二级为线路控制网(CPⅡ)，主要为勘测和施工提供控制基准。在基础平面控制网(CPⅠ)上沿线路附近布设，为勘测、施工阶段的线路平面控制和无砟轨道施工阶段基桩控制网起闭的基准。

(3) 第三级为基桩控制网(CPⅢ)，主要为铺设无砟轨道和运营维护提供控制基准。沿线路布设的三维控制网，起闭于基础平面控制网(CPⅠ)或线路控制网(CPⅡ)，一般在线下工程施工完成后施测，为无砟轨道铺设和运营维护的基准。

二、CPⅢ控制网

CPⅢ网称为轨道控制网，按 50～70 m 点对间距布设，采用边角后方交会的方式构网。自由设站间隔 100～140 m，最大视线长度不得大于 180 m，每个测站观测 12 个 CPⅢ点，每个 CPⅢ点至少由 3 个测站各观测一次。CPⅢ控制网图形如图 1-4-1 所示。

三、CPⅢ点主要技术要求

250～300 km/h 线路的 CPⅢ点应沿线路埋设在路基两侧接触网杆或其基础、桥梁防护墙、隧道边墙上，元器件由预埋件、棱镜连接件、水准测量杆三部分组成，为数控机床精加工的强制对中标志，全线应采用统一的 CPⅢ标志和棱镜组件；200～250 km/h(不含)线路的 CPⅢ

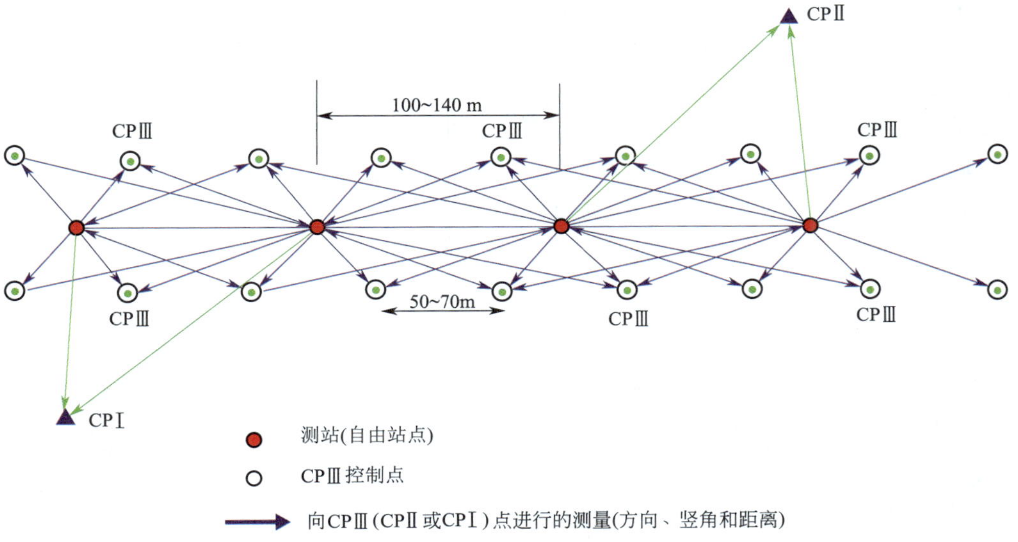

图 1-4-1　三联架 CPⅢ平面网的观测网形

点应按规范要求在路肩上进行埋设。

按照《高速铁路工程测量规范》规定，CPⅢ点应设置强制对中标志，标志的几何尺寸加工误差应不大于0.05 mm，平面 X 与 Y 方向上的重复性安装误差和互换性安装误差应不大于±0.4 mm，高程（H）上的重复性安装误差和互换性安装误差应不大于±0.2 mm。

(一)CPⅢ点位布设

1. 桥梁段布点

高速铁路70%～80%的线路是高架桥。布设在桥梁上的轨道CPⅢ点如图1-4-2所示，设置在简支梁固定支座正上方的位置。不同的桥梁形式，布设的CPⅢ点间隔不完全相同。

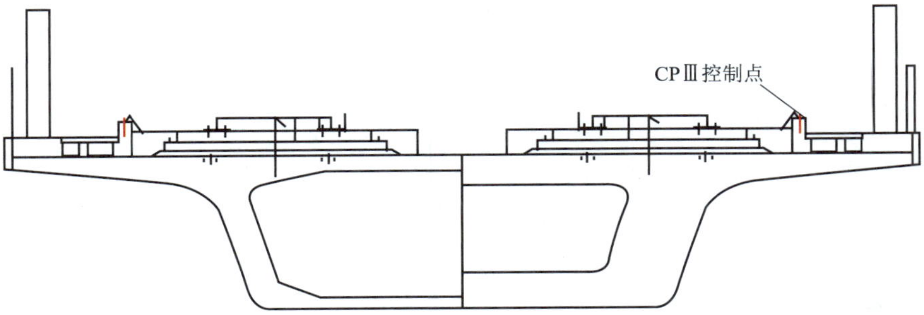

图 1-4-2　桥梁部分 CPⅢ点布置图

(1) 简支梁部分

24 m或32 m简支梁，2孔设1对CPⅢ点，相邻2对CPⅢ点相距约为64 m、56 m或48 m。连续24 m简支梁，也有根据实际情况每3孔布设1对CPⅢ点的。

(2) 普通连续梁

CPⅢ点优先布设于连续梁桥固定端上方。跨度超过 80 m 的会在跨中部分布设 1 对 CPⅢ点，使用前要复核，并尽可能在同等条件下使用。

(3) 大跨连续梁和特殊结构

大跨桥梁和特殊结构的 CPⅢ点布设方案一般要根据工程结构特点单独制订。

2. 路基段布点

路基段使用钢筋混凝土成对浇筑 CPⅢ辅助立柱，如图 1-4-3 所示。CPⅢ辅助立柱直径为 25 cm，顶面高于设计轨道面至少 30 cm。

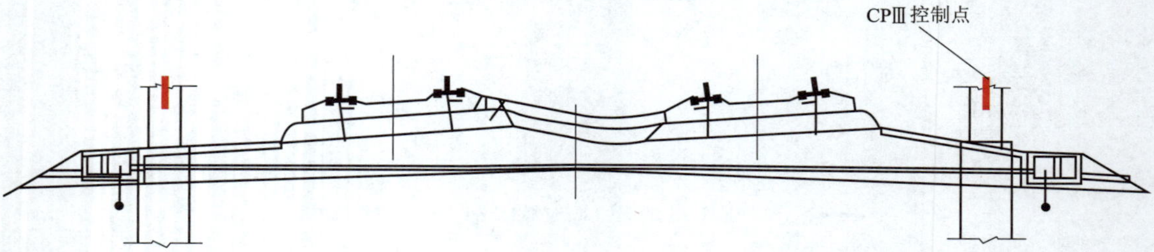

图 1-4-3　路基上 CPⅢ点布置图

3. 隧道段布点

隧道里一般布置在设计轨道顶面以上 30～50 cm 的边墙内衬上，相邻 CPⅢ点对相距 60 m左右，布置形式如图 1-4-4 所示。

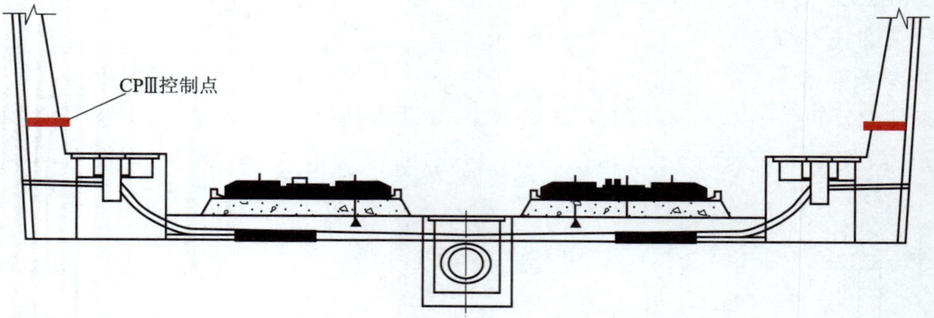

图 1-4-4　隧道内 CPⅢ控制点布置图

4. 站场内布点

站场内条件许可时 CPⅢ会埋设在雨棚立柱基础之上或站台墙上，如果雨棚立柱基础或站台墙未施工，一般会在稳定可靠并满足 CPⅢ建网要求的地方单独埋设 CPⅢ点。

(二) CPⅢ标志管理

CPⅢ标志在搬运和运输过程中应用纸包裹棱镜(水准)测量杆，防止相互碰撞、磨损；安装完成后和每次测量完毕，均应及时用塞子盖上；每三个月检查一次套筒和塞子是否损坏，用小毛刷刷除套筒内灰尘；竖立的套管如果灰尘积得太厚，则需要用水冲洗。

(三)CPⅢ点编号

CPⅢ点编号一般采用 7 位编号形式，如 0000300，为避免长短链地段编号重复的问题，前

4 位采用四位连续里程的公里数，第 5 位正线部分为“3”，第 6，7 位为流水号，01～99 号数循环。以线路里程方向顺次编号，下行线轨道左侧的标记点，编号为奇数，上行线轨道右侧的标记点，编号为偶数。CPⅢ布点时要对点位进行详细描述，主要描述的内容包括线路里程（里程要准确，精确至米）、线路的左、右侧、外移距离、桩类型、具体设置位置和其他需要说明的情况等。点位描述附在成果表里。在现场要把 CPⅢ点的编号标绘在所附构筑物上。

思考题

1. 三级控制网的内容有哪些？
2. CPⅢ控制网有何要求？
3. CPⅢ点在桥梁段、路基段、隧道段如何布设？
4. CPⅢ点编号为 1185311，其表示的含义是什么？

第二章　高速铁路线路维修管理

高速铁路线路维修应实行检、修分开的管理制度，实行专业化和属地化管理，本着“资源综合、专业强化、集中管理”和“精干、高效”的原则建立高速铁路线路维修管理机构，并按照“预防为主、防治结合、严检慎修”的原则，根据线路状态的变化规律，合理安排养护与维修，做到精确检测、全面分析、精细修理，以有效预防和整治病害。在线路维修工作中坚持“安全第一，预防为主，综合治理”的原则，建立健全并严格执行各项安全管理制度，严格作业纪律，落实安全防范措施，防患于未然，保证工务安全生产稳定。

线路维修管理主要包括工务安全管理、天窗修管理、维修工作管理、轨道不平顺管理以及作业质量管理等。

第一节　工务安全管理

一、作业安全管理

（一）高速铁路上线登、销记制度

1. 基本要求

（1）工务在进行行车设备施工、维修、处理故障和恢复时应与行车调度员或车站值班员办理相关手续，简称为上线的登、销记。上线登、销记应在《行车设备施工登记簿》或《行车设备检查登记簿》上填写（统称为运统—46）。

（2）凡在施工计划（包括有关施工电报以及临时增加的施工日计划）、维修天窗修作业计划内公布的施工作业项目，均应在《行车设备施工登记簿》登、销记；其他作业项目包括应急处理时，驻站联络员在《行车设备检查登记簿》登、销记。

2. 登销记地点

下列区段及范围在调度台办理登销记，其他区段在车站、线路所、动车运用所等处办理登销记。

（1）客运专线、高速铁路行车组织细则规定在分散自律下，在行车调度台办理登销记的区段。

（2）路局调度所调度台行车设备施工、维修、检查、故障处理时应在调度台办理登销记。

（3）无线闭塞中心、GSM-R 核心网、数调主系统、临时限速服务器施工、维修、检查、故障处理时应在相关行车调度台办理登销记。

3. 日常施工（维修）作业登、销记

（1）日常施工（维修）作业登记。高速铁路日常施工（维修）作业登、销记一般在调度台由行车调度员与驻所联络员办理。登记流程：工务联络员按照路局颁布的施工、维修天窗日计划，提前 1 小时在《行车设备施工登记簿》上登记作业地点、项目、施工作业负责人、计划起止时间等，列车调度员对照日计划核对、签认后，根据列车实际运行秩序，下达实际天窗起止时间，发布允许上线命令，上线登记手续完成，联络员通知现场负责人带队进入高速铁路。

（2）日常施工（维修）作业销记。工务联络员与现场负责人确认，施工作业结束，工务设备状态正常，人员、机具、材料等已全部按时撤出线路，工务联络员在《行车设备施工登记簿》登记线路设备正常、恢复正常使用等内容，列车调度员核对签认后，下达开通线路、恢复常速命令，完成销记手续。

4. 应急处置的登、销记

高速铁路发生设备故障，工务人员需临时上线应急处置时。可采取本线封锁、邻线限速160 km/h及以下的方式，及时进入线路处置，工务联络员在《行车设备检查登记簿》上登、销记，程序与上述相同。

5. 站控模式时登、销记

当车站由分散自律转为非常站控模式时，登、销记手续由驻站联络员与车站值班员办理，办理程序同上。同时车站值班员还要及时向行车调度员汇报，行车调度员根据值班员的报告在调度台上的《行车设备施工登记簿》做好记录、备案。

6. 临时限速登记

施工、作业、处理故障后，若设备不能恢复正常使用，需要临时限速时，驻(所)站联络员在销记时应写明限制速度、起止里程、限速时间等，行车调度员或车站值班员根据登记内容，发布限速命令。

(二)放行列车条件

1. 作业地段放行列车时，轨道静态几何尺寸偏差不得超过下次天窗点前最高行车速度等级的经常保养容许偏差管理值，工务设备状态符合有关规定。

2. 作业完毕，但未达到正常放行列车条件时，驻调度所(驻站)联络员应在《行车设备施工登记簿》登记行车限制条件；在设备达到正常放行列车条件后及时销记。

3. 设备故障处理后的放行列车条件由作业负责人确定。

4. 施工作业放行列车条件见表2-1-1。使用轨束梁、工字钢梁或D型施工便梁时，其容许最大跨度和允许行车速度见附录三。使用D型施工便梁时应按“客运专线铁路建筑限界”核查限界。

表 2-1-1　高速铁路各项施工作业放行列车条件

项目		作业方式	放行列车条件
一、影响道床路基稳定的施工作业	1. 有砟轨道 (1)连续2根及以上轨枕底道砟破底清筛 (2)成段更换道床 (3)大型养路机械换砟 (4)基床换填 (5)平纵断面改造 (6)利用小型爆破开挖侧沟或基坑后的线路整修(限于影响路基稳定范围) (7)成组更换道岔(钢轨伸缩调节器)或岔枕 (8)2根及以上轨枕连续更换、方正	大型养路机械捣固、稳定等作业	(1)两捣一稳作业后，第一列限速45 km/h，第二列限速60 km/h，第三列起限速80 km/h，至次日捣固后第一列限速80 km/h，第二列起限速120 km/h，至第三日捣固后第一列限速120 km/h，第二列限速160 km/h，至第四日捣固后第一列限速160 km/h，第二列起限速200 km/h，至第五日捣固后第一列限速160 km/h，检查确认后恢复常速 (2)三捣两稳作业后，第一列限速60 km/h，第二列限速80 km/h，第三列起限速120 km/h，至次日捣固后第一列限速120 km/h，第二列限速160 km/h，至第三日捣固后第一列限速160 km/h，第二列起限速200 km/h，至第四日捣固后第一列160 km/h，检查确认后恢复常速 (3)五捣三稳作业后，第一列限速80 km/h，第二列限速120 km/h，第三列起限速160 km/h，至次日捣固后第一列限速160 km/h，第二列限速200 km/h，至第三日捣固后第一列限速160 km/h，检查确认后恢复常速 道岔施工后直向、侧向按此标准分别阶梯提速 未达到上述捣固、稳定遍数的，应相应降低列车放行速度
		小型养路机械捣固	(1)施工作业期间：当日第一列限速35 km/h，第二列起限速45 km/h不少于4 h，以后限速60 km/h至下次天窗前 (2)施工作业结束后，应安排大型养路机械作业，放行列车条件按“大型养路机械捣固、稳定车作业”办理

续上表

项　目	作业方式	放行列车条件
一、影响道床路基稳定的施工作业	2. 无砟轨道 (1)更换无砟道床(含轨道板、道床板、砂浆填充层、底座板、支承层) (2)CRTSⅡ型无砟轨道轨道板间接缝凿除和浇筑 (3)侧向挡块凿除和浇筑 (4)CRTSⅠ型无砟轨道凸型挡台凿除和浇筑	按经审查批准的施工作业设计文件所确定的列车放行条件,必要时可开行综合检测列车确认
	3. 路基注浆,挖孔桩、旋喷桩施工,路基降水	按经审查批准的施工作业设计文件所确定的列车放行条件
二、不影响道床稳定的施工作业	(1)成段更换钢轨或扣件 (2)无缝线路应力放散 (3)更换道岔(钢轨伸缩调节器)轨件 (4)使用冻害垫板一次总厚度超过 25 mm	第一列限速 45 km/h,第二列限速 80 km/h,第三列限速 120 km/h,第四列起限速 160 km/h 至下次天窗点 恢复常速前必须经精调整修、检测确认、阶梯提速
	(1)单根更换钢轨 (2)处理胶接绝缘接头 (3)更换道岔尖轨、基本轨、护轨、可动心轨道岔辙叉 (4)焊接钢轨 (5)单根更换、方正轨枕 (6)成段改道、撤垫板、更换铁垫板、更换和整正轨下胶垫,使用冻害垫板一次总厚度大于等于 10 mm、小于 25 mm (7)大型养路机械维修捣固作业 (8)成段更换弹条、轨距挡板	第一列限速不超过 160 km/h,以后恢复常速
三、桥隧涵的施工作业	箱梁支座调高、拨正、更换	施工作业期间,第一列限速80 km/h、第二列限速160 km/h至下一个天窗前;施工作业结束后,第一列限速 80 km/h、以后限速 160 km/h 至次日天窗结束,其后恢复常速
	其他桥梁的支座调高、拨正、更换	施工作业期间,限速 45 km/h 至下次天窗前;施工作业结束后,第一列限速 45 km/h,第二列限速 80 km/h,第三列限速 120 km/h,以后限速 160 km/h 至次日天窗结束,其后恢复常速
	(1)翻修、加深隧道内侧沟 (2)翻修、加深隧道中心水沟	施工作业期间,第一列限速 45 km/h,以后限速 80 km/h至下次天窗前;施工作业结束后,第一列限速 45 km/h,第二列限速 80 km/h,以后限速按 120 km/h、160 km/h 各至次日天窗结束,其后恢复常速
	新建明洞、棚洞的基础施工	施工作业期间,本线限速 45 km/h,邻线限速 160 km/h;基础施工结束后恢复常速
	加厚隧道二次衬砌	施工作业期间,限速 120 km/h 至下次天窗前;施工作业结束后,第一列限速 120 km/h,以后限速 160 km/h 至次日天窗结束,其后恢复常速
	架空施工中,安装、拆除纵横梁体系的横梁、安装D型便梁的横梁	施工作业期间,限速 45 km/h
	线路架空或加固后桥涵顶进	施工作业期间,限速 45 km/h;施工结束后,第一列限速 45 km/h,以后限速 60 km/h、80 km/h、120 km/h、160 km/h各至次日天窗结束后,其后恢复常速
	(1)在线路上安装或拆除轨束梁、工字钢纵梁、D型便梁的纵梁、纵横梁体系的纵梁,拆除 D 型便梁的横梁 (2)整治隧道仰拱破损及换填隧道铺底 (3)影响行车安全的其他复杂桥隧施工	按经审查批准的施工作业设计文件所确定的列车放行条件

注:表内未列出的其他施工作业项目,可由铁路局比照本表类似施工作业确定施工条件和放行列车条件。

（三）施工作业防护办法

高速铁路施工作业和维修作业，本线和邻线均不设置作业标。

1. 在区间线路上施工时，使用移动停车信号防护，防护办法如下：

（1）单线区间线路施工时，如图 2-1-1 所示。

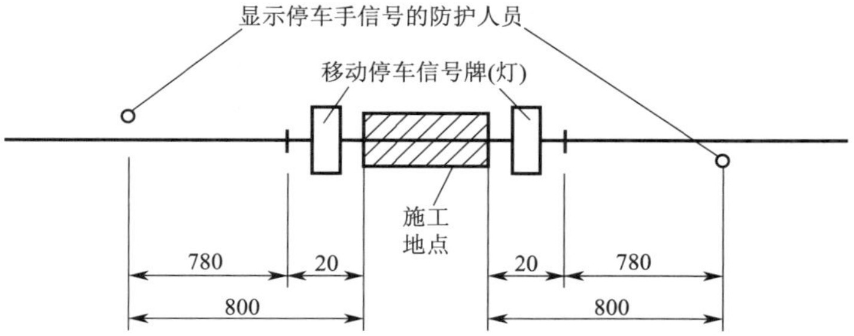

图 2-1-1 （长度单位：m）

（2）双线区间一条线路施工时，如图 2-1-2 所示。

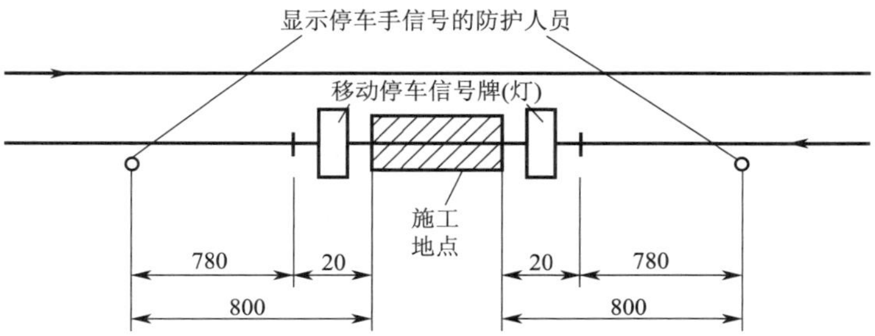

图 2-1-2 （长度单位：m）

（3）双线区间两条线路同时施工时，如图 2-1-3 所示。

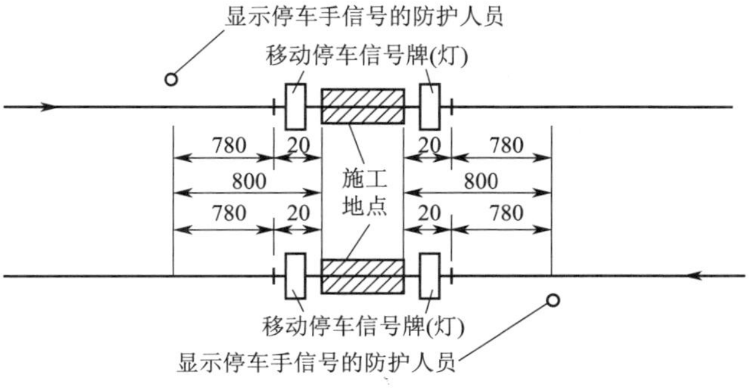

图 2-1-3 （长度单位：m）

（4）作业地点在站外，距离进站信号机（反方向进站信号机）小于 820 m 时，如图 2-1-4 所示。

现场防护人员应站在距施工地点 800 m 附近（图 2-1-1～图 2-1-3），且瞭望条件较好的地点显示停车手信号；施工作业地点在站外，距离进站信号机（反方向进站信号机）小于 820 m 时，现场防护人员应站在距进站信号机（反方向进站信号机）20 m 附近（图 2-1-4）；在尽头线上施工，施工负责人经与列车调度员（车站值班员）联系确认尽头一端无列车、轨道车时，则尽头

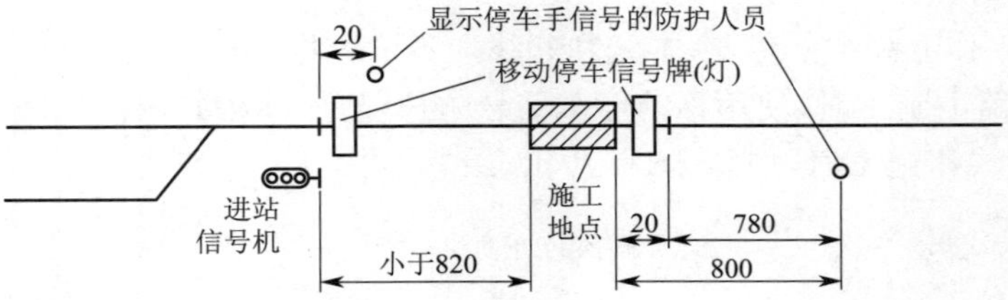

图 2-1-4 （长度单位：m）

一端可不设防护。

2. 在站内线路上施工时，使用移动停车信号防护，防护办法如下：

(1)将施工线路两端道岔扳向不能通往施工地点的位置，并加锁或紧固，可不设置移动停车信号牌(灯)。当施工线路两端道岔只能通往施工地点的位置时，在施工地点两端各 50 m 处线路上，设置移动停车信号牌（灯）防护，如图 2-1-5 所示；如施工地点距离道岔小于 50 m 时，在该端警冲标相对处线路上，设置移动停车信号牌（灯）防护，如图 2-1-6 所示。

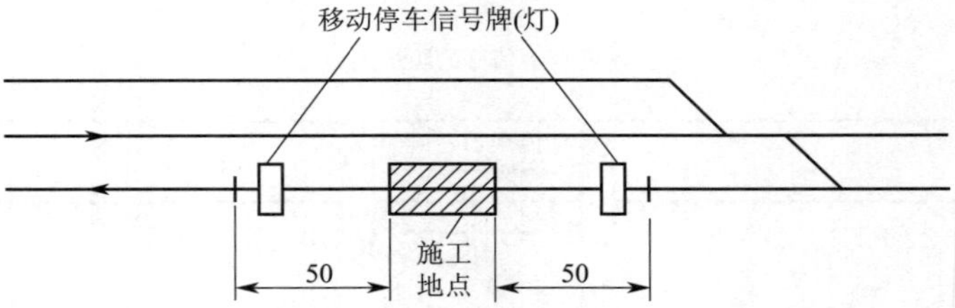

图 2-1-5 （长度单位：m）

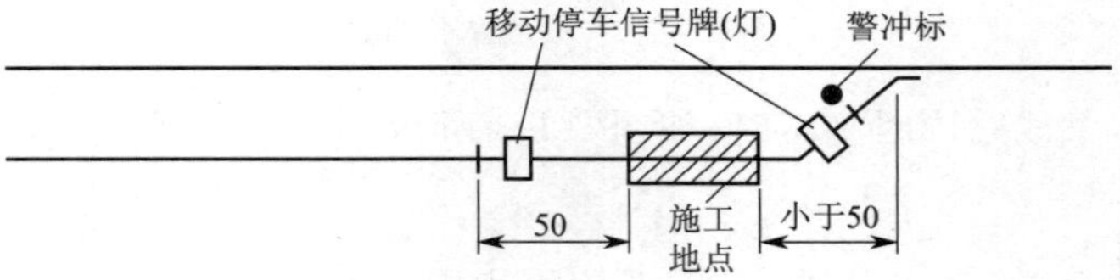

图 2-1-6 （长度单位：m）

(2)在进站道岔外方线路上施工，对区间方向，以关闭的进站信号机防护；对车站方向，在进站道岔外方基本轨接头处(顺向道岔在警冲标相对处)线路上，设置移动停车信号牌（灯）防护，如图 2-1-7 所示。

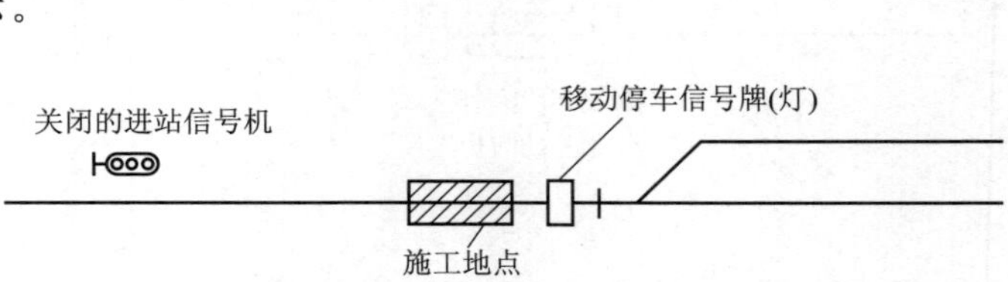

图 2-1-7 （长度单位：m）

(3)双线区段，在反方向进站信号机至出站道岔的线路上施工，对区间方向，以关闭的反方向进站信号机防护。对车站方向，在出站道岔外方基本轨接头处（对向道岔在警冲标相对处）线路上，设置移动停车信号牌（灯）防护，如图 2-1-8 所示。

3. 在站内道岔上（含警冲标至道岔尾部线路、道岔间线路）施工时，使用移动停车信号防

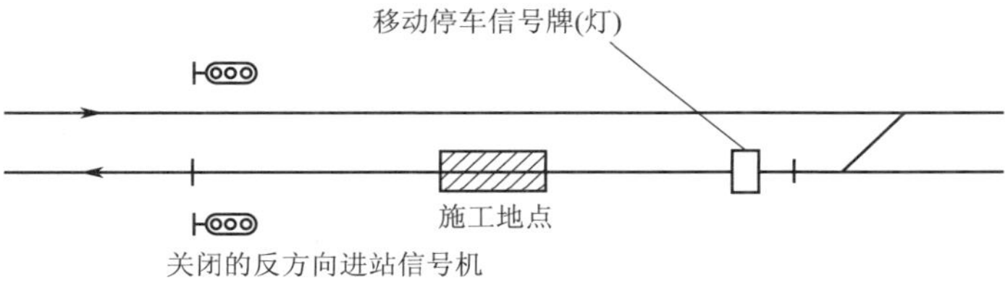

图 2-1-8 （长度单位：m）

护，防护办法如下：

(1)在站内道岔上施工，一端距离施工地点 50 m，另一端两条线路距离施工地点 50 m(距出站信号机不足 50 m 时，为出站信号机处)，分别在线路上设置移动停车信号牌(灯)防护，如图 2-1-9 所示；如一端距离外方道岔小于 50 m 时，将有关道岔扳向不能通往施工地点的位置，并加锁或紧固。

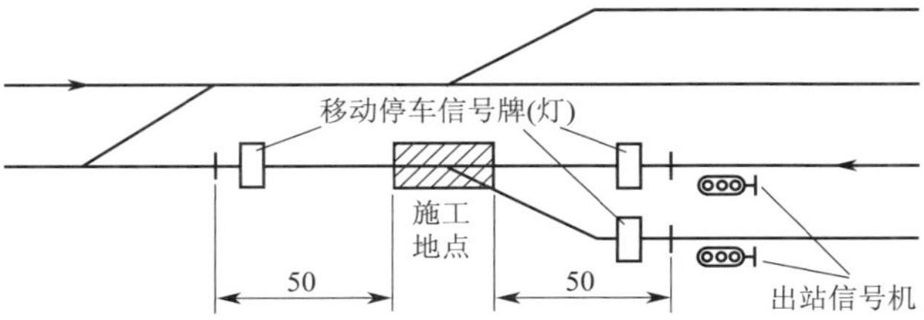

图 2-1-9 （长度单位：m）

(2)在进站道岔上施工，对区间方向，以关闭的进站信号机防护；对车站方向，在距离施工地点 50 m 线路上，设置移动停车信号牌(灯)防护，如图 2-1-10 所示。距邻近道岔不足 50 m 时，在邻近道岔基本轨接头处设置移动停车信号牌(灯)防护，将有关道岔扳向不能通往施工地点的位置，并加锁或紧固。

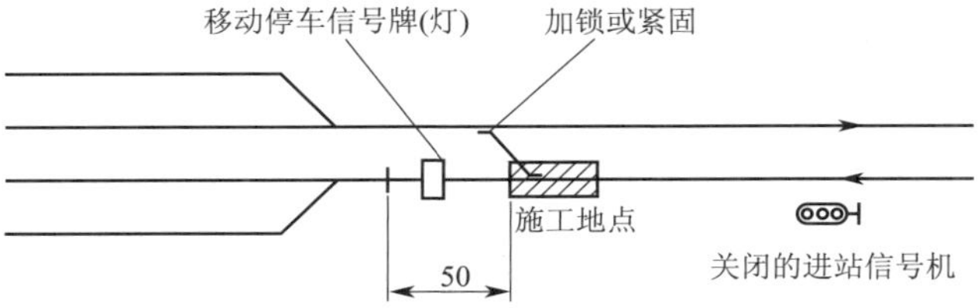

图 2-1-10 （长度单位：m）

(3)在出站道岔上施工，对区间方向，以关闭的反方向进站信号机防护；对车站方向，在距离施工地段不少于 50 m 线路上，设置移动停车信号牌(灯)防护，如图 2-1-11 所示。距邻近道岔不足 50 m 时，将有关道岔扳向不能通往施工地点的位置，并加锁或紧固。

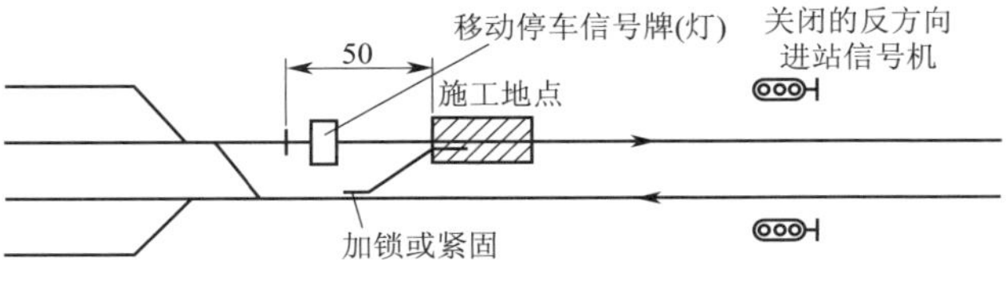

图 2-1-11 （长度单位：m）

(4)在交分道岔上施工，将有关道岔扳向不能通往施工地点的位置，并加锁或紧固，在距离施工地点两端 50 m 处线路上，设置移动停车信号牌（灯）防护，如图 2-1-12 所示。

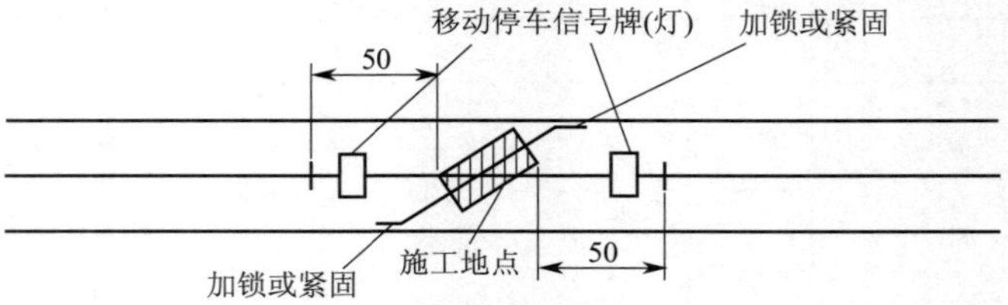

图 2-1-12 （长度单位：m）

(5)在交叉渡线的一组道岔上施工，一端在菱形中轴相对处线路上，另一端在距离施工地点 50 m 处线路上，分别设置移动停车信号牌（灯）防护，将有关道岔扳向不能通往施工地点的位置，并加锁或紧固，如图 2-1-13 所示。

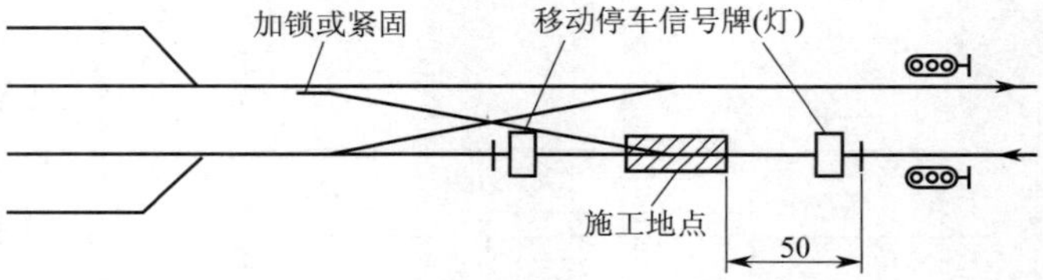

图 2-1-13 （长度单位：m）

(6)在道岔上进行大型养路机械施工时，如延长移动停车信号牌（灯）防护距离后占用其他道岔时，对相关道岔应一并防护。

4. 仅运行动车组列车的区间正线不设置移动减速信号防护。在其余区间正线上，使用带“T”字和“减速”字的移动减速信号的防护办法如下：

(1)单线区间施工，设立位置如图 2-1-14 所示。

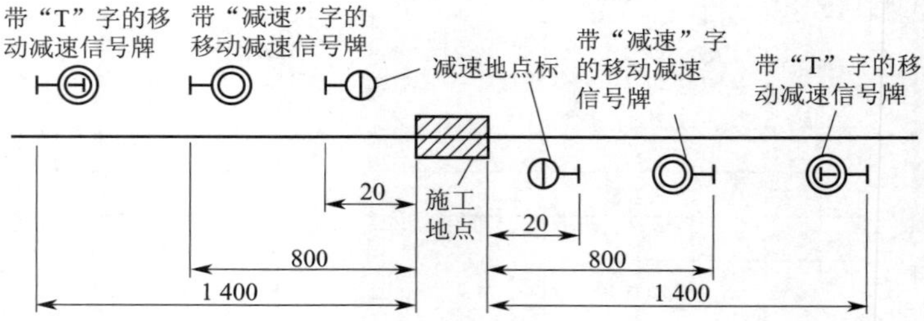

图 2-1-14 （长度单位：m）

(2)双线区间在一条线上施工，设立位置如图 2-1-15 所示。

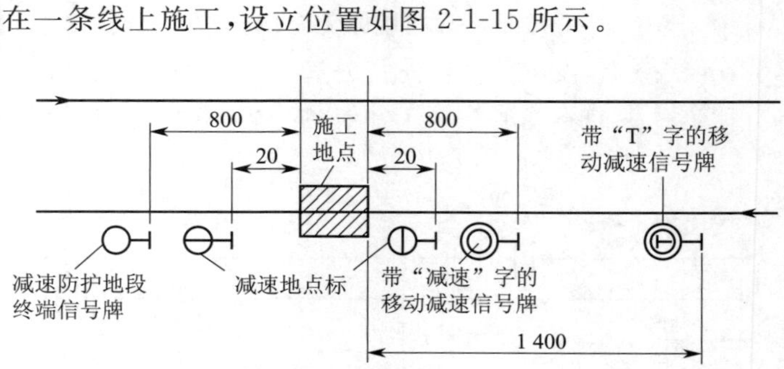

图 2-1-15 （长度单位：m）

(3)双线区间两条线路同时施工，设立位置如图 2-1-16 所示。

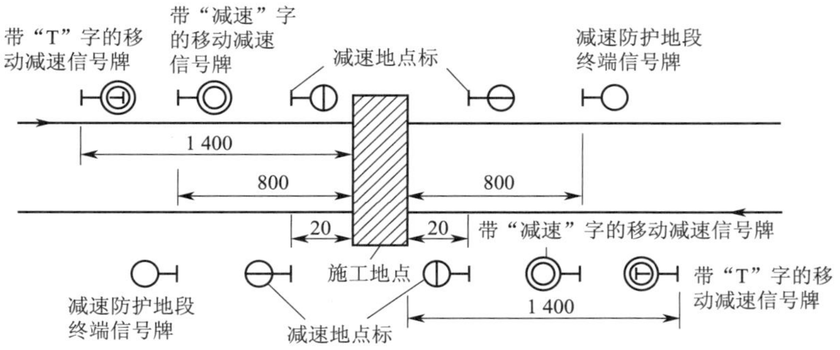

图 2-1-16　(长度单位：m)

(4)施工地点距离进站信号机(或反方向进站信号机)小于 800 m 时，设立位置如图 2-1-17 所示。

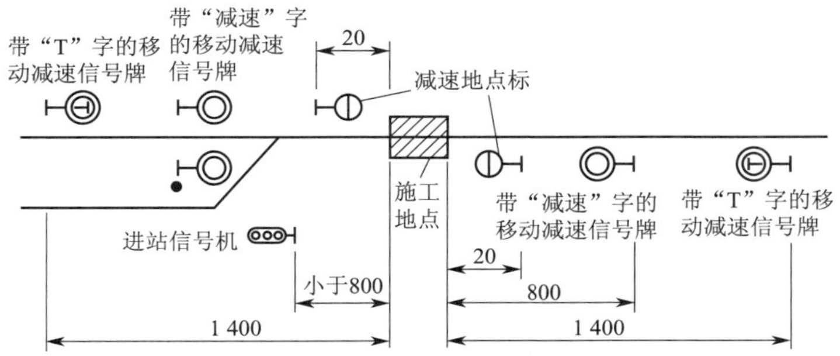

图 2-1-17　(长度单位：m)

注：①当站内正线警冲标距离施工地点小于 800 m 时，按 800 m 设置移动减速信号牌；

② 当站内正线警冲标距离施工地点大于或等于 1 400 m 时，不设置带“T”字的移动减速信号牌。

5. 仅运行动车组列车的站内线路或道岔不设置移动减速信号防护。在其余站内线路或道岔上，使用带“T”字和“减速”字的移动减速信号的防护办法如下：

(1)在站内正线线路上施工，当施工地点距进站信号机大于或等于 800 m 时，单线设立位置如图 2-1-18 所示，双线设立位置如图 2-1-19 所示。

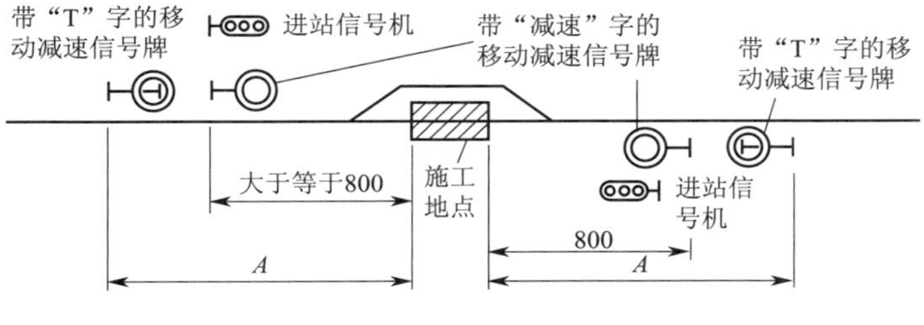

图 2-1-18　(长度单位：m)

注：当施工地点距进站信号机不足 800 m 时，自施工地点起至 800 m 处区间线路列车运行方左侧，设移动减速信号牌防护；当施工地点距进站信号机大于或等于 A 时，不设置带“T”字的移动减速信号牌，A 取 1 400 m；当施工地点距反方向进站信号机不足 800 m 时，自施工地点起至 800 m 处区间线路列车运行方左侧，设减速防护地段终端信号牌；当施工地点距反方向进站信号机大于或等于 800 m 时，在反方向进站信号机处，设减速防护地段终端信号牌。

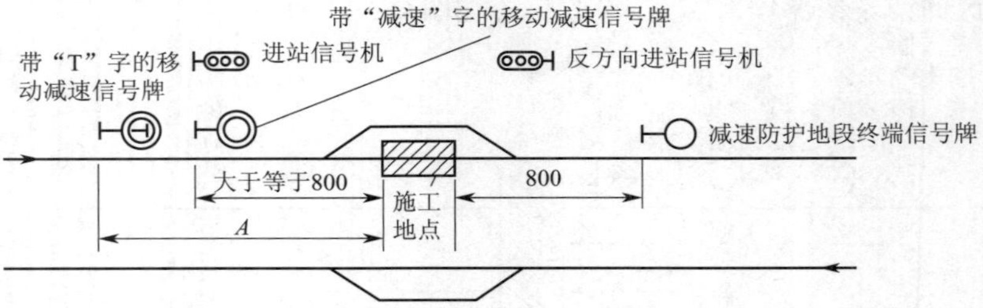

图 2-1-19　(长度单位:m)

注:当施工地点距进站信号机不足 800 m 时,自施工地点起至 800 m 处区间线路列车运行方左侧,设移动减速信号牌防护;当施工地点距进站信号机大于或等于 A 时,不设置带“T”字的移动减速信号牌,A 取 1 400 m;当施工地点距反方向进站信号机不足 800 m 时,自施工地点起至 800 m 处区间线路列车运行方左侧,设减速防护地段终端信号牌;当施工地点距反方向进站信号机大于或等于 800 m 时,在反方向进站信号机处,设减速防护地段终端信号牌。

(2)在站内正线道岔上施工,当施工地点距进站信号机大于或等于 800 m 时,单线设立位置如图 2-1-20 所示,双线设立位置如图 2-1-21 所示。

(3)在站线线路上施工,设立位置如图 2-1-22 所示。

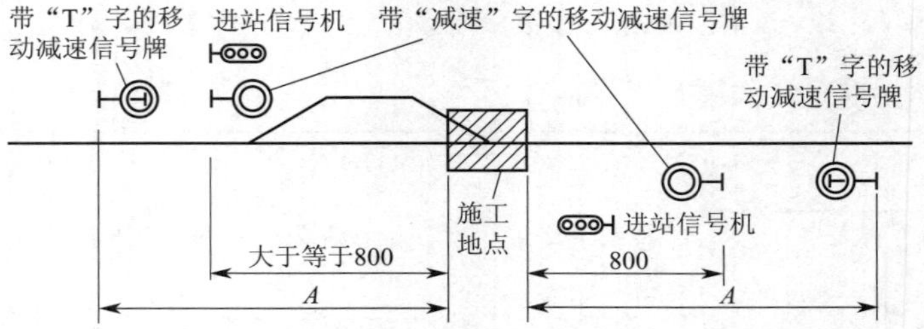

图 2-1-20　(长度单位:m)

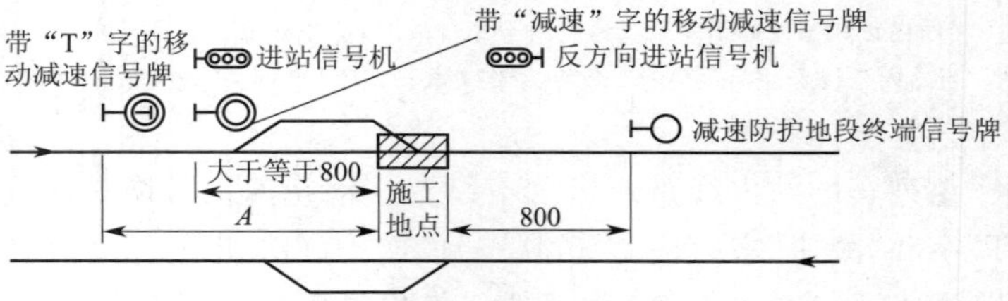

图 2-1-21　(长度单位:m)

注:当施工地点距进站信号机不足 800 m 时,自施工地点起至 800 m 处区间线路列车运行方左侧,设移动减速信号牌防护;当施工地点距进站信号机大于或等于 A 时,不设置带“T”字的移动减速信号牌,A 取 1 400 m;当施工地点距反方向进站信号机不足 800 m 时,自施工地点起至 800 m 处区间线路列车运行方左侧,设减速防护地段终端信号牌;当施工地点距反方向进站信号机大于或等于 800 m 时,在反方向进站信号机处,设减速防护地段终端信号牌。

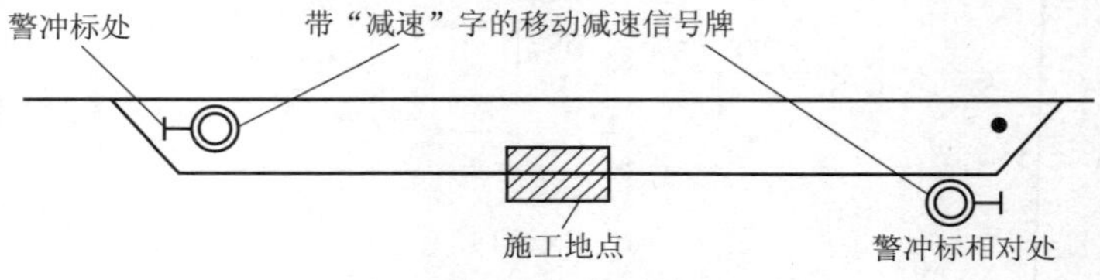

图 2-1-22　(长度单位:m)

(4)在站线道岔上施工,该道岔中部线路旁,设置两面黄色的带“减速”字的移动减速信号牌,设立位置如图 2-1-23 所示。

凡线间距离不足规定时，应设置矮型(1 m 高)的移动减速信号牌。

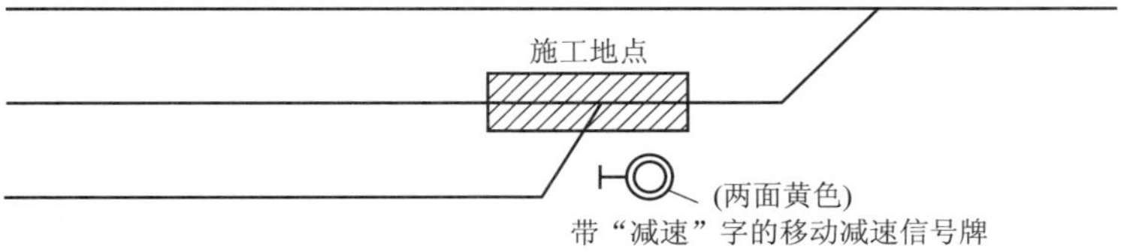

图 2-1-23　(长度单位：m)

(四)作业负责人及防护员要求

1. 驻调度所(驻站)联络员和现场防护员应由指定的、经过考试合格的人员担任，持证上岗。

2. 作业负责人、驻调度所(驻站)联络员和现场防护员，应佩戴标志，并按表 2-1-2 要求携带防护信号用品。

表 2-1-2　防护信号用品表

名　称	单位	数量(每人)			
		作业负责人	驻调度所联络员	驻站联络员	现场防护员
喇　叭	个				1
红、黄色信号旗(昼)	面				各 1
信号灯(夜)	盏				1
短路铜线	条				1
手持无线电台	台	1		1	1
GSM-R 手机	台	1	1	1	1

3. 驻调度所(驻站)联络员应使用有录音回放功能的通信工具或录音笔，铁路局应制订防护联控录音分析、考核制度。

4. 驻调度所(驻站)联络员应及时向作业负责人传达调度命令，作业负责人接到调度命令后，应与驻调度所(驻站)联络员核对调度命令内容，并确认与驻调度所(驻站)联络员、现场防护员之间相互通信良好后方准安排上道作业。

作业负责人应根据施工作业现场地形条件、列车运行特点、施工(或维修)作业人员和机具布置等情况确定现场防护员站位和移动路径。现场防护员应携带必备的防护用品，做好自身防护，并随时观察施工现场和列车运行情况，发现异常情况时及时通知驻调度所(驻站)联络员和作业负责人，驻调度所(驻站)联络员及时通报列车调度员(车站值班员)。

5. 在区间或站内线路、道岔上维修时，现场防护人员应站在维修地点附近，且瞭望条件较好的地点进行防护，在天窗内作业时，显示停车手信号。维修作业应在调度所(车站)与作业地点分别设驻调度所(驻站)联络员和现场防护人员，并保持联系。

6. 驻调度所(驻站)联络员应与现场防护员保持联系，如联系中断，驻调度所(驻站)联络员应立即通知列车调度员停止向作业地点放行列车，不得办理作业销记手续；同时现场防护员应立即通知作业负责人停止作业，必要时将线路恢复到准许放行列车的条件。铁路局应制订驻调度所(驻站)联络员、现场防护员及作业负责人之间的联控办法，明确通信设备管理要求，对联控时机、联控内容、联控对象、联控标准用语等环节进行规范。

7. 线路上作业设置或撤除移动停车信号防护的程序如下：

(1)设置移动停车信号

①驻调度所(驻站)联络员接到调度命令后，通知现场作业负责人；

②现场作业负责人通知现场防护员并相互确认后，现场防护员按规定在作业地点设置移动停车信号；

③现场作业负责人确认按规定设置好移动停车信号后发出作业命令。

(2)撤除移动停车信号

①现场作业负责人检查确认(非设备管理单位作业时由作业负责人与设备管理单位监督检查人员共同检查确认)线路已达到放行列车条件；

②现场作业负责人通知现场防护员撤除移动停车信号防护；

③现场作业负责人通知驻调度所(驻站)联络员办理开通线路手续。

(五)机具、材料管理

高速行驶的列车附近因气动效应会产生较大的负压，若有机具、材料遗落在现场，可能因振动或被吸起而击打高速列车，威胁行车安全，因此高速铁路使用的机具、材料必须符合相关安全要求，作业前、中、后都要有专人对机具、材料进行全过程管理，作业后务必做到工完料清。

1. 机具管理

(1)高速铁路使用的养修设备、机具，必须经过铁路部门的安全审查(简称 CRCC)或计量审查等，达到相应的技术条件，获得允许上线的许可，方可使用。

(2)高速铁路使用的施工作业机具一律执行统一编号、专人管理制度，工务段以车间为单位对上道施工作业机具统一编号，建册管理。为便于查找，防止遗落，每件机具均需粘贴反光标识。

(3)上道前对使用的各种机具要认真检查，确保状态良好，禁止机具带病上道使用。

(4)每个作业组有专人负责上、下道机具数量的确认工作。出工前清点上线使用的机具数量、型号、编号等，并在《高速铁路上、下道作业机具登记表》中进行登记；下道前对照登记表全面清理一遍，确保所有上线机具全部撤离线路。《高速铁路上、下道作业机具登记表》要在车间、工区统一存放、备查。

2. 材料管理

(1)高速铁路使用的材料必须经铁路部门的审查认可，符合相关技术条件。

(2)上道前，每个作业组有专人负责携带材料数量的清点、统计并在材料房登记，作业过程记录材料实际消耗情况，下道前核对数量，确保剩余或调换下的旧料全部带回驻地。

(3)为保证高速铁路的高平顺性，需要增加标准规格、型号以外的零配件或调整件时，由使用单位或铁路局办理相关上道审查程序，经铁道部审查许可，满足安全要求方可上道使用。

二、人身安全管理

(一)基本要求

1. 天窗点外，任何人员禁止进入防护栅栏内。

2. 所有进入高速铁路线路行车限界的施工、维修以及线路检查作业，均必须按规定设置现场防护和驻站联络员。

3. 上道作业必须在施工负责人带领下进行，且不得分散作业，确保现场作业人员均在作业负责人和防护员的监控范围内，作业过程中禁止离开作业群体单独作业。

4. 施工作业人员乘坐轨道车，必须坐稳扶牢，车未停稳禁止上下；平板车未安装围(栅)栏及无专人负责看护时禁止乘坐。

5. 多人在一起作业时应统一指挥，相互间应保持一定的安全距离，防止工具碰撞伤人。

6. 正线作业人员避车应遵守以下规定：

(1)距钢轨头部外侧不小于 2 m。

(2)本线来车避车：

①不得在两线间避车。

②垂直天窗邻线开行路用列车或 V 形天窗，应在本线一侧的路肩、桥梁作业通道、隧道救援通道避车。

③垂直天窗邻线不开行路用列车，可在本线一侧的路肩、桥梁作业通道、隧道救援通道或邻线避车。

④下道距离不小于 800 m。

(3)本线封锁，邻线(线间距小于 6.5 m)来车时本线可不下道。

7. 站内其他线路作业人员避车应遵守以下规定：

(1)距钢轨头部外侧不小于 2 m；

(2)在站内其他线路检查或作业，躲避本线列车时，下道距离不少于 500 m；

(3)与本线相邻的正线来车时，检查或作业人员避车下道距离不小于 800 m；与本线相邻的其他站线来车时可不下道，但必须停止作业。列车进路不明时必须下道避车。

8. 在地面 2 m 以上的高处及陡坡上作业，必须戴好安全帽、系好安全带或安全绳，安全带、安全绳每次使用前，使用人必须详细检查。不准穿带钉或易滑溜的鞋。

9. 严禁作业人员跳车、钻车、扒车和由车底下、车钩上传递工具材料。休息时严禁坐在钢轨、轨枕头及道床边坡上。绕行停留车辆时其距离应不少于 5 m，并注意车辆动态和邻线上开来的列车。

10. 人员下道避车的同时，必须将作业机具、材料移出线路，放置、堆码牢固，不得侵入限界。两线间不得放置机具、材料。

11. 临时作业应设置防护围栏和安全网，悬空作业应有可靠的安全防护设施。未设置隔离设施的高处作业，人员不得垂直施工。使用移动式梯子时，梯脚应坚实，梯子上端应有固定措施。

12. 没有隔离设备时，禁止双层作业。

13. 进行路堑或山体边坡刷方、清石作业时，每天开工前应检查坡面有无裂缝及可能坍塌的迹象，危石、危土是否已清除干净。凡可以处理的应立即处理，不能处理且对施工安全有威胁时，施工人员应立即向施工负责人报告进行妥善处理。开挖土方应自上而下，严禁挖悬空土。多人同时在坡面上开挖作业时，应大致在同一高度自上而下进行，严禁上下重叠作业。开挖人相互间距不应小于 2m。

14. 严禁患有禁忌症人员登高作业。

15. 夜间作业要有充足的照明设备，照明不足禁止作业。

(二)电气化作业

1. 通过或使用各种车辆、机具设备不得超过机车车辆限界，作业人员和工具与接触网必须保持 2 m 以上距离。

2. 在距离接触网带电部分不到 2 m 时，使用高梯搭设脚手架进行隧道的检查、漏水整治、衬砌修理、油刷标志、隧道口的粉刷装饰、建筑物上作业、桥上使用高压水清洗钢梁和下承式桁梁和上跨建筑物限界检查，必须按规定办理接触网停电申请手续，得到许可停电施工命令，并有接触网工区派人安设临时接地线后方能施工。

3. 在距离接触网带电部分 2～4 m 建筑物上施工时，接触网可不停电，但必须由接网工或经专职人员在现场监护。

4. 发现接触网断线及其部件损坏或在其上挂有线头、绳索等物时，人员不准直接或间接与之接触；在接触网检修人员未到达前，应距断线接地处 10 m 以外设置防护，禁止人员接近。

5. 在接触网支柱及接触网带电部分 5 m 范围以内的金属结构均必须接地，在与接触网相连的支柱及金属结构上，若未装设接地线或接地线已损坏时，严禁人员与之接触。

6. 使用发电机、空压机、搅拌机等机电设备时，应有良好的接地装置。在可能带电部位，应有“高压危险”的明显标志和防护措施。各种机械与车辆不准用水冲洗；施工用的水管不准跨越接触网，不准用射水方式进行圬工养生。

7. 在电气化区段清除危石、危树，进行爆破作业时，应有供电部门人员配合；有碍接触网及行车安全时，应先停电后作业。

8. 施工时，任何作业均不得影响接触网支柱、地锚等设施的稳定。

（三）劳动保护

1. 进行接触粉尘、有毒物品、易燃、易爆物品的作业，使用电器、机械，以及高空作业等，必须按规定使用劳动保护用品。

2. 易燃、易爆及有毒物品，必须有专人保管，储藏时应与建筑物、烟火及水源隔离；搬运装卸及使用时，应按规定程序操作，慎防起火、爆炸和中毒。

3. 野外作业遇雷雨时，作业人员应放下手中的金属器具，迅速到安全处所躲避，严禁在大树下、电杆旁和涵洞内躲避。酷暑、严寒季节，应采取切实措施，防止中暑、溺水、冻伤和煤气中毒。

4. 电器设备、电线必须保持完好，禁止使用未装触电保护器的各种手持式电动工具和移动式设备。

（四）安全用电

1. 电线、电器应定期检查，不得自行修理。维修电器设备，必须持证操作，按规定穿戴好防护用品。

2. 任何电源设备，在未检查或证明无电之前，应一律认为有电，严禁非电工人员，在电气设备上作有电或无电检验。

3. 严禁用潮湿的手接触开关、电线或其他电器。

4. 发生火灾时，立即切断电源，若有人触电应迅速切断电源并进行救护。

5. 保险丝应按规定安装，不得任意改粗或用铜丝、铁丝代替。

（五）防寒、防暑

1. 铁路行车有关人员，在任职前必须经过健康检查，身体条件不符合拟任岗位职务要求的，不得上岗作业。在任职期间，要定期进行身体检查，身体条件不符合任职岗位要求的，应调整工作岗位。

2. 对防寒工作，应提前做好准备。

(1)对有关人员进行防寒过冬培训，并按规定做好防寒劳动防护用品的配备和发放工作。

(2)对铁路技术设备进行防寒过冬检查、整修，并做好包扎管路等工作。

(3)做好易冻的设备、物资的防冻解冻工作。

(4)储备足够的防寒过冬材料、燃料和工具，检修好除冰雪机具和防雪设备，组织好除冰雪队伍。

3. 在需要进行防暑工作的调度室、行车人员值班室、较大车站的旅客候车室及高温车间等重要生产房屋，应设有降温设备。露天作业场所根据需要设置凉棚。

4. 在炎热季节应有足够的防暑用品和药物，并应有供职工饮用的清凉饮料。在暑季前，应对防暑降温设备进行检查、整修。

三、设备安全管理

1. 发生危及行车安全的设备故障时，应立即通知列车调度员或司机，果断采取措施拦停列车或封锁线路，确保行车安全。

2. 检查发现Ⅳ级偏差处所，或Ⅲ级偏差且车辆动力学指标超限处所应立即限速；对Ⅲ级偏差处所，及时安排临时补修；对车辆动力学指标超限处所，及时分析原因，安排整修。

3. 检查发现钢轨折断应立即封锁线路并处理、钢轨重伤应立即限速不超过 160 km/h 并处理。

4. 发生线路设备故障需临时检修时，设备管理单位应根据实际情况确定行车条件。对行车安全和秩序有较大影响时，铁路局应向铁道部主管部门报告，并尽快制订处理方案，经主管局长审批后实施。

5. 对作业方案实行严格等级管理、分级审批制度。作业量大、复杂的作业方案由铁路局主管局长审批。作业必须严格按批准的方案执行，严禁擅自变更。

四、安全风险管理

(一)安全风险管理基本概念及基本理论

高速铁路投入运营后，线路基础设施在列车荷载、温度荷载、自然灾害及周围环境变化共同作用和影响下会发生各种变化，面临各种潜在危险。因此，全面推行安全风险管理，树立全员安全风险意识，掌握安全风险管理基本理论、基本方法，全面强化安全风险基础建设，制订安全应急预案，建立安全应急处理机制，努力降低、规避风险，确保工务安全稳定、可控，是高速铁路工务安全管理中的首要任务。

1. 风　　险

风险是指发生引起损害危险概率及其损害的严重程度，风险 R 具有概率和后果的二重性，可用 $R=f(p,c)$表示，其中，R 表示风险，p 表示事故发生的概率，c 为后果；为简单起见，也可将风险表达为概率与后果的乘积 $R=p\times c$。

2. 风险管理

风险管理是指通过识别风险、分析评估风险、用经济合理的方法来有效控制风险，以实现最大安全保障的科学管理方法。

3. 防范风险对策

(1)主动防范风险：采取风险回避、风险控制。

(2)被动防范风险:建立应急处理机制,制订应急预案,实现对事故、故障、灾害等快速处理。

4. 工务安全风险

工务安全风险,是指在工务系统生产过程中发生意外事故的可能性,及其造成的人员伤亡和经济损失等危险程度的组合,即在生产过程中存在的各种安全隐患及其对行车、人身、设备安全等造成危险程度的组合。工务安全风险与管理问题直接相关,管理基础薄弱、过程控制不到位、职责定位不清、安全文化建设缺失等是工务安全风险源不同层次的表现,与工务安全密切相关的设备质量、行车条件及周边环境等风险源均可通过管理的到位,进行有效的规避、化解和消除。

5. 工务安全风险管理

工务安全风险管理,是指从基础管理入手,综合考虑设备质量、行车环境、人员素质等方面的影响因素,借鉴风险识别、风险评估和风险控制理论的一般原理,查找工务安全隐患,研判工务安全危险源,提前采取防范措施,预防和减少行车安全、人身伤害、设备损坏事故的发生。工务安全风险管理要贯彻"安全第一、预防为主、综合治理"的方针,突出抓好基础建设、过程控制、应急处置等环节。

(二)安全风险识别方法

以作业过程和管理过程为对象,以防范冲突、脱轨、火灾、爆炸、相撞、从业人员伤亡等事故为控制目标,从排查导致一般C类、D类和人身伤害一般B类及以上铁路交通事故的风险源入手,突出高铁安全等八项工务安全风险控制重点,按照职工作业、设备质量、安全环境、安全管理四个类别,结合事故故障、监测检测、维修检查、日常安全检查等信息,采取定量、定性、专家研讨等方法,分专业、分层次识别安全风险,并将其分解到责任作业岗位和管理岗位,确定安全风险控制的牵头科室和配合科室,制作《安全风险分布表》。

(三)安全风险识别途径

1. 职工作业类安全风险的辨识

对照国家法律法规、铁路总公司和段规章规程、制度措施,全面分析所有工种一次作业过程,按照可能造成的人身、设备、行车等方面的安全事故,全面排查和识别关键作业环节存在的安全风险。

2. 设备质量类安全风险的辨识

根据设备特性和修程修制的要求,认真查阅设备维修档案、检修记录、检测数据、事故案例、设备故障案例以及各种分析(会)资料,全面排查和识别设备设计、制造、定期检修、日常维修和日常使用等环节存在的安全风险。

3. 安全环境类安全风险的辨识

安全环境包括社会环境和自然环境。社会环境类的安全风险包括可能对铁路设备设施、列车运行安全造成直接或间接危害,可导致事故发生的各类违法犯罪行为,如非法上道等。自然环境类安全风险包括大风、大雾、雨雪、冰冻、极高(低)温等恶劣天气,地震、洪水、泥石流等自然灾害,以及危岩落石、鸟害、危树等。

4. 安全管理类安全风险的辨识

要突出"管理问题是铁路安全的主要风险源"这一思路,结合历年的事故案例和违章违纪分析中暴露出的管理方面的问题,以及安全大检查活动中查找的问题,深入分析问题的根本原因,查找在职责履行、规章制度建设、人员配备、设备设施配置和财力保障等管理上存在的源头性风险。

5. 动态风险的识别

针对季节更替、新线新设备开通使用、生产力布局调整等内外部条件的变化出现的新情况，以及安全生产中的苗头性、关键性、倾向性问题，及时分析安全风险的变化，动态识别新的安全风险。

（四）安全风险预控措施

1. 强化班前预控

重点落实好班前点名会制度，开展班前安全集中教育，进一步规范日派工单格式及内容，合理安排当日施工作业计划，做好人员分工组织和工机具材料准备。出工前，各作业班对工机具材料进行全面清点确认，确保齐全、状态良好；并针对当日作业项目，对照《安全风险控制表》中安全风险控制内容，有针对性地开展专题学习教育，使全体人员熟知当日作业安全风险卡控重点，强化全员安全风险意识，做好超前防范，实现班前预控到位。

2. 强化岗位自控

加强职工日常教育培训，将《作业岗位安全风险控制表》中安全风险控制内容作为相应岗位必知必会知识，定期组织开展教育、培训和考试，强化职工安全风险和按标作业意识，落实好安全风险控制措施，提高安全风险防控能力，实现岗位自控到位。

3. 强化班中互控

以同班作业人员为互控对象，建立相互关联的作业岗位或相互衔接的作业岗位之间互控制度，实行互相提醒、互相监督的安全管理机制，及时地纠正违章行为，有效地控制安全风险事件。各工区可采取防护小组互控、党员监督岗、设备包保互控等方式，对当日作业班全体人员及作业情况实行互控把关，切实地发挥互相提醒、互相监督的作用。同时，建立连带责任考核制度，对互控不力人员进行责任追究，有效地杜绝“两违”事件的发生，全面强化现场安全风险控制，实现岗位互控到位。

4. 强化设备管控

工区要落实好设备检修制度，使设备检查监控到位、病害整治到位，动态保持设备的良好状态。一是落实设备日常巡检和定期检查制度，对关键设备采取加强检查措施，全面掌握设备状况，及时发现和消除设备安全隐患。二是推行设备巡检制度。定期组织专业小组对线桥设备、机械动力设备、安全防护设施进行巡查，重点检查设备检修制度落实情况，全面查找设备安全隐患，督促及时进行整治销号，提高设备保安能力，实现设备管控到位。

5. 强化非正常卡控

为了较好地应对非正常下各类突发事件，建立快速响应机制，进一步规范应急处理流程，提高应急处置能力，及时地消除或规避安全风险。工长要组织工区全体人员认真学习和全面掌握安全突发事件工务应急处置预案和非正常下应急处置流程，实现非正常情况下安全风险卡控到位，实现现场安全有序可控。

思考题

1. 高速铁路线路维修的原则是什么？在线路维修工作中坚持什么原则？
2. 高速铁路线路维修管理主要包括哪些内容？
3. 高速铁路上线登、销记的基本要求有哪些？
4. 高速铁路日常施工（维修）作业如何登、销记？
5. 大型养路机械三捣两稳作业后如何放行列车？

6. 大型养路机械五捣三稳作业后如何放行列车？

7. 高速铁路无缝线路应力放散后放行列车的条件是什么？

8. 在高速铁路双线区间线路上同时施工时，使用什么防护办法？

9. 在进站道岔外方线路上施工，使用什么防护的防护办法？

10. 施工作业中，驻调度所(驻站)联络员与现场防护员联系中断时，驻调度所(驻站)联络员应如何处置？

11. 施工作业中，驻调度所(驻站)联络员与现场防护员联系中断时，现场防护员如何处置？

12. 简述线路上作业设置或撤除移动停车信号防护的程序。

13. 正线作业人员避车应遵守哪些规定？

14. 在地面 2 m 以上的高处及陡坡上作业有何要求？

15. 发现接触网断线及其部件损坏或在其上挂有线头、绳索等物时，应如何处置？

16. 什么是工务安全风险管理？如何识别安全风险？

第二节　天窗修管理

一、天窗概念、用途及使用原则

(一)天窗及天窗修的概念

天窗是指列车运行图中不铺画列车运行线或调整、抽减列车运行线为施工和维修作业预留的时间。

天窗修是指利用天窗进行设备施工、维修的作业方式，即行车设备管理单位及施工作业管理单位，在天窗时间内进行的一切影响行车设备正常使用的施工和维修作业。

(二)天窗的用途

天窗按用途分为施工天窗和维修天窗。施工天窗主要用于设备大、中修，技术改造，大型养路机械施工及设备管理单位、工程部门在营业线上的施工作业；维修天窗主要用于设备管理单位日常对设备进行维修作业。临时由于突发性设备故障或状态不良危及行车安全需要停用抢修或灾害等意外情况下的设备紧急抢修，应请求故障修天窗。

(三)天窗的使用原则

凡影响工务设备稳定、使用和行车安全的施工作业和维修作业，都必须纳入天窗，不得利用列车间隔进行。利用天窗作业必须满足以下 3 个条件：施工或维修作业开始前及结束后列车不慢行；施工或维修作业开始前及结束后不影响信号使用；施工时间内能够完成相关作业内容。

二、天窗分类

行车设备管理单位以及其他施工单位进行不同性质施工和日常维修作业时的天窗类型如下：

1. 施工天窗

施工天窗是指铁路局月度施工计划或其他施工文电批准的施工方案中进行线路施工时在规定封锁地段不行车或信号、接触网施工时信号设备、接触网供电停电需要的时间。

2. 综合维修天窗

综合维修天窗是指列车运行图预留的、为工务、电务、接触网供电等设备管理单位对行车设备进行有碍行车的日常检(维)修而规定的时间。综合维修天窗并非为一个系统单独使用而安排。

3. 垂直天窗

垂直天窗是指列车运行图预留的、同时影响上、下行正线行车设备正常使用，为工务、电务、供电等设备管理单位共同使用而安排的作业时间。

4. V形天窗

V形天窗是指列车运行图预留的、对运营线单方向行车设备进行维修作业的时间。

5. 故障天窗

故障修天窗是指发生灾害、行车设备临时故障影响行车设备正常使用或出现可能危及行车安全的险情时，行车组织部门根据设备管理单位提出的，临时申请封锁时间面安排的施工抢修作业时间。

三、天窗修作业时间规定

1. 高速铁路正线、到发线天窗一般为垂直天窗，天窗时间不少于240 min，有条件的区段，路局安排时间不少于90 min的昼间检查天窗。运营速度为250 km/h及以下铁路，如确需采取V形天窗，V形天窗时段邻线限速不超过160 km/h。

2. 联络线、走行线等低速正线或动车所内线路的维修天窗一般安排在昼间，以提高作业效率和质量。

四、天窗修的组织与管理

铁路局成立天窗修领导小组，下设天窗修管理办公室。其主要职责：加强天窗修管理和考核工作，检查指导有关单位实施天窗修基础管理、现场作业及安全措施的制订和落实，协调、解决天窗修出现的问题，负责考核天窗兑现率和利用率，定期总结工作，不断提高天窗修质量。铁路局、工务段设有专人负责高速铁路的天窗管理。

五、天窗维修作业项目

(一)应纳入天窗的维修项目

1. 钢轨、道岔大型养路机械打磨。
2. 开行路用列车运送作业人员，装卸机具、材料。
3. 工务设备上道检查、检测。
4. 轨道精调。
5. 采用改道、垫板方式处理零小线路病害。
6. 整理外观及修理、油刷线路标志。
7. 螺栓扣件涂油。
8. 防护栅栏内各种排水设备、加固设备的整修及清淤。
9. 整修声屏障、进入防护栅栏门内整修防护栅栏。
10. 使用冻害垫板一次总厚度小于10 mm的冻害整治。
11. 路基封闭层、排水系统以及防护栅栏内的路基边坡防护设施和支挡结构的检查、整修。
12. 桥梁栏杆、桥面防水层、桥面上排水系统的检查、整修。
13. 进入隧道内的检查整修，隧道洞门、缓冲结构及防护栅栏内边仰坡的检查整修。
14. 灾害监测系统的维修与更换。
15. 可能影响行车安全的危石清理。

16. 在天窗内可以完成的其他作业项目。

(二)可不纳入天窗的维修项目

1. 防护栅栏外的工务设备检查、测量及维修。

2. 不通向桥面范围的检查维修作业,包括桥梁支座、防落梁装置检查、维修作业,桥面下、箱梁内不影响结构稳定和使用的检查、测量、维修作业。

3. 不进入防护栅栏门进行防护栅栏、救援疏散通道的修补。

(三)纳入天窗的维修等级

按照作业复杂程度和设备影响范围,维修项目分为Ⅰ级维修和Ⅱ级维修。

Ⅰ级维修:(1)钢轨、道岔大型养路机械打磨;(2)开行路用列车运送作业人员或装卸机具、材料。

Ⅱ级维修:除Ⅰ级维修以外的项目。

六、天窗维修作业计划

1. 高速铁路天窗计划实行“周计划、日确认”的管理方式,周计划即工务段每周五前通过局域网向路局申报下周天窗修作业计划,经业务处室审核,运输部门审批同意后,工务段组织实施;日确认即运输部门当日公布次日计划,工务段确认、核对后实施。

2. 若区间固定设备与运输指挥分属两个铁路局管辖时,由负责运输指挥的铁路局运输部门协调该区间天窗修计划管理。

日计划编制程序如下:

(1)设备管理单位于维修作业前3日向本铁路局主管业务处室提报计划申请,铁路局主管业务处室根据设备管理单位的提报,与其他主管业务处室沟通协调后编制本专业维修计划,于维修作业前2日9:00前报铁路局调度所施工调度室,施工调度室负责审核维修日计划。

(2)施工调度室于维修作业前1日12:00前将维修日计划传(交)有关调度台及主管业务处室、相关车务段(直属站)。主管业务处室负责通知作业单位、配合单位,车务段(直属站)负责通知相关车站。

(3)综合利用天窗时,由铁路局调度所指定维修主体单位,维修主体单位的确定方法由铁路局规定。

(4)高速铁路延伸段的维修计划:设备管理单位于维修作业前4日向本铁路局主管业务处室提报计划申请,本铁路局主管业务处室与局内相关业务处室沟通协调后,于维修作业前3日向调度管辖区段铁路局主管业务处室提报计划申请,由调度管辖区段铁路局主管业务处室编制维修计划并向调度所提报。

七、天窗修计划的取削或变更

1. 月度施工计划原则上不准变更。特殊情况必须进行调整时,由施工单位提前5天向铁路局主管业务处室和运输处提出书面申请,由运输处调整施工计划。涉及LKJ基础数据变化的施工日期不得提前。

2. 维修计划下达后,因特殊原因需临时增加维修作业时,在不与其他施工及维修作业产生冲突的前提下,高速铁路由设备管理单位报主管业务处室审核同意后,报铁路局调度所实施。铁路局所管设备越过局间分界站延伸至相邻铁路局调度指挥区段时,高速铁路由调度管辖铁路局业务处室审核同意后,报铁路局调度所实施。

3. 对突发性设备故障和灾害的紧急抢修及轨道状态超过临时补修标准和重伤设备处理等需临时封锁要点的施工，按下列程序办理：

(1)需临时封锁要点时，由设备管理单位向铁路局主管业务处室提出申请，主管业务处室审查，经分管运输副局长(总调度长)批准后，由调度所安排施工。

(2)危及行车安全需立即抢修时，设备管理单位按规定采取措施，在《行车设备检查登记簿》内登记，高速铁路经调度所值班主任(副主任)批准，发布调度命令进行抢修，设备管理单位同时通知配合单位和铁路局主管业务处室。

八、天窗修的组织实施

1. 高速铁路维修作业按照统筹安排、综合利用的原则组织实施。设备管理部门在制订维修作业计划涉及其他部门时要主动联系其他设备管理部门，减少或避免维修作业时相互干扰。

2. 高速铁路维修作业需开行路用列车时，路用列车开行方案必须纳入维修计划。路用列车开行方案必须明确发站、到站、编组、运行径路、作业地点、作业防护地点及转线计划，明确路用列车司机和随车的施工负责人的联系电话(包括 GSM-R 电话号码)。维修计划下达后，设备管理单位不得随意变更路用列车开行方案。

3. 高速铁路固定设备上线检查、检测、维修工作都必须在天窗时间内进行，天窗时间外不得进入桥面、隧道和路基地段栅栏范围内。其他地段的检修作业，由铁路局制订相关规定。

4. 高速铁路维修天窗结束后开行动车组列车前，应开行确认列车，确认列车开行纳入列车运行图。

5. 铁路局要加强对营业线施工的考核工作，明确单位天窗时间内工作量，建立经济考核制度和奖惩办法，对施工计划和施工、维修天窗的兑现率、利用率进行考核。运输部门考核兑现率，兑现率是指运输组织部门实际给点时间、次数与计划时间、次数之比。主管业务处室考核利用率，利用率是指施工单位实际作业时间、次数、工作量完成与计划时间、次数、工作量之比。

铁路局要根据实际情况，确定“两率”基数，严格按月考核。对超过“两率”基数的要给予奖励，对达不到“两率”基数的要给予处罚。

6. 注意事项：

(1)作业单位要切实加强天窗作业前、中、后的联系和防护工作。对封锁线路、接触网停电、移动作业车等关键环节，必须严格按规定设置防护。

(2)工务、电务、供电、工程等单位在电气化区段作业时，必须在分别确认列车调度员发布的天窗修命令和供电调度员发布的停电调度命令后，方可进入封闭内作业。

(3)施工现场为两个及以上施工单位综合利用天窗在同一区间作业时，由运输部门指定施工(维修)主体单位，明确主体施工(维修)负责人。主体施工(维修)负责人负责协调各单位施工组织，各单位必须服从主体施工(维修)负责人指挥，按时完成施工和维修任务，确保达到规定的列车放行条件。

(4)两个及以上单位作业车进入同一个区间移动作业时，由主体施工(维修)负责人统一划分各单位作业车作业范围及分界点，作业单位必须按规定分别进行防护。

(5)影响行车或影响行车设备稳定、使用的施工项目未经申报批准严禁施工，擅自施工或擅自扩大施工内容和范围的，一经发现立即停工并追究施工单位责任。

(6)各项施工作业，施工点前不得安排慢行。大机清筛、换轨、更换道岔、路基处理车施工时，在运行图条件允许的情况下，应适当增加天窗时间。增加天窗时间影响图定跨局旅客列车开行时，必须报铁道部运输局批准。

思考题

1. 天窗、天窗修的含义是什么？

2. 天窗的用途是什么？

3. 什么是垂直天窗？什么是故障天窗？

4. 铁路局天窗修领导小组的主要职责是什么？

5. 可不纳入高速铁路天窗的维修项目主要有哪些？

6. 高速铁路天窗计划实行的管理方式是什么？

7. 设备管理单位的日作业计划是在什么时间向何部门提报？

8. 月度施工计划能变更吗？有何要求？

9. 维修计划下达后，因特殊原因需临时增加维修作业时应如何办理？

10. 对突发性设备故障和灾害的紧急抢修及轨道状态超过临时补修标准和重伤设备处理等需临时封锁要点的施工，应如何办理？

11. 什么是天窗兑现率？什么是天窗利用率？

12. 施工现场为两个及以上施工单位综合利用天窗在同一区间作业时，有何规定？

第三节　维修工作管理

一、维修工作分类

(一)无砟轨道工作分类

无砟轨道线路维修工作分为周期检修、经常保养和临时补修。

1. 周期检修指根据线路及其各部件的变化规律和特点，对钢轨、道岔、扣件、无砟道床、无缝线路及轨道几何形位等按相应周期进行的全面检查和修理，以恢复线路完好技术状态。铁路局可根据线路设备状态、线路条件、运输条件和自然条件等具体情况调整维修周期，并报铁路总公司核备。

2. 经常保养指根据动、静态检测结果及线路状态变化情况，对线路设备进行的经常性修理，以保持线路质量经常处于均衡状态。

3. 临时补修指对轨道几何尺寸超过临时补修容许偏差管理值或轨道设备伤损状态影响其正常使用的处所进行临时性修理，以保证行车安全和舒适。

(二)无砟轨道工作内容

1. 周期检修基本内容

(1)线路设备质量动态检查。

(2)轨道几何尺寸和扣件螺栓扭矩静态检查。

(3)钢轨探伤。

(4)采用打磨列车对钢轨进行预打磨、预防性打磨和修理性打磨。

(5)联结零件成段涂油、复拧。

(6)根据刚度变化情况，成段更换弹性垫板。

(7)有计划地对无砟道床进行检查及修补。

(8)无缝线路钢轨位移、钢轨伸缩调节器(以下简称调节器)伸缩量的周期观测和分析。

(9)对沉降量较大地段的轨道状态进行周期观测和分析。

(10)精测网检查、复测。

2. 经常保养基本内容

(1)对轨道质量指数(TQI)超过管理值的区段或轨道几何尺寸超过经常保养容许偏差管理值的处所进行整修。

(2)根据钢轨表面伤损、光带及线路动态检测情况,对钢轨进行修理。

(3)整修焊缝。

(4)整修伤损扣件、道岔及调节器等轨道部件。

(5)无缝线路应力调整或放散。

(6)修补达到Ⅱ级及以上伤损的无砟道床。

(7)疏通排水。

(8)精测网维护。

(9)沉降地段轨道状态观测和分析。

(10)修理、补充和刷新标志、标识。

(11)根据季节特点对线路进行重点检查。

(12)其他需要经常保养的工作。

3. 临时补修主要内容

(1)及时整修轨道几何尺寸超过临时补修容许偏差管理值的处所。

(2)处理伤损钢轨(含焊缝)和失效胶接绝缘接头。

(3)更换伤损的道岔护轨螺栓、可动心轨咽喉和叉后间隔铁螺栓、长心轨与短心轨联结螺栓等。

(4)更换伤损失效的扣件、道岔及调节器等轨道部件。

(5)更换或整治失效无砟道床。

(6)处理线路故障。

(7)其他需要临时补修的工作。

(三)有砟轨道工作分类

线路维修工作分为周期检修、经常保养和临时补修。

1. 周期检修指根据线路及其各部件的变化规律和特点,对钢轨、道岔、扣件、道床、无缝线路及轨道几何形位等按相应周期进行的全面检查和修理,以恢复线路完好技术状态。铁路局可根据线路设备状态、线路条件、运输条件和自然条件等具体情况调整维修周期,并报铁路总公司核备。

2. 经常保养指根据动、静态检测结果及线路状态变化情况,进行有计划、有重点的经常性养护,以保持线路质量经常处于均衡状态。

3. 临时补修指对轨道几何尺寸超过临时补修容许偏差管理值或轨道设备伤损状态影响其正常使用的处所进行临时性修理,以保证行车安全和舒适。

(四)有砟轨道工作内容

1. 周期检修基本内容

(1)线路设备质量动态检查。

(2)轨道几何尺寸静态检查。

(3)扣件、轨枕、道床状态检查。

(4)钢轨探伤。

(5)无缝线路钢轨位移、钢轨伸缩调节器(以下简称调节器)伸缩量的周期观测和分析。

(6)沉降地段轨道状态观测和分析。

(7)精测网检查、复测。

(8)根据线路、道岔、调节器状态,对线路平面、纵断面进行测设和优化,全面起道、拨道、改道、捣固、稳定,调整几何形位,清筛枕盒不洁道床和边坡,改善轨道弹性。

(9)采用打磨列车对钢轨进行预打磨、预防性打磨和修理性打磨。

(10)联结零件成段涂油、复拧。

(11)其他周期性检修的工作。

2. 经常保养基本内容

(1)对轨道质量指数(TQI)超过管理值或成段轨道几何尺寸超过经常保养容许偏差管理值的区段进行修理。

(2)无缝线路应力调整或放散。

(3)根据钢轨表面伤损、光带及线路动态检测情况,对钢轨进行修理。

(4)整修焊缝。

(5)整修伤损的扣件、道岔及调节器等轨道部件。

(6)更换、方正和修理轨枕。

(7)整治道床翻浆冒泥,补充道砟,整理道床。

(8)疏通排水,清除道床杂草。

(9)整治冻害。

(10)精测网维护。

(11)修理、补充和刷新线路标志、标识。

(12)根据季节特点对线路进行重点检查。

(13)其他需要经常保养的工作。

3. 临时补修主要内容

(1)及时整修轨道几何尺寸超过临时补修容许偏差管理值的处所。

(2)处理伤损钢轨(含焊缝)和失效胶接绝缘接头。

(3)更换伤损失效的扣件、道岔及调节器等轨道部件。

(4)更换伤损的道岔护轨螺栓、可动心轨咽喉和叉后间隔铁螺栓、长心轨与短心轨联结螺栓等。

(5)处理线路故障。

(6)其他需要临时补修的工作。

二、维修工作计划

作业计划是进行科学养路的主要环节。工务系统各部门都要编制相关工作计划。作业计划是一个完整的体系,包括工作量调查、计划编制、计划审批、实施步骤、作业质量回检、执行结果分析等,每一个环节都必须认真完成。车间及工区维修计划分为月计划、旬计划、日计划三类。

（一）月 计 划

1. 工务段月计划

工务段根据铁路局下达的年度计划编制年度分月维修计划。

工务段结合车间上月计划完成情况及上月动态检查情况和有关要求，每月底前下达生产月度计划，主要内容分为：

（1）上月工作总结，包括上月安全总结、生产总结和动态检查分析等。

（2）本月工作安排，包括检查工作（包括周期性检查和重点检查）和重点工作（大机作业、客车径路综合整治、安防设备补强等、季节性工作）。

2. 车间月计划

车间根据高铁科下达的生产月计划，结合问题库制订车间月计划，并分别下达工区月计划。车间月计划主要内容分为：

（1）检查工作（包括周期性检查和重点检查）。

（2）经常保养工作（包括线路动检超限及晃车处理、钢轨修理、轨道板伤损修理、封闭网整治、路基水沟清理等根据问题库要求整治的项目）。

（3）重点工作（落实段下达的重点工作及车间自已确定的重点作业等）。

（4）车间月计划必须及时下达工区。

（二）旬 计 划

旬计划由车间根据动检车检测结果及车载式检查仪、便携式检查仪等检测结果综合分析制订。

车间于每月 8 日、18 日、28 日组织车间主管干部及各工区工长召开车间旬计划会并将旬计划上传至工务段高铁科。高铁科于每月 9 日、19 日、29 日参加调度所组织的协调会，会上最好协调保证车间的原始计划不改动，会后及时将最终旬计划下发至各相关车间并电话通知相关车间，相关车间转发旬计划至各工区及相关干部。旬计划必须有车间主任、书记或副主任审批。

（三）日 计 划

1. 车间提前两天上报维修作业计划（严格按照旬计划及工务优先日上报计划，否则由于计划冲突造成计划审核不通过，而不能实施），工区根据每日正式维修计划上报次日作业计划，次日作业计划应将线路的线别分开，明确作业内容、地点、带班人、现场负责人及现场防护员。

2. 次日计划的审核。车间将工区的次日作业计划汇总后，确认各星级作业项目带班人是否满足要求，并填写星级作业盯控人员，经车间主任或书记审核签认后每日 16:00 点前电子版报调度组。

3. 次日计划的审批。段调度审核把关车间次日作业计划，特别注意作业内容、作业地点是否与正式维修计划相符，轨道车是否安排添乘干部，根据星级管理办法是否安排跟班干部。

值班领导及值班干部对次日作业计划进行审核把关，重点审查二星级及以上作业项目，审查完后，对作业计划进行审批签认。

4. 次日计划的发布。段调度按作业类别下达作业命令号，车间将批准的作业计划发工区执行。一星级作业以“1”开头，二星级作业以“2”开头，三星级作业以“3”开头，如“1010001、2010001、3010001”（命令号第 1 位数字代表作业星级，第 2、3 位数字代表月份，第 4、5、6、7 位数字代表命令编号，命令编号根据实际情况可以增加位数）。

5. 日计划的编制。工区工长按照段下达的次日作业命令号，填写作业用工日计划、日作业派工单，明确安全注意事项。

6. 日计划的变更。日计划原则上不得随意变更，如工区当日作业计划需变更或补充时，工区需向车间提出变更或补充作业计划的申请，经车间主任同意后，及时向段调度申报《临时计划申请单》，由段调度审核后盖“施工专用章”传真至工务处调度，同时段调度通知驻调度所联络员取《临时计划申请单》，找相关处室签字盖章，送交调度所值班主任。段调度根据《临时计划申请单》下达变更或补充上道作业命令号（变更或补充上道作业命令号在原命令号的基础上前面加“B”）。

三、线路设备管理组织

高速铁路工务设备管理模式，在总结我国既有铁路长期运营的基础上，结合高速铁路特点，提出了机构设置原则：高速铁路工务设备维修实行检、修分开的管理制度，实行专业化和属地化管理。本着“资源综合、专业强化、集中管理”和“精干、高效”的原则设置工务维修管理机构。

依据相关规定和铁路总公司与铁路局签订的委托运输管理协议，铁路局负责受委托范围内高速铁路线路设备的安全、维护和管理，实行铁路局（集团公司）、工务段、车间、班组四级管理。

线路车间的设置：无砟轨道高铁，以管辖线路长度以营业里程 200～300 km 为宜，线路车间下设工区，工区间距平原地区一般为 100 km 左右；有砟轨道高铁，以管辖线路长度以营业里程 100 km 左右为宜，线路车间下设工区，工区营业里程一般为 30 km 左右。站间距较小的城际铁路、山区、高原和严寒地区的车间和工区管辖线路长度适当缩短。动车段（所）单独设置线路车间或工区。

路桥检查车间的管辖营业长度宜在 300 km 左右，不超过 400 km；路桥检查车间下设路桥检查工区，路桥检查工区管辖营业长度 100 km 左右，山区路段宜适当缩小管辖长度。路桥检查车间，负责桥隧、路基设备的日常管理，路桥检查工区负责桥隧和路基设备、附属及安全检查设施的日常检查、观测及适量的保养工作。未设路桥检查车间的，设置路桥检查工区。跨越大江大河的大型钢梁桥，专门设置钢梁、机修工区；长大隧道或隧道群设置专门的检查工区。桥隧设备维修实行委托方式，委托铁路局组织实施。维修技术特别复杂，难度大且铁路局专业维修单位不能胜任的，经充分论证，按规定程序，委托具备资质的公司实施。

基础设施检测中心、铁路局工务检测所和大型养路机械运用检修段受委托承担利用综合检测列车、钢轨探伤车对线路进行周期性检测和钢轨周期性探伤检查。

大型养路机械运用检修段或工务机械段受委托承担利用大型养路机械对线路的修理。

防灾系统、精密工程控制网等专业性强的项目，由客专公司委托路局之外的第三方负责维护。

根据机构设置原则，各铁路局结合各自实际，对机构设置进行了多种形式的尝试，主要有：一是在有砟客专的维修管理上，考虑其与既有铁路轨道结构相近，作业手段相通，可综合利用既有人力、机械等资源等因素，实行设备属地管辖，生产、生活一体化的管理模式。即固定设备分工务、电务、供电 3 个专业管理。运营维护由就近的工务、电务、供电段负责，分专业下设车间、工区，日常生活、办公 3 个专业车间、工区统一居住在一起，实施一体化管理，综合利用天窗。日常牵头、协调由工务车间主任、工长负责。二是在无砟轨道高速铁路管理上，探索高速与普速完全分开的综合维修段管理模式。段—车间—工区三级均实行工务、电务、供电“三位一体”的综合管理，段设线路、通信信号、供电3个技术部，车间打破专业限制，设综合车间1名主任若干副主任，工区设1名工长若干副工长，职工不分工务、电务、供电专业，统一为“综合工”。三是成立专门的高速铁路工务段的模式，只负责管内高速铁路工务设备的维护管理。机构设置还是段—车间—工区三级，日常工作偏重于高铁的静态检查、数据综合分析、日常保养和应急处置等。

思考题

1. 无砟轨道和有砟轨道维修工作分为哪几类？
2. 什么是周期检修？什么是经常保养？什么是临时补修？
3. 无砟轨道周期检修的内容有哪些？有砟轨道周期检修的内容有哪些？它们有哪些不同点？
4. 无砟轨道经常保养的内容有哪些？有砟轨道经常保养的内容有哪些？它们有哪些不同点？
5. 车间及工区维修计划分为哪几种？月计划和旬计划如何编制？
6. 高速铁路工务维修管理机构设置的原则是什么？
7. 高速铁路线路车间管辖线路的长度是多少？路桥检查车间的管辖线路的长度是多少？

第四节　轨道不平顺管理

一、轨道不平顺的种类及产生的原因

轨道不平顺是指轨道几何形状、尺寸和空间位置的偏差。广义而言，凡是直线轨道不平、不直，对中心线位置和轨道高度、宽度正确尺寸的偏离，曲线轨道不圆顺，偏离曲线中心线位置和正确的曲率、超高、轨距值，偏离顺坡变化尺寸等轨道几何偏差，通称轨道不平顺。

轨道不平顺的种类很多，可按其对机车车辆激扰作用的方向、不平顺的波长、显现记录时有无轮载作用等分类。

(一)垂向轨道不平顺

1. 高低不平顺

高低不平顺是指轨道沿钢轨长度方向在垂向的凸凹不平(图2-4-1)。它是由线路施工和大修作业的高程偏差，桥梁挠曲变形，道床和路基残余变形沉降不均匀，轨道各部件间的间隙

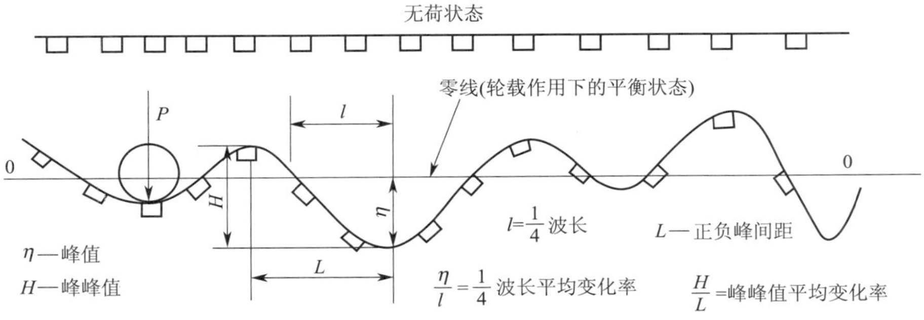

图2-4-1　轨道的高低不平顺

不相等，吊板以及轨道垂向弹性不一致等造成的。

一般情况下，左、右轨高低的变化趋势基本一致，但在短距离内各自的变化往往不同，所以还必须区分左轨高低和右轨高低。

2. 水平不平顺

水平不平顺即轨道同一横截面上左右两轨顶面的高差（图 2-4-2）。在曲线上，水平不平顺是指扣除正常超高值的偏差部分；在直线上，它是指扣除将一侧钢轨故意抬高形成的水平平均值后的差值。

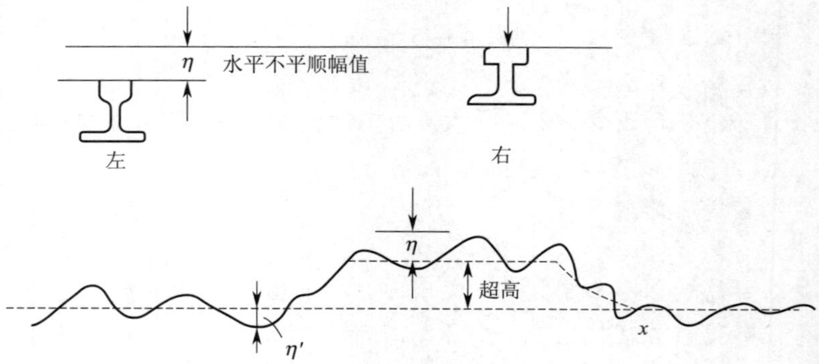

图 2-4-2　轨道的水平不平顺

3. 扭曲不平顺

轨道平面扭曲（有些国家称为平面性，我国常称三角坑）即左右两轨顶面相对于轨道平面的扭曲，用相隔一定距离的两个横截面水平幅值的代数差度量。国际铁路联盟 UICB55 专门委员会将所谓“一定距离”定义为“作用距离”，即指轴距、心盘距。

4. 轨面短波不平顺

轨面短波不平顺，即钢轨顶面小范围内的不平顺，它是由轨面不均匀磨耗、擦伤、剥离掉块、焊缝不平、接头错牙等形成的。其中轨面擦伤、焊缝不平等多是孤立的，不具周期性，而波纹磨耗、波浪形磨耗则具有周期性特征，如图 2-4-3～图 2-4-5 所示。

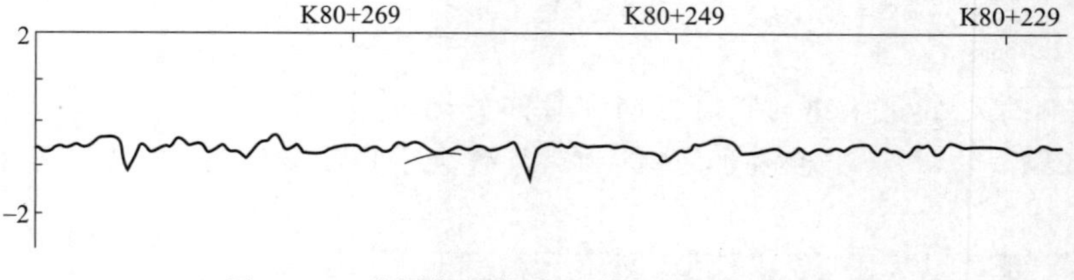

图 2-4-3　非周期性轨面短波不平顺实测波形

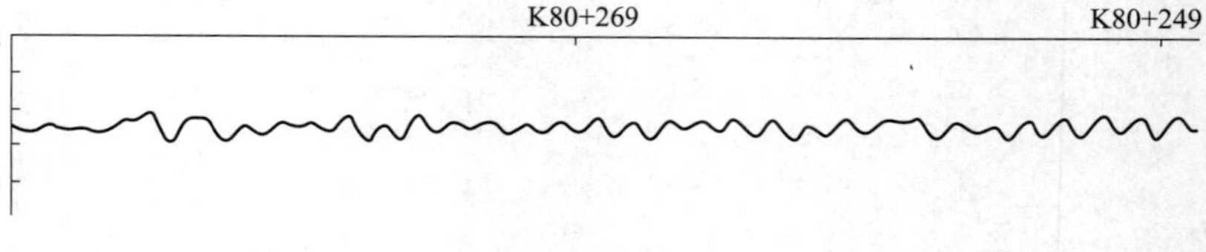

图 2-4-4　周期性轨面短波不平顺实测波形

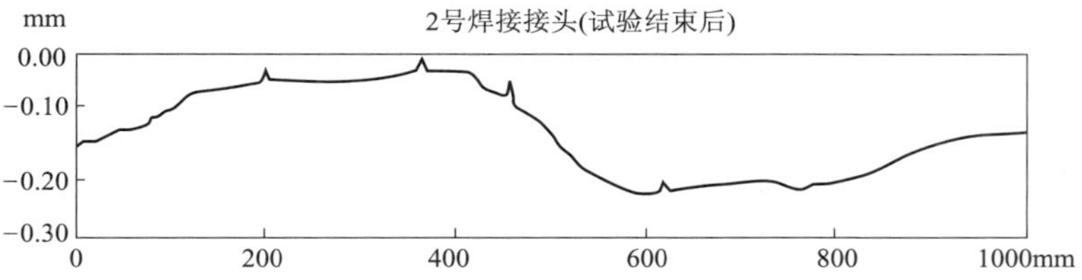

图 2-4-5　焊缝区短波不平顺

（二）横向轨道不平顺

1. 轨道方向不平顺

轨道方向不平顺（常简称轨向不平顺或方向不平顺）是指轨头内侧面沿长度方向的横向凹凸不平顺，由铺轨施工、整道作业的轨道中心线定位偏差，轨排横向残余变形积累和轨头侧面磨耗不均匀、扣件失效、轨道横向弹性不一致等原因造成（图 2-4-6）。左、右轨方向变化往往不同，尤其在扣件薄弱的区段差异更大，因此需要区分左轨方向和右轨方向，并将左、右轨方向的平均值作为轨道的中心线方向偏差。

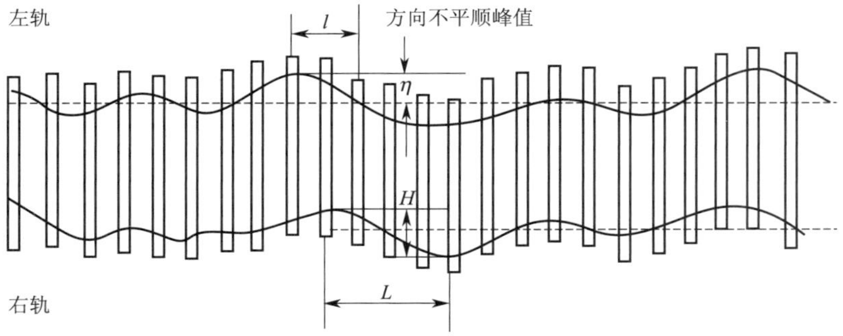

图 2-4-6　轨道方向不平顺

2. 轨距偏差

轨距偏差即在轨顶面以下 16 mm 处量得的左右两轨内侧距离相对于标准轨距的偏差，通常由扣件不良、轨枕挡肩失效、轨头侧面磨耗等造成（图2-4-7）。

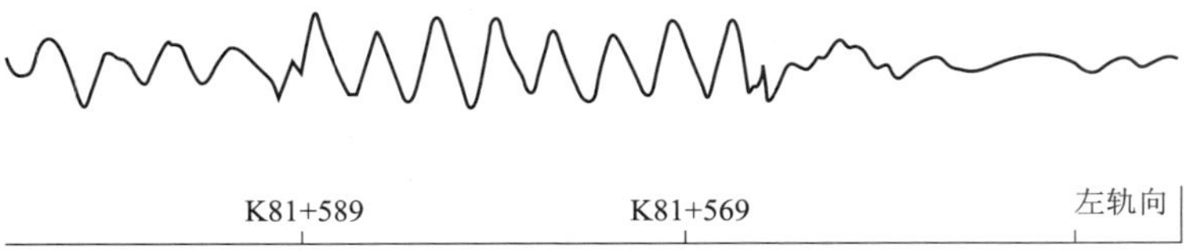

图 2-4-7　新轨横向周期性不平顺实测波形

（三）复合不平顺

在轨道同一位置上，垂向和横向不平顺共存形成的双向不平顺称为轨道复合不平顺。危害较大的复合不平顺有：

1. 方向水平逆向复合不平顺

方向水平逆向复合不平顺是指在同一位置既有方向不平顺又有水平不平顺，并且轨道臌曲方向与高轨位置形成反超高状态（图 2-4-8）。

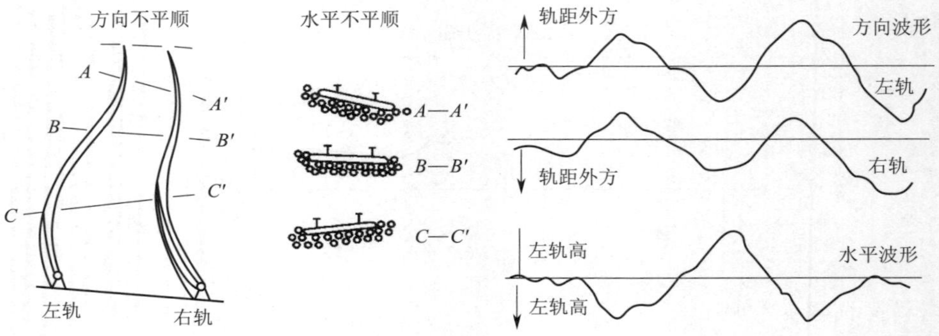

图 2-4-8 方向水平逆向复合不平顺

日本等国的研究和我国的试验均证实，方向水平逆向复合不平顺对行车安全有严重影响，往往是引起脱轨的重要原因。

2. 曲线头尾的几何偏差

它是指在曲线圆缓点区、缓直点区，超高、正矢、轨距顺坡起点、终点不一致或不匹配形成的几何偏差，它对行车平稳舒适和安全有不可忽视的影响(图 2-4-9)。

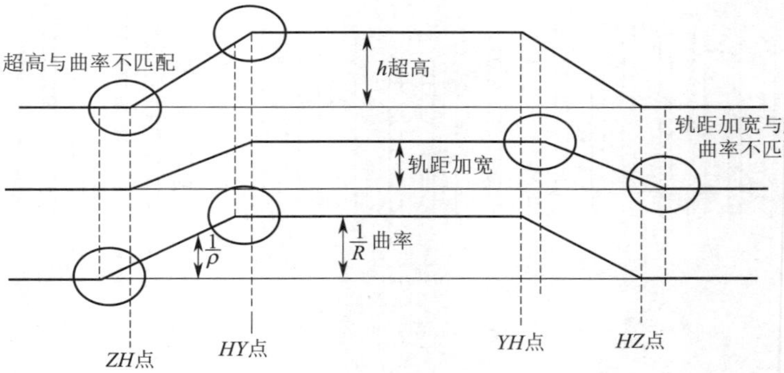

图 2-4-9 曲线头尾的几何偏差

二、各种轨道不平顺的影响及车轨相互作用的特点

轨道不平顺是引起列车振动、轮轨动作用力增大的主要根源，对行车平稳舒适和行车安全都有重要影响，是轨道方面直接限制行车速度的主要因素。

轮轨相互作用的理论研究和国外高速铁路的实践证明，在高平顺的轨道上，高速列车的振动和轮轨间的动作用力都不大，行车安全和平稳舒适性能够得到保证，轨道和车辆部件的寿命和维修周期也较长。反之，即使轨道、路基和桥梁结构在强度方面完全满足要求，而轨道平顺性不良时，在高速条件下各种轨道不平顺引起的车辆振动、轮轨噪声和轮轨动作用力将大幅度增加，使平稳、舒适、安全性严重恶化，甚至导致列车脱轨。

(一)各种轨道不平顺的主要影响

国内外的研究试验均表明，各种轨道不平顺对车辆振动、轮轨噪声、轮轮相互作用力、舒适性、安全性等都有直接影响，但不同种类的不平顺，其激扰方向、影响性质、影响程度又各不相同，见表 2-4-1。

表 2-4-1　各种轨道不平顺的主要影响

影响 / 种类	车辆振动	轮轨力	性质	
			安全性	平稳舒适性
高低	浮沉、点头	垂直力增减载	促进脱轨	垂直加速度大
水平	侧滚	垂直力增减载	促进脱轨	侧滚加速度大
扭曲	侧滚	垂直力增减载	引发悬浮脱轨	侧滚加速度大
轨向	侧摆、摇头	横向力增大	引发爬轨脱轨	横向加速度大
轨距			引发落下脱轨	
轨向水平复合	侧摆、侧滚	横向力增大 垂直力增减载	引发爬轨、悬浮脱轨	垂直加速度大 横向加速度大
轨面短波	轮轨高频冲击振动	垂直冲击力大	促进断轨断轴	噪声
轨制不平顺		周期性轮轨力增大		垂直加速度大

（二）按波长区分的轨道不平顺及影响

随机性轨道不平顺的波长范围很宽，0.01～200 m 波长的不平顺均常见。

1 m 以下的轨面短波不平顺幅值很小，多在 0.02～2 mm，主要由钢轨接头焊缝、不均匀磨耗、轨头擦伤、剥离掉块、波浪和波纹磨耗以及轨枕间距等因素形成。

1～3.5 m 范围的波长成分主要是钢轨在轧制过程中形成的周期性成分和波浪形磨耗。

3.5～30 m 波段主要由道床路基的不均匀残余变形、各部件间的间隙不等、道床弹性不均、焊头形成的以轨长为基波的复杂周期波成分，以及桥、隧头尾、涵洞等轨道刚度突变和桥梁动挠度等形成。

30～200 m 波段多由道床及路基沉降不均、路基施工过程中形成的先天性不平、桥梁动挠度等构成。更长的长波多为地形起伏、线路坡度变化等形成。

轨道不平顺不仅幅值和波长的变化范围大，而且其影响也各不相同。短波不平顺可能引起簧下质量与钢轨间的冲击振动，产生很大的轮轨作作用力。周期性成分可能引起机车车辆的谐振。而中、长波尤其是敏感波长成分常常是引起车体产生较大振动的重要原因。

在速度为 120 km/h 以下时，轨道不平顺有影响的波长范围在 30 m 以下。随着行车速度的提高，轨道不平顺有影响的波长相应增长。速度为 350 km/h 时，有影响的波长可达百余米。

按轨道不平顺的波长特征可分为短波、中波、长波不平顺三类。各国划分的波长范围不尽相同。我国的波长划分见表 2-4-2。

表 2-4-2　我国的波长划分

类型	波长范围	幅值范围	不平顺种类	主要影响
短波	数毫米至数十毫米	0.02～1.0 mm	轨面擦伤、剥离掉块、波纹磨耗、焊缝	轮轨动作用力，噪声，运营成本费（高速时影响大增）
	数百毫米	0.1～2.0 mm	波浪形磨耗，轨枕间距	
中波	2～3.5 m 周期性	0.1～2.0 mm	新轨轨身不平顺	快速、高速车振动舒适性
	3～30 m 非周期性	1～40 mm	高低、轨向、扭曲、水平、轨距	轮轨动作用力，噪声，安全、平稳、舒适性，运营成本费（高速时影响大增）
长波	30～100 m	1～60 mm	路基、道床不均匀沉降，中跨桥梁挠曲变形，桥梁、隧道头尾刚度差异	快速、高速列车振动舒适性

(三)轨道不平顺幅值、波长和行车速度的影响规律

当不平顺波长和行车速度一定时．幅值越大．所引起的车辆振动和轮轨作用力等响应也越大。

当轨道不平顺幅值和行车速度一定时,波长越长影响越小,非线性递减,但敏感波长、周期性的谐振波长影响大。

当轨道不平顺幅值和波长一定时,速度越高影响越大,非线性递增。

三、高速铁路轨道平顺状态的维修管理

在轨道不平顺发生、发展变化的各个阶段,都应层层把关设防,采取相应的监控、养修管理措施,以确保高速行车平稳安全和维修管理的经济性。高速铁路轨道不平顺的维修管理工作,仍应坚持预防为主、管小防大的原则,不应放弃对轨道不平顺发展初期的监控管理,不可等到平顺状态已恶化到需紧急补修时才进行整修。在运营过程中,必须安排足够的夜间维修“天窗”,确保高质量地进行高速线路的养修作业。

(一)轨道不平顺的安全管理(紧急补修和限速管理)

当某处轨道不平顺比较严重,若不处置,可能危及行车安全时,必须进行紧急补修或限速管理。

1．紧急补修和限速管理标准

为了识别诊断严重的轨道不平顺,判定是否需要实施紧急补修或降低行车速度,各国大多依据轨道不平顺幅值对行车安全的影响和运营经验,制订轨道不平顺的紧急补修和限速等安全管理标准。铁道科学研究院较早研究提出了制订轨道不平顺安全监控管理标准的理论和方法,较科学地根据各种轨道不平顺的幅值、波长、波数和周期性等特征参数,对脱轨系数、减载率、侧向力和车体振动加速度等的影响,以最不利波长的幅值为控制值,制订了我国干线轨道不平顺的紧急补修和限速管理值。

2．紧急补修和限速管理的实施

综合检测车检出的轨道不平顺超过紧急补修标准的部位,应要求工务部门在限定的时间内作紧急补修,使其达到日常保养标准范围以内。超过限速管理标准的应立即通知行车指挥部门,发出限速慢行命令,同时由工务部门抓紧施行紧急补修。许多国外铁路由于建立了强制性的紧急补修和限速管理制度,十分有效地避免了轨道不平顺引起的脱轨事故和车辆剧烈振动。

我国每日监测客车车体垂直和水平振动加速度,实施轨道不平顺的紧急补修和限速管理(称为车载监测管理)。

(二)轨道不平顺的日常养护管理

高速铁路只有经常保持高平顺的优良状态,才能保证乘坐平稳舒适,减少轨道和车辆零部件的伤损,延长轮轨系统的维修周期,使高速铁路获得较好的综合技术经济效益。目前还应根据检测车、车载仪等检测记录,充分利用维修天窗时间,对轨道进行局部养护,消除那些超过日常保养目标值和舒适度管理目标值的少数局部轨道不平顺。多数国家的保养目标值即是使轨道经常保持优良状态的控制标准值,也常称为优良目标管理值。舒适度日标值是为了防止引起高速车辆超过规定的舒适性指标而设立的管理目标值。实行优良目标管理,管小防大,对于延长维修周期,经常保持高平顺状态,效果良好。

思考题

1. 什么是轨道不平顺？
2. 什么是垂向轨道不平顺？垂向轨道不平顺主要包括哪几种形式？
3. 什么是复合轨道不平顺？有何危害？
4. 按轨道不平顺的波长特征可分为哪几类？我国对轨道的波长划分是如何规定的？
5. 1 m 以下的轨面短波不平顺主要是由哪些因素形成的？
6. 3.5～30 m 波段不平顺主要是由哪些因素形成的？
7. 轨道不平顺幅值、波长和行车速度有何关系？

第五节　线路质量管理

线路设备检查、维修验收及质量评定是确保作业质量和维修工作的重要手段，同时也为改善作业与管理提供了依据，在作业中必须认真按照设备修理标准及要求、作业评定标准及验收办法认真执行。

一、线路设备修理标准及要求

（一）无砟轨道修理标准

1. 线路静态几何尺寸容许偏差管理值见表 2-5-1 和表 2-5-2。

表 2-5-1　200～250 km/h 线路轨道静态几何尺寸容许偏差管理值

项　目	作业验收	经常保养	临时补修	限速(160km/h)
轨距(mm)	+1 −1	+4 −2	+6 −4	+8 −6
水平(mm)	2	5	8	10
高低(mm)	2	5	8	11
轨向(直线)(mm)	2	4	7	9
扭曲(mm/3m)	2	4	6	8
轨距变化率	1/1 500	1/1 000	—	—

注：①高低和轨向偏差为 10 m 及以下弦测量的最大矢度值；②扭曲偏差不含曲线超高顺坡造成的扭曲量。

表 2-5-2　250(不含)～350 km/h 线路轨道静态几何尺寸容许偏差管理值

项　目	作业验收	经常保养	临时补修	限速(200km/h)
轨距(mm)	+1 −1	+4 −2	+5 −3	+6 −4
水平(mm)	2	4	6	7
高低(mm)	2	4	7	8
轨向(直线)(mm)	2	4	5	6
扭曲(mm/3m)	2	3	5	6
轨距变化率	1/1 500	1/1 000	—	—

注：①高低和轨向偏差为 10 m 及以下弦测量的最大矢度值；
②扭曲偏差不含曲线超高顺坡造成的扭曲量。

2. 轨道静态几何尺寸长弦测量作业验收容许偏差管理值见表 2-5-3。

表 2-5-3 长弦测量作业验收容许偏差管理值

项 目	基线长(m)	测点间距(m)	容许偏差(mm)
高 低	480*a*	240*a*	≤10
	48*a*	8*a*	≤2
轨 向	480*a*	240*a*	≤10
	48*a*	8*a*	≤2

注:①表中 *a* 为扣件节点间距,单位为 m;

②当弦长为 48*a* 时,相距 8*a* 的任意两测点实际矢度差与设计矢度差的偏差不得大于 2 mm;当弦长为 480*a* 时,相距 240*a* 的任意两测点实际矢度差与设计矢度差的偏差不得大于 10 mm;

③容许偏差指相距测点间距的任意两测点实际矢度差与设计矢度差的偏差。

3. 曲线正矢作业验收、经常保养和临时补修容许偏差管理值见表 2-5-4 和表 2-5-5。

表 2-5-4 200～250 km/h 线路曲线正矢容许偏差管理值

项 目	实测正矢与计算正矢差(mm)		圆曲线正矢连续差(mm)	圆曲线最大最小正矢差(mm)
	缓和曲线	圆曲线		
作业验收	2	3	4	5
经常保养	3	4	5	6
临时补修	5	6	7	8

注:曲线正矢用 20 m 弦在钢轨踏面下 16 mm 处测量。

表 2-5-5 250(不含)～350 km/h 线路曲线正矢容许偏差管理值

项 目	实测正矢与计算正矢差(mm)		圆曲线正矢连续差(mm)	圆曲线最大最小正矢差(mm)
	缓和曲线	圆曲线		
作业验收	2	3	3	5
经常保养	3	4	5	6
临时补修	4	5	6	8

注:曲线正矢用 20 m 弦在钢轨踏面下 16 mm 处测量。

4. 线路动态不平顺管理值见表 2-5-6 和表 2-5-7。

表 2-5-6 200～250 km/h 线路轨道动态质量容许偏差管理值

项 目		经常保养	舒适度	临时补修	限速(160 km/h)
偏差等级		Ⅰ级	Ⅱ级	Ⅲ级	Ⅳ级
轨距(mm)		+4 −3	+6 −4	+8 −6	+12 −8
水平(mm)		5	8	10	13
扭曲(基长 3 m)(mm)		4	6	8	10
高低(mm)	波长 1.5～42 m	5	8	11	14
轨向(mm)		5	7	8	10
高低(mm)	波长 1.5～70 m	6	10	15	—
轨向(mm)		6	8	12	—

续上表

项　　目	经常保养	舒适度	临时补修	限速(160 km/h)
偏差等级	Ⅰ级	Ⅱ级	Ⅲ级	Ⅳ级
车体垂向加速度(m/s^2)	1.0	1.5	2.0	2.5
车体横向加速度(m/s^2)	0.6	0.9	1.5	2.0
轨距变化率(基长 3m)(‰)	1.0	1.2	—	—

注:①表中管理值为轨道不平顺实际幅值的半峰值;

②水平限值不包含曲线按规定设置的超高值及超高顺坡量;

③扭曲限值包含缓和曲线超高顺坡造成的扭曲量;

④车体垂向加速度采用 20 Hz 低通滤波,车体横向加速度Ⅰ、Ⅱ级标准采用 0.5～10 Hz 带通滤波处理的值进行评判,Ⅲ、Ⅳ级标准采用 10 Hz 低通滤波处理的值进行评判;

⑤避免出现连续多波不平顺和轨向、水平逆向复合不平顺。

表 2-5-7　250(不含)～350 km/h 线路轨道动态质量容许偏差管理值

项　　目		经常保养	舒适度	临时补修	限速(200 km/h)
偏差等级		Ⅰ级	Ⅱ级	Ⅲ级	Ⅳ级
轨距(mm)		+4 −3	+6 −4	+7 −5	+8 −6
水平(mm)		5	6	7	8
扭曲(基长 3 m)(mm)		4	6	7	8
高低(mm)	波长 1.5～42 m	4	6	8	10
轨向(mm)	波长 1.5～42 m	4	5	6	7
高低(mm)	波长 1.5～120 m	7	9	12	15
轨向(mm)	波长 1.5～120 m	6	8	10	12
复合不平顺(mm)		6	8	—	—
车体垂向加速度(m/s^2)		1.0	1.5	2.0	2.5
车体横向加速度(m/s^2)		0.6	0.9	1.5	2.0
轨距变化率(基长 3 m)(‰)		1.0	1.2	—	—

注:①表中管理值为轨道不平顺实际幅值的半峰值;

②水平限值不包含曲线按规定设置的超高值及超高顺坡量;

③扭曲限值包含缓和曲线超高顺坡造成的扭曲量;

④车体垂向加速度采用 20 Hz 低通滤波;车体横向加速度Ⅰ、Ⅱ级标准采用 0.5～10 Hz 带通滤波处理的值进行评判,Ⅲ、Ⅳ级标准采用 10 Hz 低通滤波处理的值进行评判;

⑤复合不平顺指水平和轨向逆向复合不平顺,按水平和 1.5～42 m 轨向代数差计算。避免出现连续多波不平顺。

5. 均值管理:200～250 km/h 和 250(不含)～350 km/h 线路轨道质量指数(TQI)和单项标准差管理值见表 2-5-8 和表 2-5-9。

表 2-5-8　200～250 km/h 线路轨道质量指数(TQI)管理值

项　　目		高低	轨向	轨距	水平	扭曲	TQI
波长范围	1.5～42 m	1.4×2	1.0×2	0.9	1.1	1.2	8.0

注:波长范围为 1.5～42 m 的单项标准差计算长度 200 m。

表 2-5-9　250(不含)～350 km/h 线路轨道质量指数(TQI)管理值

项　　目		高低	轨向	轨距	水平	扭曲	TQI
波长范围	1.5～42 m	0.8×2	0.7×2	0.6	0.7	0.7	5.0

注:波长范围为 1.5～42 m 的单项标准差计算长度 200 m。

(二)有砟轨道修理标准

1. 线路静态几何尺寸容许偏差管理值见表 2-5-10 和表 2-5-11。

表 2-5-10　200～250 km/h 线路轨道静态几何尺寸容许偏差管理值

项　　目	作业验收	经常保养	临时补修	限速(160 km/h)
轨距(mm)	+2 −2	+4 −2	+6 −4	+8 −6
水平(mm)	3	5	8	10
高低(mm)	3	5	8	11
轨向(直线)(mm)	3	4	7	9
扭曲(mm/3 m)	3	4	6	8
轨距变化率	1/1 500	1/1 000	—	—

注:①高低和轨向偏差为 10 m 及以下弦测量的最大矢度值;
②扭曲偏差不含曲线超高顺坡造成的扭曲量。

表 2-5-11　250(不含)～300 km/h 线路轨道静态几何尺寸容许偏差管理值

项　　目	作业验收	经常保养	临时补修	限速(200 km/h)
轨距(mm)	+2 −2	+4 −2	+5 −3	+6 −4
水平(mm)	2	4	6	7
高低(mm)	2	4	7	8
轨向(直线)(mm)	2	4	5	6
扭曲(mm/3 m)	2	3	5	6
轨距变化率	1/1 500	1/1 000	—	—

注:①高低和轨向偏差为 10 m 及以下弦测量的最大矢度值;
②扭曲偏差不含曲线超高顺坡造成的扭曲量。

2. 轨道静态几何尺寸长弦测量作业验收容许偏差管理值见表 2-5-12。

表 2-5-12　长弦测量作业验收容许偏差管理值

项　　目	基线长(m)	测点间距(m)	容许偏差(mm)
高　低	300	150	≤10
	30	5	≤2
方　向	300	150	≤10
	30	5	≤2

注:当弦长为 30 m 时,相距 5 m 的任意两测点实际矢度差与设计矢度差的偏差不得大于 2 mm;当弦长为 300 m 时,相距 150 m 的任意两测点实际矢度差与设计矢度差的偏差不得大于 10 mm。

3. 曲线正矢作业验收、经常保养和临时补修容许偏差管理值见表 2-5-13 和表 2-5-14。

表 2-5-13　200～250 km/h 线路曲线正矢容许偏差管理值

项　目	实测正矢与计算正矢差		圆曲线正矢连续差(mm)	圆曲线最大最小正矢差(mm)
	缓和曲线	圆曲线		
作业验收	2	3	4	5
经常保养	3	4	5	6
临时补修	5	6	7	8

注:曲线正矢用 20 m 弦在钢轨踏面下 16 mm 处测量。

表 2-5-14　250(不含)～300 km/h 线路曲线正矢容许偏差管理值

项　目	实测正矢与计算正矢差		圆曲线正矢连续差(mm)	圆曲线最大最小正矢差(mm)
	缓和曲线	圆曲线		
作业验收	2	3	3	5
经常保养	3	4	5	6
临时补修	4	5	6	8

注:曲线正矢用 20 m 弦在钢轨踏面下 16 mm 处测量。

4. 线路动态不平顺管理值见表 2-5-15 和表 2-5-16。

表 2-5-15　200～250 km/h 线路轨道动态质量容许偏差管理值

项　目		经常保养	舒适度	临时补修	限速(160 km/h)
偏差等级		Ⅰ级	Ⅱ级	Ⅲ级	Ⅳ级
轨距(mm)		+4 −3	+6 −4	+8 −6	+12 −8
水平(mm)		5	8	10	13
扭曲(基长 3 m)(mm)		4	6	8	10
高低(mm)	波长 1.5～42 m	5	8	11	14
轨向(mm)		5	7	8	10
高低(mm)	波长 1.5～70m	6	10	15	—
轨向(mm)		6	8	12	—
车体垂向加速度(m/s^2)		1.0	1.5	2.0	2.5
车体横向加速度(m/s^2)		0.6	0.9	1.5	2.0
轨距变化率(基长 3m)(‰)		1.0	1.2	—	—

注:①表中管理值为轨道不平顺实际幅值的半峰值;

②水平限值不包含曲线按规定设置的超高值及超高顺坡量;

③扭曲限值包含缓和曲线超高顺坡造成的扭曲量;

④车体垂向加速度采用 20 Hz 低通滤波,车体横向加速度Ⅰ、Ⅱ级标准采用 0.5～10 Hz 带通滤波处理的值进行评判,Ⅲ、Ⅳ级标准采用 10 Hz 低通滤波处理的值进行评判;

⑤避免出现连续多波不平顺和轨向、水平逆向复合不平顺。

表 2-5-16　250(不含)～300 km/h 线路轨道动态质量容许偏差管理值

项　目		经常保养	舒适度	临时补修	限速(200 km/h)
偏差等级		Ⅰ级	Ⅱ级	Ⅲ级	Ⅳ级
轨距(mm)		+4 −3	+6 −4	+7 −5	+8 −6
水平(mm)		5	6	7	8
扭曲(基长 3 m)(mm)		4	6	7	8
高低(mm)	波长 1.5～42 m	5	6	8	10
轨向(mm)	波长 1.5～42 m	4	5	6	7
高低(mm)	波长 1.5～120m	7	9	12	15
轨向(mm)	波长 1.5～120m	6	8	10	12
复合不平顺(mm)		6	8	—	—
车体垂向加速度(m/s^2)		1.0	1.5	2.0	2.5
车体横向加速度(m/s^2)		0.6	0.9	1.5	2.0
轨距变化率(基长 3 m)(‰)		1.0	1.2	—	—

注:①表中管理值为轨道不平顺实际幅值的半峰值;

②水平限值不包含曲线按规定设置的超高值及超高顺坡量;

③扭曲限值包含缓和曲线超高顺坡造成的扭曲量;

④车体垂向加速度采用 20 Hz 低通滤波,车体横向加速度Ⅰ、Ⅱ级标准采用 0.5～10 Hz 带通滤波处理的值进行评判,Ⅲ、Ⅳ级标准采用 10 Hz 低通滤波处理的值进行评判;

⑤复合不平顺指水平和轨向逆相位复合不平顺,按水平和 1.5～42 m 轨向代数差计算。避免出现连续多波不平顺。

5. 均值管理

200～250 km/h 和 250(不含)～300 km/h 线路轨道质量指数(TQI)和单项标准差管理值见表 2-5-17 和表 2-5-18。

表 2-5-17　200～250 km/h 线路轨道质量指数(TQI)管理值

项　目		高低	轨向	轨距	水平	扭曲	TQI
波长范围	1.5～42 m	1.4×2	1.0×2	0.9	1.1	1.2	8.0

注:波长范围为 1.5～42 m 的单项标准差计算长度 200 m。

表 2-5-18　250(不含)～300 km/h 线路轨道质量指数(TQI)管理值

项　目		高低	轨向	轨距	水平	扭曲	TQI
波长范围	1.5～42 m	0.8×2	0.7×2	0.6	0.7	0.7	5.0

注:波长范围为 1.5～42 m 的单项标准差计算长度 200 m。

(三)线路平面要求

1. 曲线超高应满足旅客舒适度要求,按设计允许速度(设计有预留速度时按预留速度)进行计算并设置。

(1)超高最大值:无砟轨道地段不得超过 175 mm。有砟轨道地段一般不得超过 150 mm,在困难条件下仅运行客车的线路不得超过 170 mm。

(2)未被平衡超高的一般要求:

①欠超高一般不应大于 40 mm,困难条件下不大于 60 mm。

②无砟轨道地段过超高不应大于 70 mm。初期兼顾货运的客运专线,货物列车按 80 km/h 速度检算时,最大过超高不得大于 90 mm。

有砟轨道地段仅运行客车的线路过超高不应大于 70 mm；客货共线线路货物列车按 80 km/h 速度检算时，过超高不应大于 50 mm；初期兼顾货运的客运专线，货物列车按 80 km/h 速度检算时，最大过超高不得大于 90 mm。

(3)车站两端曲线超高设置应满足以下检算要求(v 为旅客列车进出站通过曲线时的速度)：

①当 $v \leqslant 160$ km/h 时，过超高一般不大于 90 mm，困难条件下不大于 110 mm。

②当 160 km/h$<v\leqslant$200 km/h 时，过超高困难条件下不大于 90 mm。

③当 200 km/h$<v\leqslant$250 km/h 时，过超高困难条件下不大于 80 mm。

④线路起终点车站或以进出站旅客列车为主的车站两端曲线，超高设置应满足(2)的要求。

⑤在使用困难条件时，原则上应先用足进出站列车的过超高困难条件，再使用通过列车的欠超高困难条件；若仍不满足要求，应适当降低线路允许速度，直至超高设置符合规定。

未被平衡欠超高和未被平衡过超高分别按下列公式检算：

$$H_c = 11.8\frac{v_{max}^2}{R} - H$$

$$H_g = H - 11.8\frac{v_h^2}{R}$$

式中　H——实设超高(mm)；

H_c——未被平衡欠超高(mm)；

H_g——未被平衡过超高(mm)；

v_{max}——线路允许(预留)速度(km/h)；

v_h——兼顾货运的线路为货物列车最高行车速度(km/h)，只运行客车的线路为低速客车行车速度(km/h)。

2. 曲线超高顺坡率一般条件下不应大于 $1/(10v_{max})$，困难条件下不得大于 $1/(9v_{max})$。

3. 正线不应设置复曲线。

4. 区间及站内正线线间距不应小于表 2-5-19 的规定，曲线地段可不加宽。正线与既有铁路或客货共线铁路并行地段线间距不应小于 5.3 m。

表 2-5-19　区间及站内正线线间距

设计行车速度(km/h)	350	300	250	200
最小线间距(m)	5.0	4.8	4.6	4.4

5. 直线与圆曲线间应采用缓和曲线连接。缓和曲线采用三次抛物线线型。

6. 相邻两曲线间夹直线和两缓和曲线间圆曲线最小长度一般条件下不应小于 $0.8v_{max}$，困难条件下不应小于 $0.6v_{max}$。

7. 正线曲线与道岔间夹直线长度一般条件下不应小于 $0.6v_{max}$，困难条件下不应小于 $0.5v_{max}$。

8. 正线道岔对向设置，有列车同时通过两侧线时，道岔间直线段长度一般条件下不应小于 50 m，困难条件下不应小于 33 m；无列车同时通过两侧线或道岔顺向布置时，道岔间直线段长度一般条件下不应小于 25 m。

9. 欠超高和超高顺坡率不得同时采用困难条件下的限值。欠超高或超高顺坡率需采用困难条件时，应优先采用欠超高困难条件。

10. 曲线直缓(缓直)点、缓圆(圆缓)点处应设标识，现场曲线始终点、缓和曲线长度、曲线全长、曲线半径、实设超高均应与设计文件保持一致。

(四)线路纵断面要求

1. 设计行车速度 200～250 km/h(不含)区间正线最大坡度不应大于 20‰。设计行车速度 250～350 km/h 区间正线最大坡度不宜大于 20‰，困难条件下不应大于 30‰。

2. 正线最小坡段长度应符合表 2-5-20 的规定。一般条件的最小坡段长度不宜连续采用，困难条件下的最小坡段长度不得连续采用。

表 2-5-20 最小坡段长度

设计行车速度(km/h)	350	300	250	200
一般条件(m)	2 000	1 200	1 200	800
困难条件(m)	900	900	900	600

3. 坡段间连接应符合下列规定：

(1)正线相邻坡段坡度差大于或等于 1‰时，应设置圆曲线型竖曲线连接，最小竖曲线半径按表 2-5-21 选用，最大竖曲线半径不应大于 30 000 m，最小竖曲线长度不得小于 25 m。

(2)竖曲线(或变坡点)与缓和曲线、道岔及调节器均不得重叠设置。

(3)竖曲线与平面圆曲线不宜重叠设置，困难条件下应符合表 2-5-22 规定。

(4)正线两线并行时，两线轨面高程宜按等高(曲线地段为内轨面等高)设置。

表 2-5-21 最小竖曲线半径

设计行车速度(km/h)	350	300	250	200
最小竖曲线半径(m)	25 000	25 000	20 000	15 000

表 2-5-22 竖曲线与平面圆曲线重叠设置的曲线半径最小值

设计行车速度(km/h)	350	300	250	200
平面最小圆曲线半径(m)	6 000	4 500	3 000	—
最小竖曲线半径(m)	25 000	25 000	20 000	—

二、道岔修理标准及要求

1. 有砟轨道道岔静态几何尺寸容许偏差管理值见表 2-5-23 和表 2-5-24。

表 2-5-23 200～250 km/h 道岔静态几何尺寸容许偏差管理值

项目		作业验收	经常保养	临时补修	限速(160 km/h)
轨距(mm)		+2，−2	+4，−2	+5，−2	+8，−6
水平(mm)		3	5	7	10
高低(mm)		3	5	7	11
轨向(mm)	直股	3	4	6	9
	支距	2	3	4	—

续上表

项　目	作业验收	经常保养	临时补修	限速(160 km/h)
扭曲(mm/3 m)	3	4	6	8
轨距变化率	1/1 500	1/1 000	—	—

注:①支距偏差为实际支距与计算支距之差,导曲线支距测量应从尖轨跟端开始直至道岔导曲线结束;

②导曲线下股高于上股的限值:12 号道岔作业验收为 2 mm,经常保养为 3 mm,临时补修为 5 mm;18 号及以上道岔作业验收为 0 mm,经常保养为 2 mm,临时补修为 3 mm;

③轨距偏差不含构造轨距加宽量。

表 2-5-24　250(不含)～300 km/h 道岔静态几何尺寸容许偏差管理值

项　目		作业验收	经常保养	临时补修	限速(200 km/h)
轨距(mm)	岔　区	+1,−1	+4,−2	+5,−2	+6,−4
	尖轨尖	+1,−1	+2,−2	+3,−2	
水平(mm)		2	4	6	7
高低(mm)		2	4	7	8
轨向(mm)	直　股	2	4	5	6
	支　距	2	3	4	—
扭曲(mm/3 m)		2	3	5	6
轨距变化率		1/1 500	1/1 000	—	—

注:①支距偏差为实际支距与计算支距之差;

②导曲线下股高于上股的限值:18 号及以上道岔作业验收为 0 mm,经常保养为 2 mm,临时补修为 3 mm;

③轨距偏差不含构造轨距加宽量。

2. 无砟轨道道岔静态几何尺寸容许偏差管理值见表 2-5-25 和表 2-5-26。

表 2-5-25　200～250 km/h 道岔静态几何尺寸容许偏差管理值

项　目		作业验收	经常保养	临时补修	限速(160 km/h)
轨距(mm)		+1,−1	+4,−2	+5,−2	+8,−6
水平(mm)		2	5	7	10
高低(mm)		2	5	7	11
轨向(mm)	直　股	2	4	6	9
	支　距	2	3	4	—
扭曲(mm/3 m)		2	4	6	8
轨距变化率		1/1 500	1/1 000	—	—

注:① 支距偏差为实际支距与计算支距之差,导曲线支距测量应从尖轨跟端开始直至道岔导曲线结束;

② 导曲线下股高于上股的限值:12 号道岔作业验收为 2 mm,经常保养为 3 mm,临时补修为 5 mm;18 号及以上道岔作业验收为 0 mm,经常保养为 2 mm,临时补修为 3 mm。

表 2-5-26　250(不含)～350 km/h 道岔静态几何尺寸容许偏差管理值

项　目		作业验收	经常保养	临时补修	限速(200 km/h)
轨距(mm)	岔　区	+1,−1	+4,−2	+5,−2	+6,−4
	尖轨尖	+1,−1	+2,−2	+3,−2	
水平(mm)		2	4	6	7

续上表

项　　目		作业验收	经常保养	临时补修	限速(200 km/h)
高低(mm)		2	4	7	8
轨向(mm)	直　股	2	4	5	6
	支　距	2	3	4	—
扭曲(mm/3 m)		2	3	5	6
轨距变化率		1/1 500	1/1 000	—	—

注:① 支距偏差为实际支距与计算支距之差;

② 导曲线下股高于上股的限值:18 号及以上道岔作业验收为 0 mm,经常保养为 2 mm,临时补修为 3 mm。

3. 调节器静态几何尺寸容许偏差管理值见表 2-5-27 和表 2-5-28。

表 2-5-27　200～250 km/h 调节器静态几何尺寸容许偏差管理值

项　　目		作业验收	经常保养	临时补修	限速(160 km/h)
轨距(mm)	尖轨尖	+1,−1	+2,−2	+3,−2	+8,−6
	其　他	+1,−1	+4,−2	+5,−2	
水平(mm)		2	5	7	10
高低(mm)		2	5	7	11
轨向(mm)		2	4	6	9
扭曲(mm/3 m)		2	4	6	8
轨距变化率		1/1 500	1/1 000	—	—

表 2-5-28　250(不含)～350 km/h 调节器静态几何尺寸容许偏差管理值

项　　目		作业验收	经常保养	临时补修	限速(200 km/h)
轨距(mm)	尖轨尖	+1,−1	+2,−2	+3,−2	+6,−4
	其　他	+1,−1	+4,−2	+5,−2	
水平(mm)		2	4	6	7
高低(mm)		2	4	7	8
轨向(mm)		2	4	5	6
扭曲(mm/3 m)		2	3	5	6
轨距变化率		1/1 500	1/1 000	—	—

4. 尖轨、心轨、叉跟尖轨出现以下不良状态或伤损,应进行修理或更换:

(1)尖轨尖端与基本轨或可动心轨尖端与翼轨间隙大于 1 mm,短心轨与叉跟尖轨尖端间隙大于 1.5 mm。

(2)尖轨、可动心轨侧弯,造成轨距不符合要求,或尖轨与基本轨、可动心轨与翼轨间隙超过 2 mm。

(3)尖轨、可动心轨拱腰,造成与滑床台间隙超过 2 mm。

(4)尖轨相对于基本轨降低值、心轨相对于翼轨降低值偏差超过 1 mm,且对行车平稳性有影响。

(5)尖轨与心轨因扭转或磨耗等原因造成光带异常，且对行车平稳性有影响。

(6)尖轨、心轨、叉跟尖轨肥边大于1 mm。

(7)其他伤损达到钢轨轻伤标准。

5. 基本轨、翼轨、导轨和护轨出现以下不良状态或伤损，应进行修理或更换：

(1)弯折点位置或弯折尺寸不符合要求。

(2)高锰钢摇篮出现裂纹。

(3)其他伤损达到钢轨轻伤标准时。

6. 道岔扣件系统及其零部件应满足以下要求：

(1)道岔扣件系统安装与调整应符合铺设图要求，各零部件应保持齐全，作用良好。

(2)应使用铁路专用防腐油脂定期对螺栓涂油，螺栓保持润滑状态。

7. 扣件有以下伤损情况，应及时更换：

(1)岔枕螺栓、T型螺栓折断或严重锈蚀。

(2)调高垫板损坏。

(3)弹性铁垫板或弹性基板的橡胶与铁件严重开裂。

(4)弹条、弹性夹、拉簧、弹片等损坏或不能保持应有的扣压力。弹性夹离缝、弹片与滑床板挡肩离缝、挡板前后离缝大于2 mm。

(5)轨距块、挡板、缓冲调距块、偏心锥等严重磨损。

(6)套管失去固定螺栓的能力。

(7)垫板、滑床板、护轨垫板的焊缝开裂。

(8)滑床板损坏、变形或滑床台磨耗大于3 mm。

(9)橡胶垫板、弹性铁垫板或弹性基板压溃、变形或作用不良。

(10)弹性垫板静刚度值超过设计上限的25%。

8. 辊轮系统及其部件应满足以下要求：

(1)辊轮安装与调整应符合铺设图要求，各零部件应保持齐全，作用良好。

(2)闭合状态下，辊轮与尖轨轨底边缘间的空隙应为1～2 mm；辊轮顶面应高于滑床台上表面1～3 mm。

(3)辊轮槽排水孔应保持畅通。

(4)辊轮上、下部分连接螺栓松动、折断、缺失或辊轮转动不灵活、破损时应立即修理或更换。

9. 其他零部件应满足以下要求：

(1)其他零部件安装应符合铺设图要求，缺少时应及时补充。

(2)应使用铁路专用防腐油脂定期对螺栓涂油，螺栓保持润滑状态。

(3)间隔铁、限位器的联结螺栓、护轨螺栓、长短心轨联结螺栓、接头铁螺栓必须齐全，作用良好，折断时必须立即更换。同一部位同时有两条螺栓或接头铁螺栓有一条缺少或折损时，道岔应停止使用。

(4)顶铁、心轨防跳铁、尖轨防跳限位装置等各部件的联接和固定螺栓变形、损坏或作用不良时应进行修理或更换。

(5)尖轨防跳限位装置、心轨防跳顶铁和心轨防跳卡铁损坏或作用不良时应进行修理或更换。

10. 无缝道岔应满足以下技术要求：

(1)道岔应铺设在无缝线路固定区，正线道岔除胶接绝缘接头外，其他接头应全部焊接。

(2)无缝道岔的设计锁定轨温应与两端区间无缝线路设计锁定轨温一致，且应满足跨区间无缝线路允许温降和允许温升要求，道岔各联结件应牢固可靠。

(3)无缝道岔尖轨尖端伸缩位移、可动心轨尖轨伸缩位移应满足表 2-5-29 要求，超过允许值应分析原因，并及时调整。

表 2-5-29　尖轨相对于基本轨、可动心轨相对于翼轨允许伸缩位移(mm)

道岔类型	尖轨允许伸缩位移	心轨允许伸缩位移	备　注	
			锁闭机构	尖轨跟端结构
客专线系列	±40	±20	多机多点钩型外锁	限位器、间隔铁或无传力部件
CZ 系列	+45	±30	第一牵引点拐肘外锁	无传力部件
CN 系列	±40	±20	多机多点自调式外锁	限位器

(4)应加强桥上及隧道口附近无缝道岔检查和锁定，防止碎弯和爬行。

(5)应按规定利用钢轨位移观测桩进行位移观测，及时分析锁定轨温变化及钢轨位移情况。应加强尖轨和心轨位移观测，防止转换卡阻。

11. 调节器应满足以下技术要求：

(1)平面曲线和竖曲线地段不得设置调节器。

(2)在桥梁中部设置双向调节器时，温度跨度不宜超过 200 m，宜将双向尖轨的对称中心设置在连续梁中部固定支座上方。

(3)调节器基本轨始端和尖轨跟端焊接接头位置距梁缝不应小于 2 m。

(4)接续线钻孔位置应避开基本轨伸缩范围。

(5)单向调节器应加强尖轨及其后 100～150 m 范围内钢轨锁定，双向调节器应加强尖轨范围锁定。

(6)调节器及其前后线路扣件类型和扭矩应符合设计要求。

12. 其他要求：

(1)查照间隔(心轨工作边至护轨头部外侧的距离)不得小于 1 391 mm，测量位置按设计图纸规定。

(2)护轨轮缘槽宽度为 42 mm，容许误差为－1～＋3 mm，斥离尖轨非工作边与基本轨工作边的最小距离不小于 63 mm。

(3)岔后到发线连接曲线半径不应小于该道岔导曲线半径，超高不应大于 15 mm，顺坡率不应大于 2‰。

(4)防跳限位装置与斥离尖轨(标准开口)间隙应为 3～5 mm，尖轨防跳顶铁与密贴尖轨间隙应为 2～4 mm，心轨防跳顶铁、卡铁、间隔铁与心轨间隙应为 2～4 mm。

三、线路设备维修验收要求

(一)日常作业验收

线路工区在日常作业完毕后，都要进行自检，确认各项质量达到标准。主要方法是：

1. 自检：由作业人员按作业技术标准，对当日作业处所进行自查，保证达标。

2．回检：由作业工班长按作业技术标准及作业调整表，对当日作业地段全面检查。不合格的要返工，回检不合格处所的返工要做好记录。

3．抽检：工长对当月作业地段的作业质量进行抽检，并做好质量抽检记录，作为作业有效率评定依据。

（二）综合维修验收

综合维修实行三级验收制度，即班组自验，合格后报请车间验收，车间初验达到标准后报请段验收，段最后验收时，要全面查看、重点检测。验收组对检查验收中发现的主要问题及时向被查单位发出问题整改通知书，限期整改，被查单位将整改情况于 5 日内向验收小组反馈信息（该通知书一式三份，一份验收组保留，一份给工区、一份给车间）。

当月验收完后由质检科召开验收情况专题会议，各验收组汇报当月验收的主要问题，公布验收成绩，发布月度静态验收通报。

四、无砟轨道线路设备验收及质量评定

（一）线路设备状态评定

线路设备状态评定，是对正线线路设备质量基本状况的检查评定，是考核线路设备管理工作和线路设备状态改善情况的基本指标，是安排线路维修计划的主要依据。

线路设备状态评定应以千米为单位（评定标准见表 2-5-30），满分为 100 分，100～85 分为优良，85（不含）～60 分为合格，60 分（不含）以下为失格。

表 2-5-30　线路设备状态评定评分标准

编号	项　目	扣　分　条　件	计算单位	扣分（分）	说　明
1	慢　行	线路设备不良（不含线下基础）	处	41	
2	钢　轨	一年内新生轻伤钢轨（不含曲线磨耗）	根	2	长轨中 2 个焊缝间为 1 根
		现存曲线磨耗轻伤钢轨	每延长 100 m	4	按单股计算
		一年内新生重伤钢轨（不含焊缝）	根	20	长轨中 2 个焊缝间为 1 根
		无缝线路现存重伤钢轨（不含焊缝）	根	20	
		无缝线路现存重伤焊缝	个	20	
3	CRTS Ⅰ 型板式轨道	轨道板Ⅲ级伤损	处	8	全面查看，每公里重点检查 100 m
		水泥乳化沥青砂浆充填层Ⅲ级伤损	处	8	
		凸形挡台Ⅲ级伤损	处	8	
		钢棒折断	根	8	
		预埋套管失效	个	8	
4	CRTS Ⅱ 型板式轨道	轨道板Ⅲ级伤损	处	8	全面查看，每公里重点检查 100 m
		水泥乳化沥青砂浆充填层Ⅲ级伤损	处	8	
		底座板Ⅲ级伤损	处	8	
		支承层Ⅲ级伤损	处	8	
		侧向挡块Ⅲ级伤损	处	8	
		高强度挤塑板Ⅲ级伤损	处	8	
		预埋套管失效	个	8	

续上表

编号	项　目	扣　分　条　件	计算单位	扣分(分)	说　明
5	双块式无砟轨道	双块式轨枕Ⅲ级伤损	根	8	全面查看，每公里重点检查100 m
		道床板Ⅲ级伤损	处	8	
		底座Ⅲ级伤损	处	8	
		支承层Ⅲ级伤损	处	8	
		预埋套管失效	个	8	
6	岔区轨枕埋入式无砟轨道	岔枕Ⅲ级伤损	根	8	
		预埋套管失效	个	8	
		道床板Ⅲ级伤损	每组	8	
		底座或支承层Ⅲ级伤损	每组	8	
7	岔区板式无砟轨道	道岔板Ⅲ级伤损	块	8	
		预埋套管失效	个	8	
		底座Ⅲ级伤损	每组	8	
		找平层Ⅲ级伤损	每组	8	

注：岔区无砟轨道线路质量评定含在相应公里的线路中。

(二)线路设备保养质量评定

1. 线路、道岔、调节器保养质量评定，是考核线路设备养护质量的基本指标，也是安排维修计划的主要依据之一。

线路、道岔、调节器保养质量评定应由工务段组织，采取定期抽样的办法进行。具体办法由铁路局规定。

2. 线路保养质量评定应以千米为单位(评定标准见表2-5-31)，满分为100分，100～85分为优良，85(不含)～60分为合格，60分(不含)以下为失格。

表2-5-31　线路保养质量评定标准

项　目	编号	扣　分　条　件	抽查数量	单位	扣分(分)	说　明
轨道几何尺寸	1	超过经常保养容许偏差管理值	轨距、水平、扭曲连续检测100 m；轨向、高低全面检查，重点检测；曲线正矢全面检测	处	4	选择质量较差地段，有曲线时检测一个曲线的正矢
	2	超过临时补修容许偏差管理值		处	41	
	3	轨距变化率大于1/1 000		处	2	
钢　轨	4	钢轨肥边大于1 mm	全面查看，重点检测	处	4	
	5	胶接绝缘接头质量不符合要求或轨端肥边大于2 mm	全面检测	处	4	
	6	钢轨折断未及时永久处理	全面查看	处	41	“未及时”指轨温具备焊接条件未进行永久处理
轨道板、双块式轨枕、道床板	7	裂缝伤损达到Ⅱ级标准/伤损达到Ⅲ级标准	全面查看	块	1/4	
	8	挡肩或承轨台处缺损、掉块/其他处缺损、掉块	全面查看	块	16/4	
	9	预埋套管失效/连续失效	全面查看	处	4/16	

续上表

项　　目	编号	扣　分　条　件	抽查数量	单位	扣分(分)	说　　明
水泥乳化沥青砂浆充填层	10	裂缝伤损达到Ⅱ级标准/伤损达到Ⅲ级标准	全面查看	处	1/4	
	11	掉块、缺损或剥落	全面查看	处	4	
	12	离缝伤损达到Ⅱ级标准/伤损达到Ⅲ级标准	全面查看	处	4/8	
底座(板)、支承层、凸形挡台及侧向挡块	13	裂缝伤损达到Ⅱ级标准/伤损达到Ⅲ级标准	全面查看	处	1/4	
	14	掉块、缺损或剥落	全面查看	处	2	
	15	侧向挡块与底座板粘连	全面查看	处	8	
高强度挤塑板	16	高强度挤塑板损坏	全面查看	块	2	
	17	离缝伤损达到Ⅱ级标准/伤损达到Ⅲ级标准	全面查看	块	4/8	
联结零件	18	ZW 轨垫、钢制调节板、塑料调整垫、轨距挡板、扣件失效/连续失效/其他联结零件失效	连续查看100个	个	16/41/4	
	19	ZW 轨垫、钢制调节板、塑料调整垫、轨距挡板、扣件缺少/其他联结零件缺少	全面查看	个	41/16	一组扣件的零件不全，按缺少一个扣件计算
	20	未按规定使用调高垫板和轨距挡板	连续查看100个	块	4	
	21	扣件前、后离缝大于 2 mm 的超过 8%	连续检测100个	每增 1%	1	
	22	扣件螺栓扭矩(扣压力)不符合规定或弹条扣件中部前端离缝不符合规定，超过 8%	同上	每增 1%	1	
纵向位移	23	爬行量超过 10 mm	全面检测	km	16	爬行量超过20 mm 扣41 分
	24	观测桩缺损、失效或位移观测无记录	全面检测	处	8	
排水设施	25	未疏通	全面查看	每 10 m	1	单侧计算
标志标识	26	缺损、歪斜、字迹不清	全面查看	个	1	
	27	各种标识不齐全，位置不对，不清晰或错误	全面查看	处	1	

3. 道岔质量评定应以组为单位(评定标准见表 2-5-32)，满分为 100 分，100～85 分为优良，85(不含)～60 分为合格，60 分(不含)以下为失格。

表 2-5-32　道岔保养质量评定标准

项目	编号	扣　分　条　件	抽查数量	单位	扣分(分)	说　　明
轨道几何尺寸	1	轨距、水平、轨向、高低、支距、扭曲、轨距变化率超过经常保养容许偏差管理值	轨距、水平、支距全面检测，轨向、高低、扭曲全面查看，重点检测	处	4	
	2	轨距、水平、轨向、高低、支距、扭曲超过临时补修容许偏差管理值		处	41	
	3	查照间隔小于 1 391 mm	全面检测	组	41	
	4	转辙器最小轮缘槽小于 63 mm	全面检测	组	41	

续上表

项目	编号	扣分条件		抽查数量	单位	扣分(分)	说明
密贴	5	尖轨尖端与基本轨、可动心轨尖端与翼轨密贴	0.5 mm＜间隙≤1 mm	全面检测	处	2	
	6		间隙＞1 mm		处	41	
	7	尖轨与基本轨、可动心轨与翼轨其他密贴段密贴	1.0 mm＜间隙≤1.5 mm	全面检测	头	2	
	8		1.5 mm＜间隙≤2.0 mm	全面检测	头	8	
	9		间隙＞2.0 mm	全面检测	头	16	
	10	短心轨与叉跟尖轨尖端密贴	1.0 mm＜间隙≤1.5 mm	全面检测	处	16	
	11		间隙＞1.5 mm	全面检测	处	41	
	12	尖轨、可动心轨与顶铁密贴	1.5 mm＜间隙≤2.0 mm	全面检测	处	2	
	13		2.0 mm＜间隙≤2.5 mm	全面检测	处	4	
	14		间隙＞2.5 mm	全面检测	处	16	
	15	尖轨、可动心轨与滑床台密贴	1.5 mm＜间隙≤2.0 mm	全面检测	处	2	
	16		2.0 mm＜间隙≤2.5 mm	全面检测	处	4	
	17		间隙＞2.5 mm	全面检测	处	16	
钢轨	18	轨　件	存在《高速铁路无砟轨道线路维修规则(试行)》第3.6.5条第四款病害	全面检测、查看	处	41	
	19		存在《高速铁路无砟轨道线路维修规则(试行)》第3.6.5条第五、六款和第3.6.6条第一、三款病害之一	全面检测、查看	处	16	
	20	钢轨折断未及时永久处理		全面查看	处	41	“未及时”指轨温具备焊接条件未进行永久处理
	21	焊缝不符合钢轨焊接接头标准要求		全面检测	处	8	
	22	钢轨肥边大于1 mm;绝缘接头轨端肥边大于2 mm		全面检测	处	8	
	23	胶接绝缘接头的质量不符合《铁路钢轨胶接绝缘接头技术条件》(TB/T 2975)		全面检测	处	8	
纵向位移	24	位移超过10 mm		全面检测	组	16	
	25	道岔两尖轨尖端相错量大于20 mm		全面检测	组	41	
	26	尖轨、可动心轨允许伸缩位移不符合表2-5-26要求		全面检测	组	41	
	27	位移观测桩缺少或位移观测无记录		全面检测	个	8	
联结零件	28	轨撑离缝大于2 mm或损坏、松动		全面查看、检测	个	1	
	29	螺　栓	长、短心轨联结螺栓缺少/松动或扭矩不符合规定	全面查看、检测	个	41/16	
	30		限位器、顶铁、间隔铁及护轨螺栓缺少/松动或扭矩不符合规定	全面查看、检测	个	41/4	
	31		接头铁螺栓缺少、松动	全面查看、检测	个	41	
	32		其他各种螺栓缺少/扭矩不符合规定	全面查看,重点检测	个	8/2	
	33	辊　轮	辊轮缺少或失效	全面查看	处	16	
	34		辊轮位置不符合要求	全面查看、检测	处	4	

续上表

项目	编号	扣　分　条　件		抽查数量	单位	扣分(分)	说明
联结零件	35	扣　件	铁垫板缺少或折断	全面查看	块	41	
	36		橡胶垫板缺少/窜出或失效	全面查看	块	8/4	
	37		扣件失效、缺少/连续失效、缺少	全面查看	处	4/41	
	38		预埋套管失效	全面查看	个	2	
	39		弹条中肢前端间隙，岔枕螺栓扭矩不符合规定	连续检测 50 个	个	1	
	40	防跳限位装置	影响尖轨或心轨转换	全面查看	处	41	
无砟道床	41	岔枕、道床板、支承层(或底座)、道岔板	裂纹伤损达到Ⅱ级标准/达到Ⅲ级标准	全面查看，重点检测	处	1/4	
	42		缺损、掉块	全面查看	处	4	
	43		预埋套管失效/连续失效	全面查看	个	4/16	
	44	底座、找平层	裂纹伤损达到Ⅱ级标准/达到Ⅲ级标准	全面查看，重点检测	处	1/4	路基地段板式轨道
	45		掉块、缺损	全面查看	处	2	
	46		离缝达到Ⅱ级标准/掉块达到Ⅲ级标准	全面查看，重点检测	处	4/8	
	47	水泥乳化沥青砂浆层	裂缝伤损达到Ⅱ级标准/伤损达到Ⅲ级标准	全面查看，重点检测	处	1/4	桥梁地段板式轨道
	48		掉块、缺损或剥落	全面查看	处	4	
	49		离缝伤损达到Ⅱ级标准/伤损达到Ⅲ级标准	全面查看，重点检测	处	4/8	
	50	底座板、侧向挡块	裂缝伤损达到Ⅱ级标准/伤损达到Ⅲ级标准	全面查看，重点检测	处	1/4	
	51		掉块、缺损或剥落	全面查看	处	2	
	52		侧向挡块与底座板粘连	全面查看，重点检测	处	8	
	53	高强度挤塑板	高强度挤塑板损坏	全面查看	块	2	
	54		离缝伤损达到Ⅱ级标准/伤损达到Ⅲ级标准	全面查看，重点检测	块	4/8	
标志标识	55	警冲标	损坏或不清晰	全面查看	组	8	缺少或位置不对，扣 41 分
	56	标　识	缺少、错位、位置不对，字迹不清	全面查看	处	1	

4．调节器质量评定应以组为单位(评定标准见表 2-5-33)，满分为 100 分，100～85 分为优良，85(不含)～60 分为合格，60 分(不含)以下为失格。

表 2-5-33　调节器保养质量评定标准

项目	编号	扣　分　条　件	抽查数量	单位	扣分(分)	说　明
轨道几何尺寸	1	轨距、水平、轨向、高低、扭曲、轨距变化率超过经常保养容许偏差管理值	轨距、水平全面检测，轨向、高低、扭曲全面查看，重点检测	组	4	
	2	轨距、水平、轨向、高低、扭曲、轨距变化率超过临时补修容许偏差管理值		组	41	

续上表

项目	编号	扣分条件		抽查数量	单位	扣分(分)	说明
伸缩	3	基本轨伸缩量超过调节器设计伸缩量		重点检测	处	41	
	4	焊缝边缘至扣件或轨撑铁垫板距离	5 mm<间距≤20 mm	重点检测	处	4	
	5		间距≤5 mm	重点检测	处	41	
	6	尖轨伸缩量	0 mm<伸缩量≤10 mm	全面检测	处	4	
	7		10 mm<伸缩量≤30 mm	全面检测	处	16	
	8		伸缩量>30 mm	全面检测	处	41	
	9	位移观测桩缺少或位移观测无记录		全面检测	个	4	
密贴	10	尖轨尖端至5 mm断面与基本轨密贴段密贴	0.5 mm<间隙≤1.0 mm	全面检测	处	4	
	11		间隙>1.0 mm	全面检测	处	41	
	12	尖轨其余密贴段与基本轨密贴	0.5 mm<间隙≤1.0 mm	全面检测	处	4	
	13		间隙>1.0 mm	全面检测	处	16	
	14	尖轨轨撑与轨腰密贴	0.2 mm<间隙≤0.5 mm	全面检测	个	4	
	15		间隙>0.5 mm	全面检测	个	8	
	16	尖轨轨撑与轨底上表面密贴	0.5 mm<间隙≤1.0 mm	全面检测	个	4	
	17		间隙>1.0 mm	全面检测	个	16	
	18	尖轨轨底与台板密贴	0.2 mm<间隙≤0.5 mm	全面检测	块	2	
	19		0.5 mm<间隙≤1.5 mm	全面检测	块	4	
	20		间隙>1.5 mm	全面检测	块	8	
	21	基本轨轨撑与轨腰密贴	0.2 mm<间隙≤0.5 mm	全面检测	个	2	
	22		0.5 mm<间隙≤2.0 mm	全面检测	个	4	
	23		间隙>2.0 mm	全面检测	个	8	
	24	基本轨轨底与铁垫板密贴	0.5 mm<间隙≤1.0 mm	全面检测	块	2	
	25		1.0 mm<间隙≤2.0 mm	全面检测	块	4	
	26		间隙>2.0 mm	全面检测	块	8	
钢轨	27	尖轨相对于基本轨降低值偏差超过1 mm,且对行车平稳性有影响		全面检测、查看	处	16	
	28	尖轨、基本轨轻伤		全面检测、查看	处	16	
	29	钢轨肥边>1 mm		全面检测	处	4	
	30	钢轨折断未及时永久处理		全面查看	处	41	“未及时”指轨温具备焊接条件未进行永久处理
	31	焊缝不符合钢轨焊接接头标准要求		全面检测	处	8	
联结零件	32	轨撑及铁垫板螺栓	缺少	全面查看	个	16	
	33		松动	全面查看,重点检测	个	4	
	34		扭矩不符合规定	全面检测	个	2	
	35	扣件	铁垫板缺少或折断	全面查看	块	41	
	36		橡胶垫板缺少/窜出或失效	全面查看	块	8/4	

续上表

项目	编号	扣分条件		抽查数量	单位	扣分(分)	说明
联结零件	37	扣件	扣件(含轨撑)失效、缺少/连续失效、缺少	全面查看	个	8/41	
	38		预埋套管失效	全面查看	个	8	
	39		弹条中肢前端间隙不符合规定	全面查看,重点检测	个	2	
轨枕	40	失效		全面查看,重点检测	根	41	
	41	吊板(枕上离缝大于 2 mm)		全面查看,重点检测	头	4	
无砟道床	42	道床板、底座	裂纹伤损达到Ⅱ级标准/达到Ⅲ级标准	全面查看,重点检测	处	1/4	
	43		缺损、掉块	全面查看	处	2	
标识	44	缺少、错误、位置不对,字迹不清		全面查看	处	1	

五、有砟轨道线路设备验收及质量评定

(一)线路设备状态评定

线路设备状态评定,是对正线线路设备质量基本状况的检查评定,是考核线路设备管理工作和线路设备状态改善情况的基本指标,是安排线路维修计划的主要依据。线路设备状态评定原则上每年进行一次,评定报告每年 10 月 20 日前报铁路总公司。

线路设备状态评定应以千米为单位(评定标准见表 2-5-34),满分为 100 分,100～85 分为优良,85(不含)～60 分为合格,60 分(不含)以下为失格。线路设备状态评定统计报告见表 2-5-35。

表 2-5-34　线路设备状态评定评分标准

编号	项目	扣分条件	计算单位	扣分(分)	说明
1	慢行	线路设备不良(不含路基、道床)	处	41	
2	道床	翻浆冒泥	每延长 10 m	4	道床不洁率指通过边长 25 mm(特级道砟地段为 22.4 mm)筛孔的颗粒的质量比
		道床不洁率大于 25%(在枕盒底边向下100 mm 处取样)	每延长 100 m	8	
3	轨枕	混凝土枕失效率超过 4%	每增 1%	8	
4	钢轨	一年内新生轻伤钢轨(不含曲线磨耗)	根	2	长轨中 2 个焊缝间为 1 根
		现存曲线磨耗轻伤钢轨	每延长 100 m	4	按单股计算
		一年内新生重伤钢轨(不含焊缝)	根	20	长轨中 2 个焊缝间为 1 根
		无缝线路现存重伤钢轨(不含焊缝)	根	20	同上
		无缝线路现存重伤焊缝	个	20	

表 2-5-35　线路设备状态评定统计报告　　年度

段、线名	检查数(km)	评定质量(km)				其中单项失格(km)					不良分数(分)										
															轻伤轨		重伤轨				
		优良	合格	失格	合格率	道床	预埋套管	轨枕	伤损钢轨	重伤焊头	慢行	道床	预埋套管	轨枕	一年新生	现存磨耗	一年新生	无缝线路	现存重伤	重伤焊头	合计

续上表

段、线名	检查数(km)	评定质量(km)				其中单项失格(km)					不良分数(分)										
		优良	合格	失格	合格率	道床	预埋套管	轨枕	伤损钢轨	重伤焊头	慢行	道床	预埋套管	轨枕	轻伤轨		重伤轨			重伤焊头	合计
															一年新生	现存磨耗	一年新生	无缝线路	现存重伤		

注：①"段、线名"栏先填写各工务段名，后填写各线名(或另用一张)；
②合格率指优良加合格占评定数的百分比；
③另附正线钢轨使用情况统计表。

填报人：
单　位：

(二)线路设备保养质量评定

1. 线路、道岔、调节器保养质量评定，是考核线路设备养护质量的基本指标，也是安排维修计划的主要依据之一。

线路、道岔、调节器保养质量评定应由工务段组织，采取定期抽样的办法进行。具体办法由铁路局规定。

2. 线路保养质量评定应以千米为单位(评定标准见表 2-5-36)，满分为 100 分，100～85 分为优良，85(不含)～60 分为合格，60 分(不含)以下为失格。

表 2-5-36　线路保养质量评定标准

项目	编号	扣分条件	抽查数量	单位	扣分(分)	说明
轨道几何尺寸	1	超过经常保养标准容许偏差	轨距、水平、扭曲连续检测 100 m；轨向、高低全面查看，重点检测；曲线正矢全面检测	处	4	选择质量较差地段，有曲线时检测一个曲线的正矢
	2	超过临时补修标准容许偏差		处	41	
	3	轨距变化率大于 1/1 000		处	2	
钢轨	4	钢轨肥边大于 1 mm	全面查看，重点检测	处	4	
	5	胶接绝缘接头质量不符合要求或轨端肥边大于 2 mm	全面检测	处	4	
	6	钢轨折断未及时进行永久处理	全面查看	处	41	"未及时"指轨温具备焊接条件未进行永久处理
轨枕	7	失效	全面查看，重点检测	根	41	
	8	每处调高垫板超过 2 块或总厚度超过 10 mm	连续查看，检测 100 个	个	1	
联结零件	9	零部件缺少、失效	连续查看 100 头	个	1	一组扣件的零件不全，按缺少一个扣件计算
	10	弹条中肢前端下颚离缝大于 0.5 mm 或扣件扭矩(扣压力)不符合规定者，超过 12%	连续查看 100 头	每增 1%	1	
	11	绝缘轨距块(轨距挡板)前、后离缝大于 1 mm 者，超过 12%	连续检测 50 个	每增 2%	1	
	12	橡胶垫板缺少/窜出或失效	连续查看 100 头	块	2/1	
	13	预埋套管失效	全面查看	个	2	

续上表

项目	编号	扣　分　条　件	抽查数量	单位	扣分(分)	说　　明
纵向位移	14	爬行量超过 10 mm	全面检测	km	16	爬行量超过 20 mm 扣 41 分
	15	观测桩缺损、失效或位移观测无记录	全面检测	处	8	
道床	16	翻浆冒泥	全面查看	孔	16	
	17	肩宽不足,不饱满,有杂草	全面查看	每 10 m	1	
排水设施	18	未疏通	全面查看	每 10m	1	单侧计算
标志标识	19	缺损、歪斜、字迹不清	全面查看	个	1	
	20	各种标识不齐全,位置不对,不清晰或错误	全面查看	处	1	

3. 道岔保养质量评定应以组为单位,评定标准见表 2-5-37,满分为 100 分,100～85 分为优良,85(不含)～60 分为合格,60 分以下为失格。

表 2-5-37　道岔保养质量评定标准

项目	编号	扣　分　条　件		抽查数量	单位	扣分(分)	说　　明
轨道几何尺寸	1	轨距、水平、轨向、高低、支距、扭曲、轨距变化率超过经常保养容许偏差管理值		轨距、水平、支距全面检测,轨向、高低、扭曲全面查看,重点检测	处	4	同时检测两线间距小于 5.2 m 的连接曲线轨向,用 10 m 弦测量,连续正矢差超过 2 mm,每处扣 4 分
	2	轨距、水平、轨向、高低、支距、扭曲超过临时补修容许偏差管理值			处	41	
	3	查照间隔小于 1 391 mm		全面检测	组	41	
	4	转辙器最小轮缘槽小于 63 mm		全面检测	组	41	
密贴	5	尖轨尖端与基本轨、可动心轨尖端与翼轨密贴	0.5 mm<间隙≤1 mm	全面检测	处	2	
	6		间隙>1 mm		处	41	
	7	尖轨与基本轨、可动心轨与翼轨其他密贴段密贴	1.0 mm<间隙≤1.5 mm	全面检测	头	2	
	8		1.5 mm<间隙≤2.0 mm	全面检测	头	8	
	9		间隙>2.0 mm	全面检测	头	16	
	10	短心轨与叉跟尖轨尖端密贴	1.0 mm<间隙≤1.5 mm	全面检测	处	16	
	11		间隙>1.5 mm	全面检测	处	41	
	12	尖轨、可动心轨与顶铁密贴	1.5 mm<间隙≤2.0 mm	全面检测	处	2	
	13		2.0 mm<间隙≤2.5 mm	全面检测	处	4	
	14		间隙>2.5 mm	全面检测	处	16	
	15	尖轨、可动心轨与滑床台密贴	1.5 mm<间隙≤2.0 mm	全面检测	处	2	
	16		2.0 mm<间隙≤2.5 mm	全面检测	处	4	
	17		间隙>2.5 mm	全面检测	处	16	
钢轨	18	轨　件	存在《高速铁路有砟轨道线路养护维修(试行)》第 3.7.5 条第四款病害	全面检测、查看	处	41	
	19		存在《高速铁路有砟轨道线路养护维修(试行)》第 3.7.5 条第五、六款和第 3.7.6 条第一、三款病害之一	全面检测、查看	处	16	

续上表

项目	编号	扣分条件		抽查数量	单位	扣分(分)	说明
钢轨	20	钢轨折断未及时进行永久处理		全面查看	处	41	“未及时”指轨温具备焊接条件未进行永久处理
	21	焊缝不符合钢轨焊接接头标准要求		全面检测	处	8	
	22	钢轨肥边大于 1 mm;绝缘接头轨端肥边大于 2 mm		全面检测	处	8	
	23	胶接绝缘接头的质量不符合《铁路钢轨胶接绝缘接头技术条件》(TB/T 2975)的要求		全面检测	处	8	
纵向位移	24	位移超过 10 mm		全面检测	组	16	
	25	道岔两尖轨尖端相错量大于 20 mm		全面检测	组	41	
	26	尖轨、可动心轨允许伸缩位移不符合表 2-5-26 的要求		全面检测	组	41	
	27	位移观测桩缺少或位移观测无记录		全面检测	个	8	
联结零件	28	轨撑离缝大于 2 mm 或损坏、松动		全面查看、检测	个	1	
	29	螺栓	长、短心轨联结螺栓缺少/松动或扭矩不符合规定	全面查看、检测	个	41/16	
	30		限位器、顶铁、间隔铁及护轨螺栓缺少/松动或扭矩不符合规定	全面查看、检测	个	41/4	
	31		接头铁螺栓缺少、松动	全面查看、检测	个	41	
	32		其他各种螺栓缺少/扭矩不符合规定	全面查看,重点检测	个	8/2	
	33	辊轮	辊轮缺少或失效	全面查看	处	16	
	34		辊轮位置不符合要求	全面查看、检测	处	4	
	35	扣件	铁垫板缺少或折断	全面查看	块	41	
	36		橡胶垫板缺少/窜出或失效	全面查看	块	8/4	
	37		扣件失效、缺少/连续失效、缺少	全面查看	处	4/41	
	38		预埋套管失效	全面查看	个	2	
	39		弹条中肢前端间隙,岔枕螺栓扭矩不符合规定	连续检测 50 个	个	1	
岔枕	40	失效	岔枕失效	全面查看	根	41	枕上或枕下离缝大于 2 mm 者为吊板
	41	吊板率	大于 5%	连续检测 50 头	每增 1%	1	
道床	42	外形外观	肩宽不足,不饱满,有杂物	全面查看、检测	孔	2	
	43	清洁度	翻浆冒泥/严重不洁、影响排水	全面查看	孔	16/2	
标志标识	44	警冲标	损坏或不清晰	全面查看	组	8	缺少或位置不对,扣 41 分
	45	标识	缺少、错误、位置不对,字迹不清	全面查看	处	1	

4. 调节器质量评定应以组为单位(评定标准见表 2-5-38),满分为 100 分,100～85 分为优良,85(不含)～60 分为合格,60 分以下为失格。

表 2-5-38　调节器保养质量评定标准

项目	编号	扣分条件		抽查数量	单位	扣分(分)	说明
轨道几何尺寸	1	轨距、水平、轨向、高低、扭曲、轨距变化率超过经常保养容许偏差管理值		轨距、水平全面检测，轨向、高低、扭曲全面查看，重点检测	组	4	
	2	轨距、水平、轨向、高低、扭曲、轨距变化率超过临时补修容许偏差管理值			组	41	
伸缩	3	基本轨伸缩量超过设计伸缩量		重点检测	处	41	
	4	焊缝边缘至扣件或轨撑铁垫板距离	5 mm＜间距≤20 mm	重点检测	处	4	
	5		间距≤5 mm	重点检测	处	41	
	6	尖轨伸缩量	0 mm＜伸缩量≤10 mm	全面检测	处	4	
	7		10 mm＜伸缩量≤30 mm	全面检测	处	16	
	8		伸缩量＞30 mm	全面检测	处	41	
	9	位移观测桩缺少或位移观测无记录		全面检测	个	4	
密贴	10	尖轨尖端至 5 mm 断面与基本轨密贴段密贴	0.5 mm＜间隙≤1.0 mm	全面检测	处	4	
	11		间隙＞1.0 mm	全面检测	处	41	
	12	尖轨其余密贴段与基本轨密贴	0.5 mm＜间隙≤1.0 mm	全面检测	处	4	
	13		间隙＞1.0 mm	全面检测	处	16	
	14	尖轨轨撑与轨腰密贴	0.2 mm＜间隙≤0.5 mm	全面检测	个	4	
	15		间隙＞0.5 mm	全面检测	个	8	
	16	尖轨轨撑与轨底上表面密贴	0.5 mm＜间隙≤1.0 mm	全面检测	个	4	
	17		间隙＞1.0 mm	全面检测	个	8	
	18	尖轨轨底与台板密贴	0.2 mm＜间隙≤0.5 mm	全面检测	块	2	
	19		0.5 mm＜间隙≤1.5 mm	全面检测	块	4	
	20		间隙＞1.5 mm	全面检测	块	8	
	21	基本轨轨撑与轨腰密贴	0.2 mm＜间隙≤0.5 mm	全面检测	个	2	
	22		0.5 mm＜间隙≤2.0 mm	全面检测	个	4	
	23		间隙＞2.0 mm	全面检测	个	8	
	24	基本轨轨底与铁垫板密贴	0.5 mm＜间隙≤1.0 mm	全面检测	块	2	
	25		1.0 mm＜间隙≤2.0 mm	全面检测	块	4	
	26		间隙＞2.0 mm	全面检测	块	8	
钢轨	27	尖轨相对于基本轨降低值偏差超过 1 mm，且对行车平稳性有影响		全面检测、查看	处	16	
	28	尖轨、基本轨轻伤		全面检测、查看	处	16	
	29	钢轨肥边＞1 mm		全面检测	处	4	
	30	钢轨折断未及时进行永久处理		全面查看	处	41	“未及时”指轨温具备焊接条件未进行永久处理
	31	焊缝不符合钢轨焊接接头标准要求		全面检测	处	8	

续上表

项目	编号	扣分条件		抽查数量	单位	扣分(分)	说明
联结零件	32	轨撑及铁垫板螺栓	缺少	全面查看	个	16	
	33		松动	全面查看,重点检测	个	4	
	34		扭矩不符合规定	全面检测	个	2	
	35	扣件	铁垫板缺少或折断	全面查看	块	41	
	36		橡胶垫板缺少/窜出或失效	全面查看	块	8/4	
	37		扣件(含轨撑)失效、缺少/连续失效、缺少	全面查看	个	8/41	
	38		预埋套管失效	全面查看	个	8	
	39		弹条中肢前端间隙不符合规定	全面查看,重点检测	个	2	
护轨	40	联结零件缺少或扭矩不符合规定		全面查看	个	2	
	41	护轨与尖轨(基本轨)间净距偏差超过 10 mm		全面查看,重点检测	处	2	
	42	护轨高于尖轨(基本轨)5 mm 或低于尖轨(基本轨)25 mm		全面查看,重点检测	处	4	
轨枕	43	位置或间距偏差大于 40 mm		全面查看,重点检测	处	2	
	44	失效		全面查看,重点检测	根	41	
	45	吊板(枕上或枕下离缝大于 2 mm)		全面查看,重点检测	头	4	
道床	46	肩宽不足,不饱满,有杂物		全面查看,重点检测	处	2	
	47	翻浆冒泥/严重不洁、影响排水		全面查看,重点检测	组	16/4	
标识	48	缺少、错误、位置不对,字迹不清		全面查看	处	1	

思考题

1. 高速铁路线路维修工作的基本任务是什么?
2. 现场作业时,必须按照什么程序办理?
3. 250(不含)～350 km/h 无砟轨道线路作业验收时的轨距、水平、高低、轨向(直线)、扭曲、轨距变化率容许偏差管理值各是多少?
4. 高速铁路有砟轨道正线上曲线超高有何要求?
5. 车站两端曲线超高设置有何要求?
6. 高速铁路区间及站内正线线间距有什么规定?
7. 正线曲线与道岔间夹直线长度有何规定?
8. 设计行车速度 250～350 km/h 区间正线最大坡度是多少?
9. 高速铁路线路最大竖曲线半径不应大于多少米?
10. 200～250 km/h 有砟轨道道岔高低的经常保养静态容许偏差管理值是多少?
11. 250(不含)～350 km/h 无砟轨道道岔水平的作业验收静态容许偏差管理值是多少?

12. 200～250 km/h 轨道调节器轨向的经常保养静态容许偏差管理值是多少？
13. 尖轨、心轨、叉跟尖轨出现哪些不良状态或伤损时，应进行修理或更换？
14. 基本轨、翼轨、导轨和护轨出现哪些不良状态或伤损时，应进行修理或更换？
15. 无缝道岔应满足哪些技术要求？
16. 调节器应满足哪些技术要求？
17. 验收的目的是什么？线路日常作业验收分为哪几种形式？
18. 线路综合维修实行三级验收制度，其主要内容是什么？
19. 线路保养质量评定是如何规定的？
20. 道岔保养质量评定是如何规定的？
21. 无砟轨道线路保养质量评定的主要内容有哪些？
22. 有砟轨道线路保养质量评定的主要内容有哪些？
23. 无砟轨道道岔保养质量评定的主要内容有哪些？
24. 有砟轨道道岔保养质量评定的主要内容有哪些？
25. 无砟轨道调节器质量评定的主要内容有哪些？
26. 无砟轨道调节器质量评定的主要内容有哪些？

第三章　高速铁路线路设备检查

高速铁路线路设备检查分为静态检查和动态检查两大类。静态检查主要是指无轮载作用时，人工或轻型测量小车进行的各种轨道检测，一般有轨道静态检查、钢轨检查、扣件检查、道岔检查、春秋检查等；动态检查则是指在列车车轮荷载作用下利用综合检测车或便携式检查仪等进行的各种轨道检测，主要是利用确认车和轨道检查车对轨道动态进行检查、利用钢轨探伤车对钢轨状态进行检查。高速铁路轨道检查应坚持"动态检查为主，动、静态检查相结合，结构检查与几何尺寸检查并重"的原则。

第一节　动 态 检 查

为了确保线路设备完整和质量均衡，使列车能以规定速度安全、平稳和不间断地运行，应充分利用轨检车、动检车、车载式检查仪、便携式检查仪、探伤车，对线路进行周期性动态检测，了解和掌握线路局部不平顺（峰值管理）和线路区段整体不平顺（均值管理）的动态质量，指导线路养护维修工作。

一、确认车检查

每日天窗结束后，开行动车组前，必须开行确认车。设备管理单位每天派技术干部使用便携式检查仪添乘确认列车，对线路进行动态检查，根据检测情况，决定放行动车组条件。

（一）随车添乘确认人员

1. 日常随车添乘确认人员：供电部门、工务部门、电务部门相关专业技术人员各1人。

2. 特殊情况时随车添乘确认人员由各单位自定。

3. 铁路局机关业务部门工务、电务、供电检测所专业人员，要不定期添乘确认车，检查检测设备质量，掌握设备动态。

4. 所有随车添乘确认人员须挂牌上岗并出示动车组登乘证。

（二）确认事项及内容

1. 供电部门

（1）确认接触网上无异物或侵入限界。

（2）确认接触网无松、脱、跨现象。

（3）确认接触网有无异常晃动情况。

（4）确认动车电压、取流情况；供电调度同时在高铁专线电调台对确认列车所在区段电压、电流情况进行监测。

（5）确认危及安全和影响行车的事项。

2. 工务部门

（1）确认夜间天窗后线路运行质量是否满足动车组正常运行。

（2）确认路材路料是否清出限界。

(3)确认施工机具是否全部清理完毕。

(4)确认封闭网等防护设施是否完好无损。

(5)确认限速处所是否按规定设置慢行标志。

(6)确认防洪、路基附属工程是否有危及行车安全现象等。

(7)确认危及安全和影响行车的事项。

3. 电务部门

(1)确认地面信号机显示是否正确。

(2)确认机车接收的电码是否正确。

(3)确认 ATP、LKJ 设备工作是否正常。

(4)确认进路预告是否正常接收。

(5)GSM-R 通信是否正常。

(6)确认危及安全和影响行车的事项。

4. 高铁专线行车调度员

(1)调度集中控制设备及进路排列是否正常。

(2)调度命令发布、传输及授受是否正常。

(3)GSM-R 通信是否正常。

(4)各部门确认信息是否齐全。

(5)确认危及安全和影响行车的事项。

5. 车　　站

(1)车站调度集中设备、信号、进路排列等情况是否正常。

(2)GSM-R 通信是否正常。

(3)确认危及安全和影响行车的事项。

(三)使用便携式检查仪检查线路

便携式线路检查仪是通过检测运行中的列车所产生振动加速度来诊断线路状态的一种高科技检测设备。

1. 主要功能

(1)存储全程一级以上检测数据,线路编号、走行方向、里程、加速度、车速和计程误差信息。

(2)实时显示和打印线路病害处所的里程位置、加速度值和瞬时车速。根据线路状况,选择Ⅰ、Ⅱ、Ⅲ、Ⅳ级超限标准。

(3)计算机实时监测:将检查仪与笔记本电脑相连,可在添乘过程中实现实时监测功能。

2. 检查仪操作流程

(1)添乘前工作流程

①将 GPS 天线连接主机并放置于靠近窗子的位置,打开主机电源。

②液晶屏幕显示正常,无乱码,继续下一步。

③检查 GPS 信号的星数。

④在机车已上电的情况下,安装好蓝牙天线,打开主机设置好所需设置,连接好蓝牙信号后添乘仪打印机打印表头。

⑤关闭主机,拆下连接线,装包,准备上车。

(2)使用中工作流程

①使用 GPS 模式下,将 GPS 天线与主机连接好。如使用蓝牙模式将蓝牙天线安装好。

②用 USB 连接线把主机与笔记本电脑连接在一起。

③打开笔记本电脑，进入数据监测窗口，在电脑启动过程中可进行下一步的操作。

④打开主机电源，预设好所需添乘车型、交路信息。如使用蓝牙模式，打开主机设置好所需设置后，10 s 内打印机自动打印表头，说明蓝牙信号连接成功。

⑤在到达交路信息中最近的里程位置时，仪器会自动搜索出公里标位置进入正常工作状态，这时点击数据监测软件的接收按钮，进入计算机数据监测状态。

(3)后续工作流程

①添乘结束后按压主机"返回"按键，选择确定后按压主机面板上的"确定"按键正常退出。

②拆下 USB 线，在计算机软件中的数据监测窗口点击保存按钮，保存监测结果，关闭计算机。

③将仪器装包、准备下车。

(4)数据分析

①用 USB 连接线将主机和笔记本连接在一起。

②打开主机电源。

③打开笔记本电脑，进入数据通信窗口，将本次添乘的数据保存到计算机。

④按照软件说明书的操作流程，分析添乘数据，打印出所需报表，通知有关基层单位及时处理病害地段。

⑤删除检查仪的记录数据。

⑥对检查仪充电，准备下次添乘使用。

二、高速综合检测列车检测

高速综合检测列车以高速动车组为载体，装备轨道、弓网、动力学、通信、信号等检测系统及综合系统，集成了现代测量、时空定位同步、大容量数据交换、实时图像识别和数据综合处理等先进技术，可对线路轨道、牵引供电、通信信号等基础设施，轮轨和弓网接触状态及列车舒适性指标等进行高速动态时空同步检测，并具有检测列车精确定位、实时数据传输、数据集成、综合处理和分级评判等功能，是保障高速铁路运营安全、提高基础设施检测效率、指导养护维修的重要技术装备。每旬对高速铁路检查一次。

轨道检测系统通过测量高低、轨向、轨距、曲率、水平、三角坑等轨道几何参数来检查轨道病害，是指导线路养护维修、保障行车安全的重要手段。

(一)功能和原理

轨道检测系统采用惯性测量原理、捷联式结构和非接触测量方法，应用图像处理技术、陀螺平台、数字滤波、以及计算机实时数据处理等高新技术。解决了不同运行速度和不同运行方向检测结果准确性和一致性的问题。能够选择不同截止波长的空间曲线或不同弦长的弦测结果输出轨道不平顺。轨道几何状态参数实时合成后通过网络传输给数据应用计算机，由该计算机将轨道几何参数及超限数据存放到数据库中，同时显示轨道几何波形，或显示超限数据并可对超限数据进行编辑。最后，可由网络打印机打印出轨道几何参数的超限数据报表或波形图。

轨道几何参数合成计算方法如下：

1. 高低参数由高低加速度计和左右单边垂向位移分量数据计算获得；

2. 轨向参数由安装在检测梁上的轨向加速度计与左右单边横向位移分量的数据计算

获得；

3. 轨距参数通过激光摄像组件计算的左右单边横向轨距分量的数据计算获得；

4. 水平参数由倾角计、陀螺、左右单边垂向位移分量数据计算获得；

5. 曲率参数由陀螺、横向位移计数据计算获得；

6. 三角坑参数按一定基长（目前为 2.5 m）取两断面的水平参数差值计算获得；

以上参数的合成计算，都需要根据相应的数学模型，通过补偿和滤波等方法获得最终参数计算结果。

轨道检测系统检测基本轨道几何项目（轨距、左高低、右高低、左轨向、右轨向、水平、曲率、三角坑），其准确性评价指标见表 3-1-1。

表 3-1-1　轨道检测系统准确性评价指标

检测项目	测量范围	准确度	波　长	速度范围
轨　距	1 420～1 485 mm	±1.0 mm		0～350 km/h
轨向(左右)	±50 mm	±1.5 mm	3～25 m	15～350 km/h
轨向(左右)	±100 mm	±3 mm	25～70 m	40～350 km/h
轨向(左右)	±500 mm	±5 mm	70～120 m	70～350 km/h
高低(左右)	±50 mm	±1.5 mm	3～25 m	15～350 km/h
高低(左右)	±100 mm	±3 mm	25～70 m	40～350 km/h
高低(左右)	±300 mm	±5 mm	70～120 m	70～350 km/h
水　平	±50 mm	±1.5 mm		0～350 km/h
三角坑	±50 mm	±1.5 mm		0～350 km/h
曲线半径	800～14 000 m	±0.5%		15～350 km/h

（二）系统构成

1. 激光摄像组件

该组件主要包括激光器、摄像机、温控系统、光学系统等，是测量轨距、轨向的重要部件。通过对视觉图像的处理，得到钢轨轮廓，进而可以得到钢轨相对于测量坐标系的横向、垂向位置，由两根钢轨的横向位移合成轨距。横向位移和垂向位移分别是测量轨向和高低的重要分量。

2. 惯性测量组件

该组件由陀螺组件（称为 CAS）、左高低加速度计（称为 LACC）、右高低加速度计（称为 RACC）、轨向加速度计（称为 ALGN）等组成，其主要功能是采集检测梁和车体滚动和摇头角速度、倾角、垂向和横向加速度，用于建立轨道检测的惯性基准，满足轨向、高低、水平（超高）、三角坑、曲率等参数的测量要求。

3. 信号处理组件

主要由信号转接及监视装置（称为 Patch-Panel）、信号调节滤波装置（称为 SCU）、和一台数字滤波计算机组成。信号处理组件主要功能是：

（1）对惯性测量组件输出的信号进行滤波、补偿、修正，与激光摄像组件得到的信号共同传输到数据处理组件的计算机中进行轨道几何参数的合成计算，包括轨距、左右高低、左右轨向、水平（超高）、三角坑、曲率、曲线半径。

(2)产生同步信号。

(3)检测线路标志,包括道口、道岔、桥梁、曲线拉杆等。

(4)检测车体横向和垂向加速度。

(5)实时计算速度、里程。

4. 数据处理组件

数据处理组件是由数据库服务器、实时处理计算机、数据应用计算机、网络打印机、交换机等设备组成,并构成车载局域网系统。

实时处理计算机实现了传感器原始信号的实时采集和处理,自动完成数据的修正、滤波和轨道几何参数的合成,在计算机屏幕上实时显示几何参数波形图和里程、速度等信息,同时通过网络将轨道几何参数检测数据传送给数据库服务器。

5. 里程校准与同步定位

在综合检测列车上,由综合系统给包括轨道检测系统在内的其他系统提供同步定位信息,实现各检测系统的时空同步和精确定位。

(三)高速轨道检测系统技术特点

1. 系统检测能力满足 400 km/h 的检测需要。使用数字摄像机、数字信号传输、数字图像处理等数字技术手段,避免了模拟图像传输和采集过程引起的干扰;图像采集和处理速度超过450 帧/s,超过现有任何轨道检测系统的处理速度。

2. 抗阳光干扰能力强。通过改进算法、提高元器件性能等方法使抗阳光干扰能力大大提高。

3. 轨道检测数学模型及算法准确、适用性强。成功开发了检测梁安装在车体上的轨道检测数学模型;成功开发了检测梁安装在构架上、部分传感器安装在车体上、部分传感器安装在检测梁上的轨道检测数学模型;正在开发检测梁安装在构架上、所有传感器安装在轨检梁上的轨道检测数学模型。

4. 检测梁安装方式安全可靠,应力测试满足高速检测要求。根据不同类型的车辆的转向架结构,创新设计了多种组件悬挂方式,使得轨道检测系统可广泛安装于各种车辆,包括综合检测列车以及其他普通车辆。

5. 系统具有长波不平顺检测能力。通过算法的优化实现了高低不平顺的截止波长可达到 150 m;轨向不平顺的截止波长可达到 200 m。

6. 传感器技术。采用新型传感器使检测系统的精度和可靠性得到提高,其中使用光纤陀螺代替机械陀螺;使用光电位移计代替拉弦位移计;使用惯性组件代替分布式传感器,并通过 CAN 总线进行数据采集。

三、探伤车检测

钢轨探伤车是用于检测钢轨内部各种伤损的专用设备,整车由两节车体组成,每节车体均采用两轴转向架,整车既能自运行,又能与机车车辆连挂。钢轨探伤车采用超声波探测原理,利用现代电子学和计算机技术对超声波信号进行处理,自动检测和分析钢轨伤损,正线钢轨采用探伤车每月检查 1 遍。

(一)钢轨伤损检测系统

1. 探测架或小车可由工作人员在控制台上控制升降及锁定,并设有至少四个通道的视屏监视设备。探测架及小车应有足够的照明,以便夜间工作。应安装手动和自动对中设备以保证传感器的正常工作。

2. 可对道岔进行探测。

3. 超声波探头多为换能器型探头，换能器频率为 2～5 MHz，换能器可更换。

4. 可探测轨型：43～75 kg/m。

5. 探测精度（在 80 km/h 的情况下）：

（1）钢轨头部横向裂纹：在轨头任意位置处，最小直径 6 mm；

（2）钢轨头部及腰部纵向垂直裂纹：高度不小于 20 mm；

（3）钢轨头部及腰部纵向水平裂纹：最小长度：10 mm；

（4）螺栓孔裂纹：最小裂纹长度 8 mm；

（5）可探测铝热焊接头内直径 8 mm 以上的伤损。

6. 信号处理系统：

（1）系统能够对检测信息作出实时处理和显示；

（2）系统须备有彩色打印设备，能够打印出伤损位置、伤损图形等信息；

（3）系统须备有高速大容量记录设备，能够记录伤损信息；

（4）能够对检测数据进行重复分析与使用，并提供数据提取等后期分析处理手段；

（5）显示方式为多通道 A 型及 B 型彩色显示；

（6）处理系统控制界面应具有中文显示，界面友好，系统可根据需要编辑和打印中文格式的检测报告；

（7）处理系统应具有多通道（至少 24 通道）、同时处理不同信号的能力；

（8）信号处理系统可在电气化铁路上正常工作；

（9）应具备 GPS 系统，并可自动对里程信息进行校正。

7. 应具备伤损复核专用检测仪器。

（二）钢轨断面测量系统

钢轨探伤车应装备钢轨断面测量系统。断面测量系统应能独立工作，其里程信息应与伤损检测系统一致。

1. 技术要求

钢轨断面测量系统应采用无接触测量方法，实时检测钢轨断面，并输出相应里程位置轨头的形状，钢轨侧磨、垂直磨耗、总磨耗及轨距。检测装置应安放在探测架或小车上与超声波探头互不干扰，可独立使用。

2. 测量技术指标

（1）钢轨断面测量采用无接触摄像测量方式，可在不低于 100 km/h 速度下实时检测。采集速度为 1 帧/0.5 m；侧磨、垂直磨耗、总磨耗检测精度为±0.2 mm。

（2）轨距测量范围为 1 415～1 480 mm。采集速度为 1 帧/0.5 m；检测精度为±0.3 mm。

思考题

1. 高速铁路轨道检查应坚持什么原则？

2. 确认车检查时，工务部门应检查哪些内容？

3. 动态检测与静态检测有何不同？

4. 便携式检查仪检查线路的目的是什么？

5. 高速综合检测列车检测的轨道几何参数包括哪些?

6. 钢轨探伤车有何功用?

第二节　静态检查

为了准确地查找轨检车、动检车、车载式检查仪、便携式检查仪、探伤车等车辆及仪器提供的各种不良设备信息,设备管理单位必须利用专业检查工具(电子道尺、电子长波弦线、轨检小车、探伤仪)及时地对动态检测结果进行静态检查复核,然后根据动态检测、静态检查的结果,组织分析设备病害,制订病害整治方案,组织设备病害整治。轨道静态几何检查应采用绝对测量系统(精测网)和相对测量系统(轨道检查测量仪和其他辅助检测设备)相结合的方法,按规定周期检查。

线路静态检查主要量具应按铁路总公司《铁路工务计量器具运用管理法》有关规定进行管理,使用前必须按规定进行检定,合格后方可投入使用,使用中应按检定规程的周期进行检定或校准。

一、轨检小车检测

轨道检测小车是一种检测静态轨道不平顺的便捷工具如图 3-2-1 所示。它采用电测传感器、专用便携式计算机等先进检测和数据处理设备,可检测高低、水平、扭曲、轨向等轨道不平顺参数。

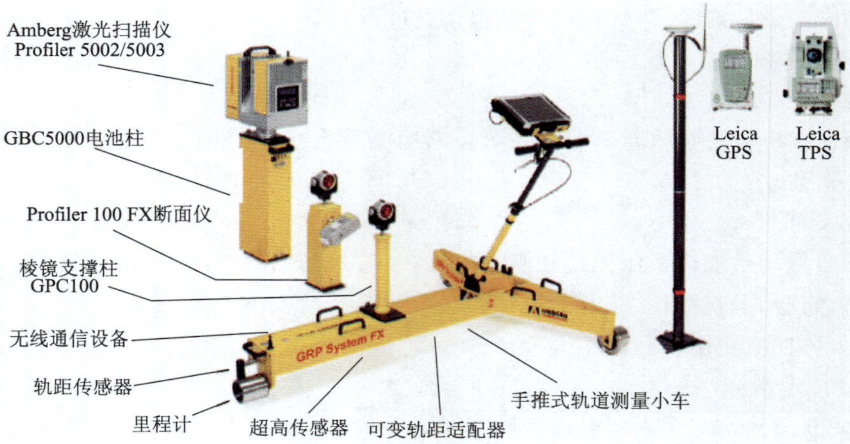

图 3-2-1　轨检小车结构图

GRP1000 测量系统主要由手推式轨检小车和分析软件包两大部分组成。即可单独测量轨道水平,轨距等相对结合参数,也可配合 LEICA TPS 全站仪来实现平面位置和高程的绝对定位测量,上述绝对定位测量通过全站仪的自动目标照准功能以及与 GRP1000 之间持续无线电通信来完成(图 3-2-2)。

测量外业完成后,系统能产生轨道几何测量的综合报表。用户可根据需要定义报表的输出界面,选择性的输出轨道位置、轨距、水平、轨向(短波和长波)、高低(短波和长波)等几何参数。

图 3-2-2　全站仪配合检查小车定位测量

(一)GRP1000 轨检小车精度

GRP1000 轨检小车精度见表 3-2-1。

表 3-2-1　GRP1000 轨检小车精度

项　　目	精　　度
里　程	光电记数器测量方式
测量误差	<0.5%
里程分辨率	±5 mm
轨距(mm)	1 435
轨距传感器量程	−25～+65 mm
轨距传感器精度	±0.3 mm
水平传感器量程	−10°～+10°换算成高差±225 mm
水平传感器精度	±0.5 mm
水平位置和高程测量精度	±1 mm

(二)检测内容及方法

1. 中线坐标及轨面高程

轨道中线坐标和轨面高程的检测，是对线路轨道工程质量状况的最基本的评价。通过检测轨道实测坐标和高程值与线路设计值进行比较得出的差值，可以全面直观的反映轨道工程质量。

在进行轨道中线坐标和轨面高程检测时，使用高精度全站仪实测出轨检小车上棱镜中心的三维坐标。全站仪设站的位置应靠近线路中心，而不是在两侧控制点的外侧；设站位置首先要考虑目标距离，其次是与近处控制点之间的距离(一般应超过 15 m)，如图 3-2-3 所示。然后结合事先严格标定的轨检小车的几何参数、小车的定向参数、水平传感器所测横向倾角及实测轨距，即可换算出对应里程处的中线位置和低轨的轨面高程，进而与该里程处的设计中线坐标和设计轨面高程进行比较，得到实测的线路绝对位置与理论设计之间的差值，根据技术指标对轨道的绝对位置精度进行评价。

坐标换算中所用到的轨检小车独立坐标系示意图如图 3-2-4 所示。

2. 轨距检测

轨距指两股钢轨头部内侧轨顶面下 16 mm 处两作用边之间的最小距离。轨距不合格将

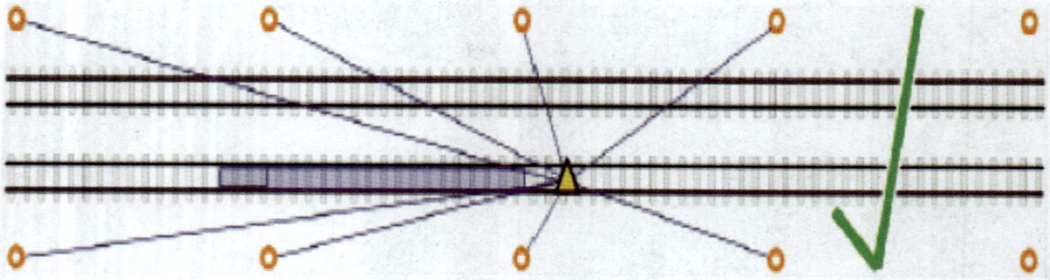

图 3-2-3　全站仪设站位置

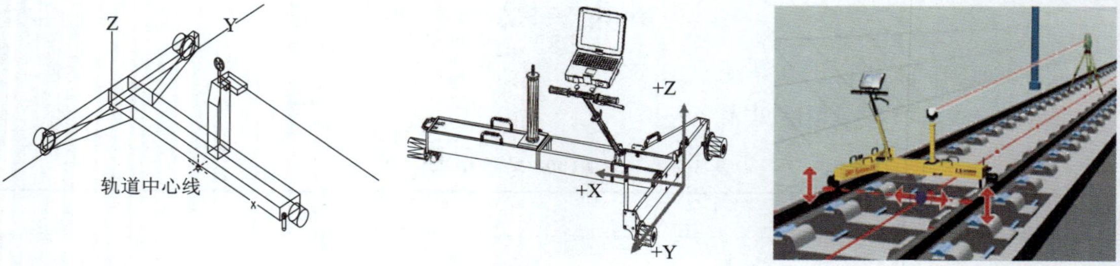

图 3-2-4　轨检小车独立坐标系示意图

使车辆运行时产生剧烈的振动。我国标准轨距的标称值为 1 435 mm。在轨距检测时，通过轨检小车上的轨距传感器进行轨距测量。

轨检小车的横梁长度须事先严格标定，则轨距可由横梁的固定长度加上轨距传感器测量的可变长度而得到，进而进行实测轨距与设计轨距的比较。轨距示意图如图 3-2-5 所示。

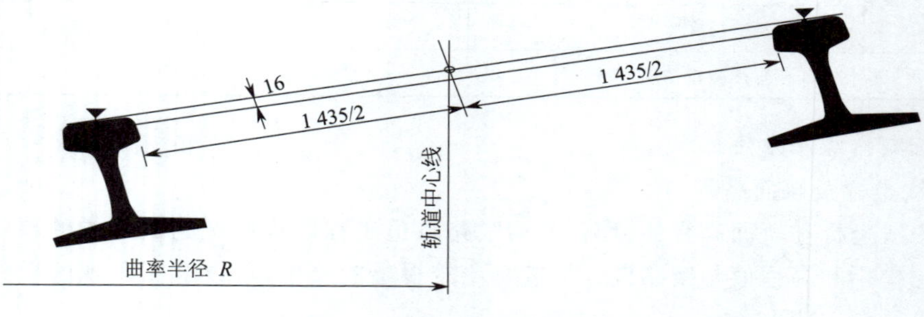

图 3-2-5　轨距示意图(单位:mm)

3. 水平(超高)检测

列车通过曲线时，将产生向外的离心作用，该作用使曲线外轨受到很大的挤压力，不仅加速外轨磨耗，严重时还会挤翻外轨导致列车倾覆。为平衡离心作用，在曲线轨道上设置外轨超高。

检测时，由轨检小车上搭载的水平传感器测出小车的横向倾角，再结合两股钢轨顶面中心间的距离，即可求出线路超高，进而进行实测超高与设计超高的比较。在每次作业前，水平传感器必须校准。超高示意如图 3-2-6 所示。

4. 轨向/高低检测(中国标准)

轨向指轨道的方向，在直线上是否平直，在曲线上是否圆顺。如果轨向不良，势必引起列

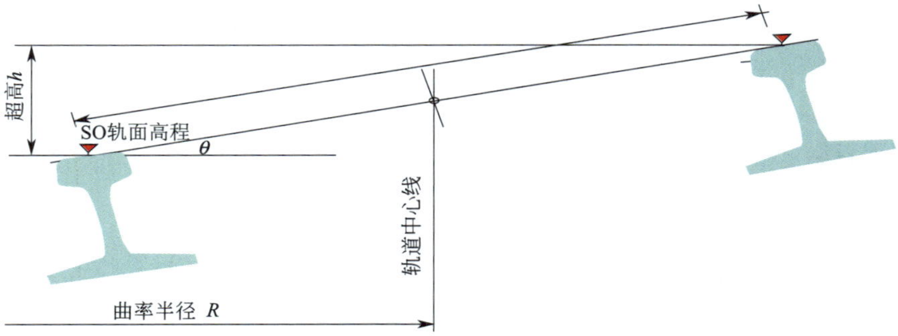

图 3-2-6　超高示意图

车运行中的摇晃和蛇行运动，影响到行车的速度和旅客舒适性，甚至危及行车安全。高低是指钢轨顶面纵向的高低差。高低的存在将使列车通过这些钢轨时，钢轨受力不再均匀，从而加剧钢轨与道床的变形，影响行车速度与旅客舒适性。

实测中线平面坐标得到以后，在给定弦长的情况下，可计算出任一实测点的正矢值；该实测点向设计平曲线投影，则可计算出投影点的设计正矢值，实测正矢和设计正矢的偏差即为轨向/高低值。轨向/高低（10 m 弦长为例）检测示意图如图 3-2-7 所示。

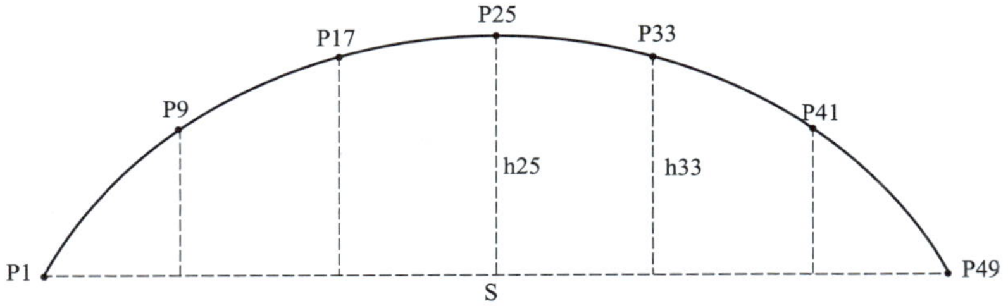

图 3-2-7　轨向、高低检测示意图

5. 短波和长波不平顺（德国标准）

（1）短波不平顺

假定钢轨支承点的间距，或者说轨枕间距为 0.625 m，采用 30 m 弦线，按间距 5 m 设置一对检测点，则支承点间距的 8 倍正好是两检测点的间距 5 m。检测示意图如图 3-2-8 所示。

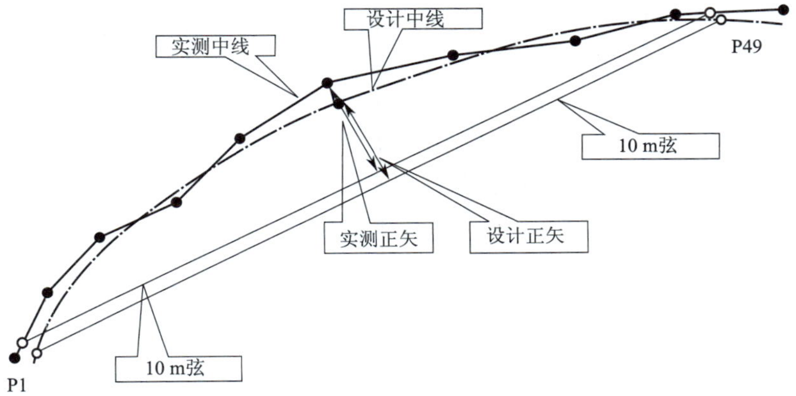

图 3-2-8　短波不平顺检测示意图

图 3-2-8 中的点是钢轨支承点的编号，以 P1 到 P49 表示。P25 与 P33 间的轨向检测按下式计算：

$$\Delta h = |(h_{25设计} - h_{33设计}) - (h_{25实测} - h_{33实测})| \leqslant 2\ \text{mm}$$

由于 P1 与 P49 的正矢为零，故可检测 P2(对应点 P10)到 P40(对应点 P48)的轨向。新的弦线则从已检测的最后一个点 P40 开始。

(2)长波不平顺

假定钢轨支承点的间距，或者说轨枕间距为 0.625 m，采用 300 m 弦线，按间距 150 m 设置一对检测点，则支承点间距的 240 倍正好是两检测点的间距 150 m。检测示意图如图 3-2-9 所示。

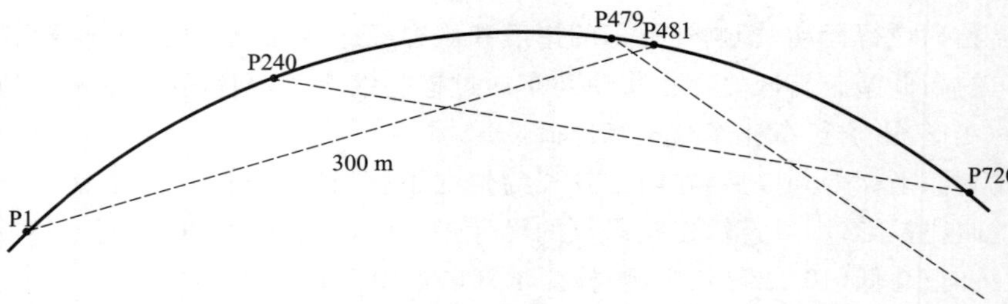

图 3-2-9 长波不平顺检测示意图

图 3-2-9 中的点是钢轨支承点的编号，以 P1 到 P481 表示。由于 P1 与 P481 的正矢为零，故可检测 P2(对应点 P242)到 P240(对应点 P480)的轨向。新的弦线则从已检测的最后一个点 P240 开始。

(三)工作流程

1. 前往现场检测之前在计算机中对设计数据(平曲线，竖曲线，超高)复核无误后输入到测量控制软件中。

2. 把 CPⅢ成果输入到全站仪中。到达现场后对控制点进行检查，确保控制点数据(平面坐标及高程)正确无误，检查控制点是否受到破坏。

3. 为了确保全站仪与轨检小车之间的通视，以及测量的精度，测量区域应尽量避免其他施工作业。

4. 使用 8 个控制点(CPⅢ)进行自由设站；全站仪自由设站时，平差后东坐标、北坐标和高程的中误差应在 0.7 mm 以内，方向的中误差应在 1.4″以内，否则应重新设站。

5. 进行正确的测量设置，比如高程以内轨为基准、超高以 1.5 m 为基长等。

6. 轨检小车每次测量作业之前都要对超高传感器进行校准。

7. 全站仪搬站后前后两个区间的测量需交叠 5～10 m。

8. 测量完成后，输出轨道几何参数，制作报表并进行评价。可根据需要定义报表的输出内容，选择性的输出轨道平面位置、轨面高程、轨距、水平/超高、轨向(长波和短波)、高低(长波和短波)等参数的偏差。

9. 轨道检查小车数据处理和应用流程图如图 3-2-10 所示。

(四)符号规则

1. 轨道参数符号规则

轨道参数符号如图 3-2-11 所示。

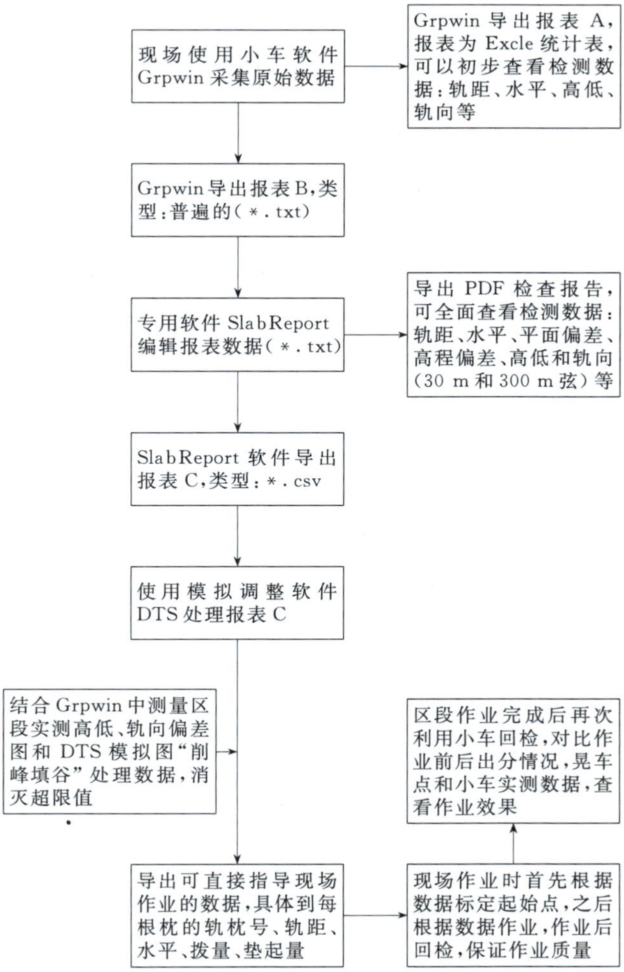

图 3-2-10　轨道检查小车工作流程图

注意：“↑”表示沿着里程增加的方向，右手曲线超高值为＋，左手曲线超高值为－。

图 3-2-11　轨道参数符号

2．偏差/调整量符号规则

（1）偏差与调整量符号相反。

（2）以面向大里程方向定义左右。

（3）平面位置：实际位置位于设计位置右侧时，偏差为正，调整量为负。

（4）轨面高程：实际位置位于设计位置上方时，偏差为正，调整量为负。

（5）超高（水平）：外轨（名义外轨）过超高时，偏差为正，欠超高时偏差为负；调整量相反。

（6）轨距：以大为正，实测轨距大于设计轨距时，偏差为正，调整量为负。

（五）轨道精调测量质量控制措施

1．严格检查设计数据（平曲线，竖曲线，超高，控制点），检核无误输入到计算机中。

2．到达现场后检查控制点是否发生变形或遭到破坏

3．每天开始测量之前检查全站仪测量精度：正倒镜检查全站仪水平角和竖角偏差，如果超过3″，在气象条件较好的情况下进行组合校准及水平轴倾斜误差（α）校准；检查全站仪ATR照准是否准确（照准偏差少于3″）。

4．全站仪采用后方交会的方法进行设站，设站距离应控制在70 m以内；测量条件较差时，根据具体环境缩短目标距离（建议50～60 m，实时测量结果应稳定在0.7 mm以内）；恶劣条件下禁止作业。

5．为了确保全站仪得设站精度，建议使用8个控制点，如果现场条件不满足，至少应使用6个控制点。设站中误差为东坐标、北坐标和高程：0.7 mm；方向：1.4″；与轨检小车同向的控制点自由设站计算时弃用要谨慎。优先剔除背离轨检小车所在一侧的控制点，最后要确保选用的控制点覆盖本测站的测量范围。高程不能只使用近处的4个控制点来控制，这容易造成目标距离较远的点的高程数据不可靠。

6．全站仪定向通不过，首先考虑设站问题，检查精平气泡，控制点棱镜是否对准全站仪（这将影响方位及坐标），棱镜头与插杆是否严密套实（影响高程）。如果不存在上述原因，再看是否是个别控制点本身精度低造成的，剔除低精度点即可。

7．全站仪设站的位置应靠近线路中心，不可在两侧控制点的外侧。

8．每天测量之前都要在稳固的轨道上对超高传感器进行校准，校准后可在同一点进行正反两次测量，测量值偏差应在0.3 mm以内；如发生颠簸、碰撞或气温变化迅速，可再次校准。

9．采集数据时小车要停稳，棱镜要正对全站仪；全站仪采用精确模式。

10．测量时要实时关注偏差值，如果存在明显异常，需重复采集数据，覆盖之前采集的结果，如依然存在突变，要及时分析原因。

11．全站仪搬站后进行设站时，应使用上次设站已经用过的4～6个控制点，以保证轨道的平顺性。

12．搬站后需重复测量5～10根轨枕，并进行交叠补偿，以避免设站精度对平顺性分析的影响；如因控制点精度不高等原因造成交叠段两次测站测量数据偏差较大（2 mm以上），在证实交叠段及前后一段范围内（前后各多测一段距离）相对较为平顺的情况下，交叠时应采用“扩展模式”，一般情况下可采用“标准”模式。

13．如轨道测量偏差较大，应避免对单点进行调整。

14．轨道几何参数测量应符合验收标准。

二、GJY-L-TKY-1型铁路轨道检查仪检测

GJY-L-TKY-1型铁路轨道检查仪主要由激光发射小车、激光接收小车、计算机控制系统等部分组成，如图3-2-12所示。

激光发射小车部分主要包括电气系统、发射器及转台控制部分、电源等。每次测量前将其固定在轨道上，双轮必须与接收器的双轮置于同一轨上并用张紧和夹紧装置张紧，尽量使双轮与轨面贴实。打开电源开关，通过瞄准镜将激光光斑打在接收器上即可。

接收小车主要由电气系统、接收器、电源等构成。上道前把电源接打开，检查接收器底板

图 3-2-12　GJY-L-TKY-1 型铁路轨道检查仪

上的燕尾板是否固定好，是否固定到位；拧紧底座手柄，以防在测量过程中松脱。

（一）使用条件及主要技术参数

使用条件见表 3-2-2，主要技术参数见表 3-2-3。

表 3-2-2　GJY-L-TKY-1 型铁路轨道检查仪使用条件

名　称	钢轨温度	相对湿度	海拔	推行速度	风速
使用条件	−20 ℃～+50 ℃	≤90%RH	≤2 500 m	≤2.5 km/h	≤5 m/s

表 3-2-3　GJY-L-TKY-1 型铁路轨道检查仪主要技术参数

序号	技术指标 / 检测项目	测量范围	示值误差	备　注
1	线路平面误差		±3.0 mm	配合全站仪
2	线路高程误差		±2.5 mm	配合全站仪
3	高　低	±75 mm	±0.7 mm	～200 m 弦
4			±0.7 mm	10 m/20 m 弦
5	轨　向	±100 mm	±0.7 mm	～200 m 弦
6			±0.7 mm	10 m/20 m 弦
7	轨　距	1 410 mm～1 470 mm	±0.3 mm	
8	超　高	−200 mm～200 mm	±0.3 mm	
9	三角坑	±30 mm	±0.5 mm	基长可设
10	里　程	0～9 999 km	±1‰	

（二）数据结果方向规定

1. 左右轨的定义：面向增里程方向，定义左侧钢轨为左轨。

2. 左右基准的定义：测量时，小车推进方向，双轮所在侧为左侧则勾选左基准，反之亦然。

3. 超高与水平：超高符号定义：沿增里程方向，测量点处右股高出时，超高为正，反之为负；水平符号定义：沿增里程方向，测量点处排除超高后，右股高出时，水平为正，反之为负。

4. 轨向、正矢符号定义：沿里程方向，测量点处钢轨向右侧弯曲（向左凸出）时，轨向和正矢的符号平为正，反之为负。

5. 高低符号定义：测量点处钢轨向上凸起时，高低为正，反之为负。

6. 扭曲符号定义：沿增里程方向前方右股高出为正，反之为负。

7. 调整量符号与相应偏差值符号相反。

(三)现场测量

1. 距离控制

对于正线直线段测量而言,首先依照当前自然环境条件,选择合适的测量间隔。白天通常选用 100 m 为最佳测量间隔;夜间则可选用 150 m、甚至 200 m;根据现场精度控制要求,将数值跳动控制在可允许误差范围内即可。

2. 基准选择

严格意义上讲,应该以高轨为基准轨进行测量。对于正线直线段而言,则以行车方向下一曲线为参考,进行基准轨选择。

注意:基准轨指双轮所在的那根轨,与测量设置没有必然关联,系统数据处理时根据测量设置"左/右基准"现推进方向自动判断当前测量段的基准轨。

测量前完成距离控制和基准选择两项工作后,即可开始测量。

3. 具体步骤(发射车操作员简称 A,接收车操作员简称 B)

(1)将接收车和发射车抬上道,双轮都必须处在基准轨上,显然,是在同侧。

(2)打开接收车张紧机构,检查当前接收与发射装置是否安置正确,即确认是否需要对接收与发射装置进行年头。

(3)检查接收装置与发射装置底板燕尾槽是否安装到位,旋紧手柄是否可靠。

(4)操作员 A 打开计算机,启动 JCJY. exe,进入测控模式,观测光斑水平、竖直位移,配合操作员 B 对光。

(5)操作员 B 将发射车推至最大测量间隔位置,锁紧发射小车。然后打开发射车电气箱电源,通过手动调整粗调按纽,将激光光斑打在接收屏上。然后手动调整微调按钮,当激光水平位移和竖直位移均处于±20 mm 内时,即可停止对光。

(6)操作员 A 点击工具箱"零点标定",复核当前参数是否与小车型号相对应,避免客观因素导致测量结果不正确。

(7)根据当前测量段进行基准、里程方向选择,并输入线路名称以及当前点绝对里程位置。通常选择静态测量模式,以保证测量精度。点击"设置"按钮方能生效。

(8)点击"里程清零",以便实时进行相对里程控制。注意,里程清零后务必复查起始点绝对里程是否需要进行修改。一切就绪后即可点击"开始"按钮,进行当前段测量。

(9)当选择动态测量模式时,只需要匀速推进接收车,系统自动进行数据实时采集工作;当选择静态测量模式时,则需要一步一停,即每个测量位置均需要将接收车停下来,等系统弹出蓝色进度条,方能将接收车向前推进。直到接收车无限接近发射车时,点击"停止"按钮,当前测量段测量工作完毕。

(四)数据处理及现场分析

1. 启动软件系统将进入数据处理模式,点击"导入文件",从下拉菜单中选取相应测量

段的原始 *. txt 格式文件,系统弹出"数据回放完毕!"对话框,说明当前段原始数据导入完毕。

2. 根据现场情况输入基准方式、测量起终点横向和纵向偏差值,以及报表输出方式后,即可点击"生成报表",输出报表,完成当前测量段数据处理工作。

3. 数据结果应遵循"最小化工作量"原则。根据线路偏差控制标准,对线路轨向、高低、轨距、水平等参数进行控制。通常根据基准轨测量结果,对基准轨进行轨向、高低等控制,保证线

路相对平顺性。

4. 数据报表输出。选择“轨道精调”模式时，报表将以直接指导现场对轨道线路进行精调作业的报表格式输出。依据这些参数即可直接对轨道线路进行精调工作。

三、钢轨探伤仪检查

（一）目　　的

1. 预防钢轨故障的发生。

2. 及时发现钢轨伤损情况，根据钢轨不同的伤损情况采取针对性的处理措施。

（二）作业工具

扳手、手工检查锤、螺丝刀、卷尺、毛笔、白铅油

（三）作业准备

检查仪器性能及状态，检查备品，布置安全事项，核对作业命令号，作业前按规定设好防护。

（四）探伤作业

1. 启动电源，显示A超、B超屏面。

2. 检查仪器通道是否连接正常，校对仪器探伤灵敏度。

（1）探头自检；

（2）穿透，反射灵敏度分别调整。

3. 探伤参数的设置：

（1）探伤时间参数调整和设置。主要有线别、左右股、里程、时间等。

（2）探头报警设置。

4. 小车运行：

（1）上道作业一般采用二台探伤仪分股并进，其间距不应超过25 m，探伤速度一般规定为每小时不超过3 km。

（2）在探伤推行过程中，应遵循“接头（焊缝）站、小腰慢、大腰匀速探”的要领，当操作者听到报警声后，要拉回小车进行校对。

（3）当发现伤损点时，应用多种方法进行复核确认。确认伤轨后要及时填写“伤损钢轨、焊缝、辙岔通知书”，及时送交养路工区签字确认。并在轨腰相应处用白铅油划出伤损符号见表3-2-4。

表3-2-4　钢轨伤损标记

伤损种类	伤损范围及标记		说　明
	连续伤损	一点伤损	
轻　伤	|←△→|	↑△	用白铅油作标记
轻伤有发展	|←△△→|	↑△△	用白铅油作标记
重　伤	|←△△△→|	↑△△△	用白铅油作标记

（4）遇轨面有沙垢锈蚀时、应清理干净后再探。

（5）发现危及行车安全的重伤轨须及时采取措施，并通知相关部门处理。

5. 作业完毕后，关闭电源，放尽耦合水，擦净仪器置于干燥通风处，并及时充电。

四、其他工具检测

电子道尺是手工检查线路轨距、水平的主要工具。在检查时要求在每根轨枕处进行测量，认真标注和记录，全面分析，从而判断线路轨距、水平、顺坡率、三角坑等项目是否符合标准。

弦线和小钢尺(电子弦线)是检查线路高低和方向的必备工具。检查方向时,要使用 30～40 m 的长弦线拉方向(使用不长于 10 m 的短弦线拉高低)。这样可以保证拉出的数据准确。在检查道岔方向时,可跨两组道岔检查方向,在检查转辙部分和岔心部分方向时,弦线必须跨过尖基轨或岔心,这样可以发现岔心位置的偏差和尖轨方向不良,有利于进行精确整治。

钢板尺和塞尺是检查钢轨平面和侧面平整度的常用工具。检查时要在某点前后交替测量,需要时还可向某点的两端适当延长,增加测量点,选取最大测量值。

思考题

1. GRP1000 轨道检测小车对偏差及调整量符号是如何规定的?
2. GRP1000 轨道检测小车轨道精调测量质量控制措施有哪些?
3. GJY-L-TKY-1 型铁路轨道检查仪对数据结果方向是如何规定的?
4. 简述直线地段利用 GJY-L-TKY-1 型铁路轨道检查仪检查的步骤。
5. 利用探伤小车检查时,应遵循什么要领?
6. 探伤人员在检查过程中发现伤损点时应如何处理?

第三节 道 岔 检 查

一、道岔检查要求

1. 线路车间检查工区负责对道岔设备进行周期性检查,线路工区负责日常道岔结构性检查,并做好记录,掌握道岔设备状态及变化规律。日常道岔结构检查由线路工区工长安排胜任人员完成,重点检查影响安全及易导致设备故障方面的问题。线路车间及时对综合检测列车检查发现的不良地段和各类晃车等信息及时复查。对道岔重点病害和薄弱处所,应经常检查;当病害发展严重,对行车构成影响时,应及时处理。

2. 工长每年对管内设备巡视至少一遍;对道岔每月检查 1 次;对重点或薄弱处所做到经常检查;

3. 线路车间主任(副主任)每月对管内设备进行重点检查、重点巡视。车间主任、副主任合计每年巡视一遍,每月位置不得重复,具体检查时间数量和位置自定。

4. 段长、主管副段长、高铁科科长每月着重检查重点地段和薄弱处所,检查道岔不少于 10 组。

二、道岔检查内容和周期

1. 扣件系统静态检查内容和周期见表 3-3-1。

表 3-3-1 扣件检查内容和周期

序号	检 查 内 容	检 查 周 期
1	扣件安装状态、部件缺损、预埋套管等	每半年检查 1 遍
2	弹条紧固状态(WJ-7、WJ-8、W300-1 型扣件)	每半年检查 1 遍,每公里连续抽查 50 个
3	弹条扣压状态(SFC 型扣件)	每半年检查 1 遍,每公里连续抽查 50 个

续上表

序号	检　查　内　容	检　查　周　期
4	钢轨与绝缘块(绝缘轨距块)、轨距挡板间隙	每半年检查1遍，每公里连续抽查50个
5	锚固螺栓扭矩(WJ-7、SFC型扣件)	每半年检查1遍
6	弹性垫板刚度	每年抽检1次，抽检数量3块/50 km
7	有螺栓弹条紧固状态(弹条V型扣件)	每半年检查1遍，每千米连续抽查50个
8	无螺栓弹条扣压力(弹条IV型、FC型扣件)	每半年检查1遍，每千米连续抽查50个

2. 道岔静态检查内容和周期见表3-3-2。

表3-3-2　道岔检查内容和周期

<table>
<tr><th>序号</th><th>检　查　内　容</th><th>检查方式</th><th>检查周期</th></tr>
<tr><td>1</td><td>轨距、水平、支距、高低、轨向</td><td>全面检测</td><td rowspan="15">每月检查1遍</td></tr>
<tr><td>2</td><td>斥离尖轨非工作边与基本轨工作边最小间距</td><td rowspan="14">全面查看，重点检测</td></tr>
<tr><td>3</td><td>查照间隔</td></tr>
<tr><td>4</td><td>护轨轮缘槽宽度</td></tr>
<tr><td>5</td><td>尖轨与基本轨、心轨与翼轨、短心轨和叉跟尖轨间隙、尖轨与滑床台、心轨与滑床台间隙，尖轨与顶铁、心轨与顶铁间隙</td></tr>
<tr><td>6</td><td>辊轮状态</td></tr>
<tr><td>7</td><td>滑床台与基板脱焊及台面磨耗情况</td></tr>
<tr><td>8</td><td>扣件状态</td></tr>
<tr><td>9</td><td>弹性夹、拉簧状态</td></tr>
<tr><td>10</td><td>弹性铁垫板、弹性基板等各种垫板状态</td></tr>
<tr><td>11</td><td>限位器、间隔铁、顶铁、轨撑、接头铁、连杆等联结螺栓松动、变形或损坏情况</td></tr>
<tr><td>12</td><td>尖轨防跳限位装置与斥离尖轨(标准开口)间隙，尖轨防跳顶铁与密贴尖轨间隙，心轨防跳顶铁、卡铁、间隔铁与心轨间隙</td></tr>
<tr><td>13</td><td>尖轨相对于基本轨、心轨相对于翼轨的伸缩位移；两尖轨相对伸缩位移</td></tr>
<tr><td>14</td><td>轮轨接触面(光带)检查，重点检查尖轨与基本轨共同受力部位接触面(位置、塑性变形、磨耗等)</td></tr>
<tr><td>15</td><td>其他零件损坏、变形或缺失情况</td></tr>
<tr><td>16</td><td>尖轨各控制断面相对于基本轨高差</td><td rowspan="2">全面检测</td><td rowspan="2">每季度检查1遍</td></tr>
<tr><td>17</td><td>心轨各控制断面相对于翼轨高差</td></tr>
</table>

3. 调节器静态检查内容和周期见表3-3-3。

表3-3-3　调节器检查内容和周期

<table>
<tr><th>序号</th><th>检　查　内　容</th><th>检　查　方　式</th><th>检　查　周　期</th></tr>
<tr><td>1</td><td>轨距、水平、高低、轨向</td><td>全面检测</td><td rowspan="4">每月检查1遍</td></tr>
<tr><td>2</td><td>尖轨与基本轨、扣件、轨撑间隙</td><td rowspan="3">全面查看，重点检测</td></tr>
<tr><td>3</td><td>扣件、垫板、轨撑状态</td></tr>
<tr><td>4</td><td>其他零件损坏、变形或缺失情况</td></tr>
<tr><td>5</td><td>尖轨控制断面相对于基本轨高差</td><td>全面检测</td><td>每季度检查1遍</td></tr>
</table>

4. 对无缝道岔及调节器钢轨纵向位移每季度全面观测一次，对需进行应力放散和调整的区段应分析原因，及时处理。

5. 对道岔、调节器、大跨度桥梁、过渡段和沉降等重点地段的线路设备，应在昼间进行巡视，每年应不少于一遍。

6. 对道岔的结构及联结零件巡视每周不少于一次。

三、道岔常用检查工具(表 3-3-4)

表 3-3-4 养护检查工具表

序号	名 称	用 途
1	轨道几何状态测量仪	轨距、方向、水平、高低
2	轨距尺(道尺)	轨距、查照间隔、水平
3	支距尺	支 距
4	方 尺	道岔始端钢轨对齐、岔枕垂直度
5	100 m 长钢卷尺	道岔全长、岔枕间距
6	卷 尺	局部长度、距离测量
7	塞 尺	轨头密贴、轨底与台板密贴、顶铁缝隙
8	游标卡尺	间距测量、局部尺寸测量
9	水平仪	高低测量
10	1 m 平尺	轨顶、工作边直线度、平直度测量
11	2 m 平尺	轨顶、工作边、轨底平直度测量，主要用于调整；心轨尖端抗线测量
12	绷线器(包括垫)	岔枕纵向对齐、工作边方向、轨顶高低、岔枕高低、直线度
13	磁力拉环	
14	弹簧称	配合测量道岔长度、钢轨件长度
15	扭矩板手	测试各部螺栓扭矩
16	滚轮调整工具	调整滚轮用

四、道岔几何尺寸检查

1. 检查轨距和水平：在规定的检查点上按“先规矩，后水平”的顺序逐点检查并记录在“轨距、水平、三角坑”栏内，随即用石笔或油漆写在相应的钢轨内侧轨底面上。对伤损钢轨应在伤损钢轨内侧轨腰上做好轻伤、轻伤有发展、重伤标记。尖轨、可动心轨处检查时，不得将手脚伸入其中，尖轨转动时。应将道尺及时拿出。

2. 检查高低和轨向：用正矢绳、钢板尺从岔首外侧 20 m 开始向道岔里沿直基本轨检查轨向和高低，检查倒绳时应相互重叠 3～5 m。

3. 检查支距：用支距尺测量支距，并将测量数据记录在《道岔检查记录本》上。

4. 在检查过程中，随时注意检查其他项目(轨枕、绝缘接头、钢轨伤损、联接零件、空吊板、线路外观等)的病害情况，如有超限和其他危急行车安全的处所，填写在“轨向、高低及其他”栏内。

5. 检查顺序：

(1)可动心轨单开道岔(18 号)检查顺序。

转辙部分：尖轨前顺坡终点，尖轨尖端处，尖轨中前部直、曲股，尖轨中前部直，尖轨中部直、曲股，尖轨中后部直，尖轨中后部直、曲股，尖轨跟端直、曲股。

导曲线部分:前部直、曲股,中部直、曲股,中后部直、曲股,后部直、曲股。

辙叉部分:辙叉前部直、曲股,辙叉中部直、曲股,查找间隔曲股,辙叉中后部直、曲股,辙叉中后部直,弹性可弯中心后部直、曲股,辙叉后部直、曲股。

(2)轨距检查位置及标准见表 3-3-5。

表 3-3-5 轨距检查位置及标准

顺号	检查部分	轨距标准(mm)	检查位置	说明
1	尖轨前顺坡终点	1 435	1 号岔枕前	基本轨接头
2	尖轨尖端处	1 435	4 号岔枕前	
3	尖轨中前部(直)	1 435	13 号岔上	第二牵引点后边
4	尖轨中前部(曲)	1 435		
5	尖轨中部(直)	1 435	22 号岔枕上	第三牵引点后边
6	尖轨中部(曲)	1 435		
7	尖轨中后部(直)	1 435	30 号岔枕上	
8	尖轨中后部(曲)	1 435		
9	尖轨跟部(直)	1 435	39～40 号岔枕间	4 股接头处
10	尖轨跟部(曲)	1 435		
11	导曲线部分前部(直)	1 435	51 号岔枕前边	本点距前后接头均为 6.294 m
12	导曲线部分前部(曲)	1 435		
13	导曲线部分中部(直)	1 435	60～61 号岔枕间	直股(或曲股)绝缘接头处
14	导曲线部分中部(曲)	1 435		
15	导曲线部分后部(直)	1 435	70～71 号岔枕间	本点距前后接头均为 5.998 m
16	导曲线部分后部(曲)	1 435		
17	辙叉前部(直)	1 435	80～81 号岔枕间	辙叉前接头处
18	辙叉前部(曲)	1 435		
19	辙叉中部(直)	1 435	92～93 号岔枕间	辙叉长心轨顶面宽 20 mm 左右处
20	辙叉中部(曲)	1 435		
21	查照间隔(曲)	1 435		
22	辙叉中后部(直)	1 435	99 号岔枕上	辙叉第二牵引点后边
23	辙叉中后部(曲)	1 435		
24	弹性可弯中心后部(直)	1 435	104～105 号岔枕间	弹性可弯中心后第一间隔铁处及侧股对应位置
25	弹性可弯中心后部(曲)	1 435		
26	辙叉后部(直)	1 435	115～116 号岔枕间	辙叉后接头处
27	辙叉后部(曲)	1 435		

注:①18 号及以上号码的可动心轨道岔在尖轨中部与尖轨尖端、尖轨跟端之间增加了对尖轨中前部、尖轨中后部的检查,具体位置应根据道岔类型布置。

②18 号及以上号码的可动心轨道岔在导曲线部分中前部、中后部的检查,具体位置应根据道岔类型布置。

③辙叉中部可动心轨辙叉长心轨顶宽 20 mm 处左右。

④弹性可弯中后部指长心轨可弯中心后第一间隔铁处及侧股对应位置。

⑤18 号及以上号码的可动心轨道岔在轨辙中部与可弯中心后部之间增加对辙叉中后部的检查,具体位置应在辙叉中部与弹性可弯中心后部之间根据道岔类型均匀布置。

6. 检查记录病害分析

(1)使用轨道测量仪、轨道检查仪、电子轨距尺(有存储)检测时,要将检查记录在电脑上设置专用文件夹保存电子文档,同时将轨道超限报表交保养工区(保养班)保存,保养工区(保养班)要将超限报表完整保存,保存期限为一年。

(2)设备检查记录簿要严格按规定符号逐项填写并对超过临时补修偏差管理值的处所进行分析。

①轨距和水平填写实量值与标准值的差值。

轨距记录:当轨距实量值大于标准值时在差值为正,“+”号可以省略不写;当轨距实量值小于标准值时在差值前写“—”号。

水平记录:道岔直股一直内股钢轨顶面为标准股,导曲线以下股钢轨顶面为标准股,另一股钢轨顶面较基准股钢轨顶面高时差值为“+”号,反之为“-”号。

②附带曲线(包括直线顺坡地段)以曲线下股为基准股,记录上股实际超高与理论设置超高的差值,实际超高大于理论设置超高为“+”号,反之为“-”号,顺坡地段终点相应轨号栏内写上“△”字样。

③轨向不使用“+”、“-”号。高低,测量处为“包”时用“+”号,测量处为“坑”时用“-”号。

④轨向、高低及其他病害,记录在检查记录簿的“轨向、高低及其他”栏内相应的轨号位置,并在超限数值下划一波浪线,即“～～”,并简要地写上病害名称和量值,如:高低“+”××mm或“-”××mm,轨向××mm。道岔附带曲线以10 m弦测量,将测量的实际正矢填写在道岔检查记录簿的记事栏内(对连续正矢差超过4 mm的进行分析、处理)。

⑤轨距、水平、三角坑、附带曲线正矢超限处所分析符号的规定:轨距、水平在超限栏右下角划“×”;三角坑检查基长为6.25 m,但在延长18 m距离内进行分析,就是说邻点要分析,隔点也必须分析,两点水平代数差即为三角坑,如三角坑超限,在两水平误差数字间下划线“_”相连;附带曲线正矢差超限的分析:圆曲线连续正式差超限,在超限两点间话“-”相连,圆曲线最大最小正矢差超限,在最大点和最小点的数字下各划一横线。

⑥道岔除检查轨距、水平处,还要检查各部间隔、支距尺寸、零配件缺少及其他状态。除查照间隔和护背距离记录实量数值外,其余均记录差值。支距只记录超限点号和超限值,较标准值大时为“+”,反之为“-”

五、道岔结构性检查

道岔结构检查类型分为手工工具检查和目测检查。

1. 日常结构检查主要检查影响行车安全方面的问题,包括道岔及两端线路绝缘接头;钢轨件母材、焊接接头、胶接绝缘接头等状态及伤损状况;各种联结螺栓、开口销、防松帽、防转卡铁、顶铁和间隔铁等损坏、变形或作用状况;滑床板损坏、变形状况;弹性垫板、轨下及铁垫板下橡胶垫板、弹性夹、偏心套等损坏状况;尖轨辊轮定位状况、转动是否灵活、破损或裂纹状况;防跳轮及固定螺栓损坏、变形、松动状况;转辙部及辙叉部异物情况;尖轨与基本轨、心轨与翼轨密贴、叉跟尖轨尖端(100 mm)与心轨密贴状态等;各种零件损坏、变形或作用状况;警冲标状态;线路几何尺寸有无超过临时补修处所;道床是否有杂物或散乱石砟,道砟胶固结处所是否牢固等。

2. 每月进行全项目的结构性检查。在日常结构性检查的基础上要对钢轨、联结零件、道床、线路标志标识、限位器作用状况、工电结合部等状态进行深入全面检查。几何状态:轨距、高低、水平、轨向、扭曲及轨距变化率是否超标，查照间隔、护轨轮缘槽宽度、框架尺寸是否良好。密贴检查：尖轨与基本轨、心轨与翼轨密贴，顶铁离缝，尖轨非工作边与基本轨工作边的最小距离，尖轨，心轨轨底与台板离缝，叉跟尖轨尖端（100mm）与心轨密贴，尖轨、心轨、调节器基本轨伸缩位移等。钢轨及扣件：钢轨伤损情况，磨耗状况（垂直磨耗、侧磨、波浪形磨耗、钢轨母材轨顶面凹陷或接头马鞍型磨耗）；钢轨硬弯、焊缝外观、肥边状况，焊缝平直度。扣件松动、缺损情况。轮轨接触面（光带）检查，重点检查尖轨与基本轨共同受力部位接触面（位置、塑性变形、磨耗等），心轨、尖轨各控制断面相对于基本轨、翼轨高差等。

六、国产道岔铺设及检验标准

国产道岔铺设及检验标准见表 3-3-6。

表 3-3-6　国产道岔铺设及检验标准

序号	检　测　项　目	偏差要求(mm)	特性分类
1	道岔铺设水平	≤2，导曲线不得有反超高	B
2	道岔铺设高低	≤2，用 10 m 弦量	B
3	道岔方向	≤2，用 10 m 弦量，目视成直线	B
4	道岔始端轨距	±1	B
5	尖轨尖端轨距	±1	B
6	直线尖轨轨头切削起点处轨距	±1	B
7	直尖轨第一牵引点前与曲基本轨密贴	缝隙≤0.5	A
8	直尖轨其余部分与基本轨密贴	缝隙≤1.0	B
9	直尖轨工作边直线度	0.2 mm/1 m，1.5 mm/10 m	B
10	直尖轨与曲基本轨间顶铁间隙	缝隙≤1.0	C
11	直尖轨轨底与滑床台	缝隙≤1.0，且 1.0 mm 缝隙不得连续出现	B
12	曲尖轨第一牵引点前与直基本轨密贴	缝隙≤0.5	A
13	曲尖轨其余部分与基本轨密贴	缝隙≤1.0	B
14	曲尖轨与基本轨间顶铁缝隙	缝隙≤1.0	C
15	曲尖轨轨底与滑床台	缝隙≤1.0，且 1.0 mm 缝隙不得连续出现	B
16	直基本轨与曲线尖轨组装后，曲线尖轨各控制断面（轨头宽大于 15 mm）相对基本轨顶面的降低值	±1.0 mm	B
17	曲基本轨与直线尖轨组装后，直线尖轨各控制断面（轨头宽大于 15 mm）相对基本轨顶面的降低值	±1.0 mm	B
18	转辙器部分最小轮缘槽	≥65	A
19	尖轨限位器两侧缝隙差	±0.5	B
20	直尖轨固定端支距	±1	B
21	曲尖轨固定端支距	±1	B
22	直尖轨跟端支距	±1	B
23	曲尖轨跟端支距	±1	B
24	导曲线支距	±1	C

续上表

序号	检 测 项 目	偏差要求(mm)	特性分类
25	尖轨跟端直股轨距	±1	B
26	尖轨跟端曲股轨距	±1	C
27	可动心轨辙叉趾端开口距	±1	C
28	可动心轨辙叉咽喉宽	±1	B
29	心轨尖端至第一牵引点处密贴(直)	缝隙≤0.5	A
30	心轨其余部位与翼轨密贴(直)	缝隙≤1.0	B
31	心轨尖端至第一牵引点处密贴(曲)	缝隙≤0.5	A
32	心轨其余部位与翼轨密贴(曲)	缝隙≤1.0	B
33	道岔心轨组装后,心轨各控制断面(轨头宽大于15 mm)相对翼轨顶面的降低值	±1.0	B
34	在可动心轨辙叉牵引点处翼轨轨头外侧与翼轨轨肢侧相对距离尺寸允许偏差	±1.0	B
35	叉跟尖轨与短心轨密贴	缝隙≤1.0	C
36	直向开通心轨轨底与台板缝隙	缝隙≤1.0 ,且 1.0 mm 缝隙不得连续出现	B
37	侧向开通心轨轨底与台板缝隙	缝隙≤1.0,且 1.0 mm 缝隙不得连续出现	B
38	心轨直股工作边直线度	0.2 mm/m, 1.5 mm/10 mm,不允许抗线	B
39	长心轨轨腰与顶铁的缝隙	≤1.0	C
40	短心轨轨腰与顶铁的缝隙	≤1.0	C
41	叉跟尖轨轨腰与顶铁的缝隙	≤1.0	C
42	心轨实际尖端至直股翼轨趾端的距离	$^{+4}_{0}$	B
43	可动心轨尖端前 1 m 轨距	±1	C
44	可动心轨可弯中心后 500 mm 轨距	±1	C
45	护轨轮缘槽宽度	±1	B
46	查照间隔	≥1 391	A
47	导曲线部分轨距(尖轨跟端至导曲线终点或辙叉趾端总长的 1/4、1/2、3/4 共 3 处)	±1	C
48	辙叉跟端轨距	±1	B
49	辙叉趾端轨距	±1	B
50	尖轨各牵引点处开口值	±3	B
51	可动心轨辙叉第一牵引点处开口值	±1	B
52	道岔全长	18 号道岔±10 mm,大于 18 号道岔±20 mm。	C
53	岔枕铺设相对于直股的垂直度	牵引点两侧和心轨部分 4 mm,其余 10 mm	C
54	岔枕位置偏差	±5	C
55	螺栓丝扣均应涂专用长效防腐脂,螺栓扭矩达到设计要求		C
56	零部件无缺少、无松动		C

续上表

序号	检 测 项 目	偏差要求(mm)	特性分类
57	标记正确齐全		C
58	闭合状态下,尖轨轨底和滚轮的间隙	≤2	B
59	打开状态下,尖轨轨底和滑床台板的缝隙	2≤△≤3	B
60	转换杆件沿线路纵向偏移量	≤5	C
61	转辙机外壳边缘与基本轨直线距离偏差	≤3	C
62	各牵引点两侧锁闭框中心位置偏差	±3	B
63	各牵引点尖轨、心轨动程(两侧开口)	±3 mm	C
64	各牵引点心轨外锁闭两侧锁闭量相差	≤2 mm	B
65	尖轨、心轨转换阻力	≤设计指标要求	A
66	牵引点密贴检查(密贴段)	4 mm 不锁闭	A
67	牵引点间密贴检查	4 mm 有表示,5 mm 无表示	A
68	道床板顶面宽度	±10	C
69	道床板中线位置	≤2	C
70	道床板顶面与承轨台面相对高差	±5	C
71	道床板伸缩缝位置	±5	C
72	道床板平整度	2 mm/m	C
73	转辙基坑深度	+5	A
74	转辙基坑宽度	+5	A
75	转辙基坑轴线位置	≤2	A
76	转辙基坑平整度	2 mm/m	B

注:①计算合格率时,检查项点中某一项点若有多处时,按多个项点计;

②68 项至 76 项为无砟道岔检测项点。

七、检查记录及病害处理

1. 设备检查须当时形成记录或存储。车间使用轨道测量仪、轨道检查仪检查时,在电脑上设置专用文件夹保存电子文档,并将检查记录和原始数据以电子版形式保存一年。车间每日向工区下达车间日作业计划及完成情况表,同时将审批后的作业方案下发至工区;工长根据车间日作业计划、作业方案,结合作业项目及工作量等对各作业组进行派工,填记派工单,作业中负责人处理后在派工单上签字销记;工区将各作业组作业情况汇总后反馈到车间,车间汇总后对工区完成质量进行动静态评定。车间抽验后在对应的车间日作业计划及完成情况表内备注栏内签字(需要签字的纸质,其他为电子版),评定结果纳入月度考核。日常检查中当日天窗内能进行处理的项目,在检查记录中由处理人签字销记。以上资料完整保存,保存期限为一年。

2. 设备的检查及病害的处理要做到:有检查(以原始记录和超限报表为准)、有分析(利用软件或人工对检查记录进行分析,制订作业方案)、有处理(对照派工单或检查记录上的作业项目),有销记(作业负责人在作业方案上签字,在派工单中“回检发现的问题及处理情况”栏内签字）。派工单中记录的病害和处理日期要和作业方案中的作业项目、作业日期相一致，与班组日志中填记相一致。

3. 设备检查记录、派工单、作业方案由车间主任（或副主任）每月检查一次；设备检查记录、派工单、作业方案，车间日作业计划及完成情况表由副段长每季检查一次。检查其是否按规定检查设备和处理病害，并在派工单（设备检查记录）当月最后一页签署意见，然后签上职务姓名及年、月、日。车间主任、副主任等人员的设备检查记录薄有工务段副段长每季检查一次并签署意见，写明检查人的职务、姓名及年、月、日。高铁科长、副段长等人员的检查手册应由工务段长进行抽查，每年不少于两次。

思考题

1. 道岔检查有哪些要求？
2. 检查道岔轨距、水平、高低时，如何记录？
3. 道岔结构检查分为哪两种？
4. 道岔日常结构检查的内容主要有哪些？

第四节　春秋季设备检查

工务部门各单位除按规定执行各项定期或经常性的工务设备检查制度外，铁路局还应组织工务段进行春、秋季设备检查。春、秋季设备检查非常重要，必须认真组织。为使检查结果准确无误，在检查前应组织有关人员学习技术标准和检查方法。

一、春季设备检查

春季设备检查一般在每年 3、4 月份进行。铁路线路经过冬季以后，线路设备会发生较大变化，每年 3、4 月份，北方已进入春暖季节，而南方即将进入雨季，因而需要有重点地对线路设备进行一次普遍检查。对上半年秋检以后设备变化较大处所，应按实际需要调整年度线路维修计划。对春融和洪水期可能发生的灾害或病害，要进行认真检查和分析，为制订春融和洪水期线路病害生点地段与防治措施提供依据。因各地区气候条件不同，需要检查的内容和要求也不相同，检查的重点是路基状态，在北方寒冷地区主要是通过检查防止春融乱道；在南方多雨地区则可以结合防洪检查，做好路基排水工作。

二、秋季设备检查

秋季设备检查应在每年 9 月末以前完成。每年 9 月份雨季已基本结束，即将进入冬季，线路综合维修也已大部分结束，此时进行一次线路设备检查对了解当年线路维修情况、做好防寒过冬准备、安排次年线路维修计划都十分重要。秋季设备检查要分别对路基、轨道进行一次比较全面细致的检查，对各种路基病害、钢轨和道岔伤损、主要配件缺损、道床脏污和缺砟、轨枕失效、轨道加强设备缺损等都要进行检查登记。秋检后逐级提报秋检年报和分析说明。由于秋季检查的项目较多、工作量大、技术性强，为保证检查质量，工务段应成立专业小组进行检查。

每年 9 月末以前，按铁路总公司规定的秋检内容，由铁路局组织工务段进行一次秋季设备检查，并结合设备检查进行线路设备状态评定。铁路局应于10月20日前汇总并分析秋季设备检查结果，上报铁路总公司。

思考题

1. 春季设备检查一般在什么时候进行？
2. 春季设备检查有何作用？
3. 秋季设备检查一般在什么时候进行？
4. 秋季设备检查的主要内容有哪些？

第四章　高速铁路线路主要作业

高速铁路线路维修工作的基本任务是保持线路设备状态完好，保证列车以规定速度安全、平稳、舒适和不间断地运行，尽量延长设备使用寿命，并应积极采用新技术、新设备、新材料、新工艺和先进的施工作业方法，优化作业组织，提高线路检修质量。

现场作业必须按照下述程序办理：人工添乘（确定地点）—轨检车图谱分析（确定偏差项目、处所）—测量仪器现场静态检查（复核、查找偏差地点）—专业技术人员综合分析（查找原因，确定整修方案）—作业方案审批—作业方案实施—作业质量回检—处理情况信息反馈。

第一节　轨道精测精调作业

轨道精调是根据轨道测量数据对轨道几何状态进行的精确调整，使轨道精度达到规范标准，满足列车平稳、舒适运行要求。

轨道精调目标：实现轨道的高平顺性。轨道精调分为静态精调和动态精调。

静态精调是指联调联试前的精调，是在轨道应力放散、线路锁定、焊缝打磨之后（道岔在直、侧股与正线、到发线焊联，焊缝打磨之后），在联调联试之前根据轨道静态测量数据对轨道进行全面、系统地调整，对轨道线型进行优化，将轨道几何尺寸调整到允许范围内，合理控制轨距、水平、轨向、高低等变化率，使轨道精度满足静态验收标准要求。

动态精调指联调联试、运行试验、运营期间的精调，根据轨道动态检测情况对轨道局部缺陷进行修复，对部分区段几何尺寸进行微调，对轨道线型进一步优化，使轮轨关系匹配良好，使轨道精度全面达到高速行车条件。

轨道精调贯穿于轨道施工的全过程，无砟轨道从底座、有砟轨道从道砟摊铺施工开始，直至投入运营；施工精度决定着精调的工作量、精调费用及所需时间。

轨道精调质量对动车的运行品质具有重要影响，甚至影响行车安全。

一、无砟轨道精调标准

无砟轨道精调后，几何状态应达到无砟轨道静态铺设精度标准见表 4-1-1。

表 4-1-1　无砟轨道静态铺设精度标准

序号	项　目	容 许 偏 差	备　注
1	轨　距	±7 mm	相对于标准轨距 1 435 mm
		1/1 500	变化率
2	轨　向	2 mm	弦长 10 m
		2 mm/测点间距 $8a$(m) 10 mm/测点间距 $240a$(m)	基线长 $48a$(m) 基线长 $480a$(m)
3	高　低	2 mm	弦长 10 m

续上表

序号	项　　目	容　许　偏　差	备　　注
		2 mm/测点间距 8a(m) 10 mm/测点间距 240a(m)	基线长 48a(m) 基线长 480a(m)
4	水　平	2 mm	不包含曲线、缓和曲线上的超高值
5	扭　曲	2 mm	基长 3 m 包含缓和曲线上由于超高顺坡所造成的扭曲量
6	与设计高程偏差	10 mm	站台处的轨面高程不应低于设计值
7	与设计中线偏差	10 mm	

注：表中 a 为扣件节点间距，单位 m。

二、轨道精调原则

(1)先整体、后局部，先高低、后水平，先轨向、后轨距。

先整体、后局部：先基于整体曲线图，大致标出期望的线路走向或起伏状态，先整体上分析区间调整量，再分析局部调整量。

先高低、后水平：先调整标准股的高程，实现高低的优化；再利用水平和水平变化率来控制非标准股的高程。

先轨向、后轨距：先调整标准股轨向，实现方向的优化；再利用轨距及轨距变化率来控制非标准股平面位置。

(2)力求最佳调整量、实现最大平顺性：注意轨道几何尺寸变化率，力求最佳调整量、实现最大平顺性，确保调整后的线形尽量接近设计线形、相对平顺性良好、高程和中线在误差允许范围之内。

(3)采用传统手段与先进仪器相结合：采用轨道测量仪等先进测量仪器与电子道尺、弦线相结合，互相复核、验证，以提高精调作业的准确性。

三、精调作业主要流程

轨道精调作业主要流程如图 4-1-1 所示。

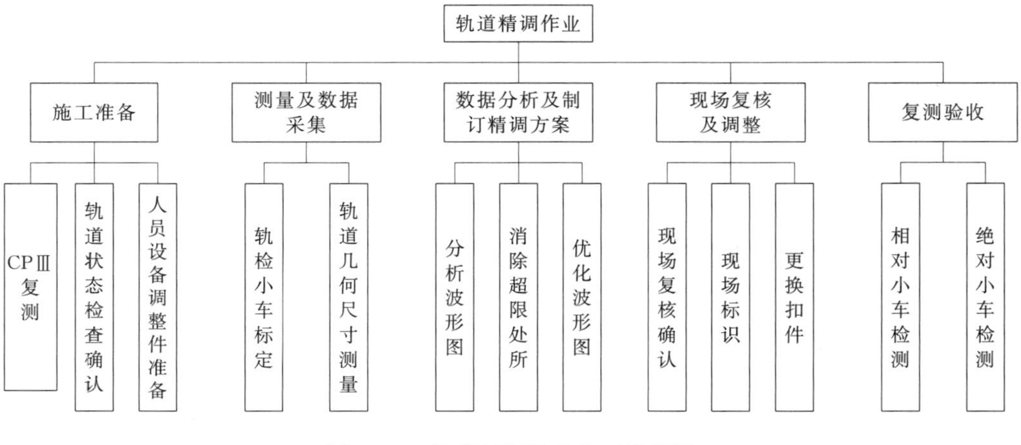

图 4-1-1　轨道精调作业主要流程图

四、轨道精调准备工作

(1)人员培训。参加轨道精调的有关人员应掌握相关技术标准、轨道测量技术、轨道调整方法等。

(2)轨道精调仪器、量具、工具、材料的准备。包括:测量仪器(测量小车、棱镜)、轨距尺、弦线、塞尺、电动扭矩扳手,内燃扳手、液压起道器、调整扣件等;每次测量前均应对测量仪器进行校核。

(3)精测网经复测、评估合格。

(4)线路设计平纵断面资料核对。重点复核轨面高程、中线、坡度、竖曲线、平面曲线、超高等关键参数。

(5)轨道结构状态的全面检查。重点检查扣件系统安装是否正确、完整,扭矩是否达到标准;钢轨焊接接头的平顺性是否满足要求;清除无砟轨道上的所有杂物,包括钢轨顶面污物,以确保测量数据真实可靠,防止错误调整或重复调整。

五、轨道精调方法

1. 采集数据

(1)测量小车应置于两对 CPⅢ控制点之间,自由设站观测的 CPⅢ控制点不应少于 3～4 对,自由设站点精度应符合表 4-1-2 要求。

表 4-1-2　自由设站点精度要求

项　目	X	Y	H	方　向
中误差	≤0.7 mm	≤0.7 mm	≤0.7 mm	≤2″

完成自由设站后,CPⅢ控制点的坐标不符值应符合表 4-1-3 规定;当 CPⅢ点坐标不符值大于规定时,该 CPⅢ点不参与平差计算。每站参与平差的 CPⅢ点数不少于 6 个。

表 4-1-3　CPⅢ控制点的坐标不符值限差要求

项　目	X	Y	H
控制点余差	≤2 mm	≤2 mm	≤2 mm

每站测量距离不宜超过 70 m,测量过程中轨检小车应逐渐靠近全站仪,最近不应少于 5 m。相邻测站应有一定的交叠区域,一般不少于不少于 10 个承轨台(轨枕),相邻精调作业区间之间应至少重叠测量一站。

(2)曲线、岔区实现单元管理。道岔、曲线及前后 200 m 线路分别纳入道岔单元、曲线单元管理,一个行别的一端道岔作为一个单元管理,测量、分析、方案、作业按划定的单元进行。

(3)应避免在气温变化剧烈、阳光直射、大风、能见度低、雨雪等恶劣气候条件下进行,宜选择阴天、无风、气候条件稳定的时段进行,测距应根据气候条件修正。

(4)应随时对采集数据进行检查,是否存在异常数据,确保测量数据准确、可靠。

2. 制订精调方案

根据轨道精调标准和精调原则,对轨道几何状态测量仪采集数据进行全面分析,制订轨道精调方案,优化扣件组合方式,尽可能使轨道平面、高程趋于理论设计位置。

3. 精调作业程序

(1)全面检查几何尺寸。在完成小车精测,制订出调整方案后,开始作业前,首先对作业地段轨距、水平逐个承轨台检查，并标记在一股钢轨轨底脚部位，曲线地段还要检查 20 m 弦、每 2.5 m 点正矢。

(2)标准股的确定。曲线地段上股为标准股，直线地段标准股的选择应与相邻曲线上股一致。

(3)精调数据标注。按照调整方案先将高程、平面调整数据标注在承轨台或钢轨上。

(4)精调方案复核确认。作业负责人结合轨距、水平，选择小车分析方案中的"0"点拉弦线对高程、平面数据进行复核，若复核结果与小车分析方案总体调整趋势一致，则划定标准股作业范围，最终调整量以现场实测为准。如现场复核与精调方案有明显差别，则应安排精确测量小车重新测量、重新制订方案。

(5)根据作业方案，分发调整材料至各承轨台。

(6)直线地段调整作业。按先高程、后平面顺序调好标准股，再根据轨距、水平对另外一股钢轨进行调整。

(7)曲线地段的调整作业。标准股调整：平面调整：首先计算曲线每 2.5 m 点的理论正矢和超高，并印刷在上股钢轨腰部内侧。测量各测点的正矢，用简易拨道法计算好各点拨量；若根据精测小车分析资料，曲线无连续 20 m 及以上调整段，则直接用 2.5 m 曲线正矢各测点的拨量，调整标准股平面；若曲线段内有连续 20 m 及以上平面调整区段，则先根据小车资料调整一遍后，再利用曲线正矢调整一次。高程调整：曲线段与直线段相同。

(8)复核、复测。精调作业完成后，当日用弦线、电子道尺等核查几何尺寸，记录偏差值；复核扣件扭矩，记录调整区段的扣件、垫板型号，建立台账。

当一个单元精调作业完成后，应及时安排轨道测量仪进行复测。

六、精调案例

以京广高速铁路武广段上行 K1301＋200～K1302＋000 为例。

(一)轨道检测资料分析

根据动检车检测数据、便携添乘仪、人工感觉、精测数据，精测精调分析小组结合工作经验对上行 K1301＋200～K1302＋000 处进行综合统计分析。

1. 分析思路

(1)根据实际判断高程或平面问题类别。

(2)根据高程(平面)波形图确定问题区段。

(3)针对问题区段查看动检车波形图，并结合人工感觉，判断是否存在问题。

(4)根据动检车岔区轨距加宽值确定图上里程与实际里程偏差。

(5)根据里程偏差值反算动检车波形图实际里程。

(6)利用动检车实际里程找出导出模拟调整量表对应的测量点号。

(7)根据测量点号查看高程(平面)波形图，并判断是否相符。

(8)根据高程(平面)波形图问题区段进行"削峰填谷、平顺性"处理，并确定调整量。

(9)根据调整量在 DTS 软件上进行试调，并导出模拟调整量表。

(10)将模拟调整后高程(平面)与未调高程(平面)进行图表对比。

(11)效果达到预期，则完成模拟调整工作，否则重复以上流程。

2. 解决方案

(1)类别区分

根据实际判断高程或平面问题类别。结合动检车、便携添乘仪及人工感觉判断：上行

K1301＋200～K1302＋000 处主要为高程问题，平面为复合问题。

(2)波形图分析

①高　　程

根据高程波形图确定问题区段(图 4-1-2)。

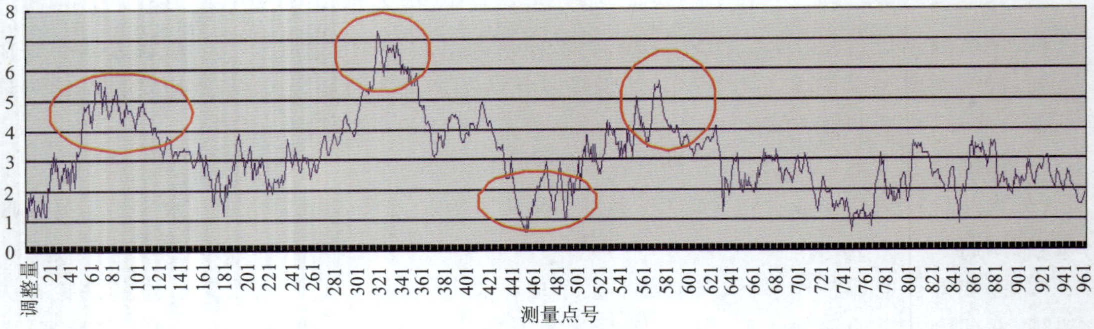

图 4-1-2　高程波形图

a. 上行 K1301＋200～K1302＋000 处无异常点。

b. 测量区段突变较大分别为：54～119，304～368，436～504，566～629，变化量分别为：2.4 mm/42 m/65 根轨枕，4 mm/42 m/64 根轨枕，2.6 mm/44 m/68 根轨枕，4 mm/41 m/63 根轨枕。

②平　　面

根据平面波形图确定问题区段(图 4-1-3)。

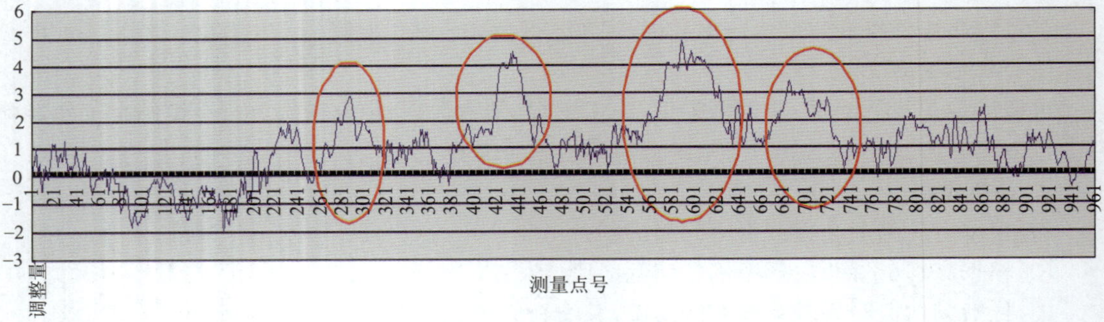

图 4-1-3　平面波形图

a. 上行 K1301＋200～K1302＋000 处无异常点。

b. 测量区段突变较大分别为：275～309，417～455，565～633，675～720 变化量分别为：1.7 mm/22 m/34 根轨枕，3.5 mm/25 m/38 根轨枕，3.4 mm/44 m/68 根轨枕，2.4 mm/29 m/45 根轨枕。

(3)动检车波形图检校

通过波形图分析高程和平面第二点(测量 299～377 区段突变较大，变化量：4 mm/50 m/78 根轨枕，321 号轨枕 7.2 mm，372 号轨枕 3.2 mm)，可以初步判断问题症结可能就在于此，为此进行动检车波形图判断。

①大区段观察(上行 K1301＋200～K1302＋000)，发现 K1301＋300 附近垂加变化值较大，K1301＋658 和 K1301＋329 附近水加变化值较大，如图 4-1-4 所示。

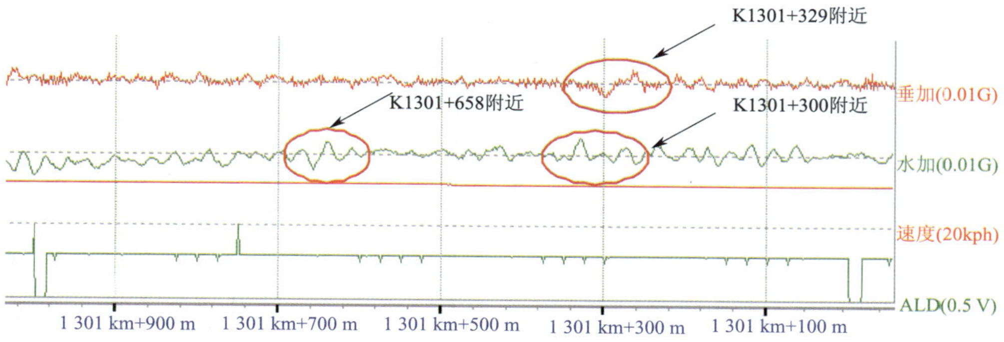

图 4-1-4　动检车波形图

②小范围判定（上行 K1301＋200～K1302＋000），发现 K1301＋300 附近垂加变化值较大：0.08g/32 m。K1301＋658 附近水加变化值较大：0.09g/16 m；K1301＋329 附近水加变化值较大：0.06g/10 m，如图 4-1-5、图 4-1-6 所示。

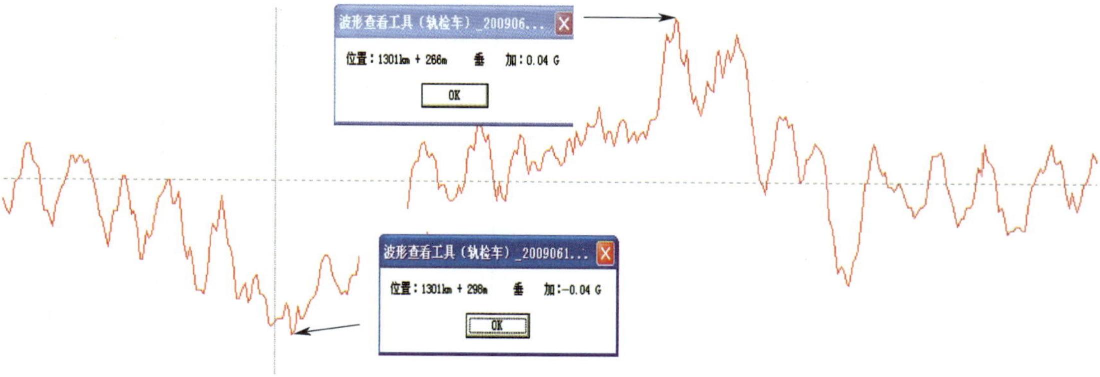

图 4-1-5　动检车波形放大图

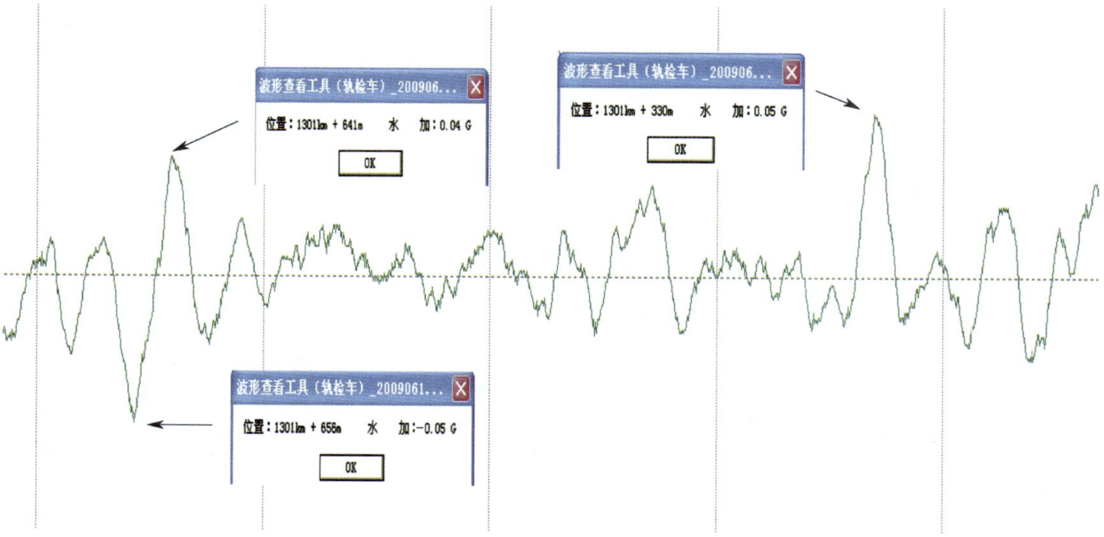

图 4-1-6　动检车波形放大图

(4)实际里程推算

根据动检车岔区 BWG 轨距加宽值确定图上里程与实际里程偏差。

①由于此处为上行线,最近一个岔区为咸宁北北岔区。北岔区有三组道岔由北往南依次为:3#、5#、13#,如图 4-1-7 所示。

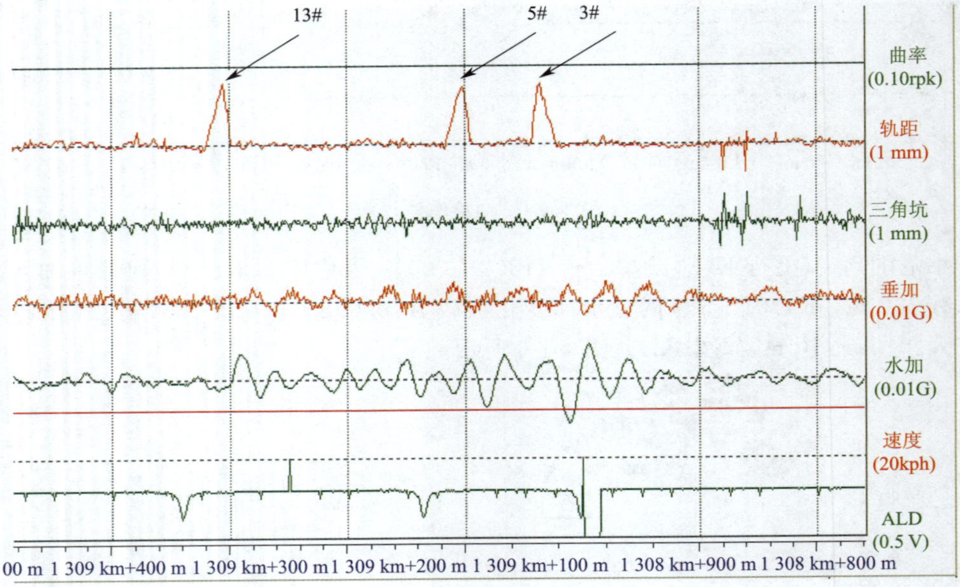

图 4-1-7 动检车波形岔区截图

②3 号道岔尖轨图上轨距加宽里程为 K1309+036(图 4-1-8),根据波形变化陡缓程度判断:大里程方向为尖轨尖端,为此需加 15 根轨枕×600 mm=9 m,则图上尖轨里程为 K1309+045(而图上点击里程亦为 K1309+045)。设计尖轨里程为:K1309+080,则图上里程比实际里程少 35 m。

(5)实际里程确定

根据里程偏差值(图上里程比实际里程少 35 m)反推动检车波形图实际里程。动检车波形图显示初始病害里程区段为 K1301+266~K1301+298、K1301+330~K1301+340、K1301+641~K1301+656,修正后为 K1301+301~K1301+333、K1301+365~K1301+375、K1301+676~K1301+691。

(6)测量点号确定

动检车病害里程区段(K1301+301~K1301+333、K1301+365~K1301+375、K1301+676~K1301+691)对应导出模拟调整量表对应的测量点号区段分别为 300~350(高程问题)、399~415(平面问题)、875~898(平面问题)。精测数据对应测量点号为:高程问题 K1301+139~K1301+181(54~119)、K1301+301~K1301+342(和动检车波形相符)(304~368)、K1301+386~K1301+432(435~506)、K1301+471~K1301+513(同便携添乘、人工感觉数据相符)(566~529);平面问题 K1301+282~K1301+305(复合问题)(275~309)、K1301+374~K1301+400(复合问题)(417~457)、K1301+471~K1301+515(同便携添乘、人工感觉数据相符,复合问题)(565~633)。

统计如下:动检车 300~350、399~415、875~898;精测数据:高程 54~119、304~368、435~506、566~529;平面 275~309、417~457、565~633。

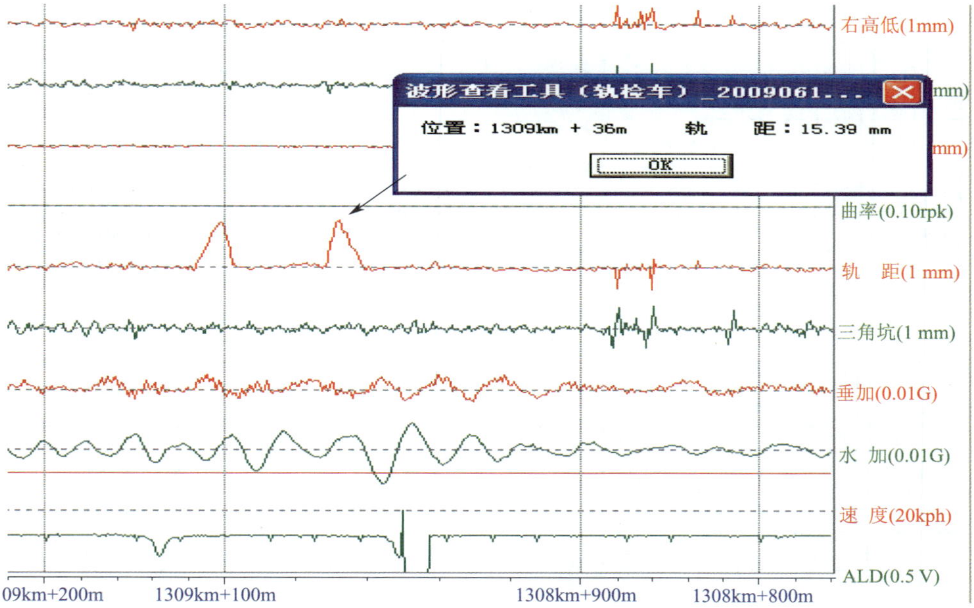

图 4-1-8　动检车波形 3#尖轨加宽截图

(7)波形图判断

根据测量点号查看波形图，如图 4-1-9、图 4-1-10 所示。

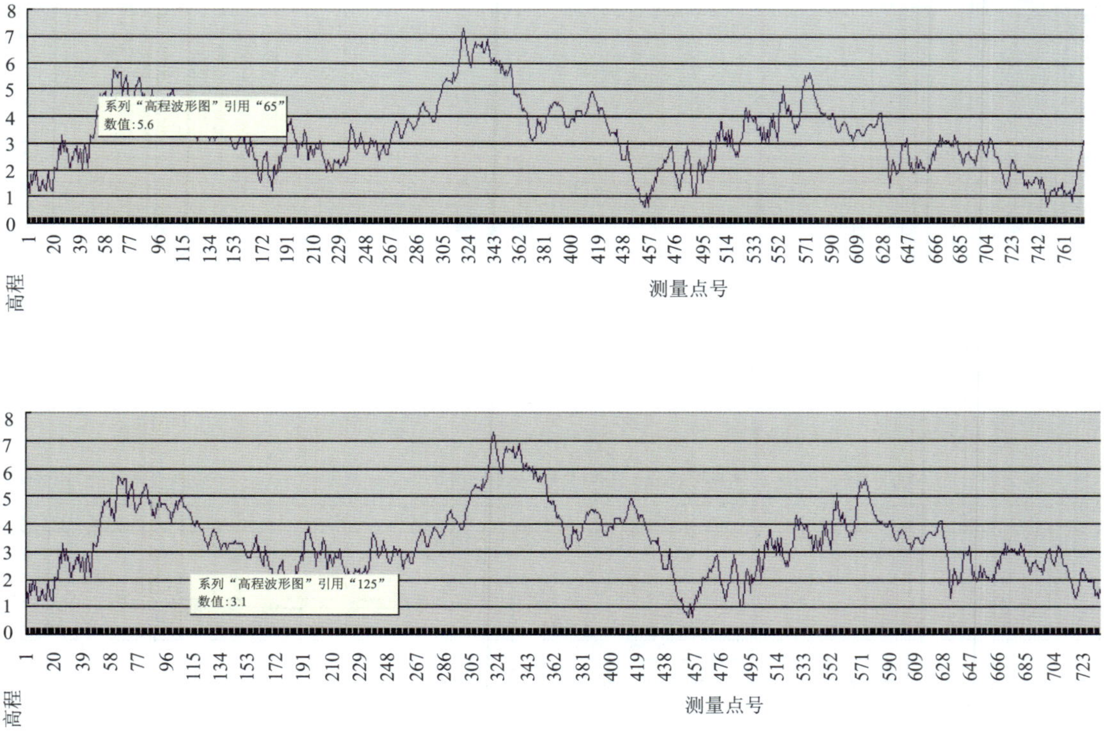

图　4-1-9

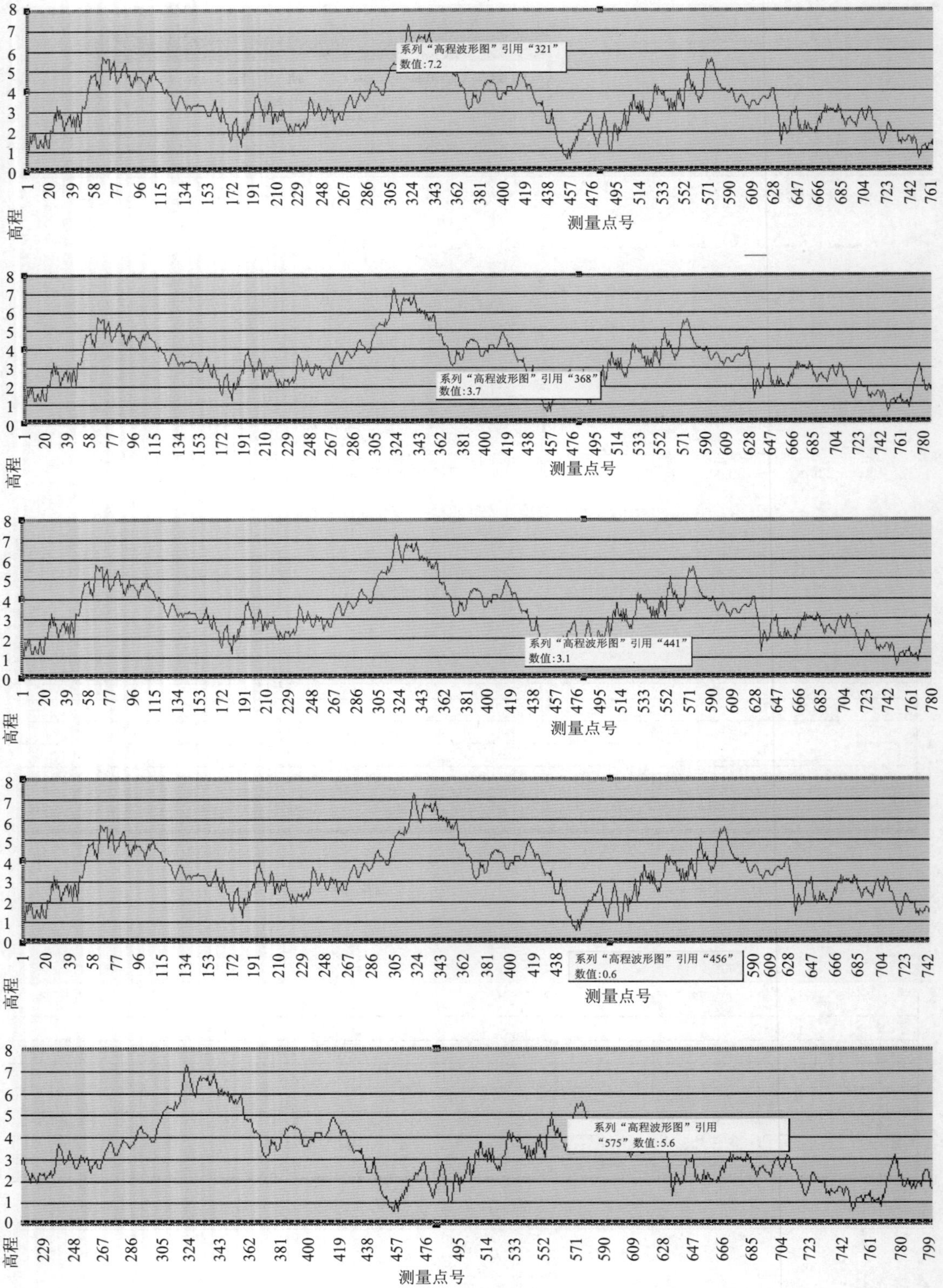
系列“高程波形图”引用“321”
数值:7.2
高程
测量点号
系列“高程波形图”引用“368”
数值:3.7
高程
测量点号
系列“高程波形图”引用“441”
数值:3.1
高程
测量点号
系列“高程波形图”引用“456”
数值:0.6
高程
测量点号
系列“高程波形图”引用
“575”数值:5.6
高程
测量点号

图 4-1-9

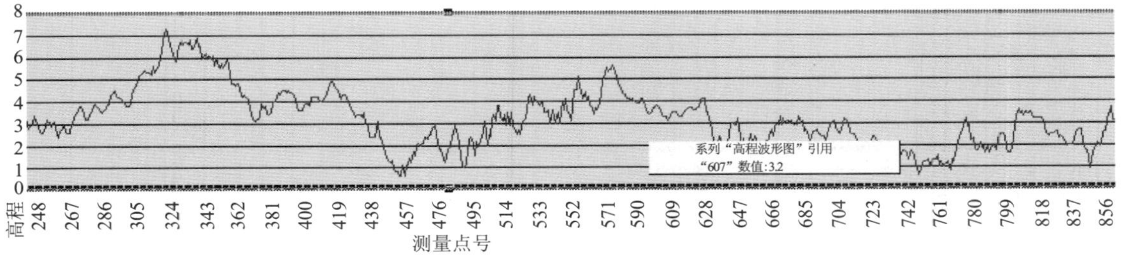

图 4-1-9　测量点高程截图

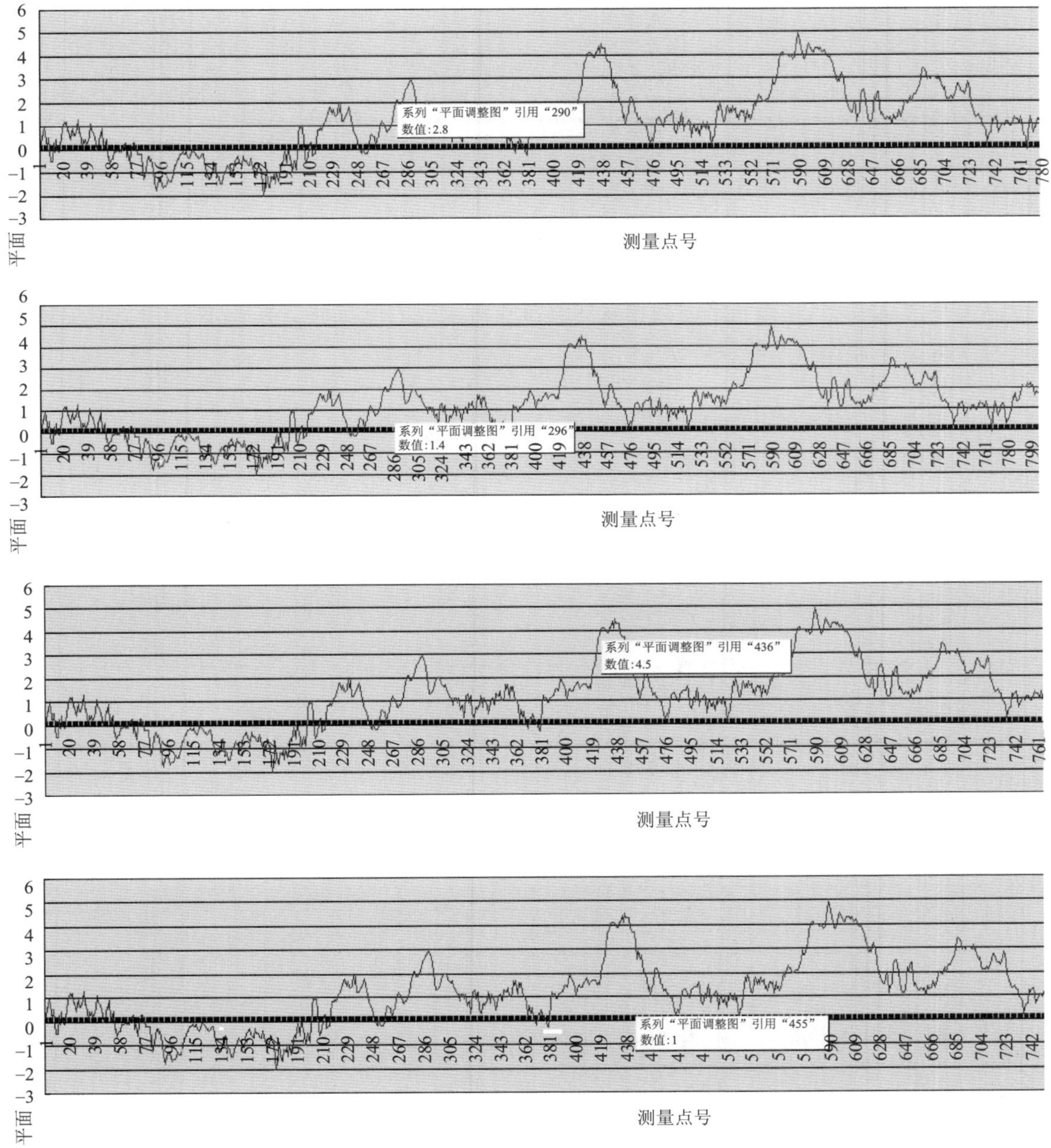

图　4-1-10

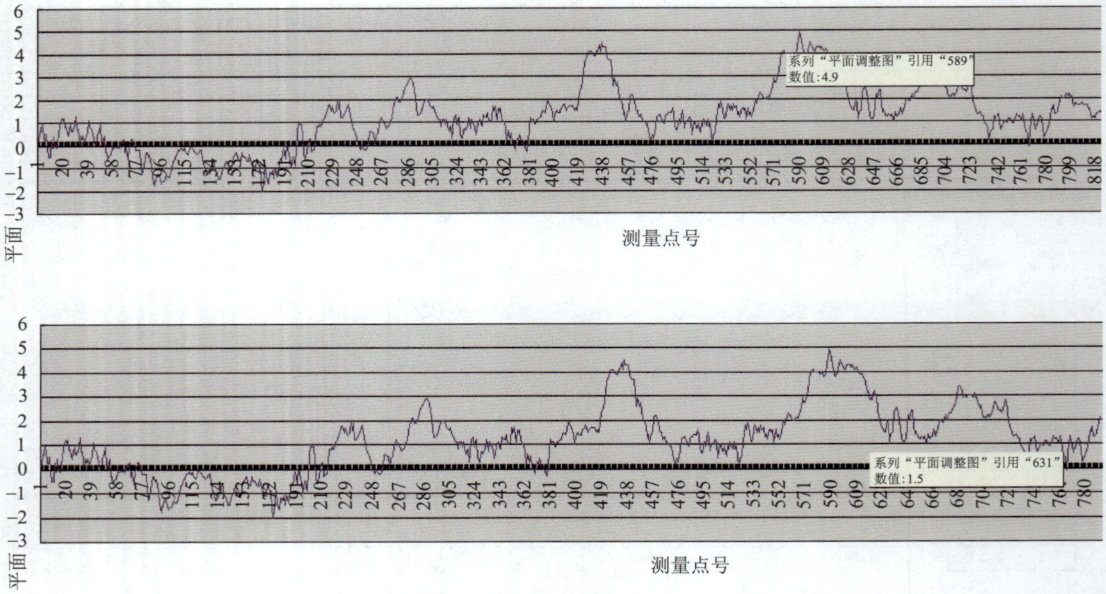

图 4-1-10　测量点平面截图

从图中可以看出，高程和平面问题处所测量点对应最大值与最小值，根据测量点对应最大值与最小值求得变化率及线形趋势。

(8)模拟处理

①根据高程和平面波形图问题区段进行“削峰填谷、平顺性”处理。

区段范围内平均值介于最大值与最小值之间，如果波形拉平处理将会变得平缓，如图4-1-11所示。

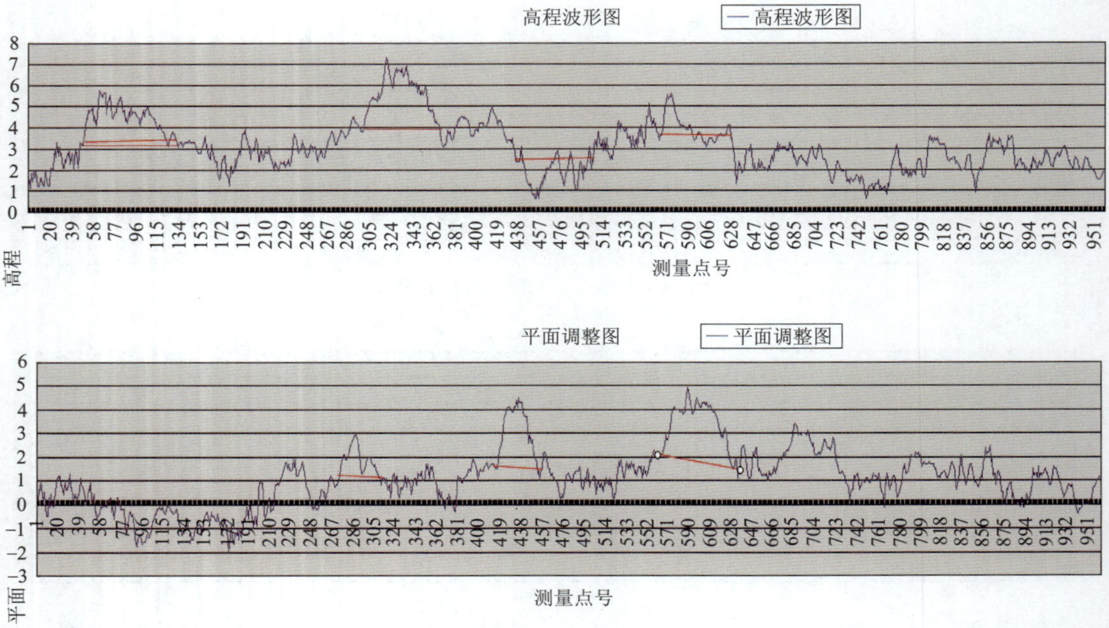

图 4-1-11　“削峰填谷、平顺性”模拟示意图

②模拟处理平面第二处问题见表 4-1-4。

表 4-1-4　"削峰填谷、平顺性"模拟处理表

	A	G	H	I	J	K	L
1	测量点	平面	调整后平面	轨距调整	模拟调整	调整量	里程
418	417	1.5			0		1301374.118
419	418	1.9			0.4		1301374.745
420	419	2.3	1.3	1	0.8	1	1301375.379
421	420	2.5	1.5	1	1	1	1301376.025
422	421	2.8	1.8	1	1.3	1	1301376.656
423	422	3.1	2.1	1	1.6	1	1301377.285
424	423	3.6	1.6	2	2.1	2	1301377.934
425	424	3.8	1.8	2	2.3	2	1301378.569
426	425	4	2	2	2.5	2	1301379.245
427	426	4.1	2.1	2	2.6	2	1301379.923
428	427	4.1	2.1	2	2.6	2	1301380.604
429	428	4.1	2.1	2	2.6	2	1301381.258
430	429	4	2	2	2.5	2	1301381.916
431	430	3.9	1.9	2	2.4	2	1301382.553
432	431	3.9	1.9	2	2.4	2	1301383.183
433	432	4.1	2.1	2	2.6	2	1301383.851
434	433	4.1	2.1	2	2.6	2	1301384.483
435	434	4.4	1.4	3	2.9	3	1301385.126
436	435	4.1	1.1	3	2.6	3	1301385.804
437	436	4.5	1.5	3	3	3	1301386.505
438	437	4.3	1.3	3	2.8	3	1301387.125
439	438	4.3	1.3	3	2.8	3	1301387.779
440	439	4.3	1.3	3	2.8	3	1301388.424
441	440	3.9	1.9	3	2.4	2	1301389.098
442	441	3.8	1.8	3	2.3	2	1301389.737
443	442	3.7	1.7	3	2.2	2	1301390.394
444	443	3.7	1.7	3	2.2	2	1301391.068
445	444	3.2	1.2	3	1.7	2	1301391.712
446	445	2.6	1.6	2	1.1	1	1301392.378
447	446	2.9	1.9	2	1.4	1	1301393.028
448	447	2.6	1.6	2	1.1	1	1301393.682
449	448	2.7	1.7	1	1.2	1	1301394.356
450	449	2.4	1.4	1	0.9	1	1301394.981
451	450	2.1	1.1	1	0.6	1	1301395.634
452	451	2	1	1	0.5	1	1301396.286
453	452	1.8			0.3		1301396.947

模拟调整

调整量

(9)DTS 试调

①如平面第二处问题:根据调整量(对 417～452 范围内 32 根轨枕进行调整,其中 434～439 右调 3 mm,423 433 和 440～444 右调 2 mm,其余均调 1 mm)在 DTS 软件上进行试调,如图 4-1-12 所示。

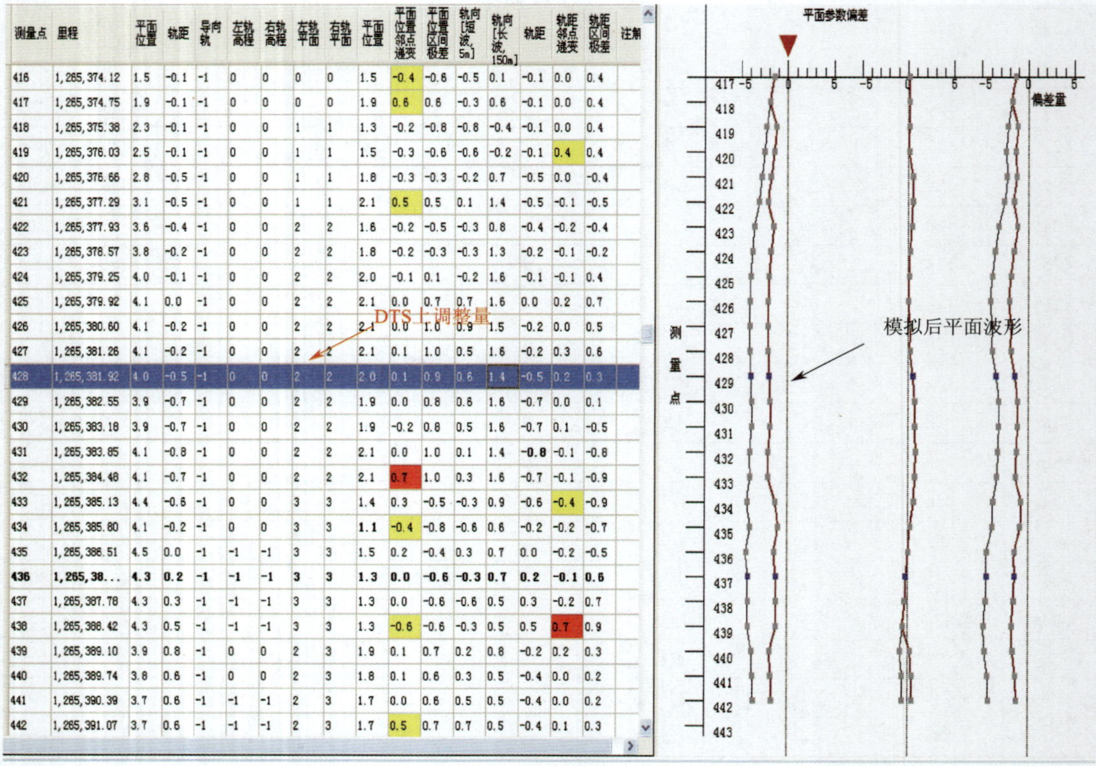

测量点	里程	平面位置	轨距	导向轨	左轨高程	右轨高程	左轨平面	右轨平面	平面位置	平面位置邻点递变	平面位置区间极差	轨向[短波,5m]	轨向[长波,150m]	轨距	轨距邻点递变	轨距区间极差	注解
416	1,265,374.12	1.5	-0.1	-1	0	0	0	0	1.5	-0.4	-0.6	-0.5	0.1	-0.1	0.0	0.4	
417	1,265,374.75	1.9	-0.1	-1	0	0	0	0	1.9	0.6	0.6	-0.3	0.6	-0.1	0.0	0.4	
418	1,265,375.38	2.3	-0.1	-1	0	0	1	1	1.3	-0.2	-0.8	-0.8	-0.4	-0.1	0.0	0.4	
419	1,265,376.03	2.5	-0.1	-1	0	0	1	1	1.5	-0.3	-0.6	-0.6	-0.2	-0.1	0.4	0.4	
420	1,265,376.66	2.8	-0.5	-1	0	0	1	1	1.8	-0.3	-0.3	-0.2	0.7	-0.5	0.0	-0.4	
421	1,265,377.29	3.1	-0.5	-1	0	0	1	1	2.1	0.5	0.5	0.1	1.4	-0.5	-0.1	-0.5	
422	1,265,377.93	3.6	-0.4	-1	0	0	2	2	1.6	-0.2	-0.5	-0.3	0.8	-0.4	-0.2	-0.4	
423	1,265,378.57	3.8	-0.2	-1	0	0	2	2	1.8	-0.2	-0.3	-0.3	1.3	-0.2	-0.1	-0.2	
424	1,265,379.25	4.0	-0.1	-1	0	0	2	2	2.0	-0.1	0.1	-0.2	1.6	-0.1	-0.1	0.4	
425	1,265,379.92	4.1	0.0	-1	0	0	2	2	2.1	0.0	0.7	0.7	1.6	0.0	0.2	0.7	
426	1,265,380.60	4.1	-0.2	-1	0	0	2	2	2.1	0.0	1.0	0.9	1.5	-0.2	0.0	0.5	
427	1,265,381.26	4.1	-0.2	-1	0	0	2	2	2.1	0.1	1.0	0.5	1.6	-0.2	0.3	0.6	
428	1,265,381.92	4.0	-0.5	-1	0	0	2	2	2.0	0.1	0.9	0.6	1.4	-0.5	0.2	0.3	
429	1,265,382.55	3.9	-0.7	-1	0	0	2	2	1.9	0.0	0.8	0.6	1.6	-0.7	0.0	0.1	
430	1,265,383.18	3.9	-0.7	-1	0	0	2	2	1.9	-0.2	0.8	0.5	1.6	-0.7	0.1	-0.5	
431	1,265,383.85	4.1	-0.8	-1	0	0	2	2	2.1	0.0	1.0	0.1	1.4	**-0.8**	-0.1	-0.8	
432	1,265,384.48	4.1	-0.7	-1	0	0	2	2	2.1	0.7	1.0	0.3	1.6	-0.7	-0.1	-0.9	
433	1,265,385.13	4.4	-0.6	-1	0	0	3	3	1.4	0.3	-0.5	-0.3	0.9	-0.6	-0.4	-0.9	
434	1,265,385.80	4.1	-0.2	-1	0	0	3	3	**1.1**	-0.4	-0.8	-0.6	0.6	-0.2	-0.2	-0.7	
435	1,265,386.51	4.5	0.0	-1	-1	-1	3	3	1.5	0.2	-0.4	0.3	0.7	0.0	-0.2	-0.5	
436	**1,265,38...**	**4.3**	**0.2**	**-1**	**-1**	**-1**	**3**	**3**	**1.3**	**0.0**	**-0.6**	**-0.3**	**0.7**	**0.2**	**-0.1**	**0.6**	
437	1,265,387.78	4.3	0.3	-1	-1	-1	3	3	1.3	0.0	-0.6	-0.6	0.5	0.3	-0.2	0.7	
438	1,265,388.42	4.3	0.5	-1	-1	-1	3	3	1.3	-0.6	-0.6	-0.3	0.5	0.5	0.7	0.9	
439	1,265,389.10	3.9	0.8	-1	0	0	2	3	1.9	0.1	0.7	0.2	0.8	-0.2	0.2	0.3	
440	1,265,389.74	3.8	0.6	-1	0	0	2	3	1.8	0.1	0.6	0.3	0.5	-0.4	0.0	0.2	
441	1,265,390.39	3.7	0.6	-1	-1	-1	2	3	1.7	0.0	0.6	0.5	0.5	-0.4	0.0	0.2	
442	1,265,391.07	3.7	0.6	-1	-1	-1	2	3	1.7	0.5	0.7	0.7	0.5	-0.4	0.1	0.3	

图 4-1-12　DTS 软件模拟处理对比图

②导出调整后模拟调整量见表 4-1-5。

(10)试调前后波形对比

将模拟调整前后平面及高程进行图表对比,如图 4-1-13、图 4-1-14 所示,可见效果显著。

(二)编制现场检查计划

根据以上综合分析,制订现场核对检查计划。

(三)现场核对检查

现场检查主要工具:轨道小车、轨距尺、弦线、1 m 直钢尺、塞尺等。

1. 局部短波(波长 1～10 m)不平顺的检查

检查项目:轨道检测报告中Ⅰ级及以上偏差处所,波形图中的突变点、轨向和水平复合不平顺,动力学检测报告中的减载率、脱轨系数、轨道横向力超标处所。

检查工具:主要采用轨距尺、弦线、1 m 直钢尺、塞尺等。

检查范围:轨道缺陷里程前后各 50 m,必要时可适当扩大检查范围。

首先必须对区段范围内的扣件、垫板进行全面检查,确认无异常再开始轨道几何尺寸检查。

表 4-1-5　上行 K1301＋200～K1302＋000 模拟调整量表

轨枕ID号	DK 里程	理论调整量				初始平顺性指标				导向轨	模拟调整量				剩余调整量					调整后平顺性指标				K 里程	轨枕编号
		高程	平面位置	平面/超高	轨距	高低（短波，5 m）	高低（长波，150 m）	轨向（短波，5 m）	轨向（长波，150 m）		左轨高程	右轨高程	左轨平面	右轨平面	高程	平面位置	水平/超高	轨距	轨距邻点递变	高低（短波，5 m）	高低（长波，150 m）	轨向（短波，5 m）	轨向（长波，150 m）		
418	1 265 374.7	4.5	1.9	−0.7	−0.1	0.25	2.47	−2.3	0.61	−1	0	0	0	0	4.5	1.9	−0.7	−0.1	0	0.25	2.47	−0.3	0.61	1 301 377.589	1301312-047
419	1 265 375.4	4.3	2.3	−0.5	−0.1	0.17	2.47	−1.8	0.65	−1	0	0	1	1	4.3	1.3	−0.5	−0.1	0	0.17	2.47	−0.8	−0.4	1 301 378.223	1301312-048
420	1 265 376.0	4.1	2.5	−0.2	−0.1	0.24	2.48	−1.6	0.83	−1	0	0	1	1	4.1	1.5	−0.2	−0.1	0.4	0.24	2.48	−0.6	−0.2	1 301 378.869	1301312-049
421	1 265 376.7	4.3	2.8	−0.3	−0.5	0.22	2.45	−1.2	1.73	−1	0	0	1	1	4.3	1.8	−0.3	−0.5	0	0.22	2.45	−0.2	0.73	1 301 379.5	1301312-050
422	1 265 377.3	4.3	3.1	−0.4	−0.5	0.26	2.06	−0.9	2.39	−1	0	0	1	1	4.3	2.1	−0.4	−0.5	−0.1	0.26	2.06	0.13	1.39	1 301 380.129	1301312-051
423	1 265 377.9	4.2	3.6	−0.5	−0.4	0.14	2.29	−0.3	2.77	−1	0	0	2	2	4.2	1.6	−0.5	−0.4	−0.2	0.14	2.29	−0.3	0.77	1 301 380.778	1301312-052
424	1 265 378.6	4	3.8	−0.5	−0.2	0.13	2.15	−0.3	3.26	−1	0	0	2	2	4	1.8	−0.5	−0.2	−0.1	0.13	2.15	−0.3	1.26	1 301 381.413	1301312-053
425	1 265 379.2	3.9	4	−0.5	−0.1	−0.2	1.72	−0.2	3.56	−1	0	0	2	2	3.9	2	−0.5	−0.1	−0.1	−0.2	1.72	−0.2	1.56	1 301 382.089	1301312-054
426	1 265 379.9	3.7	4.1	−0.3	0	0.09	1.81	−0.3	3.63	−1	0	0	2	2	3.7	2.1	−0.3	0	0.2	0.09	1.81	0.67	1.63	1 301 382.767	1301312-055
427	1 265 380.6	3.5	4.1	−0.2	−0.2	−0	1.65	−0.1	3.52	−1	0	0	2	2	3.5	2.1	−0.2	−0.2	0	−0	1.65	0.87	1.52	1 301 383.448	1301312-056
428	1 265 381.3	3.3	4.1	−0.2	−0.2	0.28	1.44	−0.5	3.61	−1	0	0	2	2	3.3	2.1	−0.2	−0.2	0.3	−0.7	1.44	0.51	1.61	1 301 384.102	1301312-057
429	1 265 381.9	3.4	4	−0.4	−0.5	0.4	1.68	−0.4	3.39	−1	0	0	2	2	3.4	2	−0.4	−0.5	0.2	−0.6	1.68	0.6	1.39	1 301 384.76	1301312-058
430	1 265 382.6	3.4	3.9	−0.6	−0.7	0.46	1.81	−0.4	3.57	−1	0	0	2	2	3.4	1.9	−0.6	−0.7	0	−0.5	1.81	0.59	1.57	1 301 385.397	1301312-059
431	1 265 383.2	3.4	3.9	−0.6	−0.7	0.43	1.48	−0.5	3.62	−1	0	0	2	2	3.4	1.9	−0.6	−0.7	0.1	−0.6	1.48	0.47	1.62	1 301 386.027	1301312-060
432	1 265 383.9	3.3	4.1	−0.7	−0.8	−0	1.6	0.13	3.39	−1	0	0	2	2	3.3	2.1	−0.7	−0.8	−0.1	−0	1.6	0.13	1.39	1 301 386.695	1301312-061
433	1 265 384.5	3.5	4.1	−0.7	−0.7	−0.2	1.28	0.33	3.63	−1	0	0	2	2	3.5	2.1	−0.7	−0.7	−0.1	−0.2	1.28	0.33	1.63	1 301 387.327	1301312-062
434	1 265 385.1	3	4.4	−0.8	−0.6	−0	0.58	0.68	3.88	−1	0	0	3	3	3	1.4	−0.8	−0.6	−0.4	−1	0.58	−0.3	0.88	1 301 387.97	1301312-063
435	1 265 385.8	2.9	4.1	−0.7	−0.2	−0.1	0.77	0.42	3.61	−1	0	0	3	3	2.9	1.1	−0.7	−0.2	−0.2	−1.1	0.77	−0.6	0.61	1 301 388.648	1301312-064
436	1 265 386.5	2.4	4.5	−0.6	0	−0.2	−0	1.31	3.68	−1	−1	−1	3	3	3.4	1.5	−0.6	0	−0.2	−0.2	0.99	0.31	0.68	1 301 389.349	1301312-065
437	1 265 387.1	2.4	4.3	−0.5	0.2	0.2	−0.3	1.66	3.74	−1	−1	−1	3	3	3.4	1.3	−0.5	0.2	−0.1	0.2	0.71	−0.3	0.74	1 301 389.969	1301312-066
438	1 265 387.8	2.4	4.3	−0.5	0.3	0.3	−0.3	1.37	3.49	−1	−1	−1	3	3	3.4	1.3	−0.5	0.3	−0.2	0.3	0.74	−0.6	0.49	1 301 390.623	1301312-067
439	1 265 388.4	2.4	4.3	−0.6	0.5	0.5	−0.7	1.67	3.5	−1	−1	−1	3	3	3.4	1.3	−0.6	0.5	0.7	−0.5	0.33	−0.3	0.5	1 301 391.268	1301312-068
440	1 265 389.1	2.7	3.9	−0.9	0.8	0.88	0.04	1.18	2.76	−1	0	0	2	3	2.7	1.9	−0.9	−0.2	0.2	−1.1	0.04	0.18	0.76	1 301 391.942	1301312-069

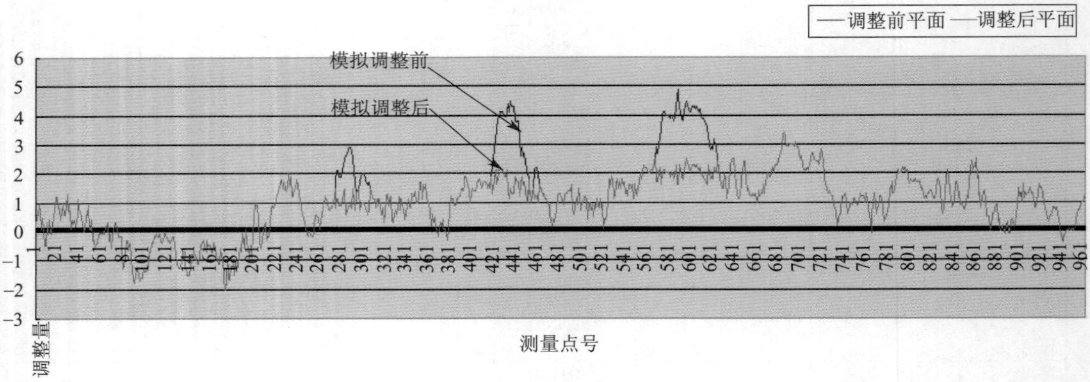

图 4-1-13 上行 K1301＋200－K1302＋000 模拟调整对比图

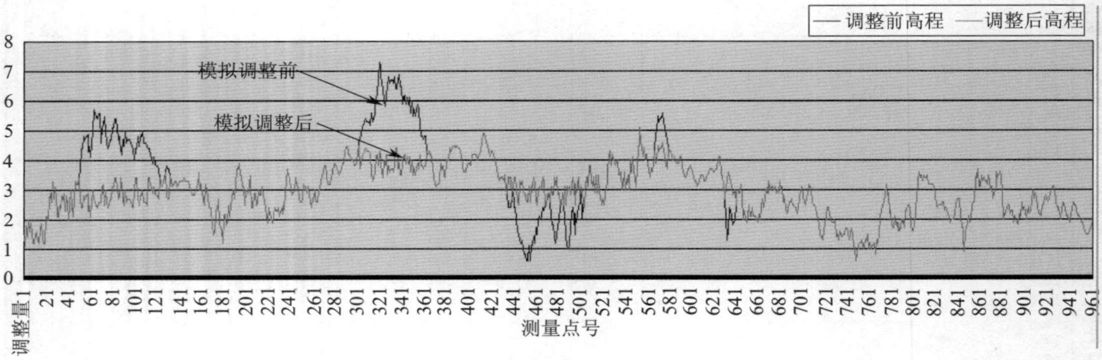

图 4-1-14 高程模拟对比图

轨向：用 10 m、20 m 弦线检查钢轨，逐根轨枕连续测量；

轨距：用轨距尺检查，逐根轨枕连续测量；

水平：用轨距尺检查，逐根轨枕连续测量；

三角坑（基长 2.5 m）：根据水平测量值，每隔三根轨枕计算水平变化率；

高低：用 10 m 弦线检查，逐根轨枕连续测量；

焊缝：用 1 m 直钢尺检查，塞尺测量钢轨顶面、工作边和圆弧面，检查所有焊接接头。

减载率：重点检查焊缝平顺度，扣件、垫板状况；

脱轨系数：重点检查扣件、垫板状况，多为扣件扣压力不足、吊板所致；

轨道横向力：重点检查轨向、水平，多为轨向和水平的复合不平顺的叠加所致，可以结合波形图一并检查分析，同样还应重点检查扣件、垫板密贴状况。

对静态检查数据应做好详细记录，并认真分析，如确认已经找到真实缺陷地点，则可以据此进行现场调整，否则，应继续扩大检查范围，继续检查，直至找到为止。

2. 长波不平顺的检查

根据轨道检测报告和波形图分析的轨向、高低长波（波长 70 m）不平顺，采用轨道小车在波峰或波谷里程前后各 300 m 范围内进行测量。

3. 连续短波不平顺的检查

根据轨道检测车波形图分析，轨向、高低存在的连续短波不平顺（波幅 1.5～4 mm，波长 6～9 m），可以采用轨道小车测量，也可以采用人工拉弦线的方法进行测量。

（四）确定调整方案

1. 短波不平顺的调整

根据现场检查、测量情况可以当即确定调整方案，形成调整量表。

2. 长波不平顺的调整

根据轨道小车测量情况，对轨道超限指标进行调整，并对线型进行合理优化后形成调整量计算表，其程序及要求等同于轨道静态调整。

（五）施工方案的审批

所有需进行动道的作业（含钢轨打磨），均须报铁路局进行审批。具体程序如下：现场确定方案后，由车间提报施工方案，方案要重点说明现场病害情况、地点近期的轨检车动检车情况、处理方案、技术方案负责人、现场整治负责人等，车间将方案上报段线路科，段线路科进行审批后报主管副段长，主管副段长对方案进行审查，合格后再报段长批准，通过后，将方案电传工务处调度，并在第一时间通知工务处线路科主管工程师，工务处主管工程师对上报方案进行审批，合格后交主管副处长，由主管副处长审批合格后交工务处处长，工务处处长审批通过后报铁路局主管副局长，主管副局长签字通过后才能进行现场作业。

（六）施工作业

施工负责人在施工前、后应对材料机具、照明设备、作业人员进行清理、检查，并在作业前根据作业情况对人员进行分工，可根据需要分为数据分析小组、现场标注小组、作业小组等。

作业现场必须有一名技术负责人，技术负责人主要负责对现场病害数据、施工方案进行核对，确保方案正确无误，并将调整数据标注在轨枕或钢轨上。

现场作业应按照“标示-松卸-更换-锁紧-检查-记录”的程序和“先轨向，后轨距”、“先高低，后水平”的调整原则进行。分析测量数据，确定调整区间。

对照调整量适算表，由施工负责人指挥进行严格施工。调整完毕后，全面拧紧扣件螺栓，达到设计标准。回收更换下来的调整件。根据现场实际调整情况，形成“调整件使用情况详表”。

作业完毕后必须进行回检，首先对调整区段的扣件、垫板进行全面检查，确认安装正确，扣压力达到设计标准；其次对调整区段采用安博格小车进行逐根轨枕连续测量，测量数据经施工负责人确认后存档备查，复测数据不满足精度和 350 km/h 运行安全要求的地段还应重新调整；最后形成最终的“轨道静态调整量表”和“调整件使用情况详表”，经作业负责人确认后存档备查。

思考题

1. 什么是轨道静态精调？什么是轨道动态精调？
2. 轨道精调的目的是什么？轨道精调的原则是什么？
3. 简述轨道精调作业主要流程。
4. 如何对轨道检测资料进行分析？
5. 简述施工方案的审批程序。

第二节　无砟轨道线路主要作业

在天窗时间内调平线路小高低、水平、三角坑，改正线路超限或接近超限的轨距及变化率，改正轨道上出现的小方向或改正线路小弯，消除离缝及位置不正确的扣件，保证线路平顺，减少线路晃车。

一、作业“调整表”的形成

首先应对轨道检测报告进行分析。正线采用 300 km/h$\leqslant v \leqslant$350 km/h 动态管理标准进行检测，侧线采用 $v \leqslant$120 km/h 动态管理标准。轨道检测报告主要有：轨道Ⅰ级～Ⅳ级超限报告表、公里小结报告表、区段总结报告表、TQI 等。对轨道检测波形图进行分析，重点做好以下分析：根据轨道Ⅰ级～Ⅳ级超限报告表，在波形图中确定准确里程范围，用于现场查找和检查核对。其主要内容有长波不平顺（含临界Ⅰ级超限）、波形突变点（含临界Ⅰ级超限）、连续多波不平顺（含临界Ⅰ级超限）、轨向、水平逆向复合不平顺（含临界Ⅰ级超限）。其次对轨道动力学检测报告进行分析，重点分析力学指标超限处所分布情况，与轨道检测的不平顺信息之间是否存在相互关系，与前阶段检测是否重复出现等。然后对动态车载添乘仪报警数据进行分析，重点分析添乘仪报警数据（地点、峰值、类型）与轨道检测波形图中的不平顺信息之间的相互关系。最后对人工添乘感觉有明显晃车处所进行分析，重点分析明显感觉晃车处所与轨道检测波形图中的不平顺信息之间的相互关系。

根据以上综合分析，制订现场核对检查计划。

现场检查主要工具：轨道小车、电子尺、弦线、1 m 直钢尺、塞尺等。

（一）线路检查

1. 局部短波（波长 1～10 m）不平顺的检查

检查项目：轨道检测报告中Ⅰ级及以上偏差处所，波形图中的突变点、轨向和水平复合不平顺，动力学检测报告中的减载率、脱轨系数、轨道横向力超标处所。

检查工具：主要采用轨距尺、弦线、1 m 直钢尺、塞尺等。

检查范围：轨道缺陷里程前后各 50 m，必要时可适当扩大检查范围。

首先必须对区段范围内的扣件、垫板进行全面检查，确认无异常再开始轨道几何尺寸检查。

轨向：用 10 m、20 m 弦线检查钢轨，逐根轨枕连续测量；

轨距：用电子尺检查，逐根轨枕连续测量；

水平：用电子尺检查，逐根轨枕连续测量；

三角坑（基长 2.5 m）：根据水平测量值，每隔三根轨枕计算水平变化率；

高低：用 10 m 弦线检查，逐根轨枕连续测量；

焊缝：用 1 m 直钢尺检查，塞尺测量钢轨顶面、工作边和圆弧面，检查所有焊接接头。

减载率：重点检查焊缝平顺度，扣件、垫板状况；

脱轨系数：重点检查扣件、垫板状况，多为扣件扣压力不足、吊板所致；

轨道横向力：重点检查轨向、水平，多为轨向和水平的复合不平顺的叠加所致，可以结合波形图一并检查分析，同样还应重点检查扣件、垫板密贴状况。

对静态检查数据应做好详细记录，并认真分析，如确认已经找到真实缺陷地点，则可以据此进行现场调整，否则，应继续扩大检查范围，继续检查，直至找到为止。

2. 长波不平顺的检查

根据轨道检测报告和波形图分析的轨向、高低长波（波长 70 m）不平顺，采用轨道小车在波峰或波谷里程前后各 300 m 范围内进行测量。

3. 连续短波不平顺的检查

根据轨道检测车波形图分析，轨向、高低存在的连续短波不平顺（波幅 1.5～4 mm，波长 6～9 m），可以采用轨道小车测量，也可以采用人工拉弦线的方法进行测量。

（二）确定调整方案

1. 短波不平顺的调整

根据现场检查、测量情况可以当即确定调整方案，形成调整量表。

2. 长波不平顺的调整

根据轨道小车测量情况，对轨道超限指标进行调整，并对线型进行合理优化后形成调整量计算表。

轨道测量检测时应注意以下几个问题：

(1)采用轨道小车对轨道进行逐根轨枕连续测量。

(2)测量前，全站仪设站精度应满足要求，并对仪器进行校核。

(3)区间轨道应连续测量，分次测量时，两次测量搭接长度不少于 20 m。

(4)车站道岔应单独测量，与两端线路搭接长度岔前不少于 10 m，岔后不少于 30 m。

（三）调整量计算

首先对检测的各种数据进行分析，确定调整区段。根据测量数据，对轨道精度和线型分区段进行综合分析评价，确定需要调整的区段；然后采用轨道小车配套软件进行调整量计算，将轨道各项几何尺寸全部调整到允许范围之内，并对轨道线型进行优化。

调整线路几何尺寸必须遵守的基本原则："先轨向，后轨距"，"先高低，后水平"。

在进行轨向调整时，应先选定一股钢轨作为基准股（曲线地段选择上股，直线地段选择与前方曲线上股同侧钢轨），对基准股钢轨方向进行精确调整，短波（30 m）2 mm 合格率 100%，1 mm合格率不小于 96%；长波（300 m）10 mm 合格率 100%；线型平顺，无突变，无周期性小幅振荡。

在进行轨距调整时，应先固定基准股钢轨，然后调整另一股钢轨，轨距精度控制：±1 mm 合格率 100%，轨距变化率不大于 1.5‰；该股钢轨方向线型应平顺，无突变，无周期性小幅振荡。

在进行高低调整时，应先选定一股钢轨为基准股（曲线地段选择下股，直线地段选择与前方曲线下股同侧钢轨），对基准股钢轨高低进行精确调整，短波（30 m）2 mm 合格率 100%，1 mm合格率不小于 96%；长波（300 m）10 mm 合格率 100%；线型平顺，无突变，无周期性小幅振荡。

在进行水平调整时，应先固定基准股钢轨，然后调整另一股钢轨高低，校核水平精度，1 mm合格率 100%；水平变化率，相邻两根轨枕不大于 1 mm，间隔三根轨枕不大于 2 mm；该股钢轨高低线型应平顺，无突变，无周期性小幅振荡。

最后形成调整量表。对计算的调整量进行核对优化后形成正式"调整量表"，用于现场调整。

二、无砟轨道垫板作业

(一)作业目的

利用垫板调整无砟轨道高低、水平、三角坑超限处所，整修离缝、作用不良或位置不正确的扣件，提高无砟轨道高低、水平和扣件的质量，满足线路高可靠性、高稳定性、高平顺性。保证列车以规定速度安全、平稳和不间断地运行，确保旅客乘车舒适度。

(二)作业条件

1. 利用综合维修天窗进行作业，按规定设好防护，在《行车设备施工登记簿》(运统—46)内按当日天窗修计划所列项目、地点、时间及影响范围进行登记。

2. 有上级审批的高速铁路维修作业方案。

3. 现场作业负责人不低于班长，车间干部现场监控。

(三)作业程序

1. 作业准备

(1)作业防护：

①维修作业时(无论采用何种控制模式)，均须在调度所设驻所联络员、车站设驻站联络员、现场设现场防护员，在车站(线路所)进行登(销)记，并由车站值班员签认。利用GSM-R手持终端、集团网手机或对讲机联系，现场用手持双面红色警示信号灯防护。

②驻所防护员(驻站防护员)提前1 h在《行车设备检查登记簿》上登记，与调度员(车站值班员)核对、确认相关登记内容，并填记《高速铁路驻所(站)防护员手册》。

③驻调度所及车站联络员必须对上道人数、上道检查检修地点、作业内容、使用工具等在《高速铁路驻所(站)防护员手册》上逐一登记。

④调度命令下达后，驻所防护员通知驻站防护员，各驻站防护员通知各作业组现场防护员。驻所防护员接到驻站防护员通知各组进网时间后，在《高速铁路驻所(站)防护员手册》上填记。

⑤作业过程中，驻站防护员与各作业小组现场防护员应使用GSM-R手持终端或手机进行联系，当联系中断时，驻调度所(驻站)联络员应立即通知列车调度员停止向作业地点放行列车，不得办理作业销记手续；同时现场防护员应立即通知作业负责人停止作业，必要时将线路恢复到准许放行列车的条件。驻所防护员要加强与驻站防护员联系，掌握每个车站各作业组作业进度情况。

⑥天窗结束前30 min驻所防护员通知驻站防护员提示现场防护员准备下道，并每10 min提示确认一次。

⑦驻所、驻站防护员分别接听各作业组现场防护员电话，逐处写现场防护员确认开通条件、人员机具下道、防护标志撤除情况，在《高速铁路驻所(站)防护员手册》记录出网时间。

⑧作业结束后，施工负责人和现场防护员必须双确认人员、机具、工具已经撤到网外，向驻站、驻所防护员报告撤离时间，驻所防护员与驻站防护员核对撤离时间无误后分别在《行车设备检查登记簿》进行双销记。

(2)作业工具材料：液压起道机、小撬棍、内燃扳手、丁字扳手(根据作业人数确定)、扭力矩扳手、电子轨距尺、正矢绳、钢板尺、轨温计、石笔、各种规格绝缘缓冲垫板厚度(数量及型号根据现场作业情况确定)、各种规格轨下微调垫板(数量及型号根据现场作业情况确定)、各种规格铁垫板下调高垫板(数量及型号根据现场作业情况确定)、油刷、专用油脂、照明设备(根据作业人数确定)、个人防护用品(根据作业人数确定)。

（3）检查工具材料：对使用的工具进行检查，照明设备必须由专人负责检查照明设备的状态、电量是否充足，电子轨距尺是否在检定范围，各种工具是否正常，禁止工具设备带病上道使用。工（机）具、照明设备等按规定编号，定人、定责管理，粉刷或粘贴反光标志，作业时随人移动，各种材料要专人管理。检查 GSM-R 手持终端、手机等通信设备状态，碲保电量充足。通话试验 GSM-R 手持终端和手机，确认 GSM-R 手持终端、手机通话良好。

（4）进网作业：作业人员进网作业前，作业负责人进行点名，给出书面作业计划单、明确作业地点、作业内容、人员分工、作业标准、作业时间、安全注意事项；清点工具材料、指定工具材料负责人等，并与现场防护员相互确认，确认无误后双方在《施工（作业）携带工（料）具清点登记手册》上签字。在从有治安岗亭的方便门进网前，作业负责人到治安岗亭进行登记签字。

现场防护员与驻调度所及车站联络员联系，确认综合维修天窗命令号、天窗起止时间，并向驻调度所及车站联络员通报作业负责人姓名、作业人数、作业地点、作业项目、使用工具材料、进出网地点（治安岗亭编号）等；待驻调度所及车站联络员通知可以入网作业后，在作业负责人的带领下入网作业。入网作业时现场防护员再次核对入网作业人数、工具材料。

作业负责人确认防护已到位，并接到施工命令（命令号、施工起讫时间）后，通知作业人员，上道作业。

现场防护员接到驻调度所及车站联络员通知后，会同作业负责人，开行轨道车到作业地点；如未开行轨道车，由作业负责人组织所有作业人员从就近作业通道（疏散通道）进入，步行前往作业点。步行前往作业点时，应在作业负责人的组织下列队沿路肩（或限界以外其他专门通道）行走。防护员带队，作业负责人最后，直至作业地点。在线路上推行内燃扳手时应按规定设置防护。需汽车运输时，遵守道路交通规则，注意人身安全。

2. 现场作业

（1）现场布灯：夜间施工现场必须配备足够的照明设备，施工作业前将灯布置完毕；检查照明设备的开关、插头、电线和发电机连接正常、无破损，并要有专人看管。

（2）测量轨温：到达作业地点后首先测量轨温，确认是否符合作业轨温条件，做到超温不作业，并严格执行作业前、作业中、作业后测量轨温制度。

（3）标记作业量：按照《高速铁路维修作业方案审批表》确定的超限处所用电子轨距尺进行核查，测出现场方案中需要调整区段的每根枕木未动道前的轨距、水平，并用石笔在轨底上标记清楚，标清垫板调整量以及所需绝缘缓冲垫板、轨下微调垫板、铁垫板下调高垫板规格、数量，将准备更换的绝缘缓冲垫板、轨下微调垫板、铁垫板下调高垫板型号数值写在轨头上。根据轨道测量仪检测资料作出的作业方案，高低写在轨顶上（“＋”为调高，“－”为调低）。高低方案的调整，要求用 10 m 弦线对高低进行检测，要求弦线绷紧，一根枕一量，读数要求准确并将数据标注在外侧钢轨轨底上，以便核对确认。

（4）复查确认：要求作业负责人对调整方案进行现场实际核对、确认，如果核对调整量与现场实际状态一致或趋势相同方可动道；如不相符，需要负责人对方案或现场数据进行分析，找出问题所在；不能找出原因的，需请示上级部门或重新安排测量，严禁作业负责人擅自动道。

（5）现场计算：调整水平、高低作业前必须把未动道前水平、高低与记录在钢轨面上的调整量进行计算，把调整后的理论水平计算出来，看是否符合标准（每 2 根枕木间水平差不得大于 0.3 mm．6.25 m 之内水平三角坑不得大于 1 mm，严禁出现正负水平交替情况）。

(6)垫板作业：

①WJ-7 型扣件调整钢轨高低时，如遇到钢轨高低和水平有少量不平顺，可垫入调高垫板，此时应提升钢轨，垫入调高垫板。当调高量小于 10 mm 时，在轨下放入调高垫板，当调高量超过 10 mm 时，可同时在铁垫板下放入调高垫板。

a. 使用轨下调高垫板进行调整时，先松开弹条，取出绝缘块，抬起钢轨，在轨下垫板和铁垫板之间放入所需厚度的轨下调高垫板(严禁放在轨下垫板上面)，如图 4-2-1 所示，放入的轨下调高垫板总厚度不得大于 10 mm，数量不得超过两块，并应把最薄的轨下调高垫板放在下面，以防轨下调高垫板窜出。轨下调高垫板根据厚度不同分为 1 mm、2 mm、5 mm、8 mm 四种，当调高量需 0.5 mm 级别时，可紧贴铁垫板承轨面加垫 0.5 mm 厚的轨下垫板。轨下调高垫板垫入后，放下钢轨用可控扭矩扳手或机具拧紧螺母，使弹条安装到位，WJ-7 型扣件弹条中部前端下颚与绝缘块不宜接触(离缝不得大于 0.5 mm)或使用扭矩扳手检测 T 形螺栓扭矩时，W1 型弹条为 100～140 N·m，X2 弹条为 70～90 N·m。

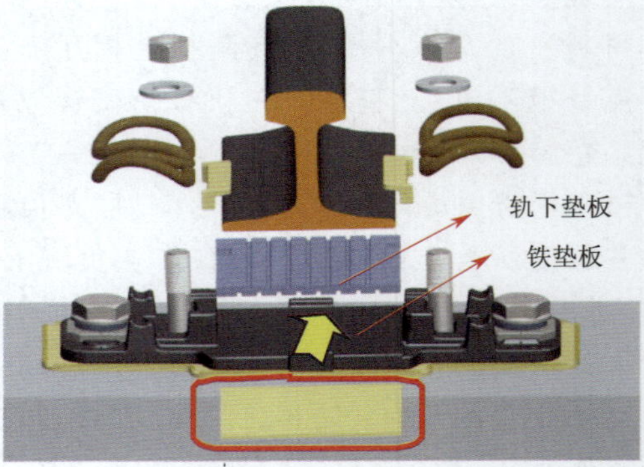

图 4-2-1　垫板示意图

b. 使用铁垫板下调高垫板及更换绝缘缓冲垫板时，松开并卸下铁垫板与轨道板之间的锚固螺栓，取下锚固螺栓，抬起钢轨，垫入或更换铁垫板下调高垫板及绝缘缓冲垫板如图 4-2-2 所示。铁垫板下调高垫板应放在铁垫板与绝缘缓冲垫板之间，数量不得超过两块，厚度不得超过 20 mm。铁垫板下调高垫板根据厚度不同，分为 5 mm、10 mm 两种规格。绝缘缓冲垫板分为 2 mm 和 6 mm 两种型号，正常安装时采用 6 mm厚绝缘缓冲垫板，钢轨高低负调整时采用 2 mm 厚绝缘缓冲垫板，应先卸下锚固螺栓，提升钢轨，将铁垫板下 6 mm 厚的绝缘缓冲垫板更换为 2 mm 厚的绝缘缓冲垫板。铁垫板下调高垫板及更换绝缘缓冲垫板后，应使调高垫板及绝缘缓冲垫板的圆孔与轨道板承轨台土的锚固螺栓的预埋套管孔相对应，然后放下钢轨，检查铁垫板与平垫块的标记线是否对齐，安放重型弹簧垫圈锚固螺栓，锚固螺栓螺纹部分应涂满铁路专用防护油脂，钢轨复位后检查轨向和轨距，必要时进行调整，确认合适后用可控扭矩扳手机具拧紧锚固螺栓，扭矩在 300～350 N·m。然后根据调整量，在轨下垫板和铁垫板之间垫入所需厚度的轨下调高垫板。调高垫板的具体调整见表 4-2-1。

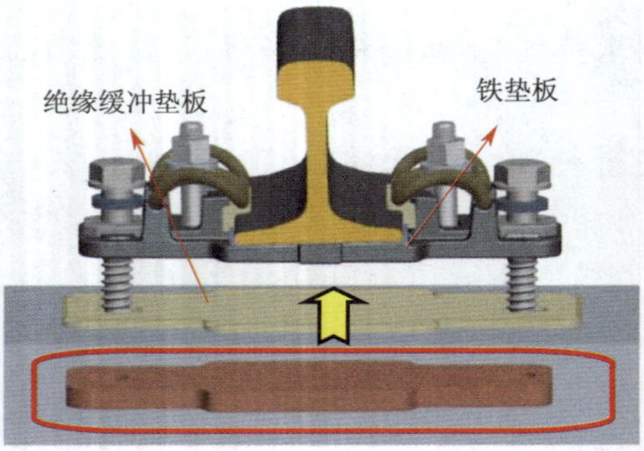

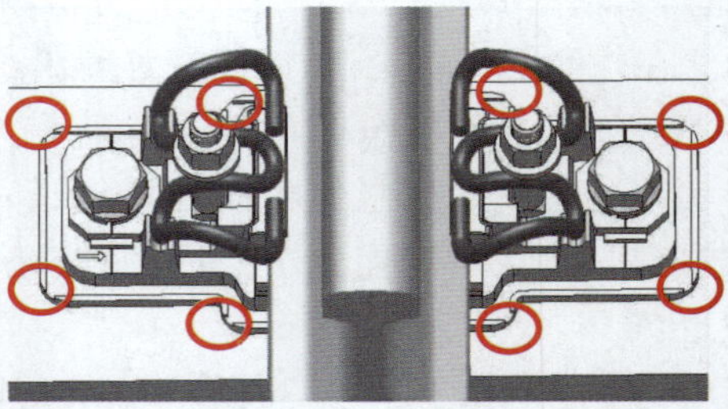

特别要防止缓冲垫板排水口（所圈位置）堵塞

图 4-2-2　铁垫板下调高垫板

表 4-2-1　WJ-7 型扣件高低调整调高垫板设置

高低调整量	绝缘缓冲垫板厚度	轨下微调垫板总厚度	铁垫板下调高垫板厚度
−4	2	0	0
−3	2	1	0
−2	2	2	0
−1	2	3	0
0	6	0	0
+1～+7	6	1～7	0
+8	6	0	8
+9～+15	6	1～7	8
+16	6	0	2×8
+17～+26	6	1～10	2×8

②WJ-8 型扣件调整钢轨高低时，如遇有钢轨高低和水平有少量不平顺，可考虑放入调高垫板。此时应提升钢轨，垫入调高垫板。轨下调高垫板根据厚度不同分为 1 mm、2 mm、5 mm、8 mm 四种，当调高量需 0.5 mm 级别时，可紧贴铁垫板承轨面加垫 0.5 mm 厚的轨下垫板。轨下调高垫板垫入后，放下钢轨用可控扭矩扳手或机具拧紧螺母，使弹条安装到位，WJ-8 型扣件弹条中部前端下颚与绝缘块不宜接触（离缝不得大于 0.5 mm）或使用扭矩扳手检测 T 形螺栓扭矩时，弹条中部前端下颚应与绝缘块表面接触，间隙不得大于 1 mm。W1 型弹条的安装扭矩 130～170 N·m，X2 型弹条的安装扭矩 90～120 N·m。在轨下放入调高垫板，当调高量超过 10 mm 时，可同时在铁垫板下放入调高垫板。具体垫入厚度可按表 4-2-2 执行。

表 4-2-2　WJ-8 型扣件钢轨高低调整量表（mm）

钢轨高低调整量	轨下微调垫板总厚度	铁垫板下调高垫板厚度
0	0	0
1～10	1～10	0
11～20	1～10	10
21～30	1～10	20

a. 钢轨下调高：轨下微调垫板必须放在轨下垫板与铁垫板之间，且放入的总厚度不得大于 10 mm，总数不得超过两块，并把最薄的轨下微调垫板放在下面，以防轨下微调垫板窜出，如图 4-2-3 所示。

b. 铁垫板下调高：垫入的铁垫板下调高垫板放在铁垫板下弹性垫板与轨枕之间，铁垫板下调高垫板按厚度分为 10 mm 和 20 mm 两种规格，铁垫板下调高垫板由两片组成，应成副使用且放入的总数不得超过两块，总厚度不得超过 20 mm，如图 4-2-4 所示。钢轨相对正常状态的调高量大于 15 mm 时，应采用 S3 型螺旋道钉。

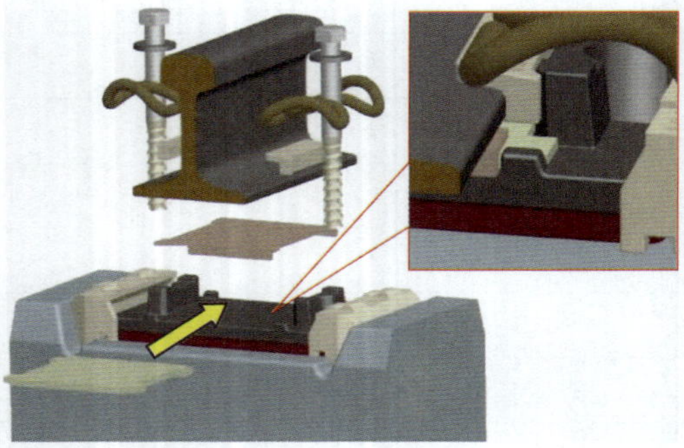

图 4-2-3 钢轨下调高示意图

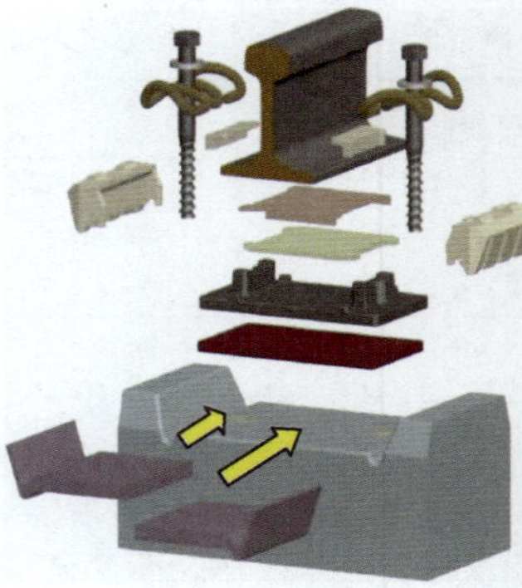

图 4-2-4 铁垫板下调高示意图

③300 型扣件调整钢轨高低

a. 通过更换不同规格的轨垫实现－4～＋2 mm 调整(图 4-2-5),配置见表 4-2-3。

表 4-2-3 300 型扣件钢轨高程调整量表

高低调整量(mm)	塑料调高垫板(型号：AP20-x,厚度 6 或 10 mm)	钢制调高垫板(型号:AP20S,厚度 20 mm)	轨垫(型号：Zw 692-x,厚度 2～8 mm)	轨枕螺栓(型号:Ss36,长度 230～280 mm)
＋2			1×8 mm	2×230
＋1			1×7 mm	2×230
0(标准设计)			1×6 mm	2×230
－1			1×5 mm	2×230
－2			1×4 mm	2×230
－3			1×3 mm	2×230
－4			1×2 mm	2×230

b. 通过嵌入塑料调高垫板和更换轨垫实现＋3～＋22 mm 调整(图 4-2-6),配置见表 4-2-4,并根据高度调节量选择正确的轨枕螺栓。

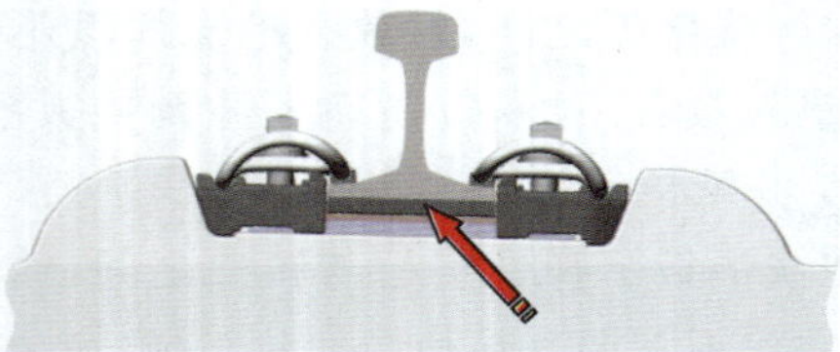

图 4-2-5 轨下垫板示意图

图 4-2-6 调整垫板示意图

表 4-2-4　300 型扣件钢轨高程调整量表

高低调整量（mm）	塑料调高垫板（型号：AP20-x，厚度 6 或 10 mm）	钢制调高垫板（型号：AP20S，厚度 20 mm）	轨垫（型号：Zw 692-x，厚度 2～8 mm）	轨枕螺栓（型号：Ss36，长度 230～280 mm）
+22	2×10 mm		1×8 mm	2×250
+21	2×10 mm		1×7 mm	2×250
+20	2×10 mm		1×6 mm	2×250
+19	2×10 mm		1×5 mm	2×250
+18	1×10 mm+1×6 mm		1×8 mm	2×240
+17	1×10 mm+1×6 mm		1×7 mm	2×240
+16	1×10 mm+1×6 mm		1×6 mm	2×240
+15	1×10 mm+1×6 mm		1×5 mm	2×240
+14	2×6 mm		1×8 mm	2×240
+13	2×6 mm		1×7 mm	2×240
+12	1×10 mm		1×8 mm	2×240
+11	1×10 mm		1×7 mm	2×240
+10	1×10 mm		1×6 mm	2×240
+9	1×10 mm		1×5 mm	2×240
+8	1×6 mm		1×8 mm	2×230
+7	1×6 mm		1×7 mm	2×230
+6	1×6 mm		1×6mm	2×230
+5	1×6 mm		1×5 mm	2×230
+4	1×6 mm		1×4 mm	2×230
+3	1×6 mm		1×3 mm	2×230

c. 通过嵌入塑料调高垫板、钢制调高垫板和更换轨垫实现+23～+56 mm 调整，配置见表 4-2-5，并根据高度调节量选择正确的轨枕螺栓。

表 4-2-5　300 型扣件钢轨高程调整量表

高低调整量（mm）	塑料调整垫（组合型号：AP20-x(l+r)，厚度 6 或 10 mm）	钢制调节板（组合型号：AP20S，厚度 20 mm	Zw 轨垫（组合型号：Zw 692-x，厚度 2～8 mm）	轨枕螺栓（组合型号：Ss36，长度 230～280 mm）
+56	1×10 mm+1×6 mm	2×20 mm	1×6 mm	2×280
+55	1×10 mm+1×6 mm	2×20 mm	1×5 mm	2×280
+54	2×6 mm	2×20 mm	1×8 mm	2×280
+53	2×6 mm	2×20 mm	1×7 mm	2×280
+52	3×10 mm	1×20 mm	1×8 mm	2×280
+51	3×10 mm	1×20 mm	1×7 mm	2×280
+50	3×10 mm	1×20 mm	1×6 mm	2×280
+49	3×10 mm	1×20 mm	1×5 mm	2×280
+48	2×10 mm+1×6 mm	1×20 mm	1×8 mm	2×270

续上表

高低调整量（mm）	塑料调整垫（组合型号：AP20-x(l+r)，厚度 6 或 10 mm）	钢制调节板（组合型号：AP20S，厚度 20 mm	Zw 轨垫（组合型号：Zw 692-x，厚度 2～8 mm）	轨枕螺栓（组合型号：Ss36，长度 230～280 mm）
+47	2×10 mm+1×6 mm	1×20 mm	1×7 mm	2×270
+46	2×10 mm+1×6 mm	1×20 mm	1×6 mm	2×270
+45	2×10 mm+1×6 mm	1×20 mm	1×5 mm	2×270
+44	2×10 mm+1×6 mm	1×20 mm	1×4 mm	2×270
+43	2×10 mm+1×6 mm	1×20 mm	1×3 mm	2×270
+42	2×10 mm	1×20 mm	1×8 mm	2×270
+41	2×10 mm	1×20 mm	1×7 mm	2×270
+40	2×10 mm	1×20 mm	1×6 mm	2×270
+39	2×10 mm	1×20 mm	1×5 mm	2×270
+38	1×10 mm+1×6 mm	1×20 mm	1×8 mm	2×260
+37	1×10 mm+1×6 mm	1×20 mm	1×7 mm	2×260
+36	1×10 mm+1×6 mm	1×20 mm	1×6 mm	2×260
+35	1×10 mm+1×6 mm	1×20 mm	1×5 mm	2×260
+34	1×10 mm+1×6 mm	1×20 mm	1×4 mm	2×260
+33	1×10 mm+1×6 mm	1×20 mm	1×3 mm	2×260
+32	1×10 mm	1×20 mm	1×8 mm	2×260
+31	1×10 mm	1×20 mm	1×7 mm	2×260
+30	1×10 mm	1×20 mm	1×6 mm	2×260
+29	1×10 mm	1×20 mm	1×5 mm	2×260
+28	1×6 mm	1×20 mm	1×8 mm	2×250
+27	1×6 mm	1×20 mm	1×7 mm	2×250
+26	1×6 mm	1×20 mm	1×6 mm	2×250
+25	1×6 mm	1×20 mm	1×5 mm	2×250
+24	1×6 mm	1×20 mm	1×4 mm	2×250
+23	1×6 mm	1×20 mm	1×3 mm	2×250

④错列式 SFC 型扣件的高程调整

当遇有钢轨高低和水平不平顺时，可在铸铁底板和耦合垫板之间放入不同厚度搭配的调高垫板，实现钢轨高低的调整。错列式 SFC 型扣件系统最大调高 30 mm，最低调高 −2 mm。

在新线建设和初期维护调整中，使用的高度调节范围幅度一般不会很大。因此，表 4-2-6 所示为常用的调高幅度范围内，所对应的标准调高垫板搭配形式和可替代的搭配形式。

表 4-2-6　常用高垫板搭配形式和可替代的搭配形式

	标准搭配形式		可替代的搭配形式		
调高/降低	耦合垫板	HDPE 调高垫板	耦合垫板	HDPE 调高垫板	镀锌钢板
−2.0 mm	红色 2.0 mm	无			
−1.5 mm	黄色 2.5 mm	无			
−1.0 mm	浅绿色 3.0 mm	无			
−0.5 mm	黑色 3.5 mm	无			
0 mm	白色 4.0 mm	无			
0.5 mm	红色 2.0 mm 黄色 2.5 mm	无			
1.0 mm	红色 2.0 mm	深绿色 3.0 mm	白色 4.0 mm		1 mm
1.5 mm	黄色 2.5 mm	深绿色 3.0 mm	黑色 3.5 mm		2 mm
2.0 mm	浅绿色 3.0 mm	深绿色 3.0 mm	白色 4.0 mm		2 mm
2.5 mm	黑色 3.5 mm	深绿色 3.0 mm	黑色 3.5 mm		1 mm+2 mm
3.0 mm	白色 4.0 mm	深绿色 3.0 mm	白色 4.0 mm		1 mm+2 mm
3.5 mm			黑色 3.5 mm	深绿色 3.0 mm	1 mm
4.0 mm			白色 4.0 mm	深绿色 3.0 mm	1 mm
4.5 mm			黑色 3.5 mm	深绿色 3.0 mm	2 mm
5.0 mm			白色 4.0 mm	深绿色 3.0 mm	2 mm
5.5 mm			黑色 3.5 mm	2×深绿色 3.0 mm	
6.0 mm			白色 4.0 mm	2×深绿色 3.0 mm	

在维护期间，有时调高需求会超过 6 mm 以上。此时，需要更大厚度的调高垫板配合使用，以达到所需的调高量，见表 4-2-7。

表 4-2-7　调高垫板搭配方式(mm)

调高幅度	典型搭配方式		钢　板	备　注
	LDPE 耦合垫板	HDPE 调高垫板		
6.5	2.5	3+5		
7	3	3+5		
7.5	3.5	3+5		

续上表

调高幅度	典型搭配方式		钢　板	备　注
	LDPE 耦合垫板	HDPE 调高垫板		
8	4	3+5		在安装和维护过程中，可以根据实际情况进行搭配，但应遵守以下原则： 1. 钢板和 HDPE 调高垫板都应该放在 LDPE 耦合垫板之上 2. 铸铁底板下的所有垫板总数量不得超过三块 3. LDPE 耦合垫板只能垫一块（只有在调高 0.5 mm 时，才能使用两块 LDPE 耦合垫板）
8.5	2.5	10		
9	3	10		
9.5	3.5	10		
10	4	5+5		
10.5	3.5	10	1	
11	2	3+10		
11.5	2.5	3+10		
12	3	3+10		
12.5	3.5	3+10		
13	4	3+10		
13.5	2.5	10+5		
14	3	10+5		
14.5	3.5	10+5		
15	4	10+5		
15.5	3.5	15	1	
16	2	3+15		
16.5	2.5	3+15		
17	3	3+15		
17.5	3.5	3+15		
18	4	3+15		
18.5	2.5	20		
19	3	20		
19.5	3.5	20		
20	4	20		
20.5	3.5	20	1	
21	2	3+20		
21.5	2.5	3+20		
22	3	3+20		
22.5	3.5	3+20		
23	4	3+20		
23.5	2.5	25		
24	3	25		
24.5	3.5	25		
25	4	25		
25.5	3.5	25	1	

续上表

调高幅度	典型搭配方式		钢　板	备　注
	LDPE 耦合垫板	HDPE 调高垫板		
26	2	3+25		
26.5	2.5	3+25		
27	3	3+25		
27.5	3.5	3+25		
28	4	3+25		
28.5	2.5	30		
29	3	30		
29.5	3.5	30		
30	4	30		

特别提示：

a. 一个铸铁底板下最多只能插入三块垫板（含耦合垫板在内），且耦合垫板总厚度不得大于 4.5 mm。

b. 当垫板（含调高垫板和耦合垫板）叠加总厚度超过 15 mm 时，需要使用更长的螺栓（部件编号：12671）替换当前使用的螺栓（部件编号：10866）。

c. 低密度聚乙烯耦合垫板应安放于最下层。

⑤直列式 SFC 型扣件的高程调整

直列式 SFC 型扣件能够通过在铸铁底板和耦合垫板之间安装调高垫板，而获得最大 30 mm高低位置调整量的能力。高度调节的操作步骤如下：

a. 松开底板上的螺栓，提升钢轨。

b. 卸下需调高处扣件铸铁底板上的螺栓，插入所需调高厚度的调高垫板。

c. 落下钢轨并拧紧锚固螺栓，扭矩为 150～200N·m。

直列式 SFC 扣件具有 0～30 mm 范围内的高度调节能力。每个调整级数所对应的典型调高垫板搭配形式详见表 4-2-8。

表 4-2-8　直列式 SFC 扣件典型调高垫板搭配形式

调高幅度	HDPE 调高垫板	镀锌钢板	备　注
1 mm	—	1 mm	
2 mm	—	2 mm	
3 mm	—	1 mm+2 mm	
4 mm	4 mm	—	
5 mm	5 mm	—	
6 mm	5 mm	1 mm	
7 mm	5 mm	2 mm	
8 mm	4 mm+4 mm	—	
9 mm	4 mm+5 mm	—	
10 mm	10 mm	—	

续上表

调高幅度	HDPE 调高垫板	镀锌钢板	备　注
11 mm	10 mm	1 mm	可以采用其他的搭配方式，但必须遵循以下原则： 1. 调高垫板始终安放在铸铁地板底板和低密度聚乙烯材料的耦合垫板之间 2. 任何一个铸铁底板下面最多允许安装 3 块调高垫板（不含耦合垫板） 3. 耦合垫板应安放在最下层
12 mm	4 mm+4 mm+4 mm	—	
13 mm	4 mm+4 mm+5 mm	—	
14 mm	4 mm+10 mm	—	
15 mm	15 mm	—	
16 mm	15 mm	1 mm	
17 mm	15 mm	2 mm	
18 mm	4 mm+4 mm+10 mm	—	
19 mm	4 mm+15 mm	—	
20 mm	20 mm	—	
21 mm	20 mm	1 mm	
22 mm	20 mm	2 mm	
23 mm	4 mm+4 mm+15 mm	—	
24 mm	4 mm+20 mm	—	
25 mm	25 mm	—	
26 mm	25 mm	1 mm	
27 mm	25 mm	2 mm	
28 mm	4 mm+4 mm+20 mm	—	
29 mm	4 mm+25 mm	—	
30 mm	30 mm	—	

(7)基准股整修好后，用电子轨距尺测量每个承轨台的轨距、水平或根据《高速铁路维修作业方案审批表》确定的调高量将对面股整修好。做好高低调整过渡顺坡，避免垫板地段前后递减不平顺。

(8)更换完毕紧固扣件前，再核对一遍是否有换错，如果没有错误，按规定扭力上紧扣件。同一股钢轨上扣件时，直线地段一般先紧固调整量为正的一侧，再紧固调整量为负的一侧；曲线地段先紧固曲线内侧扣件（低的一侧），再紧固另外一侧（高的一侧）。

(9)检查扣件是否安放到位，伤损扣件是否更换，扭矩是否符合要求，是否达到作业要求。

(10)清理回收更换下来的扣件，分类存放，清理干净现场，继续到下一个作业点施工。

3. 作业质量回检

维修作业后，作业负责人或技术检测组对线路几何尺寸进行回检分析，线路几何尺寸应满足作业验收标准。不符合要求的及时整改，确保作业后的线路达标。作业质量应达到以下作业标准。

(1)线路静态几何尺寸容许偏差管理值执行《高速铁路无砟轨道线路维修规则（试行）》作业验收管理值：轨距－1～＋1 mm、轨距变化率 1/500、水平 2 mm、高低 2 mm、轨向（直线）2 mm、轨向变化率 1/1 500、水平变化率 0.5‰、三角坑（扭曲 mm/3 m）2 mm。

(2)曲线保持圆顺，不得出现正矢“＋”“－”相间。缓和曲线和圆曲线实测正矢与计算正矢差不大于 0.5 mm（20 m 弦），圆曲线正矢连续差不大于 1 mm（20 m 弦），圆曲线最大最小正矢差不大于 2 mm（20 m 弦）。

(3)松卸螺栓后螺栓应按要求进行涂油,油脂性能应符合相关规定。

(4)安装的垫片、垫板,各垫板的厚度、层数符合技术标准规定。

(5)垫板作业应同时更换不良扣件,更换时应采用相同规格零部件。

(6)扣件应经常保持零件齐全,位置正确,作用良好,缺少时应及时补充。安装应符合扣件组装标准,弹条扣件扭矩达标。扣件"三不密"状态不超过 0.5 mm。

4. 作业结束

作业质量回检完毕后,所有作业人员对路肩、道床、道心、枕木头、两线间等作业范围进行全面检查,确保无工(机)具、材料遗漏,清点线路上的工(机)具、材料,确认工(机)具、材料数量与进网工具、材料数量一致,保持线路干净无障碍物,各种材料必须随人带出,不得遗漏在封闭网内,达到放行列车条件。

作业负责人带领作业人员一同出网,出网时由作业负责人与现场防护员分别清点人员、工(机)具、材料,实行双确认,填记并在《施工(作业)携带工(料)具清点登记手册》上签字。

待人员、工(机)具全部撤离线路,确认无误后,撤除现场防护,锁闭好方便门,方可通知车站联络员在《行车设备施工登记簿》(运统—46)内销记。在从有治安岗亭的方便门出网后,作业负责人到岗亭进行销记签字。作业人员返回驻地。

车站联络员接到现场防护员通知,逐一确认所有作业单位均已销记后,办理销记手续,经与列车调度员、车站值班员签认后,方可撤离。

(四)质量记录

1.《日作业计划及完成情况》、《作业质量验收评定记录》应有质量回检数据记录和作业负责人签字并存档。

2.《线路检查记录本》应标划销号日期和销号人签字。

3. 对当日作业情况、所用各神垫板规格型号做好登记,如实记录每块轨道板承轨台上垫板的规格型号和数量并存档,以便编制竣工资料和日后备查。

(五)作业安全

1. 各种维修作业必须严格遵循"行车不施工,施工不行车"的原则,严格落实总公司、铁路局有关规章制度,天窗时间外不得进入高铁封闭网内及桥面。天窗时间内,检查和作业人员由封闭网门(安全通道)进入,不得擅自翻越防护封闭网上道。

2. 进入封闭网作业必须有调度命令,必须设驻调度所及车站联络员、现场防护员,驻调度所及车站联络员、现场防护员必须保持通信畅通,确认通信良好。一旦通信中断,作业负责人应立即命令所有检查、作业人员下道。多组集中作业时要增设防护员。

3. 各单位应根据天窗修计划安排,结合现场实际情况,制订安全预防措施,严格掌握和控制天窗修作业项目。有两个及以上工区作业的项目,现场须有车间干部监控。

4. 作业负责人和现场防护员共同对现场作业过程中的安全质量进行监控,所有的作业项目必须按规定设置安全防护。

5. 进出网时,实行作业负责人、现场防护员双签认制度。在封闭网作业门前列队,由作业负责人清点人数,逐一对工(机)具、材料进行登记,指定工(机)具材料携带负责人,现场防护员核实签认。重点强调安全注意事项。所有夜间维修作业工具必须贴有反光带并且编号,并落实到使用人。进网作业人员必须穿带有两条反光带标志的防护服。

6. 封锁前,作业人员及现场防护员全部在网外等候。封锁后,方可打开作业门。作业方便门由作业负责人或现场防护员负责,进出网锁门时应确认锁头状态,确认锁头锁好后,人员方可离开。作业人员往返作业现场．要求集体出发、集体返回。作业人员不得过于分散，前后距离不得过长，作业群体前后长不得超过 50 m，确保作业人员均在作业负责人和防护员监控范围内，作业过程中严禁单人离开作业群体。

7. 工(机)具、照明设备等按规定编号，定人、定责管理，粉刷或粘贴反光标志，作业时工(机)具、材料集中存放在一侧路肩上，每换一个作业点，都要随人移动。各种材料要专人管理。作业后各种工(机)具、材料、照明设备必须全部带出高铁封闭网外，做到工完料尽，不得遗漏。

8. 铝热焊处，起道机应放在铝热焊缝以外不少于一个轨枕盒内。轨道电路地段起道机不得放在绝缘接头处，不得在绝缘接头轨面上滑行，防止轨道电路发生短路，并注意起道器把两股钢轨短路。

9. 在高架桥面作业时，防止高处坠落，在陡峭的疏散通道上运送工(机)具时注意人身安全。禁止抛掷各类工(机)具、材料，禁止从桥上、封闭网内向外抛掷弃物。

10. 无缝线路作业必须遵守作业轨温条件。

三、无砟轨道方向、轨距调整作业

(一)作业目的

消灭轨向、轨距超限及轨向变化率、轨距变化率不良处所，整修离缝、作用不良或位置不正确的扣件，提高轨距和扣件的质量，满足线路高可靠性、高稳定性、高平顺性。保证列车以规定速度安全、平稳和不间断地运行，确保旅客乘车舒适度。

(二)作业条件

1. 利用综合维修天窗进行作业，按规定设好防护，在《行车设备施工登记簿》(运统—46)内按当日天窗修计划所列项目、地点、时间及影响范围进行登记。

2. 有上级审批的高速铁路维修作业方案。

3. 现场作业负责人不低于班长，车间干部现场监控。

(三)作业程序

1. 作业准备

(1)作业防护：

①维修作业时(无论采用何种控制模式)，均须在调度所设驻所联络员、车站设驻站联络员、现场设现场防护员，在车站(线路所)进行登(销)记，并由车站值班员签认。利用 GSM-R 手持终端、集团网手机或对讲机联系，现场用手持双面红色警示信号灯防护。

②驻所防护员(驻站防护员)提前 1 小时在《行车设备检查登记簿》上登记，与调度员(车站值班员)核对、确认相关登记内容，并填记《高速铁路驻所(站)防护员手册》。

③驻调度所及车站联络员必须对上道人数、上道检查检修地点、作业内容、使用工具等在《高速铁路驻所(站)防护员手册》上逐一登记。

④调度命令下达后，驻所防护员通知驻站防护员，各驻站防护员通知各作业组现场防护员。驻所防护员接到驻站防护员通知各组进网时间后，在《高速铁路驻所(站)防护员手册》上填记。

⑤作业过程中，驻站防护员与各作业小组现场防护员应使用 GSM-R 手持终端或手机进行联系，当联系中断时，驻调度所(驻站)联络员应立即通知列车调度员停止向作业地点放行列车，不得办理作业销记手续；同时现场防护员应立即通知作业负责人停止作业，必要时将线路恢复到准许放行列车的条件。驻所防护员要加强与驻站防护员联系，掌握每个车站各作业组作业进度情况。

⑥天窗结束前 30 min 驻所防护员通知驻站防护员提示现场防护员准备下道，并每 10 min 提示确认一次。

⑦驻所、驻站防护员分别接听各作业组现场防护员电话，逐处写现场防护员确认开通条件、人员机具下道、防护标志撤除情况，在《高速铁路驻所(站)防护员手册》记录出网时间。

⑧作业结束后，施工负责人和现场防护员必须双确认人员、机具、工具已经撤到网外，向驻站、驻所防护员报告撤离时间，驻所防护员与驻站防护员核对撤离时间无误后分别在《行车设备检查登记簿》进行双销记。

(2)作业工具材料：改道器、小撬棍、丁字扳手(根据作业人数确定)、电子轨距尺、正矢绳、钢板尺、轨温计、石笔、油刷、专用油脂、联结零件、照明设备、个人防护用品。

(3)检查工具材料：对使用的工具进行检查，照明设备必须由专人负责检查照明设备的状态、电量是否充足，电子轨距尺是否在检定范围，各种工具是否正常，禁止工具设备带病上道使用，工(机)具、照明设备等按规定编号，定人、定责管理，粉刷或粘贴反光标志，作业时随人移动，各种材料要专人管理。检查 GSM-R 手持终端、手机等通信设备状态，确保电量充足。通话试验 GSM-R 手持终端和手机，确认 GSM-R 手持终端、手机通话良好。

(4)进网作业：作业人员进网作业前，作业负责人进行点名，给出书面作业计划单、明确作业地点、作业内容、人员分工、作业标准、作业时间、安全注意事项；清点工具材料、指定工具材料负责人等，并与现场防护员相互确认，确认无误后双方在《施工(作业)携带工(料)具清点登记手册》上签字。在从有治安岗亭的方便门进网前，作业负责人到治安岗亭进行登记签字。

现场防护员与驻调度所及车站联络员联系，确认综合维修天窗命令号、天窗起止时间，并向车站联络员通报作业负责人姓名、作业人数、作业地点、作业项目、使用工具材料、进出网地点(治安岗亭编号)等；待驻调度所及车站联络员通知可以入网作业后，在作业负责人的带领下入网作业。入网作业时现场防护员再次核对入网作业人数、工具材料。车站联络员必须对上道人数、上道检查检修地点、作业内容等在车站联络员登记簿上逐一登记。

作业负责人确认防护已到位，并接到施工命令(命令号、施工起讫时间)后，通知作业人员，上道作业。

现场防护员接到车站联络员通知后，会同作业负责人，开行轨道车到作业地点；如未开行轨道车，由作业负责人组织所有作业人员从就近作业通道(疏散通道)进入，步行前往作业点。步行前往作业点时，应在作业负责人的组织下列队沿路肩(或限界以外其他专门通道)行走。防护员带队，作业负责人最后，直至作业地点。需汽车运输时，遵守道路交通规则，注意人身安全。

(5)作业调查：根据综合检测列车、轨检车检测数据及添乘仪、人体感觉数据或工区申请，技术检测组使用轨道测量仪对需进行改道处所进行绝对测量，测量时每根轨道板承轨台进行精确定位并采集数据，测量完毕用轨道测量仪现场模拟数据分析软件进行分析整理，设备所在工区、技术检测组使用电子轨距尺、正矢绳、钢板尺进行现场调查，分析数据后制订维修作业方案。

(6)制订维修方案：应遵循“多查少动、慎动，切忌乱动、大动，透彻分析病害，制订详细作业方案”的基本原则。根据调整值的大小，确定每块轨道板上每根承轨台每股钢轨的调整方向和调整量。制订好的维修方案根据调整值的大小报上级部门审核批准后，交给维修作业人员进行维修。

2. 现场作业

(1)现场布灯：夜间施工现场必须配备足够的照明设备，施工作业前将灯布置完毕；检查照明设备的开关、插头、电线和发电机连接正常、无破损，并要有专人看管。

(2)测量轨温：到达作业地点后首先测量轨温，确认是否符合作业轨温条件，做到超温不作业，并严格执行作业前、作业中、作业后测量轨温制度。

(3)标记作业量：顺里程增大方向，按照《高速铁路维修作业方案审批表》确定的超限处所用电子轨距尺测出方案中需要调整区段的每根枕木未动道前的轨距、水平(写在轨底上)。调整前进行轨距测量工作，并将数据进行圮录，根据轨道测量仪检测资料作出的作业方案，在基准股轨底上用石笔进行标记，标清改道方向和改道量。用箭头注明改道方向，"＋"向右，"－"向左，数字表示改道量。要求用 30 m 弦线对轨向进行检测，要求弦线绷紧，一根枕一量，读数要求准确并将数据标注在钢轨上，以便核对确认。

(4)复查确认：要求作业负责人对调整方案进行现场实际核对、确认，如果核对调整量与现场实际状态一致或趋势相同方可动道；如不相符，需要负责人对方案或现场数据进行分析，找出问题所在；不能找出原因的，需请示上级部门或重新安排测量，严禁作业负责人擅自动道。

(5)现场计算：调整平面作业前必须把未动道前轨距与记录在钢轨面上的调整量进行计算，把调整后的理论轨距计算出来，看是否符合标准(轨距标准范围是 0～－1 mm，相邻轨枕间轨向递变率小于等于 0.3 mm)。

(6)确定基准股：在曲线地段以上股为基准股，直线地段选择与前方曲线上股或道岔内直股同侧钢轨为基准股。

(7)轨距和轨向调整：

①WJ-7 型扣件根据扣件安装手册规定，调整轨距和轨向时应调整铁垫板的位置，不能采用更换绝缘块的方式进行钢轨左右位置的调整。调整轨距和轨向时，可通过锚固螺栓与铁垫板长圆孔的配合来对轨距和轨向按以下方法进行无极调整。

a. 松开锚固螺栓。

b. 用改道器或撬棍横向挪动铁垫板，直至轨距和轨向合适。

c. 当铁垫板横向移动受到平垫块卡阻时，应将平垫块掉头使用。

d. 安放重型弹簧垫圈和锚固螺栓前，应将锚固螺栓螺纹部分涂满铁路专用防护油脂。在锚固螺栓拧紧前，应挪动铁垫板，使铁垫板与平垫块的标记线对齐。

e. 以 300～350 N·m 的扭矩拧紧锚固螺栓。

f. 绝缘块的标准配置为 9 号和 10 号，正常安装时采用 9 号，当绝缘块与铁垫板挡肩的缝隙大于 1 mm 时应更换为 10 号绝缘块。安装绝缘块时不得用锤或其他工具猛烈敲击使其入位。

②WJ-8 型扣件轨向和轨距调整：检查轨距和轨向，如有不适，对照表格根据所检查的轨距调整量更换不同号码的轨距挡板(图 4-2-7)，调整量见表 4-2-9。

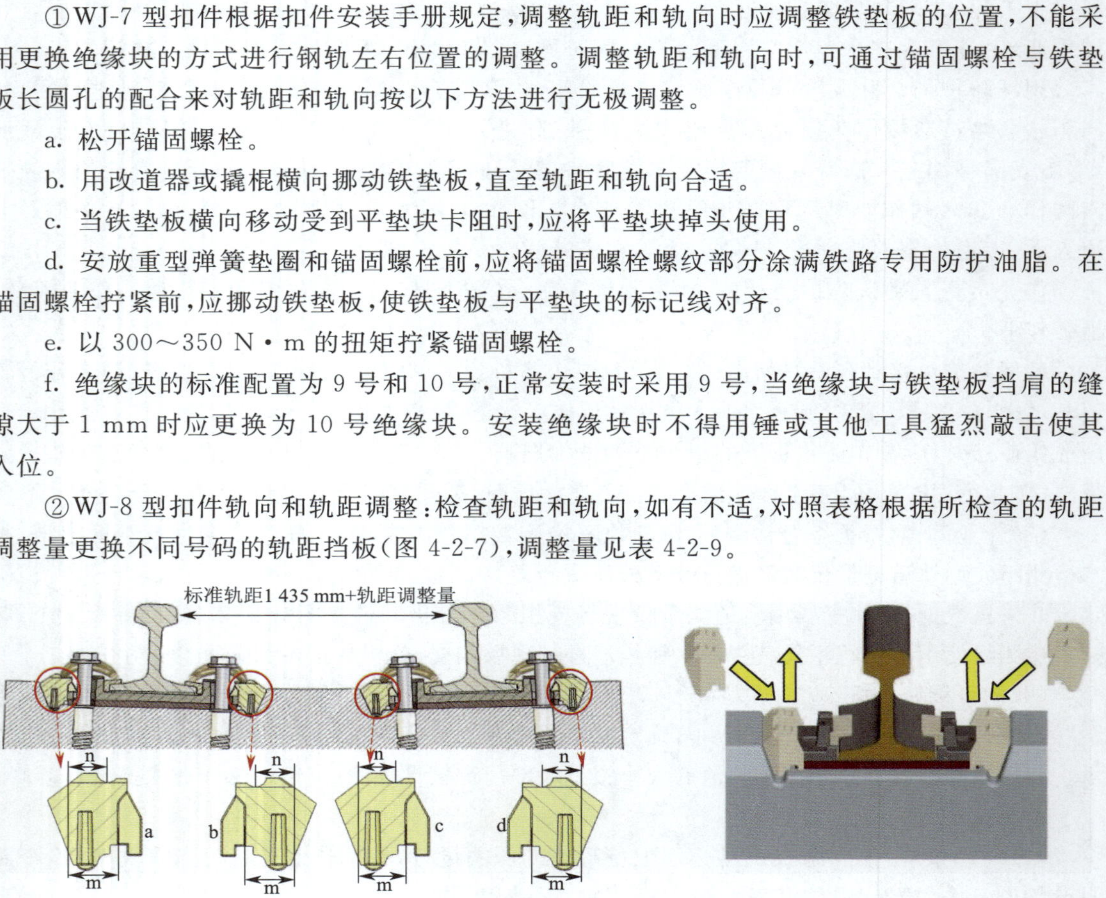

图 4-2-7 调整轨距和轨向示意图

表 4-2-9　WJ-8 型扣件轨距调整量表

轨距调整量(mm)	左股钢轨		右股钢轨	
	外侧轨距挡板 a	内侧轨距挡板 b	内侧轨距挡板 c	外侧轨距挡板 d
−10	12	2	2	12
−9	11	3	2	12
−8	11	3	3	11
−7	10	4	3	11
−6	10	4	4	10
−5	9	5	4	10
−4	9	5	5	9
−3	8	6	5	9
−2	8	6	6	8
−1	7	7	6	8
0	7	7	7	7
+1	6	8	7	7
+2	6	8	8	6
+3	5	9	8	6
+4	5	9	9	5
+5	4	10	9	5
+6	4	10	10	4
+7	3	11	10	4
+8	3	11	11	3
+9	2	12	11	3
+10	2	12	12	2

a. 松开螺旋道钉，连续松开不宜超过 6 个头。

b. 清除脏污，防止杂物落入预埋套管，更换失效轨下垫板。

c. 根据所检查的轨距调整量更换不同号码的轨距块轨或轨距挡板。

d. 上齐并拧紧螺旋道钉，确保扭力矩满足 160 N·m。

e. 轨距挡板配置为一般地段用 WJ8 轨距挡板又分为 2 号、3 号、4 号、5 号、6 号、7 号、8 号、9 号、10 号、11 号和 12 号十一种规格，标准轨距时使用 7 号轨距挡板，其中 10、11、12 号三种规格可用于钢轨接头处。

③300 型扣件轨距和轨向调整：

a. 松开轨枕螺栓，连续松开不宜超过 6 个头。

b. 清除脏污，防止杂物落入预埋绝缘套管内，更换失效轨下垫板。

c. 根据所检查的轨距调整量更换不同规格的轨距挡板，实现±8 mm 范围内的单轨横向调整，调整级别为 1 mm。调整时轨距挡板配置见表 4-2-10(以 300-1u 扣件为例，300-1a 扣件调整原理与之相同)。

表 4-2-10 300-1 型扣件轨距、轨向调整量表

轨距调整量(mm)	左股钢轨		右股钢轨	
	外侧轨距挡板	内侧轨距挡板	内侧轨距挡板	外侧轨距挡板
−16	Wfp15u+8	Wfp15u−8	Wfp15u−8	Wfp15u+8
−15	Wfp15u+8	Wfp15u−8	Wfp15u−7	Wfp15u+7
−14	Wfp15u+7	Wfp15u−7	Wfp15u−7	Wfp15u+7
−13	Wfp15u+7	Wfp15u−7	Wfp15u−6	Wfp15u+6
−12	Wfp15u+6	Wfp15u−6	Wfp15u−6	Wfp15u+6
−11	Wfp15u+6	Wfp15u−6	Wfp15u−5	Wfp15u+5
−10	Wfp15u+5	Wfp15u−5	Wfp15u−5	Wfp15u+5
−9	Wfp15u+5	Wfp15u−5	Wfp15u−4	Wfp15u+4
−8	Wfp15u+4	Wfp15u−4	Wfp15u−4	Wfp15u+4
−7	Wfp15u+4	Wfp15u−4	Wfp15u−3	Wfp15u+3
−6	Wfp15u+3	Wfp15u−3	Wfp15u−3	Wfp15u+3
−5	Wfp15u+3	Wfp15u−3	Wfp15u−2	Wfp15u+2
−4	Wfp15u+2	Wfp15u−2	Wfp15u−2	Wfp15u+2
−3	Wfp15u+2	Wfp15u−2	Wfp15u−1	Wfp15u+1
−2	Wfp15u+1	Wfp15u−1	Wfp15u−1	Wfp15u+1
−1	Wfp15u+1	Wfp15u−1	Wfp15u	Wfp15u
0	Wfp15u	Wfp15u	Wfp15u	Wfp15u
+1	Wfp15u−1	Wfp15u+1	Wfp15u	Wfp15u
+2	Wfp15u−1	Wfp15u+1	Wfp15u+1	Wfp15u−1
+3	Wfp15u−2	Wfp15u+2	Wfp15u+1	Wfp15u−1
+4	Wfp15u−2	Wfp15u+2	Wfp15u+2	Wfp15u−2
+5	Wfp15u−3	Wfp15u+3	Wfp15u+2	Wfp15u−2
+6	Wfp15u−3	Wfp15u+3	Wfp15u+3	Wfp15u−3
+7	Wfp15u−4	Wfp15u+4	Wfp15u+3	Wfp15u−3
+8	Wfp15u−4	Wfp15u+4	Wfp15u+4	Wfp15u−4
+9	Wfp15u−5	Wfp15u+5	Wfp15u+4	Wfp15u−4
+10	Wfp15u−5	Wfp15u+5	Wfp15u+5	Wfp15u−5
+11	Wfp15u−6	Wfp15u+6	Wfp15u+5	Wfp15u−5
+12	Wfp15u−6	Wfp15u+6	Wfp15u+6	Wfp15u−6
+13	Wfp15u−7	Wfp15u+7	Wfp15u+6	Wfp15u−6
+14	Wfp15u−7	Wfp15u+7	Wfp15u+7	Wfp15u−7
+15	Wfp15u−8	Wfp15u+8	Wfp15u+7	Wfp15u−7
+16	Wfp15u−8	Wfp15u+8	Wfp15u+8	Wfp15u−8

d. 上齐并拧紧轨枕螺栓，确保扭力矩满足 160 N·m。一般情况下，SKL15 型弹条的安装扭矩为 230～260 N·m，SKLB15 型弹条的安装扭矩为 160～190 N·m。

④SFC 型扣件轨距和轨向调整：

a. 松开锚固螺栓，连续松开不宜超过 6 个头。

b. 用改道器横向挪动铸铁底板，直到轨距和轨向合适为止。在不旋转锯齿垫片时，横向调整步长为 3 mm。锯齿垫片旋转 180 度后，每格可横向移动 1.5 mm；需移动量小于 1.5 mm 时，铸铁底板采用无级方式进行微调。

c. 以 150～200 N·m 的扭矩拧紧锚固螺栓。

d. 如遇有需要卸下锚固螺栓的情况时，应避免泥污、雨水等进入预埋套管。

(8)改道时应根据调整量首先调整好基准股轨向，再用电子轨距尺逐块轨道板承轨台检查轨距，对轨距超过±1 mm、轨距变化率超过 1/1 500 的超限处所进行改道作业，使轨距、轨距变化率符合要求。

(9)检查扣件是否安装到位，符合规定要求。

(10)改道作业应注意以下事项：

①要遵循"少动、慎动、找准问题再动"的原则。在无砟轨道的病害整治时，能不动的地方尽量不动，需要整治的处所，一定要先进行轨道测量仪数据上的分析，并结合电子轨距尺、正矢绳、钢板尺，找准具体的位置，以及轨向、轨距超限的具体数值，再进行轨距的调整，切忌仅凭经验盲目动手。

②作业过程中要灵活变通，不能死扣数据。在轨向、轨距的调节过程中，要做到"正矢绳不离钢轨、电子轨距尺不离手"。即：在调整方向时，至始至终要有人测量正矢绳所拉数据；调整轨距时，要边调整边测量，切忌只以测量数据为基准。

3. 作业质量回检

维修作业后，作业负责人或技术检测组对线路几何尺寸进行回检分析，线路几何尺寸应满足作业验收标准。如果满足作业验收标准就注销本次整修计划；如果没有满足作业验收标准就是整修不合格，须根据本次检查分析结果，再次下达整修计划交给维修作业人员进行整修。作业质量应达到以下作业标准。

(1)线路静态几何尺寸容许偏差管理值执行《高速铁路无砟轨道线路维修规则(试行)》第 6.1.1 条作业验收管理值：轨距－1～＋1 mm、轨距变化率 1/1 500、轨向 2 mm、轨向变化率 0.3‰、轨向递变率(两根轨枕间)0.3‰。

(2)直线 10 m 范围内方向不大于 0.5 mm，且 20 m 范围内不得有反弯；曲线保持圆顺，不得出现正矢"＋"、"－"交替。缓和曲线和圆曲线实测正矢与计算正矢差不大于 0.5 mm(20 m 弦)，圆曲线正矢连续差不大于 1 mm(20 m 弦)，圆曲线最大最小正矢差不大于 2 mm(20 m 弦)。

(3)扣件应经常保持零件齐全，位置正确，作用良好，缺少时应及时补充。安装应符合扣件组装标准，弹条扣件扭矩达标。扣件"三不密"状态不超过 0.5 mm。螺栓扭矩力达到规定要求。

(4)松卸螺栓后螺栓应按要求进行涂油。

(5)改道作业应同时更换不良扣件，更换时应采用相同规格零部件。

(6)钢轨与绝缘块、绝缘块与铁垫板挡肩间缝隙之和不得大于 1 mm。缝隙较大时，应通过更换不同号码绝缘轨距块的方式进行调整。

(7)由于改道引起的其他作业项目必须达到整修标准。

4. 作业结束

作业质量回检完毕后，所有作业人员对路肩、道床、道心、枕木头、两线间等作业范围进行全面检查，确保无工（机）具、材料遗漏，清点带人线路上的工（机）具、材料，确认工（机）具、材料数量与进网工具、材料数量一致，保持线路干净无障碍物，各种材料必须随人带出，不得遗漏在封闭网内，达到放行列车条件。

作业负责人带领作业人员一同出网，出网时由作业负责人与现场防护员分别清点人员、工（机）具、材料，实行双确认，填记并在《施工（作业）携带工（料）具清点登记手册》上签字。

待人员、工（机）具全部撤离线路，确认无误后，撤除现场防护，锁闭好方便门，方可通知车站联络员在《行车设备施工登记簿》（运统-46）内销记。在从有治安岗亭的方便门出网后，作业负责人到岗亭进行销记签字。作业人员返回驻地。

车站联络员接到现场防护员通知，逐一确认所有作业单位均已销记后，办理销记手续，经列车调度员、车站值班员签认后，方可撤离。

（四）质量记录

1.《日作业计划及完成情况》、《作业质量验收评定记录》应有质量回检数据记录和作业负责人签字并存档。

2.《线路检查记录本》应标划销号日期和销号人签字。

（五）作业安全

1. 各种维修作业必须严格遵循“行车不施工，施工不行车”的原则，严格落实总公司、铁路局有关规章制度，天窗时间外不得进入高铁封闭网内及桥面。天窗时间内，检查和作业人员由封闭网门（安全通道）进入，不得擅自翻越防护封闭网上道。

2. 进入封闭网作业必须有调度命令，必须设驻调度所及车站联络员、现场防护员。驻调度所及车站联络员、现场防护员必须随时保持通信畅通，确认通信良好。一旦通信中断，作业负责人应立即命令所有检查、作业人员下道。多组集中作业时要增设防护员。

3. 各单位应根据天窗修计划安排，结合现场实际情况，制订安全预防措施，严格掌握和控制天窗修作业项目。有两个及以上工区作业的项目，现场须有车间干部监控。

4. 作业负责人和现场防护员共同对现场作业过程中的安全质量进行监控，所有的作业项目必须按规定设置安全防护。

5. 进出网时，实行作业负责人、现场防护员双签认制度。在封闭网作业门前列队，由作业负责人清点人数，逐一对工（机）具、材料进行登记，指定工（机）具材料携带负责人，现场防护员核实签认。重点强调安全注意事项。所有夜间维修作业工具必须贴有反光带并且编号，并落实到使用人。进网作业人员必须穿带有两条反光带标志的防护服。

6. 封锁前，作业人员及现场防护员全部在网外等候。封锁后，方可打开作业门。作业方便门由作业负责人或现场防护员负责，进出网锁门时应确认锁头状态，确认锁头锁好后，人员方可离开。作业人员往返作业现场，要求集体出发、集体返回。作业人员不得过于分散，前后距离不得过长，作业群体前后长不得超过 50 m，确保作业人员均在作业负责人和防护员监控范围内，作业过程中严禁单人离开作业群体。

7. 工（机）具、照明设备等按规定编号，定人、定责管理，粉刷或粘贴反光标志，作业时工（机）具、材料集中存放在一侧路肩上，每换一个作业点，都要随人移动。各种材料要专人管理。作业后各种工（机）具、材料、照明设备必须全部带出高铁封闭网外，不得遗漏。

8. 在高架桥面作业时，防止高处坠落，在陡峭的疏散通道上运送工（机）具时注意人身安全。禁止弛掷各类工(机)具、材料，禁止从桥上、封闭网内向外抛掷弃物。

9. 无缝线路作业必须遵守作业轨温条件。

思考题

1. WJ-7 型扣件无砟轨道垫板作业，使用轨下调高垫板进行高程调整时应如何进行?

2. WJ-7 型扣件无砟轨道垫板作业，使用铁垫板下调高垫板及更换绝缘缓冲垫板时应如何进行?

3. 简述 WJ-7 型扣件调整轨距和轨向的作业步骤。

4. 改道作业应注意哪些事项?

第三节　有砟轨道线路主要作业

一、有砟轨道起道捣固作业

(一)作业目的

对有砟轨道范围内的水平、高低、三角坑超限处所进行整修；整治线路坑洼、下沉，增加道床厚度，调整纵断面而进行的局部或全部起道捣固，恢复线路平顺性，以满足线路高可靠性、高稳定性、高平顺性，保证列车以规定速度安全、平稳和不间断地运行，确保旅客乘车舒适度。

(二)作业条件

1. 利用综合维修天窗进行作业，按规定设好防护，在《行车设备施工登记簿》(运统—46)内按当日天窗修计划所列项目、地点、时间及影响范围进行登记。

2. 有上级审批的高速铁路维修作业方案。

3. 现场作业负责人不低于班长，车间干部现场监控。

(三)作业程序

1. 作业准备

(1)作业防护：

①维修作业时(无论采用何种控制模式)，均须在调度所设驻所联络员、车站设驻站联络员、现场设现场防护员，在车站(线路所)进行登(销)记，并由车站值班员签认。利用 GSM-R 手持终端、集团网手机或对讲机联系，现场用手持双面红色警示信号灯防护。

②驻所防护员(驻站防护员)提前 1 h 在《行车设备检查登记簿》上登记，与调度员(车站值班员)核对、确认相关登记内容，并填记《高速铁路驻所(站)防护员手册》。

③驻调度所及车站联络员必须对上道人数、上道检查检修地点、作业内容、使用工具等在《高速铁路驻所(站)防护员手册》上逐一登记。

④调度命令下达后，驻所防护员通知驻站防护员，各驻站防护员通知各作业组现场防护员。驻所防护员接到驻站防护员通知各组进网时间后，在《高速铁路驻所(站)防护员手册》上填记。

⑤作业过程中，驻调度所及驻站防护员与各作业小组现场防护员应使用 GSM-R 手持终端或手机进行联系，当联系中断时，驻调度所(驻站)联络员应立即通知列车调度员停止向作业地点放行列车，不得办理作业销记手续；同时现场防护员立即通知作业负责人停止作业，必要时将线路恢复到准许放行列车的条件。驻所防护员要加强与驻站防护员联系，掌握每个车站

各作业组作业进度情况。

⑥天窗结束前30 min驻所防护员通知驻站防护员提示现场防护员准备下道，并每10 min提示确认一次。

⑦驻所、驻站防护员分别接听各作业组现场防护员电话，逐处写现场防护员确认开通条件、人员机具下道、防护标志撤除情况，在《高速铁路驻所（站）防护员手册》记录出网时间。

⑧作业结束后，施工负责人和现场防护员必须双确认人员、机具、工具已经撤到网外，向驻站、驻所防护员报告撤离时间，驻所防护员与驻站防护员核对撤离时间无误后分别在《行车设备检查登记簿》进行双销记。

（2）作业工具材料：液压起道器、威克捣固镐或眼镜蛇捣固镐、内燃软轴捣固镐、丁字扳手（根据作业人数确定）、耙子、道镐、夯拍器、电子轨距尺、L形尺、正矢绳、钢板尺、临时定位桩、轨温计、石笔、照明设备、个人防护用品。

（3）检查工具材料：对使用的工具进行检查，照明设备必须由专人负责检查照明设备的状态、电量是否充足；电子轨距尺、L形尺是否在检定范围；威克捣固镐、眼镜蛇捣固镐油箱内燃油是否充足，并启动发动机进行试运转，检查机器运转是否正常，发现故障及时处理；检查各种工具是否正常，禁止工具设备带病上道使用。工（机）具、照明设备等按规定编号，定人、定责管理，粉刷或粘贴反光标志，作业时随人移动。各种材料要专人管理。检查GSM-R手持终端、手机等通信设备状态，确保电量充足。通话试验GSM-R手持终端和手机，确认GSM-R手持终端、手机通话良好。

（4）进网作业：作业人员进网作业前，作业负责人进行点名，给出书面作业计划单、明确作业地点、作业内容、人员分工、作业标准、作业时间、安全注意事项；清点工具材料、指定工具材料负责人等，并与现场防护员相互确认，确认无误后双方在《施工（作业）携带工（料）具清点登记手册》上签字。在从有治安岗亭的方便门进网前，作业负责人到治安岗亭进行登记签字。

现场防护员与驻调度所及车站联络员联系，确认综合维修天窗命令号、天窗起止时间，并向车站联络员通报作业负责人姓名、作业人数、作业地点、作业项目、使用工具材料、进出网地点（治安岗亭编号）等；待驻调度所及车站联络员通知可以入网作业后，在作业负责人的带领下入网作业。入网作业时现场防护员再次核对入网作业人数、工具材料。

作业负责人确认防护已到位，并接到施工命令（命令号、施工起讫时间）后，通知作业人员，上道作业。

现场防护员接到车站联络员通知后，会同作业负责人，开行轨道车到作业地点；如未开行轨道车，由作业负责人组织所有作业人员从就近作业通道（疏散通道）进入，步行前往作业点。步行前往作业点时，应在作业负责人的组织下列队沿路肩（或限界以外其他专门通道）行走。防护员带队，作业负责人最后，直至作业地点。需汽车运输时，遵守道路交通规则，注意人身安全。

2. 现场作业

（1）现场布灯：夜间施工现场必须配备足够的照明设备，施工作业前将灯布置完毕；检查照明设备的开关、插头、电线和发电机连接正常、无破损，并要有专人看管。

（2）测量轨温：到达作业地点后首先测量轨温，确认是否符合作业轨温条件，做到超温不作业，并严格执行作业前、作业中、作业后测量轨温制度。

（3）标记作业量：按照《高速铁路维修作业方案审批表》确定的调整量值，划撬范围进行复查确认，在钢轨上用石笔进行标记，标清起道量。准确划好每撬的始终点（即撬头撬尾），根据坑洼深度，确定起道量，同时要将钢轨低头、空吊板等划上符号，以便指导捣固作业。

(4)复查确认：要求作业负责人对调整方案进行现场实际核对、确认，如果核对调整量与现场实际状态一致或趋势相同方可动道；如不相符，需要负责人对方案或现场数据进行分析，找出问题所在；不能找出原因的，需请示上级部门或重新安排测量，严禁作业负责人擅自动道。

(5)安装临时定位桩：临时定位桩应安装在直线顺线路计算里程方向右股，曲线下股的道床上，距离钢轨头部外侧以不影响起道作业为准；用L形尺测量临时定位桩顶面与钢轨顶面之间的垂直距离并加上起道量后，将相加的数值写在钢轨轨底，用以控制起道量。

(6)撤出调高垫板：撤出起道捣固范围内的调高垫板，将轨下橡胶垫板恢复为标准橡胶垫板，复拧起道地段的螺栓扣压力。

(7)起道作业：

①安放起道机：用耙子扒开枕盒内道砟，安放起道机，起道机必须放置平稳，直线和曲线下股放在钢轨里口，曲线上股放在外口；无缝线路铝热焊缝处起道，起道机应放在焊缝以外不少于一个轨枕盒内，轨道电路地段起道机不得放在绝缘接头上，并不得在绝缘接头轨面上滑行。

②利用激光弦线检测的数据，采用眼看(复核起道量)、道尺复核、激光弦线配合精确起道。

③起平基准股：直线以顺线路计算里程方向右股为基准股，曲线以下股为基准股，按《高速铁路维修作业方案审批表》确定的起道量进行起道作业，并用L形尺测量控制起道量，做好大轨面。一处起道会影响到这一段的高低，要注意消除前后空吊板。

起平对面股：起对面股时，应在基准股起好后，立即用电子轨距尺对好对面股，电子轨距尺要放在起道机的起道始点(起完的一端)一侧，电子轨距尺尽可能靠近起道机，起平后全面捣固。找平曲线上股时，应按超高度调整好刻度盘数值，并可根据车速产生的未被平衡的欠超高或过超高不合理，将超高对的大一些或小一些，如上股侧磨明显，可将超高对大2～3 mm，如下股垂磨明显，可将超高对小2～3 mm，确保列车碾压几天后，超高能符合实设超高。

(8)捣固作业(用内燃冲击镐)：

①捣固姿势：两脚站在被捣固轨枕前或后的两根相邻轨枕上，前脚与钢轨平行，后脚站在枕盒内，身体弯直根据需要调整，两手握把。捣固时，首先使冲击镐与轨枕垂线成30°角。在捣固中，还必须将冲击镐沿中心线向四周摆动和左右倾斜约20°角，这样可以使镐头进入道床，提高捣固质量。

②排镐顺序：为加强轨底，先将镐头放在轨底处捣固，然后再向两边移动进行捣固。

③捣固时间：捣固时间与起道量有关，起道量在20 mm以下，一般为50 s，每面捣四个镐位；起道量在20～40 mm时，一般为60 s，每面捣五个镐位。轨底应适当延长捣固时间。

④操作要求：两把冲击镐在捣固时应做到四一致，下镐位置一致，都捣固同一位置的镐位；下镐角度一致，冲击镐与地平面成40°～45°角；下镐动作一致，捣固时间一致，一起下镐，一起转移。

⑤作业转移：捣固结束后，两人同时将内燃冲击镐提起，镐头应距轨枕20～30 mm。

⑥捣固作业中，对水平、高低和空吊板情况，要进行一次中间检查，进行必要的找细整修。捣固结束后，要全面检查水平、高低和空吊板情况，全面进行找细整修。

(9)作业检查：捣固作业完毕，用电子轨距尺检查捣固范围内的水平、三角坑，发现超限处所应及时进行整修。由于起道作业引起其他作业，按有关作业技术标准要求进行验收。

(10)回填道床：捣固作业结束后，将扒出的道砟和镐窝、起道器窝整平，将道床整平并夯实，以保证作业质量，道床顶面应低于岔枕顶面以下40～50 mm。

3. 作业质量回检

维修作业后，作业负责人或技术检测组对线路几何尺寸进行回检分析，线路几何尺寸应满足作业验收标准。如果满足作业验收标准就注销本次整修计划；如果没有满足作业验收标准就是整修不合格，须根据本次检查分析结果，再次下达整修计划交给维修作业人员进行整修。作业质量应达到以下作业标准。

(1)线路静态几何尺寸容许偏差管理值为轨距－2～＋2 mm、轨距变化率1/1 500、水平2 mm、高低2 mm、轨向(直线)2 mm、轨向变化率1/1 500、水平变化率0.5‰、三角坑(扭曲mm/3 m)2 mm。

(2)在70 m全长范围内，用任意弦测量无大于2 mm的高低。缓和曲线超高顺坡递减均匀。

(3)捣固地段捣固后无调高垫板，胶垫恢复为标准胶垫。

(4)捣固范围为钢轨两侧各不少于450 mm，轨下道床捣固密实，各轨枕间强度均匀。

(5)扒开的道床应回填平整并夯实，轨枕盒内道砟应保持饱满、密实、均匀；道床顶面轨底处应低于轨枕承轨面以下40～50 mm，轨枕中部与轨枕顶面平齐。

(6)由于起道作业引起其他作业，应恢复到符合各项作业标准。

4. 作业结束

作业质量回检完毕后，所有作业人员对路肩、道床、道心、枕木头、两线间等作业范围进行全面检查，确保无工(机)具、材料、道砟侵限，清点带入线路上的工(机)具、材料，确认工(机)具、材料数量与进网工具、材料数量一致，保持线路干净无障碍物，各种材料必须随人带出，不得遗漏在封闭网内，达到放行列车条件。

作业负责人带领作业人员一同出网，出网时由作业负责人与现场防护员分别清点人员、工(机)具、材料，实行双确认，填记并在《施工(作业)携带工(料)具清点登记手册》上签字。

待人员、工(机)具全部撤离线路，确认无误后，撤除现场防护，锁闭好方便门，方可通知驻调度所及车站联络员在《行车设备施工登记簿》(运统—46)内销记。在从有治安岗亭的方便门出网后，作业负责人到岗亭进行销记签字。作业人员返回驻地。

驻调度所及车站联络员接到现场防护员通知，逐一确认所有作业单位均已销记后，办理销记手续，经车站值班员签认后，方可撤离。

(四)质量记录

1.《日作业计划及完成情况》、《作业质量验收评定记录》应有质量回检数据记录和作业负责人签字并存档。

2.《线路检查记录本》应标划销号日期和销号人签字。

(五)作业安全

1. 各种维修作业必须严格遵循“行车不施工，施工不行车”的原则，严格落实总公司、铁路局有关规章制度，天窗时间外不得进入高铁封闭网内及桥面。天窗时间内，检查相作业人员由封闭网门(安全通道)进入，不得擅自翻越防护封闭网上道。

2. 进入封闭网作业必须有调度命令，必须设驻调度所及车站联络员、现场防护员，车站联络员、现场防护员必须随时保持通信畅通，确认通信良好。一旦通信中断，作业负责人应立即命令所有检查、作业人员下道。多组集中作业时要增设防护员。

3. 各单位应根据天窗修计划安排，结合现场实际情况，制订安全预想措施，严格掌握和控制天窗修作业项目。有两个及以上工区作业的项目，现场须有车间干部监控。

4. 作业负责人和现场防护员共同对现场作业过程中的安全质量进行监控，所有的作业项目必须按规定设置安全防护。

5. 进出网时，实行作业负责人、现场防护员双签认制度。在封闭网作业门前列队，由作业负责人清点人数，逐一对工(机)具、材料进行登记，指定工具材料携带负责人，现场防护员核实签认。重点强调安全注意事项。所有夜间维修作业工具必须贴有反光带并且编号，并落实到使用人。进网作业人员必须穿带有两条反光带标志的防护服。

6. 封锁前，作业人员及现场防护员全部在网外等候。封锁后，方可打开作业门。作业方便门由作业负责人或现场防护员负责，进出网锁门时应确认锁头状态，确认锁头锁好后，人员方可离开。作业人员往返作业现场，要求集体出发、集体返回。作业人员不得过于分散，前后距离不得过长，作业群体前后长不得超过 50 m，确保作业人员均在作业负责人和防护员监控范围内，作业过程中严禁单人离开作业群体。

7. 工(机)具、照明设备等按规定编号，定人、定责管理，粉刷或粘贴反光标志，作业时工(机)具、材料集中存放在一侧路肩上，每换一个作业点，都要随人移动。各种材料要专人管理。作业后各种工(机)具、材料、照明设备毖须全部带出高铁封闭网外，不得遗漏。

8. 铝热焊处，起道机应放在铝热焊缝以外不少于一个轨枕盒内。轨道电路地段起道机不得放在绝缘接头处，不得在绝缘接头轨面上滑行，防止轨道电路发生短路，并注意起道器把两股钢轨短路。

9. 在高架桥面作业时，防止高处坠落，在陡峭的疏散通道上运送工(机)具时注意人身安全。禁止抛掷各类工(机)具、材料，禁止从桥上、封闭网内向外抛掷弃物。

10. 无缝线路地段起道作业，要做到“一准、二清、三测、四不超、五不走”。起道量超过 30 mm 时应分次进行。轨温超过锁定轨温 20 ℃时禁止作业。

11. 电气化区段进行起道时，起道高度单股一次不得超过 30 mm，且隧道内不得超过限界尺寸线。起道量超出规定时，必须先通知接触网工区予以配合。对电气化及信号装置的连接线及轨端连接线必须保持其正常连接。

二、有砟轨道线路拨道作业

(一)作业目的

在线路养护维修中，整正线路方向不良和轨向发生的显著变化，拨正线路方向；有计划地调整线路平面上的拨正线路方向，以满足线路高可靠性、高稳定性、高平顺性，保证列车以规定速度安全、平稳和不间断地运行，确保旅客乘车舒适度。

(二)作业条件

1. 利用综合维修天窗进行作业，按规定设好防护，在《行车设备施工登记簿》(运统—46)内按当日天窗修计划所列项目、地点、时间及影响范围进行登记。

2. 有上级审批的高速铁路维修作业方案。

3. 现场作业负责人不低于班长，车间干部现场监控。

(三)作业程序

1. 作业准备

(1)作业防护：

①维修作业时(无论采用何种控制模式)，均须在调度所设驻所联络员、车站设驻站联络员、现场设现场防护员，在车站(线路所)进行登(销)记，并由车站值班员签认。利用 GSM-R

手持终端、集团网手机或对讲机联系，现场用手持双面红色警示信号灯防护。

②驻所防护员（驻站防护员）提前1 h在《行车设备检查登记簿》上登记，与调度员（车站值班员）核对、确认相关登记内容，并填记《高速铁路驻所（站）防护员手册》。

③驻调度所及车站联络员必须对上道人数、上道检查检修地点、作业内容、使用工具等在《高速铁路驻所（站）防护员手册》上逐一登记。

④调度命令下达后，驻所防护员通知驻站防护员，各驻站防护员通知各作业组现场防护员。驻所防护员接到驻站防护员通知各组进网时间后，在《高速铁路驻所（站）防护员手册》上填记。

⑤作业过程中，驻站防护员与各作业小组现场防护员应使用GSM-R手持终端或手机进行联系，当联系中断时，驻调度所（驻站）联络员应立即通知列车调度员停止向作业地点放行列车，不得办理作业销记手续；同时现场防护员立即通知作业负责人停止作业，必要时将线路恢复到准许放行列车的条件。驻所防护员要加强与驻站防护员联系，掌握每个车站各作业组作业进度情况。

⑥天窗结束前30 min驻所防护员通知驻站防护员提示现场防护员准备下道，并每10 min提示确认一次。

⑦驻所、驻站防护员分别接听各作业组现场防护员电话，逐处写现场防护员确认开通条件、人员机具下道、防护标志撤除情况，在《高速铁路驻所（站）防护员手册》记录出网时间。

⑧作业结束后，施工负责人和现场防护员必须双确认人员、机具、工具已经撤到网外，向驻站、驻所防护员报告撤离时间，驻所防护员与驻站防护员核对撤离时间无误后分别在《行车设备检查登记簿》进行双销记。

（2）作业工具材料：液压拨道器、丁字扳手（根据作业人数确定）、耙子、道镐、夯拍器，电子轨距尺、正矢绳、钢板尺、5m卷尺、轨温计、石笔、照明设备、个人防护用品。

（3）检查工具材料：对使用的工具进行检查，照明设备必须由专人负责检查照明设备的状态、电量是否充足；电子轨距尺否在检定范围；各种工具是否正常，禁止工具设备带病上道使用。工（机）具、照明设备等按规定编号，定人、定责管理，粉刷或粘贴反光标志，作业时随人移动。各种材料要专人管理。检查GSM-R手持终端、手机等通信设备状态，确保电量充足。通话试验GSM-R手持终端和手机，确认GSM-R手持终端、手机通话良好。

（4）进网作业：作业人员进网作业前，作业负责人进行点名，给出书面作业计划单、明确作业地点、作业内容、人员分工、作业标准、作业时间、安全注意事项；清点工具材料、指定工具材料负责人等，并与现场防护员相互确认，确认无误后双方在《施工（作业）携带工（料）具清点登记手册》上签字。在从有治安岗亭的方便门进网前，作业负责人需到治安岗亭进行登记签字。

现场防护员与车站联络员联系，确认综合维修天窗命令号、天窗起止时间，并向车站联络员通报作业负责人姓名、作业人数、作业地点、作业项目、使用工具材料、进出网地点（治安岗亭编号）等；待车站联络员通知可以入网作业后，在作业负责人的带领下入网作业。入网作业时现场防护员再次核对入网作业人数、工具材料。

作业负责人确认防护已到位，并接到施工命令（命令号、施工起讫时间）后，通知作业人员，上道作业。

现场防护员接到车站联络员通知后，会同作业负责人，开行轨道车到作业地点；如未开行轨道车，由作业负责人组织所有作业人员从就近作业通道（疏散通道）进入，步行前往作业点。步行前往作业点时，应在作业负责人的组织下列队沿路肩（或限界以外其他专门通道）行走。

防护负带队，作业负责人最后，直至作业地点。需汽车运输时，遵守道路交通规则，注意人身安全。

2. 现场作业

(1)现场布灯：夜间施工现场必须配备足够的照明设备，施工作业前将灯布置完毕；检查照明设备的开关、插头、电线和发电机连接正常、无破损，并要有专人看管。

(2)测量轨温：到达作业地点后首先测量轨温，确认是否符合作业轨温条件，做到超温不作业，并严格执行作业前、作业中、作业后测量轨温制度。

(3)标记作业量：按照《高速铁路维修作业方案审批表》确定的超限处所在钢轨上用石笔进行标记，标清拨道方向和拨道量，用箭头表示拨道方向，数字表示拨道量，准确划好每撬的始终点(即撬头撬尾)。

(4)复查确认：要求作业负责人对调整方案进行现场实际核对、确认，如果核对调整量与现场实际状态一致或趋势相同方可动道。如不相符，需要负责人对方案或现场数据进行分析，找出问题所在。不能找出原因的，需请示上级部门或重新安排测量，严禁作业负责人擅自动道。

(5)现场复核：用正矢绳、钢板尺逐点核对超限处所，确认无误后，用 5 m 卷尺测量两线间两内侧钢轨的非作用边的距离并加上拨道量后，将相加的数值在钢轨上做好标记，用以控制线路拨道量。

(6)拨道作业：

①首先用道镐刨松拨道方向轨枕端头的道砟，拨道量大或道床板结时，应在拨道前将轨枕头的道砟挖开一些；拨道量不大时，可用镐尖将轨枕头的道砟刨松，以减轻拨道阻力。

②扒开放置拨道器地点轨枕盒内的道砟，扒窝深度 120～130 mm，用 3 台拨道器相距 2～3孔。局部小轨向可将拨道器集中放置在一孔内拨道，防止撬位过长或反弯。

③放置拨道器，必须放置妥当，油缸与轨面夹角不大于 45°，力点要顶住钢轨底边，支点要放在扒好的石砟下边，机底要坚硬放稳。严禁放在绝缘接头处，防止轨道电路发生短路，并注意拨道器把两股钢轨短路。

④用 5 m 卷尺在两线间按已标记的拨道数据控制拨道量，留好回弹量，道床密实、拨道量小的多留，反之少留；死弯多留，漫弯少留。根据相关人员在线路上做的拨道实验，回弹量一般按 2～4 mm 预留。

⑤拨道量达到预定数值后，先将拨道组后面的拨道器先放下，并用道镐镐尖逐根轨枕头窜实，以减少回弹量；然后放下拨道组前面的拨道器，依次将线路拨正。

(7)回填道床：拨道结束后，将扒出的道砟和拨道器窝整平，将拨道后离缝的一侧轨枕头道砟埋实、整平并夯实，以保证作业质量，道床顶面轨底处应低于轨枕承轨面以下 40～50 mm，轨枕中部与轨枕顶面平齐。

(8)作业检查：拨道作业完毕，用电子轨距尺检查拨道范围内的水平、三角坑，用正矢绳、钢板尺检查方向、高低，发现超限处所应及时进行整修。由于拨道作业引起其他作业，按有关作业技术标准要求进行验收。

(9)用绳正法拨正曲线的基本要求：

①曲线两端直线轨向不良，应事先拨正；两曲线间直线段较短时，可与两曲线同时拨正。

②在外股钢轨上用钢尺丈量，每 10 m 设置 1 个测点(曲线头尾是否在测点上不限)。

③在风力较小条件下，拉绳测量每个测点的正矢，测量 3 次，取其平均值。

④按绳正法计算拨道量，计算时不宜为减少拨道量而大量调整计划正矢。

⑤曲线地段以 20 m 弦测量正矢，圆曲线内任意一点进行测量不超限，缓和曲线按现场标定的各点正矢测量不超限。

3. 作业质量回检

维修作业后，作业负责人或技术检测组对线路几何尺寸进行回检分析，线路几何尺寸应满足作业验收标准。如果满足作业验收标准就注销本次整修计划；如果没有满足作业验收标准就是整修不合格，须根据本次检查分析结果，再次下达整修计划交给维修作业人员进行整修。作业质量应达到以下作业标准：

(1)线路静态几何尺寸容许偏差管理值为轨距－2～＋2 mm、轨距变化率 1/1 500、水平 2 mm、高低 2 mm、轨向(直线)2 mm、轨向变化率 1/1 500、水平变化率 0.5‰、三角坑(扭曲 mm/3 m)2 mm，曲线拨后正矢必须符合表 4-3-1 的规定。

表 4-3-1　曲线正矢容许偏差作业验收管理值

项目	线路允许速度(km/h)	实测正矢与计算正矢差(mm)		圆曲线正矢连续差(mm)	圆曲线最大最小正矢差(mm)
		缓和曲线	圆曲线		
作业验收	200～250	2	3	4	5
	250(不含)～300	2	3	3	5

注：曲线正矢用 20 m 弦在钢轨踏面下 16 mm 处测量。

(2)直线地段 70 m 范围内，用任意弦量无大于等于 2 mm 的轨向。

(3)扣件、胶垫位置正确、无歪斜、无窜出。

(4)扒开的道床应回填平整并夯实，拨道后离缝的一侧轨枕端头石砟埋实并夯实；道床顶面轨底处应低于轨枕承轨面以下 40～50 mm，轨枕中部与轨枕顶面平齐。

(5)由于拨道作业引起其他作业，应恢复到符合各项作业标准。

4. 作业结束

作业质量回检完毕后，所有作业人员对路肩、道床、道心、枕木头、两线间等作业范围进行全面检查，确保无工(机)具、材料、道砟侵限，清点带人线路上的工(机)具、材料，确认工(机)具、材料数量与进网工具、材料数量一致，保持线路干净无障碍物，各种材料必须随人带出，不得遗漏在封闭网内，达到放行列车条件。

作业负责人带领作业人员一同出网，出网时由作业负责人与现场防护员分别清点人员、工(机)具、材料，实行汉确认，填记并在《施工(作业)携带工(料)具清点登记手册》上签字。

待人员、工(机)具全部撤离线路，确认无误后，撤除现场防护，锁闭好方便门，方可通知车站联络员在《行车设备施工登记簿》(运统—46)内销记。在从有治安岗亭的方便门出网后，作业负责人到岗亭进行销记签字。作业人员返回驻地。

车站联络员接到现场防护员通知，逐一确认所有作业单位均已销记后，办理销记手续，经列车调度员与车站值班员签认后，方可撤离。

(四)质量记录

1.《日作业计划及完成情况》、《作业质量验收评定记录》应有质量回检数据记录和作业负责人签字并存档。

2.《线路检查记录本》应标划销号日期和销号人签字。

(五)作业安全

1. 各种维修作业必须严格遵循“行车不施工，施工不行车”的原则，严格落实总公司、铁路局有关规章制度，天窗时间外不得进入高铁封闭网内及桥面。天窗时间内，检查和作业人员由封闭网门(安全通道)进入，不得擅自翻越防护封闭网上道。

2. 进入封闭网作业必须有调度命令，必须设驻调度所及车站联络员、现场防护员，车站联络员、现场防护员必须随时保持通信畅通，确认通信良好。一旦通信中断，作业负责人应立即命令所有检查、作业人员下道。多组集中作业时要增设防护员。

3. 各单位应根据天窗修计划安排，结合现场实际情况，制订安全预想措施，严格掌握和控制天窗修作业项目。有两个及以上工区作业的项目，现场须有车间干部监控。

4. 作业负责人和现场防护员共同对现场作业过程中的安全质量进行监控，所有的作业项目必须按规定设置安全防护。

5. 进出网时，实行作业负责人、现场防护员双签认制度。在封闭网作业门前列队，由作业负责人清点人数，逐一对工(机具、材料进行登记，指定工(机)具材料携带负责人，现场防护员核实签认。重点强调安全注意事项。所有夜间维修作业工具必须贴有反光带并且编号，并落实到使用人。进网作业人员必须穿带有两条反光带标志的防护服。

6. 封锁前，作业人员及现场防护员全部在网外等候。封锁后，方可打开作业门。作业方便门由作业负责人或现场防护员负责，进出网锁门时应确认锁头状态，确认锁头锁好后，人员方可离开。作业人员往返作业现场，要求集体出发、集体返回。作业人员不得过于分散，前后距离不得过长，作业群体前后长不得超过 50 m，确保作业人员均在作业负责人和防护员监控范围内，作业过程中严禁单人离开作业群体。

7. 工(机)具、照明设备等按规定编号，定人、定责管理，粉刷或粘贴反光标志，作业时工(机)具、材料集中存放在一侧路肩上，每换一个作业点，都要随人移动。各种材料要专人管理。作业后各种工(机)具、材料、照明设备必须全部带出高铁封闭网外，不得遗漏。

8. 铝热焊处，拨道机应放在铝热焊缝以外不少于一个轨枕盒内。轨道电路地段拨道机不得放在绝缘接头处，不得在绝缘接头轨面上滑行，防止轨道电路发生短路，并注意拨道器把短路两股钢轨。

9. 在高架桥面作业时，防止高处坠落，在陡峭的疏散通道上运送工(机)具时注意人身安全。禁止抛掷各类工(机)具、材料，禁止从桥上、封闭网内向外抛掷弃物。

10. 在无缝线路地段拨道时，严格执行“一准、二清、三测、四不超、五不走”制度，并不得在铝热焊缝、绝缘接头处拨道。

11. 电气化区段线路拨道作业时，线路中心位移范围不得超过 30 mm，桥梁上要满足线路中心与桥梁中心的偏差，确需超出此标准时，应提前通知接触网工区，必要时，与供电部门协同施工，拨道与调整接触网导线同时进行。

三、有砟轨道改道作业

(一)作业目的

改正混凝土枕地段超限或接近超限的轨距及轨距变化率；改正轨道上出现的小方向或配合拨道改正线路小弯。改道作业同时整修、更换失效或不良的线路扣件，消除离缝及位置不正确的扣件。提高轨距和扣件的质量，以满足线路高可靠性、高稳定性、高平顺性，保证列车以规定速度安全、平稳和不间断地运行，确保旅客乘车舒适度。

(二)作业条件

1. 利用综合维修天窗进行作业，按规定设好防护，在《行车设备施工登记簿》(运统—46)

内按当日天窗修计划所列项目、地点、时间及影响范围进行登记。

2. 有上级审批的高速铁路维修作业方案。

3. 现场作业负责人不低于班长，车间干部现场监控。

(三)作业程序

1. 作业准备

(1)作业防护：

①维修作业时(无论采用何种控制模式)，均须在调度所设驻所联络员、车站设驻站联络员、现场设现场防护员，在车站(线路所)进行登(销)记，并由车站值班员签认。利用 GSM-R 手持终端、集团网手机或对讲机联系，现场用手持双面红色警示信号灯防护。

②驻所防护员(驻站防护员)提前 1 h 在《行车设备检查登记簿》上登记，与调度员(车站值班员)核对、确认相关登记内容，并填记《高速铁路驻所(站)防护员手册》。

③驻调度所及车站联络员必须对上道人数、上道检查检修地点、作业内容、使用工具等在《高速铁路驻所(站)防护员手册》上逐一登记。

④调度命令下达后，驻所防护员通知驻站防护员，各驻站防护员通知各作业组现场防护员。驻所防护员接到驻站防护员通知各组进网时间后，在《高速铁路驻所(站)防护员手册》上填记。

⑤作业过程中，驻站防护员与各作业小组现场防护员应使用 GSM-R 手持终端或手机进行联系，当联系中断时，驻调度所(驻站)联络员应立即通知列车调度员停止向作业地点放行列车，不得办理作业销记手续；同时现场防护员立即通知作业负责人停止作业，必要时将线路恢复到准许放行列车的条件。驻所防护员要加强与驻站防护员联系，掌握每个车站各作业组作业进度情况。

⑥天窗结束前 30 min 驻所防护员通知驻站防护员提示现场防护员准备下道，并每 10 min 提示确认一次。

⑦驻所、驻站防护员分别接听各作业组现场防护员电话，逐处写现场防护员确认开通条件、人员机具下道、防护标志撤除情况，在《高速铁路驻所(站)防护员手册》记录出网时间。

⑧作业结束后，施工负责人和现场防护员必须双确认人员、机具、工具已经撤到网外，向驻站、驻所防护员报告撤离时间，驻所防护员与驻站防护员核对撤离时间无误后分别在《行车设备检查登记簿》进行双销记。

(2)作业工具材料：电子轨距尺、正矢绳、钢板尺、内燃扳手、丁字扳手(根据作业人数确定)、扭力扳乎、改道器、轨距挡板、尼龙座、长效油脂、刷子、轨温计、石笔、照明设备、个人防护用品。

(3)检查工具材料：对使用的工具进行检查，照明设备必须由专人负责检查照明设备的状态、电量是否充足；电子轨距尺是否在检定范围；内燃扳手油箱内燃油是否充足，并启动发动机进行试运转，检查机器各部运转是否正常，发现故障及时处理，准备足够的燃油；检查各种工具是否正常，禁止工具设备带病上道使用。工(机)具、照明设备等按规定编号，定人、定责管理，粉刷或粘贴反光标志，作业时随人移动。各种材料要专人管理。检查 GSM-R 手持终端、手机等通信设备状态，确保电量充足。通话试验 GSM-R 手持终端和手机，确认 GSM-R 手持终端、手机通话良好。

(4)进网作业：作业人员进网作业前，作业负责人进行点名，给出书面作业计划单、明确作业地点、作业内容、人员分工、作业标准、作业时间、安全注意事项；清点工具材料、指定工具材料负责人等，并与现场防护员相互确认，确认无误后双方在《施工（作业）携带工（料）具清点登记手册》上签字。在从有治安岗亭的方便门进网前，作业负责人到治安岗亭进行登记签字。

现场防护员与驻调度所及车站联络员联系，确认综合维修天窗命令号、天窗起止时间，并向驻调度所及车站联络员通报作业负责人姓名、作业人数、作业地点、作业项目、使用工具材料、进出网地点（治安岗亭编号）等；待 车站联络员通知可以入网作业后，在作业负责人的带领下入网作业。入网作业时现场防护员再次核对入网作业人数、工具材料。

作业负责人确认防护已到位，并接到施工命令（命令号、施工起讫时间）后，通知作业人员，上道作业。

现场防护员接到驻调度所及车站联络员通知后，会同作业负责人，开行轨道车到作业地点；如未开行轨道车，由作业负责人组织所有作韭人员从就近作业通道（疏散通道）进入，步行前往作业点。步行前往作业点时，应在作业负责人的组织下列队沿路肩（或限界以外其他专门通道）行走。防护员带队，作业负责人最后，直至作业地点。在线路上推行内燃扳手必须按规定进行防护。需汽车运输时，遵守道路交通规则，注意人身安全。

2. 现场作业

（1）现场布灯：夜间施工现场必须配备足够的照明设备，施工作业前将灯布置完毕；检查照明设备的开关、插头、电线和发电机连接正常、无破损，并要有专人看管。

（2）测量轨温：到达作业地点后首先测量轨温，确认是否符合作业轨温条件，做到超温不作业，并严格执行作业前、作业中、作业后测量轨温制度。

（3）标记作业量：按照《高速铁路维修作业方案审批表》确定的超限处所用电子轨距尺进行核查，并在钢轨上用石笔进行标记，标清改道方向和改道量以及所需材料规格、数量，用箭头表示改道方向，数字表示改道量及需要调整的轨距挡板或尼龙座规格型号。轨向的检测调整，直线地段用不短于 20 m 长的弦（垫墩）对轨向进行检测，要求弦线绷紧，一根枕一量，读数要求准确并将数据标注在外侧钢轨轨底上，以便核财确认。测量放弦位置要保证垫墩附近 4～5 根轨枕处读数与垫墩值相等，防止放在“撬”内，弦与弦之间保证重叠 5～10 m，避免出现“折角”，杜绝轨向“突变”。曲线地段要以曲线上股为方向基准股，用 20 m 弦测量正矢，圆曲线内 1 米 1 点进行测量不超限，缓和曲线按现场标定的各点正矢测量不超限。

（4）复查确认：要求作业负责人对调整方案进行现场实际核对、确认，如果核对调整量与现场实际状态一致或趋势相同方可动道；如不相符，需要负责人对方案或现场数据进行分析，找出问题所在；不能找出原因的，需请示上级部门或重新安排测量，严禁作业负责人擅自动道。

（5）改道作业：

①改正基准股小方向：首先松开轨枕螺栓，连续松动或卸下扣件长度一般不超过 5 m；然后调整标准股轨距挡板。

向外改时，首先加大内侧轨距挡板号码（绝缘轨距块），相应减小外侧轨距挡板号码（绝缘轨距块），然后除锈、涂油并拧紧内侧轨枕螺栓。改道负责人用 20 m 弦测量轨向，改道人员用改道器将钢轨向外侧移动至轨向顺直后，拧紧外侧扣件，并同时复紧内测扣件。

向内改时，首先应减小内侧轨距挡板号码（绝缘轨距块），相应加大外侧轨距挡板号码（绝缘轨距块），然后除锈、涂油并拧紧外侧轨枕螺栓。改道负责人用 10 m 弦测或轨道卡尺测量，改道人员用改道器将钢轨向内侧移动至轨向顺直后，拧紧内侧扣件，并同时复紧外测扣件。

若遇胶垫破损、歪斜、窜出时，应先调换整正；当轨枕中心位置不对时，应先安排窜动轨枕；

如调整轨距挡板号码仍无法改正轨向时，也可窜动轨枕，然后整正离缝轨距挡板、弹条，螺栓涂油后拧紧，使扭力矩达到标准即可。使用内燃扳手不能过拧。绝缘接头处轨距挡板不得顶靠夹板，以防联电。

②改正轨距、轨距变化率：相同轨距地段不短于 100 m，过渡区段变化率不大于 0.6‰，轨距变化不能正负交替。直线地段先确定方向良好的一股为基准股，使用弦线、电子轨距尺结合方向将基准股改顺，用道尺逐根轨枕测量，然后进行改正。曲线地段以曲线上股为基准股，用道尺逐根轨枕测量，然后按轨距进行改正。注意改轨距时要始终使用同一把道尺。改后地段的轨距挡板(轨距块)必须与轨底密贴挤严，轨距挡板与轨枕挡肩靠严。改正轨距、轨距变化率时首先松开轨枕螺栓，连续松开或卸下扣件长度一般不超过 5 m；然后调整和调换轨距挡板(轨距块)。

向外改时，首先加大内侧轨距挡板号码(绝缘轨距块)，相应减少外侧轨距挡板号码(绝缘轨距块)，然后除锈、涂油并拧紧内侧轨枕螺栓。由改道负责人用道尺测量轨距，改道人员用改道器移动钢轨直至轨距或轨距顺坡率符合要求。

向内改时，首先减小内侧轨距挡板号码(绝缘轨距块)，相应加大外侧轨距挡板号码(绝缘轨距块)，然后除锈、涂油并拧紧外侧轨枕螺栓。由改道负责人用道尺测量轨距，改道人员用改道器移动钢轨直至轨距或轨距顺坡率符合要求。

若遇胶垫破损、歪斜、窜出时，应先调换整正；然后整正离缝轨距挡板、弹条，螺栓涂油后拧紧。

结合改道作业，应对改道地点前后的伤损、歪斜的胶垫、弹条更换整正。

注意：改道作业禁止用锤击或其他工具撞击钢轨的方法进行改道，必须使用改道器进行改道作业。

(6)拧紧扣件螺栓：拧紧扣件螺栓，使扭力矩达到标准，使用内燃扳手不能过拧。绝缘接头处轨距挡板不得顶靠夹板，以防联电。

(7)返修复拧：作业完毕，应回检轨距或轨距顺坡率及扣件状态，返修失格扣件。若用 T 形扳手拧紧，应在当天下班前复拧一遍螺栓。改后地段的轨距挡板必须与轨底及挡板座密贴挤严，挡板座与轨枕挡肩靠严。

(8)改道作业注意以下事项：

①要遵循“少动、慎动、找准问题再动”的原则。也就是说，在线路的病害整治时，能不动的地方尽量不动，需要整治的处所，一定要先进行轨道测量仪数据上的分析，并结合电子轨距尺、正矢绳、钢板尺、找准具体的位置，以及轨向、轨距超限的具体数值，再进行轨距挡板、尼龙座的更换，切忌仅凭经验，盲目动手。

②作业过程中要灵活变通，不能死扣数据。在轨向、轨距的调节过程中，要做到“正矢绳不离钢轨、电子轨距尺不离手”，即在调整方向时，至始至终要有人测量正矢绳所拉数据；调整轨距时，要边调整边测量，切忌只以测量数据为基准。

(9)调整轨距时扣件的配置：

①Ⅳ型弹条扣件轨距配置：

a. 检查轨距，如有不适，须用专用工具(同安装工具)将弹条卸下。

b. 根据所检查的轨距调整量，对照图 4-3-1 和表 4-3-2 更换不同号码的轨距块。绝缘轨距块(以下简称轨距块)分两种，即一般地段使用的轨距块 G4 和钢轨接头处使用的轨距块 G4J，每种轨距块又各有 7 个规格，即 7 号、8 号、9 号、10 号、11 号、12 号和 13 号。标准轨距时采用 9 号和 11 号。除 7 号、8 号和 9 号接头轨距块为非黑色外，其他轨距块均为黑色。表列绝缘轨距块号码系正常情况下的配置，若因各部件制造偏差，安设表列号码的绝缘轨距块不合轨距要求时，可根据实际情况予以调换，如图 4-3-2 所示。

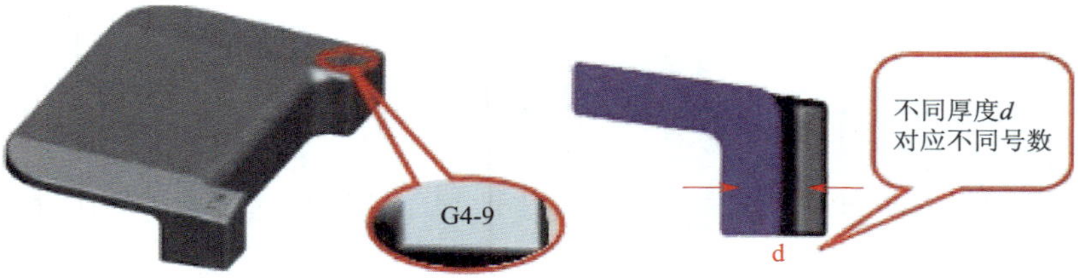

图 4-3-1　9 号轨距块

表 4-3-2　弹条Ⅳ型扣件不同轨距时绝缘轨距块号码配置(mm)

轨距调整量	左股钢轨		右股钢轨	
	外侧 a	内侧 b	内侧 c	外侧 d
−8	13	7	7	13
−7	12	8	7	13
−6	12	8	8	12
−5	11	9	8	12
−4	11	9	9	11
−3	10	10	9	11
−2	10	10	10	10
−1	9	11	10	10
0	9	11	11	9
+1	8	12	11	9
+2	8	12	12	8
+3	7	13	12	8
+4	7	13	13	7

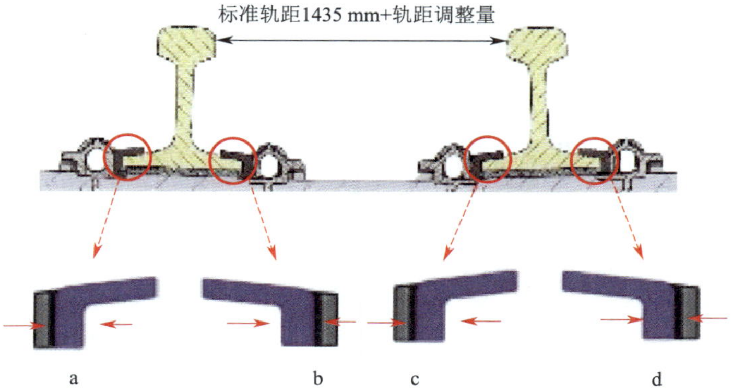

图 4-3-2　弹条Ⅳ型扣件绝缘轨距块位置

c. 安设绝缘轨距块不得用锤或其他工具猛烈敲击使其入位。绝缘轨距块与钢轨和预埋铁座间缝隙较大时，通过更换不同号码绝缘轨距块的方式进行调整，钢轨与绝缘轨距块、绝缘轨距块与预埋铁座间缝隙之和不应大于 1 mm。

d. 轨距改正后上紧弹条，扣压力不应小于 9 kN(夹板位置弹条除外)。

②Ⅴ型弹条扣件轨距配置：

a. 松掉螺旋道钉，取出平垫圈、弹条和轨距挡板。

b. 清除轨枕平台污垢，防止杂物掉入预埋套管内。

c. 按图 4-3-3 和表 4-3-3 的规定安装轨距挡板。表中所列轨距挡板号码系正常情况下的配合；如因轨枕、钢轨及扣件制造偏差，所用号码配置不合轨距要求时，可根据实际情况予以调整。

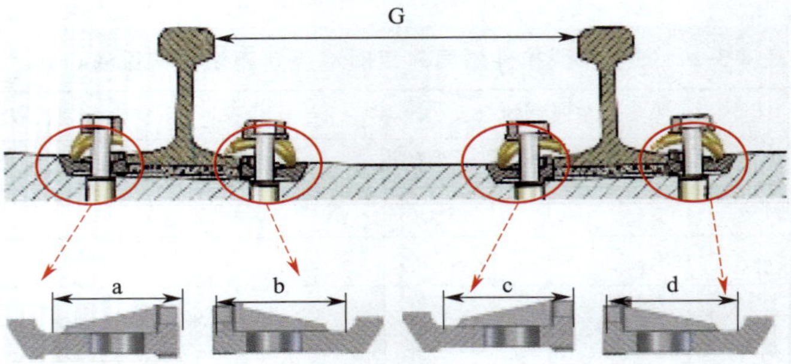

图 4-3-3 Ⅴ型扣件轨距挡板位置

表 4-3-3 弹条Ⅴ型扣件不同轨距时轨距挡板号码配置(mm)

轨距调整量	左股钢轨		右股钢轨	
	外侧 a	内侧 b	内侧 c	外侧 d
−8	8	2	2	8
−7	7	3	2	8
−6	7	3	3	7
−5	6	4	3	7
−4	6	4	4	6
−3	5	5	4	6
−2	5	5	5	5
−1	4	6	5	5
0	4	6	6	4
+1	3	7	6	4
+2	3	7	7	3
+3	2	8	7	3
+4	2	8	8	2

d. 安装弹条、平垫圈、螺旋道钉，使弹条中部前端下颏与轨距挡板接触或使扭力矩保持在 80～150 N·m。

③FC 型弹条扣件轨距配置：

a. 检查轨距，如有不适，须用专用拆卸工具将弹条退至“轨距挡块更换”位。

b. 根据所检查的轨距调整量，对照表 4-3-4 更换不同厚度的轨距块。

表 4-3-4　弹条 FC 型扣件不同轨距时轨距块号码配置(mm)

轨距调整量	左股钢轨		右股钢轨	
	外　侧	内　侧	内　侧	外　侧
−8	14	7	7	14
−7	13	8	7	14
−6	13	8	8	13
−5	12	9	8	13
−4	12	9	9	12
−3	11	10	9	12
−2	11	10	10	11
−1	10	11	10	11
0	10	11	11	10
+1	9	12	11	10
+2	9	12	12	9
+3	8	13	12	9
+4	8	13	13	8
+5	7	14	13	8
+6	7	14	14	7
+7	6	15	14	7
+8	6	15	15	6

c. 绝缘轨距块与钢轨和预埋铁座间缝隙较大时，通过更换不同号码绝缘轨距块的方式进行调整，钢轨与绝缘轨距块、绝缘轨距块与预埋铁座间缝隙之和不应大于 1 mm。安设绝缘轨距块不得用锤或其他工具猛烈敲击使其入位。

d. 应采用专用工具安装弹条。安装时，将安装工具前爪钩抓住预埋底座上前方位置，用力拉动手柄，直到将弹条彻底顶进。完全安装到位的弹条，两侧的底脚应顶住轨底侧面的绝缘轨距块，扣压力不应小于 9kN(小阻力弹条不应小于 3 kN)。

(10)维修作业后，作业负责人或技术检测组对线路几何尺寸进行回检分析，线路几何尺寸应满足作业验收标准。如果满足作业验收标准就注销本次整修计划；如果没有满足作业验收标准就是整修不合格，须根据本次检查分析结果，再次下达整修计划交给维修作业人员进行整修。

3. 作业质量标准

(1)线路静态几何尺寸容许偏差管理值为轨距 −2～+2 mm、轨距变化率 1/1 500、轨向(10 m 弦量)2 mm、轨向递变率(两根轨枕之间)0.3‰。

(2)曲线保持圆顺,不得出现正矢"+""-"交替。曲线地段用 20 m 弦测量正矢,圆曲线内1米1点进行测量不超限,缓和曲线按现场标定的各点正矢测量不超限。圆曲线地段计算正矢与现场正矢差不得大于 2 mm,连续正矢差不得大于 2 mm,缓和曲线内计算正矢与现场正矢差不得大于 2 mm。

(3)扣件应经常保持零件齐全,位置正确,作用良好,缺少时应及时补充。安装应符合扣件组装标准,弹条扣件扭矩达标。弹条扣件的弹条中部前端下颚应靠贴轨距挡板(离缝不大于 1 mm)或扭矩应保持在 80~150 N·m。

(4)各种型号的扣件不得混用,应注意顺坡。

(5)作业地段涂油,扣件"三不密"状态不超过 0.5 mm。

(6)由于改道作业引起其他作业,应恢复到符合各项作业标准。

4. 作业结束

作业质量回检完毕后,所有作业人员对路肩、道床、道心、枕木头、两线间等作业范围进行全面检查,确保无工(机)具、材料、道砟侵限,清点带入线路上的工(机)具、材料,确认工(机)具、材料数量与进网工具、材料数量一致,保持线路干净无障碍物,各种材料必须随人带出,不得遗漏在封闭网内,达到放行列车条件。

作业负责人带领作业人员一同出网,出网时由作业负责人与现场防护员分别清点人员、工(机)具、材料,实行双确认,填记并在《施工(作业)携带工(料)具清点登记手册》上签字。

待人员、工(机)具全部撤离线路,确认无误后,撤除现场防护,锁闭好方便门,方可通知驻调度所及车站联络员在《行车设备施工登记簿》(运统—46)内销记。在从有治安岗亭的方便门出网后,作业负责人到岗亭进行销记签字。作业人员返回驻地。

驻调度所及车站联络员接到现场防护员通知,逐一确认所有作业单位均已销记后,办理销记手续,经列车调度员与车站值班员签认后,方可撤离。

(四)质量记录

1.《日作业计划及完成情况》、《作业质量验收评定记录》应有质量回检数据记录和作业负责人签字并存档。

2.《线路检查记录本》应标划销号日期和销号人签字。

(五)作业安全

1. 各种维修作业必须严格遵循"行车不施工,施工不行车"的原则,严格落实总公司、铁路局有关规章制度,天窗时间外不得进入高铁封闭网内及桥面。天窗时间内,检查和作业人员由封闭网门(安全通道)进入,不得擅自翻越防护封闭网上道。

2. 进入封闭网作业必须有调度命令,必须设驻调度所及车站联络员、现场防护员,车站联络员、现场防护员必须随时保持通信畅通,确认通信良好。一旦通信中断,作业负责人应立即命令所有检查、作业人员下道。多组集中作业时要增设防护员。

3. 各单位应根据天窗修计划安排,结合现场实际情况,制订安全预防措施,严格掌握和控制天窗修作业项目。有两个及以上工区作业的项目,现场须有车间干部监控。

4. 作业负责人和现场防护员共同对现场作业过程中的安全质量进行监控,所有的作业项目必须按规定设置安全防护。

5. 进出网时,实行作业负责人、现场防护员双签认制度。在封闭网作业门前列队,由作业负责人清点人数,逐一对工(机)具、材料进行登记,指定工(机)具材料携带负责人,现场防护员核实签认。重点强调安全注意事项。所有夜间维修作业工具必须贴有反光带并且编号,并落实到使用人。进网作业人员必须穿带有两条反光带标志的防护服。

6. 封锁前，作业人员及现场防护员全部在网外等候。封锁后，方可打开作业门。作业方便门由作业负责人或现场防护员负责，进出网锁门时应确认锁头状态，确认锁头锁好后，人员方可离开。作业人员往返作业现场，要求集体出发、集体返回。作业人员不得过于分散，前后距离不得过长，作业群体前后长不得超过 50 m，确保作业人员均在作业负责人和防护员监控范围内，作业过程中严禁单人离开作业群体。

7. 工(机)具、照明设备等按规定编号，定人、定责管理，粉刷或粘贴反光标志，作业时工(机)具、材料集中存放在一侧路肩上，每换一个作业点，都要随人移动。各种材料要专人管理。作业后各种工(机)具、材料、照明设备必须全部带出高铁封闭网外，不得遗漏。

8. 在高架桥面作业时，防止高处坠落，在陡峭的疏散通道上运送工、机具时注意人身安全。禁止抛掷各类工(机)具、材料，禁止从桥上、封闭网内向外抛掷弃物。

思 考 题

1. 曲线地段起道时，起道机如何放置？
2. 在现场进行起道作业前应做好哪些准备工作？
3. 曲线地段如何起道？
4. 起道作业完毕后，对道床状态有何要求？
5. 用绳正法拨正曲线的基本要求有哪些？
6. 曲线正矢容许偏差作业验收管理值是如何规定的？
7. V型弹条扣件改道应如何调整？
8. 简述V型弹条扣件改正轨距的主要作业步骤。
9. 改正轨距后的作业质量要求有哪些？

第四节　无缝线路养护维修作业

一、无缝线路特点

高速铁路采用跨区间无缝线路，最大限度地减少了钢轨接头，并取消了缓冲区，线路平顺性好，整体强度高，防爬能力强，钢轨纵向力分布均匀，可保证轨道结构的高平顺性及高稳定性，实现高速列车的平稳安全运行。跨区间无缝线路是在完善了长大桥上无缝线路、高强度胶接绝缘接头、无缝道岔等多项技术以后，把闭塞区间的绝缘接头乃至整区间甚至几个区间(包括道岔、桥梁、隧道等)都焊接(或胶接、冻结)在一起，取消缓冲区的无缝线路，如图 4-4-1 所示。

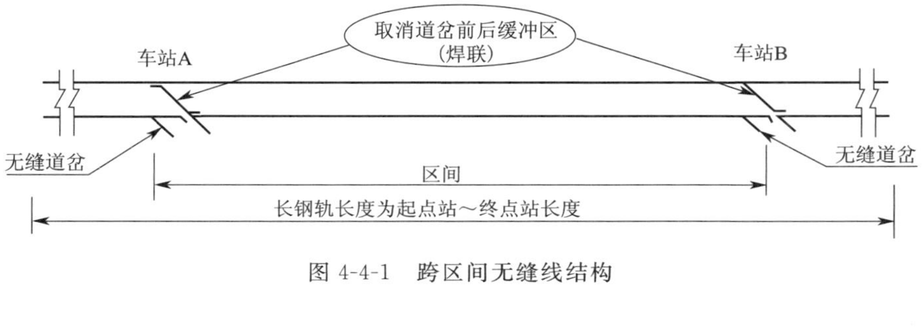

图 4-4-1　跨区间无缝线结构

二、无缝线路养护维修基本要求

1. 设备管理维修单位必须全面掌握管内无缝线路技术资料，绘制无缝线路铺设及日常大维修、无缝线路应力调整等技术图表，编制并填写无缝线路铺设情况表，并及时将上述资料下发至各有关车间、工区，存档备查。

2. 图表按单元轨节绘制，标明每个单元轨节的缓冲区长度、起讫里程、铺设时状况、锁定轨温、位移观测桩位置、线路平面资料、换轨大修、应力调整、插短轨等。

3. 无缝线路应力放散资料必须齐全，应包括放散的时间、起讫里程、放散原因、原锁定温度、计划放散量、计划锁定温度、当日钢轨温度、实际放散量、实际锁定温度等。

4. 设备管理维护单位的无缝线路断轨资料记录必须齐全，包括断轨时间、断轨里程、断轨位置、锁定温度、断缝大小、插入短轨时间、短轨长度、插入短轨时轨温、现场标尺长度、何时进行再焊、再焊后的锁定温度等。

5. 对无缝线路、道岔及调节器钢轨纵向位移每季度全面观测一次，按表 4-4-1～表 4-4-3 记录观测结果。对需进行应力放散和调整的区段应分析原因，及时处理。

表 4-4-1 无缝线路钢轨位移观测记录

_____线_____行_______至_____区间，K_____＋_______至 K_______＋_______，铺设日期_______________，

锁定轨温_______℃

观测日期	观测人	观测时间	观测轨温（℃）	位移量（mm）														原因分析
				1		2		3		4		5		6		7		
				左	右	左	右	左	右	左	右	左	右	左	右	左	右	

注：① 左右股以顺行车方向划分；

② 顺行车方向纵向位移为“＋”、逆行车方向纵向位移为“－”；

③ 当纵向位移超过 10 mm 时，应进行实际锁定轨温计算分析。

表 4-4-2 钢轨伸缩调节器钢轨位移观测记录

线别： 行别： 调节器里程： 调节器编号： 调节器类型：

观测日期	观测人	观测轨温（℃）	基本轨及其前部（mm）			尖轨及其后部（mm）			基本轨与尖轨相对位移（mm）	尖轨伸缩量（mm）
			基本轨前 200 m	基本轨前 50 m	基本轨前端	尖轨跟端	尖轨后 50 m	尖轨后 200 m		

注：本记录适用于单向调节器，双向调节器位移观测记录可参照本记录编制。

表 4-4-3　无缝道岔钢轨位移观测记录

线 名：　　　　　　　　站 名：

观测日期	观测人	行别	道岔编号	锁定轨温（℃）	观测轨温（℃）	岔 前（mm）				岔 头（mm）		限位器（间隔铁）（mm）		岔 尾（mm）				岔 后（mm）								两尖轨尖相错量（mm）
														直 股		曲 股		直 股				曲 股				
						左股1	右股1	左股2	右股2	左股	右股	左股	右股	左股	右股	左股	右股	左股1	右股1	左股2	右股2	左股1	右股1	左股2	右股2	

注：一般情况下，表中带 1 的表格填写岔前后 50 m 处位移，表中带 2 的表格填写岔前后 200 m 处位移。

6. 做好无缝线路钢轨位移观测，位移观测可采用仪器观测或弦线测量。累计位移量出现异常时（锁定轨温变化超过 5 ℃），工务段应及时查明原因，采取相应措施。无缝线路钢轨位移观测桩设置要求：

（1）钢轨位移观测桩必须预先埋设牢固，均匀布置，内侧应距线路中心不小于 3.1 m，桥梁地段应在固定支座上方设置。

（2）区间钢轨位移观测桩间距不应大于 500 m。

（3）道岔及其前后设置 7 对钢轨位移观测桩：岔头、限位器（或间隔铁）、岔尾（含直、曲股）、道岔前后 50 m 和 200 m 处。岔区道岔间距大于 50 m 时设一对钢轨位移观测桩。

（4）调节器及其前后设置 6 对钢轨位移观测桩：调节器两端及前后 50 m 和 200 m 处。双向调节器在中间增设 1 对。

7. 无缝线路铺设锁定后，应及时观测位移初值、并测量两桩之间无缝线路长度。宜按下述方法设置位移观测桩，并采用准直仪观测法进行位移观测。

（1）路基上在同一断面的两侧路肩设置埋设混凝土观测桩，观测桩顶部设置不锈钢照准点，线间设置永久对中点，同时在钢轨轨腰上设置观测标尺。

（2）隧道内在同一断面的两侧电缆槽边墙上设置不锈钢照准点，线间设置永久对中点，同时在钢轨轨腰上设置观测标尺。

（3）桥上在固定支座上方、同一断面的两侧防撞墙上设置不锈钢照准点，线间桥面设置永久对中点，同时在钢轨轨腰上设置观测标尺。

（4）标尺中间设零点，标尺总长度不小于 10 cm，如图 4-4-2 所示。

观测桩编号标注在标尺前方轨腰上，采用红底白字，如图 4-4-3 所示。

图 4-4-2　观测标尺示意图

图 4-4-3　观测桩编号标注示意图

8. 对位移观测结果进行锁定轨温变化计算。如图 4-4-4 所示，规定大里程方向为钢轨纵向位移正值、小里程方向则为钢轨纵向位移负值。则某次测得的 i 号桩钢轨纵向位移为：

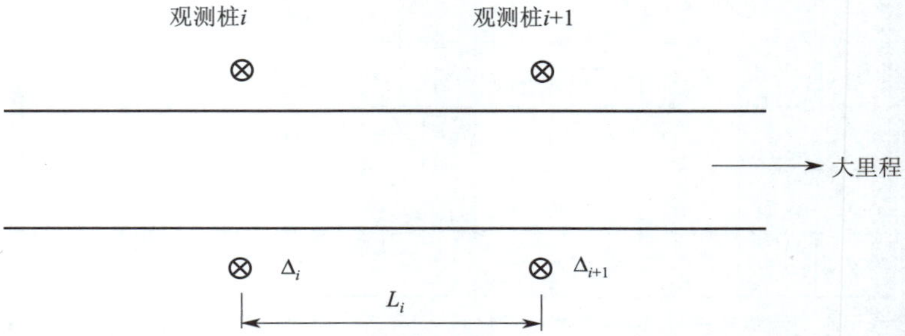

图 4-4-4　无缝线路位移观测桩位移观测

$$\Delta_i = x_i - x_{0(i)}$$

式中　Δ_i——第 i 号桩钢轨纵向位移值(mm)；

x_i——第 i 号桩某次的位移观测值(mm)；

$x_{0(i)}$——第 i 号桩的位移初值(mm)。

第 i 号桩与第 $i+1$ 号桩之间，无缝线路锁定轨温变化量为：

$$\Delta T_{s(i)} = \frac{\Delta_{i+1} - \Delta_i}{L_i \cdot \alpha}$$

式中　$\Delta T_{s(i)}$——两位移桩之间无缝线路锁定轨温变化量(℃)；

Δ_{i+1}——第 $i+1$ 号桩钢轨纵向位移值(mm)；

L_i——第 i 桩～第 $i+1$ 号桩之间无缝线路长度(mm)；

α——钢轨材料线胀系数，1.18×10^{-5}/℃。

三、无缝线路维修作业

1. 无缝线路维修管理应以一次锁定的轨条为管理单元，无缝道岔应以单组或相邻多组一次锁定的道岔及其前后 200 m 线路为管理单元。线路维修应遵循“严检慎修”的原则，尽量少动道，加强轨检车、动检车、车载仪、轨检小车检测设备综合检测分析，制订病害维修方案。

2. 无缝线路地段应根据季节特点、锁定轨温和线路状态，合理安排年维修计划。一般在气温较低的季节，安排成区段综合维修，高温季节不应安排线路综合维修和影响线路稳定的作业，如必须进行时，应有计划地先放散后作业，并适时重新做好放散和锁定线路工作。夏季气温超过 35℃时，设备管理维护单位安排有关人员进行添乘检查。

3. 无缝线路的维修作业，要准确掌握实际锁定轨温，严格执行作业前、作业中、作业后测量轨温。高速铁路无缝线路作业轨温条件见表 4-4-4～表 4-4-6。

表 4-4-4　高速铁路无砟轨道无缝线路作业轨温条件

线路平面	按实际锁定轨温计算	
	连续松开扣件不超过 6m	隔二松一、流水作业更换扣件或涂油
直线及 $R \geq 2\,000$m 曲线	+20℃ 实际锁定轨温以下不限制	+20℃ 实际锁定轨温以下不限制
$R < 2\,000$m 曲线	+15℃ −20℃	+20℃ −20℃

表 4-4-5　高速铁路有砟轨道无缝线路作业轨温条件

线路平面	作业轨温范围(按实际锁定轨温计算)		
	连续扒开道床不超过25 m，起道高度不超过30 mm，拨道量不超过 10 mm	连续扒开道床不超过50 m，起道高度不超过40 mm，拨道量不超过 20 mm	扒道床、起道、拨道与普通线路相同
直线及 $R \geq 2\,000$ m 曲线	+20 ℃ 实际锁定轨温以下不限制	+15 ℃ −20 ℃	±10 ℃
800 m $\leq R < 2\,000$ m 曲线	+15 ℃ −20 ℃	+10 ℃ −15 ℃	± 5 ℃

表 4-4-6　高速铁路有砟轨道无缝线路作业轨温条件

序号	作业项目	按实际锁定轨温计算				
		−20℃以下	−20℃～−10℃	±10℃以内	+10℃～+20℃	+20℃以上
1	改　道	与普通线路同	与普通线路同	与普通线路同	与普通线路同	禁止
2	更换扣件或涂油	隔二松一，流水作业	同左	同左	同左	禁止
3	方正轨枕	当日连续方动不超过 2 根	隔二方一，方后捣固，恢复道床逐根进行(配合起道除外)	与普通线路同	隔二方一，方后捣固，恢复道床逐根进行(配合起道除外)	禁止
4	更换轨枕	当日不连续更换	当日连续更换不超过 2 根(配合起道除外)	与普通线路同	当日连续更换不超过 2 根(配合起道除外)	禁止
5	更换钢轨	禁止	禁止	与普通线路同	禁止	禁止
6	更换道岔联结件	禁止	禁止	与普通线路同	禁止	禁止
7	不破底清筛道床	逐孔倒筛夯实	同左	同左	同左	禁止
8	处理翻浆冒泥(不超过 5 孔)	与普通线路同	同左	同在	禁止	禁止

有砟轨道还应注意做好以下各项工作：

(1)在维修地段按需要备足道砟；

(2)起道前应先拨正线路方向；

(3)起、拨道器不得安放在铝热焊缝处；

(4)扒开的道床应及时回填、夯实。

4. 无缝线路养护维修技术要求：

(1)桥上无缝线路养护维修技术要求：应按设计要求，保持扣件布置方式和扣件紧固程度，尤其应加强温度跨度大的桥上无缝线路小阻力扣件养护。在高温和低温季节，应加强温度跨度大的桥上无缝线路结构和状态检查，加强连续梁活动端或桥台附近的线路状态检查，发现问题应及时处理；温度跨度等于或大于 48 m 时，应加强梁端附近线路状态的检查。单根抽换桥枕应在实际锁定轨温＋10℃～－20℃范围内进行，作业时抬起钢轨高度不应超过60 mm。成段更换、方正桥枕等需要起道作业时，应在实际锁定轨温＋5℃～－15℃范围内进行。

(2)对大坡道地段、列车制动地段无缝线路应加强检查和锁定，防止钢轨爬行和轨向变化。

(3)应加强隧道口前后 100 m 线路检查，采取措施防止线路出现碎弯。

四、无缝道岔作业

(一)无缝道岔技术要求

1. 道岔应铺设在无缝线路固定区，正线道岔除胶接绝缘接头外，其他接头应全部焊接。

2. 无缝道岔的设计锁定轨温应与两端区间无缝线路设计锁定轨温一致，且应满足跨区间无缝线路允许温降和允许温升要求，道岔各联结件应牢固可靠。

3. 无缝道岔尖轨尖端伸缩位移、可动心轨尖端伸缩位移应满足表 4-4-7 要求，超过允许值应分析原因，并及时调整。

表 4-4-7 尖轨相对于基本轨、可动心轨相对于翼轨允许伸缩位移

道岔类型	尖轨允许伸缩位移(mm)	心轨允许伸缩位移(mm)	备注	
			锁闭机构	尖轨跟端结构
客专线系列	±40	±20	多机多点钩型外锁	限位器、间隔铁或无传力部件
CZ 系列	＋45	±30	第一牵引点拐肘外锁	无传力部件
CN 系列	±40	±20	多机多点自调式外锁	限位器

4. 应加强桥上及隧道口附近无缝道岔检查和锁定，防止碎弯和爬行。

5. 应按规定利用钢轨位移观测桩进行位移观测，及时分析锁定轨温变化及钢轨位移情况。应加强尖轨和心轨位移观测，防止转换卡阻。

6. 无缝道岔应在设计锁定轨温范围内铺设和锁定，不宜进行应力放散。

(二)养护维修要求

1. 日常保养工作中，应使调节器保持尖轨锁定、基本轨可伸缩状态，防止尖轨爬行或基本轨异常伸缩。

2. 每月检查调节器状态不少于 1 次，在高温、低温及昼夜温差大的季节加强检查。

3. 调节器联结零件螺栓扭矩应经常保持规定的数值。

4. 单向调节器应加强尖轨及其后 50～100 m 范围内钢轨的锁定；双向调节器应加强尖轨范围的锁定。基本轨后及其后 50～100 m 范围内扣件扭矩应符合规定，扣件扭矩不应超出限值。

5. 轨下垫板位置正确。

6. 定期观测基本轨伸缩量、焊缝位移并分析与气温的关系，确保基本轨伸缩正常、焊缝位置正确。

7. 调节器在铺设状态下，对基本轨、尖轨所焊联的钢轨进行张拉或顶推作业时，不得使基本轨和尖轨产生纵向移动。

8. 焊接接头应满足相关技术条件的规定。

9. 发现尖轨或基本轨肥边应及时打磨。

10. 尖轨或基本轨轨头出现擦伤应及时修复或更换。

11. 尖轨轨顶零降低值及以上断面处，尖轨顶面低于基本轨顶面时，应及时修理或更换。

12. 每半年对基本轨轨撑螺栓、尖轨轨撑螺栓涂油一次；不得对尖轨轨撑贴合面和台板顶面进行涂油或使油污落入。

五、施工作业管理

1. 无缝线路锁定轨温必须准确、均匀，有下列情况之一者，应进行应力放散或调整：

(1)实际锁定轨温不在设计锁定轨温范围以内。

(2)锁定轨温不明、不准确。

(3)两相邻单元轨节锁定轨温差超过 5 ℃，或左右股钢轨实际锁定轨温相差超过 3 ℃，或同一区间单元轨节最高、最低锁定轨温相差超过 10 ℃。

(4)铺设或维修作业方法不当，使轨条产生不正常伸缩。

(5)出现严重不均匀位移。

(6)夏季线路轨向严重不良，碎弯多。

(7)通过位移观测或测试分析，发现温度力分布严重不匀。

2. 无缝线路应力放散和调整施工前，应制订施工计划及安全措施，组织人力，备齐料具，充分作好施工准备。钢轨张拉量、放散量和锯切量宜按规定进行计算。

(1)设计锁定轨温

设计锁定轨温即长钢轨中和轨温，其根据线路的具体条件，通过轨道稳定性和强度计算确定。

① 有砟轨道

$$T_e=\frac{T_{max}+T_{min}}{2}+\frac{[\Delta T_d]-[\Delta T_u]}{2}+\Delta T_k$$

式中　T_e——设计锁定轨温；

$[\Delta T_d]$，$[\Delta T_u]$——允许温降和允许温升；

T_{max}，T_{min}——当地历史最高、最低轨温；

ΔT_k——设计锁定轨温修正值，一般取 0～5℃。

② 无砟轨道

$$T_e=\frac{T_{max}+T_{min}}{2}\pm\Delta T_k$$

(2)计算放散量

长钢轨的放散量按下列自由伸缩公式计算：

$$\Delta l=\alpha\cdot L(T_{sh}-T_{sy})$$

式中 Δl——长钢轨放散量(mm)；

α——钢轨钢线膨胀系数，$\alpha=0.0118/℃$

L——需要放散应力的长钢轨长度(m)；

T_{sh}——放散后的锁定温度(℃)

T_{sy}——原锁定轨温(℃)。

3. 计算锯轨量

$$K=\Delta l+\sum a-\sum b$$

式中 K——锯轨量(mm)；

Δl——放散量(mm)；

$\sum a$——缓冲区预留轨缝总和(mm)；

$\sum b$——缓冲区原有轨缝总和(mm)。

无缝线路应力放散及锁定采用拉伸器滚筒法或滚筒法。当施工作业时的轨温低于设计锁定轨温时，采用拉伸器滚筒法施工；当施工作业时的轨温在设计锁定轨温范围内时，采用滚筒法施工。无缝线路应力放散及锁定施工主要设备包括钢轨拉伸器、撞轨器、锯轨机、滚筒、轨温计、扭力扳手、工地钢轨焊接设备等。无缝线路应力放散及锁定施工基本工艺流程如图 4-4-5 和图 4-4-6 所示。

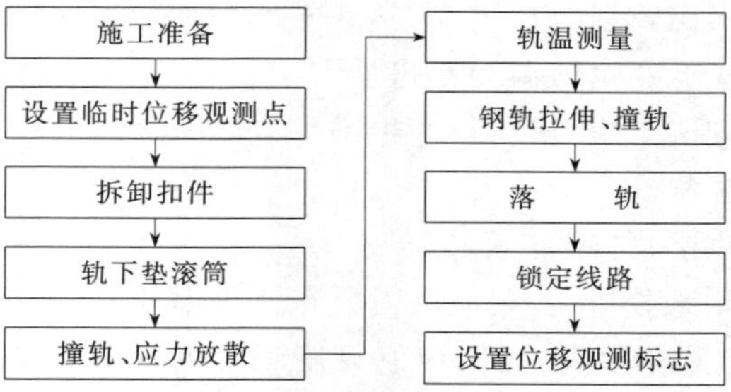

图 4-4-5 拉伸器滚筒法施工工艺流程图

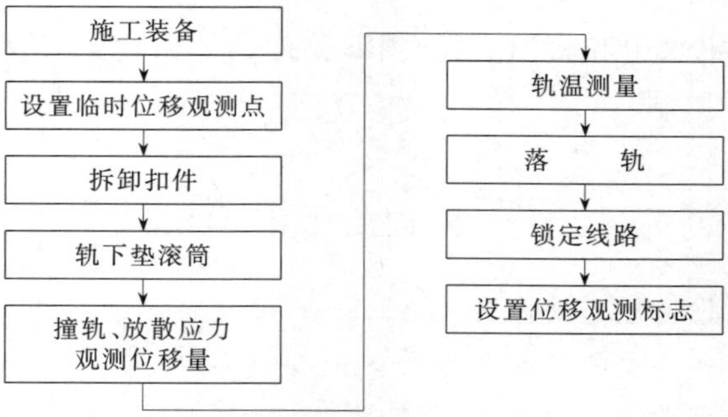

图 4-4-6 滚筒法施工工艺流程图

线路锁定前需掌握当地轨温变化规律，并根据作业区段的时间间隔，选定锁定线路的最佳施工时间。测量轨温时要对钢轨的不同位置进行多点测量，取其平均值。

拆除待放散单元轨节的全部扣件，每隔一定距离垫入一个滚筒，每隔一定距离设置一台撞轨器。放散应力时，每隔 100 m 左右设一临时位移观测点观测钢轨的位移量，及时排除影响放散的障碍，达到应力放散均匀、彻底。

在单元轨节的终端每股钢轨设置一台拉伸器拉伸钢轨，必要时撞轨，使拉伸量传递均匀。

钢轨拉伸器拉伸钢轨前，滚筒按要求垫放到位，钢轨拉伸量达到计算值后，钢轨拉伸器保压，撤出滚筒，安装扣件，锁定线路，此时的锁定作业轨温加上钢轨拉伸换算轨温为实际锁定轨温。

线路锁定后，立即在钢轨上设置纵向位移观测的“零点”标记，按规定开始观测并记录钢轨位移情况。无缝线路锁定时需准确确定并记录锁定轨温。两股钢轨宜同步锁定，线路锁定后才能撤出钢轨拉伸器。锁定日期及实际锁定轨温列入竣工资料。

3. 胀轨跑道防治和处理：

(1)当线路连续出现碎弯并有胀轨迹象时，应限制列车运行速度或封锁线路，并尽快组织处理。

(2)作业中如出现轨向、高低不良时，必须停止作业，并及时采取防胀措施。

(3)发现胀轨跑道时应立即封锁线路进行处理。

(4)胀轨跑道应急处理办法：

①方法一(首选)：立即利用氧割工具切割钢轨，释放应力，插入短轨，拨正线路方向，限速放行列车，线路稳定后，恢复正常速度运行(200 km/h 及以上区段按不大于 160 km/h 速度放行列车)，并派人看守。

②方法二：可采取浇水或喷洒液态二氧化碳等办法进行降温处理，钢轨温度降低后，拨正线路方向，限速放行列车，线路稳定后，恢复正常速度运行，并派人看守。

经以上方法进行紧急处理后，应尽快按照无缝线路锁定轨温不明安排应力放散处理，彻底消除胀轨隐患。

(5)无缝线路发生胀轨跑道时，应将胀轨跑道情况按表 4-4-8 做好记录。

表 4-4-8　无缝线路胀轨跑道情况登记表

车间：

<table>
<tr><td colspan="5">线，□上　□下行，区间：　　　至</td><td rowspan="4">胀轨跑道情况及原因：(包括胀轨跑道当天或前几天是否作业、作业量、作业轨温；锁定轨温变化情况；线路方向及设备情况，行车情况等)</td></tr>
<tr><td colspan="2">里　程</td><td></td><td>铺设日期</td><td>年　　月　　日</td></tr>
<tr><td colspan="2">轨条长度</td><td>m</td><td>施工锁定轨温</td><td>℃</td></tr>
<tr><td rowspan="6">线路特征</td><td>钢轨类型</td><td colspan="3"></td></tr>
<tr><td>轨枕类型及配置根数</td><td colspan="3"></td><td rowspan="3">处理经过：</td></tr>
<tr><td>扣件类型及拧紧程度</td><td colspan="3"></td></tr>
<tr><td>道床肩宽</td><td colspan="3"></td></tr>
<tr><td>线路平纵断面</td><td colspan="3">□直线　□曲线，R____m　□坡度，____‰</td><td rowspan="5">胀轨跑道示意图：(注明胀轨跑道后线路弯曲波长、矢度；胀轨跑道地点是否在曲线、桥梁、道口、道岔附近，且应注明相对距离)</td></tr>
<tr><td>线路状态</td><td colspan="3"></td></tr>
<tr><td colspan="5">发生胀轨跑道里程：
距长轨条始端距离：　　　m，或距终端距离　　　m</td></tr>
<tr><td colspan="5">发生胀轨跑道日期：　年　月　日，时间：　时　分
气温：℃，　　　轨温：℃</td></tr>
<tr><td colspan="5">有无造成行车事故：
中断行车：　　时　　分</td></tr>
</table>

思 考 题

1. 无缝线路钢轨位移观测桩设置要求有哪些？

2. 无缝线路应力放散资料包括哪些内容?

3. 有砟轨道无缝线路维修作业应做好哪些方面的工作?

4. 无缝线路养护维修技术要求有哪些?

5. 无缝道岔技术要求有哪些?

6. 无缝线路锁定轨温必须准确、均匀,哪些情况应进行应力放散或调整?

7. 无缝线路应力放散主要采用什么方法?

8. 发现无缝线路胀轨跑道时应如何处理?

9. 桥上无缝线路养护维修技术要求有哪些?

第五节 电气化铁路养护维修作业

一、电气化区段作业要求

1. 电气化铁路区段各单位必须组织所属有关职工(含临时到电气化铁路上工作的有关人员)认真学习《电气化铁路有关人员电气安全规则》,并按规定每年进行考试。对初到电气化铁路区段工作的有关人员(含劳务工),必须经过有关安全规定考试合格后,方准上道作业。

2. 在电气化铁路上,接触网的各导线及其相连接部件,通常带有高压电,因此禁止直接或间接地(通过任何物件,如棒条、导线、水流等)与上述设备接触。

3. 由于接触网的各导线及其他部件,通常均带有高压电。当接触网的绝缘不良时,在其支柱、支撑结构及金属结构上,在回流线与钢轨的连接点上,都可能出现高压电,故禁止直接或间接地与上述部件接触。

4. 在距接触网带电部位不到 2 m 的建筑物上作业时,接触网必须停电,并要遵照下列规定办理:

(1)施工领导人要向铁路部门提出接触网停电申请书,申请书中应明确指出施工地点、施工所需时间、施工开始时间及作业特点。对于有关计划作作业,申请书应于施工前 2 天提出。

(2)只有在接到铁路部门许可停电施工的命令,并有接触网工区指定的接触网工安设临时接地线之后,方可开始施工。施工时施工人员必须听从接触网工的指导。

(3)施工结束,要确认所有工作人员都已进入安全地点之后,方可拆除临时接地线,并通知铁路电力调度员施工已完成。在拆除临时接地线之后严禁再进行施工。

5. 发现接触网断线及其部件损坏或在接触网上挂有线头、绳索等物,均不准与之接触,要立即通知附近的铁路有关部门,在检修人员未到达以前,将该处加以防护,任何人员均应距已断导线接地处所 10 m 以外。

6. 在接触网支柱及接触网带电部分 5 m 范围以内的金属结构上均须装设接地线,天桥及跨线桥靠近跨越接触网的地方,必须设置安全栅网。

悬挂有接触网或与接触网相连的支柱及金属结构上,接地线已损坏时,禁止与之接触。

7. 所有接触网设备,自第一次受电开始,在未办理停电接地手续之前,均按有电对待。

8. 电气化区段所有接触网支柱应悬挂或涂有“禁止攀登”、“有电危险”警告牌。禁止在支柱上搭挂衣物、攀登支柱或在支柱旁休息。

9. 在接触网未停电接地时,禁止吊车的吊臂在接触网下伸臂转动。

10. 在修建靠近接触网的房屋、建筑及设备时,严禁借助铁塔支柱搭脚手架或在铁塔支柱上下。

11. 严禁作业人员跳车、钻车、扒车和由车底下、车钩上传递工具材料。休息时不准坐在钢轨、轨枕头及道床上。

12. 手持木杆、梯子等长大工具通过接触网时，必须水平通过，不准高举超过安全距离。

13. 雨天，在接触网下作业人员要穿雨衣，禁止使用雨伞。严禁在接触网支柱下、机车、车辆下避雨、触及接触网的各金属部件。

14. 接触网附近灭火方法如下：

(1)接触网附近发生火灾时，应立即向铁路有关人员报告，组织有关人员灭火，再根据火灾地点、火势和消防灭火的需要，确定接触网是否停电。

(2)用水或一般灭火器浇灭距离接触网带电部分不足 4 m 的燃烧物时，接触网必须停电，使用沙土灭火时，距离接触网带电部分 2 m 以上者，可不停电。

(3)用水浇灭距离接触网 4m 以外的燃着物时，接触网可以不停电。但是，水管不准朝接触网方向喷射，水流与接触网带电部分应保持 2 m 安全距离。

二、电气化铁路线路养护维修的特殊要求

1. 线路作业人员不但要熟悉本职业务，还必须了解供电、信号设备及其电气性能。养路工区应经常与信号工区、电力工区保持联系。

2. 养路机具、轻型车辆、轨道检查小车、道尺等均必须有与轨道电路的绝缘装置。

3. 单轨小车、吊轨小车手柄及撬棍等均应安装绝缘套管。

4. 取放工具、抬运钢轨、辙叉及金属料具，不得搭接两股钢轨及绝缘接头、引入线。

5. 养路工区要掌握各电气集中车站的轨道电路的分布和变动情况，凡进行影响轨道绝缘的任何作业，应于施工前三日向信号工区发出“施工配合通知书”，信号工区应保证按计划要求进行配合。更换钢轨、道岔及连结零部件，遇有下列情况之一时，必须先通知供电部门采取安全措施后，方准作业。

(1)更换带有回流线的钢轨。

(2)更换牵引变电所岔线和通往岔线线路的钢轨及其主要联结零部件(如夹板、辙叉等)。

(3)有接触网的线路上，在同一地点同时更换两股钢轨或夹板。

(4)更换整组道岔。

更换工作完毕，必须经供电人员检查符合供电要求后，方准撤除临时安全设施。

三、电气化铁路的线路作业

1. 起道作业

为了保证电力机车受电弓不脱开或撞击接触网导线，要求电气化铁路线路的水平和前后高低经常保持良好状态。为保持接触网导线与线路的相对位置，每年供电段应会同工务段对接触网设备的限界进行一次检查，如因换轨大修、线路中修或接触网杆塔下沉，相对位置发生变化时，双方应会同重新进行测定。

为防止电力机车的受电弓与接触网的接触点落在工作面以外，可在隧道边墙上或支柱内侧划一红色横线作为限界尺寸线，以控制起道高度和拨道移动量。红色横线位置为轨面设计标高加 30 mm 的起道预留量。横线上面标明轨面至导线的高度，下面标明隧道边墙或支柱内侧至线路中心线的水平距离和导线拉出值。起道时，轨面高度不得超过此横线，如必须超出

时，应先通知接触网工区，以便派人配合施工。

两股钢轨同时起道时，一次作业起道量不得超过 30 mm，且两股钢轨起道量相差不得超过 7 mm；一股钢轨起道时，一次作业起道量不得超过 7 mm。起道超过上述规定时，应事先通知供电部门调查确认接触网设备调整工作量并配合作业。起道作业时，隧道、下承式桁架桥和拱桥、斜拉桥不得超过限界尺寸线。

如因改建、大修需将路基或接触网支柱起高、下落或横移时，工务段和供电段应紧密配合，按批准的设计文件组织施工，竣工后应重新测定接触网设备的限界尺寸，并划好红色横线。

2. 拨道作业：线路中心位移一次不得超过 30 mm，一侧拨道量年度累计不得大于 120 mm，并不得侵入限界。拨道量超出上述规定时，应事先通知供电部门调查确认接触网设备调整工作量并配合作业。

桥梁上一侧拨道量年累计不得大于 60 mm，且应满足线路中心与桥梁中心的偏差不得大于 50 mm。

这是因为要保证电力机车受电弓与接触网导线的正常相互作用，也就是要保证直线线路中心线与接触网导线的垂直投影相吻合；如果超过规定限度，电力机车就有脱弓危险。

在车站内拨道时，还应使扼流变压器箱、轨道变压器箱，及钢轨的引接线不致损坏，信号机、电动转辙器等不致侵入规定的限界尺寸。当拨道量大并影响其他设备正常使用时，应事先与供电、电务部门联系，配合施工。遇有复杂的工程，应事先向路局提出配合施工计划，经审核同意后方可施工。

3. 捣固作业：捣固和扒道床作业时，应注意不损坏轨道电路的连接线、信号跳线、电力接地线卡、吸上线等设备。

道床应经常保持清洁、排水良好，以防止漏电。在不利的情况下，道床的绝缘电阻应不低于 1 Ω。整理道床后，应使道碴和钢轨底保持 20～30 mm 间隙。

4. 更换钢轨或夹板：

(1)在同一地点同时更换两股钢轨时，无论该地段接触网是否停电，换轨前必须在被换钢轨两端的左右轨节间横向各设一条截面不小于 70 mm^2 铜导线。在被换一股钢轨两端轨节间纵向安装一条截面不小于 70 mm^2 铜导线。导线两端用夹具牢固夹持在相邻的轨底上，如图 4-5-1所示。

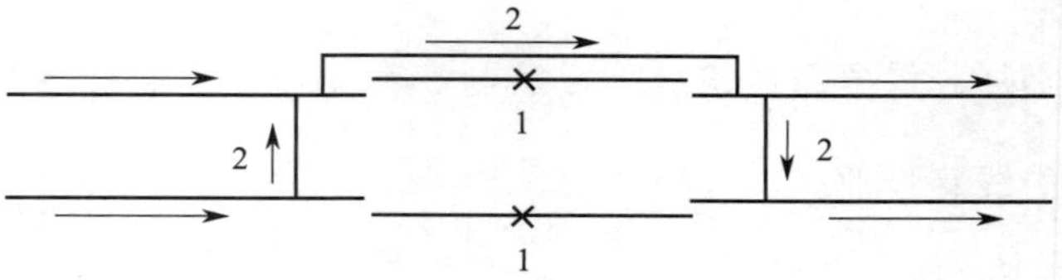

图 4-5-1

1—被更换钢轨；2—铜导线

(2)更换一股钢轨时，换轨前应在被换钢轨两端的左右轨节间横向各设一条截面不小于 70 mm^2 铜导线。导线两端用夹具牢固夹持在相邻的轨底上，如图 4-5-2 所示。

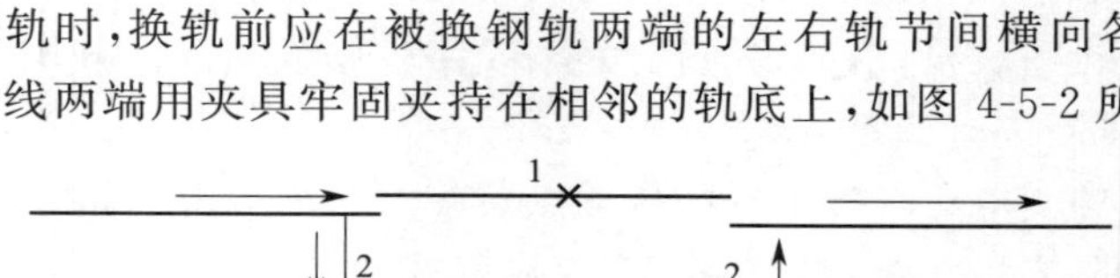

图 4-5-2

(3)更换钢轨需拆装扼流变钢轨引线时，应有电务部门配合，拆装作业由电务人员完成；未设置好分路电缆之前，不得将扼流变钢轨引线从钢轨上拆开；如扼流变吸上线需拆开时，还应有供电人员配合。

(4)在站内更换钢轨或夹板时，其钢轨导线的连接方法，必须考虑轨道电路和车站作业的要求。

5. 道岔作业：整组更换道岔作业按在同一地点同时更换两股钢轨的规定办理，施工单位还必须提前通知供电、电务等设备管理单位进行配合；更换完毕必须经供电、电务人员检查符合要求后，方准撤除临时安全设施。

6. 线路作业必须保持电气化及信号装置的接地线及轨端连接线正常连接。如需临时拆除接触网杆塔与贯通地线连接时，作业单位应在供电和电务部门配合下，采取相应的安全措施后方准开工；作业完毕后应及时恢复贯通地线可靠连接，经供电、电务部门测试合格后方准结束作业。垂直天窗，如需临时拆除与贯通地线连接的接地线时，作业单位应在电务部门配合下，采取相应的安全措施后方准开工；作业完毕后应及时恢复接地线，并经电务部门测试合格后方准结束作业。V形天窗，严禁拆除与贯通地线连接的各种接地线。

7. 线路大修及技术改造，需起道、拨道或整组更换道岔时，作业单位应先通知供电、电务等设备管理单位，设备管理单位根据起道或拨道工作业量，调查确认是否存在需要设备调整或改造，超出规定时派人到场配合和监护，并确认相关设备符合技术要求。

8. 清除危石、危树时，应有供电部门人员配合；静态检查建筑接近限界时，接触网必须停电。任何作业均不得影响接触网支柱、地锚等设施的稳定。

思考题

1. 对电气化铁路区段的职工(含临时工)有什么要求？
2. 发现接触网断线及其部件损坏或在接触网上挂有线头、绳索等物时，如何处理？
3. 简述接触网附近灭火方法。
4. 电气化区段拨道有什么要求？
5. 电气化区段在同一地点同时更换两股钢轨时如何安设导线？
6. 电气化区段更换一股钢轨时如何安设导线？
7. 电气化区段为什么一次拨道量不宜过大？

第五章　高速铁路道岔主要作业

道岔是线路的薄弱环节之一，其构造复杂，易于磨损变形，产生病害，因此必须做好道岔的日常养护维修工作，使道岔质量经常处于良好状态，尽量延长设备的使用寿命。要达到这一要求，必须按照“预防为主、防治结合、严检慎修”的原则，根据线路状态的变化规律，合理安排养护与维修，做到精确检测、全面分析、精细修理，以有效预防和整治道岔病害。

第一节　道岔精测作业

一、道岔测量

1. 道岔测量流程

道岔测量流程如图 5-1-1 所示。

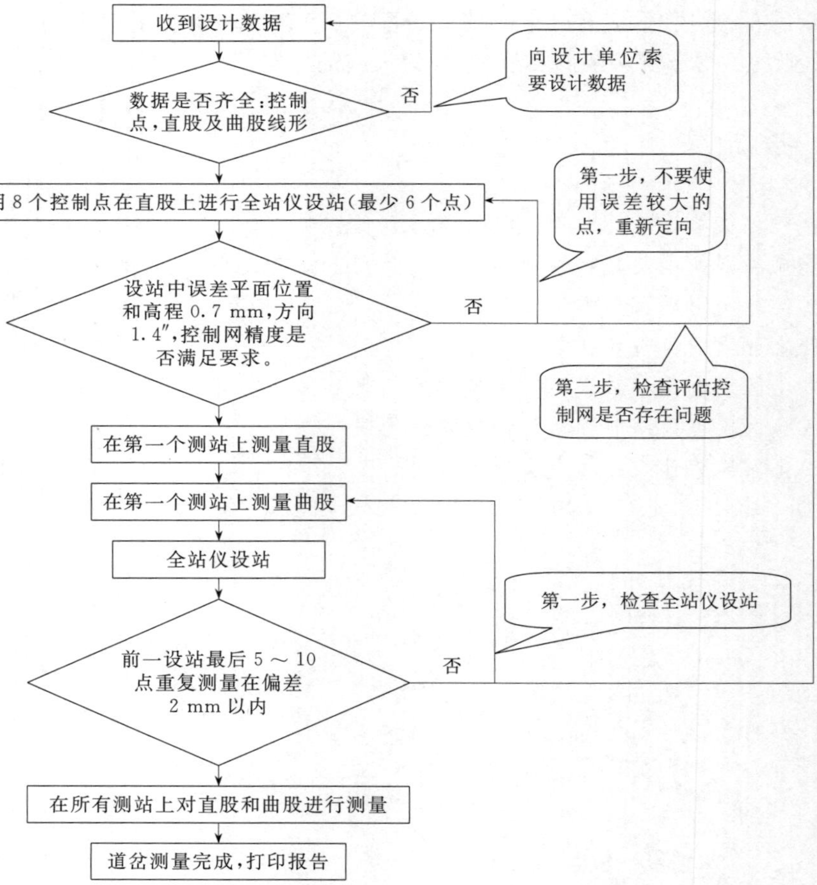

图 5-1-1　道岔测量流程

2. 道岔测量注意事项

(1)全站仪采用后方交会的方法设站，设站距离控制在 60 m 以内，30～50 m 内更佳，为了确保全站仪设站精度，建议使用 8 个后视点，如果现场条件不满足，至少应使用 6 个控制点。设站中误差为东坐标、北坐标和高程：0.7mm；方向：1.4″。

(2)恶劣条件下禁止作业(绝对测量结果无法稳定在 0.7 mm 以内)，每天测量之前都要在稳固的轨道上对超高传感器进行校准，如气温变化迅速，可再次校准。

(3)测量前必须检查尖轨、心轨密贴、顶铁间隙及轨底外侧间隙。

(4)尖轨和心轨是道岔最薄弱的环节，需首先保证其平顺性，可将尖轨作为导向轨(方向参考轨)，平面位置以主线尖轨/心轨为基准，高程以基本轨为基准。

(5)尖轨尖端存在藏尖，测量时勿轻易判定其平面位置和轨距超限，应结合 FAKOF 弦线和道尺测量结果进行控制。

(6)辙岔区应识别心轨藏尖和降低及翼轨抬高带来的测量结果异常，勿轻易判定其超限。

(7)18 号道岔测量尖轨区轨道精调小车双轮位于直尖轨一侧。

3. 测量数据分析处理

(1)道岔精调数据分析要根据采集的道岔前、后段正线数据一起分析。

(2)道岔数据分析可利用精调软件分析，模拟出道岔调整量；可通过报表生成 CSV 文件导入 Excel 进行分析和调整；可直接通过生成 PDF 文件，根据 PDF 报表进行计算分析。

(3)数据分析原理是先分析基准轨、再分析非基准轨，先整体后局部。整体分析根据 300 m长波分析，局部根据 30 m 短波分析。平面位置 基准轨根据 30 m 短波控制在 1.4 mm 以下，非基准轨通过轨距控制，相邻两承轨台轨距变化控制在 0.6 mm 以下。高程分析是先分析高程基准轨，保证 30 m 短波控制在 1.4 mm 以下；非基准轨通过超高来控制，超高控制在 1 mm以内，并确保两侧钢轨正反超高不交替出现。

(4)道岔结构特殊位置，其轨道轨距、方向应以优先直向兼顾曲向的原则单独评估。

(5)调整量计算应 遵循"保证直股，兼顾曲股；转辙器及辙叉区少动，两端线路顺接"的原则。

二、道岔检测资料分析

以京广高速铁路武广段下行咸宁北站 4～10 号道岔单元为例，根据动检车检测数据、便携添乘仪、人工感觉、精测数据，精测精调分析小组结合工作经验对其进行综合统计分析。

(一)分析思路

1. 根据实际判断高程或平面问题类别。

2. 针对问题区段查看动检车波形图，并结合人工感觉和静态测量数据，判断是否存在问题，确定问题区段里程范围。

3. 根据高程(平面)波形图问题区段进行“削峰填谷、平顺性”处理，在 DTS 软件上进行试调，并导出模拟调整量表，并综合考虑竖曲线、光带、线型及基础型式确定调整量。

4. 将模拟调整后高程(平面)与未调高程(平面)进行图表对比。效果达到预期，则完成模拟调整工作，否则重复以上流程。

5. 根据模拟调整量进行现场调整并进行动静态检测，达到整治效果形成闭环管理，并建立数据库，否则分析原因，重复以上流程直至病害消除为止。

(二)解决方案

1. 类别区分

根据实际判断高程或平面问题类别。结合动检车及人工感觉判断：建议对下行咸宁北站4～10号道岔区段平面、高程等9处进行适当调整，具体分析如下：

(1)下行咸宁北站4～10号道岔区段为咸宁北站南岔区正线道岔。

(2)精测区段范围内无变坡点，为直线上坡地段，坡度为0.3‰。

(3)精测区段为岔区，使用道岔弹条，偏心锥型号有0、2、4、6、8、10、11、12八种号码，隔垫板型号有2-930、3-930等厚度为2 mm、3 mm长度不等多种类型。岔心92～98号轨枕范围内暂不调整。尖轨调整时务必保直向通过并和电务取得联系密切配合。偏心锥取放工具准备到位，提前进行扣件系统调查，并做到密贴值良好，现场电子道尺复核后方可按精测模拟数据进行调整。

(4)精测区段范围内动检车波形图3处平面波形、4处高程波形图略显不良，共计7处。

(5)精测区段有明显人工感觉晃车现象。

综上所述，建议对下行咸宁北站4～10号道岔单元区段平面、高程等7处进行适当调整。

2. 动静态检测分析

(1)动检车里程检校

根据动检车岔区BWG轨距加宽值确定图上里程与实际里程偏差。如图5-1-2所示，已确定咸宁北站10号道岔第12根轨枕(轨距最大加宽处)图上里程K1 310＋483，实际尖轨尖里程K1310＋523，因此轨距最大加宽处实际里程为1310.523－(12－4)×0.6＝1 310.517，图上里程比实际里程少34 m。

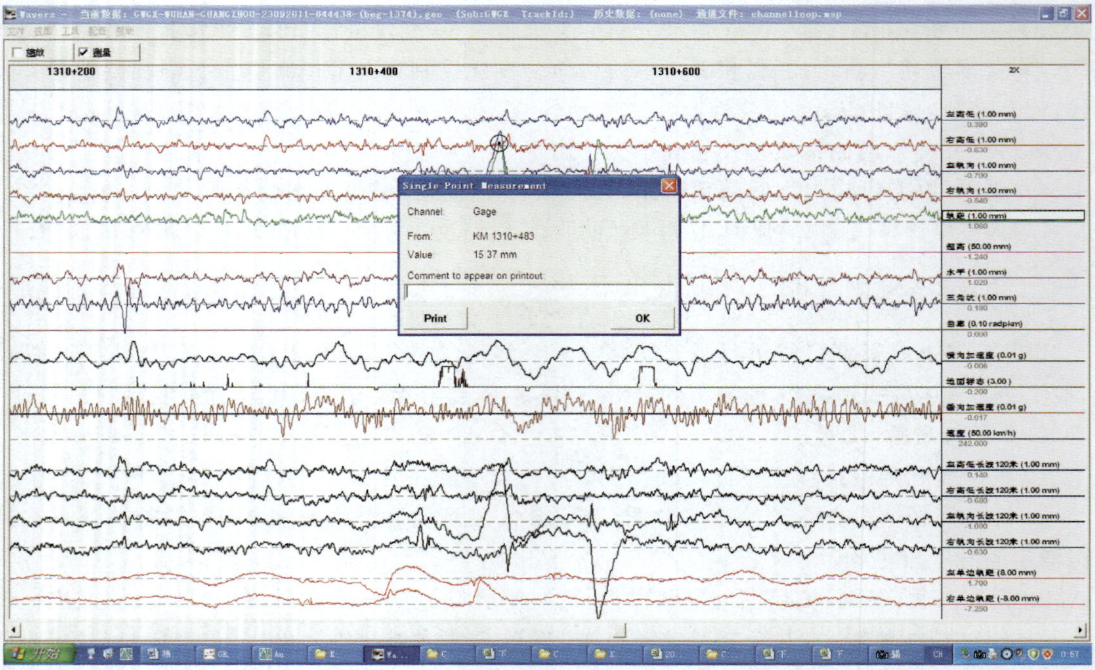

图5-1-2　动检车波形检校图

(2)动检车波形图晃车信息分析

①选取9月23日动检车波形图与8月25日历史动检车波形图进行对比分析，经过对比，9月23日和8月25日动检车波形图吻合良好。

②如图5-1-3、图5-1-4所示，具体分析如下(均已转化为实际里程)：

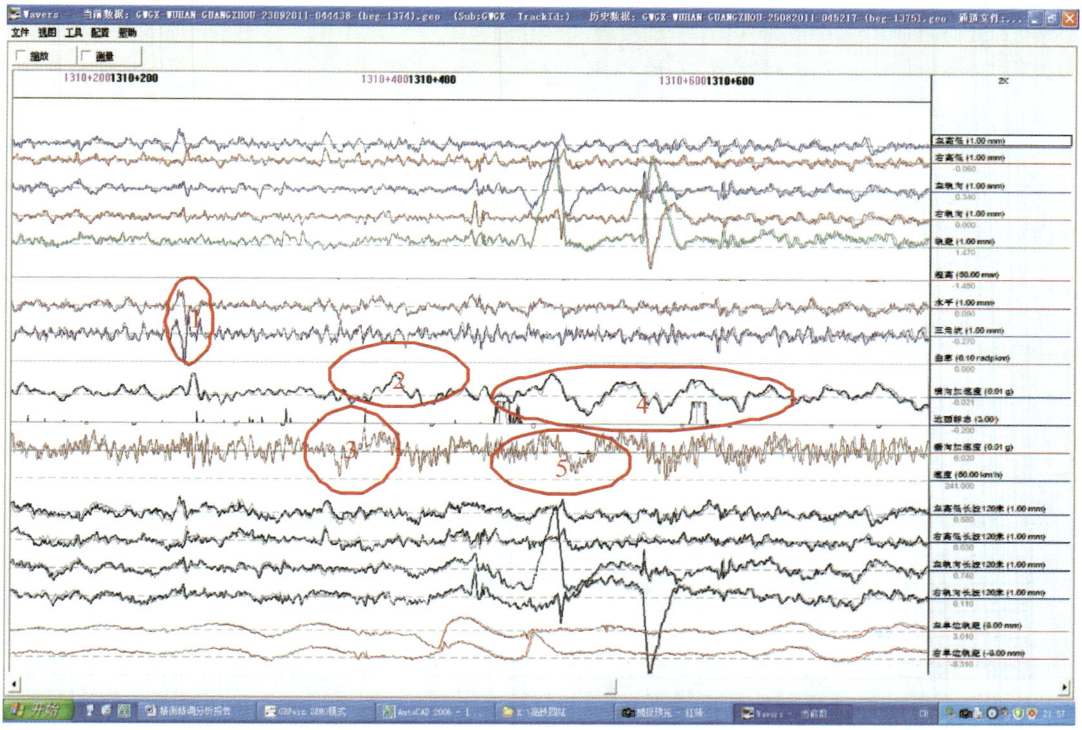

图 5-1-3　9 月 23 日和 8 月 25 日动检车波形图

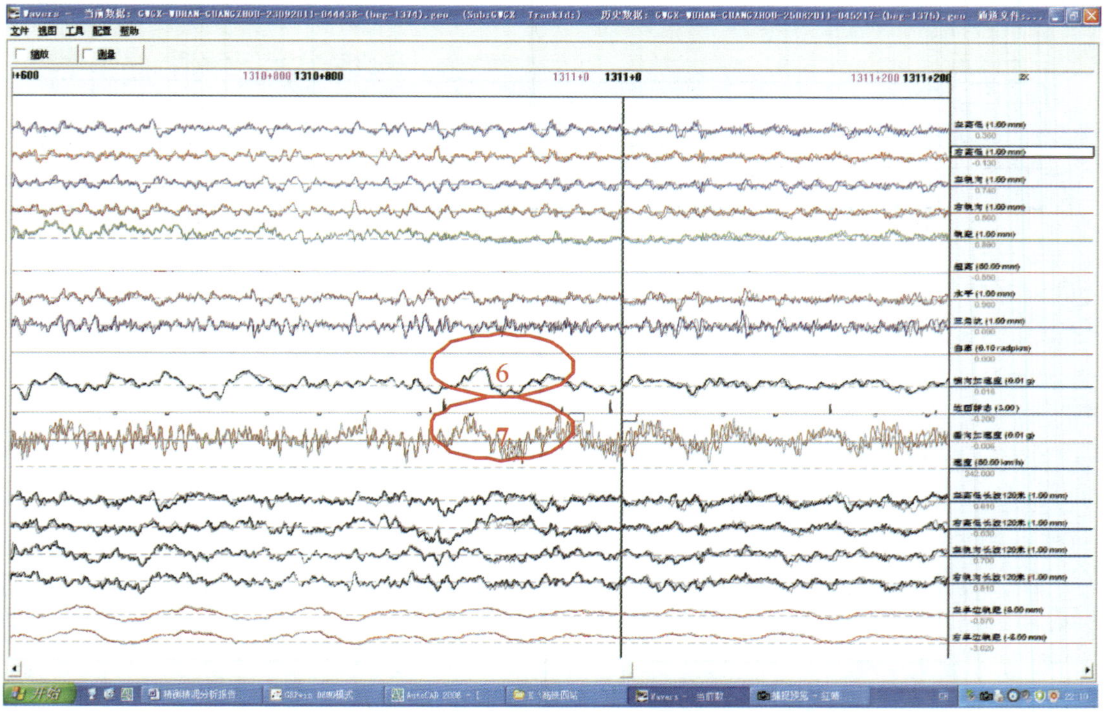

图 5-1-4　9 月 23 日和 8 月 25 日动检车波形图

第 1 处 K1310＋268，三角坑 5.51 mm，相邻两处垂加变化 0.07g。

第 2 处 K1310＋410～＋430，水加变化 0.06g。

第 3 处 K1310＋373～＋389，垂加变化 0.08g。

第 4 处连续多波不平顺，K1310＋514～＋539、K1310＋590～＋610 水加变化分别为 0.07g 和 0.06g。

第 5 处 K1310＋519～＋532，垂加变化 0.07g。

第 6 处 K1310＋943～＋956，水加变化 0.05g。

第 7 处连续多波不平顺 K1310＋932～＋969～＋992，垂加变化 0.09g。

(3)人工添乘

从近日 10 月 8 日至 10 月 15 日添乘情况看，晃车主要表现为水加晃车，水加峰值为 0.05g，K1310＋204～＋210 晃车两次，K1310＋337～＋379 区段共计晃车四次，K1310＋493、K1310＋525、K1310＋633 和 1311＋067 各晃车一次。

(4)静态测量数据波形图

静态测量数据波形如图 5-1-5、图 5-1-6 所示。

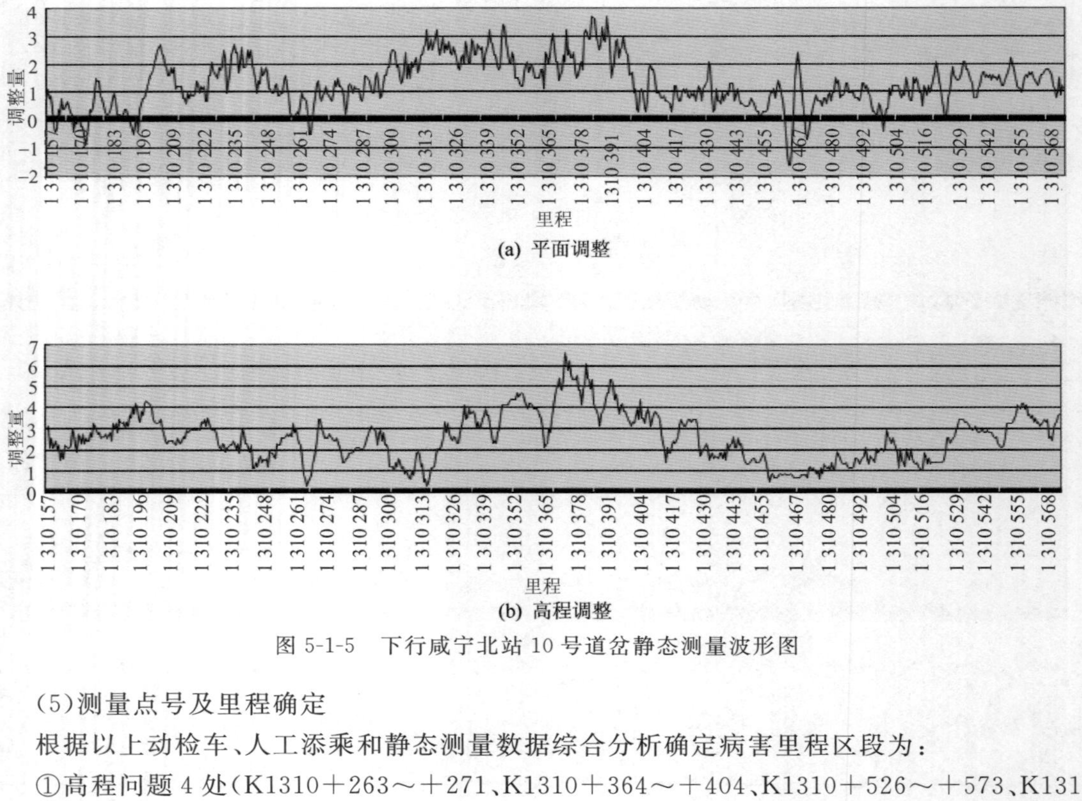

(a) 平面调整

(b) 高程调整

图 5-1-5 下行咸宁北站 10 号道岔静态测量波形图

(5)测量点号及里程确定

根据以上动检车、人工添乘和静态测量数据综合分析确定病害里程区段为：

①高程问题 4 处(K1310＋263～＋271、K1310＋364～＋404、K1310＋526～＋573、K1310＋877～＋953)。

②平面问题 5 处(K1310＋258～＋268、K1310＋295～＋402、K1310＋528～＋572、K1310＋778～＋837、K1310＋871～＋945)

3. 模拟分析处理

(1)根据波形图问题区段进行“削峰填谷、平顺性处理，以 K1310＋263～＋273 高程为例进行说明。根据调整量(对 K1310＋263～＋273 范围内 11 根轨枕进行调整，其中最大下降

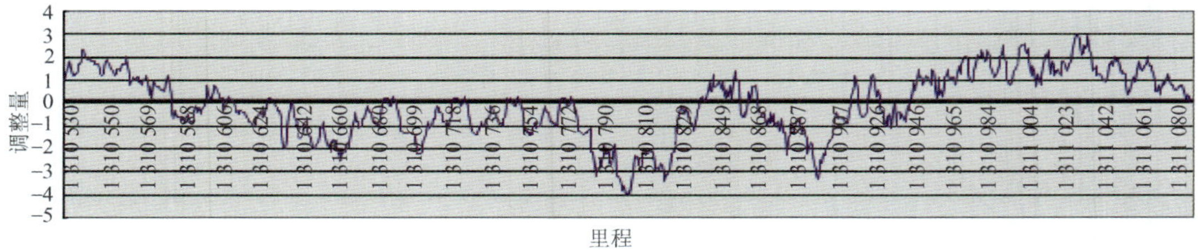

(a) 平面高程

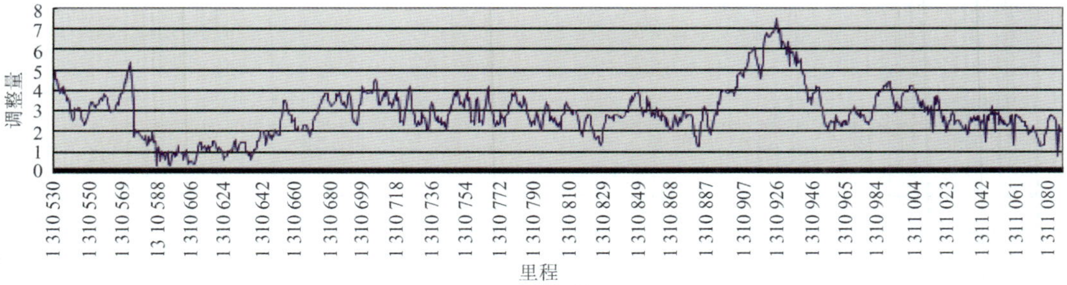

(b) 高程调整

图 5-1-6　下行咸宁北站 4 号道岔静态测量波形图

2 mm,最大垫起 1 mm,变化量达 2 mm)在 DTS 软件上进行试调,如图 5-1-7 所示。

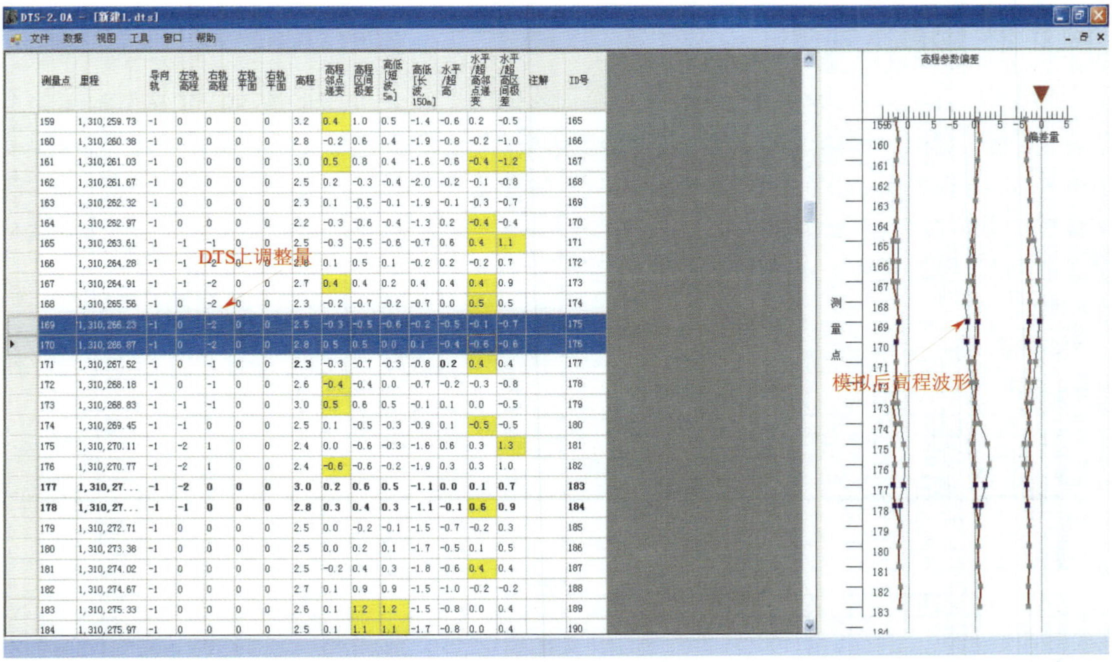

图 5-1-7　DTS 软件模拟处理对比图

(2)模拟调整图表对比分析

①如图 5-1-8 所示,10 号道岔高程整体无大的波动及突变,且人工感觉无晃车,因此不予以调整;图示 1 对应动检车第一处晃车,三角坑幅值 5.51 mm,图示 3 对应动检车第三处晃车,垂加变化 0.08g,图示 5 对应动检车第五处晃车,垂加变化 0.07g,因此分别对此进行调整。

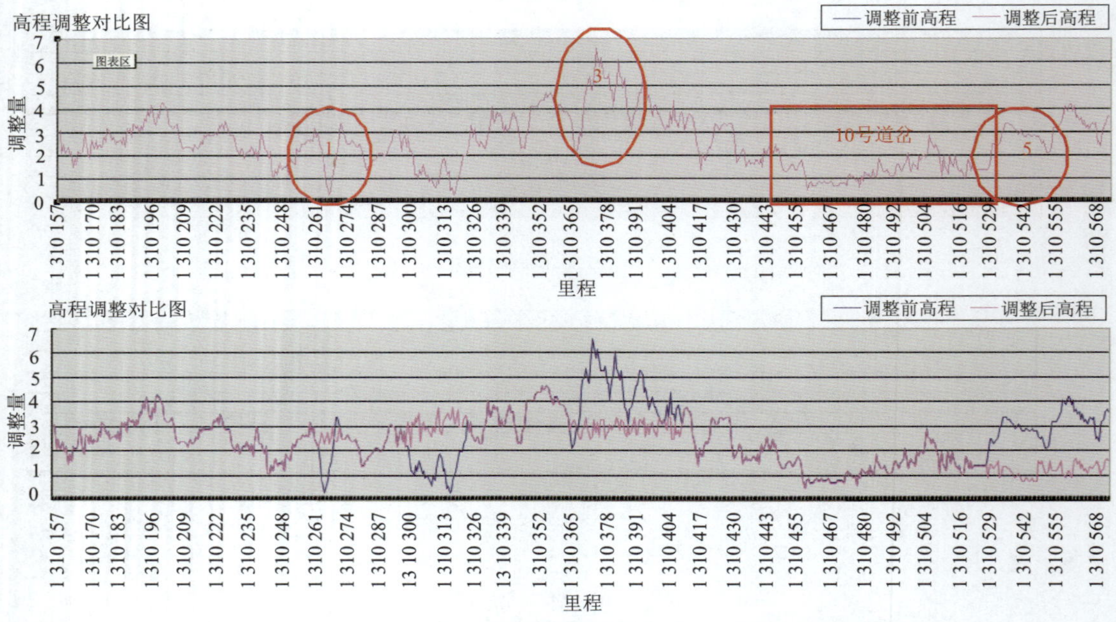

图 5-1-8　咸宁北站 10 号道岔高程静态测量模拟调整对比波形图

②咸宁北站 10～4 号道岔为南岔区正线道岔单元，两组道岔相距 55 m，如图 5-1-8 和图 5-1-9所示，10 号道岔与 4 号道岔整体绝对高程在 1.0 mm 左右，而两组道岔中间的直线平均高程在 3mm 左右，因此建议对夹直线进行调整；图示 7 对应动检车第七处连续晃车，垂加变化 0.09g，因此建议对该处进行调整。

③如图 5-1-9 所示，咸宁北站道岔岔心平面线形明显不良，但动检车和人工感觉均无晃车信息，经现场复核，为测量突变异常点，不建议调整；尖轨跟端对应人工添乘感觉晃车，水加幅值 0.05g，图示 2 点对应动检车第二处晃车，水加变化 0.06g，人工添乘 K1310＋337～＋379 区段感觉晃车四次，水加幅值 0.05g，图 4 点为 10 号道岔与 4 号道岔夹直线部分对应动检车第 4 处晃车，水加变化 0.07g，人工添乘感觉晃车，因此建议对此三处进行调整。

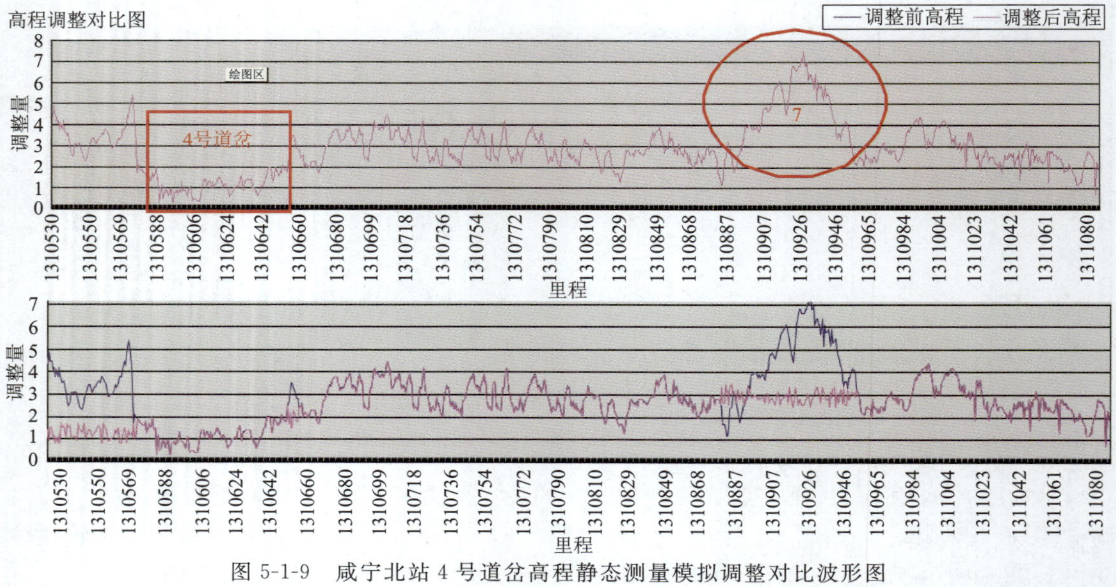

图 5-1-9　咸宁北站 4 号道岔高程静态测量模拟调整对比波形图

④如图5-1-10和图5-1-11所示，10号道岔与4号道岔整体绝对平面在0～1.0 mm之间，而两组道岔中间的直线平均平面在2 mm左右，因此建议对夹直线进行调整；图示6对应动检车第六处晃车，垂加变化0.05g，建议对该处进行调整，K1310+760～+830静态测量波形图不良，但动态检测无晃车信息，建议次调整。

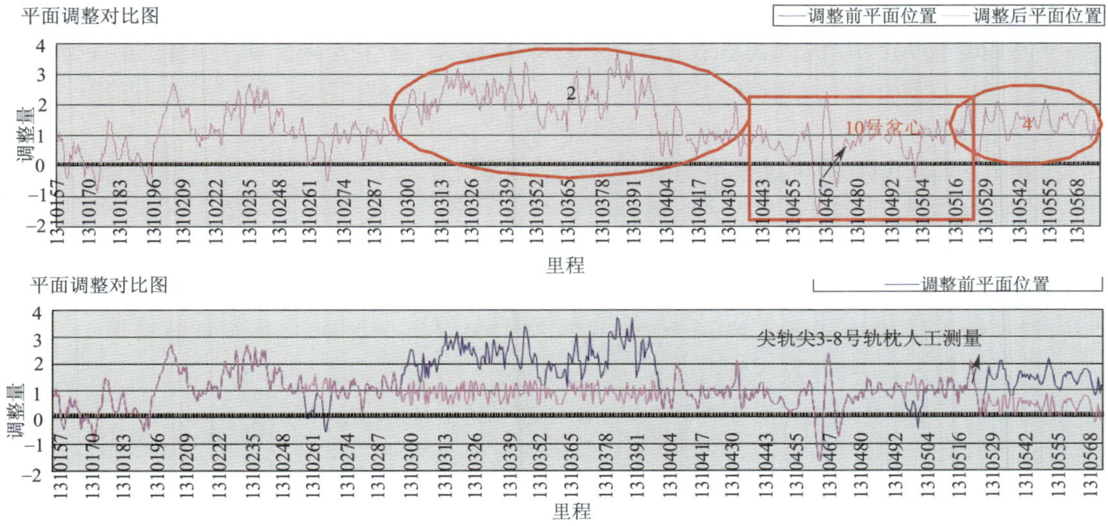

图5-1-10　咸宁北站10号道岔平面静态测量模拟调整对比波形

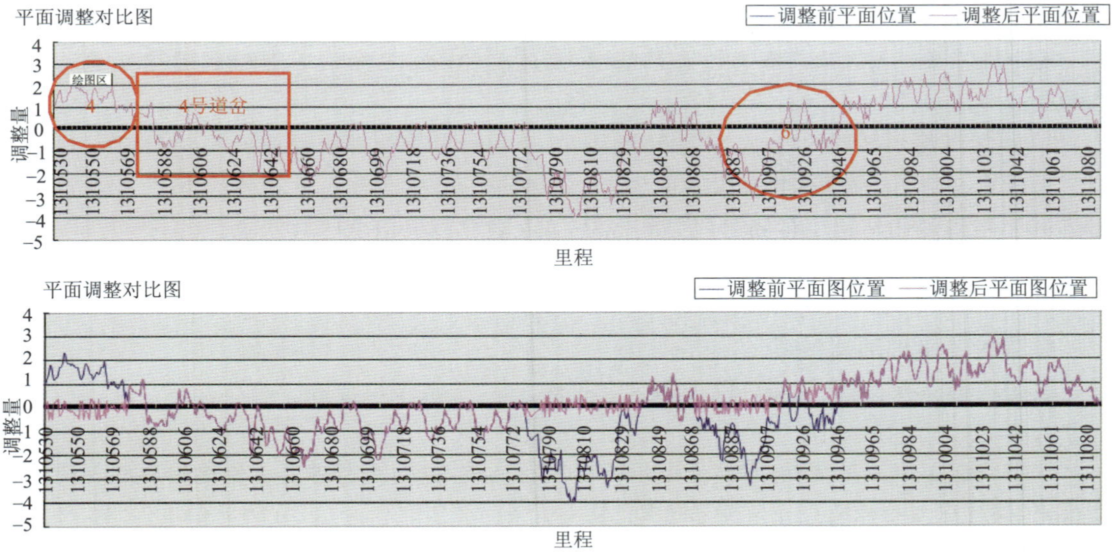

图5-1-11　咸宁北站4号道岔平面静态测量模拟调整对比波形图

三、编制现场检查计划

根据以上综合分析，制订现场核对检查计划。

四、现场核对检查

现场检查主要工具：轨道小车、轨距尺、弦线、1 m直钢尺、塞尺等。

1. 局部短波(波长 1～10m)不平顺的检查

检查项目:轨道检测报告中Ⅰ级及以上偏差处所,波形图中的突变点、轨向和水平复合不平顺,动力学检测报告中的减载率、脱轨系数、轨道横向力超标处所。

检查工具:主要采用轨距尺、弦线、1 m 直钢尺、塞尺等。

检查范围:轨道缺陷里程前后各 50 m,必要时可适当扩大检查范围。

首先必须对区段范围内的扣件、垫板进行全面检查,确认无异常再开始轨道几何尺寸检查。

轨向:用 10 m、20 m 弦线检查钢轨,逐根轨枕连续测量;

轨距:用轨距尺检查,逐根轨枕连续测量;

水平:用轨距尺检查,逐根轨枕连续测量;

三角坑(基长 2.5 m):根据水平测量值,每隔三根轨枕计算水平变化率;

高低:用 10 m 弦线检查,逐根轨枕连续测量;

焊缝:用 1 m 直钢尺检查,塞尺测量钢轨顶面、工作边和圆弧面,检查所有焊接接头。

减载率:重点检查焊缝平顺度,扣件、垫板状况;

脱轨系数:重点检查扣件、垫板状况,多为扣件扣压力不足、吊板所致;

轨道横向力:重点检查轨向、水平,多为轨向和水平的复合不平顺的叠加所致,可以结合波形图一并检查分析,同样还应重点检查扣件、垫板密贴状况。

对静态检查数据应做好详细记录(格式详见附表),并认真分析,如确认已经找到真实缺陷地点,则可以据此进行现场调整,否则,应继续扩大检查范围,继续检查,直至找到为止。

2. 长波不平顺的检查

根据轨道检测报告和波形图分析的轨向、高低长波(波长 70 m)不平顺,采用轨道小车在波峰或波谷里程前后各 300 m 范围内进行测量。

3. 连续短波不平顺的检查。

根据轨道检测车波形图分析,轨向、高低存在的连续短波不平顺(波幅 1.5～4 mm,波长 6～9 m),可以采用轨道小车测量,也可以采用人工拉弦线的方法进行测量。

五、确定调整方案

1. 短波不平顺的调整

根据现场检查、测量情况可以当即确定调整方案,形成调整量表。

2. 长波不平顺的调整

根据轨道小车测量情况,对轨道超限指标进行调整,并对线型进行合理优化后形成调整量计算表,其程序及要求等同于轨道静态调整。

六、施工方案的审批

所有需进行动道的作业(含钢轨打磨),均须报铁路局主管副局长进行审批。具体程序如下:现场确定方案后,由车间提报施工方案,方案要重点说明现场病害情况、地点近期的轨检车和动检车情况、处理方案、技术方案负责人、现场整治负责人等,车间将方案上报段线路科,段线路科进行审批后报主管副段长,主管副段长对方案进行审查,合格后再报段长批准,通过后,将方案电传工务处调度,并在第一时间通知工务处线路科主管工程师,工务处主管工程师对上报方案进行审批,合格后交主管副处长,由主管副处长审批合格后交工务处处长,工务处处长审批通过后报铁路局主管副局长，铁路局主管副局长签字通过后才能进行现场作业。

七、施工作业

施工负责人在施工前、后应对材料机具、照明设备、作业人员进行清理、检查，并在作业前根据作业情况对人员进行分工，可根据需要分为数据分析小组、现场标注小组、作业小组等。

作业现场必须有一名技术负责人，技术负责人主要负责对现场病害数据、施工方案进行核对，确保方案正确无误，并将调整数据标注在轨枕或钢轨上。

现场作业应按照“标示-松卸-更换-锁紧-检查-记录”的程序和“先轨向，后轨距”、“先高低，后水平”的调整原则进行。分析测量数据，确定调整区间。

对照调整量适算表，由施工负责人指挥进行严格施工。调整完毕后，全面拧紧扣件螺栓，达到设计标准。回收更换下来的调整件。根据现场实际调整情况，形成“调整件使用情况详表”。

作业完毕后必须进行回检，首先对调整区段的扣件、垫板进行全面检查，确认安装正确，扣压力达到设计标准；其次对调整区段采用检查小车进行逐根轨枕连续测量，测量数据经施工负责人确认后存档备查，复测数据不满足精度和 350 km/h 运行安全要求的地段还应重新调整；最后形成最终的“轨道静态调整量表”和“调整件使用情况详表”，经施工负责人确认后存档备查。

思 考 题

1. 简述道岔精测的作业流程。
2. 道岔测量注意事项有哪些？
3. 道岔测量数据如何分析处理？
4. 在道岔检测中如何利用检测资料在现场核对检查？
5. 简述施工作业方案的审批程序。

第二节　道岔精调联调作业

道岔精调是高速铁路轨道施工的关键环节。要保证高速动车组安全、平稳、舒适运行要求，必须在联调联试之前及期间进行系统的轨道检测和精细调整。

一、道岔精调含义

道岔精调分为静态精调和动态精调。

静态精调是根据对道岔结构和轨道几何的测量、计算和分析，通过起、拨道和调换扣件部件等方法，将道岔及其两端线路状态调整至规范允许的范围内，满足设计要求。

联调联试阶段，综合检测车可以检测道岔安全性指标、平稳性指标及车体加速度，轨道检查车可以检测道岔区动态几何不平顺，车载式线路检查仪可以检测列车通过道岔时的车体加速度。根据上述检测指标，对道岔局部缺陷进行修复，对道岔及两端几何尺寸进行微调，对轨道线型进一步优化，使轮轨关系匹配良好，进一步提高高速行车的安全性和平稳性，是对轨道状态和精度进一步完善和提高的过程，称之为动态调整。

二、道岔精调内容和目的

道岔精调的主要内容有道岔构造尺寸、岔区轨道几何平顺性以及转换锁闭设备性能的调整。其中道岔构造尺寸包括轨距、支距、各部间及间隙尺寸、部件匹配尺寸等，轨道几何平顺性包括轨向、高低、水平和扭曲等，转换锁闭设备性能包括锁闭设备适应尖轨伸缩的能力、各牵引点同步性、转换锁闭设备的锁闭和探测能力等。

道岔精调的主要目的是消除或改善由道岔制造、运输造成的变形与缺陷；消除或改善由于测量造成的误差积累和施工工艺引起的道岔状态变化（如焊轨、锁定）；弥补由于道岔施工工艺不当和过程质量控制不严造成的轨道状态不良；与区间轨道顺接，消除长波不平顺。

三、道岔静态精调技术

（一）施工准备

1. 人员和设备准备。根据高速道岔的技术特点、工况条件和施组安排，合理配置精调施工所需的测量人员和现场其他作业人员。

2. 根据《高速铁路工程测量规范》的有关要求，对CPⅢ控制网进行复测。

3. 轨道检查及处理。

（二）检　　测

采用全站仪、轨道几何状态测量仪等检测设备对道岔构造尺寸、岔区轨道及前后过渡段范围的轨道几何平顺性进行系统测量并采集数据。使用弦绳、板尺、塞尺、轨距尺、支距尺和游标卡尺等进行辅助和核对。

1. 设站。全站仪自由设站时，至少后视8个CPⅢ控制点，如果现场条件不满足，至少后视6个CPⅢ控制点，全站仪后视时，与最近控制点之间的距离大于15 m。

2. 数据采集。数据采集前，复核输入的CPⅢ数据库、线路设计数据和精测系统参数等；数据采集时，轨道几何状态测量仪由远及近向全站仪方向进行测量，且与全站仪最小距离不宜小于5 m，并保证工作的连续性；第一站采集完成后，下一测站与上一站最后一个测点距离约50 m，且两站后视至少有4个CPⅢ点相重叠，采集数据重叠至少10根岔枕，下站依此类推。

（三）调整量模拟分析及调整方案的制订

轨道几何状态测量仪数据报表主要有8项，包括轨枕号、里程、竖曲线合平曲线绝对精度、水平、轨距、竖曲线和平曲线相对精度（高低和方向）。将采集的数据以Excel方式导入精调软件，即可得到道岔在水平、轨距、高低、方向等方面的偏差，并自动给出每根岔枕位置钢轨的左右和高低位置调整量。根据上述分析数据，并结合道岔结构特点制订调整方案。

（四）精细调整

道岔精调的原则为先直股后曲股、先水平后方向、先整体后局部、直曲兼顾。

1. 水平和高低调整。根据报表中竖曲线整体数据分析结果，对超限处所更换调高垫板进行水平和高低精调。

2. 轨距和方向调整。根据报表中平曲线数据分析结果，对超限处所更换调距备件进行轨距和方向调整。固定好弦线架，用板尺逐个测量岔枕与弦线的距离并记录，通过更换轨距调整备件调整轨距和钢轨的方向。

3. 钢轨件间密贴、钢轨件与顶铁间密贴调整。用塞尺逐一检查钢轨件间密贴、钢轨件与顶铁间密贴,间隙超过 1 mm 时要予以调整。

4. 尖轨和心轨轨底与辊轮滑床板密贴调整。用塞尺检查轨底与滑床板的密贴,当尖轨和心轨锁闭时,且轨底与与滑床板的间隙超过 1 mm 时要予以调整。调整方法一般为:将滑床板滑床台上表面调整到同一高程,调整辊轮符合技术条件要求,尖轨和心轨弓腰时要及时维修或更换。

5. 降低值调整。尖轨相对于基本轨的降低值偏差超过 1 mm 且影响行车稳定性时,可通过更换不同厚度基本轨轨下橡胶垫板,调整尖轨相对于基本轨的降低值。调整方法一般为:降低值调整量大于 1 mm 且小于 2 mm 时,设置两级过渡。降低值调整量大于等于 2 mm 时,应更换尖轨与基本轨组件。

(五)工电联调

道岔线型调整到位后,对密贴、间隙及转换设备的状态和性能进行工电调整。工电联调内容包括:转换杆件沿线路纵向偏移量,转辙机安装螺栓孔与基本轨直线距离偏差,各牵引点两侧锁闭框中心位置偏差,各牵引点心轨外锁闭两侧锁闭量相差,尖轨和心轨转换阻力及转换设备在牵引点和牵引点间的探测能力。

四、道岔动态精调技术

(一)动态检测手段与数据分析

动态检测手段包括综合检测车、轨道检查车、车载式线路检查仪等,主要检测道岔安全性指标、平稳性指标、车体加速度及动态几何不平顺等指标。

轨道动态精调前,应全面分析动态检测相关报表和波形图。轨道检测资料有轨道Ⅰ级~Ⅳ级超限报告表、公里小结报告表、TQI 指数、波形图以及动力学报告等。缺陷类型主要有高低、水平、三角坑、轨向、轨距、垂向加速度、水平加速度以及动力学指标超限。

导致减载率超标的主要原因是轨面高低短波不平顺(波长 0.1~3.0 m,波幅 0.5~1.0 mm),主要表现为接头平直度超限、扣件缺陷或轨下支撑刚度突变等,现场核查时应重点检查焊缝平直度及扣件、垫板的状态等。

导致横向力偏大的主要原因是轨向连续多波不平顺、轨向与水平的复合不平顺、接头工作边平直度超限等,现场核查时应重点检查轨向和水平,可结合波形图一并检查分析,同时检查扣件、垫板的密贴状况。

导致脱轨系数超标的主要原因是轮轨水平力偏大或轮轨垂直力偏小,现场核查时应重点检查焊缝和扣件状况、轨向和水平偏差及两者复合不平顺。

导致车体加速度超标的主要原因是中长波的轨向和高低不平顺。应重点检查道岔尖轨顶面光带、道岔和区间轨道的顺接情况。

(二)现场复查与调整

综合汇总各种检测报表,对轨道检测报告中Ⅱ~Ⅳ级偏差、轨道检测波形图中突变点、动力学检测指标超限点、动车添乘明显晃车处所等进行静态检查,分析静态复测资料,确定缺陷类型。对报表缺陷里程前后各 50 m 范围采用轨道几何状态测量仪、轨距尺、弦线、1 m 平尺、塞尺等进行检查,必要时适当扩大检查范围。

首先对区段范围内的扣件、垫板进行全面检查,确认无异常后开始轨道几何尺寸检查。轨向用 10 m、20 m 弦线和轨道几何状态测量仪检查,轨距用轨距尺检查,水平、高低用轨距尺、弦线和轨道几何测量仪检查,轨向、轨距及高低水平均逐根轨枕连续测量。三角坑(基长

2.5 m)根据水平测量值,每隔三根轨枕计算水平变化率。

对轨道质量指数 TQI 明显偏大(3.6 及以上)区段、轨道检测几何尺寸成区段连续多点接近Ⅱ级偏差、轨道检测波形图中存在连续多波不平顺区段、动车添乘成区段连续晃车等地段采用轨道几何状态测量仪对轨道状态进行全面、系统测量。查找到缺陷后,按照静态调整方法进行调整。

动态调整往往不能一次就位,需要结合动态检测数据进行重复调整才能消除各种动态缺陷。甚至需要调整尖轨降低值等道岔本身构造缺陷来实现道岔高平顺性。

思考题

1. 道岔精调的内容和目的分别是什么?
2. 数据采集时有哪些要求?
3. 道岔精细调整的原则是什么?
4. 工电联调的内容有哪些?

第三节　无砟道岔主要作业

一、无砟道岔垫板作业(弹条Ⅱ型分开式扣件)

(一)作业目的

利用垫板调整无砟轨道高低、水平、三角坑超限处所,整修离缝、作用不良或位置不正确的扣件,提高无砟道岔高低、水平和扣件的质量,满足道岔高可靠性、高稳定性、高平顺性。保证列车以规定速度安全、平稳和不间断地运行,确保旅客乘车舒适度。

(二)作业条件

1. 利用综合维修天窗进行作业,在《行车设备施工登记簿》(运统—46)内按当日天窗修计划所列项目、地点、时间及影响范围进行登记。

2. 有上级批准的高速铁路维修作业方案。

3. 现场作业负责人不低于班长,干部监控。

(三)作业程序

1. 作业准备

(1)作业防护:

①维修作业时(无论采用何种控制模式),均须在调度所设驻所联络员、车站设驻站联络员、现场设现场防护员,在车站(线路所)进行登(销)记,并由车站值班员签认。利用 GSM-R 手持终端、集团网手机或对讲机联系,现场用手持双面红色警示信号灯防护。

②驻所防护员(驻站防护员)提前 1 h 在《行车设备检查登记簿》上登记,与调度员(车站值班员)核对、确认相关登记内容,并填记《高速铁路驻所(站)防护员手册》。

③驻调度所及车站联络员必须对上道人数、上道检查检修地点、作业内容、使用工具等在《高速铁路驻所(站)防护员手册》上逐一登记。

④调度命令下达后,驻所防护员通知驻站防护员,各驻站防护员通知各作业组现场防护员。驻所防护员接到驻站防护员通知各组进网时间后,在《高速铁路驻所(站)防护员手册》上填记。

⑤作业过程中，驻站防护员与各作业小组现场防护员应使用 GSM-R 手持终端或手机进行联系，当联系中断时，驻调度所（驻站）联络员立即通知到车调度员停止作业地点放行列车，不得办理作业销记手续；同时现场防护员立即通知作业负责人停止作业，必要时将线路恢复到准许放行列车的条件。驻所防护员要加强与驻站防护员联系，掌握每个车站各作业组作业进度情况。

⑥天窗结束前 30 min 驻所防护员通知驻站防护员提示现场防护员准备下道，并每 10 min 提示确认一次。

⑦驻所、驻站防护员分别接听各作业组现场防护员电话，逐处与现场防护员确认开通条件、人员机具下道、防护标志撤除情况，在《高速铁路驻所（站）防护员手册》记录出网时间。

⑧作业结束后，施工负责人和现场防护员必须双确认人员、机具、工具已经撤到网外，向驻站、驻所防护员报告撤离时间，驻所防护员与驻站防护员核对撤离时间无误后分别在《行车设备检查登记簿》进行双销记。

（2）作业工具材料：电子轨距尺、正矢绳、钢板尺、轨温计、扭力矩扳手、尖嘴钳、钢卷尺、石笔、起道器、小撬棍、丁字扳手（根据作业人数确定）、各种规格塑料垫片（数量及型号根据现场调查情况确定）、各种规格弹性垫板下胶垫（教量及型号根据现场调查情况确定）、油刷、专用油脂、照明设备、个人防护用品。

（3）检查工具材料：对使用的工具进行检查，照明设备必须由专人负责检查照明设备的状态、电量是否充足，电子轨距尺、扭力矩扳手是否在检定范围，各种工具是否正常，禁止工具设备带病上道使用。工（机）具、照明设备等按规定编号，定人、定责管理，粉刷或粘贴反光标志，作业时随人移动，各种材料要专人管理。检查 GSM-R 手持终端、手机等通信设备状态，确保电量充足。通话试验 GSM-R 手持终端和手机，确认 GSM-R 手持终端、手机通话良好。

（4）进网作业：作业人员进网作业前，作业负责人进行点名，给出书面作业计划单、明确作业地点、作业内容、人员分工、作业标准、作业时间、安全注意事项；清点工具材料、指定工具材料负责人等，并与现场防护员相互确认，确认无误后双方在《施工（作业）携带工（料）具清点登记手册》上签字。在从有治安岗亭的方便门进网前，作业负责人到治安岗亭进行登记签字。

现场防护员与驻调度所及车站联络员联系，确认综合维修天窗命令号、天窗起止时间，并向车站联络员通报作业负责人姓名、作业人数、作业地点、作业项目、使用工具材料、进出网地点（治安岗亭编号）等；待驻调度所及车站联络员通知可以入网作业后，在作业负责人的带领下入网作业。入网作业时现场防护员再次核对入网作业人数、工具材料。

作业负责人确认防护已到位，并接到施工命令（命令号、施工起讫时间）后，通知作业人员，上道作业。

现场防护员接到驻调度所及车站联络员通知后，会同作业负责人，开行轨道车到作业地点；如未开行轨道车，由作业负责人组织所有作业人员从就近作业通道（疏散通道）进入，步行前往作业点。步行前往作业点时，应在作业负责人的组织下列队浩路肩（或限界以外其他专门通道）行走。防护员带队，作业负责人最后，直至作业地点。需汽车运输时，遵守道路交通规则，注意人身安全。

2. 现场作业

（1）现场布灯：夜间施工现场必须配备足够的照明设备，施工作业前将灯布置完毕；检查照明设备的开关、插头、电线和发电机连接正常、无破损，并要有专人看管。

（2）测量轨温：到达作业地点后首先测量轨温，确认是否符合作业轨温条件，做到超温不作业，并严格执行作业前、作业中、作业后测量轨温制度。

(3)标记作业量:按照《高速铁路维修作业方案审批表》确定的超限处所用电子轨距尺进行核查,测出现场方案中需要调整区段的每根岔枕未动道前的高低、水平,并用石笔写在轨底上;根据轨道测量仪检测资料作出的作业方案,高低数值写在轨顶上("+"为调高,"-"为调低),标清调高量以及所需调高垫板规格、数量,将更换的胶垫型号数值写在轨枕面上。

高低方案的调整,要求用 10 m 弦线对高低进行检测,要求弦线绷紧,一根枕一量,读数要求准确并将数据标注在外侧钢轨轨底上,以便核对确认。

(4)复查确认:要求作业负责人对调整方案进行现场实际核对、确认,如果核对调整量与现场实际状态一致或趋势相同方可动道;如不相符,需要负责人对方案或现场数据进行分析,找出问题所在;不能找出原因的,需请示上级部门或重新安排测量,严禁作业负责人擅自动道。

(5)调整尖轨、可动心轨轨底与滑床板间隙:首先通过更换不同厚度的调高垫板,调整转辙部分及辙叉部分弹性垫板的高低,使尖轨、可动心轨轨底与滑床板间隙不超标。

(6)确定标准股:道岔直股以外直股为基准股,曲股以下股为基准股,通过调整调高垫板和弹性垫板下胶垫将基准股高低整修好。

(7)找平对面股:基准股整修好后,用电子轨距尺测量每根岔枕的水平或根据《高速铁路维修作业方案审批表》确定的调高量将对面股整修好。

(8)垫板作业:

①松开弹性垫板里外口弹性垫板与岔枕的连接固定螺栓,将盖板及连接螺栓取下,用小钩或尖嘴钳将缓冲调距块取出,注意每股钢轨连续松开扣件不超过 6 根岔枕。

②根据调整量值用专用起道器将钢轨抬起,起道时注意放平起道机,位置适宜,起道机严禁放在焊缝处起道。

③更换调高垫板作业时必须同步清扫承轨台上的污染物。

④高程增加:根据作业方案,在垫板(滑床板)和岔枕之间更换调高垫板,正常情况下采用 A 型弹性垫板螺栓,当调高量大于 15 mm 时采用 B 型弹性垫板螺栓。做好调整过渡顺坡,避免垫板地段前后递减不平顺。

⑤高程降低:根据作业方案,在垫板(滑床板)和岔枕之间更换调高垫板。做好调整过渡顺坡,避免垫板地段前后递减不平顺。原则上降低后要确保 2 mm 及以上的调高垫板存在,否则就为"光板"。

⑥垫人或撤出原来的调高垫板,调高垫板长度应与弹性垫板长度相符,不宜过长或过短;调高垫板上的圆孔应与弹性垫板圆孔相对应;在放起道器前,先将缓冲调距块放入弹性垫板圆孔内,以免调高垫板窜动。

⑦拧紧扣件:垫片(抽)垫好后立即拧紧扣件,要求复测水平、轨距符合标准,检查扣件密贴、落槽到位,弹性垫板用 M30 螺栓,扭矩达到 300~350 N·m。

⑧整理抽换出来的垫片,分类整理,循环使用。

(9)结合道岔高低、水平的调整,使尖轨、可动心轨轨底与滑床板台板间密贴。

(10)扣件调整配置:

①道岔的高低、水平调整量为-4~+26 mm,钢轨上下位置的调整,通过在道岔弹性垫板下更换不同厚度调高垫板的方法进行调整。

②调高垫板分为 1 mm、2 mm、5 mm、8 mm 四种厚度,用以调整钢轨高低。

③弹性垫板连接螺栓分为 A、B 两种型号,正常安装时采用 A 型,调高量大于 15 mm 时采用 B 型。

④钢轨轨下设置 5 mm 厚度橡胶垫板，翼轨轨下除趾端第一块及 99 号岔枕以后的部分外，均设置 7 mm 橡胶垫板。

⑤可动心轨辙叉在垫板时调高垫板数量不应超过 3 块，厚度不应超过 10mm，调高垫板、橡胶垫板、连接螺栓配置见表 5-3-1。

表 5-3-1　调高垫板、橡胶垫板、连接螺栓配置表(mm)

单股钢轨调整量	橡胶垫板	调高垫板	连接螺栓型号
－4	2	0	A
－3	2	0	A
－2	2	1	A
-1	2	2	A
0	5	0	A
1	5	1	A
2	5	2	A
3	5	1＋2	A
4	5	2＋2	A
5	5	5	A
6	5	5＋1	A
7	5	5＋2	A
8	5	8	A
9	5	8＋1	A
10	5	5＋5/8＋2	A
11	5	5＋5＋1/8＋2＋1	A
12	5	5＋5＋2/8＋2＋2	A
13	5	8＋5	A
14	5	8＋5＋1	A
15	5	5×3/8＋5＋2	B
16	5	8＋8	B
17	5	8＋8＋1	B
18	5	5＋5＋8/8＋8＋2	B
19	5	8＋8＋2＋1	B
20	5	8＋8＋2＋2	B
21	5	8＋8＋5	B
22	5	8＋8＋5＋1	B
23	5	8＋8＋5＋2	B
24	5	8×3	B
25	5	8×3＋1	B
26	5	8×3＋2	B

3. 作业质量回检

维修作业后，作业负责人或技术检测组对道岔几何尺寸进行回检分析，道岔几何尺寸应满足作业验收标准。如果满足作业验收标准就注销本次整修计划；如果没有满足作业验收标准就是整修不合格，须根据本次检查分析结果，再次下达整修计划交给维修作业人员进行整修。作业质量应达到以下作业标准。

(1)道岔静态几何尺寸容许偏差管理值执行《高速铁路无砟轨道线路维修规则(试行)》第6.1.2条作业验收管理值：轨距－1～＋1 mm、轨距变化率1/1 500、轨向2 mm、高低2 mm、水平2 mm、水平变化率1/1 500、三角坑2 mm(扭曲mm/3 m)。导曲线下股高于上股的作业验收限值：12号道岔为2 mm，18号及以上为0 mm。

(2)调高垫板应垫在弹性垫板与岔枕之间，调高量为－4～＋26 mm. 正常情况下采用A型弹性垫板螺栓，调高量大于15 mm时采用B型弹性垫板螺栓。

(3)Ⅱ型弹条扣件弹条的紧固以三点接触为准，此时螺母扭矩保持在120～150 N·m，弹性垫板用M30螺栓，扭矩300～350 N·m(用扭矩扳手检测)。

(4)道岔扣件系统安装与调整应符合铺设图要求，各零部件摆放位置正确、无缺少失效、作用良好，扣板三点密靠，偏差不超过1 mm；扣件、小胶垫位置正确、无歪斜、无窜出，弹性垫板螺栓盖板无偏斜。

4. 作业结束

作业质量回检完毕后，所有作业人员对路肩、道床、道心、枕木头、两线间等作业范围进行全面检查，确保无工(机)具、材料遗漏，清点带入线路上的工(机)具、材料，确认工(机)具、材料数量与进网工(机)具、材料数量一致，保持线路干净无障碍物，各种材料必须随人带出，不得遗漏在封闭网内，达到放行列车条件。

作业负责人带领作业人员一同出网，出网时由作业负责人与现场防护员分别清点人员、工(机)具、材料，实行双确认，填记并在《施工(作业)携带工(料)具清点登记手册》上签字。待人员、工(机)具全部撤离线路，确认无误后，撤除现场防护，锁闭好方便门，方可通知驻调度所及车站联络员在《行车设备施工登记簿》(运统—46)内销记。在从有治安岗亭的方便门出网后，作业负责人到岗亭进行销记签字。作业人员返回驻地。

驻调度所及车站联络员接到现场防护员通知，逐一确认所有作业单位均已销记后，办理销记手续，经与车站值班员签认后，方可撤离。

(四)质量记录

1.《日作业计划及完成情况》、《作业质量验收评定记录》应有质量回检数据记录和作业负责人签字并存档。

2. 对于更换的调高垫板位置、型号及数量应做好记录并存档以备参考。

3.《道岔检查记录本》应标划销号日期和销号人签字。

(五)作业要求

1. 各种维修作业必须严格遵循“行车不施工，施工不行车”的原则，严格落实总公司、铁路局有关规章制度，天窗时间外不得进入高铁封闭网内及桥面。天窗时间内，检查和作业人员由封闭网门(安全通道)进入，不得擅自翻越防护封闭网上道。

2. 进入封闭网作业必须有调度命令，必须设驻调度所及车站联络员、现场防护员。驻调度所及车站联络员和现场防护员必须随时保持通信畅通，确认通信良好。一旦通信中断，作业负责人应立即命令所有检查、作业人员下道。多组集中作业时要增设防护员。

3. 各单位应根据天窗修计划安排，结合现场实际情况，制订安全预防措施，严格掌握和控制天窗修作业项目。有两个及以上工区作业的项目，现场须有车间干部监控。

4. 作业负责人和现场防护员共同对现场作业过程中的安全质量进行监控，所有的作业项目必须按规定设置安全防护。

5. 进出网时，实行作业负责人、现场防护员双签认制度。在封闭网作业门前列队，由作业负责人清点人数，逐一对工(机)具、材料进行登记，指定工(机)具、材料携带负责人，现场防护员核实签认。重点强调安全注意事项。所有夜间维修作业工具必须贴有反光带并且编号，并落实到使用人。进网作业人员必须穿带有两条反光带标志的防护服。

6. 封锁前，作业人员及现场防护员全部在冈外等候。封锁后，方可打开作业门。作业方便门由作业负责人或现场防护员负责，进出网锁门时应确认锁头状态，确认锁头锁好后，人员方可离开。作业人员往返作业现场，要求集体出发、集体返回。作业人员不得过于分散，前后距离不得过长，作业群体前后长不得超过 50 m，确保作业人员均在作业负责人和防护员监控范围内，作业过程中严禁单人离开作业群体。

7. 工(机)具、照明设备等按规定编号，定人、定责管理，粉刷或粘贴反光标志，作业时工(机)具、材料集中存放在一侧路肩上，每换一个作业点，都要随人移动。各种材料要专人管理。作业后各种工(机)具、材料、照明设备必须全部带出高铁封闭网外，不得遗漏。

8. 在岔区作业完毕后，应对转辙部位和岔心部位进行清查。在转辙、可动心轨部分作业，手脚不能伸人其活动范围。

9. 电务作业人员未到场，严禁在转辙部分、可动心轨辙叉部分作业。

道岔工电联合整治项目作业完成后要预留足够时间交由电务进行调试。

10. 在高架桥面作业时，防止高处坠落，在陡峭的疏散通道上运送工(机)具时注意人身安全。禁止抛掷各类工(机)具、材料，禁止从桥上、封闭网内向外抛掷弃物。

11. 铝热焊处，起道机应放在铝热焊缝以外不少于一个轨枕盒内。轨道电路地段起道机不得放在绝缘接头处，不得在绝缘接头轨面上滑行，防止轨道电路发生短路，并注意起道器把两股钢轨短路。

12. 无缝道岔作业必须遵守作业轨温条件。

二、无砟道岔方向、改道作业(弹条Ⅱ型分开式扣件)

(一)作业目的

消灭轨向、轨距、支距超限及轨向变化率、轨距变化率不良处所，整修离缝、作用不良或位置不正确的扣件，提高轨距和扣件的质量，满足线路高可靠性、高稳定性、高平顺性。保证列车以规定速度安全、平稳和不间断地运行，确保旅客乘车舒适度。

(二)作业条件

1. 利用综合维修天窗进行作业，在《行车设备施工登记簿》(运统—46)内按当日天窗修计划所列项目、地点、时间及影响范围进行登记。

2. 有上级批准的高速铁路维修作业方案。

3. 现场作业负责人不低于班长，干部监控。

4. 转辙部分及可动心轨部分作业提前 2 天通知电务工区，签定《工电施工配合通知单》。

(三)作业程序

1. 作业准备

(1)作业防护:

①维修作业时(无论采用何种控制模式),均须在调度所设驻所联络员、车站设驻站联络员、现场设现场防护员,在调度所、车站(线路所)同时进行登(销)记,并由列车调度员、车站值班员签认。利用 GSM-R 手持终端、集团网手机或对讲机联系,现场用手持双面红色警示信号灯防护。

②驻所防护员(驻站防护员)提前 1 h 在《行车设备检查登记簿》上登记,与调度员(车站值班员)核对、确认相关登记内容,并填记《高速铁路驻所(站)防护员手册》。

③驻调度所及车站联络员必须对上道人数、上道检查检修地点、作业内容、使用工具等在《高速铁路驻所(站)防护员手册》上逐一登记。

④调度命令下达后,驻所防护员通知驻站防护员,各驻站防护员通知各作业组现场防护员。驻所防护员接到驻站防护员通知各组进网时间后,在《高速铁路驻所(站)防护员手册》上填记。

⑤作业过程中,驻站防护员与各作业小组现场防护员应使用 GSM-R 手持终端或手机进行联系,当联系中断时,驻调度所(驻站)联络员立即通知到车调度并停止向作业地点经行列车,不得办理作业销记手续;同时现场防护员立即通知作业负责人停止作业,必需时将线路恢复到准许放行列车的条件。驻所防护员要加强与驻站防护员联系,掌握每个车站各作业组作业进度情况。

⑥天窗结束前 30 min 驻所防护员通知驻站防护员提示现场防护员准备下道,并每 10 min 提示确认一次。

⑦驻所、驻站防护员分别接听各作业组现场防护员电话,逐处与现场防护员确认开通条件、人员机具下道、防护标志撤除情况,在《高速铁路驻所(站)防护员手册》记录出网时间。

⑧作业结束后,施工负责人和现场防护员必须双确认人员、机具、工具已经撤到网外,向驻站、驻所防护员报告撤离时间,驻所防护员与驻站防护员核对撤离时间无误后分别在《行车设备检查登记簿》进行双销记。

(2)作业工具材料:电子轨距尺、支距尺、正矢绳、钢板尺、轨温计、扭力矩扳手、尖嘴钳、钢卷尺、石笔、改道器、小撬棍、丁字扳手(根据作业人数确定)、轨距块(数量及型号根据现场调查情况确定)、缓冲调距块(数量及型号根据现场调查情况确定)、油刷、专用油脂、照明设备、个人防护用品。

(3)检查工具材料:对使用的工具进行检查,照明设备必须由专人负责检查其状态是否良好、电量是否充足,电子轨距尺、支距尺、扭力矩扳手是否在检定范围,各种工具是否正常,禁止工具设备带病上道使用。工(机)具、照明设备等按规定编号,定人、定责管理,粉刷或粘贴反光标志,作业时随人移动,各种材料需专人管理。检查 GSM-R 手持终端、手机等通信设备状态,确保电量充足。通话试验 GSM-R 手持终端和手机,确认 GSM-R 手持终端、手机通话良好。

(4)进网作业:作业人员进网作业前,作业负责人进行点名,给出书面作业计划单,明确作业地点、作业内容、人员分工、作业标准、作业时间、安全注意事项;清点工具材料、指定工具材料负责人等,并与现场防护员相互确认,确认无误后双方在《施工(作业)携带工(料)具清点登记手册》上签字。在从有治安岗亭的方便门进网前,作业负责人需到治安岗亭进行登记签字。

现场防护员与车站联络员进行联系,确认综合维修天窗命令号、天窗起止时间,并向车站联络员通报作业负责人姓名、作业人数、作业地点、作业项目、使用工具材料、进出网地点(治安岗亭编号)等;待驻调度所及车站联络员通知可以入网作业后,在作业负责人的带领下入网作业。入网作业时现场防护员再次核对入网作业人数、工具材料。

作业负责人确认防护已到位，并接到施工命令（命令号、施工起讫时间）后，通知作业人员，上道作业。

现场防护员接到驻调度所及车站联络员通知后，会同作业负责人，开行轨道车到作业地点；如未开行轨道车，由作业负责人组织所有作业人员从就近作业通道（疏散通道）进入，步行前往作业点。步行前往作业点时，应在作业负责人的组织下列队沿路肩（或限界以外其他专门通道）行走。防护员带队，作业负责人最后，直至作业地点。需汽车运输时，遵守道路交通规则，注意人身安全。

2. 现场作业

(1)现场布灯：夜间施工现场必须配备足够的照明设备，施工作业前将灯布置完毕；检查照明设备的开关、插头、电线和发电机连接正常、无破损，并要有专人看管。

(2)测量轨温：到达作业地点后首先测量轨温，确认是否符合作业轨温条件，做到超温不作业，并严格执行作业前、作业中、作业后测量轨温制度。

(3)标记作业量：按照《高速铁路维修作业方案审批表》确定的超限处所用电子轨距尺进行复核，并在钢轨上用石笔进行标记，标清改道方向和改道量以及所需材料规格、数量，用箭头表示改道方向，数字表示改道量及所需轨距块或缓冲调距块规格、数量。轨向方案的调整，要求用 10 m 弦线对轨向进行检测，要求弦线绷紧，一根枕一量，读数要求准确并将数据标注在外侧钢轨轨底上，以便核对确认。

(4)复查确认：要求作业负责人对调整方案进行现场实际核对、确认，如果核对调整量与现场实际状态一致或趋势相同方可动道；如不相符，需要负责人对方案或现场数据进行分析，找出问题所在；不能找出原因的，需请示上级部门或重新安排测量，严禁作业负责人擅自动道。

(5)调整尖轨与基本轨、可动心轨与翼轨的密贴及间隔铁间隙：利用塞尺检查直尖轨与曲基本轨、曲尖轨与直基本轨、可动心轨与翼轨的密贴段及间隔铁间隙，对间隙超过 1mm 的部位进行调整。调整方法：首先调整两尖轨尖端平齐，其次使辙叉跟端以远尖轨外侧与弹性垫板挡肩密贴，调整时通过增减顶铁调整片，调整尖轨、心轨顶铁间隙，并同时与调整轨距、支距相结合，确保尖轨与基本轨密贴，可动心轨在轨头切削范围内应分别与两翼轨密贴，开通侧股时，岔跟尖轨尖端与短心轨密贴。也可在尖轨内侧与弹性垫板挡肩之间加入间隙片，但间隙片不得夹在尖轨外侧与弹性垫板挡肩之间。

(6)调整各部间隔尺寸：改道作业前应先将可动心轨辙叉咽喉宽度、趾跟端开口、护轨轮缘槽宽度、查照间隔、尖轨非工作边与基本轨工作边的最小间距等调整到位，不得大于设计允许偏差值。

(7)改正基准股：无砟道岔出现轨向不良时，不能向有砟道岔出现轨向不良时进行拨道作业，只能用移动钢轨左右位置的方法进行。无砟道岔改轨向时应以外直股为基准股进行改道作业。道岔轨向调整的同时应消除钢轨外侧与弹性垫板挡肩之间的间隙。

将改道范围内的里外侧扣件松开并取下弹条，采用调整不同号码轨距块的方法进行改道作业。按轨距调整要求放置适当型号轨距块于钢轨和铁座之间，安装轨距块时，应使轨距块自由密贴为基准，禁止强行砸入轨距块。在采用调整轨距块不能满足改道量要求时，也可采用缓冲调距块移动弹性垫板的方法改动钢轨。

采用缓冲调距块移动弹性垫板时，松开钢轨里外口弹性垫板与岔枕的连接固定螺栓，将螺栓盖板及螺栓取下，用带钩铁丝或尖嘴钳取出缓冲调距块，确认缓冲调距块型号，更换缓冲调距块（如轨距大时将缓冲调距块大的一面全部面向道心也就是里口，轨距小时将缓冲调距块小的一面全部面向道心),用缓冲调距块调整螺栓位置,使弹性垫板椭圆孔位置发生变化,用缓冲调距块挤压弹性垫板,使弹性垫板位置发生变化,实现钢轨位移,达到改正轨向的目的。

钢轨移动到位后将联结零件按照联结零件安装要求进行组装,并按规定扭矩将螺栓拧紧,具体要求如下所述。

①轨距改正后选择适当型号的缓冲调距块安放到弹性铁垫板的复合定位套内,缓冲调距块有四个沟槽面朝下,并保证其下表面与复合定位套下表面齐平。

②将盖板安放在弹陛铁垫板上,装有橡胶垫圈的一面朝下。

③将垫板弹性螺栓,套上弹簧垫圈,并将螺纹部分涂满铁路专用油脂,穿过盖板旋入预埋绝缘套管中。

④拧紧弹性垫板螺栓,螺栓扭矩应达到 300～350 N·m(用扭矩搬手检测)。

Ⅱ型弹条扣件弹条的紧固以三点接触为准,此时螺母扭矩保持在 120～150 N·m,弹性垫板用 M30 螺栓,扭矩 300～350 N·m(用扭矩扳手检测)。

注意:必须用改道器移动钢轨,严禁采用锤击钢轨的方法改道。

(8)改正轨距:基准股改道完毕后,用电子轨距尺逐根岔枕量取对面股轨距,对轨距、轨距变化率超限的处所进行改道作业。在改道过程中应调整好轨底与轨距块之间的空隙,外侧的空隙通过调整里外口缓冲调距块解决,特殊部位可适当利用垫片(如限位器前后);内侧离缝后利用特制的轨距块来解决离缝超限。

(9)转辙部位改道:在直股基本轨改道完毕后,用电子轨距尺检查轨距,对偏差超过 1 mm 的位置,通过调整或更换缓冲调距块调整曲基本轨及直尖轨轨向,以直向轨距控制完成对尖轨后导轨轨向的调整,以支距控制完成对曲向尖轨后导轨轨向的调整,以曲向轨距控制完成对曲向基本轨后导轨轨向的调整。

(10)改正道岔支距及导曲线轨距:按照道岔设计图设计的规定位置用支距尺逐点检查测量道岔支距,对偏差超过 2 mm 的处所进行改道。支距改正后,用电子轨距尺逐根岔枕测量导曲线下股轨距,对轨距及轨距变化率超限处所进行改道作业。

(11)在道岔转辙部位改道时,应先将曲股基本轨弯折尺寸、尖轨侧弯整修好。在可动心轨辙叉部位改道时,应先将可动心轨侧弯整修好,处理好查照间隔与护轮轨轮缘槽宽度之间的关系,通过调整扣件,更换调整片使护轨轮缘槽宽度、咽喉宽度、查照间隔满足要求。

(12)滑床板、护轨垫板改道:对滑床板及护轨垫板,由于钢轨一侧为滑床台,不能通过钢轨另一侧与弹性垫板挡肩之间的轨距块进行钢轨左右位置的调整,只能通过移动滑床板及护轨垫板进行轨距调整,具体调整应通过更换不同号码的缓冲调距块来实现。

(13)改道作业注意以下事项:

①要遵循“少动、慎动、找准问题再动”的原则。也就是说,在道岔的病害整治时,能不动的地方尽量不动,需要整治的处所,一定要先进行轨道测量仪数据上的分析,并结合电子轨距尺、支距尺、正矢绳、钢板尺,找准具体的位置,以及轨向、轨距超限的具体数值,再进行轨距块和缓冲调距块的更换,切忌仅凭经验,盲目动手。

②作业过程中要灵活变通,不能死扣数据。在轨向、轨距的调节过程中,要做到“正矢绳不离钢轨、电子轨距尺不离手”。即:在调整方向时,至始至终要有人测量正矢绳所拉数据;调整轨距时,要边调整边测量,切忌只以测量数据为基准。

③导曲部的改道需谨慎。理论上,导曲线的改道作业可由以下顺序进行:首先要改好

外直股的方向，确定为基本股，然后改正内直股的轨距，再用支距尺根据支距尺寸改正圆顺度不符合要求的导曲线上股，即可实现导曲部的改道作业。实际作业中，支距的调整一直是一个难点问题，由于受 1/18 可动心无砟道岔设计上的制约，支距的调节只能通过外直股与曲上股之间铁垫板的前后移动来实现，可调节范围太小，往往无法满足支距的调整，因此，在实际操作中，可试设支距良好，通过调整外直股的方向来实现导曲上股的方向调整。

(14)扣件调整配置：

①扣件系统具有－8～＋4 mm 的轨距调整量，通过调整轨距块可实现－4～＋2 mm 的轨距调整量，附以缓冲调距块的掉边可实现－8～＋4 mm 的轨距调整量。调整无需备件，具体配置见表 5-3-2、表 5-3-3。

表 5-3-2　Ⅱ型弹条扣件轨距块及缓冲调距块调整配置表

单股钢轨位置	钢轨内侧			钢轨外侧		
	缓冲调距块		轨距块	轨距块	缓冲调距块	
	外侧	内侧			内侧	外侧
0	6	9	10	11	6	9
1	6	9	11	10	6	9
2	6	9	12	9	6	9
-1	6	9	9	12	6	9
-2	9	6	11	10	9	6
-3	9	6	10	11	9	6
-4	9	6	9	12	9	6

表 5-3-3　滑床板、护轨垫板缓冲调距块调整配置表

单股钢轨位置	钢轨内侧		钢轨外侧	
	缓冲调距块(号)		缓冲调距块(号)	
	外侧	内侧	内侧	外侧
0	6	9	6	9
1	5	10	5	10
2	4	11	4	11
-1	7	8	7	8
-2	8	7	8	7
-3	9	6	9	6
-4	10	5	10	5

注：缓冲调距块的初始配置为 6～9 号，轨距块的初始配置为 9～11 号。弹性垫板中心与螺栓中心不重合，偏心 1.5 mm。轨距块分为 9～11 号、10～12 号两种型号，用于调整钢轨左右位置。缓冲调距块分为 4～11 号、5～10 号、6～9 号、7～8号四种型号，用于调整弹性垫板位置。

②通过更换不同型号钢轨两侧轨距块来调整支距垫板处支距，对于其他部位支距还可以辅助以缓冲调距块进行调整。

③通过增减顶铁调整片，调整尖轨、可动心轨顶铁间隙，并同时与调整轨距支距相结合，确保尖轨与基本轨密贴，可动心轨在轨头切削范围内分别与两翼轨密贴，开通侧股时叉跟尖轨尖端与短心轨密贴。

④通过调整扣件使尖轨跟端、辙叉趾跟端、护轨轮缘槽宽度查照间隔满足要求。

⑤轨向调整：无砟道岔直上股、直下股、曲上股及曲下股钢轨轨向的调整以调换轨距块和缓冲调距块实现。

⑥导曲线及辙叉的支距：18 号道岔导曲线支距见图 5-3-1 和表 5-3-4，辙叉心轨支距如图 5-3-2 所示。

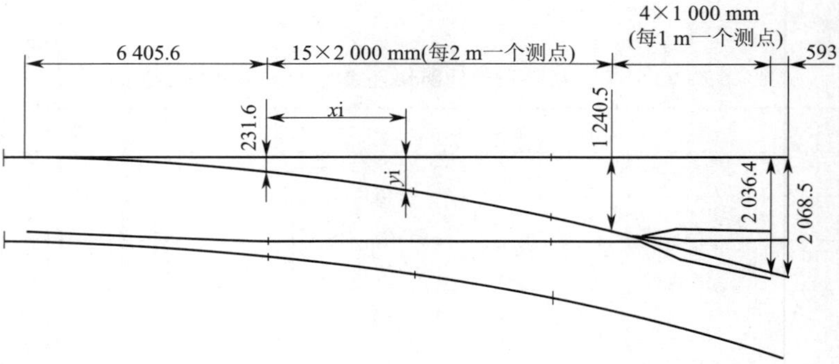

图 5-3-1　18 号道岔导曲线及辙叉支距示意图(单位：mm)

表 5-3-4　18 号道岔导曲线支距(mm)

点号	距直基本轨跟端距离 X_i	导曲线支距 Y_i	点号	距直基本轨跟端距离 X_i	导曲线支距 Y_i
1	0	231.6	17	31 000	1 288.3
2	2 000	273.5	18	32 000	1 336.9
3	4 000	318.9	19	33 000	1 386.5
4	6 000	367.9	20	34 000	1 437
5	8 000	420.6	21	35 000	1 488.4
6	10 000	477	22	36 000	1 540.7
7	12 000	536.9	23	37 000	1 593.9
8	14 000	600.6	24	38 000	1 648
9	16 000	667.8	25	39 000	1 703
10	18 000	738.7	26	40 000	1 758.6
11	20 000	813.2	27	41 000	1 814.1
12	22 000	891.4	28	42 000	1 869.7
13	24 000	973.2	29	43 000	1 925.3
14	26 000	1 058.7	30	44 000	1 980.8
15	28 000	1 147.8	31	45 000	2036.4
16	30 000	1 240.5	32	45 593	2 068.5

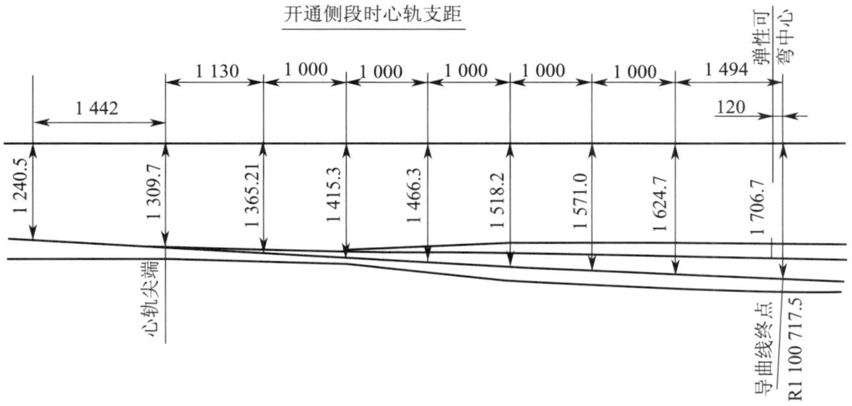

图 5-3-2　18 号道岔辙叉开通侧股时心轨支距

3. 作业质量回检

维修作业后，作业负责人或技术检测组对道岔几何尺寸进行回检分析，道岔几何尺寸应满足作业验收标准。如果满足作业验收标准就注销本次整修计划；如果没有满足作业验收标准就是整修不合格，须根据本次检查分析结果，再次下达整修计划交给维修作业人员进行整修。作业质量应达到以下作业标准。

(1)道岔静态几何尺寸容许偏差管理值执行《高速铁路无砟轨道线路维修规则(试行)》第6.1.2 条作业验收管理值：轨距－1～＋1 mm、轨距变化率 1/1 500、轨向 2 mm、支距 2 mm、轨向变化率 1/1 500、支距 2 mm。

(2)辙叉心工作边至护轮轨头部外侧工作边之间的查照间隔不得小于 1 391 mm(曲股)，护轨轮缘槽宽度为 42 mm，容许偏差－1～＋3 mm(曲股)。

(3)斥离尖轨非工作边与基本轨工作边之间的最小距离不小于 63 mm。

(4)可动心轨辙叉的长心轨实际尖端至翼轨趾端的距离(简称尖趾距离)允许误差＋15～0 mm。

(5)道岔直股基准股方向顺直，其他部位轨距递减符合规定。

(6)曲线尖轨圆顺平滑无硬弯。可动心轨辙叉，直股工作边直线度为 0.3 mm/1m，全长(可动心轨尖端前 500 mm 至弹性可弯中心后 500 mm)直线度为 2.0 mm，心轨尖端前后各1 m范围内不允许抗线。

(7)Ⅱ型弹条扣件弹条的紧固以三点接触为准、此时螺母扭矩保持在 120～150 N·m，弹性垫板用 M30 螺栓扭矩 300～350 N·m(用扭矩扳手检测)。

(8)道岔扣件系统安装与调整应符合铺设图要求，各零部件摆放位置正确、无缺少失效、作用良好，扣板三点密靠，偏差不超过 1 mm；扣件、小胶垫位置正确、无歪斜、无串出，弹性垫板螺栓盖板无偏斜。

4. 作业结束

作业质量回检完毕后，所有作业人员对路肩、道床、道心、枕木头、两线间等作业范围进行全面检查，确保无工(机)具、材料遗留，清点带人线路上的工(机)具、材料，确认工(机)具、材料数量与进网工(机)具、材料数量一致，保持线路干净无障碍物，各种材料必须随人带出，不得遗漏在封闭网内，达到放行列车条件。

作业负责人带领作业人员一同出网，出网时由作业负责人与现场防护员分别清点人员、工(机)具、材料，实行双确认，填记并在《施工(作业)携带工(料)具清点登记手册》上签字。

待人员、工(机)具全部撤离线路,确认无误后,撤除现场防护,锁闭好方便门,方可通知驻调度所及车站联络员在《行车设备施工登记簿》(运统-46)内销记。在从右治安岗亭的方便门出网后,作业负责人到岗亭进行销记签字。作业人员返回驻地。

驻调度所及车站联络员接到现场防护员通知,逐一确认所有作业单位均已销记后,办理销记手续,经签认后,方可撤离。

(四)质量记录

1.《日作业计划及完成情况》、《作业质量验收评定记录》应有质量回检数据记录和作业负责人签字并存档。

2.《道岔检查记录本》应标划销号日期和销号人签字。

(五)作业要求

1. 各种维修作业必须严格遵循"行车不施工,施工不行车"的原则,严格落实总公司、铁路局有关规章制度,天窗时间外不得进入高铁封闭网内及桥面。天窗时间内,检查和作业人员由封闭网门(安全通道)进入,不得擅自翻越防护封闭网上道。

2. 进入封闭网及桥面作业必须有调度命令,必须设驻调度所及车站联络员、现场防护员,驻调度所及车站联络员与现场防护员必须随时保持通信畅通,确认通信良好。一旦通信中断,作业负责人应立即命令所有检查、作业人员下道。多组集中作业时要增设防护员。

3. 各单位应根据天窗修计划安排,结合现场实际情况,制订安全预防措施,严格掌握和控制天窗修作业项目。有两个及以上工区作业的项目,现场须有车间干部监控。

4. 作业负责人和现场防护员共同对现场作业过程中的安全质量进行监控,所有的作业项目必须按规定设置安全防护。

5. 进出网时,实行作业负责人、现场防护员双签认制度。在封闭网作业门前列队,由作业负责人清点人数,逐一对工(机)具、材料进行登记,指定工(机)具材料携带负责人,现场防护员核实签认。重点强调安全注意事项。所有夜间维修作业工具必须贴有反光带并且编号,并落实到使用人。进网作业人员必须穿带有两条反光带标志的防护服。

6. 封锁前,作业人员及现场防护员全都在网外等候。封锁后,方可打开作业门。作业方便门由作业负责人或现场防护员负责,进出网锁门时应确认锁头状态,确认锁头锁好后,人员方可离开。作业人员往返作业现场,要求集体出发、集体返回。作业人员不得过于分散,前后距离不得过长,作业群体前后长不得超过 50 m,确保作业人员均在作业负责人和防护员监控范围内,作业过程中严禁单人离开作业群体。

7. 工(机)具、照明设备等按规定编号,定人、定责管理,粉刷或粘贴反光标志,作业时工(机)具、材料集中存放在一侧路肩上,每换一个作业点,都要随人移动。各种材料要专人管理。作业后各种工(机)具、材料、照明设备必须全部带出高铁封闭网外,不得遗漏。

8. 在岔区作业完毕后,应对转辙部位和岔心部位进行清查。在转辙部分、可动心轨部分作业,手脚不能伸人其活动范围。

9. 电务作业人员未到场,严禁在转辙部分、可动心轨辙叉部分作业。道岔工电联合整治项目作业完成后要预留足够时间交电务进行调试,调试好后方可撤离。

10. 在高架桥面作业时,防止高处坠落,在陡峭的疏散通道上运送工(机)具时注意人身安全。禁止抛掷各类工(机)具、材料,禁止从桥上、封闭网内向外抛掷弃物。

11. 无缝道岔作业必须遵守作业轨温条件。

思 考 题

1. 无砟道岔垫板作业的目的是什么？
2. 弹条Ⅱ型分开式扣件道岔垫板作业时，需调高线路 12 mm，试问如何设置垫片？
3. 设置调高垫板时应注意哪些问题？
4. 无砟道岔方向、改道作业的目的是什么？
5. 如何调整道岔支距？
6. 如何进行道岔＋3 mm 的轨距调整？

第四节　有砟道岔主要作业

一、有砟道岔起道捣固作业

（一）作业目的

对有砟道岔范围内的水平、高低、三角坑进行调整；整治道岔坑洼、下沉，增加道床厚度，调整纵断面而进行的局部或全部起道捣固，改善道床弹性，恢复道岔平顺性，以满足线路高可靠性、高稳定性、高平顺性。保证列车以规定速度安全、平稳和不间断地运行，确保旅客乘车舒适度。

（二）作业条件

1. 利用综合维修天窗进行作业，在《行车设备施工登记簿》（运统—46）内按当日天窗修计划所列项目、地点、时间及影响范围进行登记。

2. 有上级批准的高速铁路维修作业方案。

3. 现场作业负责人不低于班长，干部监控。

4. 在转辙部分及可动心轨部分作业提前二天通知电务工区，签定《工电施工配合通知单》。

5. 起道量超过 30 mm 时，提前二天通知供电工区，签定《工务供电施工配合通知单》。

（三）作业程序

1. 作业准备

（1）作业防护：

①维修作业时（无论采用何种控制模式）须在调度所设驻所联络员及车站设驻站联络员、现场设现场防护员，在调度所、车站（线路所）同时进行登（销）记，并由列车调度员、车站值班员签认。利用 GSM-R 手持终端、架团网手机或对讲机联系，现场用手持双面红色警示信号灯防护。

②驻所防护员（驻站防护员）提前 1 h 在《行车设备检查登记簿》上登记，与调度员（车站值班员）核对、确认相关登记内容，并填记《高速铁路驻所（站）防护员手册》。

③驻调度所及车站联络员必须对上道人数、上道检查检修地点、作业内容、使用工具等在《高速铁路驻所（站）防护员手册》上逐一登记。

④调度命令下达后，驻所防护员通知驻站防护员，各驻站防护员通知各作业组现场防护员。驻所防护员接到驻站防护员通知各组进网时间后，在《高速铁路驻所（站）防护员手册》上填记。

⑤作业过程中，驻站防护员与各作业小组现场防护员应使用 GSM-R 手持终端或手机进行联系，当联系中断时，驻调度所(驻站)联络员立即通知列车调度员停止向作业地点放行列车，不得办理作业销记手续；同时现场防护员立即通知作业负责人停止作业，必要时将线路恢复到准许放行列车的条件。驻所防护员要加强与驻站防护员联系，掌握每个车站各作业组作业进度情况。

⑥天窗结束前 30 min 驻所防护员通知驻站防护员提示现场防护员准备下道，并每 10 min 提示确认一次。

⑦驻所、驻站防护员分别接听各作业组现场防护员电话，逐处与现场防护员确认开通条件、人员机具下道、防护标志撤除情况，在《高速铁路驻所(站)防护员手册》记录出网时间。

⑧作业结束后，施工负责人和现场防护员必须双确认人员、机具、工具已经撤到网外，向驻站、驻所防护员报告撤离时间，驻所防护员与驻站防护员核对撤离时间无误后分别在《行车设备检查登记簿》进行双销记。

(2)作业工具材料：液压起道器、威克捣固镐或眼镜蛇捣固镐、内燃软轴捣固镐、丁字扳手(根据作业人数确定)、耙子、道镐、夯拍器、电子轨距尺、L 形尺、正矢绳、钢板尺、临时定位桩、轨温计、石笔、照明设备、个人防护用品。

(3)检查工县材料：对使用的工具进行检查，照明设备必须由专人负责检查照明设备的状态、电量是否充足；电子轨距尺、L 形尺是否在检定范围；威克捣固镐或眼镜蛇捣固镐油箱内燃油是否充足，并启动发动机进行试运转，检查机器运转是否正常，发现故障及时处理；各种工具是否正常，禁止工具设备带病上道使用。工(机)具、照明设备等按规定编号，定人、定责管理，粉刷或粘贴反光标志，作业时随人移动。各种材料要专人管理。检查 GSM-R 手持终端、手机等通信设备状态，确保电量充足。通话试验 GSM-R 手持终端和手机，确认 GSM-R 手持终端、手机通话良好。

(4)进网作业：作业人员进网作业前，作业负责人进行点名，给出书面作业计划单、明确作业地点、作业内容、人员分工、作业标准、作业时间、安全注意事项；清点工具材料、指定工具材料负责人等，并与现场防护员相互确认，确认无误后双方在《施工(作业)携带工(料)具清点登记手册》上签字。在从有治安岗亭的方便门进网前，作业负责人需到治安岗亭进行登记签字。

现场防护员与驻调度所及车站联络员联系，确认综合维修天窗命令号、天窗起止时间，并向驻调度所及车站联络员通报作业负责人姓名、作业人数、作业地点、作业项目、使用工具材料、进出网地点(治安岗亭编号)等；待驻调度所及车站联络员通知可以入网作业后，在作业负责人的带领下入网作业。入网作业时现场防护员再次核对入网作业人数、工具材料。

作业负责人确认防护已到位，并接到施工命令(命令号、施工起讫时间)后，通知作业人员，上道作业。

现场防护员接到驻调度所及车站联络员通知后，会同作业负责人，开行轨道车到作业地点；如未开行轨道车，由作业负责人组织所有作业人员从就近作业通道(疏散通道)进入，步行前往作业点。步行前往作业点时，应在作业负责人的组织下列队沿路肩(或限界以外其他专门通道)行走。防护员带队，作业负责人最后，直至作业地点。需汽车运输时，遵守道路交通规则，注意人身安全。

2. 现场作业

(1)现场布灯：夜间施工现场必须配备足够的照明设备，施工作业前将灯布置完毕；检查照明设备的开关、插头、电线和发电机连接正常、无破损，并要有专人看管。

(2)测量轨温：到达作业地点后首先测量轨温，确认是否符合作业轨温条件，做到超温不作业，并严格执行作业前、作业中、作业后测量轨温制度。

(3)标记作业量：按照《高速铁路维修作业方案审批表》确定的调整量在钢轨上用石笔进行标记，标清起道量。准确划好每撬的始终点(即撬头撬尾)，同时要将钢轨低头、空吊板等划上符号，以便指导捣固作业。

(4)复查确认：要求作业负责人对调整方案进行现场实际核对、确认，如果核对调整量与现场实际状态一致或趋势相同方可动道；如不相符，需要贸责人对方案或现场数据进行分析，找出问题所在；不能找出原因的，需请示上级部门或重新安排测量，严禁作业负责人擅自动道。

(5)安装临时定位桩：临时定位桩应安装在道岔直外股外侧的道床上，距离钢轨头部外侧以不影响起道作业为准；用 L 形尺测量临时定位桩顶面与钢轨顶面之间的垂直距离并加上起道量后，将相加的数值写在钢轨轨底，用以控制起道量。

(6)复查石砟储量及建筑限界，备足石砟，杜绝盲目抬道。

(7)撤出调高垫板：撤出起道捣固范围内的调高垫板。

(8)起道作业：

①安放起道机：用耙子扒开枕盒内道砟，安放起道机，转辙部位放在钢轨外侧，其他部位放在钢轨内侧，可动心轨辙叉部位，起道机不得放置在可动心轨辙叉趾端到跟端全长范围内，应放置在可动心轨辙叉起道位置两边对应的直外股和曲下股钢轨下，抬起可动心轨部分。铝热焊处，起道机应放在铝热焊缝以外不少于一个轨枕盒内，轨道电路地段起道机不得放在绝缘接头处，并不得在绝缘接头轨面上滑行，注意起道器把两股钢轨短路。

②起平基准股：以道岔直外股为基准股进行起道，按《高速铁路维修作业方案审批表》确定的起道量进行起道作业，并用 L 形尺测量控制起道量，做好大轨面。可动心轨辙叉部位起道作业时，直曲股应同时起平，保证可动心轨辙叉在同一个平面上，并做好道岔前后及道岔曲股顺坡。道岔起道以起平为准，禁止预留下沉量，要禁止起高道，防止岔枕变形。

③起平对面股：起对面股时，应在基准股起好后，立即用电子轨距尺对好对面股。电子轨距尺要放在起道机的起道始点(起完的一端)一侧，电子轨距尺可靠近起道机，起平即可。

转辙部分：尖轨中部量水平时，应注意尖轨轨底与滑床板之间的缝隙，用电子轨距尺量好水平。尖轨跟端水平，一般取直股、曲股两线的水平偏差值和的 1/2 作为该点的水平。

连接部分：连接部分在对内直股或导曲线下股水平时应同时看直、曲两股水平，导曲线两股水平为 0 mm。

可动心轨辙叉部分：起直外股对辙叉直股、曲股水平时，用电子轨距尺同时测量直股、曲股水平；起曲下股对辙叉直股、曲股水平时，使直股、曲股保持在同一水平面上；起可动心轨辙叉水平时，应将可动心轨辙叉两侧镐塞打好，起道机回落后，用电子轨距尺同时测量直股、曲股水平，使直股、曲股保持在同一水平面上。

(9)捣固作业：

①捣固姿势：两脚站在被捣固轨枕前或后的两根相邻轨枕上，前脚与钢轨平行，后脚站在枕盒内，身体弯直根据需要调整，两手握把。捣固时，使冲击镐与轨枕垂线成 30°角。在捣固中，还必须将冲击镐沿中心线向四周摆动和左右倾斜约 20°角，这样可以使镐头进入道床，提高捣固质量。

②排镐顺序：为加强轨底，先将镐头放在轨底处捣固，然后再向两边移动进行捣固。

③捣固时间：捣固时间与起道量有关，起道量在 20 mm 以下，一般为 50 s，每面捣四个镐位；起道量在 20～40 mm 时，一般为 60 s，每面捣五个镐位。轨底应适当延长捣固时间。

④操作要求：两把冲击镐在捣固时应做到四一致，下镐位置一致，都捣固同一位置的镐位；下镐角度一致，冲击镐与地平面成 40°～45°角；下镐动作一致，捣固时间一致，一起下镐，一起转移。

⑤捣固时每根岔枕均应在其双侧通长捣固，不能只捣固一点或里口捣固一侧、外口捣固另一侧的方法，以免造成岔枕受力不均匀或岔枕劈裂。应特别加强对道岔转辙部分连接杆处、可动心轨辙叉、绝缘接头、焊缝等处道床捣固。

⑥作业转移：捣固结束后，两人同时将内燃冲击镐提起，镐头应距轨枕 20～30 mm。

⑦捣固作业中，对水平、高低和空吊板情况，要进行一次中间检查，进行必要的找细整修。捣固结束后，要全面检查水平、高低和空吊板情况，全面进行找细整修。

(10)作业检查：起道捣固作业完毕，用电子轨距尺检查捣固范围内的水平、三角坑，用正矢绳、钢板尺检查高低，发现超限处所应及时进行整修。由于起道作业引起其他作业，按有关作业技术标准要求进行验收。

(11)回填道床：捣固作业结束后，将扒出的道砟和镐窝、起道器窝整平，将道床整平并夯实，以保证作业质量，道床顶面应低于岔枕顶面以下 40～50 mm。

3. 作业质量回检

维修作业后，作业负责人或技术检测组对道岔几何尺寸进行回检分析，道岔几何尺寸应满足作业验收标准。如果满足作业验收标准就注销本次整修计划；如果没有满足作业验收标准就是整修不合格，须根据本次检查分析结果，再次下达整修计划交给维修作业人员进行整修。作业质量应达到以下作业标准：

(1)道岔静态几何尺寸容许偏差管理值为轨距－1～＋1 mm、轨距变化率 1/1 500、水平 2 mm、高低 2 mm、轨向(直线)2 mm、轨向变化率 1/1 500、水平变化率 0.5‰、三角坑(扭曲 mm/3 m)2 mm、导曲线下股高于上股为 0 mm。

(2)可动心轨辙叉道岔起道作业时，直、曲股应同时起平，保证可动心轨辙叉在同一水平面上，并做好道岔前后及道岔曲股顺坡，同时加强接头、辙叉、尖轨弹性可弯段等部位的捣固。

(3)在道岔全长范围内，用 10 m 弦测量无大于 2 mm 的高低。

(4)捣固地段捣固后无调高垫板，胶垫恢复为标准胶垫。

(5)捣固范围为钢轨两侧各不少于 450 mm，轨下道床捣固密实，各轨枕间硬度均匀。

(6)扒开的道床应回填平整并夯实，轨枕盒内道砟应保持饱满、密实、均匀；道床顶面应低于岔枕顶面以下 40～50 mm。

(7)由于起道作业引起其他作业，应恢复到符合各项作业标准。

4. 作业结束

作业质量回检完毕后，所有作业人员对路肩、道床、道心、枕木头、两线间等作业范围进行全面检查，确保无工(机)具、材料、道砟侵限，清点带入线路上的工(机)具、材料，确认工(机)具、材料数量与进网工具、材料数量一致，保持线路干净无障碍物，各种材料必须随人带出，不得遗漏在封闭网内，达到放行列车条件。

作业负责人带领作业人员一同出网，出网时由作业负责人与现场防护员分别清点人员、工(机)具、材料，实行双确认，填记并在《施工(作业)携带工(料)具清点登记手册》上签字。

待人员、工(机)具全部撤离线路，确认无误后，撤除现场防护，锁闭好方便门，方可通知驻调度所及车站联络员在《行车设备施工登记簿》(运统—46)内销记。在从有治安岗亭的方便门出网后，作业负责人到岗亭进行销记签字。作业人员返回驻地。

驻调度所及车站联络员接到现场防护员通知，逐一确认所有作业单位均已销记后，办理销记手续，经车站值班员签认后，方可撤离。

（四）质量记录

1.《日作业计划及完成情况》、《作业质量验收评定记录》应有质量回检数据记录和作业负责人签字并存档。

2.《道岔检查记录本》应标划销号日期和销号人签字。

（五）作业要求

1. 各种维修作业必须严格遵循“行车不施工，施工不行车”的原则，严格落实总公司、铁路局有关规章制度，天窗时间外不得进入高铁封闭网内及桥面。天窗时间内，检查和作业人员由封闭网门（安全通道）进入，不得擅自翻越防护封闭网上道。

2. 进入封闭网作业必须有调度命令，必须设驻调度所及车站联络员、现场防护员，驻调度所及车站联络员和现场防护员必须随时保持通信畅通，确认通信良好。一旦通信中断，作业负责人应立即命令所有检查、作业人员下道。多组集中作业时要增设防护员。

3. 各单位应根据天窗修计划安排，结合现场实际情况，制订安全预防措施，严格掌握和控制天窗修作业项目。有两个及以上工区作业的项目，现场须有车间干部监控。

4. 作业负责人和现场防护员共同对现场作业过程中的安全质量进行监控。所有的作业项目必须按规定设置安全防护。

5. 进出网时，实行作业负责人、现场防护员双签认制度。在封闭网作业门前列队，由作业负责人清点人数，逐一对工（机）具、材料进行登记，指定工（机）具材料携带负责人，现场防护员核实签认。重点强调安全注意事项。所有夜间维修作业工具必须贴有反光带并且编号，并落实到使用人。进网作业人员必须穿带有两条反光带标志的防护服。

6. 封锁前，作业人员及现场防护员全部在网外等候。封锁后，方可打开作业门。作业方便门由作业负责人或现场防护员负责，进出网锁门时应确认锁头状态，确认锁头锁好后，人员方可离开。作业人员往返作业现场，要求集体出发、集体返回。作业人员不得过于分散，前后距离不得过长，作业群体前后长不得超过 50 m，确保作业人员均在作业负责人和防护员监控范围内，作业过程中严禁单人离开作业群体。

7. 工（机）具、照明设备等按规定编号，定人、定责管理，粉刷或粘贴反光标志，作业时工（机）具、材料集中存放在一侧路肩上，每换一个作业点，都要随人移动。各种材料要专人管理。作业后各种工（机）具、材料、照明设备必须全部带出高铁封闭网外，不得遗漏。

8. 铝热焊处，起道机应放在铝热焊缝以外不少于一个轨枕盒内。轨道电路地段起道机不得放在绝缘接头处，不得在绝缘接头轨面上滑行，防止轨道电路发生短路，并注意起道器把短路两股钢轨。

9. 在岔区作业完毕后，应对转辙部位和岔心部位进行清查。在转辙、可动心轨部分作业，手脚不能伸人其活动范围。

10. 电务作业人员未到场，严禁在转辙部分、可动心轨辙叉部分作业。道岔工电联合整治项目作业完成后要预留足够时间交电务进行调试，调试好后方可撤离。

11. 在高架桥面作业时，防止高处坠落，在陡峭的疏散通道上运送工（机）具时注意人身安全。禁止抛掷各类工（机）具、材料，禁止从桥上、封闭网内向外抛掷弃物。

12. 无缝道岔起道作业，要做到“一准、二清、三测、四不超、五不走”。起道量超过 30 mm

时应分次进行。轨温超过锁定轨温 20℃时禁止作业。

13. 电气化区段进行起道时,起道高度单股一次不得超过 30 mm。起道量超出规定时,必须先通知接触网工区予以配合。对电气化及信号装置的连接线及轨端连接线必须保持其正常连接。

二、有砟道岔拨道作业

(一)作业目的

整正道岔轨向不良处所,拨正道岔方向;调整道岔横向位移和轨向超限处所。以满足线路高可靠性、高稳定性、高平顺性,保证列车以规定速度安全、平稳和不间断地运行,确保旅客乘车舒适度。

(二)作业条件

1. 利用综合维修天窗进行作业,在《行车设备施工登记簿》(运统—46)内按当日天窗修计划所列项目、地点、时间及影响范围进行登记。

2. 有上级批准的高速铁路维修作业方案。

3. 现场作业负责人不低于班长,干部监控。

4. 在转辙部分及可动心轨部分作业提前 2 天通知电务工区,签定《工电施工配合通知单》。

5. 拨道量超过 30 mm 时,提前 2 天通知供电工区,签定《工务供电施工配合通知单》。

(三)作业程序

1. 作业准备

(1)作业防护:

①维修作业时(无论采用何种控制模式)须在调度所设驻所联络员、车站设驻站联络员、现场设现场防护员,在调度所、车站(线路所)同时进行登(销)记,并由列车调度员、车站值班员签认。利用 GSM-R 手持终端、集团网手机或对讲机联系,现场用手持双面红色警示信号灯防护。

②驻所防护员(驻站防护员)提前 1 h 在《行车设备检查登记簿》上登记,与调度员(车站值班员)核对、确认相关登记内容,并填记《高速铁路驻所(站)防护员手册》。

③驻调度所及车站联络员必须对上道人数、上道检查检修地点、作业内容、使用工具等在《高速铁路驻所(站)防护员手册》上逐一登记。

④调度命令下达后,驻所防护员通知驻站防护员,各驻站防护员通知各作业组现场防护员。驻所防护员接到驻站防护员通知各组进网时间后,在《高速铁路驻所(站)防护员手册》上填记。

⑤作业过程中,驻站防护员与各作业小组现场防护员应使用 GSM-R 手持终端或手机进行联系,当联系中断时,驻调度所(驻站)联络员立即通知列车调度员停止向作业地点放行列车,不得办理作业销记手续;同时现场防护员立即通知作业负责人停止作业,必要时将线路恢复到准许放行列车的条件。驻所防护员要加强与驻站防护员联系,掌握每个车站各作业组作业进度情况。

⑥天窗结束前 30 min 驻所防护员通知驻站防护员提示现场防护员准备下道,并每 10 min 提示确认一次。

⑦驻所、驻站防护员分别接听各作业组现场防护员电话,逐处与现场防护员确认开通条件、人员机具下道、防护标志撤除情况,在《高速铁路驻所(站)防护员手册》记录出网时间。

⑧作业结束后,施工负责人和现场防护员必须双确认人员、机具、工具已经撤到网外,向驻

站、驻所防护员报告撤离时间，驻所防护员与驻站防护员核对撤离时间无误后分别在《行车设备检查登记簿》进行双销记。

(2)作业工具材料：液压拨道器、丁字扳手(根据作业人数确定)、耙子、道镐、夯拍器，电子轨距尺、正矢绳、钢板尺、5m卷尺、轨温计、石笔、照明设备、个人防护用品。

(3)检查工具材料：对使用的工具进行检查，照明设备必须由专人负责检查照明设备的状态、电量是否充足。电子轨距尺是否在检定范围，各种工具是否正常，禁止工具设备带病上道使用。工(机)具、照明设备等按规定编号，定人、定责管理，粉刷或粘贴反光标志，作业时随人移动。各种材料要专人管理。检查GSM-R手持终端、手机等通信设备状态，确保电量充足。通话试验GSM-R手持终端和手机，确认GSM-R手持终端、手机通话良好。

(4)进网作业：作业人员进网作业前，作业负责人进行点名，给出书面作业计划单、明确作业地点、作业内容、人员分工、作业标准、作业时间、安全注意事项；清点工具材料、指定工具材料负责人等，并与现场防护员相互确认，确认无误后双方在《施工(作业)携带工(料)具清点登记手册》上签字。在从有治安岗亭的方便门进网前，作业负责人需到治安岗亭进行登记签字。

现场防护员与驻调度所及车站联络员联系，确认综合维修天窗命令号、天窗起止时间，并向车站联络员通报作业负责人姓名、作业人数、作业地点、作业项目、使用工具材料、进出网地点(治安岗亭编号)等；待驻调度所及车站联络员通知可以入网作业后，在作业负责人的带领下入网作业。入网作业时现场防护员再次核对入网作业人数、工具材料。

作业负责人确认防护已到位，并接到施工命令(命令号、施工起讫时间)后，通知作业人员上道作业。

现场防护员接到驻调度所及车站联络员通知后，会同作业负责人，开行轨道车到作业地点；如未开行轨道车，由作业负责人组织所有作业人员从就近作业通道(疏散通道)进入，步行前往作业点。步行前往作业点时，应在作业负责人的组织下列队沿路肩(或限界以外其他专门通道)行走。防护员带队，作业负责人最后，直至作业地点。需汽车运输时，遵守道路交通规则，注意人身安全。

2. 现场作业

(1)现场布灯：夜间施工现场必须配备足够的照明设备，施工作业前将灯布置完毕；检查照明设备的开关、插头、电线和发电机连接正常、无破损，并要有专人看管。

(2)测量轨温：到达作业地点后首先测量轨温，确认是否符合作业轨温条件，做到超温不作业，并严格执行作业前、作业中、作业后测量轨温制度。

(3)标记作业量：按照《高速铁路维修作业方案审批表》确定的超限处所在钢轨上用石笔进行标记，标清拨道方向和拨道量，用箭头表示拨道方向，数字表示拨道量。根据作业计划单对作业处所、偏差量值、划撬范围进行复查确认，准确划好每撬的始终点(即撬头撬尾)。轨向方案的调整，要求用10 m弦线对轨向进行检测，要求弦线绷紧，一根枕一量，读数要求准确并将数据标注在外侧钢轨轨底上，以便核对确认。

(4)复查确认：要求作业负责人对调整方案进行现场实际核对、确认，如果核对调整量与现场实际状态一致或趋势相同方可动道；如不相符，需要负责人对方案或现场数据进行分析，找出问题所在；不能找出原因的，需请示上级部门或重新安排测量，严禁作业负责人擅自动道。

(5)现场复核：用正矢绳、钢板尺逐点核对超限处所，确认无误后，再用5m卷尺测量道岔与另一线两内侧钢轨非作用边的距离并加上拨道量后，将相加的数值在钢轨上做好标记，用以控制道岔拨道量。

(6)确定基准股：按照道岔与线路、道岔与道岔连接顺畅的原则，道岔拨道应以外直股为基准股进行拨道作业。

(7)拨道作业：

①拨道前，在无缝线路地段拨道时，严格执行“一准、二清、三测、四不超、五不走”制度，并不得在铝热焊缝、绝缘接头处拨道。

②首先用道镐刨松拨道方向轨枕端头的道砟，拨道量大或道床板结时，应在拨道前将轨枕头的道砟挖开一些；拨道量不大时，可用镐尖将轨枕头的道砟刨松，以减轻拨道阻力。

③松开需拨道位置的四股岔枕竖螺栓，使扣件扣压力基本为零，然后进行拨道作业。

④扒开放置拨道器地点轨枕盒内的道砟，扒窝深度 120～130 mm，用 3 台拨道器相距 2～3 孔。局部小轨向可将拨道器集中放置在一孔内拨道，防止撬位过长或反弯。

⑤使用液压拨道器拨道时，必须放置妥当，油缸与轨面夹角不大于 45°，力点要顶住钢轨底边，支点要放在扒好的石砟下边，机底要坚硬放稳。严禁放在绝缘接头处，防止轨道电路发生短路；并注意拨道器把短路两股钢轨。

⑥用 5 m 卷尺在两线间按已标记的拨道数据控制拨道量，留好回弹量，道床密实、拨道量小的多留，反之少留；死弯多留，慢弯少留。根据相关人员在线路上做的拨道实验，回弹量一般按 2 mm 预留为宜。

⑦拨道量达到预定拨道量后，先将松开的岔枕竖螺栓拧紧，并达到规定的扣压力。然后将拨道方向后面的拨道器先放下，并用道镐镐尖逐根轨枕头窜实，以减少回弹量；再放下拨道方向前面的拨道器，依次将道岔拨正。

(8)回填道床：拨道结束后，将扒出的道砟和拨道器窝整平，将拨道后离缝的一侧轨枕头道砟埋实、整平并夯实，以保证作业质量，床顶面应低于轨枕承轨面不得小于 40 mm，同时不应高于轨枕中部顶面。

(9)作业检查：拨道作业完毕，用电子轨距尺检查拨道范围内的水平、三角坑，用正矢绳、钢板尺检查高低、轨向，发现超限处所应及时进行整修。

3. 作业质量回检

维修作业后，作业负责人或技术检测组对道岔几何尺寸进行回检分析，道岔几何尺寸应满足作业验收标准。如果满足作业验收标准就注销本次整修计划；如果没有满足作业验收标准就是整修不合格，须根据本次检查分析结果，再次下达整修计划交给维修作业人员进行整修。作业质量应达到以下作业标准。

(1)道岔静态几何尺寸容许偏差管理值为轨距－1～＋1 mm、轨距变化率 1/1 500、水平 2 mm、高低 2 mm、轨向(直线)2 mm、轨向变化率 1/1 500，水平变化率 0.5‰、三角坑(扭曲 mm/3 m)2 mm。

(2)在道岔全长范围内，用任意弦测量无大于 2mm 的轨向。

(3)扒开的道床应回填平整并夯实，拨道后离缝的一侧轨枕端头石砟埋实并夯实；道床顶面应低于岔枕顶面以下 40～50 mm。

(4)由于拨道作业引起其他作业，应恢复到符合各项作业标准。

4. 作业结束

作业质量回检完毕后，所有作业人员对路肩、道床、道心、枕木头、两线间等作业范围进行全面检查，确保无工(机)具、材料、道砟侵限，清点带入线路上的工(机)具、材料，确认工(机)具、材料数量与进网工具、材料数量一致，保持线路干净无障碍物，各种材料必须随人带出，不得遗漏在封闭网内，达到放行列车条件。

作业负责人带领作业人员一同出网，出网时由作业负责人与现场防护员分别清点人员、工(机)具、材料，实行双确认，填记并在《施工(作业)携带工(料)具清点登记手册》上签字。

待人员、工(机)具全部撤离线路，确认无误后，撤除现场防护，锁闭好方便门，方可通知驻调度所及车站联络员在《行车设备施工登记簿》(运统—46)内销记。在从有治安岗亭的方便门出网后，作业负责人到岗亭进行销记签字。作业人员返回驻地。

驻调度所及车站联络员接到现场防护员通知，逐一确认所有作业单位均已销记后，办理销记手续，经车站值班员签认后，方可撤离。

(四)质量记录

1.《日作业计划及完成情况》、《作业质量验收评定记录》应有质量回检数据记录和作业负责人签字并存档。

2.《道岔检查记录本》应标划销号日期和销号人签字。

(五)作业要求

1. 各种维修作业必须严格遵循“行车不施工，施工不行车”的原则，严格落实总公司、铁路局有关规章制度，天窗时间外不得进入高铁封闭网内及桥面。天窗时间内，检查和作业人员由封闭网门(安全通道)进入，不得擅自翻越防护封闭网上道。

2. 进入封闭网作业必须有调度命令，必须设驻调度所及车站联络员、现场防护员。驻调度所及车站联络员与现场防护员必须随时保持通信畅通，确认通信良好。一旦通信中断，作业负责人应立即命令所有检查、作业人员下道。多组集中作业时要增设防护员。

3. 各单位应根据天窗修计划安排，结合现场实际情况，制订安全预防措施，严格掌握和控制天窗修作业项目。有两个及以上工区作业的项目，现场须有车间干部监控。

4. 作业负责人和现场防护员共同对现场作业过程中的安全质量进行监控，所有的作业项目必须按规定设置安全防护。

5. 进出网时，实行作业负责人、现场防护员双签认制度。在封闭网作业门前列队，由作业负责人清点人数，逐一对工(机)具、材料进行登记，指定工(机)具材料携带负责人，现场防护员核实签认。重点强调安全注意事项。所有夜间维修作业工具必须贴有反光带并且编号，并落实到使用人。进网作业人员必须穿带有两条反光带标志的防护服。

6. 封锁前，作业人员及现场防护员全部在网外等候。封锁后，方可打开作业门。作业方便门由作业负责人或现场防护员负责，进出网锁门时应确认锁头状态，确认锁头锁好后，人员方可离开。作业人员往返作业现场，要求集体出发、集体返回。作业人员不得过于分散，前后距离不得过长，作业群体前后长不得超过 50 m，确保作业人员均在作业负责人和防护员监控范围内，作业过程中严禁单人离开作业群体。

7. 工(机)具、照明设备等按规定编号，定人、定责管理，粉刷或粘贴反光标志，作业时工(机)具、材料集中存放在一侧路肩上，每换一个作业点，都要随人移动。各种材料要专人管理。作业后各种工(机)具、材料、照明设备必须全部带出高铁封闭网外，不得遗漏。

8. 铝热焊处，拨道机应放在铝热焊缝以外不少于一个轨枕盒内。轨道电路地段拨道机不得放在绝缘接头处，不得在绝缘接头轨面上滑行，防止轨道电路发生短路，并注恚拨道器把短路两股钢轨。

9. 在岔区作业完毕后，应对转辙部位和岔心部位进行清查。在转辙、可动心轨部分作业，手脚不能伸入其活动范围。

10. 电务作业人员未到场，严禁在转辙部分、可动心轨辙叉部分作业。道岔工电联合整治项目作业完成后要预留足够时间交电务进行调试，调试好后方可撤离。

11. 在高架桥面作业时，防止高处坠落，在陡峭的疏散通道上运送工（机）具时注意人身安全。禁止抛掷各类工（机）具、材料，禁止从桥上、封闭网内向外抛掷弃物。

12. 在无缝道岔地段拨道时，严格执行“一准、二清、三测、四不超、五不走”制度。

三、有砟道岔改道作业（弹条Ⅱ型分开式扣件）

有砟道岔弹条Ⅱ型分开式扣件与无砟道岔弹条Ⅱ型分开式扣件通用，所以有砟道岔改道作业与无砟道岔改道作业相同。

思考题

1. 道岔起道时，放置压机有什么要求？
2. 简述用冲击镐捣固时的操作要领。
3. 无缝道岔起道作业有何要求？
4. 道岔拨道前要做好哪些准备工作？
5. 铝热焊缝和绝缘接头处拨道时有什么要求？

第五节 其他作业

一、轨件的维护以及转辙器、可动心轨的更换

通过有效的预防措施，可以优化道岔的使用寿命：为避免形成毛刺和早期的磨损，监测和打磨所有的道岔钢轨，尤其是转辙器和辙叉的通过区域，这在初期运营阶段尤为重要。

行车轨和中间轨：如有极端的钢轨缺陷，钢轨断裂、剥落或者钢轨有特殊严重的磨损，有必要更换相关的钢轨区段。相关的钢轨最好在焊接接头处切断以避免在道岔中增加焊接接头。在干线的大道岔上，要更换的钢轨长度和离现有的焊接接头的距离必须满足有关规定要求。新的钢轨将与现有钢轨的工作边和顶面进行校准并焊接。

绝缘钢轨：在绝缘钢轨接头处的钢轨端部进行检验并打磨以避免形成毛刺和早期的磨损（在运营初期尤其重要）。如果通过清理和打磨毛刺而无法恢复绝缘钢轨接头的绝缘能力的话，必须更换这些有缺陷的绝缘钢轨接头。更换绝缘钢轨接头的长度必须进行计算从而绝缘接头至少离下一个钢轨焊缝有 4.5 m。在更换绝缘钢轨接头之前，道岔的接地电缆或者其他电气连接必须根据铁路运营商的规定进行安装。绝缘钢轨接头必须位于轨枕间隔的中间。对于横向的绝缘钢轨接头，两者的相对位置偏差不得超过 100 mm。

转辙器轨件的更换：如果尖轨和基本轨需要更换，必须半组转辙器的尖轨和基本轨同时更换。旧的锁闭装置如果没有损坏的话可以再次使用。基本轨的放入位置用角尺以第一牵引点处样冲标记进行校准，尖轨的放入位置以基本轨为准，通过距离跟端 600 mm 处的样冲标记进行校准。注意预留合适的焊缝，钢轨焊接要在尖轨密贴状态下进行。

可动心轨辙叉的更换：可动心轨辙叉必须整体进行更换，更换前使用弦线在道岔上标出旧的可动心轨辙叉位置。以两翼轨外侧的样冲标记为基准拉弦线，并延伸至两侧的行车轨上，在行车轨上做好标记，以此确定新辙叉的位置。钢轨件焊接时，心轨要在中间位置。

二、密贴和间隔调整

（1）通过增减顶铁调整片，调整尖轨、心轨顶铁间隙（图 5-5-1），并同时与调整轨距、支距相结合，确保尖轨与基本轨密贴，可动心轨在轨头切削范围内应分别与两翼轨密贴、开通侧股时，叉跟尖轨尖端与短心轨密贴。

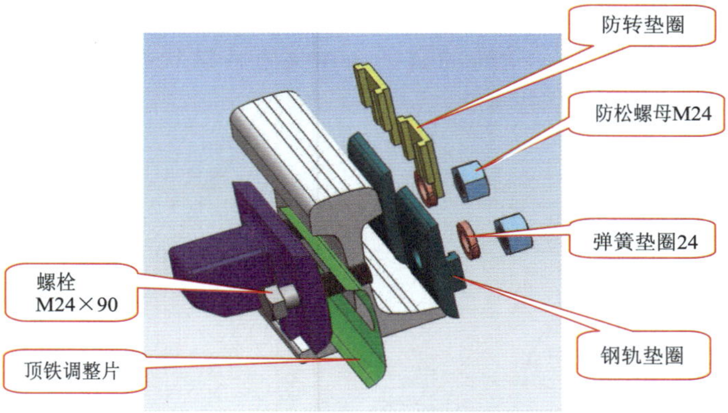

图 5-5-1　顶铁调整片调整示意图

其中，无砟时速 350 km 客专道岔，尖轨、可动心轨竖切部分全部均匀密贴；顶铁与轨腰的间隙不大于 0.5 mm；框架尺寸控制在＋2～－1 mm 的范围内；心轨实际尖端至翼轨趾端的距离（简称尖趾距离），误差不得为负；尖轨、心轨轨底与台板离缝不大于 0.5 mm。

（2）结合道岔高低、水平的调整，使尖轨或可动心轨轨底应与台板间隙不超标。

（3）调整限位器位置使两侧的间隙值对称均匀并满足技术要求，如图 5-5-2 所示。

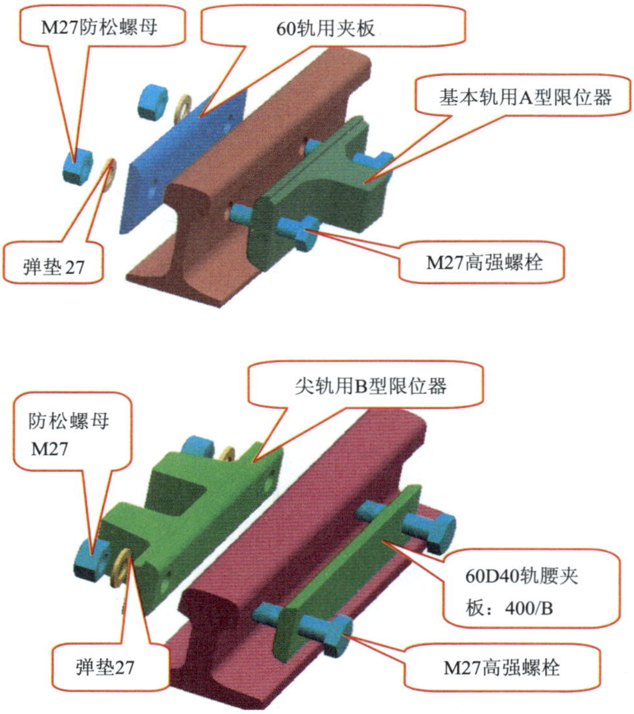

图 5-5-2　限位器结构图

(4)轨撑的顶面应与翼轨轨头下颚密贴。

(5)通过调整扣件使尖轨跟端支距、趾跟端开口、护轨轮缘槽宽度、查照间隔满足要求。

(6)吊板调整:转辙器部位基本轨与尖轨吊板可以通过更换不同规格橡胶垫板来实现,更换要兼顾基本轨与尖轨相对高差。

三、辊轮安装与调整

辊轮的结构如图 5-5-3 所示。辊轮的调试应在尖轨密贴状态进行,此时要求尖轨轨底与滑床台面接触。辊轮系统调试方法如下:

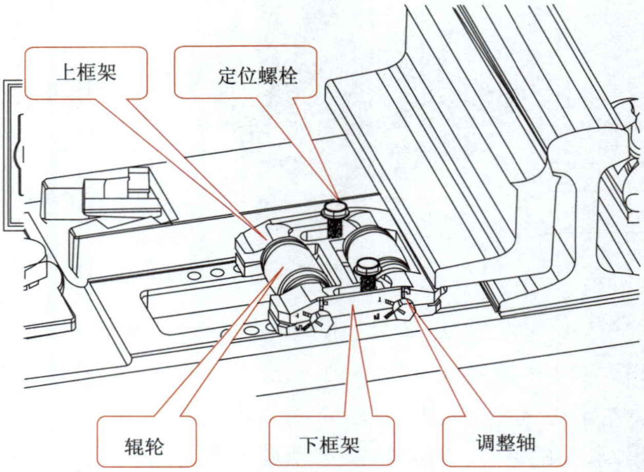

图 5-5-3 辊轮结构图

1. 拆开防护罩的弯角,撤下防护罩,如图 5-5-4 和图 5-5-5 所示。

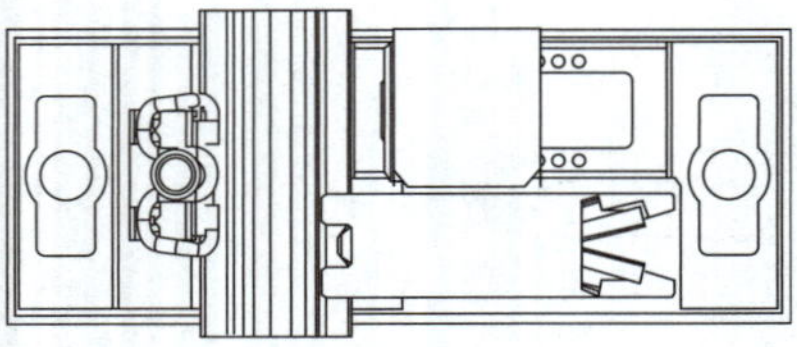

图 5-5-4 防护罩

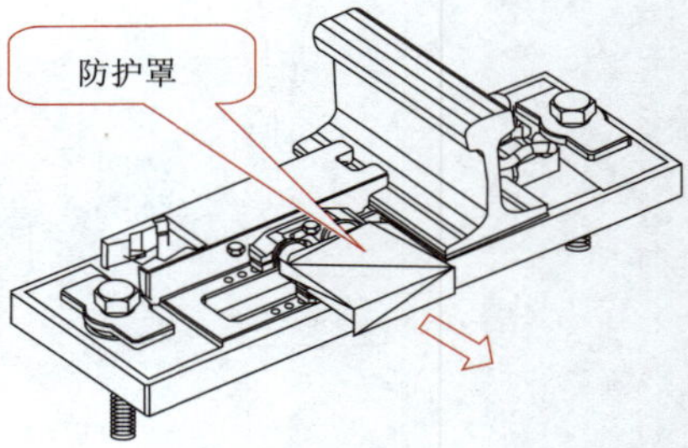

图 5-5-5 撤下防护罩

2. 松动辊轮支架上的定位螺钉,可使辊轮系统沿滑床垫板方向移动,调整辊轮位置,如图 5-5-6 所示。

3. 通过扳手转动辊轮轴,可调节辊轮最高点与滑床台板上面的高度差,如图 5-5-7 所示。一般情况下,靠近尖轨轨底的辊轮(里侧辊轮)应高出滑床台板表面 2～3 mm,外侧辊轮高出 3～4 mm,如图 5-5-8 所示。里侧辊轮与尖轨轨底应留 1 mm 的间隔,如图 5-5-7 所示用 1 mm 厚的塞尺定位。

4. 预紧支架螺栓后,要重新测定辊轮高度和内侧辊轮与轨底间隔,确认后以 70 N·m 的扭矩紧定支架螺栓,如图 5-5-9 所示。

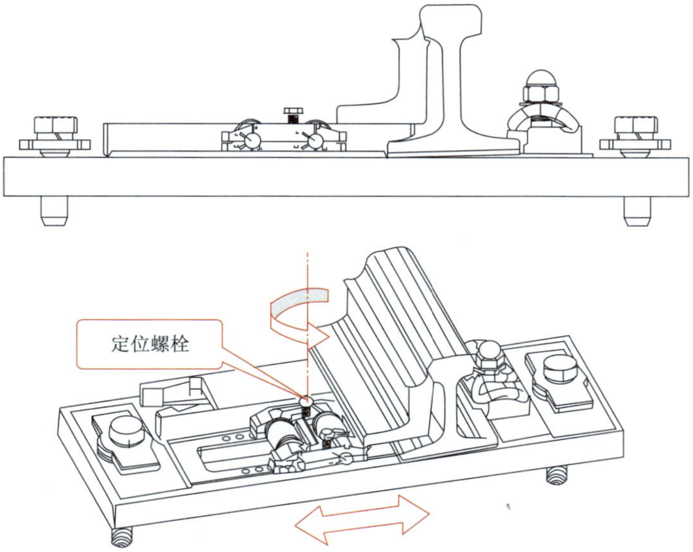

图 5-5-6　**辊轮系统**

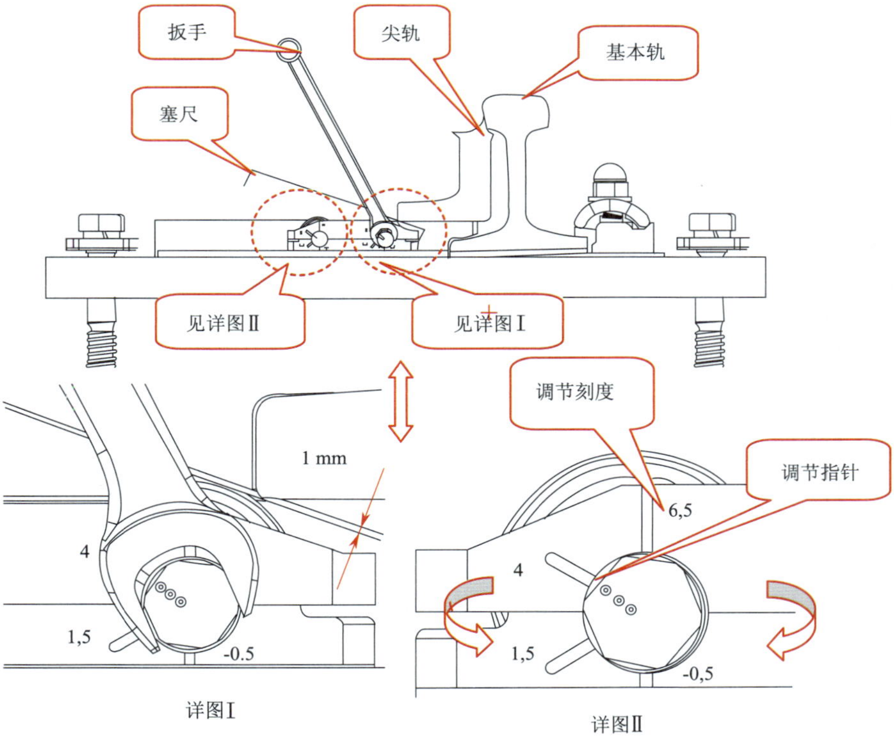

图 5-5-7　**调节辊轮**

5. 单辊轮系统的调整方式与双辊轮系统类似，与尖轨轨底的间隔同样为 1～2mm，单辊轮高度应高出滑床台面 3～4 mm。

6. 当轨底与滑床台面存有 Δmm 间隙时，应考虑此 Δmm 间隙对辊轮与尖轨轨底间隔的影响，辊轮高度应高出滑床台面 3～4＋Δmm；总的原则是使尖轨受力达到与台板接触时，辊

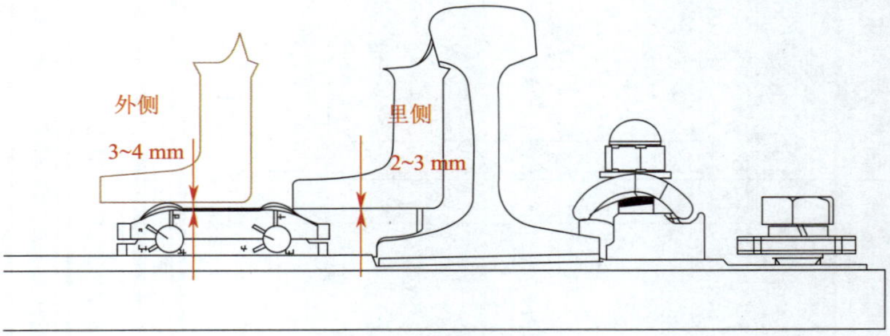

图 5-5-8 里、外侧辊轮调节

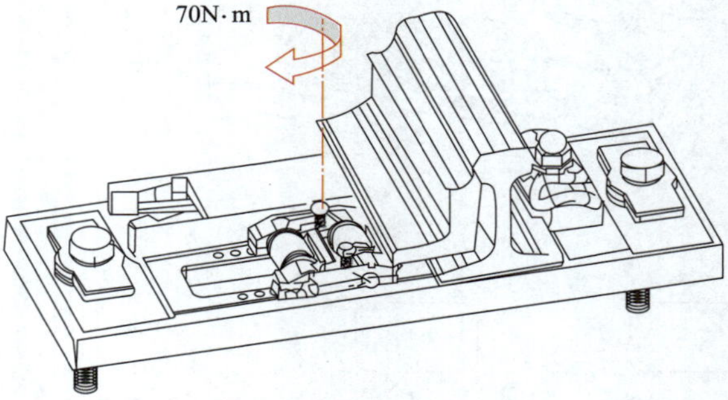

图 5-5-9 紧定支架螺栓

轮不与尖轨接触。

7. 进行转辙器部位的轨距、密贴、高低、方向等各项调整，均需对辊轮系统的的各项指标进行核实或调整。拆卸时按相反顺序重复 5～1 即可。

注意：应严格控制辊轮高出滑床台高度，不得超出标准范围。

四、施维格弹性夹安装

1. 安装工艺

(1)用手将弹性夹成一定角度，从滑床台板开口上方放入。

(2)按下弹性夹跟端并沿箭头方向推入，确保弹夹跟端位于台板止退凸台前面，如图 5-5-10所示。

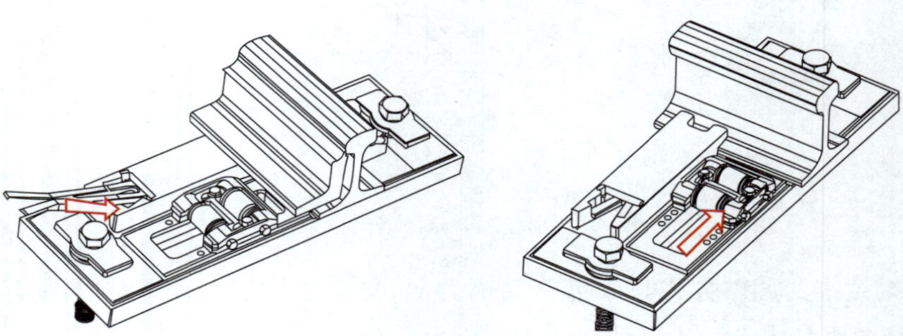
图 5-5-10 推入弹性夹

(3)将安装工具的一边插入一边的安装口，如图 5-5-11 所示。

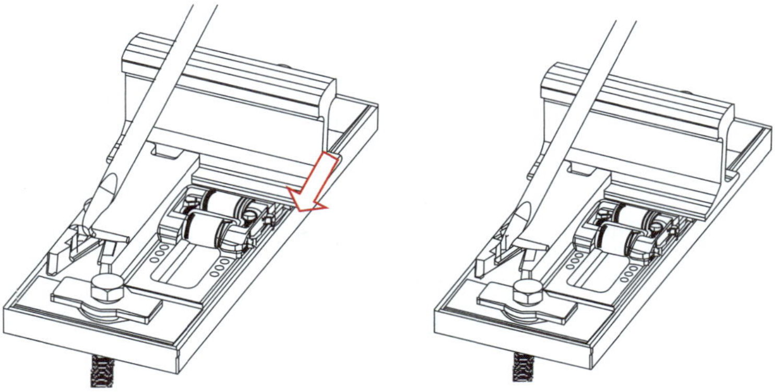

图 5-5-11 插入安装口

(4)用安装工具的水平面拉起弹性夹的一个跟端,并沿图示方向扳动安装工具,弹性夹的跟端就会被置于安装台上,如图 5-5-12 所示。

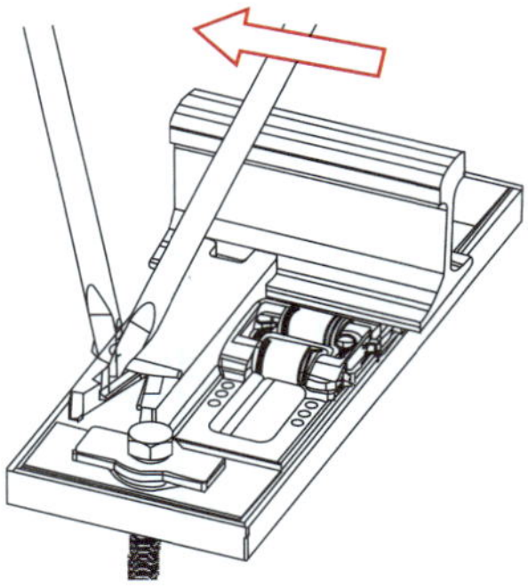

图 5-5-12 安置弹性夹跟端

(5)将安装工具放在相对的另一边开口处,抬起处于预备位置状态的弹性夹跟端,将安装工具下压,就会使弹性夹外移至凸台根部。另一侧的安装重复步骤 3、4 即可,不需要进行第 5 步,如图 5-5-13 所示。

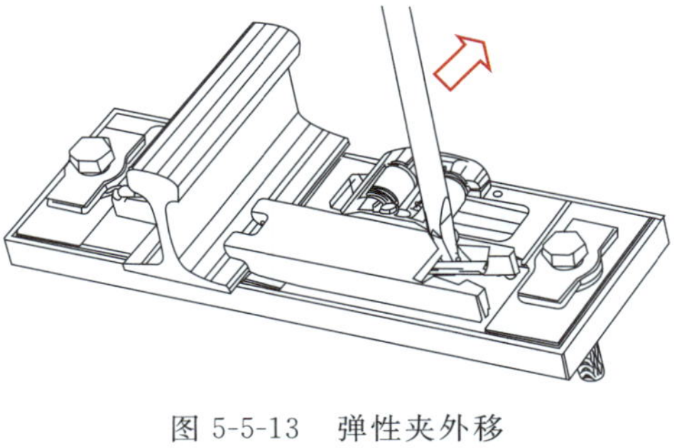

图 5-5-13 弹性夹外移

(6)用安装工具的头部放在弹性夹中间,将弹性夹向里推,确保弹性夹处于正确的位置,如图 5-5-14 所示。

2. 拆卸工艺

将弹性夹的拆卸边,插入滑床台板的安装口,沿下图所示方向扳动安装工具,即可将弹性

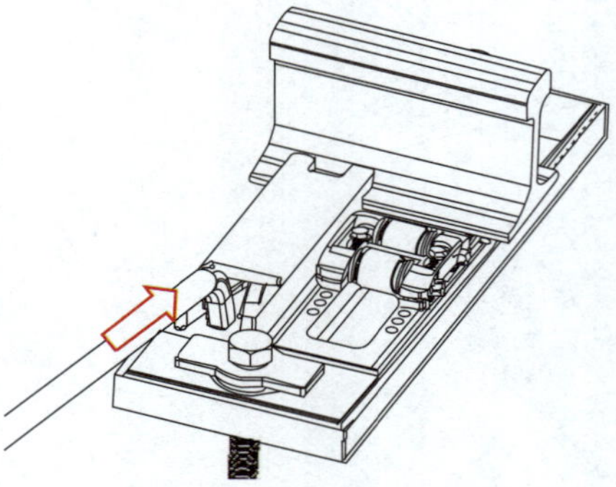

图 5-5-14　内推弹性夹

夹撬开，另一侧重复同样动作，可使弹性夹处于防松状态，此时即可取出弹性夹，如图 5-5-15 所示。

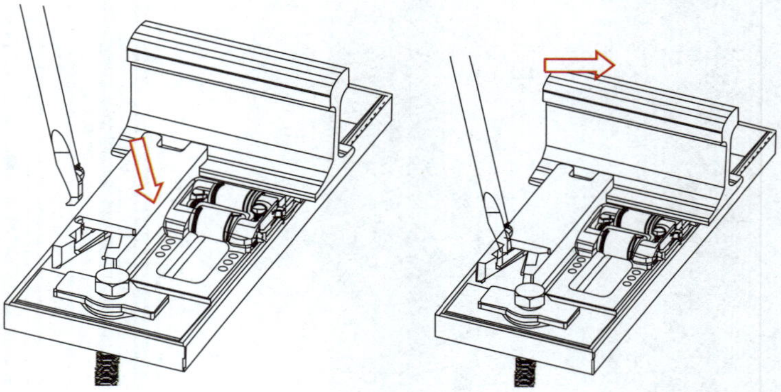

图 5-5-15　拆卸弹性夹

五、护轨调整片的安装

为防止心轨侧磨，应定期检查调整护轨的查照间隔，若不满足要求通过调整片或更换护轨来实现。调整方法如下：

1. 调查护轨查照间隔尺寸，并标记。
2. 松开护轨螺栓，使护轨与支撑的间隙扩大。如果查照间隔大了，应适当取出一定厚度的护轨调整片至查照间隔标准宽度；如果查照间隔小了，应适当增加一定厚度的护轨调整片至查照间隔标准宽度。注意调整片一定要安放到位，不要高出支撑和护轨，如图 5-5-16 所示。
3. 将护轨螺栓穿入螺孔并安放到位，依次上好弹簧垫圈和防松螺母。
4. 复紧护轨螺栓螺母。
5. 如护轨轨磨损严重，无法调整时，应及时提报计划，更换护轨。

六、高速伸缩调节器的养护维修

高速伸缩调节器的养护维修应注意以下几个方面：

1. 钢轨伸缩调节器必须尖轨锁定、基本轨伸缩。

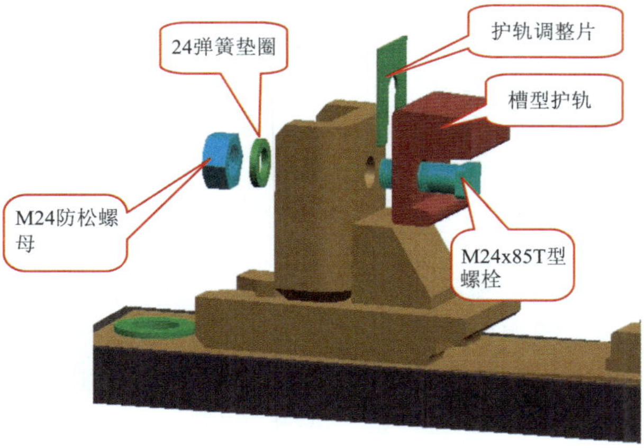

图 5-5-16　护轨调整片安装示意图

2. 注重尖轨是否爬行、基本轨伸缩是否超设计伸缩量、尖轨尖端是否藏尖、基本轨尖轨是否密贴、各部螺栓是否松动等问题。

3. 如果尖轨或基本轨顶面出现压溃飞边现象，应及时铲除并打磨，防止轨头掉块剥落，影响调节器正常工作。

4. 出现尖轨或基本轨轨头擦伤、剥落或低塌可采取焊补处理。

5. 有砟轨道调节器范围道床应丰满、密实。

6. 应及时清扫调节器的灰砂，每年将各部件及能卸下的螺栓清除污垢，并涂油至少一遍。

七、道岔常见病害的整治

(一)尖轨、心轨与基本轨、翼轨竖切不靠的原因及整治

1. 尖轨、心轨前靠后不靠的原因

(1)尖轨心轨顶铁过长或顶得过死。

(2)基本轨、尖轨、长心轨有硬弯。

(3)曲基本轨第一弯折点位置靠尖轨尖端太近(理论上弯折点在尖轨尖，但一般以距尖轨尖端 70～90 mm 为宜)；曲基本轨第一弯折点弯折量过大(理论上用 4m 长弦线拉矢度为 5.2 mm，但现场一般是用 4m 长弦线拉矢度为 4.5 mm 为宜)。

(4)尖轨、心轨尖端有方向或轨距偏小，即 1 435 mm 框架尺寸过小或实际咽喉尺寸 112.8 mm过小，造成尖轨、心轨第一动程不够。

2. 尖轨、心轨后靠前不靠的原因

(1)基本轨、尖轨有硬弯。

(2)转辙部位第二、三动作杆的框架尺寸过小。

3. 尖轨与基本轨动作杆处靠中间不靠的原因

(1)直尖轨有向内侧的硬弯。

(2)两基本轨中间框架尺寸过大(原因有：曲股轨距大；曲基本轨长平直段外凸)。

(3)第一动作杆与第二动作杆之间有小方向。

(4)基本轨在动作杆处框架尺寸过小。

4. 心轨与翼轨两头都不靠的原因

电务密贴调整不良，原则上，只要心轨用撬棍撬密贴后不反弹，电务就能调密贴。

5. 尖轨、心轨与基本轨、翼轨竖切不靠的整治方法

(1)改正道岔的方向，减步方向对密贴的影响。建议改道时，将顶铁部分拆除(与尖轨、心轨离缝 2～3 mm)，减少顶铁对密贴的影响。

(2)尖轨尖端可动心轨以及一动、二动、三动不密贴改框架尺寸、轨距后由电务部门调整密贴。

(3)整修过长或过短的顶铁，规范顶铁垫插片作业。尖轨、心轨部分的顶铁离缝，有时是一种表面现象，不能看到离缝就用插片去垫。正常情况下所有顶铁的插片不应该超过2～3 mm，如果发现顶铁插片已经用了很多但还是离缝的话应该全面检查前后各部分框架是否有偏差，辙叉部分是否有方向，要从结构上来整治顶铁离缝。原则上应由电务先调整密贴，再根据实际情况垫顶铁插片。

(4)校正基本轨弯折点的位置与弯折量，使之符合设计要求。

(5)整修基本轨或尖轨硬弯，长短心轨或翼轨硬弯。

(6)整治尖轨，可动心轨爬行(加强各种螺栓的扭矩与扣件压力，减少温度应力密贴的影响)。

(二)尖轨、心轨与滑床板离缝的原因及整治

1. 尖轨、心轨与滑床板离缝的原因

尖轨、心轨与滑床板的离缝是造成道岔上动态水平三角坑的重要原因之一，形成尖轨、心轨与滑床板的离缝原因有：

(1)埋入式岔枕在浇注前的精调时，对道岔曲股高低重视不够，岔枕没有调平，表现在曲基本轨和辙叉部位曲下股轨画低。

(2)尖轨辊轮安装不到位，造成尖轨轨底卡在辊轮上，抬高了尖轨。

(3)尖轨的拱腰：由于尖轨在吊装、运输或存放操作不规范，造成尖轨上拱。

2. 尖轨、心轨与滑床板离缝的整治方法

(1)通过在岔枕与滑床板之间垫调高垫片的方法将滑床板垫高，消除离缝。

(2)按规定调整辊轮的位置，滑床板表面与尖轨轨底理想空隙应该是 0 mm，具体的标准按“1—2—3”原则进行，即保证密贴尖轨轨底与相邻的辊轮间用塞尺在 45°角时有至少 1 mm 空隙，内侧辊轮的高度比滑床台高 2 mm，外侧辊轮的高度比滑床台高 3 mm。

(3)更换尖轨。

(三)焊接接头的质量控制

随着列车速度不断提高，钢轨焊接接头不平顺对列车的平稳运行影响越来越大，高速铁路上，就显得更为重要。接头焊接不良，不仅在静态上会影响接头前后几何尺寸的调整，动态上造成列车点晃，而且也是造成列车高速运行时动力学指标(脱轨系数和减载率)超限主要原因，沪杭高铁在联调联试期间的动力学指标超限 95%发生在焊接接头上，直接关系到线路的运行品质。造成焊接接头质量不高的原因有：对轨不良，对轨时的上拱度控制不合理，打磨不到位等。提高焊接接头质量的措施如下：

1. 加大对轨工作控制力度，原则上以尖轨、基本轨和辙叉的前后趾为基准(尖轨与基本轨、辙叉厂家是以组件形式出厂的，尺寸相对比较准确)。

2. 严格控制接头的上拱度，不能太高。

3. 采用精打磨机进行精细打磨，不合格接头必须重新处理，努力将其作用面精度要求控制在 0～0.2 mm 以内，以改善轮、轨接触关系，减少钢轨件作用面不平顺对列车的影响。

思考题

1. 更换可动心轨辙叉时有什么要求？
2. 在进行高速伸缩调节器养护维修时应注意哪些问题？
3. 护轨查照间隔如何调整？
4. 尖轨、心轨与基本轨、翼轨竖切不靠的原因及整治方法有哪些？
5. 尖轨、心轨与滑床板离缝的原因及整治方法有哪些？
6. 提高焊接接头质量的措施有哪些？

第六章　高速铁路钢轨养护修理

高速铁路钢轨维修分为周期性修理、日常保养和临时修理。周期性修理是指按管理办法规定周期进行的钢轨计划修理。主要内容是对新铺设钢轨进行预打磨，按周期对运营中的钢轨进行预防性打磨。日常保养是指根据检查车动态检查、巡检系统检查、人工静态检查结果及钢轨外观和伤损状况，对钢轨分区段进行有计划、有重点的经常性修理。主要内容是根据钢轨廓形和表面伤损检测结果，结合线路动态检测情况，以大型打磨车为主要手段对钢轨进行综合性修理；对超过整治限度病害的钢轨进行综合修理，以及需要进行日常保养的其他工作。临时修理指对轻伤、重伤及折断钢轨进行的临时性修理或处理。主要内容是对轻伤钢轨进行加固和修理，对重伤及折断钢轨进行处理及更换，以及需要进行临时修理的其他工作。

第一节　高速铁路钢轨标准及要求

一、高速铁路钢轨

钢轨是轨道结构的重要部件，主要承担着引导车轮、传递载荷的作用。高纯净度、高尺寸精度、高平直度的长定尺钢轨是实现高速列车安全、平稳、舒适和高速运行的重要保证。

（一）高速铁路钢轨横断面尺寸

随着列车速度的提高，钢轨断面形状与车轮踏面形状的配合更为重要，钢轨断面形状不断优化。选择钢轨断面实质上是合理分配金属材料在轨头、轨腰、轨底的比例，使钢轨具有足够的刚度、稳定性和耐磨性，并改善轮轨关系，图 6-1-1 为高速铁路 P60 kg/m 钢轨断面。

（二）高速铁路钢轨的几何尺寸允许偏差、平直度和表面质量要求

见表 6-1-1～表 6-1-3。

表 6-1-1　钢轨几何尺寸允许偏差

项　　目	允许偏差(mm)	项　　目	允许偏差(mm)
钢轨高度	±0.6	轨腰厚度	+1.0，−0.5
轨头宽度	±0.5	轨底边缘厚度	+0.75，−0.5
轨冠饱满度	+0.6，−0.3	轨底凹陷	≤0.3
轨底宽度	±1.0	螺栓孔直径	±0.7
螺栓孔位置	±0.7	断面不对称	±1.2
接头夹板安装面斜度	±0.50	接头夹板安装面高度	+0.6，−0.5
端面斜度(垂直、水平方向)	≤0.6	长度(环境温度 20 ℃时)	100 m ±30

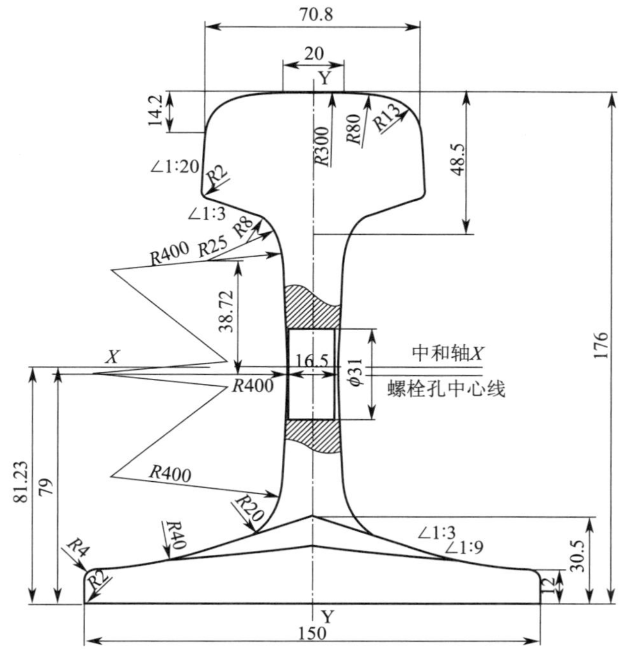

图 6-1-1　高速铁路 P60 kg/m 钢轨断面(单位:mm)

表 6-1-2　钢轨平直度和扭曲允许偏差

部　　位	项　　目	允　许　偏　差
轨端 0～2 m 部位	垂直(向上)	0～1 m:≤0.3 mm /1 m 0～2 m:≤0.4 mm /2 m
	垂直(向下)	≤0.2 mm /2 m
	水平(左右)	0～1 m:≤0.4 mm /1 m 0～2 m:≤0.6 mm /2 m
距轨端 1～3 m 部位	垂　直	≤0.3 mm /2 m
	水　平	≤0.6 mm /2 m
轨　身	垂　直	≤0.3 mm /3 m 和 0.2 mm /1 m
	水　平	≤0.5 mm /2 m
钢轨全长	上弯曲和下弯曲	≤10 mm
	侧弯曲	弯曲半径 R>1 500 m
	扭　曲	轨端 1 m 内≤0.45 mm

表 6-1-3　钢轨表面缺陷深度允许偏差

表面缺陷类别	允　许　偏　差
热轧状态下刮伤、轧痕、纵向线纹、折叠、氧化皮压入轧痕深度(mm)	轨头踏面≤0.35 mm 其他部位≤0.50 mm
冷态下形成的纵、横向划痕、碰伤深度(mm)	轨头踏面和轨底下表面≤0.30 mm 其他部位≤0.50 mm
表面缺陷修磨(最大允许修磨深度和修磨处数)	踏面 0.35 mm,其他部位 0.5 mm 每 10 m 可修磨一处

（三）高速铁路钢轨的主要技术指标

1. 内部洁净度

材质内部高洁净，有利于提高其疲劳性能和安全使用性能，是高速铁路对钢轨的最基本要求，具体指标如下：

严格控制钢中的有害元素如 P、S 含量以及气体含量，要求 P≤0.025%，S≤0.025%；[H]≤2.5×10^{-4}%，[O]≤20×10^{-4}%。

为了有效减少钢中的氧化铝夹杂物，要求采用无铝脱氧，钢中铝含量≤0.004%，并严格控制钢中的残留元素。

严格控制钢中夹杂物含量，要求 A 类夹杂物≤1.5 级，B 类、C 类和 D 类夹杂物≤1 级。

2. 表面缺陷

钢轨表面基本无原始缺陷，不仅对保证钢轨安全使用有益，而且可以减少表面接触疲劳伤损的出现，延长钢轨的使用寿命。高速铁路要求严格控制钢轨表面缺陷，其中要求在热状态下形成的钢轨表面缺陷深度踏面部位不大于 0.35 mm，钢轨其他部位不大于 0.5 mm；在冷状态下形成的钢轨表面缺陷深度为钢轨踏面和轨底下表面不大于 0.3 mm，钢轨其他部位不大于 0.5 mm。同时，还规定了钢轨表面缺陷的修磨要求，包括修磨处所、深度，修磨后所应达到的质量要求等。

3. 脱碳层深度

钢轨表层脱碳，造成表面硬度降低，耐磨、耐剥离性能下降，会导致波状磨损等表面伤损的过早出现，这对平顺性要求高的高速铁路十分重要。因此，高速铁路在轨道精调后正式开通运行前要采用打磨列车对钢轨进行打磨。一般要求高速铁路钢轨的轨头表面脱碳层深度（近似全脱碳深度）应不大于 0.3 mm。若正常的钢坯加热制度达不到此要求，则应对加热前的连铸钢坯顶面（轧制后为轨头顶面）涂刷防脱碳涂料。

4. 残余拉应力

钢轨中轨底残余拉应力对钢轨的使用有很大的影响，残余拉应力的存在将增加钢轨发生脆断的危险以及降低钢轨疲劳寿命。客运专线钢轨技术条件规定轨底最大纵向残余拉应力应不大于 250 MPa。

5. 断裂韧性和疲劳裂纹扩展速率

一般钢轨标准采用断后伸长率 A 来衡量轨钢的塑性，而对韧性指标没有明确的要求。我国高速铁路钢轨技术标准对钢轨断裂韧性、疲劳裂纹扩展速率等韧性指标作出了如下规定：

在试验温度 −20 ℃下测得的断裂韧性 K_{IC} 的最小值及平均值应分别不小于 26 $MPam^{1/2}$ 和 29 $MPam^{1/2}$。

疲劳裂纹扩展速率（da/dN）规定为：当 $\Delta K=10$ $MPam^{1/2}$ 时，$da/dN\leqslant17$ m/Gc；当 $\Delta K=13.5$ $MPam^{1/2}$ 时，$da/dN\leqslant55$ m/Gc。

6. 几何尺寸精度和平直度

钢轨几何尺寸高精度、高平直度是高速铁路轨道高平顺性的重要保证。我国铁路行业标准 TB/T3276—2011 中对钢轨的几何尺寸公差以及钢轨端部和本体的平直度、扭曲等都提出了明确要求，见表 6-1-1。

7. 其他要求

钢轨的强度和伸长率是钢轨的重要指标，对于 U71Mnk 和 U75V 钢轨，其最低抗拉强度 *Rm* 分别大于 880 MPa 和 980 MPa，伸长率 *A* 大于 10%，其中 U71Mnk 钢轨的实际伸长率 *A*

可达 12%以上。

去掉表面脱碳层后，U71Mnk 和 U75V 钢轨的轨面硬度分别为 260～300 HB 和 280～320 HB。

二、钢轨伤损分类及评判标准

钢轨伤损形式主要有轨头磨耗、轨头剥离裂纹及掉块、轨顶面擦伤、波浪形磨耗、表面裂纹、内部裂纹和锈蚀等。钢轨伤损按程度分为轻伤、重伤和折断三类。

1. 钢轨（含焊接接头、道岔、调节器和胶接绝缘接头用轨）轻伤、重伤评判准则见表 6-1-4、表 6-1-5 和表 6-1-6。

表 6-1-4　钢轨轻伤和重伤评判标准

伤损项目		伤损程度		备注
		轻伤	重伤	
钢轨头部磨耗		磨耗量超过表 3-5-4-2 所列限度之一者	磨耗量超过表 3-5-4-3 所列限度之一者	
轨顶面擦伤		200～250 km/h：深度大于 0.5 mm	200～250 km/h：深度大于 1 mm	
		250（不含）～300 km/h：深度大于 0.35 mm	250（不含）～300 km/h：深度大于 0.5 mm	
剥离掉块		—	有	
波形磨耗		—	谷深 ≥0.2 mm	
焊接接头低塌		0.2 mm＜低塌＜0.4 mm	低塌≥0.4 mm	1 m 直尺测量
钢轨表面裂纹		—	出现轨头下颚水平裂纹（透锈）、轨腰水平裂纹、轨头纵向裂纹、轨底裂纹等	不含轮轨接触疲劳引起轨顶面表面或近表面的鱼鳞裂纹
超声波探伤缺陷	焊接及材质缺陷	焊接缺陷或钢轨内部材质缺陷未达到判废标准，但与判废标准差值小于 6 dB	焊接缺陷或钢轨内部材质缺陷达到判废标准	
	内部裂纹	—	横向、纵向、斜向及其他裂纹和内部裂纹造成的踏面凹陷（隐伤）	
钢轨锈蚀		—	经除锈后，轨底厚度不足 8 mm 或轨腰厚度不足 12 mm	

注：谷深为相邻波峰与波谷间的垂直距离。

表 6-1-5　钢轨头部磨耗轻伤标准（mm）

名称	总磨耗	垂直磨耗	侧面磨耗
区间钢轨、导轨	9	8	10
基本轨、翼轨	7	6	8
尖轨、心轨、叉跟尖轨	6	4	6

注：①总磨耗＝垂直磨耗＋1/2 侧面磨耗；

②对于导轨、翼轨及尖轨、心轨、叉跟尖轨全断面区段，垂直磨耗在钢轨顶面宽 1/3 处（距标准工作边）测量；对于尖轨、心轨、叉跟尖轨机加工区段，垂直磨耗自轨头最高点测量；

③侧面磨耗在钢轨踏面（按标准断面）下 16 mm 处测量；

④磨耗影响 4 mm 检查和调整时，按重伤处理；

⑤基本轨、翼轨、尖轨、心轨磨耗会影响密贴及轨件高差，磨耗的轻重伤标准应较区间钢轨严格。

表 6-1-6 钢轨头部磨耗重伤标准(mm)

名 称	垂直磨耗	侧面磨耗
区间钢轨、导轨	10	12
基本轨、翼轨	8	10
尖轨、心轨、叉跟尖轨	6	8

2. 钢轨折断标准

钢轨折断是指发生下列情况之一者：

(1)钢轨全截面断裂；

(2)裂纹贯通整个轨头截面；

(3)裂纹贯通整个轨底截面；

(4)钢轨顶面上有长度大于 30 mm 且深度大于 5 mm 的掉块。

三、钢轨焊接标准及要求

(一)钢轨焊接方法

钢轨厂焊应采用固定闪光焊，现场焊应优先采用移动闪光焊，道岔、调节器焊接及伤损钢轨处理可采用铝热焊。

1. 固定式闪光焊接：又称为固定式接触焊，通常在基地(或工厂)将 100 m 长定尺轨焊接成 500 m 的焊接长钢轨，常用焊接工艺主要有三种：电阻预热闪光焊接工艺、连续闪光焊接工艺和脉动闪光焊接工艺。我国 GaaS80/580 型直流焊机全部采用电阻预热闪光焊接工艺，K1000 型交流焊机采用连续闪光或脉动闪光焊接工艺。

闪光焊接过程一般分闪平、预热、烧化、顶锻四个阶段。每焊接一个接头，焊机自动记录压力、电流、行程随时间的变化历程，焊接时间一般在 90～120 s 之间。顶锻量是反映焊接质量的重要参数，一般情况下，不同强度级别的钢轨顶锻量有所不同。顶锻结束后自动完成推凸工作。

2. 移动式闪光焊接：移动式闪光焊接又称为移动式接触焊，是铁路现场焊接钢轨的主要方法，包括单元焊接(将 500 m 焊接长钢轨焊接成 1 500～2 000 m 的单元轨节)和单元轨节的锁焊接。

生产设备及配套机具主要有：焊轨车、切轨机、拉伸器、端面打磨机、手持砂轮机、钢轨及接头矫直设备、热处理设备(含加热、冷却装置)、仿形打磨机、起道机具、垫轨滚筒、焊接试验台等。检验设备和量具主要有：钢轨平尺(1 m、2 m)、塞尺、直角尺、轨型样板、游标卡尺、钢轨波磨尺、电子平直仪、红外测温仪、超声波探伤仪、轨温表等。

现场焊接作业的环境条件要求：气温低于 0 ℃时，不宜进行现场焊接。气温低于 10 ℃时，焊接前用火焰预热轨端 0.5 m 长度范围，预热温度保持均匀，钢轨表面预热升温 35 ℃～50 ℃。雨量或风力较大时不应进行焊接作业。

钢轨移动式闪光焊接的基本工序包括：焊前准备与检查、焊接和推凸、粗磨、热处理、外形精整(矫直及精磨)、成品检验(外观检验和超声波探伤)。

3. 铝热焊接：铝热焊接是一种填充焊，是以氧化铁为氧化剂，以铝粉为还原剂的一种热剂焊。焊接材料主要包括焊剂、砂模和坩埚。

焊接基本工序包括：焊前准备、对轨、装卡砂型、预热、焊接、推凸、打磨、探伤和平直度检验。焊接工艺按照铝热焊接材料供应商提供的工艺手册，并通过型式检验确定。砂型或焊剂受潮、预热温度偏低等因素对焊接质量有显著影响，焊接缺陷主要是气孔、夹渣和咬边。

每焊接一个接头后，应详细记录焊接工艺参数，还应记录焊接材料的唯一性标识、主要操作人员、探伤及平直度检查情况等。记录应保留5年。

(二)钢轨焊接接头外观质量

焊接接头的外观质量包括表面质量和平直度。

1. 焊接接头的表面质量

焊接接头及其附近钢轨表面不得有裂纹、明显压痕、划伤、碰伤、电极灼伤、打磨灼伤等伤损。焊接接头的表面不平度要求在焊缝中心线两侧各100 mm范围内不大于0.2 mm。轨顶面及轨头侧面工作边母材打磨深度要求不超过0.5 mm。

2. 焊接接头的平直度

采用电子平直仪，测量以焊缝为中心1 m范围内的接头平直度。

接头顶面平直度的测量部位是钢轨顶面的纵向中心线。高速铁路焊接接头顶面平直度要求不大于0.2 mm，不允许有低接头(平直度不小于零)。如果在焊轨基地验收，考虑吊装和运输过程中接头平直度的沉降，一般应预留0.1 mm的沉降量，即大于或等于0.1 mm、小于或等于0.3 mm。

轨头侧面工作边平直度的测量部位是在轨顶面下16 mm处(轨距线位置)。钢轨工作边平直度要求不大于0.3 mm，对于弯曲方向，高速铁路接头平直度只允许使轨距加宽、不应使轨距变窄。

3. 焊接接头位置

(1)左右股单元轨节锁定焊接头相错量不宜超过100 mm。

(2)由道岔前端和辙叉跟端接头焊缝确定的道岔全长偏差不得超过±20 mm。

(3)铝热焊焊缝距枕边不得小于100 mm。

(4)单元轨节起止点不应设置在不同轨道结构过渡段或不同线下基础过渡段范围。

四、高速铁路钢轨检查要求

对钢轨应有计划地进行定期检查，及时掌握钢轨变化情况。钢轨检查分为外观及表面伤损检查和钢轨探伤。

(一)钢轨外观及表面伤损检查

1. 应采用巡检设备与人工巡视相结合的方式对钢轨外观进行检查。人工巡视检查每年不少于1遍。发现钢轨擦伤、鱼鳞裂纹、磨耗、锈蚀及其他伤损时，应进行复核。

2. 对磨耗达到轻伤的钢轨、道岔及调节器应使用钢轨轮廓(磨耗)测量仪每季度至少检查1遍。

3. 对剥离裂纹、表面裂纹和擦伤每季度检查1遍，必要时进行涡流和磁粉探伤。

涡流探伤主要用于曲线区段钢轨表面及近表面缺陷，特别是表面斜裂纹检查。

磁粉探伤主要用于焊后焊接接头及道岔表面及近表面缺陷检查。道岔磁粉探伤主要部位是尖轨全长的轨顶面、轨腰外侧面和轨底上表面；心轨的轨顶面以及高锰钢铸造翼轨的轨顶面和轨腰外侧面。磁粉探伤方法依据《无损检测 磁粉检测 第1部分：总则》(GB/T 15822.1—2005)进行。

4. 对正线钢轨现场焊焊缝平直度,应使用钢轨平直度测量仪每年至少检查1遍,对低塌达到轻伤的焊接接头,每季度至少检查1遍。

5. 应对钢轨外观及表面伤损检查结果作好记录,其检查内容有钢轨磨耗、表面剥离裂纹及掉块、钢轨擦伤、焊接接头平直度、波形磨耗、锈蚀及其他。

(二)钢轨探伤

1. 应采用以探伤车为主、探伤仪为辅的方式对正线钢轨进行周期性探伤,探伤车检查发现的伤损应采用探伤仪进行复核。

2. 应采用探伤仪对焊接接头、站线、道岔(包括尖轨和心轨变截面部分)、调节器(含尖轨变截面部分)及其前后60 m钢轨进行周期性探伤。

3. 探伤周期:

(1)使用探伤车对正线钢轨每年检查不少于7遍,冬季应缩短检查周期;使用钢轨探伤仪对正线钢轨每年检查1遍;使用钢轨探伤仪对到发线钢轨每年检查4遍,其他站线每年检查1遍。冬季可适当缩短探伤周期。

(2)使用钢轨探伤仪对正线道岔及调节器的钢轨每月检查1遍,对到发线道岔每年检查4遍,其他站线道岔每年检查1遍。

(3)对正线无缝线路和道岔、调节器钢轨的焊缝还应使用焊缝探伤仪进行全断面探伤,厂焊焊缝每5年检查1遍;现场闪光焊焊缝每年检查1遍,铝热焊焊缝每半年检查1遍。

(三)伤损钢轨

1. 线路上伤损钢轨应按表6-1-7所示做好标记。

表6-1-7 伤损钢轨标记

伤损种类	伤损范围及标记		说明
	连续伤损	一点伤损	
轻伤	|←△→|	↑△	用白铅油做标记
轻伤有发展	|←△△→|	↑△△	用白铅油做标记
重伤	|←△△△→|	↑△△△	用白铅油做标记

2. 对伤损钢轨应加强检查,并判定伤损发展情况。

3. 下道的重伤钢轨应严格管理,防止重伤钢轨重新上道。

五、钢轨修理作业要求

(一)钢轨综合修理

1. 为预防和整治钢轨病害,改善轮轨匹配关系,延长钢轨使用寿命,应做好钢轨修理工作。

2. 当钢轨出现表6-1-8所列表面轻伤及其他表面伤损时,应及时进行整修,或采用无损加固处理。

3. 当发现钢轨内部轻伤有发展时,应采用无损加固处理。

4. 伤损加固时,应尽量使伤损部位处于夹板中部,严禁夹板与焊筋接触。

5. 钢轨钻孔位置应在螺栓孔中心线上,且必须倒棱。两螺栓孔净距不得小于大孔径的两倍。其他专业需在钢轨上钻孔或加装设备时,必须经铁路局同意并委托工务部门施工。

6. 严禁焊补钢轨,严禁使用火焰切割钢轨或烧孔,严禁使用剁子和其他工具强行截断钢轨及冲孔，严禁锤击轨底。

表 6-1-8　钢轨病害整治限度

钢轨病害	限度		测量方法
	200～250 km/h	250(不含)～300 km/h	
钢轨肥边	>1 mm	>0.8 mm	直尺、深度尺测量
轨顶面擦伤	深度大于 0.5 mm	深度大于 0.35 mm	
硬　弯	>0.3 mm	>0.2 mm	1 m 直尺测量矢度
焊缝(接头)轨顶面低塌或马鞍型磨耗	>0.3 mm	>0.2 mm	
波形磨耗	钢轨表面有周期性波磨且平均谷深超过 0.04 mm(车载检测)或最大谷深达到 0.08 mm(手工检测)，波长不大于 300 mm	钢轨表面有周期性波磨且平均谷深超过 0.04 mm(车载检测)或最大谷深达到 0.08 mm(手工检测)，波长不大于 300 mm	测试精度 0.01 mm 及以上，且测试长度不小于采样窗长度
表面局部微细疲劳裂纹(鱼鳞纹)	肉眼可见	肉眼可见	目　视
尖轨扭转、硬弯、尖轨磨耗、心轨磨耗造成光带异常并影响行车稳定性时	尖轨相对于基本轨降低值偏差超过 1 mm 且车体横向、垂向加速度三级偏差	尖轨相对于基本轨降低值偏差超过 1 mm 且车体横向、垂向加速度三级偏差	人工及综合检测列车

(二)钢轨重伤处理

发现钢轨重伤时，应立即进行处理：

1. 对钢轨核伤和焊缝重伤可加固处理，并在适宜温度及时进行永久处理；在实施永久处理前应加强检查，发现伤损发展时，应按照钢轨折断及时进行紧急处理、临时处理或永久处理。

2. 对裂纹和可能引起轨头揭盖的重伤，应按照钢轨折断进行紧急处理、临时处理或永久处理。

3. 对其他重伤可采取修理或焊复方法处理，处理前可根据现场实际情况采取限速措施。

(三)钢轨折断处理

发现钢轨折断时应立即封锁线路，并根据现场情况采取紧急处理、临时处理或永久处理。

1. 紧急处理

当断缝不大于 30 mm 时，可在断缝处上夹板或臌包夹板，用急救器加固，拧紧断缝前后各 50 m 范围内的扣件，并派专人看守，按不超过 45 km/h 速度放行列车，且邻线限速不超过 160 km/h。

紧急处理后，应在断缝两侧轨头非工作边做出标记(标记间距一般为 26 m)，并准确丈量两标记间距离和轨头非工作边一侧断缝值，做好记录。

2. 临时处理

当钢轨折损严重、断缝超过 30 mm 或紧急处理后不能及时进行永久处理时，应切除伤损部分，在两锯口间插入长度不短于 6 m 的同型钢轨，轨端钻孔，安装接头夹板，用 10.9 级螺栓拧紧，拧紧短轨前后各 50 m 范围内的扣件，按不大于 160 km/h 速度放行列车。

临时处理前，应在断缝两侧轨头非工作边做出标记(标记间距一般为 26 m)，并准确丈量两标记间距离和轨头非工作边一侧断缝值，作好记录。

3. 永久处理

对紧急处理或临时处理处所，宜于当日天窗内采用原位焊复或插入短轨焊复处理。进行焊复处理时，应保持无缝线路锁定轨温不变。作业轨温宜低于实际锁定轨温 0 ℃～20 ℃。当采用插入短轨焊复时，短轨长度不得小于 20 m。

钢轨焊接应按照《钢轨焊接》(TB/T 1632)执行，并满足下列要求：

(1)焊接宜采用具有拉伸、保压功能的焊接设备。

(2)焊接作业轨温应不低于 5 ℃，且应避免大风和雨雪等不良天气。必须在不良天气进行焊轨作业时，应采取相应措施，并使环境温度高于 5 ℃；推凸后应采用石棉或其他材料覆盖直至轨温降至 300 ℃以下。

(3)钢轨焊接后应对焊缝进行探伤检查。

(4)焊接作业结束后，应测量原标记间距离，计算焊接作业范围内锁定轨温。

(四)道岔内钢轨折断处理

发现道岔尖轨、基本轨、可动心轨、翼轨折断时应立即封锁线路，进行处理。

1. 紧急处理

(1)断缝位于尖轨与基本轨、可动心轨与翼轨密贴段范围以外，且能加固时，处理办法和放行列车条件同钢轨折断处理。

(2)断缝位于尖轨与基本轨、可动心轨与翼轨密贴段范围以外不能加固或断缝位于尖轨与基本轨、可动心轨与翼轨密贴段范围内，且直股或曲股之一可单独放行列车时，根据现场实际情况，确定道岔开向，工务紧固，电务部门确认道岔尖轨及心轨密贴状态，道岔应现场加锁或控制台单锁(具体加锁办法由铁路局规定)，视道岔型号和状态确定放行列车速度，但最高不得超过 60 km/h，并派人看守，邻线限速不超过 160 km/h；直股和曲股均不能放行列车时，应进行永久处理。

2. 永久处理

更换尖轨、基本轨或辙叉并焊接，焊接作业要求同钢轨折断永久处理。

(五)胶接绝缘接头拉开时

应立即复紧两端各 50 m 线路的扣件，限速不超过 160 km/h，并及时进行永久处理。发现绝缘失效时，应及时进行临时处理并在温度适宜时进行永久处理。

(六)道岔内钢轨重伤

比照道岔内钢轨折断进行处理。道岔的辙叉、尖轨及钢轨伤损更换后不能焊接时，应临时处理并限速(速度不超过 160 km/h)，并尽快恢复原结构。

(七)无砟道岔基本轨折断的永久处理

1. 准备工作

准备机具、材料，组织作业人员进行基本轨拆装演练。

2. 轨料吊装

用汽车吊将备用基本轨、2 根 25 m 60kg/m 钢轨和 20 根木枕、零配件，装上轨道平板车，按装载加固方案进行加固。

3. 轨料运输

按调度命令，将轨料运送到指定地点。

4. 卸　车

在两线间搭好木枕平台，将 5 根木枕均匀斜放于平板车边缘和平台间。用绳索将基本轨两端和中间三点捆牢，每点 15 人(人员一字排开并站至平板车卸轨的另一面)，紧拉缓放(先从一端开始往下拨，慢慢拨至另一端，拨轨 2 人)将新轨卸至两线间木枕平台上。

5. 拆卸扣件

拆卸待换基本轨扣件、弹性压簧及有关电务设备。

6. 确定锯轨位置

新、旧基本轨长度和电务螺栓孔位置核对准确后，确定原基本轨两端的锯轨位置（按新基本轨长度和两端预留焊缝考虑）。

7. 铺设防护枕

锯轨并将旧基本轨移至两线间，为避免施工过程中损坏尖轨和电务设备，在道心铺 4 根木枕，再用 4 根木枕搭接延伸到两线间。

8. 移动新轨就位

采用枕木搭接方式，将新轨移动就位；然后用专用起道机抬起新轨，抽出枕木，缓慢落槽；基本轨落槽后，4 人用翻轨器将曲基本轨向内侧进行倾斜，其余人员用 12 根撬棍将曲基本轨往内侧拨移，直至基本轨横移到位。

9. 新轨对位

根据电务转辙机连杆安装孔位纵向移动基本轨，使其对位。

10. 设备恢复

电务人员安装连接杆，工务人员安装弹性压簧、拧紧扣件，恢复设备。

11. 钢轨焊接

由焊轨队对 2 个焊头焊接工艺进行焊接，并精磨达标。

12. 质量回检

焊接完成后，用 0 级电子道尺检查线路几何尺寸，用塞尺、扭矩扳手检查扣配件密贴、紧固情况，用平直尺检查焊缝平直度，组织探伤人员进行探伤。确保几何尺寸满足要求，平直度达标，焊缝无伤损，电务设备调试正常。

13. 回收旧料，清理场地

组织作业人员清理场地，对人员、机具、材料进行清点，确认工地无任何遗弃物后申请开通线路。

14. 开通线路

开通线路、添乘检查、首列限速不超过 160 km/h、逐级提速、恢复常速。

思考题

1. 高速铁路钢轨维修分为哪几种类型？其主要内容分别有哪些？
2. 高速铁路 P60 kg/m 钢轨的轨头宽度、轨底宽度、钢轨高度分别是多少？
3. 高速铁路钢轨的主要技术指标有哪些？
4. 高速铁路钢轨平直度和扭曲的允许偏差分别是多少？
5. 钢轨检查分为哪几形式？
6. 钢轨外观及表面伤损检查有哪些要求？
7. 钢轨伤损形式主要有哪些？钢轨伤损按程度分为哪几类？
8. 钢轨折断的标准有哪些？
9. 简述钢轨折断时断缝不大于 30 mm 的紧急处理办法。
10. 简述钢轨折断时断缝大于 30 mm 的临时处理办法。

11. 钢轨焊接时应满足哪些要求？

12. 发现道岔尖轨、基本轨、可动心轨、翼轨折断时，应如何进行紧急处理？

13. 简述无砟道岔基本轨折断的永久处理主要作业步骤。

第二节 钢 轨 修 理

随着我国高速铁路的快速发展和铁路运输能力的不断提高，钢轨接触疲劳损伤问题日益突出，主要表现为轨头磨耗、轨头剥离裂纹及掉块、轨顶面擦伤、波浪形磨耗、表面裂纹、内部裂纹和锈蚀等，严重影响铁路运输的安全性和经济性。钢轨打磨技术作为铁路工务部门在线路养护维修中的一种重要方法，能消除和抑制住轨面伤损，延长钢轨使用寿命，因此在国外已得到广泛的应用，产生了巨大的经济效益，已成为世界范围内铁路线路的常规养护维修技术。

一、钢轨打磨分类及作用

钢轨打磨分为预打磨、预防性打磨和修理性打磨三大类。

预打磨是在高速铁路开通前、轨道精调完成后将钢轨表面的锈蚀、脱碳层和工程列车碾压的不良痕迹消除，为高速动车提供更加平顺的踏面，防止车轮踏面产生不良的磨损。预打磨的益处有消除表面磨损、轨道倾斜和位置误差，保持最佳接触面条件，使运行动载荷最小化，尽可能延长钢轨的破损过程。

预防性打磨是按照线路累计通过总重并结合设备实际状况、线路条件、运输条件和自然条件等具体情况确定打磨周期，原则上为通过总重 30～50Mt，最长不宜超过 2 年。是在钢轨轨头裂纹开始扩展前将裂纹萌生区打磨掉，防止接触疲劳型波磨的产生和发展。这种打磨策略的目的是消除或控制钢轨表面缺陷、保证钢轨表面状态和良好的外形。通常需要移除少量金属(0.2～0.3 mm)，且打磨时期更为频繁或可控。钢轨预防性打磨廓形宜根据钢轨表面状态、轮轨接触情况综合设计。未进行打磨廓形设计时，可根据线路运行动车组类型，参考钢轨预打磨廓形对钢轨进行打磨。预防性打磨非常经济，特别是只需要去除少量金属，减少了打磨工具的使用量，最大化地延长了钢轨的使用寿命。预防性打磨的益处在于将横断面的矫正量最小化，减少内圆角疲劳破损，保持最佳轮轨接触状态，防止接触疲劳型波磨的产生和发展。

修理性打磨根据钢轨表面状态确定打磨时机。主要打磨已产生的钢轨表面缺陷。该打磨策略的主要目的是消除或减少在线钢轨的缺陷，一般采用积极打磨的工序，预先设计好打磨量(0.5 mm 到 4～6 mm 之间)，并且，作业间隔相对较长，通常由缺陷的严重程度来决定。校正性打磨并不是非常经济，主要是因为需要除去钢轨表面的大量金属，还要求使用大量的打磨过程，减少了钢轨的潜在使用寿命。但是，为了确保钢轨不会在短期内失效，矫正性打磨是非常必要的，特别是在更换钢轨的预算较为紧张的时期。不过这种条件的钢轨可能会导致列车限速。校正性(修理性)打磨的益处有消除波磨和车轮打滑造成的擦伤，消除横断面塑性变形，创造适宜运行的线路条件。

二、大机打磨作业前的准备工作

大机打磨是提高轨面平顺性的有效手段，但轨道结构的稳定性是保证钢轨打磨质量优劣的前提。在大机打磨作业前需做两方面的准备工作，一是确保轨道状态绝对稳定可靠；二是进行钢轨平顺性调查。

大机打磨前，对轨道进行精调精整，主要内容如下：轨道静态检测指标调查；轨道动态检测指标调查（动检车检测，车载晃车仪检测，便携添乘仪检测，人工感觉晃车）；安博格小车精准测量；利用试算软件进行试算调整；个别突变点现场再次复核；动道整修方案审批；动道整修；再次进行轨道动、静态检测复核。如果数据对比结果良好，整治完成。若没有改变，重新进行复核或者综合考虑其他原因。

钢轨平顺性调查是大机打磨前最为关键的一步，决定着打磨方案的制订和影响打磨质量，具体内容如下：钢轨基本参数调查，调查钢轨生产厂家及钢轨锁定轨温是否在设计锁定范围之内；钢轨焊缝平顺度调查，在区分厂焊、现场焊、铝热焊前提下，严格按照钢轨焊缝平顺度指标进行检测；轨面廓形调查。测试重点：轨顶面 R300 弧度是否饱满，R30、R18 弧度是否为标准阔面；轨底坡测量；利用轨底坡测量仪器对轨底坡进行现场抽测，看和设计是否相符；轨面粗糙度测量；轨面光带人工简易调查，重点调查轨面光带位置、宽度、均匀性和突变点（焊缝接头处）、轨距角是否合适。

三、钢轨打磨质量技术要求

1. 打磨廓形应符合设计要求，并采用模板或钢轨轮廓（磨耗）测量仪进行打磨廓形检查和验收。钢轨打磨作业后应满足表 6-2-1 和表 6-2-2 的要求。

表 6-2-1　钢轨打磨作业验收标准

项　目	验收标准(mm)	测　量　方　法	说　明
钢轨母材轨头内侧工作面	+0.2 0	1 m 直尺测量矢度	“+”表示凹进
钢轨母材轨顶面或马鞍型磨耗	+0.2 0		“+”表示凸出
焊缝顶面	+0.2 0		“+”表示凸出
焊缝内侧工作面	+0.2 0		“+”表示凹进

表 6-2-2　钢轨波磨打磨作业验收标准

项　目	验　收　标　准				测　量　方　法	说　明
波长(mm)	10～30	30～100	100～300	300～1 000		
采样窗长度(mm)	600	600	1 000	5 000		
谷深平均值(mm)	0.02	0.02	0.03	0.15	测试精度 0.01 mm 及以上，且测试长度不小于采样窗长度	打磨作业完成后 8 天内或在打磨后通过总重 30 万 t 之前测量
允许超限百分率(%)	5%	5%	5%	5%	连续测量打磨波磨钢轨长度 100 m(车载检测)或 30 m(手工检测)	

2. 应使用便携式粗糙度检测仪检测粗糙度，在 10 mm 范围内同一个钢轨打磨面上，沿与钢轨打磨痕迹垂直方向进行表面粗糙度测量，至少连续测量 6 个点，打磨面粗糙度不大于 10 μm。

3. 打磨面最大宽度（图 6-2-1）：R13 区域 5 mm；R80 区域 7 mm；R300 区域 10 mm。

4. 沿钢轨 100 mm 长度范围内，打磨面宽度最大变化量不应大于打磨面最大宽度的 25%。

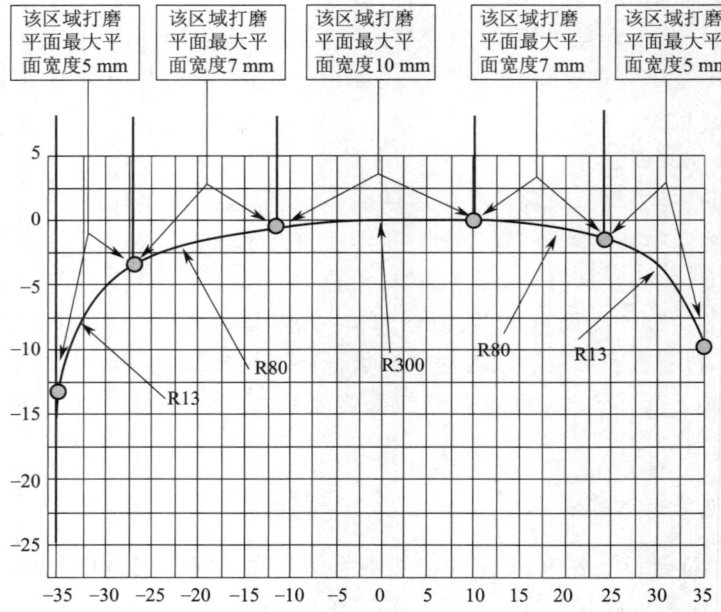

图 6-2-1 打磨面最大宽度示意图

5. 打磨后接触光带应居中，且宽度为 20～30 mm。钢轨打磨面应无连续发蓝带。

四、钢轨打磨作业技术要求

1. 打磨前应调查待打磨地段钢轨状况，每 100 m 采用钢轨轮廓(磨耗)测量仪测试钢轨廓形，根据钢轨表面状态、钢轨伤损和轮轨接触情况，由线路维修和打磨技术人员共同研究确定打磨方案。

2. 打磨前应对影响正常打磨操作地段，尤其是影响轨距角打磨的因素进行调查，并预先采取措施，以保证钢轨打磨正常进行。

3. 打磨前应对焊接接头轨面平直度进行检查。当超过标准时，应采用小型钢轨打磨机对焊接接头进行局部打磨。

4. 打磨前应在站线进行打磨参数调整试验，确认打磨廓形达到要求后，方可进行正式打磨。

5. 打磨车作业速度应根据打磨列车特性和打磨目的确定。

6. 最后一遍打磨应降低打磨功率或提高打磨速度，以保证钢轨打磨后表面粗糙度达标。

7. 应及时清理打磨碎屑。

五、道岔打磨作业技术要求

1. 道岔预打磨廓形应与线路钢轨预打磨廓形保持一致，道岔预防性打磨廓形原则上与预磨廓形一致。

2. 打磨砂轮起落点必须准确，误差不超过 300 mm。

3. 打磨作业速度宜在 6～10 km/h 范围内，打磨功率 60%～75%。

4. 预打磨轨顶面切削量不小于 0.3 mm；预防性打磨轨顶面切削量不小于 0.1 mm；修理性打磨切削量根据病害情况确定。

5. 可动心轨尖端前 50 mm 到与长短心轨连接间距 100 mm 区域、尖轨尖端前 50 mm 到与尖轨至曲基本轨净间距 100 mm 区域为打磨受限区段，允许打磨区域为图 6-2-2 所示的＋45°～＋2°区域，但可动心轨（或尖轨）厚度小于 20 mm 区段未出现肥边时不得切削到心轨（或尖轨）；其他区域可使用小型平磨机械打磨。

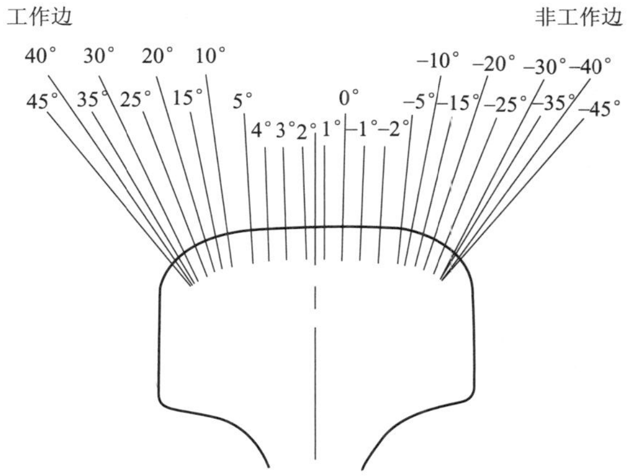

图 6-2-2　轨头形状态及测量点位置

6. 打磨后应及时清扫干净打磨产生的碎屑。

7. 雨雪天气不宜进行打磨作业。

在钢轨打磨车打磨前应该用仿型钢轨打磨机对焊缝处先行处理。钢轨打磨角度为 15°～45°之间。轨距角的打磨按照钢轨标准廓形进行。

打磨的作业次数为道岔直股不少于 13 次，曲股不打磨，钢轨打磨次数不少于 3 次。对于 48 头打磨车，第一遍打磨钢轨内侧；第二遍也为内侧；第三遍为外侧，第四遍轨顶面打磨及抛光。如采用 96 头打磨车，两遍即可完成以上的作业。

道岔打磨区域为道岔岔区及两端信号机外各 50 米线路；道岔打磨与线路打磨结合部重叠打磨 10 m。尖轨尖至尖轨与基本轨间距 100 mm 间部位的尖轨和基本轨不打磨；距辙叉趾和辙叉跟焊缝各 1 m 范围内的辙叉心部位不打磨。18 号道岔曲股不打磨。轨头断面打磨范围：轨面＋8.5°～－57.5°范围。

六、大型打磨列车作业

（一）打磨施工作业流程

1. 收集施工资料：施工负责人收集施工资料：包括接收打磨施工电报、施工安全协议、施工技术组织措施、收集线路设备资料（线路设备资料、钢轨调查资料）

2. 交班会前准备：施工负责人进行交班会前准备工作：确定施工方案、编制施工作业命令单。

3. 召开交班会：施工负责人负责组织召开交班会，进行技术交底工作，主要内容包括：学习文件，组织落实、检查卡控执行情况、施工小结、布置施工、指出安全注意事项、危险源控制制度等。

4. 司机长召开班前会：司机长负责组织召开交班会，主要内容包括：进行号位分工、传达本班组安全注意事项等。

5. 出车前确认工作：按作业指导书要求，各号位进行出车前的检查工作（含危险源检查），检查完毕向司机长汇报。

6. 调车和运行：驻站防护员调车前要确认调车计划及运行计划，调车中加强与作业车联控。调车作业严格进行标准化作业。

7. 施工前准备工作：

(1)天窗点前 2 h 铁路局驻台人员到局调度室进行施工登记申请，施工负责人与之进行施工前联系及确认。

(2)防护员在天窗点前40 min上车站信号楼联系调车作业及施工相关事宜，按要求进行施工登记工作。

8. 施工作业：

(1)作业前准备和放车。

(2)钢轨打磨作业。

(3)作业完毕收车。

(4)按危险源控制措施进行检查清理。

9. 施工后结束工作：

(1)防护员向行调和车站确认当日停留站和停留股道；进行施工消记工作。

(2)防护员向车间汇报日进度。

(3)召开施工作业后施工小结，总结当日施工情况。

(二)打磨施工作业安全

1. 行车和调车安全

(1)为保证机组运行安全，司机和副司机应严密观察线路设备、施工人员及施工机械，线路两旁的工机具是否侵限，行车速度不超过60 km/h。遇到雨雾天气时，应降低行车速度，不超过25 km/h，加强瞭望和鸣笛，确保行车安全。

(2)进返区间时，应双人确认信号。

(3)未取得大型养路机械驾驶证的人员，严禁独立担当驾驶工作，在取得大型养路机械驾驶证人员的指导下，方能驾驶车辆。

(4)严格按照操作规程使用轨道车运行监控装置(GYK)，严禁监控装置状态不良上线运行。目前，未换装GYK运记的车辆运行驾驶、作业时使用重联模式，调车转线使用调车模式。

(5)打磨车调车作业时，严禁推进调车，一律运用前行司机室担当调车司机位，严禁退行操作。

(6)调车作业时由施工负责人单一指挥，司机和副司机信号和道岔位置，按照工务段带道司机的指示进行调车。

(7)对防溜铁鞋进行统一编号，并实行挂牌开车制度，司机确认防溜铁鞋已拆除，司机操作位挂上“铁鞋已取”的牌号，才能动车。

(8)机组停靠在停留线上，各车长安排人员打好防溜铁鞋，并上锁，同时打好手制动，机组两端50 m设置防护红牌(夜间防护红灯)，并上锁。

(9)自轮运转设备的开车钥匙，在停机后，必须从钥匙孔取出，由司机妥善保管。

2. 作业安全

(1)从事钢轨打磨车驾驶和操作人员，必须经过高速安全、技术知识相关培训，考试合格后，方可上高速线路作业。

(2)设备上线作业前车间必须组织对整车进行检查、对设备性能进行试机；发现异常要及时进行处理，物资设备部对整车及起复设备复查，安全管理部对运行监控设备进行检查，由物资设备部和安全管理部共同签认后，方可上线作业。

(3)线路技术部负责编写安全协议，由安全管理部审核后，再由线路技术部与设备管理单位签订协议，界定双方责任及义务，无安全协议不得上道施工。

(4)钢轨打磨施工实行“三位一体”即施工台、驻站、现场随车防护。通信工具以对讲机、GSM-R电话相结合，现场防护、驻站防护员必须携带GSM-R电话。

(5)参与作业人员每人配备应便携照明设备 1 部。作业车照明工具性能良好。

(6)禁止从车上向外抛弃任何物品，作业人员禁止在现场遗留和向线封闭网内外抛弃任何物品。

(7)作业过程中所更换下的磨石和其他零部件、工具、棉纱、各种包装以及其他废弃物全部随车回收，禁止在高速线路上遗留物品。遗留油脂油污要擦拭干净。

(8)作业过程中，严禁车辆两边人员站立停留，防止砂轮碎裂飞出，造成人身伤害。

(9)施工中一旦碰坏工、电设备或因突发机械故障无法恢复线路时，应立即启动应急预案，请工、电部门组织抢修，保证线路的安全开通。

(10)自轮运转特种设备的三项设备(机车信号、列车无线调度电话、运行监控记录装置)必须齐全、完好。每次运行前，必须指定专人进行检查，确认完好。

(11)所有工具必须刷有反光涂料或粘贴反光标志，各种防护标志牌必须是夜显具有反光功能。施工(作业)结束前，作业负责人应清点作业人员、随车工具材料，确认无误签认。

作业完毕后现场负责人要采取徒步或者低速运行检查方式对作业地段进行一次全面检查，确保施工现场无遗留物品。

(12) 所有作业人员必须穿带有 2 道反光条的防护服，并按照规定施工劳保用品。

(13)所有施工必须严格按照线路技术部下发施工调度命令内容执行，严格执行夜间天窗施工要求。

(14)作业车后安排检查人员，进行线路清理和状态检查，并做好作业后线路及附属设备完好状态的证据留存。

(15)维修作业设驻台调度 1 人、驻站防护员 1 名、现场质量监督员 1 人/车，防护员应掌握当日施工作业项目、位置、地形情况、作业人数及机具使用情况等内容；施工作业前核对钟表。

(16)线路打磨施工运行通过超高大于 150 mm 的曲线地段，速度不得小于 10 km/h。

3. 人身安全

(1)天窗(或封锁时间)以外，任何人员禁止进入防护栅栏或桥面。

(2)线路勘测或复查等作业项目必须安排在昼间天窗点内进行，必须设置驻站联络员、且在流动作业点前后 2 000 m 及作业地点设专人防护，配备对讲机，随作业点移动，并加强联系，严格执行应答制度，当联系中断时，按照来车办理及时通知下道。

(3)上道作业不得分散作业，确保现场作业人员均在作业负责人和防护员的监控范围内，作业过程中严禁离开作业群体单独作业。

(4)所有入网作业人员必须持证上岗，按规定穿着防护服，夜间必须穿着带有 2 道反光条的防护服。

(5)遇有大雾、暴风雨(雪)、扬沙等恶劣天气，应停止日常线上作业和上道检查。如遇故障必需作业时，要采取特殊安全措施，申请重直天窗进行作业，确保作业人员人身安全。

(6)施工(作业)人员搭乘作业车辆，必须站稳扶牢，车未停稳随车人员不得上下。

(7)各种车辆、机具设备不得超过机车车辆限界，施工(作业)人员和工机具与接触网必须保持 2 m 以上距离，否则必须按规定办理接触网停电手续。

(8) 作业和保养时按规定穿戴好劳动保护用品。敲打积铁块和吹尘时，必须戴好防尘面罩和防护眼镜。吹尘时注意周边人员的人身安全，避免铁粉尘伤到其他人。

(9)作业人员到作业地点，原则上全部采用轨道车、工程车等交通工具，集中出发，集体返回。

(10)作业前、作业后施工负责人要清点作业人员,防止作业人员漏乘作业车。

(11)严格执行班前安全预想、班后总结的作业制度。

(12)作业车动车,应确认动车方向前端无人(尤其在区间作业时)。鸣笛后,等待5 s后动车。

(13)遇恶劣天气(大雾、大雨、大风、大雪)时,作业人员应提高安全意识,做好防滑、防摔工作,必要时可停止作业。

七、钢轨焊缝修理

(一)目 的

整治钢轨焊缝凹凸,提高焊缝平直度,修正断面形状,改善轮轨接触关系,减少冲击和振动,确保行车平稳性。

(二)作业工具

钢轨仿形打磨机(精磨机)、1 m钢直尺、道尺、塞尺、护目镜、石笔、油漆、移动照明设备等。

(三)作业程序

1. 准备阶段

提前对焊缝处所扣件进行复紧,零配件、几何尺寸整治到位。

2. 作业阶段

(1)打磨测量。用1 m钢直尺对焊缝区域仔细测量,工作边、顶面、非工作边应全部进行测量。在测量时应将钢直尺向两边各延伸1.5 m至3 m范围内测量,避免形成高台或低台,通过塞尺找出高点和低点,并用石笔进行标注。

(2)打磨作业:

①根据调查的标记进行打磨,1人负责仿形打磨机的推动,并掌握平衡,另一人负责控制打磨量、打磨速度、打磨范围。

②按顶面外侧、中部、内侧、内外侧倒角步骤进行打磨,外侧按$-45^{\circ}\sim-10^{\circ}$的顺序进行,内侧按$45^{\circ}\sim10^{\circ}$的顺序,前后作业线要衔接。

③严禁在一个位置停留打磨,作业推拉速度要匀速平稳。

④打磨过程中应经常检查打磨情况,确保打磨效果。

⑤经测量打磨平顺后,快速推拉打磨机,对轨面进行抛光清理,消除轨面磨削纹。

3. 质量回检

(1)打磨后焊缝工作边、轨面平整。

(2)用钢直尺测量平直度,1 m范围内轨顶面控制在$0\sim+0.2$ mm以内,钢轨内侧作用边控制在$0\sim+0.2$ mm以内。

(3)轨距、轨距变化率达到相关标准。

思 考 题

1. 钢轨打磨分为哪几类?打磨的目的各是什么?

2. 大机打磨前要做好哪些准备工作?

3. 简述钢轨打磨质量技术要求。
4. 简述钢轨打磨作业技术要求。
5. 简述道岔打磨作业技术要求。
6. 简述钢轨焊缝修理的主要作业程序。
7. 简述大机打磨施工的主要作业流程。
8. 大机打磨施工人身安全有哪些规定?
9. 大机打磨施工作业安全有哪些规定?

第七章　高速铁路扣件作业

为保证高速列车安全、舒适运行，要求轨道系统具有足够的稳定性和高平顺性，扣件系统是保持轨道状态稳定的关键部件，加强高速铁路扣件的安装和维护，确保线路整体框架的稳固和设备状态的良好是工务养护维修的重要工作之一。

我国高速铁路采用了多种扣件型式，其中无砟轨道线路采用了 WJ-7 型、WJ-8 型、300-1 型和 SFC 型四种类型扣件，有砟轨道线路采用了弹条Ⅳ型、弹条Ⅴ型和 FC 型三种类型扣件。

第一节　有砟轨道扣件作业

一、弹条Ⅳ型扣件

弹条Ⅳ型扣件由弹条、预埋铁座、绝缘轨距块和橡胶垫板组成，如图 7-1-1 所示。

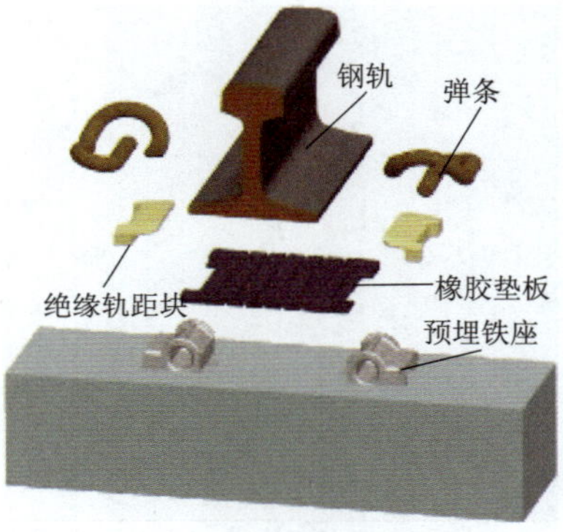

图 7-1-1　弹条Ⅳ型扣件部件组成

(一)部件规格及安装要求

1. 弹　　条

弹条分 C4 型、JA 型和 JB 型三种，如图 7-1-2～图 7-1-4 所示。一般地段安装 C4 型弹条，钢轨接头处安装 JA 和 JB 型弹条。C4 型弹条的直径为 20 mm，JA 和 JB 型弹条的直径为 18 mm。JA 型弹条防锈涂料为灰色，与 7 号、8 号和 9 号接头绝缘轨距块配用；JB 型弹条防锈涂料为黑色，与 10 号、11 号、12 号和 13 号接头绝缘轨距块配用。

图 7-1-2　C4 型弹条

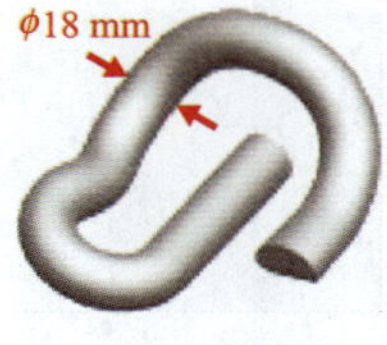

图 7-1-3　JA 型弹条

图 7-1-4　JB 型弹条

弹条就位以其小圆弧内侧与预埋铁座相距 8～10 mm 为准，不得顶紧或距离过大，如图 7-1-5 所示。

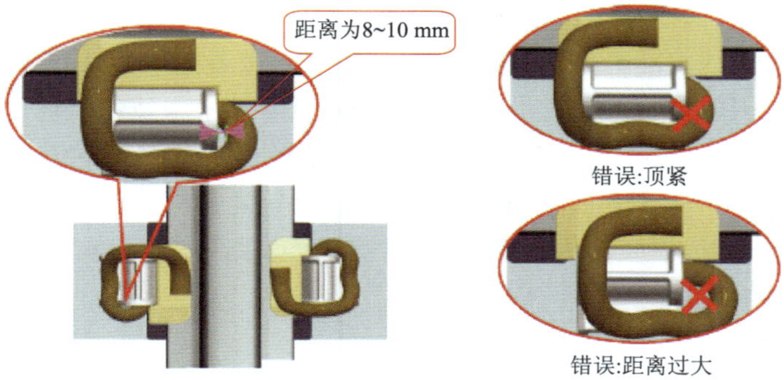

图 7-1-5　弹条位置示意图

2. 预埋铁座

该部件预先埋设于轨枕中，埋设精度应满足规定的要求，如图 7-1-6 所示。

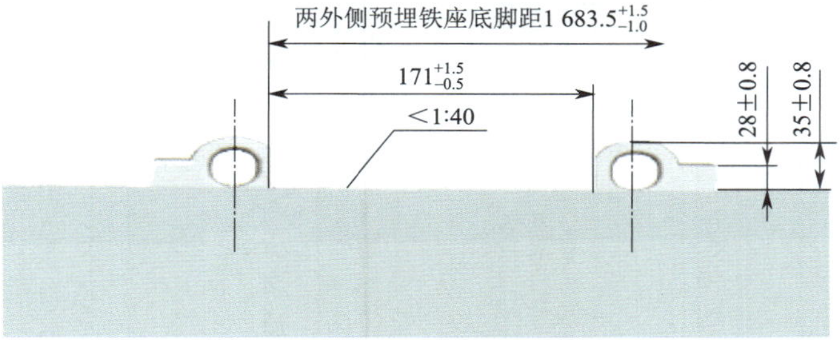

图 7-1-6　弹条Ⅳ型扣件与轨枕接口尺寸(单位:mm)

3. 绝缘轨距块

绝缘轨距块(以下简称轨距块)分两种，即一般地段使用的轨距块 G4 和钢轨接头处使用的轨距块 G4J，每种轨距块又各有 7 个规格，即 7 号、8 号、9 号、10 号、11 号、12 号和 13 号。标准轨距时采用 9 号和 11 号。除 7 号、8 号和 9 号接头轨距块为非黑色外，其他轨距块均为黑色，如图 7-1-7～图 7-1-9 所示。

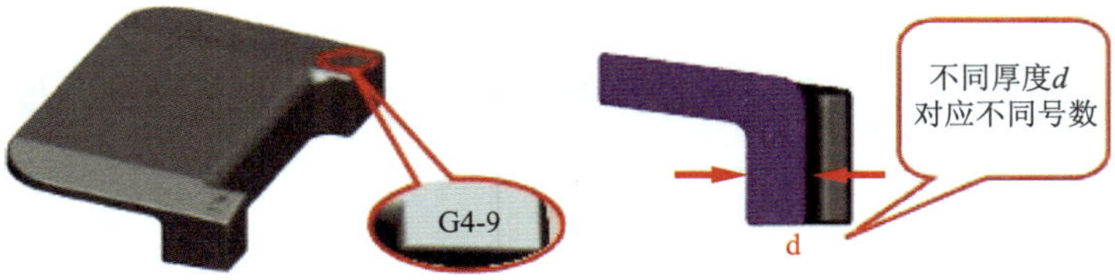

图 7-1-7　9 号轨距块

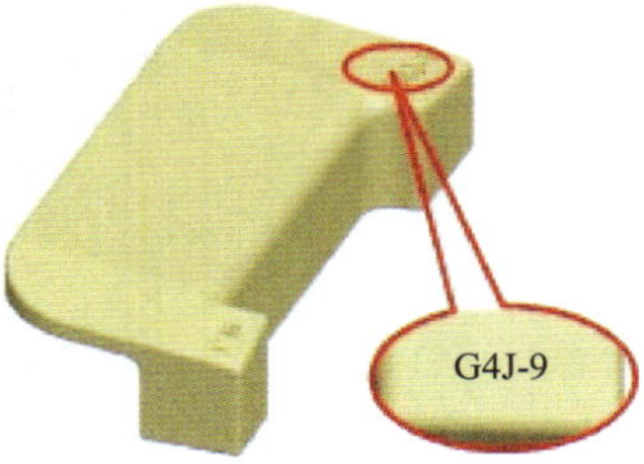

图 7-1-8　10 号接头轨距块

图 7-1-9　11 号接头轨距块

(二)作业程序与要领

1. 作业前的准备工作

(1)准备 9 号和 11 号轨距块,适当准备 8 号、10 号和 12 号轨距块,以备轨距不合适时调整轨距之用;同时还要适当准备相应号码的接头轨距块,以备用于钢轨接头。

(2)准备 C4 型弹条,适当准备 JA 和 JB 型弹条,以备用于钢轨接头。

(3)上道轨枕中预埋铁座的埋设位置必须准确。凡预埋铁座埋设位置歪斜、埋设高度、同一侧两预埋件的间距或两外侧预埋铁座的底角距不符合规定的轨枕不得上道如图 7-1-10(a)所示。

(4)检查轨枕承轨面,不应有裂纹。清除轨枕两侧预埋铁座间承轨面和预埋铁座孔内的泥渣,如图 7-1-10(b)所示。

(5)清除轨底的泥污,如图 7-1-11 所示。

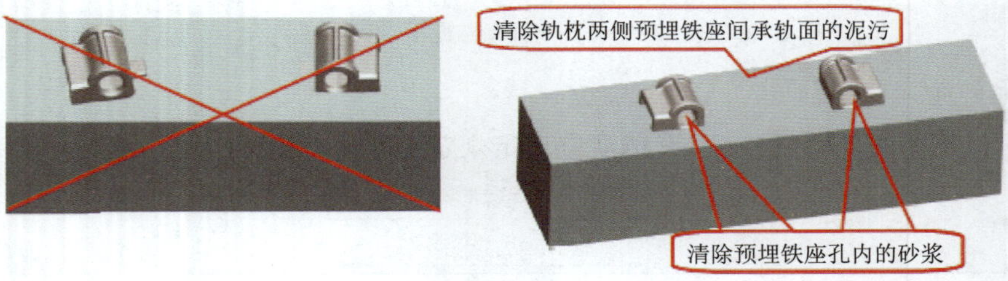

(a) (b)

图 7-1-10 预埋铁座示意图

图 7-1-11 清除轨底泥污

2. 安装顺序及要求

(1)铺设橡胶垫板:将橡胶垫板放在两预埋铁座之间,橡胶垫板两侧的槽口中心线与预埋铁座中心线应对齐,如图 7-1-12 所示。

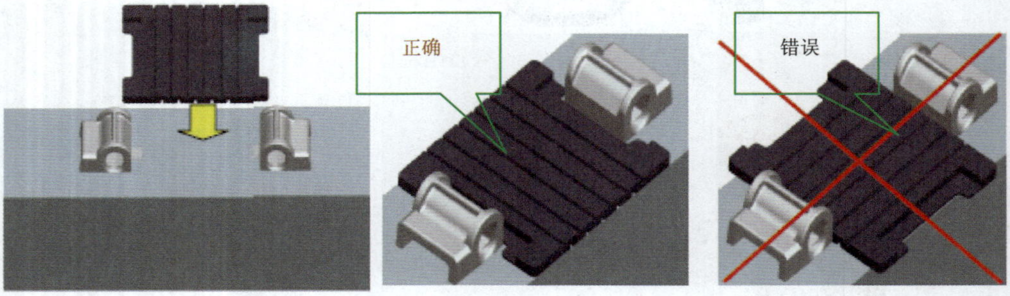

图 7-1-12 橡胶垫板放置图

(2)铺设钢轨,如图 7-1-13 所示。

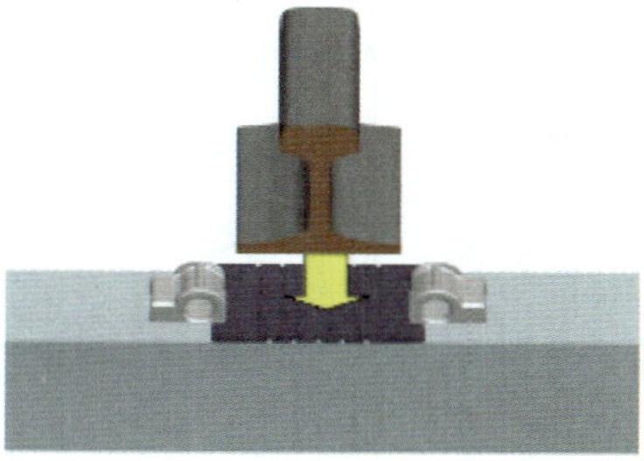

图 7-1-13　铺设钢轨

(3)安装轨距块:安设 9 号和 11 号轨距块;钢轨外侧安设 9 号,内侧安设 11 号,且轨距块的边耳应扣住预埋铁座。若因钢轨、轨枕和轨距块的制造偏差,安设规定号码的轨距块不能满足轨距要求或轨距块不能安装入位时,可根据实际情况予以调换,不得用锤或其他工具猛烈敲击使其入位。如图 7-1-14 所示。

(4)安装弹条前,钢轨、橡胶垫板、轨枕承轨面之间以及轨距块扣压钢轨面与钢轨轨底上表面均应密贴,如图 7-1-15 所示。

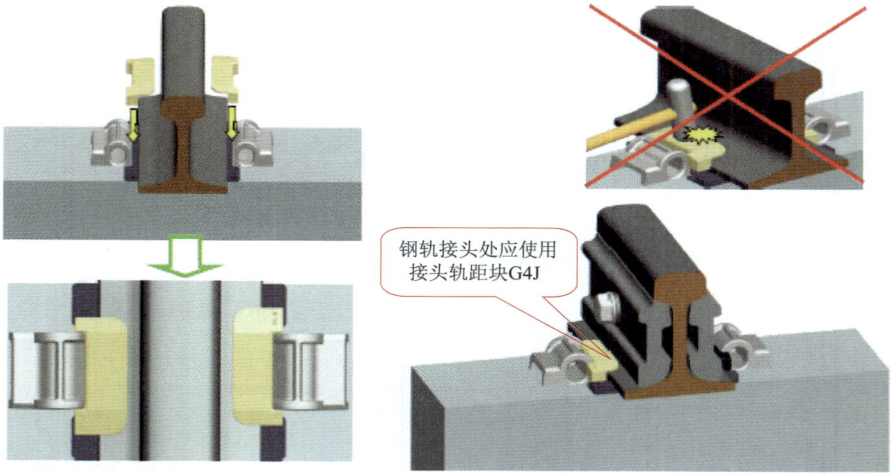

图 7-1-14　轨距块安装

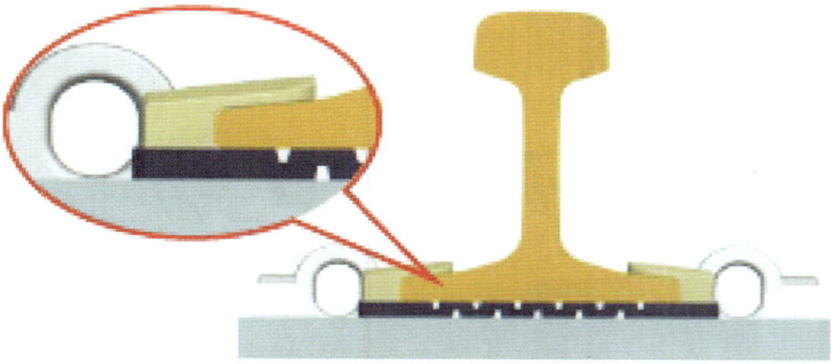

图 7-1-15　安装弹条各部件应密贴

①安装弹条时应采用专用工具。弹条中肢入孔位置要放平、放正,不得歪斜,如图 7-1-16 所示。

②安装时切忌生拉硬扳,用力要适中,支点与加力点要正确,如图 7-1-17 所示。

③如遇到个别弹条就位困难时,在使用安装工具的同时可用小锤轻敲弹条尾部,使其就位,如图 7-1-18 所示。

④在钢轨接头处应安装JA和JB型弹条，如图7-1-19所示；灰色的JA型弹条与非黑色的7号、8号和9号接头轨距块配用，如图7-1-20所示；黑色的JB型弹条与黑色的10号、11号、12号和13号接头轨距块配用，如图7-1-21所示。

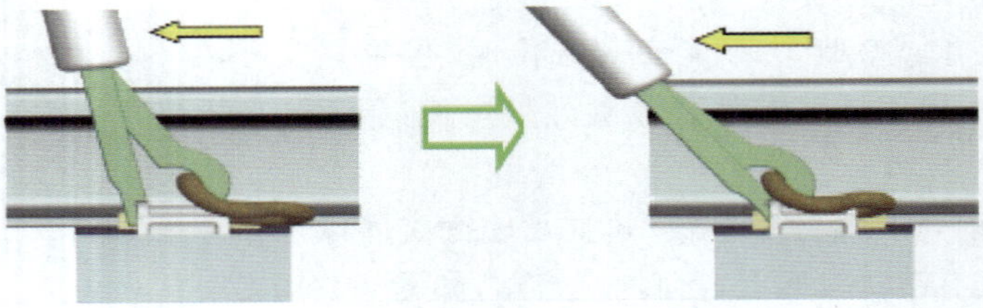

图7-1-16　安装弹条专用工具

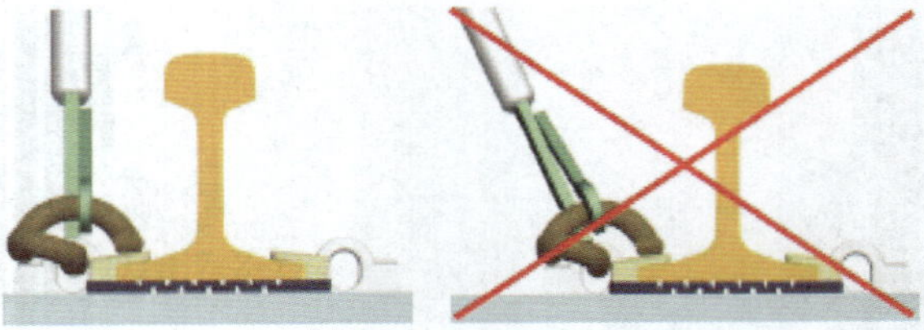

图7-1-17　安装弹条

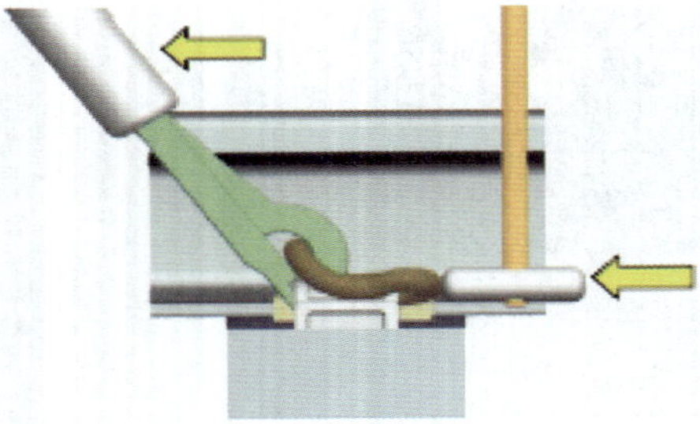

图7-1-18　小锤轻敲弹条尾部

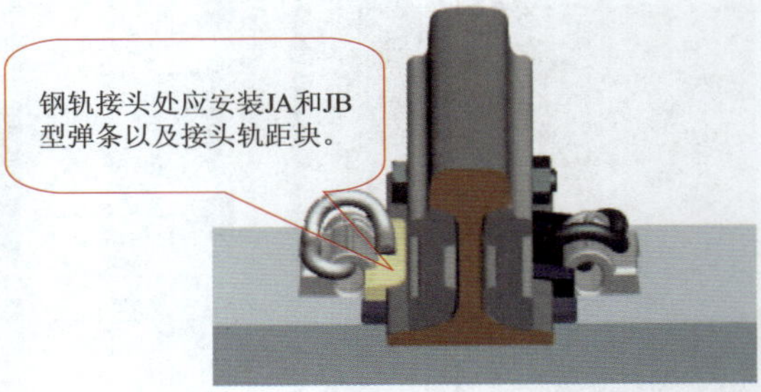

图7-1-19　钢轨接头处弹条

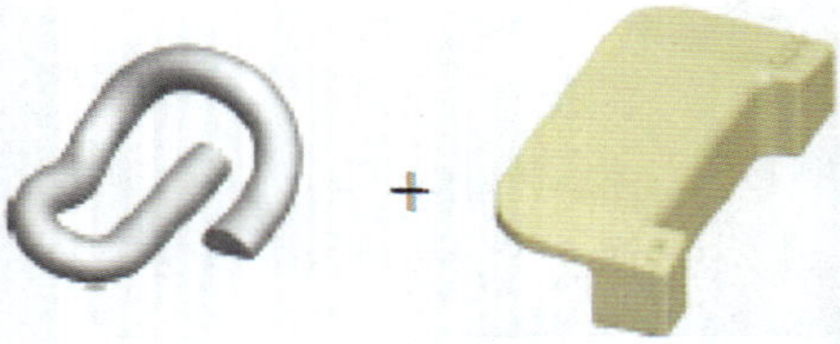

图7-1-20　灰色与非黑色接头轨距块配用

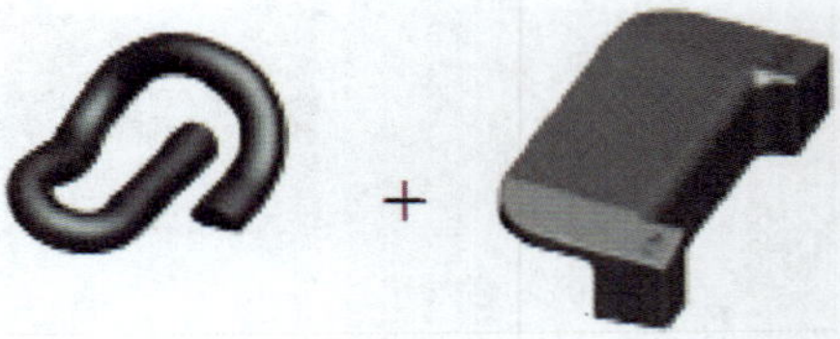

图7-1-21　黑色与非黑色接头轨距块配用

（三）养护维修要求

1. 运营初期应注意观察扣件和轨枕的使用情况　发现有轨枕空吊、高低和水平不平顺或三角坑时，应及时进行起道捣固，不得使用调高垫板进行钢轨调高作业。

2. 零部件损坏应及时更换，更换时采用同种相同规格的零部件。夹板处应安装接头弹条以及接头绝缘轨距块。

3. 安装弹条时应采用专用工具。弹条中肢入孔位置要放平、放正，不得歪斜。安装时切忌硬扳，用力要适中，支点与加力点要正确。弹条就位困难时，使用安装工具的同时可用小锤轻敲弹条尾部，使其就位。弹条就位以其小圆弧内侧与预埋铁座端部相距 8～10 mm 为准，不得顶紧或距离过大。

4. 安设绝缘轨距块不得用锤或其他工具猛烈敲击使其入位。

5. 绝缘轨距块与钢轨和预埋铁座间缝隙较大时，通过更换不同号码绝缘轨距块的方式进行调整，钢轨与绝缘轨距块、绝缘轨距块与预埋铁座间缝隙之和不应大于 1 mm。

6. 在进行无缝线路应力放散时，须用专用工具（同安装工具）将弹条卸下。应力放散结束后应检查橡胶垫板和轨距块位置是否正确，如有错位，应在调整后再安装弹条。

7. 扣压力不应小于 9 kN（夹板位置弹条除外）。

8. 轨距调整量：－8～＋4 mm，通过更换不同号码的绝缘轨距块实现轨距和轨向的调整。

9. 高低调整：扣件不能进行高低调整，不得垫入调高垫板。

二、弹条Ⅴ型扣件

弹条Ⅴ型扣件系统由螺旋道钉、平垫圈、弹条、轨距挡板、轨下垫板和预埋套管等组成，此外，为高低调整需要，还包括调高垫板，如图 7-1-22 所示。

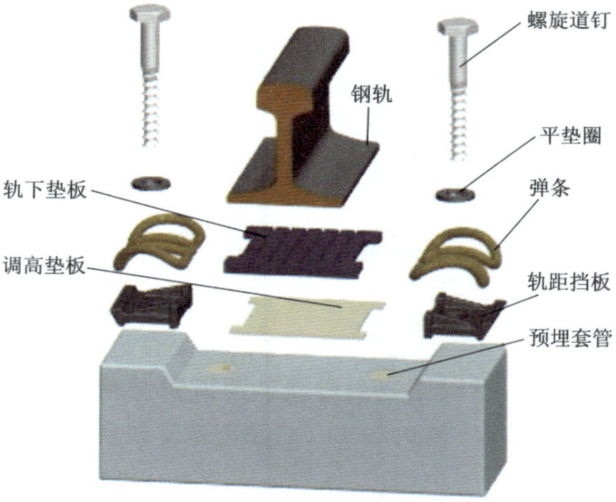

图 7-1-22　弹条Ⅴ型扣件部件组成

（一）部件规格及安装要求

1. 弹　　条

弹条分为两种：一般地段使用的 W2 型弹条（直径为 14 mm）和桥上可能使用的 X3 型弹条（直径为 13 mm）两种，如图 7-1-23、图 7-1-24 所示。此外，作为备件的弹条Ⅰ型扣件 A 型弹条可能用于钢轨接头处。

2. 轨下垫板

轨下垫板分为两种，即：橡胶垫板和桥上可能使用的复合垫板。桥上需要降低线路阻力时，采用 X3 型弹条并配用复合垫板，如图 7-1-23、图 7-1-24 所示。

3. 轨距挡板

轨距挡板分 2 号、3 号、4 号、5 号、6 号、7 号、8 号七种规格，标准轨距时采用 4 号和 6 号，如图 7-1-25 所示。

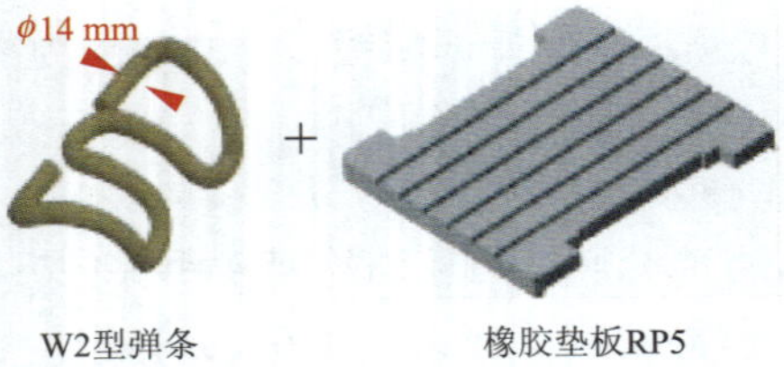

图 7-1-23　一般地段使用

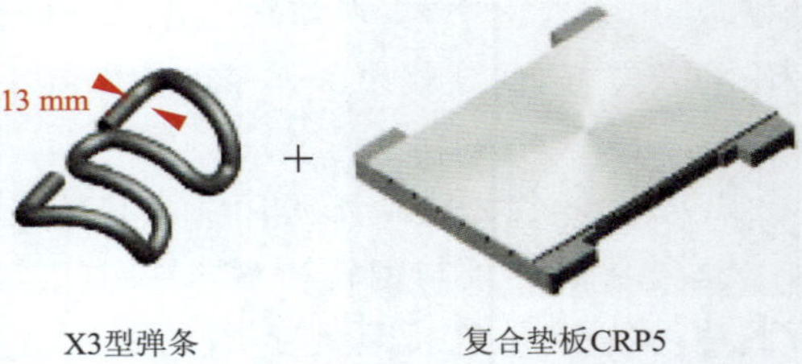

图 7-1-24　桥上可能使用

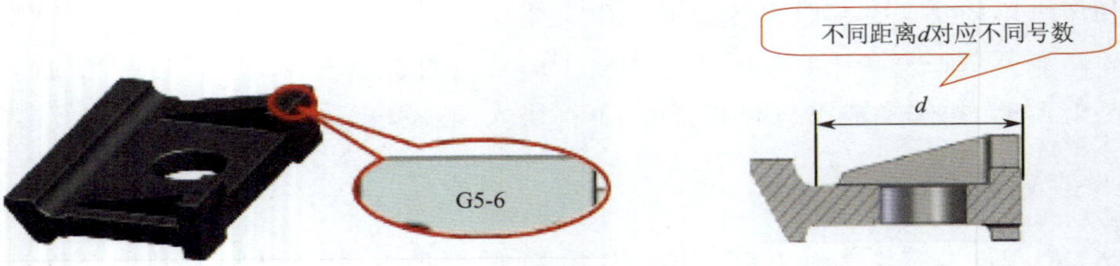

图 7-1-25　轨距挡板

4. 预埋套管

预埋套管预先埋设于轨枕中，埋设精度应满足要求，且预埋套管顶面应与轨枕承轨面齐平。预埋套管埋设后，应加盖塑料或其他材料盖，以防雨水和泥污进入，如图 7-1-26 所示。

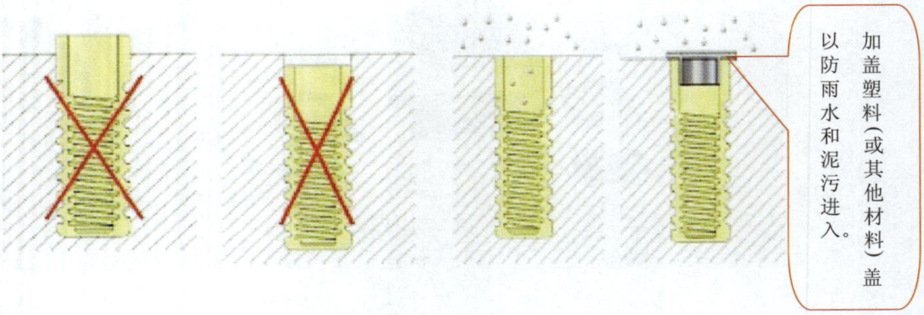

图 7-1-26　预埋套管

5. 调高垫板

调高垫板按厚度分为 1 mm、2 mm、5 mm 和 8 mm 四种规格，放置于轨下垫板与轨枕承轨面之间，如图 7-1-27 所示。

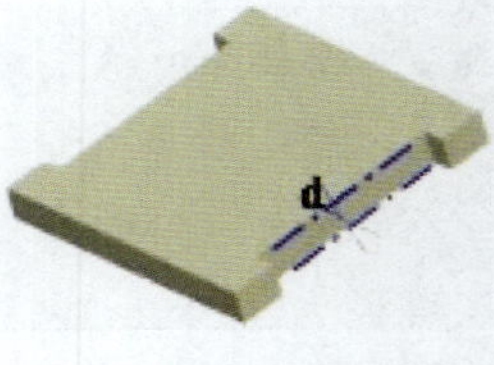

图 7-1-27　轨下调高垫板

在夹板处，当在小号码轨距挡板上安装 W2 型弹条和 X3 型弹条有困难时，应安装弹条Ⅰ型扣件 A 型弹条。

(二)作业程序与要领

1. 作业前的准备工作

(1) 按照弹条规格选择并准备合适类型的弹条(W2 型或 X3 型)和合适类型的轨下垫板(橡胶垫板 RP5 或复合垫板 CRP5)。

(2)适当准备弹条Ⅰ型扣件 A 型弹条，以备用于钢轨接头。

(3)选择并准备 4 号和 6 号轨距挡板，适当准备 3 号、5 号和 7 号轨距挡板，以备轨距不合适时调整轨距之用。

(4)适当准备 1、2 mm 厚调高垫板,以备调整钢轨高低之用。

(5)检查轨枕承轨槽,不应有裂纹。清除轨枕承轨槽的泥渣,如图 7-1-28 所示。

(6)摘除预埋套管上的塑料(或其他材料),如图 7-1-29 所示。

(7)摘除预埋套管上的塑料(或其他材料)盖。

图 7-1-28　清除轨承面及轨底泥渣

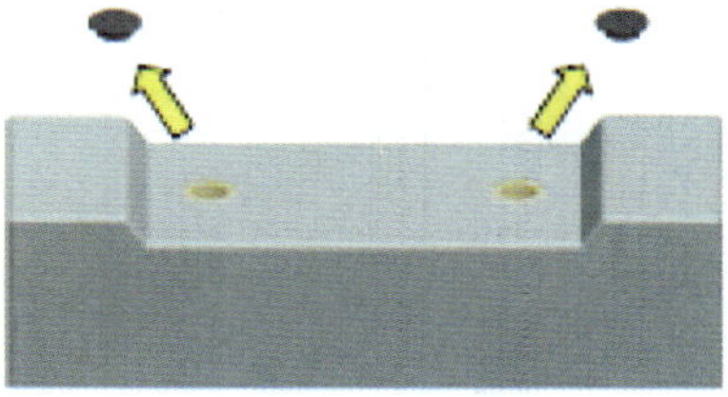

图 7-1-29　摘除预埋套管上塑料盖

2. 安装顺序及要求

(1)铺设轨下垫板:将轨下垫板放在承轨面的中间位置。注意:垫板的凸缘应扣住承轨面,如图 7-1-30 所示。

(2)铺设钢轨,如图 7-1-31 所示。

图 7-1-30　铺设轨下垫板

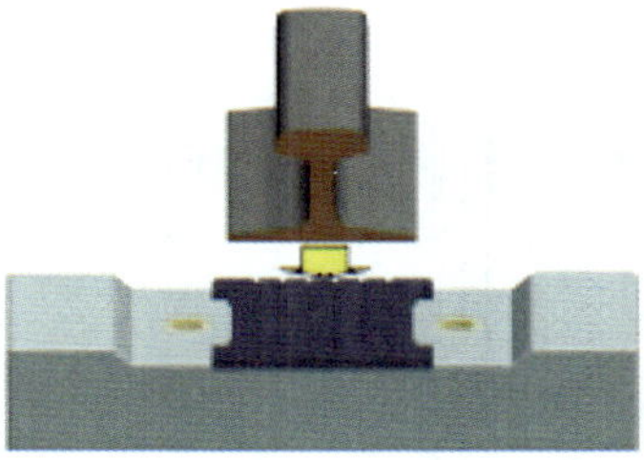

图 7-1-31　铺设钢轨

(3)安设 4 号和 6 号轨距挡板,钢轨外侧安设 4 号、内侧安设 6 号,且其应放置在轨下垫板两边耳之间。若因钢轨、轨枕和轨距挡板的制造偏差,安设规定号码的轨距挡板不能满足轨距要求或轨距挡板不能安装入位时,可根据实际情况予以不允许放偏调换,如图 7-1-32 所示。

图 7-1-32　正确安装轨距挡板

注意:轨距挡板不应压住轨下垫板;安装轨距挡板时,不得用锤或其他工具猛烈敲击轨距挡板使其入位,如图 7-1-33 所示。

(4)安装弹条:将弹条摆放到位,将螺旋道钉套上平垫圈且在螺纹部分涂满铁路专用防护油脂,然后拧入套管,紧固弹条,如图 7-1-34 所示。

图 7-1-33　错误安装轨距挡板

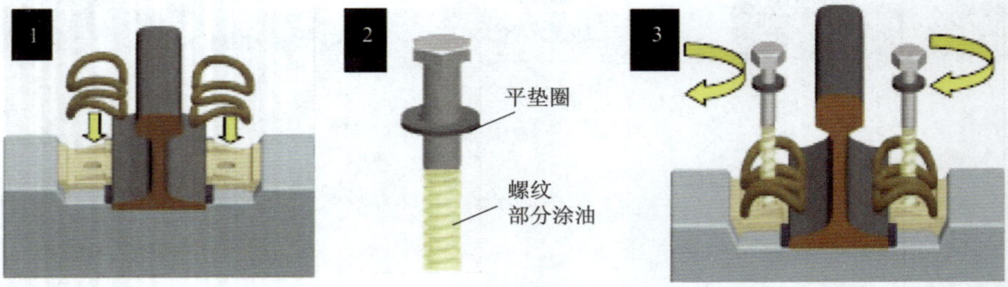

摆放到位　螺旋道钉螺纹部分涂防护油脂　紧固弹条

图 7-1-34　安装弹条

①判断弹条是否安装到位的标准:以弹条中部前端下颚刚好与钢轨接触为准,两者的间隙不大于 0.5 mm。通常情况下,W2 型弹条的理论安装扭矩在 160 N·m 左右,X3 型弹条的理论安装扭矩在 95 N·m 左右。在现场大规模安装前,建议先取 5～10 个节点进行安装,以测出使弹条能按照以上"安装到位标准"达到正确安装位置的实际安装扭矩,如图 7-1-35 所示。

②在钢轨接头处,当在小号码轨距挡板上安装 W2 型弹条和 X3 型弹条有困难时,应安装弹条Ⅰ型扣件 A 型弹条,如图 7-1-36 所示。

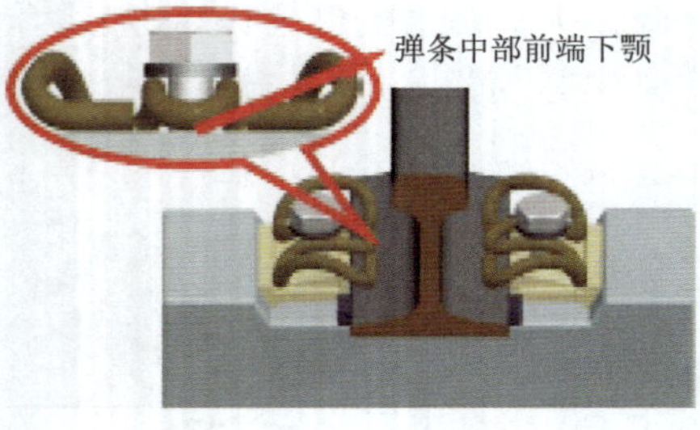

图 7-1-35　弹条就位正确位置

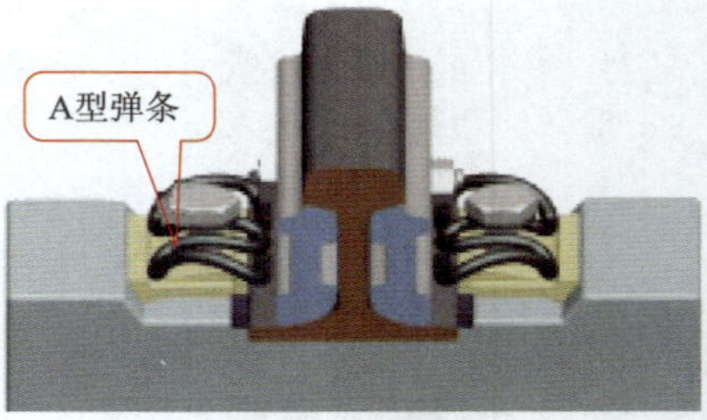

图 7-1-36　钢轨接头处弹条安装

（三）养护维修要求

1. 运营初期应注意观察扣件和轨枕的使用情况,如扣件松弛,应及时复拧。发现有轨枕空吊、高低和水平不平顺或三角坑时,应及时进行起道捣固,如遇有少量高低和水平不平顺难用起道捣固作业消除时,可按特别提示要求垫入调高垫板。

2. 使用中如发现扣件部件损坏应及时更换相同规格的零部件。

3. 在进行大机起道捣固作业前应将调高垫板全部取下。起道捣固作业完成后,如个别地段钢轨高低和水平有少量不平顺时,可按特别提示要求放入调高垫板。

4. 如遇有需要卸下螺旋道钉的情况时应避免泥污进入预埋套管。

5. 弹条安装标准：弹条中部前端下颚与钢轨不宜接触，两者间隙不得大于 0.5 mm，或使用扭矩扳手检测螺旋道钉扭矩时，W2 型弹条扭矩力为 130～170 N·m，X3 型弹条扭矩力为 80～110 N·m。

6. 弹条养护标准：弹条中部前端下颚与钢轨不宜接触，两者间隙不得大于 1 mm，或使用扭矩扳手检测螺旋道钉扭矩时，W2 型弹条为 130～170 N·m，X3 型弹条为 80～110 N·m。

7. 钢轨与轨距挡板间隙不得大于 1 mm。轨距挡板应与承轨槽挡肩密贴，间隙不得大于 1 mm。

8. 轨距调整量：－8～＋4 mm，通过更换不同号码的轨距挡板实现轨距和轨向调整。

9. 在夹板处，当在小号码轨距挡板上安装 W2 型弹条和 X3 型弹条有困难时，应安装弹条Ⅰ型扣件 A 型弹条。

10. 高低调整量为 10 mm，通过在轨下垫板和轨枕之间放入调高垫板进行调整，调高垫板不得放在轨下垫板上，放入调高垫板的总厚度不得大于 10 mm，数量不得超过 2 块。

11. 预埋套管中应保证有一定的防护油脂，油脂性能应符合相关规定。

三、弹条 FC 型扣件

FC 型扣件由快速弹条、绝缘帽、预埋底座、绝缘轨距挡块和橡胶垫板组成，如图 7-1-37 所示。

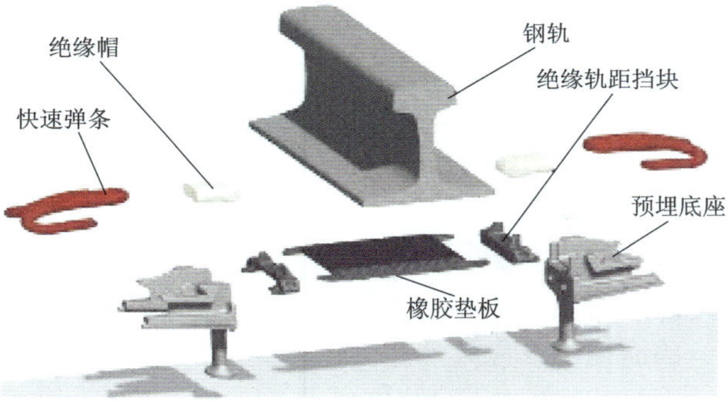

图 7-1-37　弹条 FC 型扣件部件组成

（一）部件规格及安装要求

1. 弹条（带绝缘帽）

FC 型扣件弹条分 FC1504 型、FC1502 型和 FC1306 型三种。其中，FC1504 型和 FC1306 型弹条分别配用 8494 型和 12133 型绝缘帽，且出厂时已将绝缘帽装配在相应的弹条上，FC1502 型弹条不安装绝缘帽。

一般地段安装 FC1504 型弹条，钢轨绝缘接头处安装 FC1502 型弹条，小纵向阻力地段安装 FC1306 型弹条。FC1504 型和 FC1502 型弹条的直径为 15 mm，如图 7-1-38、图 7-1-39 所示，FC1306 型弹条的直径为 13 mm，如图 7-1-40 所示。FC1504 型弹条防锈涂料为红色，配用的 8494 型绝缘帽为白色；FC1306 型弹条防锈涂料为红色，配用的 12133 型绝缘帽为蓝色；FC1502 型弹条为黄色，且绝缘帽不安装在弹条上。

图 7-1-38 FC1504

图 7-1-39 FC1502

图 7-1-40 FC1306

2. 预埋底座

该部件预先埋设于轨枕中，埋设精度应满足相关要求如图 7-1-41 所示。

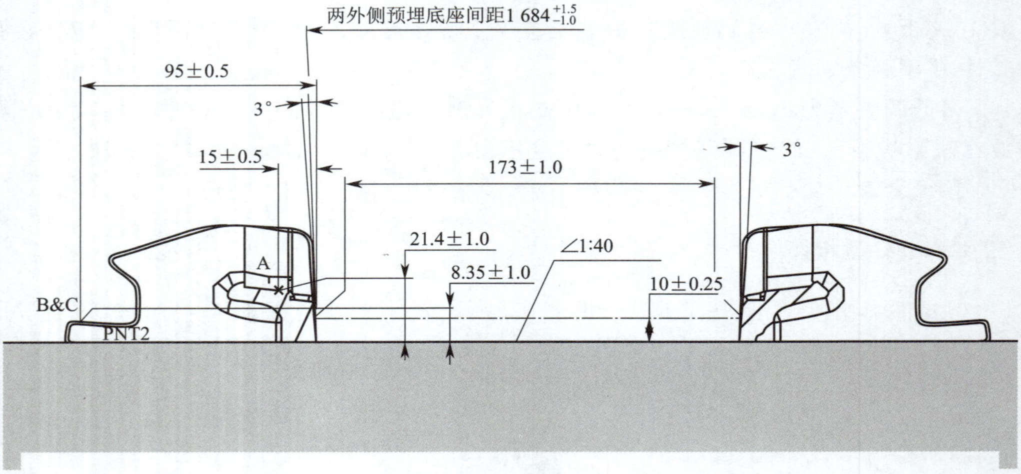

图 7-1-41 FC 型扣件预埋件埋设精度(单位:mm)

3. 绝缘轨距挡块

绝缘轨距挡块(以下简称轨距挡块)共有 10 个规格，即 6 mm 厚度的 8691 型、7 mm 厚度的 9816 型、8 mm 厚度的 7551 型、9 mm 厚度的 8272 型、10 mm 厚度的 8690 型、11 mm 厚度的 8274 型、12 mm 厚度的 8102 型、13 mm 厚度的 8277 型、14 mm 厚度的 9556 型和 15 mm 厚度的 8999 型。标准轨距时同一轨底内外两侧分别采用 10 mm 厚度 8690 型和 11 mm 厚度 8274 型，安装时两两配对，安装如图 7-1-42～图 7-1-51 所示。

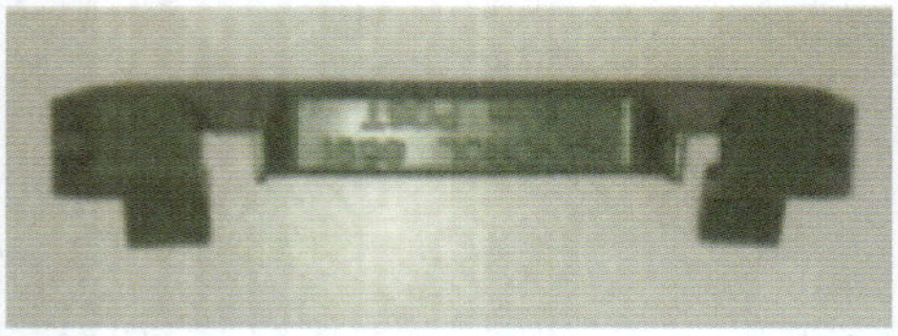

图 7-1-42 6 mm 厚度的 8691 型

图 7-1-43 7 mm 厚度的 9816 型

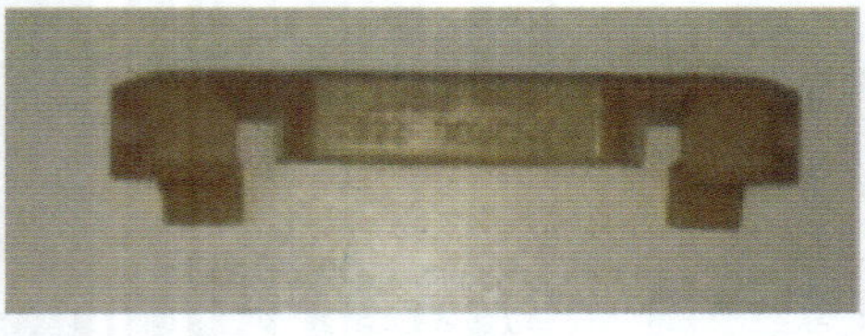

图 7-1-44 8 mm 厚度的 7551 型

图 7-1-45 9 mm 厚度的 8272 型

图 7-1-46　12 mm 厚度的 8102 型

图 7-1-47　13 mm 厚度的 8277 型

图 7-1-48　14 mm 厚度的 9556 型

图 7-1-49　15 mm 厚度的 8999 型

图 7-1-50　10 mm 厚度的 8690 型

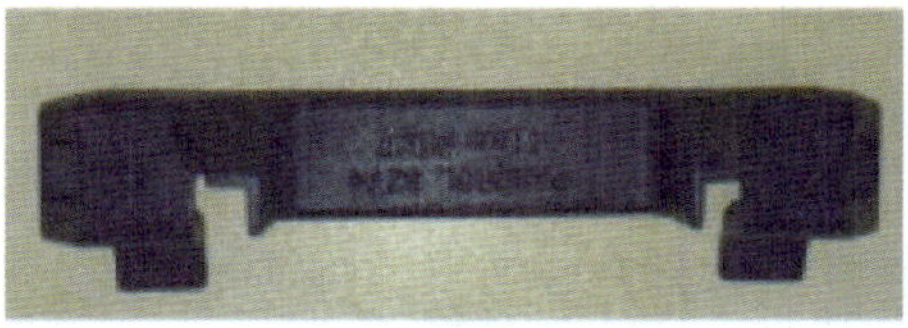

图 7-1-51　11 mm 厚度的 8274 型

4. 钢轨绝缘接头处使用的覆盖板和绝缘套在钢轨绝缘接头处，需使用覆盖板和绝缘套，如图 7-1-52 所示。

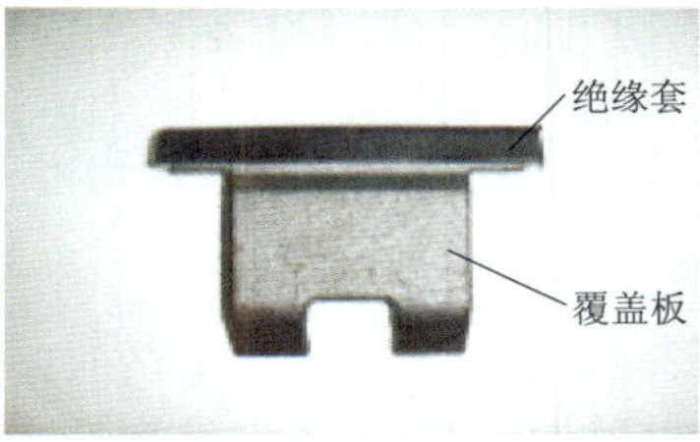

图 7-1-52　覆盖板和绝缘套

5. FC 型扣件的扣入位置。FC 型扣件共有三个扣入位置：扣紧工作位、预扣位和轨距挡块更换位。扣件安装到位后，弹条所处的位置为扣紧工作位，此时，弹条通过自身变形，提供扣压力。扣件在预组装状态下，弹条所处的位置即为预扣位，此时，扣件各部件被弹条牢固地扣紧在轨枕上。当需要进行应力放散及安装和更换钢轨时，可将弹条退至预扣位。当需要更换轨距挡块时，弹条将被退回至预埋底座后部档位，即轨距挡块更换位，此时，弹条及绝缘帽仍旧扣紧在预埋底座中，但位于轨底侧边的轨距挡块可被取出和更换，如图 7-1-53～图 7-1-55 所示。

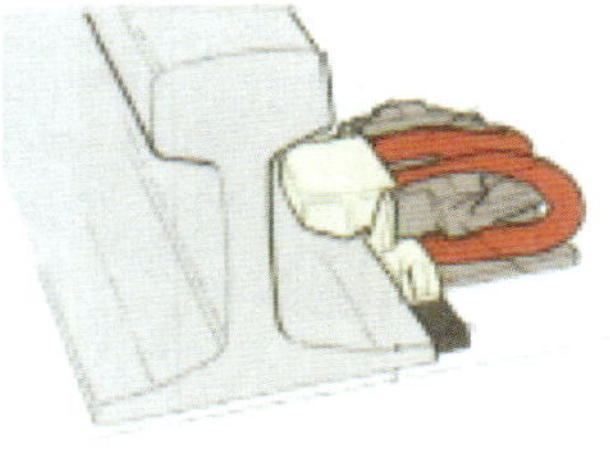

图 7-1-53　扣紧工作位

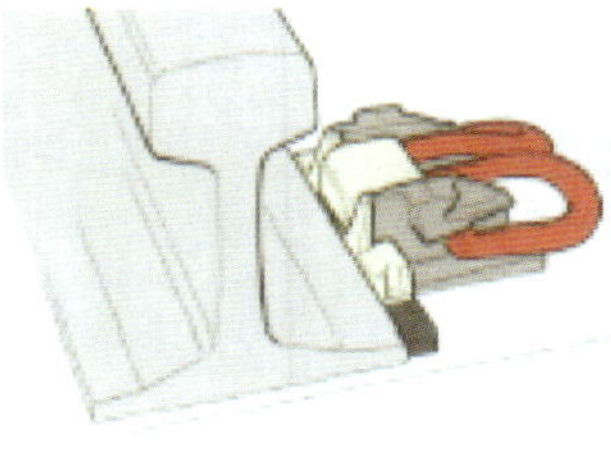

图 7-1-54　预扣位

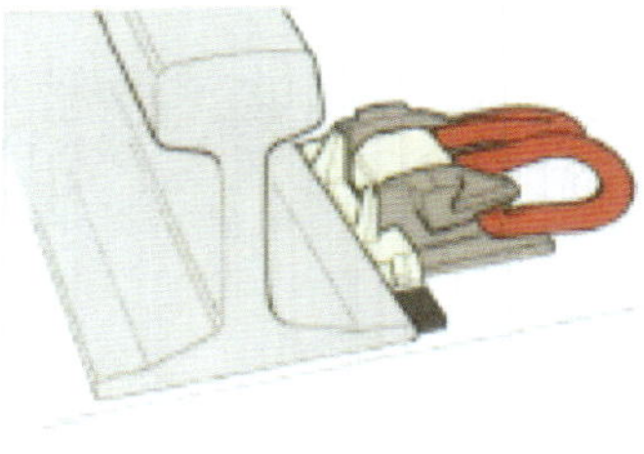

图 7-1-55　轨距挡块更换位

(二)FC 型扣件预组装

1. 预组装前的准备工作

(1)准备 10 mm 与 11 mm 厚度的轨距挡块。

(2)准备 FC1504 型弹条。若轨枕所用地段有小纵向阻力要求,应适当准备 FC1306 型弹条。

(3)上道轨枕中预埋底座的埋设位置必须准确。凡预埋底座埋设位置歪斜、埋设高度、同一侧两预埋底座的间距或两外侧预埋底座间距不符合规定的轨枕不得上道。

(4)检查轨枕承轨面,不应有裂纹。清除轨枕两侧预埋底座间承轨面和预埋底座前表面的泥渣和砂浆残余。

2. 预组装顺序

(1)安装轨距挡块:在清洁的承轨面和预埋底座上,安设 10 mm 和 11 mm 厚度的轨距挡块。其中,钢轨外侧安设 10 mm,内侧安设 11 mm 厚度的轨距挡块,如图 7-1-56 所示。放置轨距挡块后,用一个软面锤子把他们敲到位,到位后的轨距挡块应扣住预埋底座。安设时,严禁使用硬面锤子或其他硬物猛烈敲击,使轨距挡块入位。若因钢轨、轨枕和轨距挡块的制造偏差,安设规定号码的轨距挡块不能满足轨距要求或轨距挡块不能安装入位时,可根据实际情况予以调换。

(2)铺设橡胶垫板:将橡胶垫板置放在承轨槽内,确保橡胶垫板每个角的伸出部位适合轨距挡块形成的凹空位置,如图 7-1-57 所示。

图 7-1-56 安装轨距挡块

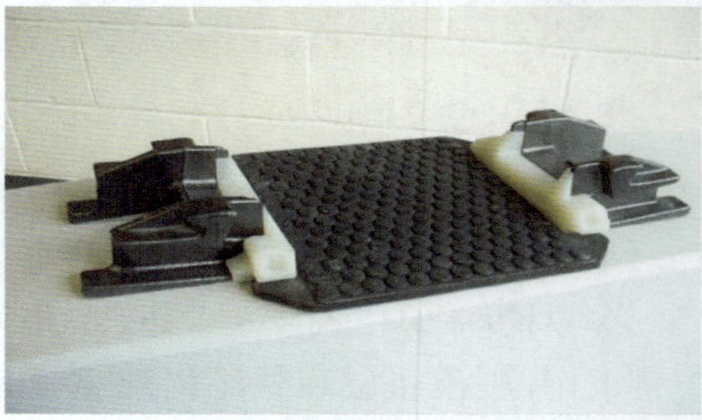

图 7-1-57 铺设橡胶垫板

(3)安装弹条安装弹条前,再次检查轨距挡块的位置,确保已经安装到位。将弹条放置到预埋底座上,使之可随时扣入到"预扣位",如图 7-1-58 所示。然后,使用专用工具进行弹条预组装,把工具放在弹条和预埋底座上,并使工具爪头抓住预埋底座相应位置,如图 7-1-59 所示。拉动手柄,确保弹条绝缘帽接触到"止位",此时,弹条被安装至"预扣位"。

图 7-1-58 放置弹条

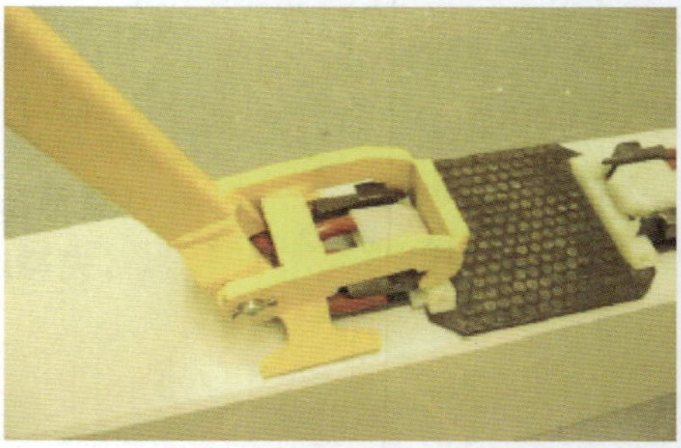

图 7-1-59 安装弹条

(三)作业程序与要领

1. 安装前的准备工作

(1)检查轨枕上已预组装的扣件,确保扣件系统没有出现零部件丢失或破损等现象。

(2)检查轨枕铺设情况。轨枕应对平对正,以方便进行扣件的安装。

(3)钢轨轨底应该清理干净,不带有任何泥污等杂物。

2. 安装顺序及要求

(1)铺设钢轨:将钢轨放置在预组装后的承轨槽中。需要注意的是:

①由于承轨槽上有橡胶垫板的存在,钢轨只有在被滑动滚轮支撑起时,才能在承轨槽内拖动。

②若钢轨无法坐入槽中可能是由于两边的轨距挡块“弓起”或被向前挪动引起的,应将钢轨顶起,然后将轨距挡块正确放置到位。

(2)检查扣件系统部件与钢轨轨底之间的相对位置。

钢轨放置在承轨槽内后,钢轨、橡胶垫板、轨枕承轨面之间,以及轨距挡块与预埋底座间均应密贴。此外,需检查扣件系统各部件与钢轨轨底之间的相对位置。

钢轨轨底上表面应与承轨槽两侧轨距挡块的上表面基本持平,如图 7-1-60 所示,确保下一步安装时弹条能够顺利进入扣紧工作位。若钢轨轨底上表面应与承轨槽两侧轨距挡块的上表面之间存在较大的高度偏差,如图 7-1-61 所示,将会导致弹条非常难以进入扣紧工作位,并严重影响弹条扣压力。如将弹条强行挤入,甚至会导致绝缘帽严重破损。此时,应使用轨枕提升器将轨枕提起,进行弹条安装。

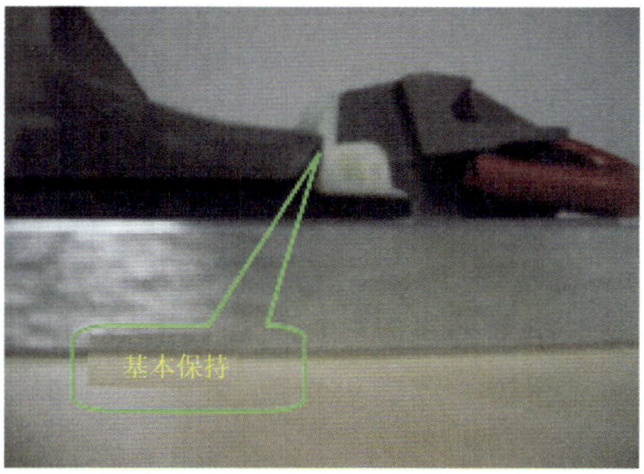

图 7-1-60　正确安装

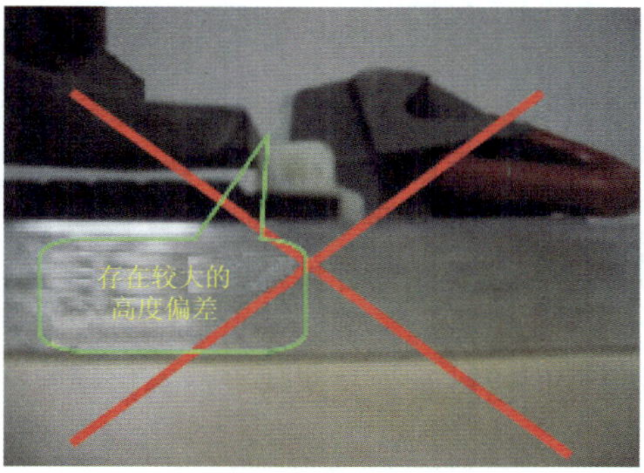

图 7-1-61　不正确安装

将轨枕提升器夹钳打开,使夹钳锁紧在预埋底座上,同时,将工具的另一“钩”置于轨顶上,向前推动手柄,轨枕便会被提起,如图 7-1-62 所示。实际施工时,需两人在轨枕两外侧同时使用轨枕提升器,将位置偏低的轨枕提起。此时,将轨枕两内侧的弹条从预扣位推入扣紧工作位,然后松开轨枕提升器,再将该轨枕两外侧的弹条安装到位。

图 7-1-62　提起轨枕

(3)安装弹条:FC型扣件弹条安装可选用手工工具安装、半自动化设备安装和全自动化设备安装等方式。以下以手工工具安装为例阐述FC扣件弹条安装的方法。使用专用的弹条安装工具进行安装,将弹条从预扣位置挤入扣紧的工作位置。安装时,将安装工具前爪钩抓住预埋底座的上前部,用力拉动手柄,直到将弹条彻底顶进。完全安装到位的弹条,两侧的底脚应可顶住轨底侧面的轨距挡块,如图7-1-63所示。

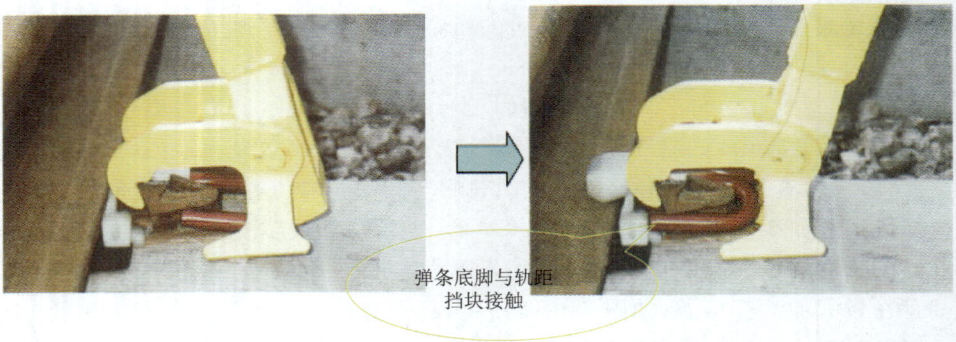

图7-1-63 安装弹条

3. 小纵向阻力地段和绝缘接头处扣件安装

对小纵向阻力地段,若预组装时已将弹条换成FC1306型弹条,则可直接进行安装,方法与普通地段一致;若预组装时使用的是FC1504型弹条,则可将其卸下,并安装上FC1306型弹条即可(其余部件不用更换)。对钢轨绝缘接头处,需将已经预组装的FC1504型弹条卸下,并换上FC1502型弹条以及配套使用的覆盖板和绝缘套。具体安装方法和步骤如下:

(1)将绝缘套装配到覆盖板前端。

(2)将覆盖板扣在预埋底座上,并注意有字面朝下。装有绝缘套的一端压在绝缘接头处钢轨轨底上表面,另一端刚好可卡入预埋底座。

(3)将FC1502型弹条摆放在预埋底座上,并用工具将弹条推入扣紧工作位。此时,覆盖板在弹条扣压力作用下扣紧绝缘接头处钢轨轨底,如图7-1-64所示。

图7-1-64 绝缘接头处扣件安装

4. 线路应力放散和 FC 型扣件的拆卸

当线路需要应力放散或需要对 FC 型扣件进行拆卸时，可按照以下步骤进行操作：将专用的拆卸工具放在预埋底座上，工具的“顶出头”处在弹条绝缘帽的前方，并使手柄位置与安装时相反。向前推动手柄，直至弹条推出至“止位环”的极限位置（即：弹条的预扣位）。这是应力放散需要的位置。此时，钢轨可自由移动，但所有的组件均保持在位。继续推动手柄，并将“止位环”抬起，可将弹条继续退出。首先推到可进行“轨距挡块更换”的位置，再推，便可弹条完全退出，脱离预埋底座，如图 7-1-65 所示。

图 7-1-65　扣件拆卸

（四）养护维修要求

1. 运营初期应注意观察扣件和轨枕的使用情况，发现有轨枕空吊、高低和水平不平顺或三角坑时，应及时进行起道捣固，不得使用调高垫板进行钢轨调高作业。

2. 使用中如发现扣件部件损坏应及时更换相同规格的零部件。如果预埋底座遭到破坏，可采用现场修复工艺，该修复技术采用一套空心钻装置和环氧树脂灌浆方式来替换原有的底座锚固。

3. 应采用专用工具安装弹条。安装时，将安装工具前爪钩抓住预埋底座上前方位置，用力拉动手柄，直到将弹条彻底顶进。完全安装到位的弹条，两侧的底脚应顶住轨底侧面的绝缘轨距块。

4. 无论在任何情况下，都应该注意：扣件系统周围有足够的空间，以防被扣件被各种设备偶然相撞。

5. 安设绝缘轨距块不得用锤或其他工具猛烈敲击使其入位。

6. 绝缘轨距块与钢轨和预埋铁座间缝隙较大时，通过更换不同号码绝缘轨距块的方式进行调整，钢轨与绝缘轨距块、绝缘轨距块与预埋铁座间缝隙之和不应大于 1 mm。

7. 无缝线路应力放散时，应采用专用工具将弹条卸下。应力放散结束后，应检查橡胶垫板和绝缘轨距块位置是否正确，如有错位，应在调整后再安装弹条。

8. 扣压力不应小于 9 kN（小阻力弹条不应小于 3 kN）。

9. 轨距调整量：−8～+8 mm，通过更换不同号码的绝缘轨距块进行轨距和轨向调整。

10. 高低调整：扣件不能进行高低调整，不得垫入调高垫板。

思考题

1. 弹条Ⅳ型扣件绝缘轨距块有哪几种？每种绝缘轨距块的型号分别是多少？
2. 弹条Ⅴ型扣件轨距挡板有哪几种规格？
3. 弹条Ⅴ型扣件调高垫板按厚度分为哪几种规格？
4. FC 型扣件绝缘轨距块的型号分别是多少？

第二节　无砟轨道扣件作业

一、WJ-7 型扣件

WJ-7 型扣件由 T 型螺栓、螺母、平垫圈、弹条、绝缘块、铁垫板、轨下垫板、绝缘缓冲垫板、重型弹簧垫圈、平垫块、锚固螺栓和预埋套管组成，此外为了钢轨高低位置调整的需要，还包括轨下调高垫板和铁垫板下调高垫板，如图 7-2-1 所示。

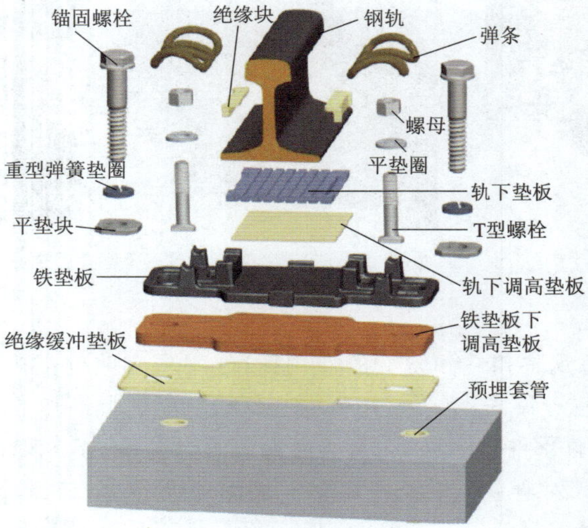

图 7-2-1　WJ-7 型扣件部件组成

(一)部件规格及安装要求

1. 弹　　条

弹条分两种，即一般地段使用的 W1 型和桥上可能使用的 X2 型，W1 型弹条的直径为 14 mm，X2 型弹条的直径为 13 mm，如图 7-2-2、图 7-2-3 所示。

2. 轨下垫板

轨下垫板分 A、B 两类，A 类用于兼顾货运的客运专线，B 类用于客运专线，每一类又分一般地段使用的橡胶垫板(图 7-2-2)和桥上可能使用的复合垫板(图 7-2-3)两种。桥上需要降低线路阻力时，可采用 X2 型弹条并配用复合垫板。此时单组扣件的钢轨纵向阻力为 4 kN。

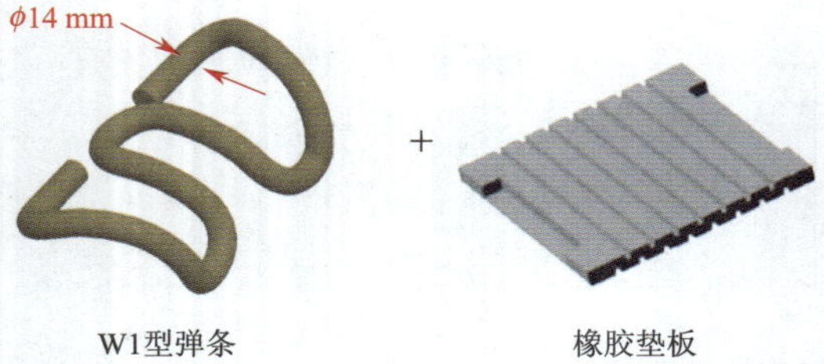

图 7-2-2　一般地段使用

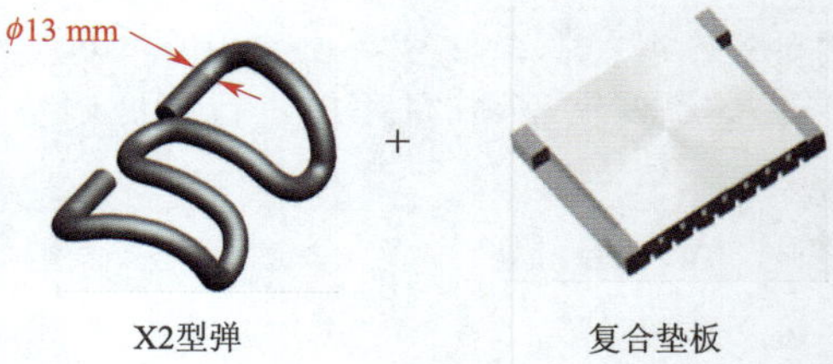

图 7-2-3　桥上可能使用

3. 预埋套管

该部件预先埋设于轨枕/轨道板中，埋设精度应满足要求，且预埋套管顶面应与轨枕/轨道板承轨面齐平。预埋套管埋设后，应加盖塑料（或其他材料）盖以防雨水和泥污进入，如图 7-2-4 所示。

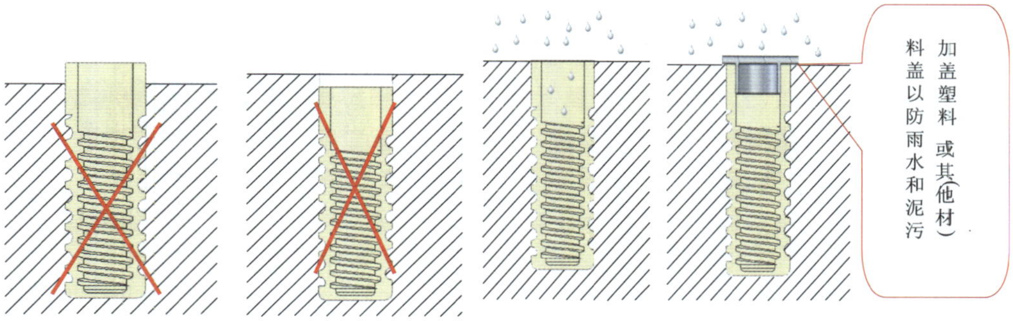

图 7-2-4　预埋套管埋设

4. 调高垫板

调高垫板分轨下调高垫板和铁垫板下调高垫板两种。轨下调高垫板根据厚度 d 不同，分为 1 mm、2 mm、5 mm、8 mm 四种规格（图 7-2-5）。铁垫板下调高垫板根据厚度 d 不同，分为 5 mm、10 mm 两种规格（图 7-2-6）。

图 7-2-5　轨下调高垫板

图 7-2-6　铁垫板下调高垫板

（二）作业程序及要领

1. 安装前准备工作

（1）按照条件选择并准备合适类型的弹条（W1 型或 X2 型）和合适类型的轨下垫板（A 类 B 类橡胶垫板或复合垫板）。

（2）适当准备 1 mm、2 mm 轨下调高垫板，以备微量调整钢轨高低之用。

（3）检查轨枕/轨道板承轨面，不应有裂纹。清除轨枕/轨道板承轨面的泥渣，如图 7-2-7 所示。

（4）摘除预埋套管上的塑料（或其他材料）盖，如图 7-2-8 所示。

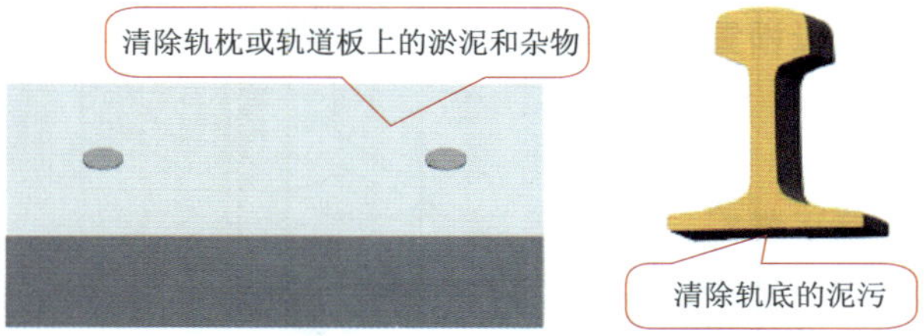

图 7-2-7　清除轨枕和轨道板承轨面的泥渣

图 7-2-8　预埋套管上的塑料

2. 安装顺序及要求

（1）安放绝缘缓冲垫板：铺设绝缘缓冲垫板，使垫板孔与预埋套管孔对中，如图 7-2-9 所示。

(2)安放铁垫板：安放铁垫板，使轨底坡朝向轨道内侧（按铁垫板上的箭头方向）。铁垫板的螺栓孔中心应与预埋套管中心对正，如图 7-2-10 所示。单根轨枕上安装两块铁垫板后的效果图 7-2-11 所示。

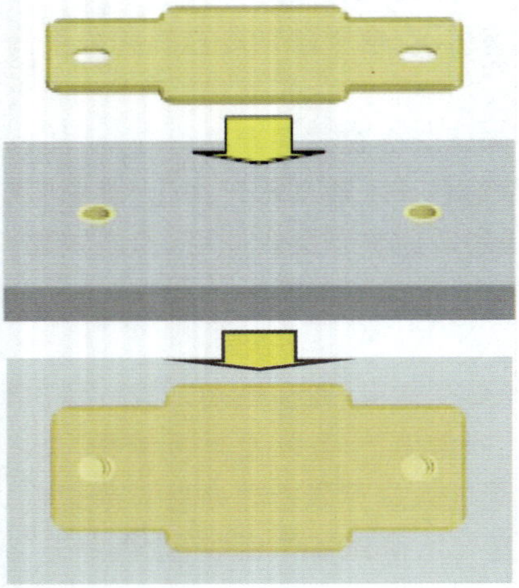

图 7-2-9 垫板孔与预埋套管孔对中

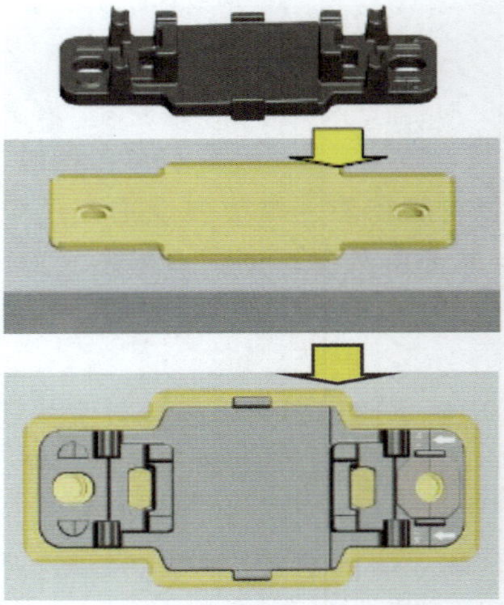

图 7-2-10 螺栓孔中心应与预埋套管中心对正

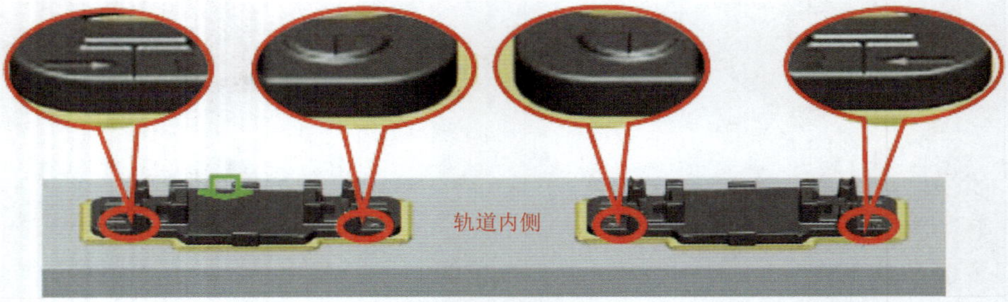

图 7-2-11 单根轨枕上安装两块铁垫板后的效果

(3)安放平垫块：使平垫块在铁垫板上两凸台之间，底面与铁垫板密贴，并使平垫块距圆孔中心较长一侧朝内，如图 7-2-12 所示。

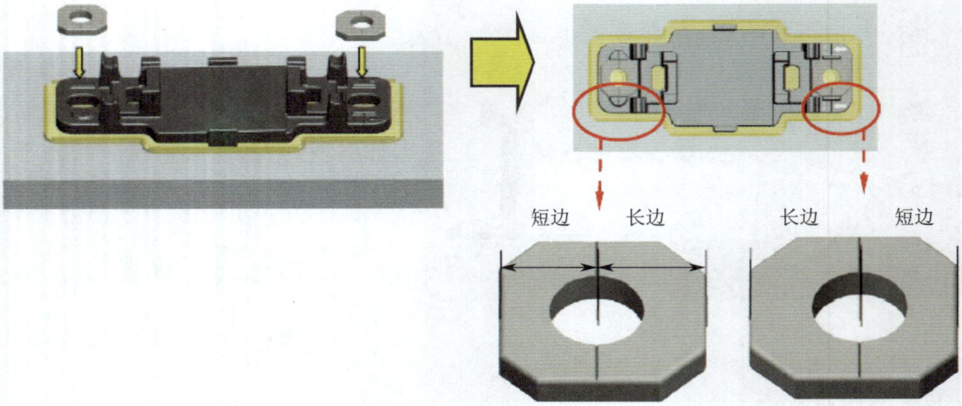

图 7-2-12 平垫块与铁垫板

(4)安放重型弹簧垫圈和锚固螺栓：安放前，应将锚固螺栓螺纹部分涂满铁路专用防护油脂。在锚固螺栓拧紧前，应挪动铁垫板，使铁垫板与平垫块的标记线对齐，如图 7-2-13 所示。

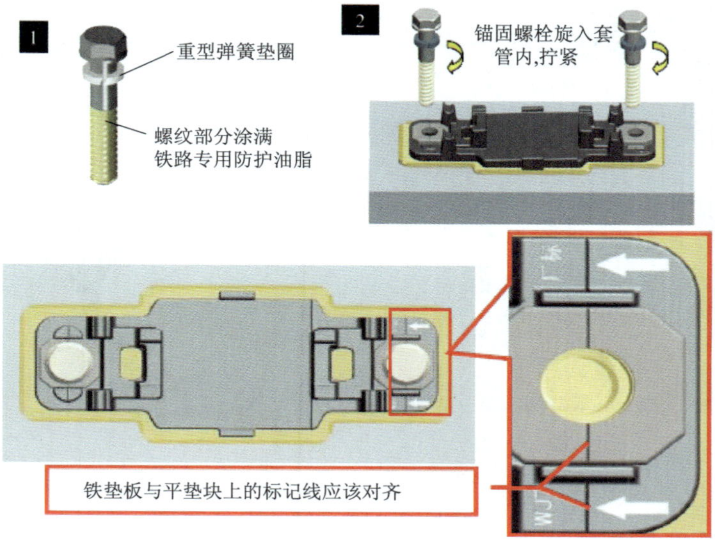

图 7-2-13　拧紧锚固螺栓

(5)安放轨下垫板：将轨下垫板安放在铁垫板上，使轨下垫板沟槽方向垂直铁垫板的长度方向，如图 7-2-14 所示。

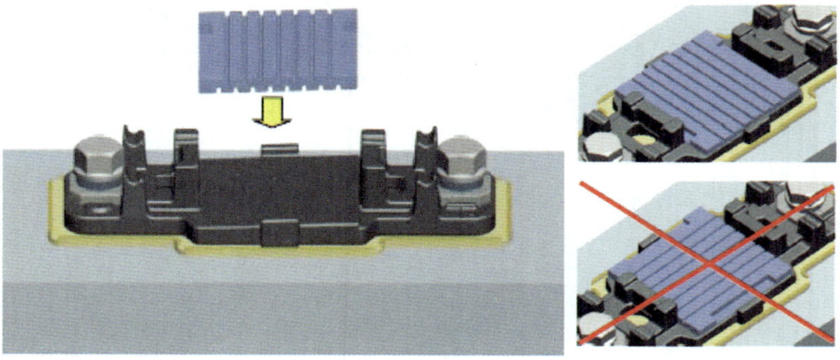

图 7-2-14　安放轨下垫板

(6)安放钢轨，如图 7-2-15 所示。

(7)安放绝缘块，且绝缘块的边耳应扣住铁垫板挡肩(图 7-2-16)。安装绝缘块时，不得用锤或其他工具猛烈敲击使其入位(图 7-2-17)。

(8)安放 T 型螺栓(图 7-2-18)。具体安装过程如下：

①T 型螺栓头部按照所示角度，插入铁垫板。

②T 型螺栓头部插入铁垫板后，按顺时针方向旋转 90°，螺栓头部到预定位置，然后上提使 T 型头完全嵌入槽中。

图 7-2-15　安放钢轨

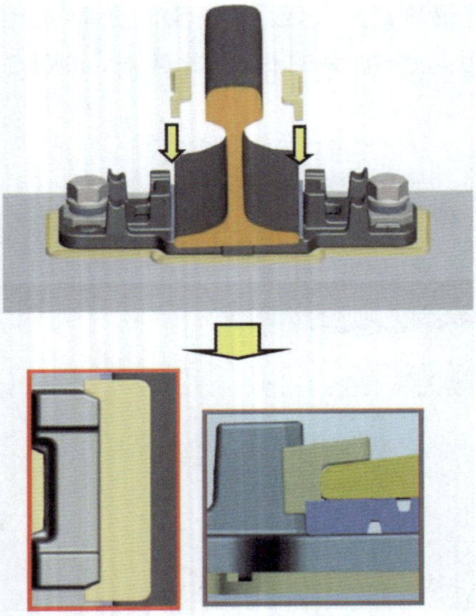

图 7-2-16 安放绝缘块

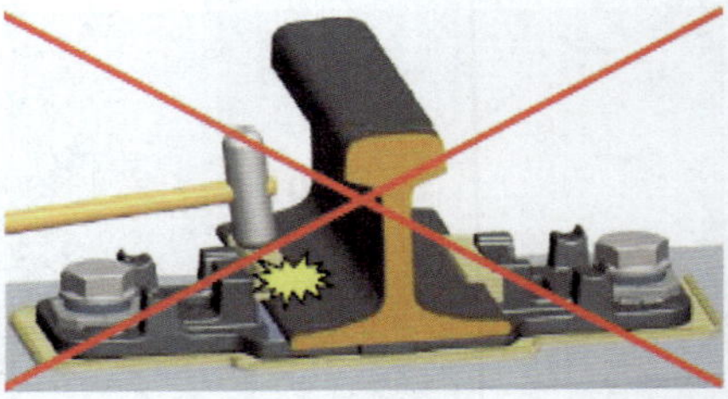

图 7-2-17 不得用锤猛烈敲击使其入位

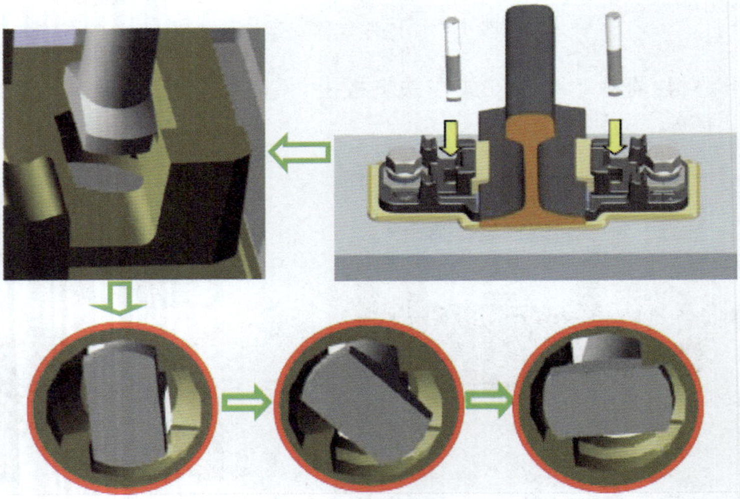

图 7-2-18 安装 T 型螺栓

(9)安放弹条,如图 7-2-19 所示。

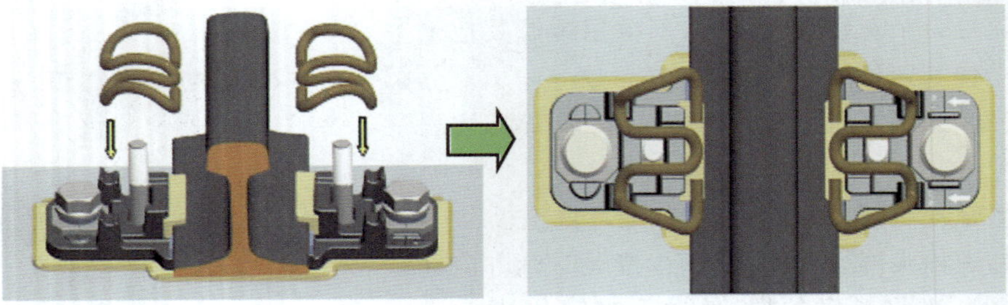

图 7-2-19 安装弹条

(10)安放平垫圈和拧紧螺母,如图 7-2-20 所示。将 T 型螺栓螺纹部分涂油,然后套入平垫圈,拧入螺母。

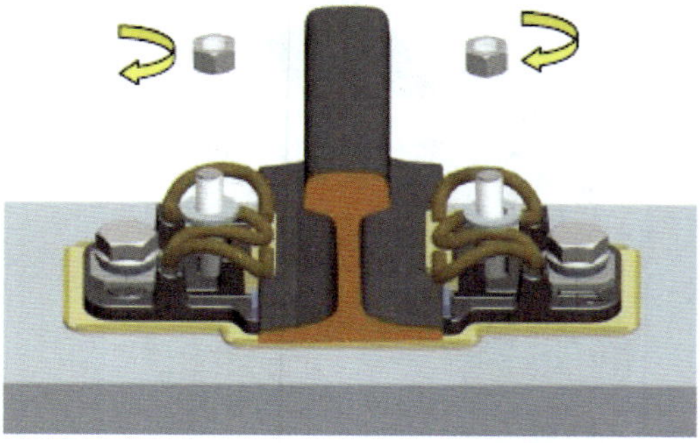

图 7-2-20　安装平垫圈和螺母

(三)养护维修要求

1. 注意观察检查扣件的使用情况,如扣件松弛,应及时复拧。当发现钢轨空吊、高低和水平不平顺时,应及时放入调高垫板。

2. 应对 T 型螺栓进行定期涂油,防止螺栓锈蚀。

3. 应保持扣件的清洁。

4. 使用中如发现扣件部件损坏应及时更换。

5. 如遇有需要卸下锚固螺栓的情况时,应避免泥污进入预埋套管。预埋套管中应保证有一定的防护油脂,油脂性能应符合相关规定。

6. 安装铁垫板时,轨底坡方向朝向轨道内侧。

7. 弹条安装标准:以弹条中部前端下颚与绝缘块接触为准,两者间隙不得大于 0.5 mm,如图 7-2-21 所示。参考扭矩:W1 型弹条约为 120 N·m;X2 型弹条约为 80 N·m。

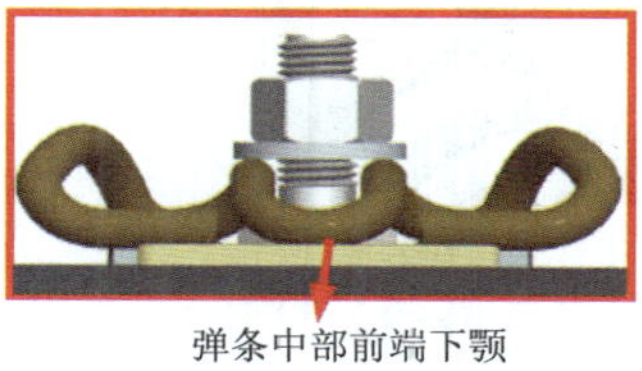

图 7-2-21　紧固弹条

8. 弹条养护标准:弹条中部前端下颚与绝缘块表面接触,间隙不得大于 1 mm。W1 型弹条的安装扭矩为 100～140 N·m,X2 型弹条的安装扭矩为 70～90 N·m。

9. 锚螺栓拧紧扭矩为 300～350 N·m。

10. 钢轨与绝缘块和铁垫板挡肩间缝隙之和不得大于 1 mm。

11. 钢轨左右位置调整量:±5 mm。

12. 钢轨高低位置调整量:－4～＋26 mm。

二、WJ-8 型扣件

WJ-8 型扣件由螺旋道钉、平垫圈、弹条、绝缘块、轨距挡板、轨下垫板、铁垫板、铁垫板下弹性垫板和预埋套管组成。此外为了钢轨高低位置调整的需要,还包括轨下微调垫板和铁垫板下调高垫板,如图 7-2-22 所示。

(一)部件规格及安装要求

1. 弹条和轨下垫板

弹条分两种,即一般地段使用的 W1 型和桥上可能使用的 X2 型,W1 型弹条的直径为 14 mm,X2 型弹条的直径为 13 mm。轨下垫板分一般地段使用的橡胶垫板和桥上可能使用

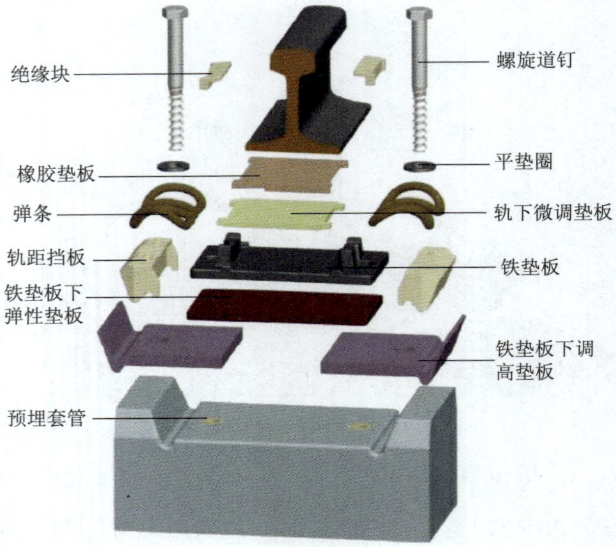

图 7-2-22　WJ-8 型扣件组装图

的复合垫板两种。桥上需要降低线路阻力时，可采用 X2 型弹条并配用复合垫板，此时单组扣件的钢轨纵向阻力为 4 kN，如图 7-2-23、图 7-2-24 所示。

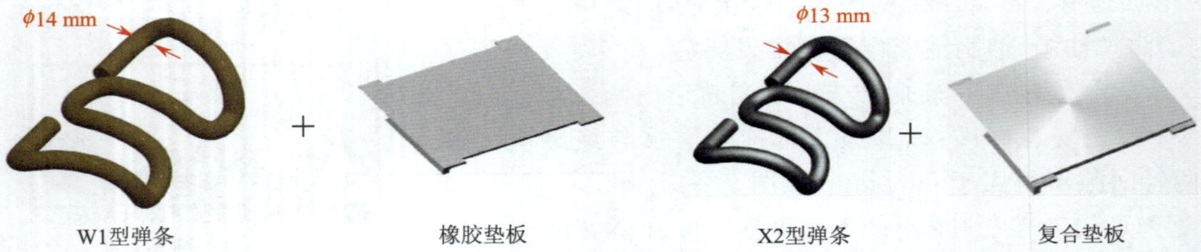

图 7-2-23　一般地段使用　　图 7-2-24　桥上可能使用

2. 轨距挡板

轨距挡板分一般地段用 WJ8 轨距挡板和钢轨接头处用 WJ8 接头轨距挡板两种。

一般地段用 WJ8 轨距挡板又分为 2 号、3 号、4 号、5 号、6 号、7 号、8 号、9 号、10 号、11 号和 12 号十一种规格，标准轨距时使用 7 号轨距挡板，其中 10、11、12 号三种规格可用于钢轨接头处，如图 7-2-25 所示。WJ8 接头轨距挡板分 2 号、3 号、4 号、5 号、6 号、7 号、8 号、9 号八种。

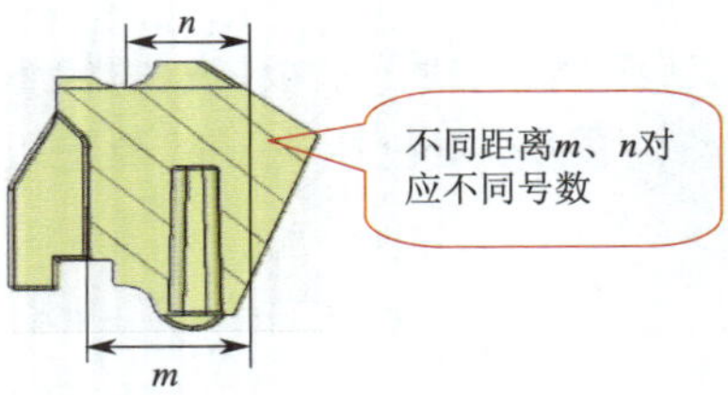

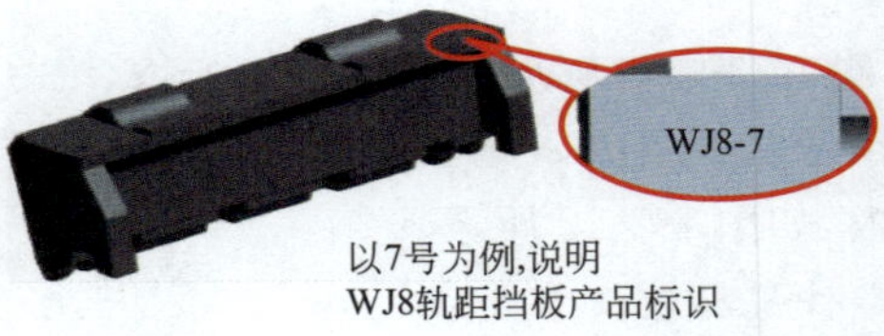

图 7-2-25　轨距挡板

3. 绝　缘　块

绝缘块分Ⅰ型和Ⅱ型两种，一般地段采用Ⅰ型，钢轨接头处采用Ⅱ型绝缘块，如图 7-2-26、图 7-2-27所示。

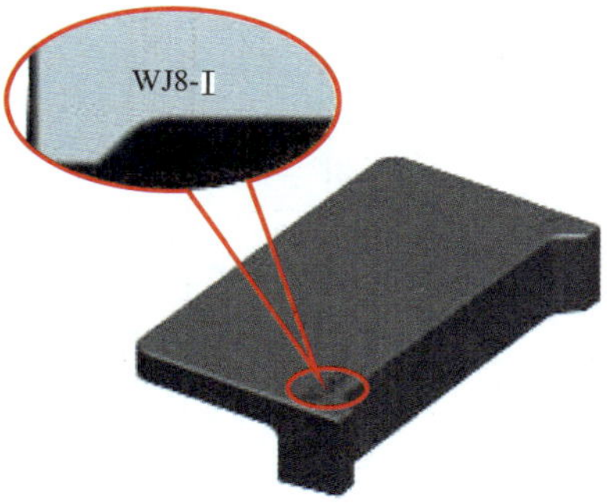

图 7-2-26　Ⅰ型绝缘块

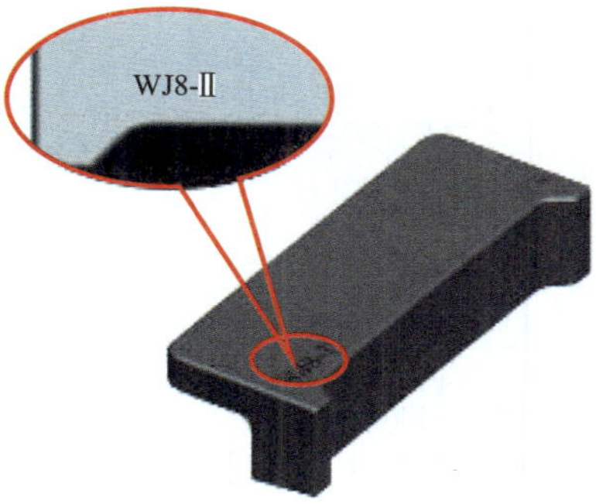

图 7-2-27　Ⅱ型绝缘块

4. 铁垫板下弹性垫板

铁垫板下弹性垫板分 A、B 两类。A 类弹性垫板用于兼顾货运的客运专线；B 类弹性垫板用于客运专线，如图 7-2-28 所示。

图 7-2-28　铁垫板下弹性垫板

5. 螺旋道钉

螺旋道钉分 S2 型和 S3 型两种，在扣件正常状态安装或钢轨调高量不大于 15 mm 时用 S2 型，大于 15 mm 时用 S3 型，如图 7-2-29 所示。

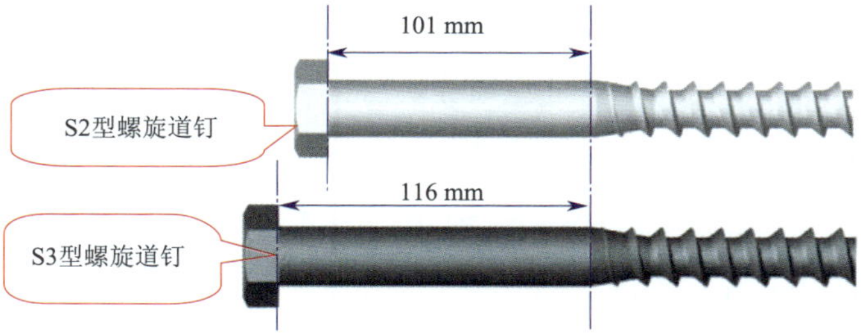

图 7-2-29　螺旋道钉

6. 预埋套管

该部件预先埋设于轨枕/轨道板中，埋设精度应满足上述规定的要求，且预埋套管顶面应与轨枕/轨道板承轨面齐平。预埋套管埋设后，应加盖塑料(或其他材料)盖以防雨水和泥污进入，如图 7-2-30 所示。

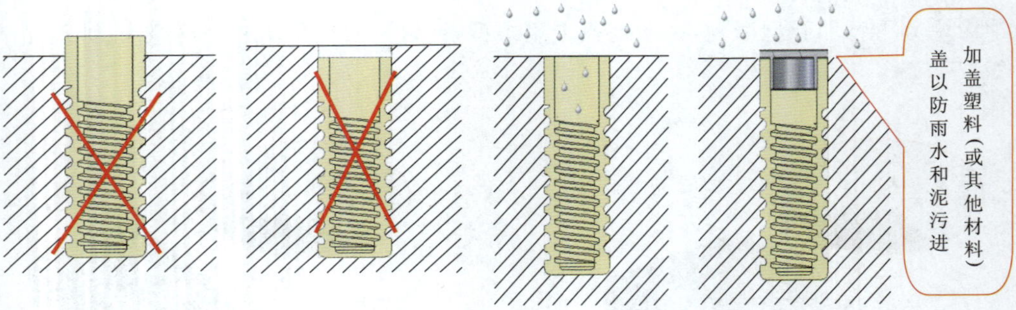

图 7-2-30 预埋套管埋设

7. 调高垫板

调高垫板分轨下微调垫板和铁垫板下调高垫板两种，如图 7-2-31 所示，分别放置于轨下垫板与铁垫板之间和铁垫板下弹性垫板与轨枕/轨道板承轨面之间。

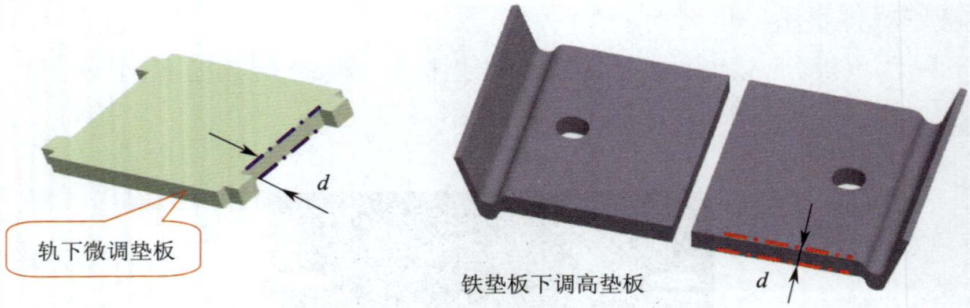

图 7-2-31 调高垫板图

轨下微调垫板按厚度分为 1 mm、2 mm、5 mm 和 8 mm 四种规格。

铁垫板下调高垫板按厚度分为 10 mm 和 20 mm 两种规格，铁垫板下调高垫板由两片组成，应成副使用。

(二)作业程序及要领

1. 安装前准备工作

(1)选择并准备合适类型的弹条(W1 型或 X2 型)和合适类型的轨下垫板(橡胶垫板或复合垫板)。同时适当准备厚度 1 mm、2 mm 的轨下微调垫板。

(2)准备Ⅰ型绝缘块，并适当准备Ⅱ型绝缘块以备用于钢轨接头处。

(3)选择并准备 7 号轨距挡板，并适当准备 6 号、8 号轨距挡板和相同型号的接头轨距挡板。

(4)选择并准备铁垫板下弹性垫板(A 类或 B 类)。

(5)选择并准备 S2 型螺旋道钉。

(6)检查轨枕/轨道板承轨槽，不应有裂纹。清除轨枕/轨道板承轨槽的泥渣，如图 7-2-32 所示。

(7)摘除预埋套管上的塑料(或其他材料)盖，如图 7-2-33 所示。

2. 安装顺序及要求

(1)安放铁垫板下弹性垫板：在承轨台中间位置铺设铁垫板下弹性垫板，使垫板孔与预埋套管孔对中，图 7-2-34 所示。

(2)安放铁垫板：铁垫板的螺栓孔中心应与预埋套管中心对正，如图 7-2-35 所示。

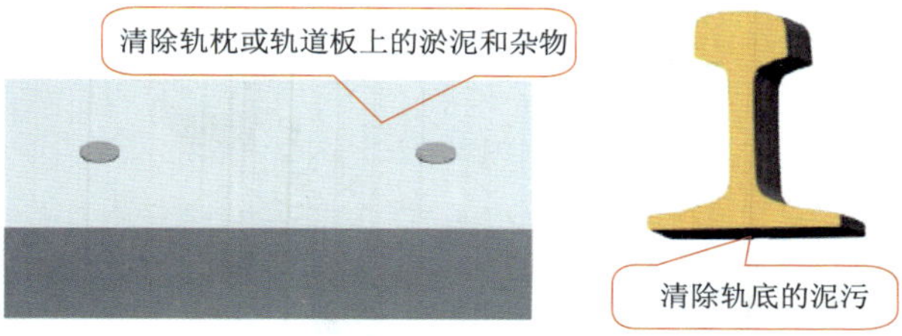

图 7-2-32 清除轨枕和轨道板承轨面的泥渣

图 7-2-33 预埋套管上的塑料

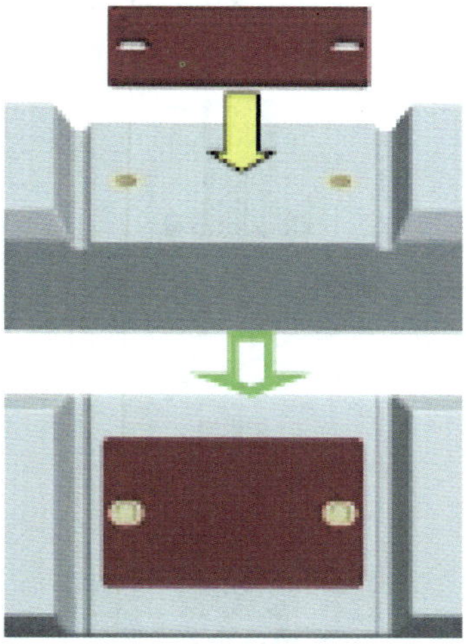

图 7-2-34 安放弹性垫板

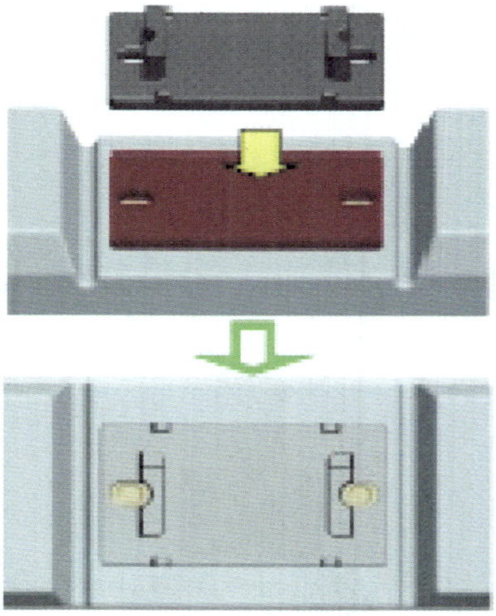

图 7-2-35 安放铁垫板

(3)安放轨下垫板：在铁垫板中间位置安放轨下垫板，轨下垫板的凸缘应扣住铁垫板，如图 7-2-36 所示。

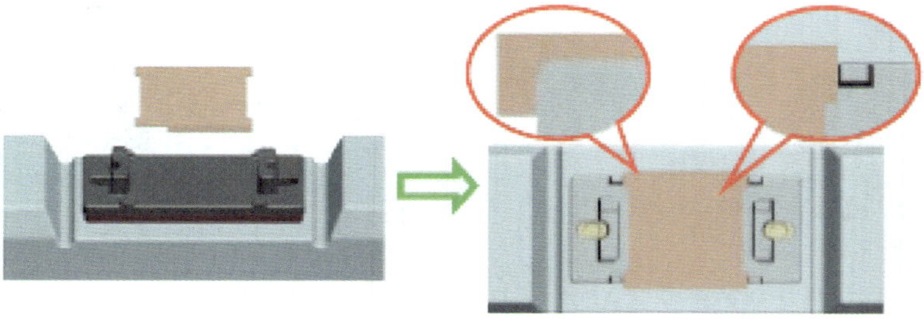

图 7-2-36 安放轨下垫板

(4)安放轨距挡板：安设 7 号轨距挡板，轨距挡板的圆弧凸台应安放在轨枕/轨道板承轨槽底脚的凹槽内，其斜面和前端两支点应分别与轨枕/轨道板的挡肩和承轨面密贴，如图 7-2-37 所示。

(5)铺设钢轨，如图 7-2-38 所示。

(6)安放绝缘块，如图 7-2-39 所示，安装绝缘块时，不得用锤或其他工具猛烈敲击使其入位，如图 7-2-40 所示。钢轨接头处要用 WJ8 接头轨距挡板和Ⅱ型绝缘块，如图 7-2-41 所示。

(7)安装弹条：将弹条摆放到位，螺旋道钉套上平垫圈且在螺纹部分涂满铁路专用防护油脂，然后拧入套管，紧固弹条，如图 7-2-42 所示。

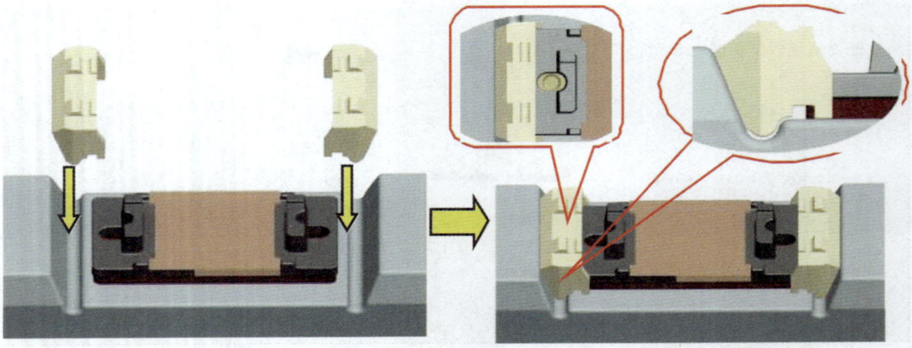
图 7-2-37 安放轨距挡板

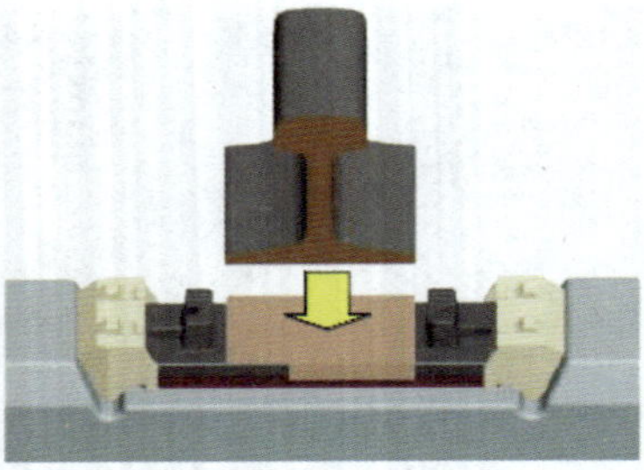
图 7-2-38 铺设钢轨

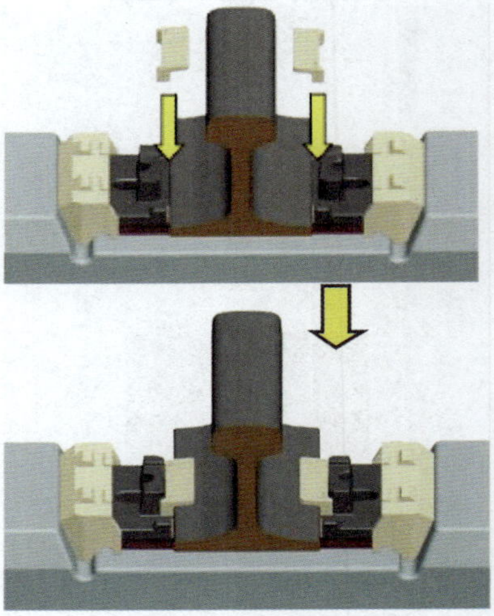
图 7-2-39 安放绝缘块

图 7-2-40 不得用锤猛烈敲击使其入位

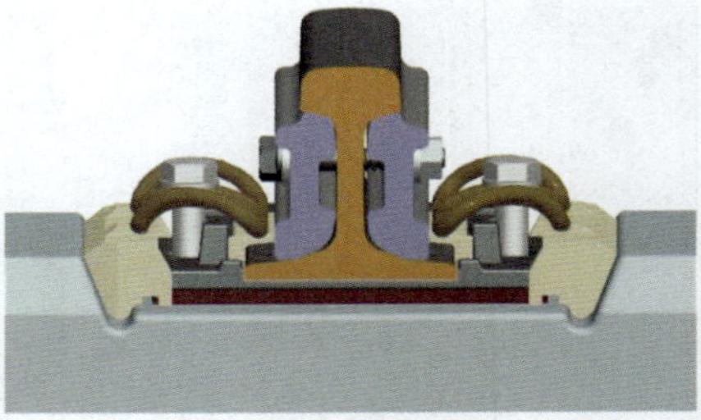
图 7-2-41 接头轨距挡板和Ⅱ型绝缘块

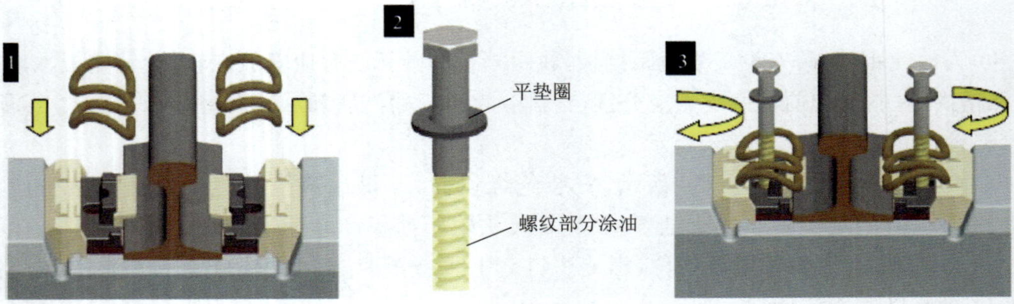

图 7-2-42 安装弹条并紧固

(三)养护维修要求

1. 注意观察检查扣件的使用情况,如扣件松弛,应及时复拧。当发现钢轨空吊、高低和水平不平顺时,应及时垫入调高垫板。

2. 使用中如发现扣件部件损坏应及时更换。

3. 如遇有需要卸下螺旋道钉的情况时,应避免泥污进入预埋套管。预埋套管中应保证有一定的防护油脂,油脂性能应符合相关规定。

4. 钢轨接头处应采用接头轨距挡板和绝缘块。

5. 弹条安装标准:以弹条中部前端下颚与绝缘块接触为准,两者间隙不得大于 0.5 mm,参考扭矩:W1 型弹条约为 160 N·m;X2 型弹条约为 110 N·m。

6. 弹条养护标准:弹条中部前端下颚应与绝缘块表面接触,间隙不得大于 1 mm。W1 型弹条的安装扭矩 130～170 N·m,X2 型弹条的安装扭矩 90～120 N·m。

7. 轨距挡板应与承轨槽挡肩密贴,间隙不得大于 1 mm,钢轨与绝缘块和铁垫板挡肩间缝隙之和不得大于 1 mm。

8. 钢轨左右位置调整量:±5 mm。

9. 钢轨高低位置调整量:－4～＋26 mm。

三、错列式 SFC 型扣件

错列式 SFC 型扣件由绝缘帽、弹条、铸铁底板、绝缘轨距挡块、橡胶垫板、耦合垫板、锯齿垫片、调高垫板、锚固系统及预埋套管组成,如图 7-2-43 所示。

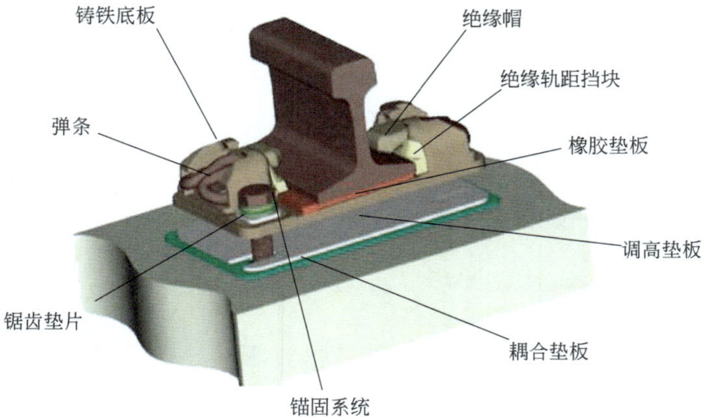

图 7-2-43 错列式 SFC 型扣件部件组成

(一)部件规格及安装要求

1. 弹条(带绝缘帽)

错列式 SFC 型扣件弹条分 FC1504 型、FC1502 型和 FC1306 型三种。其中,FC1504 型和 FC1306 型弹条分别配用 8494 型和 12133 型绝缘帽,且出厂时已将绝缘帽装配在相应的弹条上;FC1502 型弹条不安装绝缘帽。

一般地段安装 FC1504 型弹条,钢轨绝缘接头处安装 FC1502 型弹条,小纵向阻力地段安装 FC1306 型弹条。FC1504 型和 FC1502 型弹条的直径为 15 mm,FC1306 型弹条的直径为

13 mm。FC1504 型弹条防锈涂料为红色，配用的 8494 型绝缘帽为白色；FC1306 型弹条防锈涂料为红色，配用的 12133 型绝缘帽为蓝色；FC1502 型弹条为黄色，且绝缘帽不安装在弹条上，如图 7-2-44 所示。

图 7-2-44　弹条与绝缘帽

2. 预埋套管

该部件预先设置于轨枕/轨道板中，预埋精度应满足要求，且预埋套管顶面应与轨枕/轨道板承轨面齐平。预埋套管埋设后，应加盖塑料盖以防止雨水和泥污的进入，如图 7-2-45 所示。

3. 耦合垫板和调高垫板

耦合垫板由低密度聚乙烯制成，分为 2 mm、2.5 mm、3 mm、3.5 mm 和 4 mm 五个规格。其中 4 mm 厚度为标准设计厚度。

调高垫板根据厚度和材质不同，分为 3 mm、5 mm、10 mm、15 mm、20 mm、25 mm 和30 mm 厚度的高密度聚乙烯以及 1 mm 和 2 mm 厚度的镀锌钢板 9 种规格。

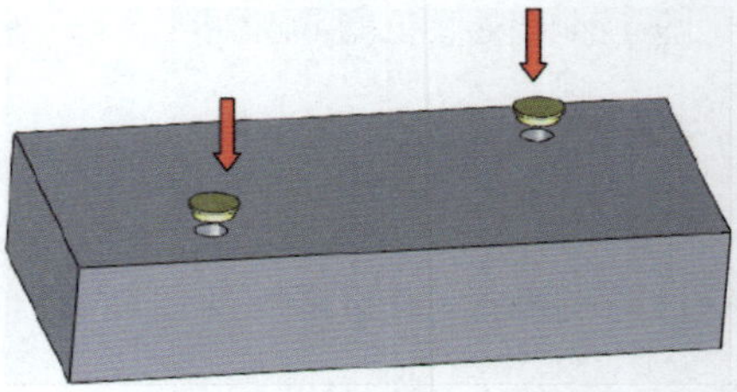

图 7-2-45　预埋套管埋设

4. 锚固系统

错列式 SFC 扣件系统配用的锚固系统由 M22 锚固螺栓、M22 平垫片、M22 贝氏垫片和尼龙套筒组成，如图 7-2-46、图 7-2-47 所示。

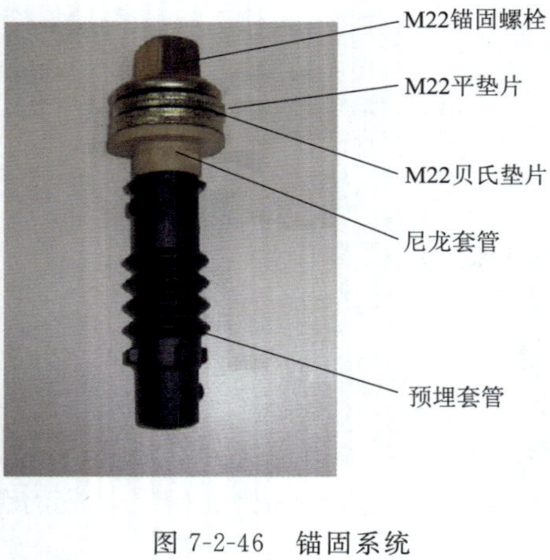

图 7-2-46　锚固系统

图 7-2-47　贝氏垫片的安装方法

特别提示：(1)两片 M22 贝氏垫片应背靠背安装。贝氏垫片的正确安装非常重要，否则铸铁底板可能在线路运营时出现松动的可能。

(2)当垫板(含调高垫板和耦合垫板)叠加总厚度超过 15 mm 时,需要使用更长的螺栓(部件编号:12671)替换当前使用的螺栓(部件编号 10866),如图 7-2-48 所示。

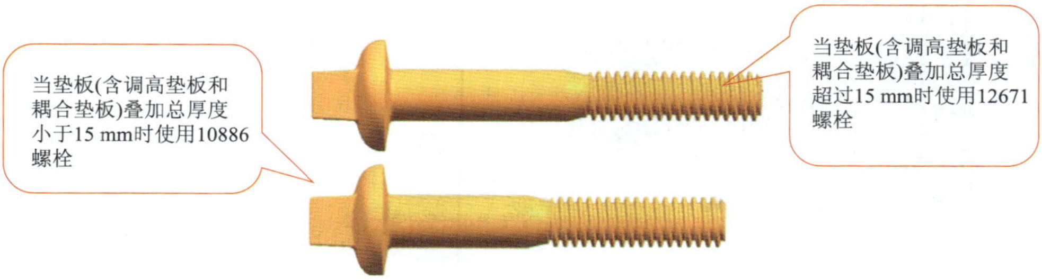

图 7-2-48　锚固螺栓

(二)预组装准备作业

1. 预组装前准备工作

(1)准备 FC1504 型弹条。若线路段有小纵向阻力要求,应适量准备 FC1306 型弹条。

(2)适当准备不同厚度的调高垫板,以备微量调整钢轨高低之用。

(3)检查轨枕/轨道板承轨面,不应有裂纹。清除轨枕/轨道板承轨面的泥渣。

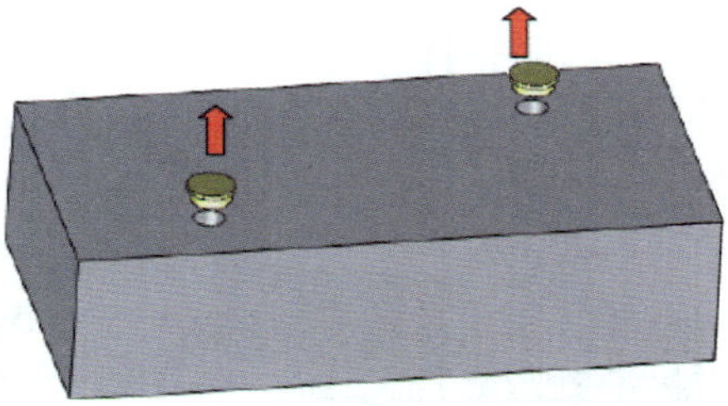

图 7-2-49　预埋套管上的塑料盖

(4)摘除预埋套管上的塑料盖,如图 7-2-49 所示。

2. 预组装顺序

(1)安放耦合垫板:铺设耦合垫板,使垫板孔与预埋套管孔对中。

(2)安放铸铁底板,使轨底坡朝向轨道内侧(F 字样应在轨道外侧)。铸铁底板的螺栓孔中心应与预埋套管中心对正,如图 7-2-50 所示。

图 7-2-50　安放铸铁底板

(3)安放锯齿垫片:按中位安放锯齿垫片,锯齿垫片应与底板牙型啮合紧密,圆孔侧应朝外安装,如图 7-2-51 所示。

(4)安装锚固螺栓系统:将锚固螺栓系统一一安放到位,并再次确认 M22 贝式垫片是否在两片平垫片间背靠背安装。将锚固螺栓拧紧,扭矩应达到 150～200N·m。

(5)安装轨距挡块和轨下橡胶垫板:用软面小锤先安放好轨距挡块,再插入橡胶垫板,如图 7-2-52 所示。

(6)安装弹条:在铸铁底板两侧挡肩的弹条安装位置安放弹条,并用安装工具的前端爪头抓住铸铁底板挡肩上相应位置,拉动手柄,将弹条推至正确的预扣位置,如图 7-2-53 所示。

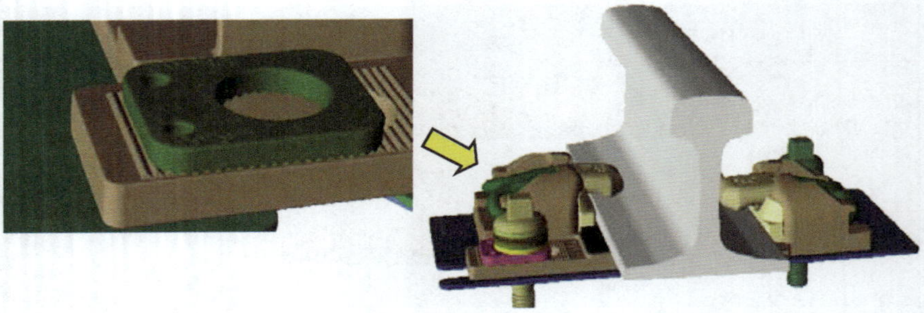

图 7-2-51　安放锯齿垫片

图 7-2-52　安装轨距挡块和轨下橡胶垫板

图 7-2-53　安装弹条

(三)作业程序及要领

1. 安装前的准备工作

(1)检查运送到现场的轨枕/轨道板上预组装的错列式 SFC 扣件,确保扣件系统没有出现零部件丢失或破损现象。

(2)钢轨轨底应该清理干净,不带有任何泥污等杂物。

2. 安装顺序及要求

(1)铺设钢轨:将钢轨放置在预组装后的承轨槽中。特别提示:由于承轨槽上有橡胶垫板的存在,钢轨只有在底部支撑上滑动滚轮时,才能在承轨槽内拖动,否则将会严重损坏橡胶垫板;若钢轨无法坐入槽中可能是由于两边的轨距挡块"弓起"或被向前挪动引起的,应将钢轨顶起,然后将轨距挡块正确放置到位,如图 7-2-54 所示。

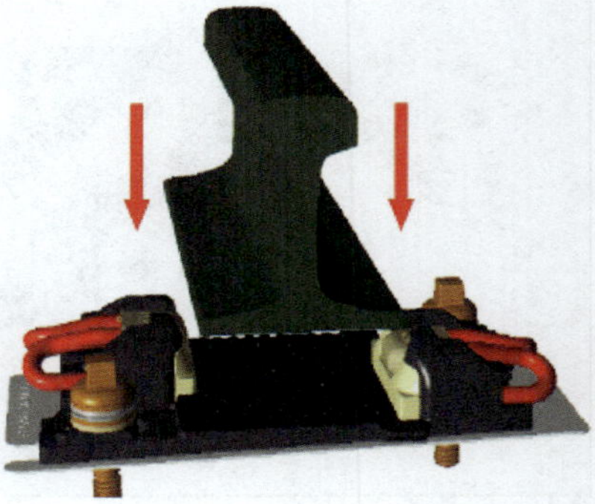

图 7-2-54　铺设钢轨

(2)检查扣件系统各部件与钢轨轨底间的相对位置。钢轨放置在扣件承轨槽内后,钢轨、橡胶垫板、铸铁底板承轨面之间,以及轨距挡块与铸铁底板挡肩相应位置间均应密贴。需特别指出的是,钢轨轨底上表面应与承轨槽两侧轨距挡块的上表面基本持平,确保下一步安装时弹条能够顺利进入扣紧工作位,如图 7-2-55 所示。

(3)安装弹条,如图 7-2-56 所示。错列式 SFC 型扣件弹条安装与 FC 型扣件一样,均可选

图 7-2-55　正确安置弹条扣件

图 7-2-56　安装弹条

用手工工具安装、半自动化设备安装和全自动化设备安装等方式。以下以手工工具安装为例阐述错列式 SFC 扣件弹条安装的方法。

使用专用的弹条安装工具进行安装，将弹条从预扣位置挤入扣紧的工作位置。安装时，将安装工具前爪钩抓住预埋底座的上前部，用力拉动手柄，直到将弹条彻底顶进。

（四）养护维修要求

1. 运营初期应注意观察扣件的使用情况。当发现钢轨空吊、高低和水平不平顺时，应及时进行调节。

2. 如遇有需要卸下锚固螺栓的情况时，应避免泥污、雨水等进入预埋套管。

3. 零部件损坏应及时更换，更换时应采用相同规格的零部件。

4. 预埋套管中缺油或无油时，应在预埋套管中注入或在锚固螺栓螺纹部分涂专用防护油脂。

5. 安装铁垫板时，应保证轨底坡的方向朝向轨道内侧。锯齿垫片应与铸铁底板牙型啮合紧密，两片 M22 贝氏垫片应背靠背安装。紧固锚固螺栓时应采用专用扭矩扳手确保扭矩满足要求。

6. 弹条应采用专用工具安装。

7. 钢轨与绝缘块和铁垫板挡肩间缝隙较大时，应通过更换不同号码绝缘块的方式进行调整。

8. 弹条初装扣压力应不小于 9 kN；养护过程中弹条扣压力应不小于 8 kN；锚固螺栓拧紧扭矩 150～200 N·m。

9. 钢轨与绝缘块和铁垫板挡肩间缝隙之和应不大于 1 mm。

10. 钢轨左右位置调整量：±6 mm，钢轨高低位置调整量：－2～＋30 mm。

四、直列式 SFC 型扣件

直列式 SFC 型扣件由弹条、绝缘帽、铸铁底板、绝缘轨距挡块、橡胶垫板、锚固螺栓、贝式垫片、锯齿垫片、耦合垫板和预埋套管组成，如图 7-2-57 所示。此外，为了钢轨高低位置调整的需要，还包括用在铸铁底板和耦合垫板之间的调高垫板。

（一）部件规格及安装要求

1. 弹条（带绝缘帽）

直列式 SFC 型扣件弹条分 FC1504 型、FC1502 型和 FC1306 型三种。其中，FC1504 型和 FC1306 型弹条分别配用 8494 型和 12133 型绝缘帽，且出厂时已将绝缘帽装配在相应的弹条

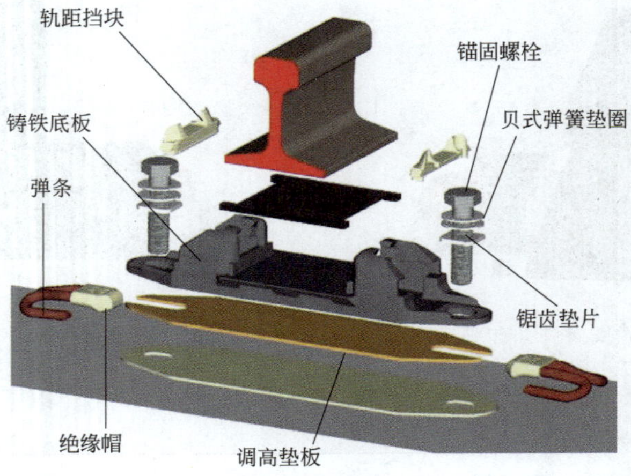

图 7-2-57 直列式 SFC 型扣件部件组成

上;FC1502 型弹条不安装绝缘帽。

一般地段安装 FC1504 型弹条,钢轨绝缘接头处安装 FC1502 型弹条,小纵向阻力地段安装 FC1306 型弹条。FC1504 型和 FC1502 型弹条的直径为 15 mm,FC1306 型弹条的直径为 13 mm。FC1504 型弹条防锈涂料为红色,配用的 8494 型绝缘帽为白色;FC1306 型弹条防锈涂料为红色,配用的 12133 型绝缘帽为蓝色;FC1502 型弹条为黄色,且绝缘帽不安装在弹条上,如图 7-2-58 所示。

图 7-2-58 弹条与绝缘帽

2. 预埋套管

该部件预先设置于轨枕/轨道板中,预埋精度应满足要求,且预埋套管顶面应与轨枕/轨道板承轨面齐平。预埋套管埋设后,应加盖塑料盖(或其他材料)以防止雨水和泥污的进入。

3. 调高垫板

调高垫板根据其厚度和材质的不同,可分为 4 mm、5 mm、10 mm、15 mm、20 mm、25 mm 和 30 mm 厚度的高密度聚乙烯(HDPE)调高垫板,以及 1 mm 和 2 mm 镀锌钢板。其中,常用的调高垫板分别为 1 mm、2 mm 钢板,5 mm 高密度聚乙烯调高垫板。

(二)预组装准备作业

1. 预组装前准备工作

在轨枕/轨道板运送至铺轨基地或现场前,需将错列式 SFC 型扣件预组装在轨枕/轨道板上。预组装不仅可以提高施工和后续铺轨的速度,还可以保证扣件安装的正确性,并减少现场扣件零部件的丢失。

(1)准备 FC1504 型弹条。若线路段有小纵向阻力要求,应适量准备 FC1306 型弹条。

(2)检查轨枕/轨道板承轨面,不应有裂纹。清除轨枕/轨道板承轨面的泥渣。

(3)摘除预埋套管上遮盖物。

2. 预组装顺序

(1)放置好 3 mm 耦合垫板,使垫板孔与预埋套管对中,如图 7-2-59 所示。

(2)安放铸铁底板,使铸铁底板螺栓孔中心与预埋套管中心对正,如图 7-2-60 所示。

(3)安装锚固螺栓系统:按中位安放锯齿垫片,锯齿垫片应与铸铁底板牙型啮合紧密,再将两片 M27 贝式垫片背靠背安装方式放好,并将锚固螺栓串入并拧紧,扭矩应达到 150～200 N·m,如图 7-2-61 所示。

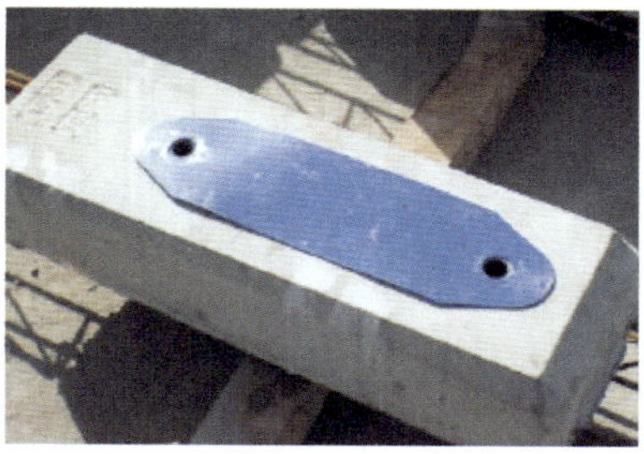

图 7-2-59　安放耦合垫板

图 7-2-60　安放铸铁底板

图 7-2-61　安装锚固螺栓系统

(4)安放轨距挡块和橡胶垫板:用软面小锤将轨距挡块轻轻敲下,安装到铸铁底板挡肩上。然后,将橡胶垫板插入轨距挡块与铸铁底板件形成的凹槽,如图 7-2-62 所示。

(5)安装弹条,使用专用工具 LP19019 将弹条安装至预扣位,如图 7-2-63 所示。

图 7-2-62　安放轨距挡块和橡胶垫板

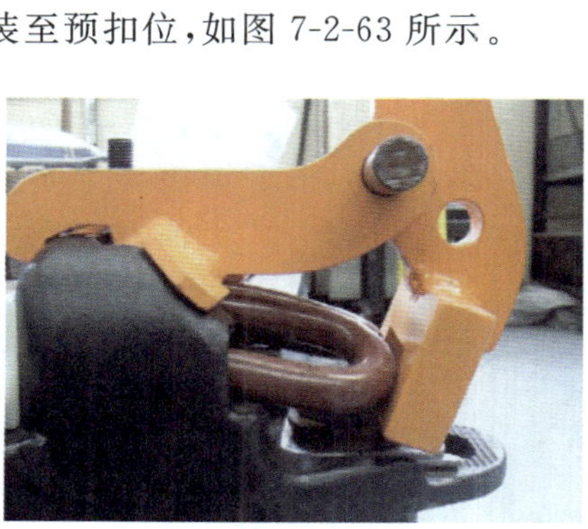

图 7-2-63　安装弹条

(三)扣件作业程序及要领

1. 安装前的准备工作

(1)检查运送到现场的轨枕/轨道板上预组装的直列式 SFC 型扣件,确保扣件系统没有出现零部件丢失或破损现象。

(2)钢轨轨底应该清理干净,不带有任何泥污等杂物。

2. 安装顺序

(1)铺设钢轨,将钢轨放置在预组装后的承轨槽中,如图 7-2-64 所示。

特别注意:①由于承轨槽上有橡胶垫板的存在,钢轨只有在底部支撑上滑动滚轮时,才能在承轨槽内拖动,否则将会严重损坏橡胶垫板。②若钢轨无法坐入槽中可能是由于两边的轨距挡块"弓起"或被向前挪动引起的,应将钢轨顶起,然后将轨距挡块正确放置到位。

(2)检查扣件系统各部件与钢轨轨底间的相对位置,如图 7-2-65 所示。钢轨放置在扣件承轨槽内后,钢轨、橡胶垫板、铸铁底板承轨面之间,以及轨距挡块与铸铁底板挡肩相应位置间均应密贴。需特别指出的是,钢轨轨底上表面应与承轨槽两侧轨距挡块的上表面基本持平,确保下一步安装时弹条能够顺利进入扣紧工作位。

(3)安装弹条,如图 7-2-66 所示。直列式 SFC 型扣件弹条安装与 FC 型扣件一样,均可选用手工工具安装、半自动化设备安装和全自动化设备安装等方式。以下以手工工具安装为例阐述直列式 SFC 扣件弹条安装的方法。使用专用的弹条安装工具进行安装,将弹条从预扣位置挤入扣紧的工作位置。安装时,将安装工具前爪钩抓住预埋底座的上前部,用力拉动手柄,直到将弹条彻底顶进。

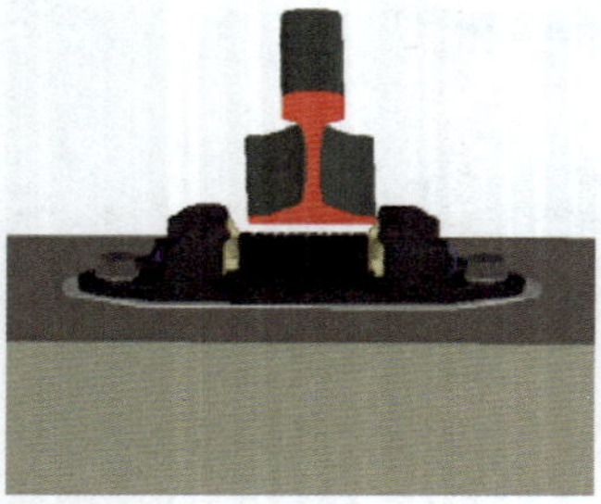

图 7-2-64　铺设钢轨

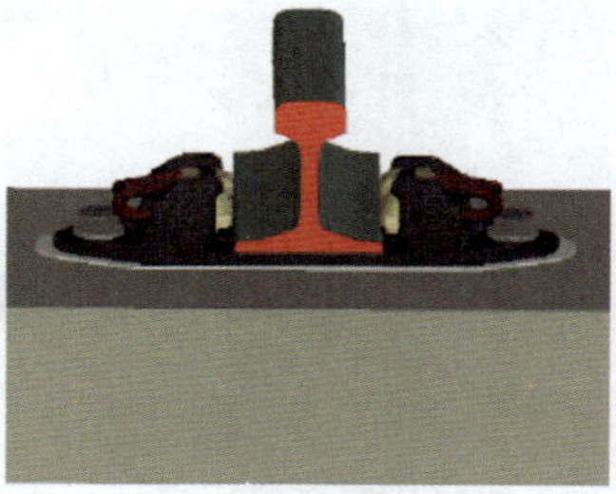

图 7-2-65　检查扣件系统位置

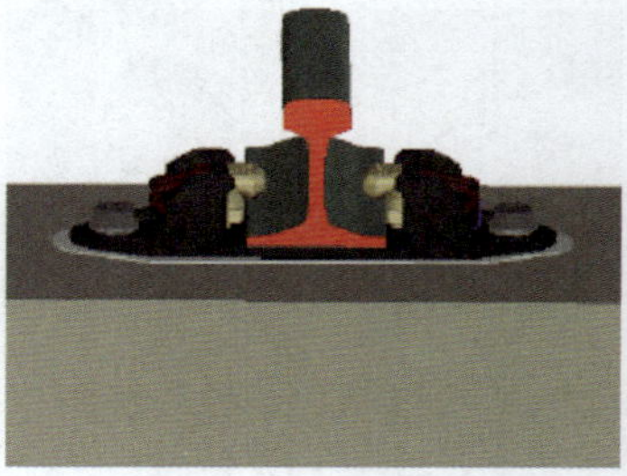

图 7-2-66　安装弹条

(四)养护维修要求

1. 运营初期应注意观察扣件的使用情况。当发现钢轨空吊、高低和水平不平顺时,应及时进行调节。

2. 如遇有需要卸下锚固螺栓的情况时,应避免泥污、雨水等进入预埋套管。

3. 零部件损坏应及时更换,更换时应采用相同规格的零部件。

4. 预埋套管中缺油或无油时,应在预埋套管中注入或在锚固螺栓螺纹部分涂专用防护油脂。

5. 安装铁垫板时,应保证轨底坡的方向朝向轨道内侧。锯齿垫片应与铸铁底板牙型啮合紧密,两片 M22 贝氏垫片应背靠背安装。紧固锚固螺栓时应采用专用扭矩扳手确保扭矩满足要求。

6. 弹条应采用专用工具安装。

7. 钢轨与绝缘块和铁垫板挡肩间缝隙较大时,应通过更换不同号码绝缘块的方式进行调整。

8. 弹条初装扣压力应不小于 9 kN;养护过程中弹条扣压力应不小于 8 kN;锚固螺栓拧紧扭矩 150～200 N·m。

9. 钢轨与绝缘块和铁垫板挡肩间缝隙之和应不大于 1 mm。

10. 钢轨左右位置调整量:±6 mm,钢轨高低位置调整量:－2～＋30 mm。

五、300 型扣件

300 型扣件由弹条、绝缘垫片、轨距挡板、轨枕螺栓、绝缘套管、轨垫、铁垫板和弹性垫板组成。此外为了钢轨的高低调节的需要,还包括调高垫板,如图 7-2-67 所示。

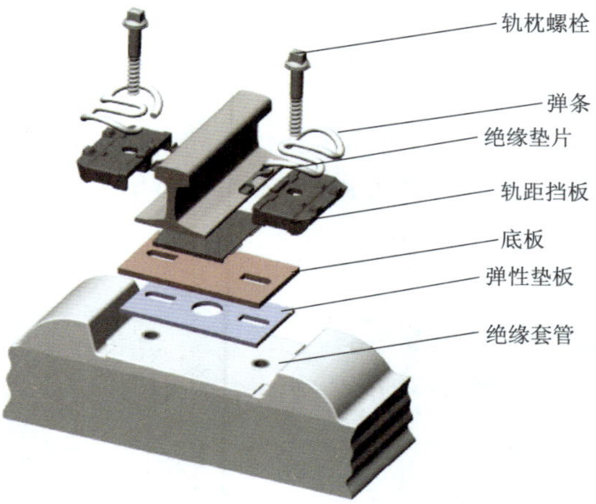

图 7-2-67　Vossloh300-1U 型扣件组装图

(一)部件规格及安装要求

1. 弹　　条

弹条分两种,一种为一般地段使用的 SKL15 型弹条和桥上可能使用的小阻力弹条 SKL B15 型弹条。SKL15 型弹条(黑色)的直径为 15 mm,SKL B15 型弹条(蓝色)的直径为 13 mm,如图 7-2-68、图 7-2-69 所示。

图 7-2-68　SKL15 型弹条

图 7-2-69　SKLB15 型弹条

2. 轨枕螺栓

标准规格轨枕螺栓(Ss36-230)总长为 230 mm,为了钢轨调高的需要,还配有 Ss36-240、Ss36-250、Ss36-260、Ss36-270 和 Ss36-280 轨枕螺栓,如图 7-2-70 所示。

3. 轨下垫板

标准规格轨下垫板(Zw692-6)厚度为 6 mm,如图 7-2-71 所示。为了钢轨调高的需要,还配有 Zw692-2、Zw692-3、Zw692-4、Zw692-5、Zw692-7 和 Zw692-8 不同厚度轨下垫板。

图 7-2-70　轨枕螺栓

图 7-2-71　轨下垫板

4. 轨距挡板

标准规格轨距挡板分为 Wfp15a 型挡板(适用于 300-1a 型扣件)和 Wfp15u 型挡板(适用于 300-1u 型扣件)。为了钢轨左右位置调整的需要,还配有 Wfp15a±1(Wfp15u±1)～Wfp15a±8(Wfp15u±8)各 16 种规格,如图 7-2-72、图 7-2-73 所示。

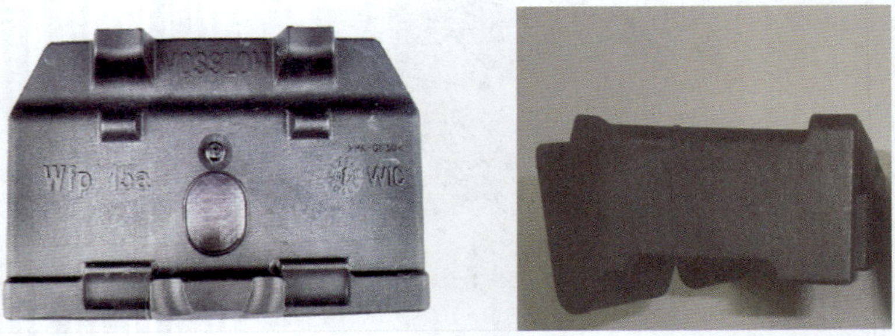

图 7-2-72　Wfp 15a 型轨距挡板

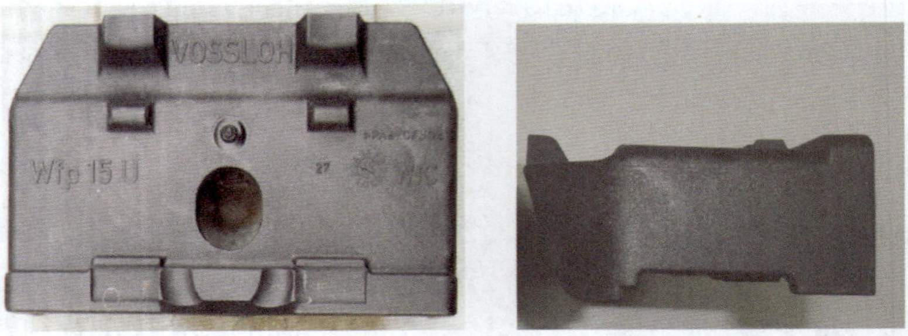

图 7-2-73　Wfp 15u 型轨距挡板

5. 弹性垫板

弹性垫板放置于铁垫板下,如图 7-2-74 所示。两种不同颜色的弹性垫板,性能相同。

6. 预埋套管

预埋套管预先埋设于轨枕/轨道板中,埋设精度应满足要求,且预埋套管顶面应低于轨枕/轨道板承轨面 0～2 mm。预埋套管埋设后,如果不是在轨枕厂进行预先安装,则应盖上塑料盖(或其他材料)以防雨水和泥污进入,如图 7-2-75 所示。

图 7-2-74　弹性垫板

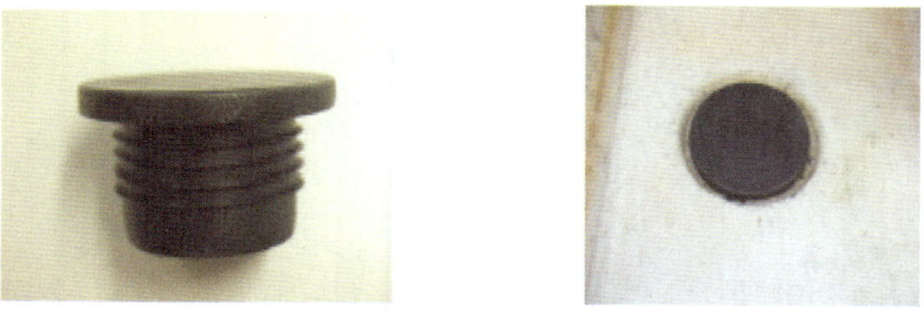

图 7-2-75　套管盖

7. 绝缘垫片 Is15

绝缘垫片 Is15 如果露天存储，现场必须加盖顶棚或苫布。在现场铺轨时，安装到弹条弹臂下正确位置，如图 7-2-76 所示。

图 7-2-76　绝缘垫片

8. 调高垫板

调高垫板分塑料调高垫板和钢制调高垫板。其中，塑料调高垫板按厚度分为 6 mm 和 10 mm 两种，标号分别为 Ap20-6(Ap20U-6)和 Ap20-10(Ap20U-10)。钢制调高垫板为厚度 20 mm 的 Ap20S(Ap20U-S)。图 7-2-77～图 7-2-79 为适用于 300-1a 型系统或 300-1U 型系统的调高垫板。

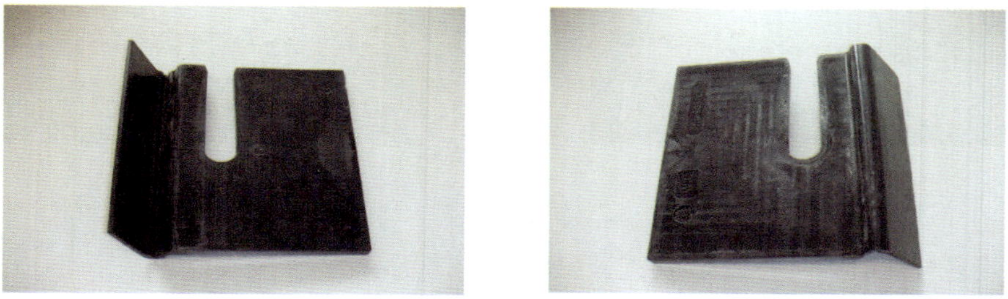

图 7-2-77　塑料调高垫板 Ap5-32（适用于 300-1a 系统的塑料调高垫板）

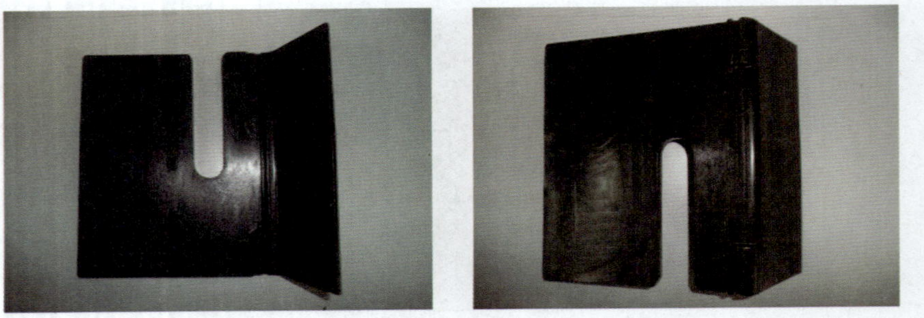

图 7-2-78　塑料调高垫板 Ap20U-10(适用于 300-1U 系统的塑料调高垫板)

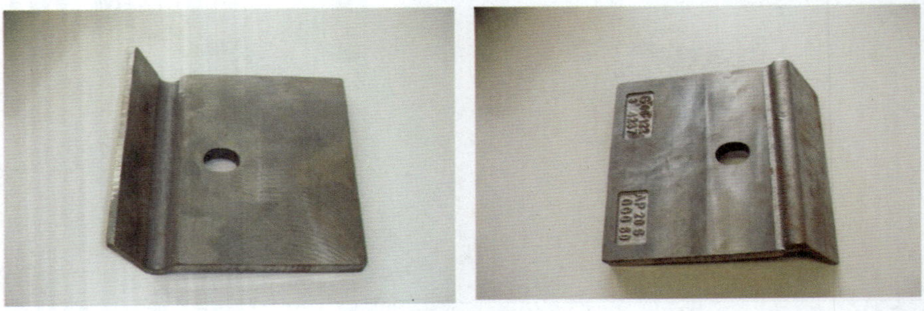

图 7-2-79　钢制调高垫板 Ap20S(适用于 300-1a 型系统)

(二)扣件安装顺序及要求

1. 安装前的准备工作

(1)清除套管中的杂质和积水。

(2)在套管中添加 10～15 g(Ferrocoat 673FS 或 Elascon KGF)油脂。

(3)检查轨枕/轨道板承轨槽,不应有裂纹。清除轨枕/轨道板承轨槽的泥渣。

2. 预 安 装

(1)铺设弹性垫板:将弹性垫板放在承轨面的中间位置,如图 7-2-80 所示。

(2)铺设铁垫板:将铁垫板放在弹性垫板上,如图 7-2-81 所示。

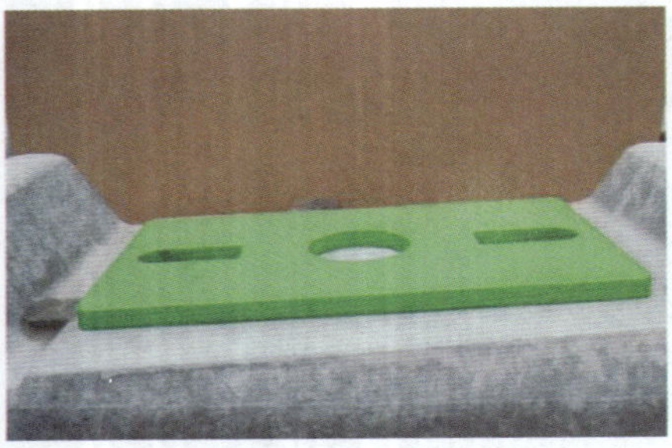

图 7-2-80　铺设弹性垫板

图 7-2-81　铺设铁垫板

(3)铺设轨垫:将轨垫放在铁垫板上,如图 7-2-82 所示。

(4)安放轨距挡板:将轨距挡板放入承轨槽中,使轨距挡板压住轨垫边缘并与承轨槽密贴,如图 7-2-83 所示。

图 7-2-82 铺设轨垫

图 7-2-83 安放轨距挡板

(5)安放弹条,将弹条放在轨距挡板预安装位置,如图 7-2-84 所示。

(6)安装轨枕螺栓,将轨枕螺栓拧入预埋套管,使用配套的套筒扳手拧紧,扭矩为 30～50 N·m,如图 7-2-85 所示。

图 7-2-84 安放弹条

图 7-2-85 安装轨枕螺栓

3. 现场最终安装

(1)铺设钢轨:将钢轨安放在正确位置,即两个轨距挡板之间,轨垫之上,如图 7-2-86 所示。

(2)安放绝缘垫片:将绝缘垫片放于轨底上表面的弹条扣压肢待安装位置,注意方向,半圆开口朝外,如图 7-2-87 所示。

图 7-2-86 铺设钢轨

图 7-2-87 安放绝缘垫片

(3)安放弹条:将弹条从预安装位置移到安装位置,如图 7-2-88 所示。

(4)安装轨枕螺栓,如图 7-2-89 所示,拧紧螺栓直至弹条的中肢前端与轨距挡板前端突起部分接触，扭矩约 250 N·m。采用 SKL B15 弹条时扭矩约 180 N·m。图 7-2-90、图 7-2-91 为弹条紧固示意图。

图 7-2-88　安放绝弹条

图 7-2-89　安装轨枕螺栓

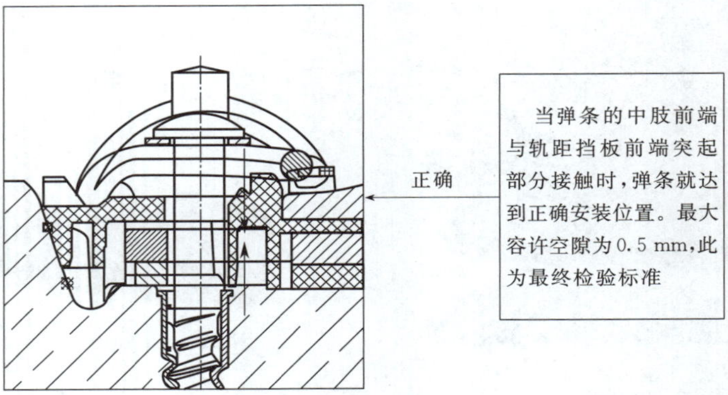

图 7-2-90　弹条紧固示意图一

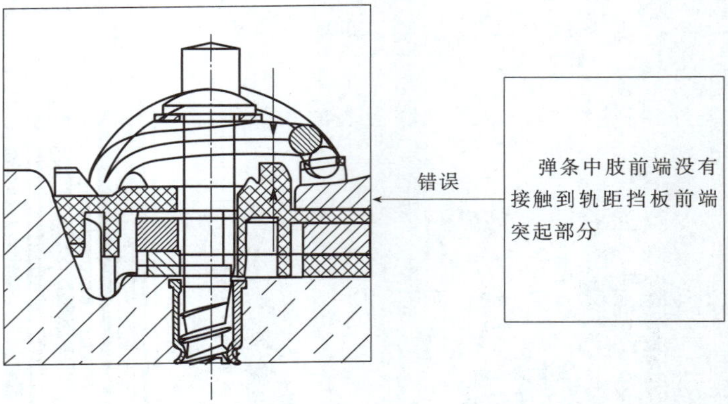

图 7-2-91　弹条紧固示意图二

（三）养护维修要求

1. 应注意观察检查扣件的使用情况，如通过目测发现弹条未达到最终安装位置，应及时按照如前所述“特别提示：弹条安装到位判断方法”将其拧紧到位。当发现钢轨空吊、高低和水平不平顺时，应及时按规定进行调整。

2. 如遇有需要卸下轨枕螺栓的情况时，应避免泥渣进入预埋套管。预埋套管中应保证有一定的防护油脂，油脂性能应符合相关规定。

3. 弹条安装标准：以弹条中部前端与轨距挡板前端突起部分接触为准，两者间隙不得大于 0.5 mm，参考扭矩：SKL15 型弹条约为 250 N·m；SKLB15 型弹条约为 180 N·m。

4. 弹条养护标准：弹条中部前端应与轨距挡板前端突起部分接触，间隙不得大于1 mm。一般情况下，SKL15 型弹条的安装扭矩为 230～260 N·m，SKLB15 型弹条的安装扭矩为 160～190 N·m。

5. 轨距挡板应与承轨槽挡肩密贴，钢轨与轨距挡板间缝隙不得大于 1 mm。

6. 钢轨左右位置调整量：±8 mm。

7. 钢轨高低位置调整量：－4～＋26 mm。

思考题

1. 无砟轨道采用哪几种扣件？有砟轨道采用哪几种扣件？
2. WJ-7 型扣件调高垫板分为哪几种？每种调高垫板的规格分别是多少？
3. WJ-7 型扣件轨距方向如何调整？
4. WJ-8 型扣件调高垫板分为哪几种？每种调高垫板的规格分别是多少？
5. WJ-8 型扣件轨距挡板分为哪几种？每种轨距挡板的规格分别是多少？
6. WJ-8 型扣件螺旋道钉分为几种？如何使用？
7. WJ-8 型扣件由哪些部件组成？
8. 300-1 型扣件由哪些部件组成？
9. 300-1 型扣件轨枕螺栓有哪几个不同长度的型号？
10. 300-1 型扣件标准规格轨下垫板有哪几种？
11. 300-1 型扣件轨距挡板有哪几种型号？
12. 300-1 型扣件调高垫板分为哪几种？每种调高垫板的规格分别是多少？
13. 错列式 SFC 型扣件弹条分为哪几种？分别安装在什么地方？
14. 错列式 SFC 型扣件耦合垫板和调高垫板的型号分别是多少？
15. 直列式 SFC 型扣件由哪些部件组成？
16. 直列式 SFC 型扣件调高垫板分为哪几种型号？

第三节　扣件损坏的修理及维护

一、扣件更换或修复的伤损标准

钢轨扣件应保持齐全，组合正确，作用良好。当扣件伤损达到下列标准时，应及时更换或修复：

1. 零部件损坏；
2. 预埋套管损坏；
3. 锚固螺栓拧紧扭矩不满足要求；
4. 有螺栓弹条紧固状态弹条中肢前端离缝超过 1 mm；
5. 无螺栓弹条螺栓不能保持标准的扣压力；
6. 弹性垫板的静刚度超过设计值上限的 25％；

7. 橡胶垫板压溃或变形(两侧压宽合计:厚度为 10 mm 的橡胶垫板超过 20 mm)丧失作用,橡胶垫片损坏时,应进行更换;

8. 轨距挡板严重磨损,钢轨与轨距挡板、轨距挡板与承轨槽挡肩离缝超过 2 mm。

二、修复与维护

上述 8 项损坏情况大部分可以通过更换的方式来进行处理,预埋套管损坏处理难度较大,施工较为复杂。

(一)扣件预埋套管失效修理

对破损失效的预埋套管及时进行修理,确保轨道整体框架的完整和作用良好,有两种方式进行修理。

工料具:混凝土钻芯钻、塑料套管、刷子、模板、砂浆、钢锯、空气压缩机和照明设备。

首先要进行调查、观测。将需要修补的位置做好标记,划在轨枕头部对应处。测量轨温,确认是否符合作业条件,做到超温不作业;无缝线路作业应执行作业前、作业中、作业后测量轨温制度。

1. 第一种修理方式

(1)用钻孔钻取套管,采用小于套管外径的钻头,钻孔只对套管部分进行钻取,不得伤及套管周围混凝土;

(2)钻取套管后,经杂物清除干净,并避免损坏混凝土部分的螺纹;

(3)用高压气泵吹净内部残渣;

(4)选取比原套管外径小 1～2 mm 的新套管,将环氧树脂胶涂抹在混凝土部分螺纹内和新套管的外部,而后将新套管沿混凝土部分的螺纹进行旋入到位,同时对位置进行校正;

(5)环氧树脂胶凝固后,紧固扣件螺栓。

2. 第二种修理方式

(1)用空心钻头将失效套管及周边混凝土取出,不得伤及套管周围的钢筋;

(2)钻取套管后,清除内部残渣,用高压气泵吹净;

(3)在孔洞内灌注适量的速干水泥砂浆,植入新套管,采取定位措施保证套位位置正确;

(4)砂浆凝固后,紧固扣件螺栓。

(二)轨枕外的扣件或扣件组件的损坏

除了塑料榫钉 Sdü 26 和轨枕螺钉 Ss 36N 是完全或部分与轨枕结构结为整体外(图 7-3-1),Vossloh 300-1NL 扣件系统其余部分由钢轨垫板 Zw 692、基础板 Grp 21、弹性垫板 Zwp 104 NT-22,5、轨距板 Wfp 15 NL、轨枕螺钉 Ss 36N、扣件弹条 Skl 15 和塑料榫钉 Sdü 26 组成。

这种缺陷是由于正常使用、意外事故、以及安装或材料缺陷而造成的。这种损害类型有:

(1)一个或几个钢轨扣件组件的变形;

(2)一个或几个钢轨扣件组件的破裂。

这种缺陷通常仅通过肉眼就可检查出来。其修复过程的工作步骤:

(1)放松有损坏部分的轨道和相邻轨道的扣件;

(2)提升起钢轨;

(3)去除有缺陷的钢轨扣件或扣件组件;

(4)用压缩空气或空气嘴清扫榫钉孔(如果取出了轨枕螺钉);

(5)润滑轨枕螺钉;

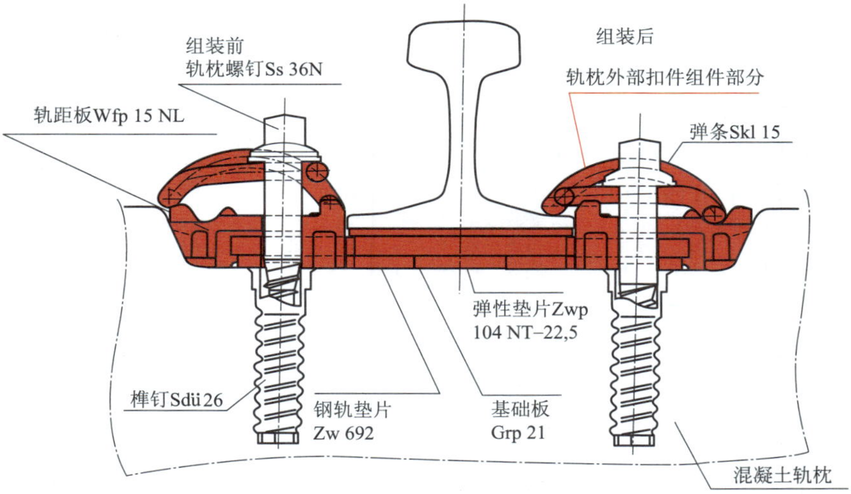

图 7-3-1　轨枕外部的钢轨扣件组件(图中红色部分)

(6)安装新的钢轨扣件或扣件组件；

(7)放低钢轨；

(8)按需要的扭矩安装钢轨扣件。

(三)轨枕内的扣件螺钉部份的损坏

螺钉 Ss 36N 是部分与轨枕结构集为一体的(图 7-3-2)。它们由于意外事故、安装或材料故障消除或降低了轨枕内的钢轨扣件的适当的锚固作用。这种损害有:螺钉失效和螺钉断裂。

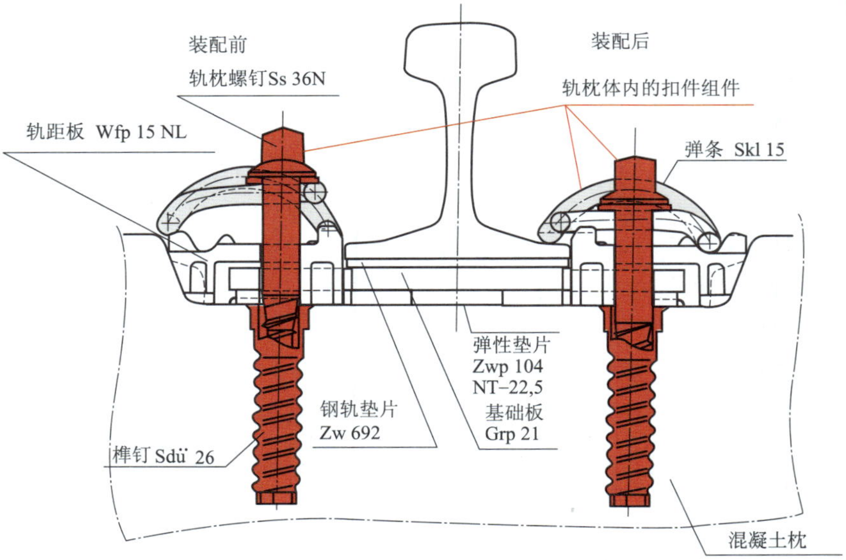

图 7-3-2　轨枕内部的扣件螺钉(图中红色部分)

这种缺陷通常仅通过简单的视觉进行检察,并且在此种螺钉失效的修复中是不需要抬升起钢轨的,只需要替换螺钉即可。在螺钉断裂的修复中,在榫钉内部的螺钉部分可以使用直径为 8～15 mm 的左螺纹钻钻孔清除。钻头逆时针方向钻进断裂的螺钉中,随着转动阻力增大,则能够从榫钉中移除螺钉部分。

如果这种方法不能去除螺钉部分，则全部榫钉必须替换。工作步骤如下：

(1)去除断裂螺钉的上部部分；

(2)去除弹条和轨距板；

(3)去除榫钉内的螺钉断折部分(使用钻孔机和左旋螺纹钻)；

(4)用压缩空气清洗榫钉；

(5)润滑轨枕螺钉；

(6)安装轨距板和弹条；

(7)用适当的扭矩拧紧螺钉。

(四)轨枕内的扣件榫钉部分的损坏

塑料榫钉 Sdü 26l Ss 36N 与轨枕结构是完全一体的，它们由于意外事故、安装或材料缺陷降低或消除了轨枕内部的钢轨扣件的适当的锚固作用。

这种损坏无需借助其他的检测仪器，仅凭肉眼就可进行检测判断。对于这种缺陷所需要的修复方法和各自的作用力与损坏的程度有关，因此它们每一个都必须单独的分析和解决。下面仅列出了通用的一种维修方法步骤。

(1)放松损坏部分的轨道和相邻轨道的扣件；

(2)提升起钢轨；

(3)去除有缺陷的钢轨扣件；

(4)锤击销钉或螺钉进入有缺陷的榫钉内；

(5)沿逆时针方向从混凝土枕身内去除有缺陷的榫钉；

(6)用锒头或铁锤从有缺陷的榫钉内去除销钉或螺纹装置；

(7)用销钉或螺纹装置和扳手将车削螺纹的修理榫钉拧入混凝土枕身；

(8)用压缩空气或空气喷嘴清理榫钉孔；

(9)安装新的轨枕扣件或轨枕扣件组件；

(10)放低钢轨；

(11)用适当的扭矩固定扣件。

(五)混凝土轨枕内的锚固扣件的损坏

由于意外事故、安装或材料的问题，可能造成钢轨扣件锚固件的损害。其损害类型如下：

(1)螺栓头部分损害或失效、断裂；

(2)塑料榫钉损害或失效；

(3)混凝土枕身损害或破碎、破裂。

这种损坏只需通过视觉就可检测出来。这种缺陷所需要的修复方法和各自的作用力与损坏的程度有关，因此它们每一个都必须单独的分析和解决。其维修工作步骤如下：

(1)松开受损和相邻部份的钢轨扣件；

(2)提升起钢轨；

(3)去除有缺陷的全部钢轨扣件；

(4)在有缺陷的榫钉周围钻取芯孔(直径为 37 mm 缺陷榫钉，使用环氧树脂 KONUDUR 160 PL，直径大于 37 mm 深度大于 140 mm 的有缺陷的混凝土表面，使用 PAGEL 修复砂浆 V2/10 进行修复)；

(5)用压缩空气(空气喷嘴)清理榫钉孔；

(6)准备混凝土替代材料；

(7)灌注混凝土替代材料；

(8)将修理用榫钉和混凝土替代材料插入(安置)入所钻的孔洞里；

(9)混凝土替代材料的硬化；

(10)去除榫钉定位装置；

(11)安装新的扣件组件；

(12)放低钢轨；

(13)用适当的扭矩固定扣件。

(六)T 形螺栓涂油

1. 作业目的

为了保持 T 型螺栓作用良好、不锈蚀，便于松卸和拧紧，应有计划地对 T 形螺栓进行涂油，防止轨枕扣件锈蚀和失效，补充、更换或整正扣件，保持轨道几何尺寸和轨道整体框架刚度，延长设备使用寿命，以满足高速铁路高可靠性、高稳定性、高平顺性，保证列车以规定速度安全、平稳和不间断地运行，确保旅客乘车舒适度。

2. 作业工具材料

内燃螺栓扳手、扭力矩检查扳手、钢丝刷、长效油脂和刷子、丁字扳手、弹条、绝缘块、T 形螺栓、螺帽、24 mm 的套筒扳牙、电子轨距尺、轨温计、石笔、照明设备、个人防护用品。

3. 作业步骤

(1)测量轨温：作业前、中、后分别测量轨温，并如实记录当日气温和轨温。

(2)标记作业量：施工负责人应根据当日作业计划标定松卸扣件的地点、数量(长度)。

(3)松卸扣件：按股别，先对一股钢轨上扣件涂油，间隔 20 m 后松开另一股钢轨扣件，按照隔一松一的标准松开 T 形螺栓，卸掉扣件螺母，取下弹条并放在轨枕面上，取出 T 形螺栓，清扫轨枕承轨台面上的污物。禁止用手除去污物。

(4)去垢除锈：用钢丝刷除去螺栓上的油垢积锈，检查螺栓磨耗锈蚀及弯曲情况，更换失效螺栓。

(5)涂油：使用涂油器或刷子，在螺栓的丝扣上及螺杆上均匀涂油。

(6)安放 T 形螺栓：

①将 T 形螺栓头部对准铁垫板上的螺孔插入。

②T 形螺栓头部插入铁垫板后，按顺时针方向旋转 90°，螺栓头部到预定位置，然后上提使 T 形头完全嵌入槽中，如图 7-3-3 所示。

③安放弹条，并将平垫圈套在 T 形螺栓上，使之水平落在弹条的上面。

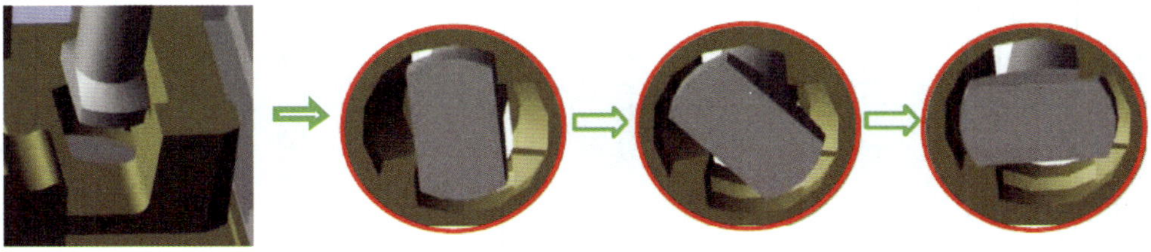

图 7-3-3　T 形螺栓安装示意图

④上好 T 形螺栓的螺母并拧紧螺母。

⑤特别提示:判断弹条是否安装到位的标准为以弹条中部前端下颚与绝缘块刚好接触为准,两者的间隙不大于 0.5 mm。

⑥安装建议:通常情况下,W1 型弹条的理论安装扭矩在 120 N·m 左右,X2 型弹条的理论安装扭矩在 80N·m 左右。

(7)按以上顺序涂另一半螺栓。

(8)复紧扣件:每个螺栓全部涂油完后,再复紧一遍,确保扭力矩达到标准要求。作业后 W1 型扣件扭力矩控制在 100～140 N·m,X2 型扣件扭力矩控制在 70～90 N·m。

(9)封口:每个螺栓全部复紧完后,用长效油脂将螺帽顶端封死。

思考题

1. 扣件伤损达到哪些标准时应及时更换或修复?
2. 简述扣件预埋套管失效的修理方法。
3. 简述轨枕内的扣件榫钉部分损坏的修理方法。
4. 简述 T 形螺栓涂油的作业流程。

第八章　高速铁路轨枕作业

轨枕是轨道结构重要的组成部分，它将来自钢轨的竖向垂直力、横向和纵向水平力均匀地分布于道床，并有效地保持钢轨的位置、方向和轨距。因此，加强轨枕的检查和修理，确保轨道框架的整体稳固是工务日常养护维修的重要工作之一。

第一节　轨枕修理标准及要求

一、有砟轨道线路轨枕修理标准及要求

高速铁路有砟轨道线路应根据设计采用相应Ⅲ型混凝土枕，轨枕配置标准为 1 667 根/km，均匀布置；应及时更换失效、修理伤损的混凝土枕。

1. 混凝土枕失效判定标准

(1)明显折断。

(2)轨枕纵向通裂：挡肩顶角处裂缝宽大于 1.5 mm；纵向水平裂缝基本贯通(缝宽大于 0.5 mm)。

(3)轨枕横裂或斜裂接近环状裂缝(残余裂缝宽度超过 0.5 mm 或长度超过 2/3 枕高)。

(4)挡肩缺损，接近失去支承能力(缺损长度超过挡肩长度的 1/2)。

(5)严重掉块。

(6)预埋铁座损坏。

(7)预埋件周围的混凝土裂纹宽度大于 1.5 mm。

2. 混凝土枕严重伤损判定标准

(1)轨枕横裂或斜裂的裂缝长度为枕高 1/2～2/3。

(2)轨枕纵裂：两螺栓孔间纵裂；挡肩顶角处裂缝宽不大于 1.5 mm；纵向水平裂缝基本贯通(裂缝宽不大于 0.5 mm)。

(3)挡肩缺损长度为总长度的 1/3～1/2。

(4)严重网状龟裂和掉块。

(5)承轨槽压溃，深度超过 2 mm。

(6)钢筋(或钢丝)外露(长度超过 100 mm)。

二、无砟轨道线路轨枕修理标准及要求

1. 岔枕、双块式轨枕不得有裂纹。

2. 挡肩完整、无掉块，如有破损应适时修复。

3. 轨枕与道床板结构紧密，无松动，如有缝隙应采取措施进行整治。

4. 损坏的轨枕无法修复时，应及时更换。

思考题

1. 有砟线路地段混凝土枕出现哪些现象时可判定为严重伤损？
2. 有砟线路地段混凝土枕失效的判定标准有哪些？
3. 无砟线路轨枕修理标准及要求有哪些？

第二节 有砟轨道线路轨枕作业

有砟轨道线路轨枕的损坏形式通常有轨枕裂纹、混凝土枕枕肩的碎裂、轨枕偏斜等，这些问题都给行车带来了安全隐患，因此，必须采取办法对其进行整治。

一、方正轨枕作业

(一)作业目的

把线路上超过规定的轨枕间距误差或偏斜误差恢复到标准状态，使每根枕在列车作用下受力均匀，提高轨枕状态的标准化率。

(二)作业条件

1. 适用于天窗点内作业，按规定设好防护。

2. 带班人不低于高级工

3. 无缝线路作业轨温条件，按实际锁定轨温计算：－20 ℃以下当日连续方动不超过 2 根；－20 ℃～－10 ℃和＋10 ℃～＋20 ℃之间隔二方一，方后捣固，恢复道床逐根进行(配合起道除外)；＋20 ℃以上禁止更换轨枕作业。

4. 与电务有关时，必须通知电务人员配合。

(三)作业程序

1. 作业准备

(1)根据作业计划单，调查核对作业处所。

(2)备齐作业工具：道尺、钢尺、方尺、方枕器、撬棍、道钉锤、冲击镐、耙子、扳手等。

(3)根据每千米(每组)配置轨枕的根数和轨枕间距，把轨枕位置划在标准股轨头外侧，再用方尺方到另一股钢轨上，并做好方枕标记。

2. 上道作业

(1)撤除或移开影响方枕作业的障碍物。

(2)扒砟：把轨枕要移动方向的一侧石砟扒离轨枕边；扒开深度应底于轨枕底面 20 mm，如结合起道作业一起进行，可根据起道量适当少扒一些石砟。

(3) 松扣件：为减少方枕时的阻力，要先松扣件，高度要适量，以不影响轨枕移动为准。

(4)方枕：使用方枕器时，相邻的轨枕扣件要上紧，防止移动；方枕时应在偏斜较大的一端先方，然后两端同时进行，将轨枕方到正确位置。禁止用道钉锤敲击轨枕；轨枕偏斜量较大时，方枕到位后要检查轨距和扣件，不符合标准时重新调整。

(5)拧紧扣件，安装撤除或移开的线路设备。

(6)整理：如轨枕移动量较大时应进行捣固，最后回填整理道床。

3. 验　收

由作业负责人组织，对作业进行回检，不符合要求的及时整改，确保作业后的线路达标。

4. 撤除防护

(1)现场防护员根据作业负责人的要求,撤除现场防护。

(2)待人员、工(机)具全部撤出封闭网后,作业负责人通知驻站联络员,驻站联络员办理销记手续后,方可撤离。

(四)质量要求

1. 线路上轨枕间距误差或偏斜不超过 10 mm,道岔上岔枕间距误差或偏斜不超过 10 mm。

2. 铝热焊缝距轨枕边不小于 100 mm;扣件扭力矩必须达到规定标准。

3. 轨道几何尺寸符合规定要求,枕底密实,无空吊。

(五)作业安全

1. 在轨道电路的道岔上施工或作业时,撬棍、扳手必须装有绝缘套。在作业中应严格防止串电、影响信号。

2. 检查工(机)具的安全性能,禁止工(机)具等带病上道作业。

3. 使用的工(机)具必须按照要求用反光漆(模)进行编号,以防止侵限或遗留在线路上。

二、更换钢筋混凝土轨枕作业

(一)作业目的

更换失效混凝土枕,保持线路设备状态良好。

(二)作业条件

1. 天窗点内作业,按规定设好防护。

2. 带班人不低于班长。

3. 缝线路作业轨温条件,按实际锁定轨温计算:－20 ℃以下当日不连续更换;－20 ℃～－10 ℃和＋10 ℃～＋20 ℃之间当日连续更换不超过 2 根;＋20 ℃以上禁止更换轨枕作业。

4. 与电务有关时,必须通知电务人员配合。

(三)作业程序

1. 作业准备

(1)作业前、中、后要测量轨温,严禁超温作业。

(2)作业工具:液压起道机、道镐、叉子、T 型套筒、撬棍、抬杠、抬轨钳、道尺、长效油脂、刷子、石笔和轨温计。

(3)根据作业计划单对作业处所进行确定。

(4)散布轨枕:将轨枕散布到更换位置附近,直线地段散布在作业方便的一侧,曲线地段散布在下股一侧。

2. 上道作业

(1)扒砟:扒开轨枕盒内及轨枕一侧枕端石砟,开好出口,其扒空深度以能抽出、穿入轨枕为准。

(2)卸轨枕扣件:卸掉螺帽、扣件和大小胶垫,并集中存放。

(3)抽出旧轨枕:四人为一组作业,将轨枕拨下侧翻,用绳索套住螺栓抽出轨枕,将轨枕顺线路放在路肩上。

(4)清理轨枕槽:将旧轨枕槽破底、修边、整平,一般新轨枕槽应比旧轨枕槽的深度和宽度要多留出 20～50 mm，以利新轨枕入位。

(5)穿入新轨枕：将新轨枕用抬扛抬起对准扒开的枕木盒，再用绳索套住拉穿入拨正。

(6)紧固扣件：摆正轨枕位置，安放胶垫，量好轨距，安好扣件并复紧。对不良扣件、胶垫应事先计划，备好以便同时更换。

(7)捣固：回填石砟，串砟捣固，捣八面固，做到紧密坚实，强度均匀。

(8)整理道床：做好道床整理夯实，恢复原有状态。

3. 验　　收

由作业负责人组织，对作业后的线路回检，不符合要求的及时整改，确保作业后的线路达标。

4. 撤除防护

(1)作业完毕，作业负责人通知现场防护员撤除现场防护。

(2)待人员、工(机)具全部撤出封闭网外或施工轨道车回站到达安全区域后，作业负责人通知驻站联络员，驻站联络员办理销记手续后，方可撤离。

(四)质量要求

1. 轨道几何尺寸符合规定标准，枕底密实，无空吊。

2. 轨枕位置正确，间距差误和偏斜不超过 10 mm。

3. 联结零件齐全，状态符合要求。

4. 道床恢复到与原断面尺寸相一致。

(五)作业安全

1. 装卸、搬运、存放、更换轨枕时，不得侵入限界，防止碰坏线路标志和信号标志及损伤轨枕及螺栓。

2. 作业时必须统一指挥，动作协调一致，认真检查抬杠、绳索、夹轨钳等工具，随时注意人身安全，防止砸伤手脚。

3. 在轨道电路区段作业，撬棍等金属长柄工具，应加绝缘套，工具在使用中要注意防止连电。

4. 在电气化区段作业时，对电气化及信号装置的连接线，必须保持其正常连接；如需临时拆除时，应由设备管理单位配合，采取相应的安全措施后方准开工。

5. 检查工(机)具的安全性能，禁止工(机)具等带病上道作业。

6. 使用的工(机)具必须按要求用反光漆(模)进行编号，以防止侵限或遗留在线路上。

7. 作业时所有职工均应按规定使用劳动保护用品。

8. 需汽车运输时，遵守道路交通规则，注意人身安全。

思考题

1. 简述方正轨枕的作业条件及主要工作流程。

2. 简述更换轨枕的主要工作流程。

3. 更换轨枕时应注意哪些安全事项？

4. 无缝线路方正轨枕作业轨温条件有哪些？

5. 无缝线路更换轨枕作业轨温条件有哪些？

第三节　无砟轨道线路轨枕作业

无砟线路轨枕的损坏形式通常有轨枕的松动、轨枕裂纹、由于外力作用产生的混凝土枕枕肩的碎裂、轨枕钢轨垫板损坏以及严重的钢轨垫板和轨枕的损伤，这些问题都给行车带来了安全隐患，因此，必须采取办法对其进行维修。

一、轨枕松动采用的修复

轨枕的松动是由于预制轨枕和新充填混凝土的生产过程和变形可能不同，导致在接缝处的混凝土粘合性比较差，因此动力荷载能够导致轨枕与混凝土支承层分离。对轨枕的松动大多可从轨枕周区的白色边缘和棱角毁损现象辨认出来。

双头轨枕由于晶格桁架的固化作用，能够良好的锚固于混凝土板中。因此，对轨枕松动的锚固，可以使用注浆材料加以恢复。首先必须在轨枕的侧边为封隔器钻一与垂直轴线方向成45°的注浆孔，这个注浆孔必须与轨道平面交叉，如图 8-3-1 所示。在插入孔封隔器后，注浆必须沿着一个方向进行，以确保完全填满混凝土板与轨枕间的空隙，如图 8-3-2 所示。如果注浆材料不能在轨枕周围获得均匀流动，则在轨枕的四周填加孔封隔器。注浆压力不得超过受压强度的 1/3 ；对 B35 混凝土，注浆压力不得超过 12 MPa，以避免损坏混凝土板或使裂缝加大，如图 8-3-3 所示。环境温度必须保持在 8 ℃～30 ℃之间，以确保使用环氧树脂适当的反应。在灌浆完成后（大约 12 h），轨道位置必须通过测量检查，并在必要的情况下，对可能使用的钢轨扣件进行精确调节。

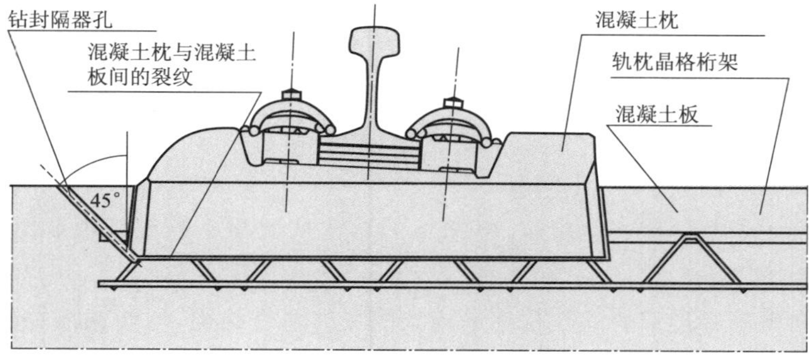

图 8-3-1　灌注孔封隔器

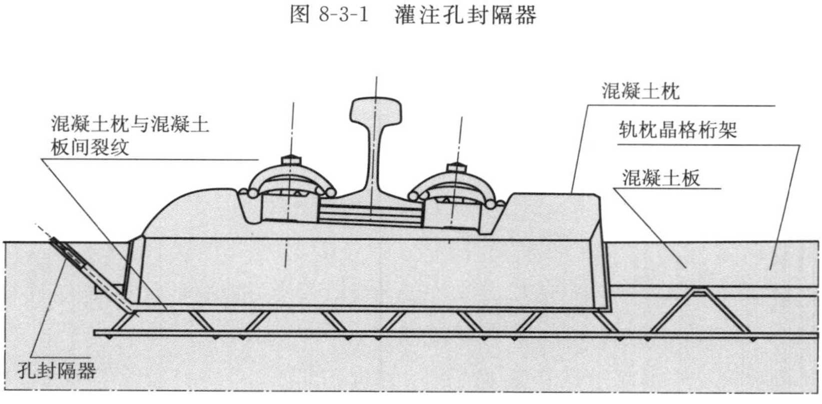

图 8-3-2　插入孔封隔器

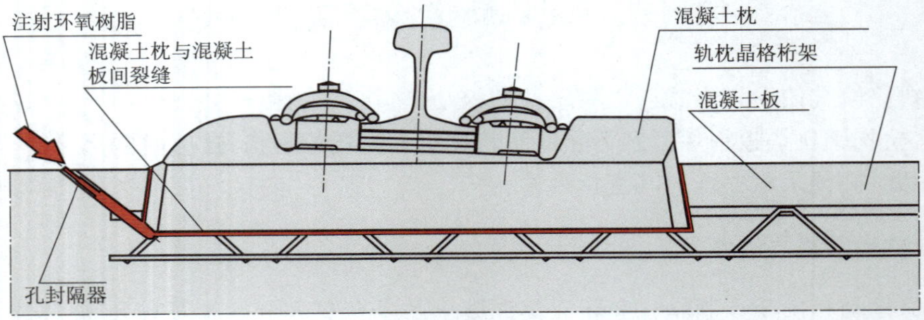

图 8-3-3 注射环氧树脂

工作步骤如下：

1. 清扫松动轨枕与混凝土板间的连接部位；

2. 钻封隔器进气孔并清洁封隔器进气孔和安装孔封隔器；

3. 准备注浆设备和注浆材料；

4. 对松动的轨枕进行注浆；

5. 去除封隔器并清洁混凝土枕表面；

6. 清洗工具(机器设备)；

7. 注浆材料的硬化。

二、单根轨枕更换

如果损坏的轨枕无法修复，那么就需要更换整个损坏的轨枕。此外，也可以在修复松动时更换轨枕，或在工后修正单根轨枕高度时更换轨枕。下双块式轨枕更换工艺施作方法如下：

1. 松开扣件，提升钢轨至一定高度。

2. 采用混凝土切割锯或其他措施，将损坏的轨枕从混凝土道床板中取出，轨枕底部应凿出不小于 25 mm 深空间。

3. 对于纵向钢筋穿过双块式轨枕钢筋桁架的无砟轨道结构，切断钢筋并使伸至相邻轨枕盒的连接钢筋裸露出来。

4. 对裸露混凝土表面进行凿毛，连接钢筋表面除锈处理后，清理轨枕盒内松散颗粒及灰尘。

5. 放入新双块式轨枕，选择合适长度、直径的钢筋，将其焊接到裸露道床板纵向连接钢筋上。

6. 用螺杆调节器支撑双块式轨枕，钢轨就位，安装扣件。

7. 精细调整轨排标高和左右位置，并固定。

8. 对裸露混凝土面进行润湿处理，注入低收缩性、早强、黏结性能和流动性较好的砂浆材料。砂浆从轨枕一侧注入，直至填满整个开凿面。

9. 将砂浆面刮平，与相邻道床板表面平齐，并打扫干净。

10. 灌注砂浆养护，强度达到 30 MPa 及以上后，恢复线路。

三、双块式无砟轨道轨枕挡肩破损修补

双块式无砟轨道轨枕挡肩破损(图 8-3-4)可采用环氧树脂砂浆修补双块式轨枕挡肩,具体可按以下工艺进行施作。

图 8-3-4　轨枕挡肩损坏情况

1. 料具准备见表 8-3-1、表 8-3-2。

表 8-3-1　挡肩修补主要材料

序　号	名　　称	规　　　　格
1	环氧树脂	
2	水　泥	42.5＃普通硅酸盐水泥
3	河　砂	粒径 0.5～0.7 mm 细砂
4	螺纹钢筋	ϕ12
5	挡肩模板	6 mm 调高垫板
6	棉　纱	
7	轨距挡板	
8	绝缘轨距杆	

表 8-3-2　挡肩修补主要工具

序　号	材 料 名 称	规　　格	单　位	数　　量
1	发电机	2 kW	台	2
2	切割机	220 V	台	1
3	钢　钎	200 mm 尖扁	根	各 5
4	手　锤		把	2
5	温度计		支	1
6	天　平		台	1
7	直　尺	150 mm	根	1

续上表

序　号	材 料 名 称	规　　格	单　位	数　　量
8	量　杯	250 mL	个	2
9	钢卷尺	2 m	把	1
10	羊角锤		把	2
11	泥　抹	中号方头	把	1
12	钢丝刷	6行	把	1
13	电吹风	2 kW	个	2
14	照明灯		盏	2

2. 拆卸扣件，用棉纱堵塞扣件螺栓孔，防止杂物进入。

3. 对挡肩破损处边脚进行放线，采用切割机，按放线位置进行切割（深度约 20 mm），凿除切割线内的混凝土。

4. 确定植筋位置，成梅花形布置，间距 50 mm。采用 ϕ14 钻头的电锤钻植筋孔，深 55 mm。将植筋孔和处理面的碎碴清扫干净并用电吹风除尘，用丙酮清洗植筋孔和挡肩处理面。

5. 准备环氧树脂砂浆：调查挡肩破损处体积，确定树脂砂浆用料数量，并按一定比例拌和环氧树脂砂浆，拌和的环氧树脂砂浆以手轻捏成团不松散、不粘手为宜。

6. 植筋：在植筋孔和处理面，涂刷环氧树脂液，厚度为 0.2 mm。在植筋孔内灌入环氧树脂砂浆，插入长度为 80 mm、并涂刷环氧树脂液的 ϕ12 螺纹钢筋，钢筋外露长度为 25 mm。

7. 安装扣件和轨距杆：安装扣件，拧紧螺栓，并采用 AP20-6 垫板作为挡肩修补的模板。确保模板与轨枕挡肩斜度完全一致。安装绝缘轨距杆，使挡肩不受轨道横向力。

图 8-3-5　挡肩修补

8. 挡肩修补：充填环氧树脂砂浆，采用泥抹刀压实抹光，保证结合牢固、平顺、无断道，如图 8-3-5 所示。气温低于 5 ℃时，环氧树脂砂浆强度提高较慢，修补过程中应监测温度和树脂砂浆抗压强度变化情况。

9. 拆模：恢复扣件正常安装状态。

10. 清理现场。

11. 修补后，每天检测环氧树脂砂浆强度，达到 50 MPa 后，拆除轨距杆，恢复常速。

四、双块式无砟轨道轨枕与道床板分离的整治

双块式无砟轨道轨枕与道床板分离，采取整治方案为：对底部脱离、空吊的轨枕，在道床板外侧对应轨枕底部钻水平孔，并在轨枕四周以 45°角向轨枕底打孔，然后注入环氧树脂，更换较薄的调高垫片，使过车时轨枕不直接受力，待环氧树脂达到设计强度后，再恢复原调高垫片。对于底部没有脱离、但侧面有离缝的轨枕，在轨枕四周以 45°角向轨枕底打孔，然后注入环氧树脂。树脂灌注施工，同一天窗内不得在相邻轨枕上同时进行。施工期间，当日施工完毕后限速 160 km/h 开通，整个施工完毕限速 160 km/h，24 h 后恢复常速。具体可按以下工艺进行

施作：

（1）准备机具、材料和作业人员。

（2）检查轨道几何尺寸并记录。

（3）测量轨枕承轨台与道床板顶面的高差，确定轨枕底部位置，标注水平钻孔位置并钻孔，如图 8-3-6 所示。清理轨枕两侧杂物，用吹风机吹干注浆孔，并观察轨枕周边离缝处是否有热风散出，若无热风应重新钻孔。

图 8-3-6　钻水平孔

（4）配制环氧树脂注浆液，安装注浆嘴，从水平孔开始注浆。当轨枕两侧离缝处有浆液冒出时立即用水泥封堵，直至所有缝隙有浆液溢出。若注浆压力已达 0.5 MPa，仍有部分离缝未注满，应停止注浆，并在邻近位置再钻斜孔注浆。

（5）松开扣件，更换调高垫板，使轨底预留 1～1.5 mm 的缝隙。

（6）全面检查轨道几何尺寸，确保达到列车放行条件。

（7）清理现场。

思考题

1. 简述修复轨枕松动的作业条件及主要工作流程。
2. 简述双块式轨枕更换工艺施作方法。
3. 简述双块式无砟轨道轨枕挡肩破损的修补方法。
4. 简述修复双块式无砟轨道轨枕与道床板分离的作业方法。

第九章　高速铁路道床作业

第一节　道床主要技术要求及标准

一、有砟轨道线路道床主要技术要求及标准

1. 正线有砟道床尺寸应符合表 9-1-1 要求。

表 9-1-1　道床断面尺寸

速度等级 km/h	砟肩宽度(m)	厚度(mm)	边　坡	砟肩堆高(mm)	道床顶面位置(mm)		
					轨枕中部	轨底处	道岔区
200～250(不含)km/h	不小于 0.5	350	1∶1.75	150	与轨枕顶面平齐	轨枕承轨面以下 30～40	岔枕顶面以下 30～40
250～300 km/h				100		轨枕承轨面以下 40～50	岔枕顶面以下 40～50

2. 碎石道砟粒径级配应符合表 9-1-2 的要求。

表 9-1-2　道砟粒径级配要求

粒　径	筛分机底筛孔边长(mm) 31.5～50					
级　配	方孔筛孔边长(mm)	22.4	31.5	40	50	63
	过筛质量百分率(%)	0～3	1～25	30～65	70～99	100
颗粒分布	方孔筛*孔边长(mm)	31.5～50				
	颗粒质量百分率(%)	≥50				

注:* 指金属丝编织的标准方孔筛。

3. 道床应保持饱满、密实,道床阻力等状态参数应符合表 9-1-3 的要求。

表 9-1-3　道床主要状态参数指标

速度(km/h)	纵向阻力(kN/枕)	横向阻力(kN/枕)	支承刚度(kN/mm)	道床密实度(g/cm^3)
200～250	≥12	≥10	≥110	≥1.75
250(不含)～300	≥14	≥12	≥120	≥1.75

4. 应根据道床脏污程度有计划地进行清筛,保持道床弹性和排水良好,防止轨枕空吊和道床翻浆。

二、无砟道床结构及主要技术要求

(一)CRTS Ⅰ型板式无砟道床结构及主要技术要求

1. 道床结构由轨道板、水泥乳化沥青砂浆充填层、混凝土底座、凸形挡台及其周围填充树

脂等部分组成。曲线超高在底座上设置。

2. 水泥乳化沥青砂浆充填层厚度为 50 mm，不应小于 40 mm。减振型板式轨道水泥乳化沥青砂浆充填层厚度为 40 mm，不应小于 35 mm。

3. 水泥乳化沥青砂浆应灌注饱满，与轨道板底部密贴，轨道板边角悬空深度应小于 30 mm。

4. 凸形挡台分为圆形和半圆形，半径为 260 mm，其周围填充树脂厚度为 40 mm，不应小于 30 mm。

5. 预应力混凝土轨道板不允许开裂，普通混凝土框架板混凝土裂缝宽度不得大于 0.2 mm。

6. 底座混凝土裂缝宽度不得大于 0.2 mm，路基和隧道地段混凝土底座间伸缩缝宽度为 20 mm，状态应良好。

7. 排水通道，特别是框架式轨道板内排水、底座内预埋横向排水管道，应保持通畅。

(二)CRTSⅡ型板式无砟道床结构及主要技术要求

1. 路基地段道床结构由轨道板、水泥乳化沥青砂浆充填层、支承层等部分组成。曲线超高在路基基床表层上设置。

2. 桥梁地段道床结构由轨道板、水泥乳化沥青砂浆充填层、底座板、滑动层、高强度挤塑板、侧向挡块及弹性限位板等部分组成。桥台后路基设置锚固结构(包括摩擦板、土工布、端刺)及过渡板。曲线超高在底座板上设置。长大桥区段底座板设有钢板连接器后浇带。

3. 隧道地段道床结构由轨道板、水泥乳化沥青砂浆充填层、支承层等部分组成。曲线超高一般在仰拱回填层(有仰拱隧道)或底板(无仰拱隧道)上设置。

4. 水泥乳化沥青砂浆充填层应与轨道板底部和支承层或底座板密贴，厚度为 30 mm，不应小于 20 mm，不宜大于 40 mm。

5. 轨道板除预裂缝处以外，其他部位不得有裂缝。

6. 轨道板间接缝处混凝土裂缝不得大于 0.2 mm，接缝现浇混凝土与轨道板间离缝不得大于 0.3 mm。

7. 桥梁地段连续底座板(含后浇带部位)混凝土裂缝不得大于 0.3 mm，侧向挡块与底座板、轨道板不得粘连。

8. 路基和隧道地段支承层不得有竖向贯通裂缝。

9. 排水通道应保持通畅。

(三)双块式无砟道床结构及主要技术要求

1. 路基地段道床结构由双块式轨枕、道床板、支承层等部分组成，道床板一般为纵向连续结构。曲线超高在路基基床表层上设置。

2. 桥梁地段道床结构由双块式轨枕、道床板、隔离层、底座(或钢筋混凝土保护层)、凹槽(或凸台)周围弹性垫层等部分组成。道床板或底座沿线路纵向分块设置，间隔缝为 100 mm。道床板与底座(或保护层)间设置隔离层，底座凹槽(或凸台)侧立面粘贴弹性垫层。曲线超高在底座或道床板上设置。

3. 隧道地段道床结构由双块式轨枕、道床板等部分组成，道床板为纵向连续结构。曲线超高在道床板上设置。

4. 双块式轨枕不得有裂缝，道床板混凝土不得有横向或竖向贯通裂缝。

5. 路基地段支承层不得有竖向贯通裂缝，支承层与道床板、路基基床表层间应密贴，不得有离缝。

6. 排水通道应保持通畅，道床板表面不得积水。

(四)道岔区轨枕埋入式无砟道床结构及主要技术要求

1. 路基和隧道地段道床结构由桁架式预应力岔枕、道床板、底座或支承层等部分组成。

2. 桥梁地段道床结构由桁架式预应力岔枕、道床板、隔离层、底座及凹槽周围弹性垫层等部分组成。

3. 岔枕不得有裂缝，道床板混凝土不得有横向或竖向贯通裂缝。

4. 底座混凝土裂缝不得大于 0.2 mm，底座或支承层不得有竖向贯通裂缝。

5. 排水通道应保持通畅，道床板表面不得积水。

(五)道岔区板式无砟道床结构及主要技术要求

1. 路基地段道床结构由道岔板、底座(自密实混凝土层)及找平层等部分组成。

2. 桥梁地段道床结构由道岔板、水泥乳化沥青砂浆充填层、底座板、滑动层、高强度挤塑板、侧向挡块及弹性限位板等部分组成。

3. 道岔板(含预设裂缝处)混凝土裂缝宽度应小于 0.2 mm，扣件周围不得有裂缝。

4. 路基地段底座、桥梁地段水泥乳化沥青砂浆充填层应与道岔板底部密贴。水泥乳化沥青砂浆充填层厚度为 30 mm，不应小于 20 mm，不宜大于 40 mm。

5. 桥梁地段连续底座板混凝土裂缝不得大于 0.3 mm，侧向挡块不得有裂缝。

6. 排水通道应保持通畅，道岔板表面不得积水。

三、无砟道床的伤损分类及判定标准

无砟道床的伤损等级分为Ⅰ、Ⅱ、Ⅲ级。对Ⅰ级伤损应做好记录，定期观察其发展变化；对Ⅱ级伤损应列入维修计划，适时维修；对Ⅲ级伤损应及时维修。

1. CRTSⅠ型板式无砟轨道伤损形式及伤损等级判定标准见表 9-1-4。

表 9-1-4 CRTSⅠ型板式无砟轨道伤损形式及伤损等级判定标准(mm)

伤损部位	伤损形式	判定项目	评定等级			备注
			Ⅰ	Ⅱ	Ⅲ	
预应力轨道板	裂缝	宽度	0.1	0.2	0.3	掉块、缺损或封端脱落应适时修补
	锚穴封端离缝	宽度	0.2	0.5	1.0	
普通轨道板	裂缝	宽度	0.2	0.3	0.5	
凸形挡台	裂缝	宽度	0.2	0.3	0.5	
底座	裂缝	宽度	0.2	0.3	0.5	
底座伸缩缝	离缝	宽度	1.0	2.0	3.0	路基、隧道地段
水泥乳化沥青砂浆	离缝	宽度	1.0	1.5	2.0	掉块、缺损或剥落应适时修补
		横向深度	20～50	50～100	≥100	
		对角长度	20～30	30～50	≥50	
	裂缝	宽度	0.2	0.5	1.0	
凸形挡台周围填充树脂	离缝	宽度	1.0	2.0	3.0	缺损应适时修补
	裂缝	宽度	0.2	0.5	1.0	

2. CRTSⅡ型板式无砟轨道伤损形式及伤损等级判定标准见表 9-1-5。

表 9-1-5　CRTSⅡ型板式无砟轨道伤损形式及伤损等级判定标准(mm)

伤损部位	伤损形式	判定项目	评定等级			备　注
			Ⅰ	Ⅱ	Ⅲ	
轨道板	裂　缝	宽　度	0.1	0.2	0.3	预裂缝处的裂缝除外，掉块或缺损应适时修补
板间接缝	裂　缝	宽　度	0.2	0.3	0.5	掉块或缺损应适时修补
	离　缝	宽　度	0.2	0.3	0.5	
支承层	裂　缝	宽　度	0.2	0.5	1.0	
底座板	裂　缝	宽　度	0.2	0.3	0.5	
侧向挡块	裂　缝	宽　度	0.2	0.3	0.5	
挤塑板	离　缝	宽　度	0.2	0.5	1.0	
水泥乳化沥青砂浆充填层	离　缝	宽　度	0.5	1.0	1.5	掉块、缺损或剥落应适时修补
		深　度	20～50	50～100	≥100	
		对角长度	20～30	30～50	≥50	
	裂　缝	宽　度	0.2	0.5	1.0	

3. 双块式无砟轨道伤损形式及伤损等级判定标准见表 9-1-6。

表 9-1-6　双块式无砟轨道伤损形式及伤损等级判定标准(mm)

伤损部位	伤损形式	判定项目	评定等级			备　注
			Ⅰ	Ⅱ	Ⅲ	
双块式轨枕	裂　缝	宽　度	0.1	0.2	0.3	掉块、缺损应适时修补，挡肩失效应及时修补
道床板	裂　缝	宽　度	0.2	0.3	0.5	
	轨枕界面裂缝	宽　度	0.2	0.3	0.5	
支承层	裂　缝	宽　度	0.2	0.5	1.0	
底　座	裂　缝	宽　度	0.2	0.3	0.5	

4. 道岔区轨枕埋入式无砟轨道伤损形式及伤损等级判定标准见表 9-1-7。

表 9-1-7　道岔区轨枕埋入式无砟轨道伤损形式及伤损等级判定标准(mm)

伤损部位	伤损形式	判定项目	评定等级			备　注
			Ⅰ	Ⅱ	Ⅲ	
岔　枕	裂　缝	宽　度	0.1	0.2	0.3	掉块或缺损应适时修补
道床板	裂　缝	宽　度	0.2	0.3	0.5	
	岔枕界面裂缝	宽　度	0.2	0.3	0.5	
底　座	裂　缝	宽　度	0.2	0.3	0.5	
支承层	裂　缝	宽　度	0.2	0.5	1.0	
底座伸缩缝	离　缝	宽　度	1.0	2.0	3.0	

5. 道岔区板式无砟轨道伤损形式及伤损等级判定标准见表 9-1-8。

表 9-1-8 道岔区板式无砟轨道伤损形式及伤损等级判定标准(mm)

伤损部位	伤损形式	判定项目	评定等级			备注
			Ⅰ	Ⅱ	Ⅲ	
道岔板	裂缝	宽度	0.2	0.3	0.5	掉块或缺损应适时修补
底座	裂缝	宽度	0.2	0.3	0.5	路基地段,掉块或缺损应适时修补
	离缝	宽度	0.2	0.3	0.5	
找平层	裂缝	宽度	0.2	0.3	0.5	
底座板	裂缝	宽度	0.2	0.3	0.5	桥梁地段,掉块、缺损或剥落应适时修补
侧向挡块	裂缝	宽度	0.2	0.3	0.5	
水泥乳化沥青砂浆	离缝	宽度	0.5	1.0	1.5	
		深度	20～50	50～100	≥100	
		对角长度	20～30	30～50	≥50	
	裂缝	宽度	0.2	0.5	1.0	
挤塑板	离缝	宽度	0.2	0.5	1.0	

思考题

1. 有砟轨道道床厚度、边坡坡度、砟肩宽度分别是多少?
2. CRTSⅠ型板式无砟道床结构及主要技术要求有哪些?
3. CRTSⅡ型板式无砟道床结构及主要技术要求有哪些?
4. 双块式无砟道床结构及主要技术要求有哪些?
5. 道岔区轨枕埋入式无砟道床结构及主要技术要求有哪些?
6. 道岔区板式无砟道床结构及主要技术要求有哪些?
7. 无砟道床的伤损等级分为哪几级?

第二节 有砟轨道线路道床作业

有砟轨道采用散粒体道床作为轨下基础,在列车荷载重复作用和大自然的污染下,导致道床不洁、弹性差,轨道几何形变较快。为维持轨道的高平顺性和高稳定性,除加强道床断面、改善道砟材质、提高道床本身的承载能力之外,还应加强对道床的日常养护维修,如均匀和补充石砟、清筛不洁道床、整治道床翻浆等等,保证有砟道床满足高速行车的要求。

一、整理道床

(一)作业目标

1. 整理线路养护维修过程中扰动的道床。
2. 整理清筛道床和更换轨枕等作业后破坏外形的道床。
3. 均匀线路清筛、起道后道床局部不足及补充道砟卸车后道床不均。
4. 平整线路上存在不规整的道床。

（二）作业条件

1. 天窗点内作业，按规定设好防护。

2. 带班人不低于高级工。

（三）作业程序

1. 作业准备

（1）根据工作量调查情况，准备钢锹、铁耙、大叉等工具，并检查状态是否良好。

（2）现场布灯：夜间施工现场必须配备足够的照明设备，施工作业前将灯布置完毕；检查照明设备的开关、插头、电线和发电机连接正常、无破损，并要有专人看管。

2. 设置防护

根据作业条件，按规定设置作业防护。

3. 均匀道砟

用石砟叉、拾筐或用单轨小车运送，将石砟均匀分布在缺少石砟的地段，调整道床的余缺，使前后断面均匀。

4. 回填道砟

（1）用大叉收回道床边石砟填充道心，或用收砟机配合人工收回石砟。

（2）将扒出的道砟回填，均匀平整。

（3）收回石砟后，用石砟耙在道床面整形。

5. 平整道床

将散落在路肩上的道砟收集在道床肩上，根据道砟多少调整道床宽度，将道床肩整理好。然后按标准坡度整理道床边坡，达到坡脚整齐一致。

6. 夯实拍平

使用手工夯拍器，石砟耙或夯拍机，夯实拍平。

7. 整理回检

将钢轨底、零配件和轨枕上的砂土清扫干净。全面检查、找细。

8. 撤除防护

（1）作业完毕后，作业负责人通知现场防护员撤除作业防护。

（2）人员、工具、机具、料具全部撤出封闭网外，或轨道车回站到达安全地点后，作业负责人通知驻台（站）联络员消记，开通线路。

（四）作业要求

1. 回填道砟时，对散落在路肩上和侧沟内的石砟，应及时收集上道。

2. 整理道床，要求道床坡面及坡脚做到平顺，目视整齐。

3. 使用手工机械夯拍时，要一夯压半夯，将轨枕盒、道床肩及边坡的道砟全部拍平夯实。

4. 使用夯拍机作业时要先将夯拍机距钢轨距离调好，准备好易损件，拧紧各部螺丝。要先开机试验，调整好转动方向。在走行夯拍中，要注意观察机械运行和夯拍情况。边坡拍板下部遗漏未拍部分和枕盒道床，应用手工拍平夯实。

（五）技术要求

1. 整理后的道床顶面宽度及边坡坡度应符合有关规定要求。

2. 整理后的道床应达到饱满、均匀、坚实，坡面、坡脚整齐，无杂草。

3. 无缝线路道床砟肩堆高 150 mm。

4. 道床顶面低于轨枕顶面 20～30 mm，Ⅲ型混凝土枕枕下中部道床不掏空，但要求保持疏松，道床边坡1∶1.75。

（六）作业安全

1. 作业时所有职工均应按规定使用劳动保护用品。

2. 使用的工（机）具必须按要求用反光漆（模）进行编号，以防止侵限或遗留在线路上。

3. 作业距离不应大于50 m，宜逐段向前推进。

4. 在电气化区段作业时，作业工具距离接触网不少于2 m。

5. 线路上行驶工程车时要按规定距离及时携带工具下道避车。

6. 夜间照明不足时禁止作业。

二、道床边坡清筛作业

（一）作业目的

清除道床两侧边坡因施工或其他作业造成道床坡角脏污及边线范围的土垄，改善道床排水。

（二）作业条件

1. 在天窗点内进行，不纳入月度施工计划。

2. 在车站《运统—46》登记，带班人不低于班长。

3. 无缝线路清筛道床作业必须满足作业轨温条件，必须备足道砟，防止发生胀轨跑道。

4. 与电务有关时，必须通知电务人员配合。

（三）作业准备

1. 工具：内燃冲击镐、捣镐、叉子、铁筛子、卷尺、轨温计、油漆、排笔；

2. 防护：设置驻台（站）和工地防护员，用GSM-R对讲机防护；

3. 现场布灯：夜间施工现场必须配备足够的照明设备，施工作业前将灯布置完毕；检查照明设备的开关、插头、电线和发电机连接正常、无破损，并要有专人看管。

4. 检查：调查需清筛的数量并分好工，校对量具，检测轨温。

5. 开口：用捣镐、叉子开口，开口宽度为700～800 mm。先将开口处的清砟堆放在路肩上。

6. 扒筛：用铁筛将第一孔内的碎石污土清出。

7. 倒筛道床：先将第二孔清碴回填到第一孔枕盒内，然后对不洁道砟进行清筛，均匀地倒在后边空位上，依此循序倒筛，筛出余物运出线路外。

8. 填补缺口：每个地段分工临近结束时，用本组开口时堆在路肩上的清砟回填，填补最后缺口。

9. 整理道床：均匀与整平清筛后道床坡面，夯拍坚实。将筛出余土清除，并整平路肩。

10. 回检验收：随清筛进度进行回检找细，并按作业技术要求进行自验和互验，不合格应及时返工。

11. 撤除防护：

（1）作业完毕后，作业负责人通知现场防护员撤除作业防护。

（2）人员、工具、机具、料具全部撤出封闭网外，或轨道车回站到达安全地点后，作业负责人通知驻台（站）联络员消记，开通线路。

（四）作业要求

1. 清筛时使用符合规定的筛子，对用铁线编的筛子要严格检查，以保证清筛质量。

2. 清筛作业中不要破坏枕底道床。下雨天或潮湿污物裹沾在道砟上时，停止清筛作业。

3. 道砟不足时，未备好石砟，不准清筛。清筛作业时，各组之间至少间隔六根轨枕。

4. 收工前，要回收在路肩上下散失的道砟，同时利用清除筛余土填补路肩坑洼。路堑地段不得将筛余物抛在路堑边坡处。

（五）技术要求

1. 清筛枕头道砟，并做好排水顺坡。

2. 清筛后的道床顶面宽度及边坡坡度，应符合有关规定要求。

3. 筛孔边长 31.5～50 mm，颗粒质量百分率≥50%。

4. 筛后道床边坡道碴均匀、道床饱满、边坡整洁、路肩平整、排水良好。

（六）作业安全

1. 防护设好后方可作业，作业中，现场防护员与驻站防护员保持联络。

2. 作业前、中、后测量轨温，做到超温不作业。

3. 清筛轨枕头道砟时，筛深度超过枕底时，注意不要破坏枕底道床，并及时回填轨枕头石砟。

4. 作业时所有职工均应按规定使用劳动保护用品。

5. 使用的工（机）具必须按要求用反光漆（模）进行编号，以防止侵限或遗留在线路上。

6. 夜间照明不足时禁止作业。

三、不破底清筛道床

（一）作业目标

清筛道床，整治道床不洁引起地段翻浆，恢复道床弹性，保持道床排水畅通。

（二）作业条件

1. 天窗点内作业，按规定设好防护。

2. 带班人不低于班长。

3. 逐孔倒筛夯实，+20 ℃以上禁止清筛作业。

（三）作业程序

1. 作业准备

（1）现场布灯：夜间施工现场必须配备足够的照明设备，施工作业前将灯布置完毕；检查照明设备的开关、插头、电线和发电机连接正常、无破损，并要有专人看管。

（2）根据工作工作量调查情况，准备捣镐、钢锹、铁耙、筛子、道尺、卷尺、轨温计等料具。

（3）作业前、中、后测量轨温，做到超温不作业。

2. 设置防护

根据作业条件，按规定设置作业防护。

3. 清筛枕盒内道砟

每组顺序清筛第一轨枕盒内的道砟，将清砟倒在路肩上，第二轨枕盒内道砟清筛后，回填在第一轨枕盒内，如此循序倒筛。筛余物随时弃至路肩外。

4. 筛道床边坡

将钢轨外侧轨枕孔和枕头的石砟一起清筛。开始时将道床扒个豁口清筛，将清砟倒在后边路肩上。污土弃到路肩外，继续向前清筛。将清砟均匀倒入后边的豁口内堵好枕头，依次进行倒筛。

5. 填补缺口

每个地段分工临近结束时，对最后轨枕孔及道床边坡的缺口，用本组第一轨枕孔路肩上堆放的清砟回填。

6. 整理道床

清筛后，整理枕盒及边坡道床，整直坡脚，夯拍密实。清除筛出余土，并整平路肩。

7. 回检验收

随清筛进度进行回检找细，并按作业技术要求进行自验和互验，不合格应及时返工。

8. 撤除防护

(1)作业完毕后，作业负责人通知现场防护员撤除作业防护。

(2)人员、工具、机具、料具全部撤出封闭网外，或轨道车回站到达安全地点后，作业负责人通知驻台(站)联络员消记，开通线路。

(四)作业要求

1. 清筛时使用符合规定的筛子，对用铁线编的筛子要严格检查，以保证清筛质量。

2. 清筛作业中不要破坏枕底道床。下雨天或潮湿污物裹沾在道砟上时，停止清筛作业。

3. 道砟不足时，未备好石砟，不准清筛。清筛作业时，各组之间至少间隔六根轨枕。

4. 收工前，要回收在路肩上下散失的道砟，同时利用清除筛余土填补路肩坑洼。路堑地段不得将筛余物抛在路堑边坡处。

(五)技术要求

1. 不破底清筛枕盒内及边坡道床深度，单线线路中心线部分清筛至枕底向下 100 mm，两枕端清筛至枕底下 150 mm，并做好排水顺坡。

2. 清筛后的道床顶面宽度及边坡坡度，应符合有关规定要求。

3. 筛孔边长 31.5～50 mm，颗粒质量百分率≥50%。

4. 筛后道床达到洁净、饱满、均匀、密实，坡面、坡脚整齐，无杂草，路肩平整，排水良好。

(六)作业安全

1. 防护设好后方可作业，作业中，现场防护员与驻站防护员保持联络。

2. 气温超过 20 ℃严禁进行清筛道床作业。

3. 清筛轨枕头道砟时，筛深度超过枕底时，注意不要破坏枕底道床，并及时回填轨枕头石砟。

4. 作业时所有职工均应按规定使用劳动保护用品。

5. 使用的工(机)具必须按要求用反光漆(模)进行编号，以防止侵限或遗留在线路上。

6. 夜间照明不足时禁止作业。

四、挖清道床冒泥

(一)作业目标

破底清挖换砟整治道床不洁引起的线路个别地段翻浆。

(二)作业条件

1. 天窗点内作业，按规定设好防护。

2. 带班人不低于班长。

3. ＋10 ℃～＋20 ℃及以上禁止挖清道床冒泥作业。

(三)作业程序

1. 作业准备

(1)现场布灯:夜间施工现场必须配备足够的照明设备,施工作业前将灯布置完毕;检查照明设备的开关、插头、电线和发电机连接正常、无破损,并要有专人看管。

(2)根据工作量调查情况,准备捣镐、钢锹、铁耙、筛子、道尺、卷尺、轨温计等料具。

(3)作业前、中、后测量轨温,做到超温不作业。

2. 设置防护

根据作业条件,按规定设置作业防护。

3. 确定清挖范围

根据现场观测记录,确定翻浆位置及翻浆的长度,划定作业范围。

4. 挖除翻浆道床

从边坡开口,向道心清挖,清挖深度一般从线路中心枕底挖下 200 mm,再以适当坡度向外顺坡,以利排水。

5. 回填捣固

回填清砟,挖一空,填一空,及时窜实并捣固;挖一空,捣固一根轨枕。成段清筛完成后,封锁结束前,使用小型机械对清筛地段进行全面捣固,做好水平、拨正轨向。

6. 整理道床

收工前,对当日清挖的道岔按规定断面进行整理,收集散落的石砟。夯实拍平,使道床均匀饱满,边坡整齐,路肩平整。同时扫除轨枕和钢轨上的泥土。

7. 回检验收

随清筛进度,逐段逐组回检找细,保证清筛质量。按验收标准检查线路水平、高低、空吊板率情况,不合格应返工。

8. 撤除防护

(1)作业完毕后,作业负责人通知现场防护员撤除作业防护。

(2)人员、工具、机具、料具全部撤出封闭网外,或轨道车回站到达安全地点后,作业负责人通知驻台(站)联络员消记,开通线路。

(四)作业要求

1. 清筛时使用符合规定的筛子,筛孔边长 31.5~50 mm,颗粒质量百分率≥50%。

2. 挖除翻浆道床顺序,先挖除两孔,并在第二孔中间用板隔开,以免回填的清砟被泥浆污染。

3. 挖除枕底污砟,用起道器将钢轨抬起 10 mm 左右,将轨枕方至第一孔位置,用镐尖将两孔间轨枕枕底硬层污砟窜送,随后挖除枕底部分污砟,扒至枕盒深度齐平,将轨枕方正至原有位置。

4. 挖除第三孔枕盒污砟,后将木板移至第三孔中间,抬起钢轨,将轨枕方至第二孔位置,窜松第二根轨枕底部硬层,如此逐孔逐根倒筛,直至筛完一段为止。

5. 道砟不足时,未备好石砟,不准清筛。挖清道床冒泥作业时,各组之间至少间隔 6 根轨枕。

6. 对破底清筛过的轨枕,当日要捣固,确保枕底石砟密实,线路稳固,以后 3~5 天内要反复检查,加强捣固多次,直至稳定为止,以免出现吊板暗坑。

7. 收工前,要回收在路肩上下散失的道砟,同时清除筛出的余土废砟,填补路肩坑洼。路堑地段不得将筛出的余物抛在路堑边坡处。

(五)技术要求

1. 原有污砟清挖后,线路无翻浆,道床无不洁。

2. 清筛后的道床顶面宽度及边坡坡度,应符合有关规定要求。

3. 筛孔边长 31.5～50 mm,颗粒质量百分率≥50%。

4. 筛后道床达到洁净、饱满、均匀、密实,坡面、坡脚整齐,无杂草,路肩平整,排水良好。

5. 清挖地段须多次反复加强捣固,线路水平、高低、方向、轨距均符合作业验收标准。

(六)作业安全

1. 防护设好后方可作业,作业中,现场防护员与驻站防护员保持联络。

2. 作业前、中、后测量轨温,+10 ℃～+20 ℃及以上禁止挖清道床冒泥作业。

3. 施工负责人应随时掌握施工进度。开通前要求作业人员必须将挖除轨底的道床回填并窜实捣固,达到放行列车条件。

4. 作业时所有职工均应按规定使用劳动保护用品。

5. 使用的工(机)具必须按要求用反光漆(模)进行编号,以防止侵限或遗留在线路上。

6. 夜间照明不足时禁止作业。

思 考 题

1. 简述整理道床作业程序。

2. 简述道床边坡清筛作业程序。

3. 简述不破底清筛道床作业程序。

4. 简述清挖道床昌泥作业程序。

5. 不破底清筛道床作业条件有哪些?

第三节 无砟轨道线路道床作业

无砟道床分为 CRTSⅠ型板式、CRTSⅡ型板式、双块式以及道岔区轨枕埋入式和板式无砟道床等。无砟道床维修作业包括无砟道床伤损修补作业和道床结构损坏修复作业。在维修作业中,所用修补材料应经铁路总公司认定的检验机构检验合格,并经现场同条件检验,各项性能指标均满足要求后方可使用。

一、无砟轨道裂纹损伤的修理维护

(一)无砟轨道裂纹损伤原因分析

裂纹产生的原因可分为两类:一是结构裂纹,由外荷载引起的,包括常规结构计算中的主要应力以及其他的结构次应力造成的受力裂纹;一是材料裂纹,是由非受力变形变化引起的,主要是由温度应力和混凝土的收缩引起的。主要包括施工裂纹、温度裂纹、混凝土收缩裂纹以及荷载引起的裂纹等。

1. 施工裂纹

混凝土在浇筑时,由于振动棒和重力的作用,骨料下沉、水泥浆上升,沉落直到混凝土硬化时方停止。当塑性沉落受到模板、钢筋及预制件的抑制(或者模板沉陷、移动时)就会出现裂纹。裂纹大多出现在混凝土浇筑后 0.5～0.3 h 之间，混凝土尚处在塑性状态，混凝土表面多余水消失时立即沿着轨道板上面钢筋的走向产生。其主要原因是混凝土塌落度大、沉陷过大所致，另外在施工过程中如果模板绑扎的不好、模板沉陷、移动时也会出现此类裂纹。

双块式无砟轨道施工时一般是先将钢轨、双块式轨枕精确定位和扣件拧紧，然后再浇筑混凝土。当白天太阳直射，外界温度比较高时，钢轨的温度发生急剧升高，钢轨伸长，这时由于混凝土正处于初凝状态，混凝土强度趋近于零，不能抵抗这种变形应力而导致开裂。

对双块式无砟轨道，由于轨枕是预先制作的，所以容易出现新旧混凝土黏结不良而出现裂纹。在双块式轨道中，这种现象较为普遍。

2. 温度裂纹

温度裂纹主要是由温差造成的。温差可分为以下几种：水化热引起的混凝土内外温差、结构整体的温度升降差、结构从上表面至下表面的温度梯度。

混凝土浇筑初期，水泥水化过程产生大量的水化热，并且其大部分热量是在 3 天以内放出，由于混凝土是热的不良导体，水化热积聚在混凝土内部不易散发，常使混凝土内部温度上升，而混凝土表面温度为室外环境温度，这就形成了内外温差，这种内外温差在混凝土凝结初期产生的拉应力超过混凝土抗拉强度时，就会导致混凝土裂纹。

混凝土结构在随季节性变化和日照的循环变化下，结构整体发生均匀的温度升降变化，从而使混凝土结构发生伸缩。这种伸缩在没有纵向约束或约束很小时，产生的温度力可以不考虑，但由于无砟轨道混凝土结构纵向受到很多的约束，使混凝土结构越长引起的温度应力越大，可导致混凝土出现贯通裂纹。

混凝土结构在太阳照射下，其上表面温度高，下表面温度低，由于混凝土的热传导性能差使轨道板（道床板）在沿高度方向上存在正温度梯度；与之相反，在夜间或遇环境突然降温时，会在轨道板（道床板）高度方向形成负温度梯度。温度梯度会导致轨道结构发生翘曲和表面出现横向裂纹。

3. 混凝土收缩裂纹

混凝土的收缩类型有很多种，其中引起混凝土开裂的主要有干燥收缩和塑性收缩。

干燥收缩是指混凝土硬化后，在干燥或外界温度很高的环境下，混凝土内部的水分不断向外散失，引起混凝土由外向内的干缩变形裂纹。

塑性收缩是指混凝土浇筑后仍处于塑性状态时，由于表面水分蒸发过快而产生的裂纹，这类裂纹多在表面出现，形状不规则、长短宽窄不一、呈龟裂状，深度一般不超过 50 mm。但当轨道板是高度很小的薄板结构时，如果混凝土中掺有含泥量大的粉砂则可能被穿透。产生的原因主要是混凝土浇筑后 3～4 h 左右表面没有被覆盖，轨道结构在炎热或大风天气混凝土表面水分蒸发过快，或者是过快地被基础和模板吸水，以及混凝土本身的水化热高等原因造成混凝土产生急剧收缩，此时混凝土强度趋近于零，不能抵抗这种变形应力而导致开裂。

4. 荷载引起的裂纹

轨道结构受外载作用时，当荷载应力大于轨道结构混凝土的抗拉强度时，就会引起混凝土的开裂。例如，当轨道结构遇基础不均匀沉降时，在列车荷载的作用下，会使底座板（支承层）和道床板（轨道板）承受附加弯矩而引起下部开裂。

此外，既有裂纹会在外荷载作用下扩展。由于轨道结构主要承受列车荷载和温度荷载，两种荷载均为反复荷载，在荷载的反复作用下，由其他原因产生的微裂纹会进一步扩展，形成为轨道横向贯通裂纹。

无砟轨道主体结构的裂纹种类多种多样，其产生的原因也错综复杂，各种因素相互影响。有的裂纹对轨道结构的主体受力有重要影响，而有的裂纹仅对无砟轨道的长期使用寿命有一定影响。因此，对无砟轨道主体结构裂纹应有区别的对待。

（二）无砟轨道裂纹损伤的修理维护

根据无砟轨道结构特点、无砟道床混凝土裂缝性质和裂缝伤损等级，混凝土裂缝修补方法可分为表面封闭法、无压注浆法和低压注浆法，三种修补方法可按以下要求进行施作。

1. 表面封闭法

(1)修补材料

①用于表面封闭的涂层材料宜采用聚合物水泥基材料，其主要性能应满足表9-3-1要求。

②底涂材料可采用高聚合物乳液含量的聚合物水泥基材料。

表 9-3-1 表面封闭涂层材料性能要求

序号	项　目	单位	指标要求	检 测 方 法
1	表干时间	h	≤2	GB/T 16777
2	拉伸强度(7 d)	MPa	≥2	GB/T 16777
3	断裂伸长率(7 d)	%	100	GB/T 16777
4	人工气候老化(720 h)		无裂纹及变形	GB/T 19250
5	耐碱性(碱处理，拉伸强度保持率)	%	60～150	GB/T 16777
6	不透水性(0.3 MPa,30 min)		不透水	GB/T 16777
7	黏结强度(7d)	MPa	≥1.5	GB/T 16777(A法)

注：①涂层材料颜色应尽量与混凝土颜色相近

②GB/T 16777《建筑防水涂料试验方法》

③GB/T 19250《聚氨酯防水涂料》

(2)主要修补工机具

钢丝刷、真空吸尘器、计量工具、搅拌工具、盛料容器、涂刷工具等。

(3)修补工艺

①使用钢丝刷将裂缝表面两侧刷毛，用真空吸尘器清除灰尘等杂物。当裂缝内有明水时，应采用热风机等将裂缝处吹干。

②称量并配制表面封闭用修补材料，采用手持式搅拌机或专用搅拌器将修补材料搅拌均匀。

③沿裂缝表面涂刷一层底涂材料。

④待底涂材料表干后，涂刷表面封闭用涂层材料，涂刷3遍以上，以涂层厚度达到300 μm以上为宜。每遍涂刷都要等到上遍涂层材料表干后再涂，且两次涂刷方向相互垂直。

⑤在大风干燥等条件下适当采取薄膜覆盖等方法养护，防止涂层材料失水过快导致涂层开裂。

(4)环境要求

施工适宜温度5 ℃～30 ℃，雨雪天不得施工。

2. 无压注浆法

(1)修补材料

无压注浆法修补混凝土裂缝宜采用低黏度树脂材料。低黏度树脂材料性能应满足

表9-3-2要求。

表 9-3-2　低黏度树脂材料性能要求

序号	项　目	单　位	指标要求	检 测 方 法
1	黏　度	MPa·s	≤50	GB/T 2794《胶粘剂黏度的测定》
	凝胶时间	min	≤30	GB/T 7193《不饱和聚酯树脂试验方法》
2	拉伸强度	MPa	≥6(2 h) ≥14(24 h) ≥20(7 d)	GB/T 2567《树脂浇铸体性能试验方法》
3	抗压强度	MPa	≥10(2 h) ≥20(24 h) ≥30(7 d)	JC/T 1041《混凝土裂缝用环氧树脂灌浆材料》
4	断裂伸长率(7 d)	%	≥2	GB/T 2567
5	收缩率(7 d)	%	≤2	通过测量液态密度(《液态胶粘剂密度的测定方法 重量杯法》GB/T 13354)和成形硬化物的密度(《塑料 非泡沫塑料密度的测定　第 1 部分:浸渍法、液体比重瓶法和滴定法》GB/T 1033.1),计算得出
6	黏结强度(7 d)	MPa	≥5	JC/T 1041《混凝土裂缝用环氧树脂灌浆材料》

(2)主要修补机具

手动双组份注浆器、电热吹风机、真空吸尘器、角磨机等。

(3)修补工艺

①用真空吸尘器清除裂缝内杂物。

②采用电热吹风机去除裂缝内水分。

③沿裂缝两侧制作注浆围挡,防止浆体污染混凝土表面。

④采用手动双组份注浆器向裂缝内注入低黏度树脂材料。灌注过程中应随时观察树脂渗透情况,并及时补注修补材料直至注满。

⑤修补材料固化后,去除裂缝围挡,将裂缝表面多余树脂材料打磨平整。

⑥在裂缝表面涂刷裂缝封闭材料,其修补材料及工艺与上述“表面封闭法”相同。

(4)环境要求

施工适宜温度 5 ℃～30 ℃,雨雪天不得施工。

3. 低压注浆法

(1)修补材料

①低压注浆法修补混凝土裂缝宜采用性能满足表 9-3-3 要求的树脂材料。

表 9-3-3　低压注浆法修补材料性能要求

序号	项　目	单位	指标要求	检 测 方 法
1	黏　度	MPa·s	≤200	GB/T 2794《胶粘剂黏度的测定》
2	凝胶时间	min	≤60	GB/T 7193《不饱和聚酯树脂试验方法》
3	拉伸强度	MPa	≥6(2 h) ≥14(24 h) ≥20(7 d)	GB/T 2567《树脂浇铸体性能试验方法》

续上表

序号	项　　目	单位	指标要求	检 测 方 法
4	抗压强度	MPa	≥10(2 h) ≥30(24 h) ≥60(7 d)	JC/T 1041《混凝土裂缝用环氧树脂灌浆材料》
5	断裂伸长率(7 d)	%	≥2	GB/T 2567《树脂浇铸体性能试验方法》
6	收缩率(7 d)	%	≤2	通过测量液态密度(《液态胶粘剂密度的测定方法　重量杯法》GB/T 13354)和成形硬化物的密度(《塑料　非泡沫塑料密度的测定 第 1 部分:浸渍法、液体比重瓶法和滴定法》GB/T 1033.1),计算得出
7	黏结强度(7 d)	MPa	≥5	JC/T 1041《混凝土裂缝用环氧树脂灌浆材料》

②封缝材料可采用聚合物快硬水泥浆、专用封缝材料或专用封缝带等。

(2)主要修补机具

注浆器、注浆嘴、钢丝刷、真空吸尘器、打磨器等。

(3)修补工艺

①使用钢丝刷清洁裂缝区域表面,用真空吸尘器清除周围杂物。

②采用封缝材料封闭裂缝,封闭过程中留出注浆孔和排气孔。

③通过注浆器向裂缝内注入修补材料,直至注满为止。

④当修补材料固化后,去除封缝材料,并将裂缝表面打磨平整。

⑤在裂缝表面涂刷裂缝封闭材料,其修补材料及工艺与上述“表面封闭法”相同。

(4)环境要求

施工适宜温度 5 ℃～30 ℃,雨雪天不得施工。

二、混凝土支撑层维修

一般来说无砟轨道的维修标准与新建标准相同。有混凝土支承层的无砟轨道的修复包括替换有缺陷和损坏的混凝土构件(出现沉降时除外),修复时可以使用下列重要材料和方法:

(1)就地浇注混凝土/水泥砂浆;

(2)采用合成材料调配的水泥黏结物(PCC 聚合物—水泥—混凝土);

(3)采用反应树脂系统(PC 聚合物—混凝土);

(4)在对混凝土结构物裂纹进行修复时,可以按照修复目的和裂纹情况使用下列方法和材料:灌注环氧树脂、压注环氧树脂、压注水泥浆、水泥悬胶液)以及压注聚氨脂。

(一)混凝土支承层浅表层损害修复

修复损坏的具体方法:所有松散的混凝土部分必须去除掉(用铁锤、钢丝刷或无油空气喷嘴)保证缺陷的表面必须被清扫干净和适当的润湿。选择黏结层材料涂刷在表面,之后立即用各自的修复用砂浆填入缺陷的孔洞中。如果是需要修复的孔洞较小,它可以选择灌浆化合物和浮筒。

在修复工作完成后要保证适当的必要的愈合时间并应采取一定保护措施以确保能达到所要求的修复质量(这将依据所使用的材料)。例如使用 PCC 砂浆的环境温度超过 5 ℃时需采取适当的蒸发保护措施。

(二)大面积更换混凝土支承层

如果由于混凝土支承层的损坏而无法保证轨枕或钢轨支承点的荷载的均匀分布和位置的

稳定性，并且采用其他措施也不能修复时，则必须一段一段地完全更换混凝土支承层。在这种修复方式下，无论在何种情况下我们都应最大程度地保证水硬性支承层的完好性。导致需大面积更换混凝土支承层的病害形式可大体分为以下两种。

第一种：混凝土支承层较深的缺陷（轨道类型 A：6.5 m）

（1）切掉钢轨末端，放松有缺陷部分的钢轨扣件；

（2）移去有缺陷的支承层部分上的钢轨并将损坏的混凝土支承层部分全部切割成可进行整体运输混凝土板；

（3）移去已损坏的混凝土支承层部分，同时清扫水硬性支承层；

（4）中间黏结材料层定位；

（5）去掉损坏的榫钉（在需要的情况下，钻取芯孔）；

（6）安装新的榫钉（在需要的情况下）、安装轨道模板、安装轨道侧面和间隙处的模板、浇注新的支承层部分的混凝土，而后安装新轨道部分的钢轨及扣件（根据需要，在混凝土充分硬化后）；

（7）根据所采用的安装方法对轨道位置进行定位；

（8）等待新浇注的混凝土硬化，然后用适当的扭矩固定钢轨扣件；

（9）最后检查轨道部位并在钢轨扣件内校正轨道位置。

第二种：混凝土支承层较深的缺陷（轨道类型 B：连续道床板）

首先毗邻的没有损坏的混凝土支承层末端必须锚固在水硬性支承层去防止由于温度导致的压力产生的任何连续形状的混凝土支承层的移动。每一块混凝土支承层末端上钻有 28 个孔（ϕ50 mm），每个孔必须穿过混凝土支承层进入水硬性支承层（大约 25 cm 深）。孔洞布置必须布置为 7 列，每列 4 孔（第一列被布置在第二个完整的轨枕间距内。每列被定位于轨枕间距的中间（图 9-3-1）。为防止由于钻孔所产生对混凝土支承层的损坏，需要对支承层的强度进行检测。

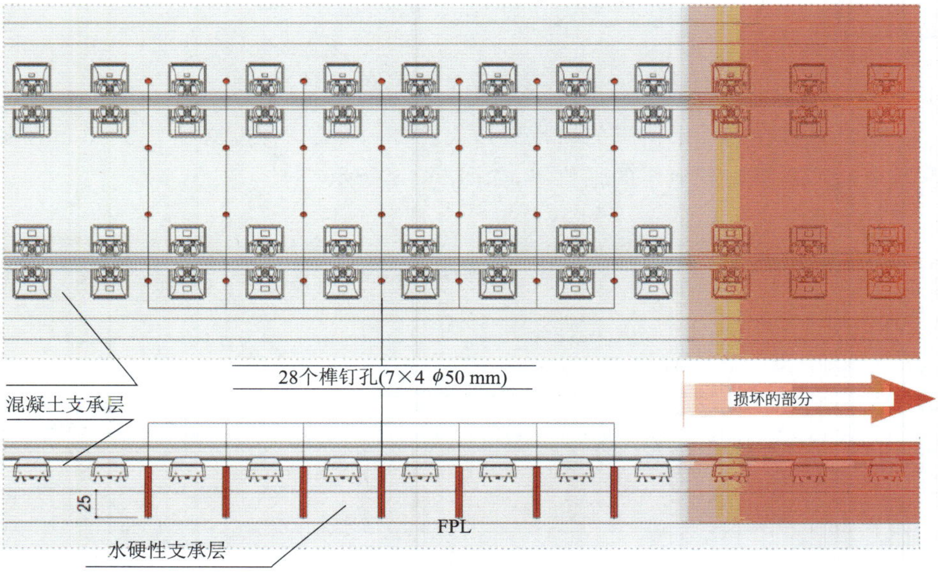

图 9-3-1　混凝土支承层末端锚固图

在所钻孔中打入榫钉（最小 ϕ25 mm，l＜450 mm）并注入适宜的砂浆。缺陷部份的钢轨必须放松、切断并移走。切断必须定位在第一个完好的轨枕和第一个去掉的轨枕的中间，完整的轨道区域能够接近轨道机的施工位置以方便新钢轨的焊接，如图 9-3-2 所示。

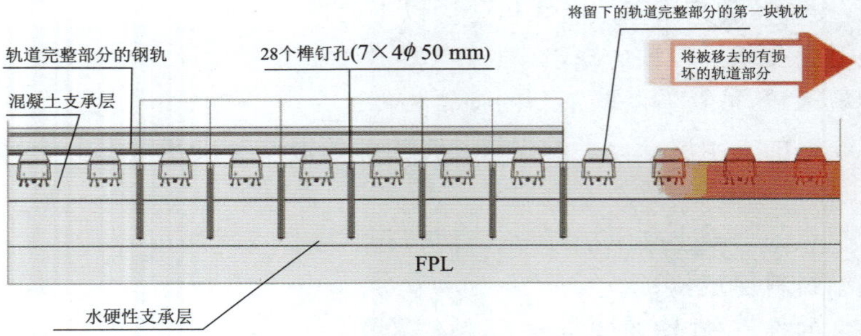

图 9-3-2 移去第一个损坏的轨道部分

在有缺陷区域的混凝土支承层的两端必须用适当的接点切割机沿轨道的垂直轴线切断。第一个切点必须位于最后的缺陷间距内尽可能接近(大约 5 cm)第二个将被移除的轨枕。切除工作必须完全穿过混凝土支承层达到水硬性支承层表面，如图 9-3-3 所示。

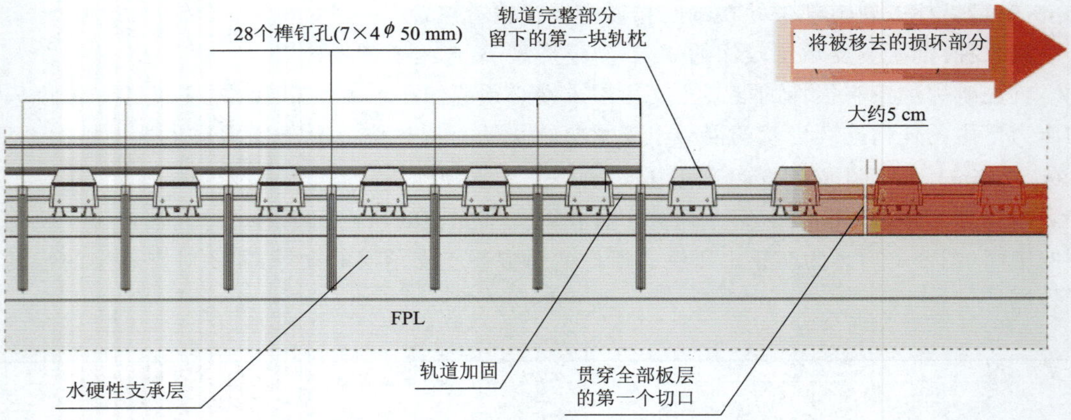

图 9-3-3 移去第二个损坏的轨道部分

第二个切口布置在第一个留下的轨枕旁边大约 5～6 cm。深度必须是 2～3 cm(根据混凝土的覆盖厚度)，不要损害到上层的强化层，如图 9-3-4 所示。

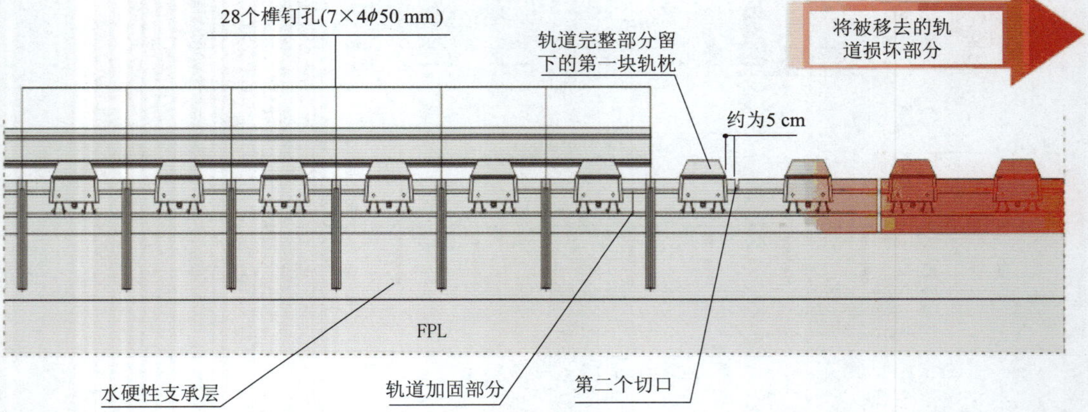

图 9-3-4 切口预留尺寸

为了能够没有碎裂的去除整个混凝土支承层，必须破坏它们与水硬性支承层间的连接。最好的方法是用液压力进行剪切，必须在混凝土板的每一个切口中间位置布置取芯孔（$\phi=30$ cm），如图 9-3-5 所示。

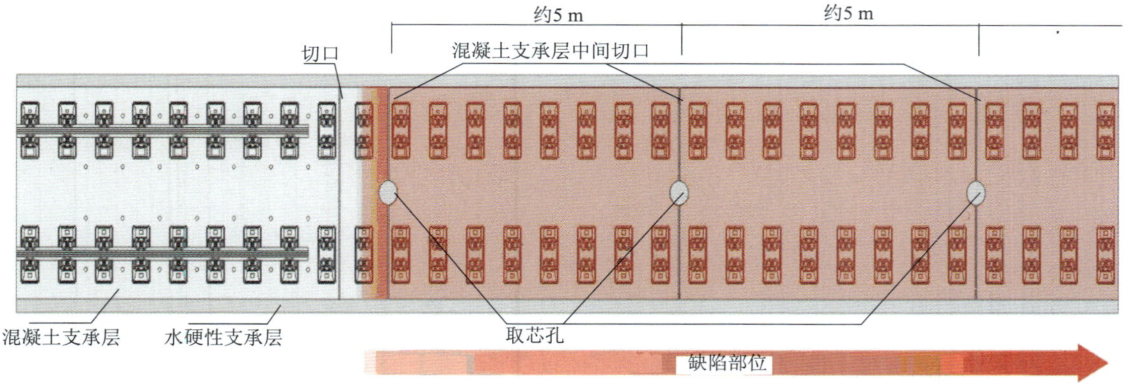

图 9-3-5　混凝土板取芯孔示意图

剪切必须从损坏的轨道部位一边或两边开始，且仅沿一个方向进行（图 9-3-6）。在第一个完整的轨道和有损坏的轨道间的取芯孔中安放一个液压柱塞，液压柱塞的压力方向平行于轨道轴线。以轨道的完整或固定边是支承边，因此连接部位的混凝土支承层从水硬性支承层处剪切开。这个过程将沿着缺陷轨道部份的相反方向连续进行。

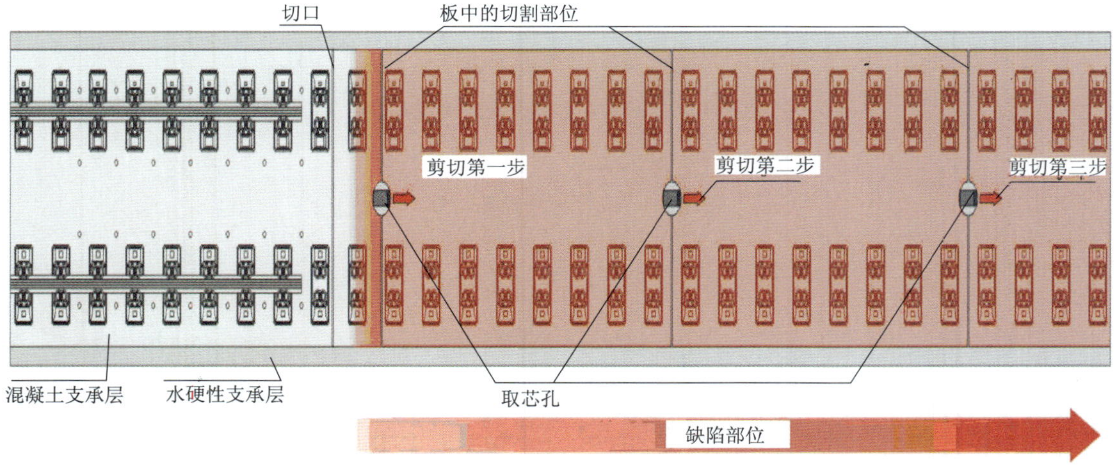

图 9-3-6　剪切损坏部分顺序示意图

在缺陷轨道部分的末端保留着的轨枕和混凝土支承层必须移走（到切口处），如图 9-3-7 所示。用不损坏现有加固作用的气动锤（大约 70 cm 长度）进行此步操作。

利用铁锤、钢丝刷、压缩空气等进行混凝土支承层垂直加固和水硬性支承层洁净处理，必须认真的清扫加固，并清除掉任何锈蚀，接下来安装新的轨道模具。注意，新的纵向加固必须与现存的伸出混凝土板具有足够长度的搭接筋的纵向加固件焊接在一起，如图 9-3-8 所示。

重新安装定位所有的轨道框架结构，并将新的原位混凝土填充到新的轨道区域（图 9-3-9）。如果环境温度低于 5 ℃，那就必须使用适当的热装置和帐篷去升温实现需要的最低温度。因

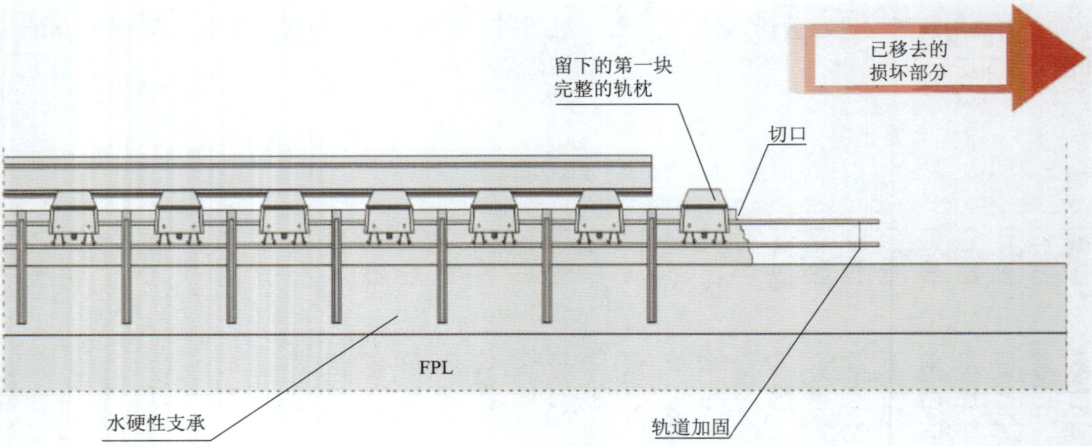

图 9-3-7 切口处示意图

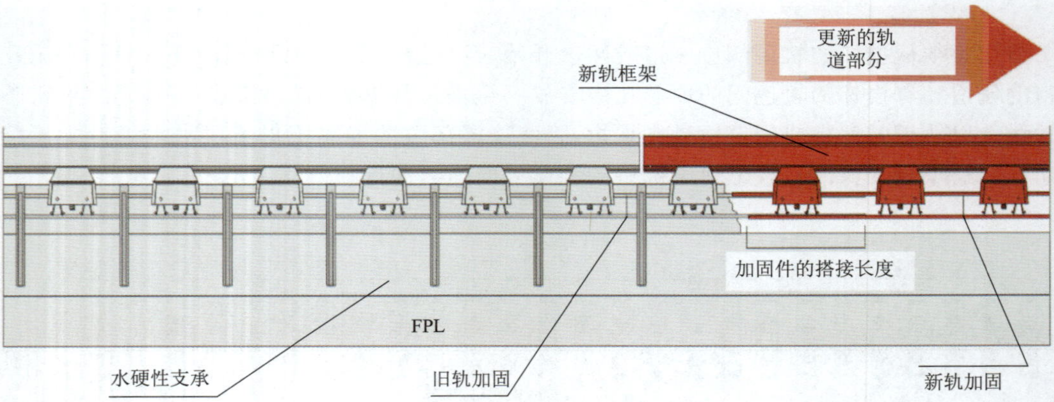

图 9-3-8 安装更新的轨道部分

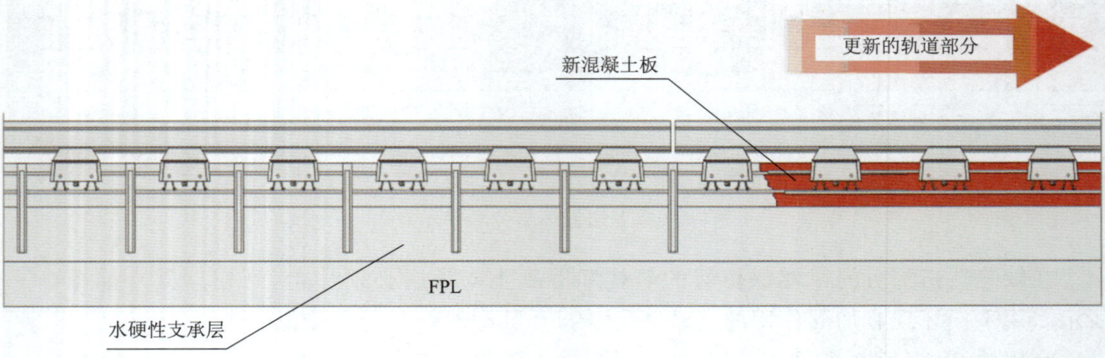

图 9-3-9 填充新混凝土板

此，替换（维修）材料（砂浆）必须通过适当的方式加热，这个过程也是混凝土的硬化过程。为了确保适当的轨道质量，在处理后必须立即用蒸发保护材料覆盖。

最后，将旧钢轨和新钢轨（在拆除接头夹板后）焊接在一起并打磨。

三、沥青水泥砂浆层伤损的维修

（一）CRTSⅠ型板式无砟轨道水泥乳化沥青砂浆层离缝伤损的修补

1. 修补材料

CRTSⅠ型板式无砟轨道水泥乳化沥青砂浆层离缝伤损修补宜采用丙烯酸酯类树脂材料，其主要性能应满足表 9-3-4 要求。

表 9-3-4　砂浆离缝伤损修补材料性能要求

序号	检测项目	单位	指标要求	检 测 方 法
1	凝胶时间	min	≤40	ASTM D2471《活性热固树脂胶凝时间和最大放热温度的测试方法》
2	拉伸强度	MPa	≥2	GB/T 2567《树脂浇铸体性能试验方法》
3	抗压强度	MPa	≥6(2 h) ≥30(24 h)	《客运专线铁路 CRTSⅠ型板式无砟轨道水泥乳化沥青砂浆暂行技术条件》(科技基〔2008〕74 号)
4	弹性模量	MPa	100～300	
5	断裂伸长率	%	≥1.5	GB/T 2567《树脂浇铸体性能试验方法》
6	收缩率	%	≤8	通过测量液态密度(GB/T 13354《液态胶黏剂密度的测定方法　重量杯法》)和成型硬化物的密度(GB/T 1033.1《塑料　非泡沫塑料密度的测定　第 1 部分:浸渍法、液体比重瓶法和滴定法》)计算得出
7	人工气候老化		无裂缝及变形	GB/T 109250《聚氨酯防水涂料》
8	耐碱性(碱处理，拉伸强度保持率)	%	60～150	GB/T 16777《建筑防水涂料试验方法》
9	干黏结强度	MPa	≥1.5	JC/T 1041《混凝土裂缝用环氧树脂灌浆材料》
10	潮湿基面黏结强度	MPa	≥1.5	JC/T 1041《混凝土裂缝用环氧树脂灌浆材料》

2. 主要修补机具

手持搅拌器(2 300 r/min，540 W)、压力灌浆机、泡沫密封条等。

3. 修补工艺

(1)清理砂浆离缝处杂物，保证分离面清洁。

(2)使用泡沫密封条将离缝部位进行封堵，防止修补材料渗漏。

(3)准备修补材料，按规定的配合比，搅拌配制修补树脂材料，使用压力灌浆机从轨道板边缘进行树脂材料灌注(压力保持在 0.2 MPa)，同时观察树脂渗漏情况，以灌注最高密封端出现溢流即灌注饱满。

(4)灌注完成后约 1 h，拆除模板，检查灌注饱满和固化程度，如不饱满，应重新灌注。

(5)砂浆侧面修正，清理施工现场。

4. 环境要求

施工适宜温度 5～30 ℃，雨雪天不得施工。

（二）CRTSⅠ型板式无砟轨道水泥乳化沥青砂浆层缺损掉块的修补

1. 修补材料

砂浆层缺损掉块(图 9-3-10)修补宜采用乙烯基类树脂材料，其性能应满足表 9-3-5 要求。

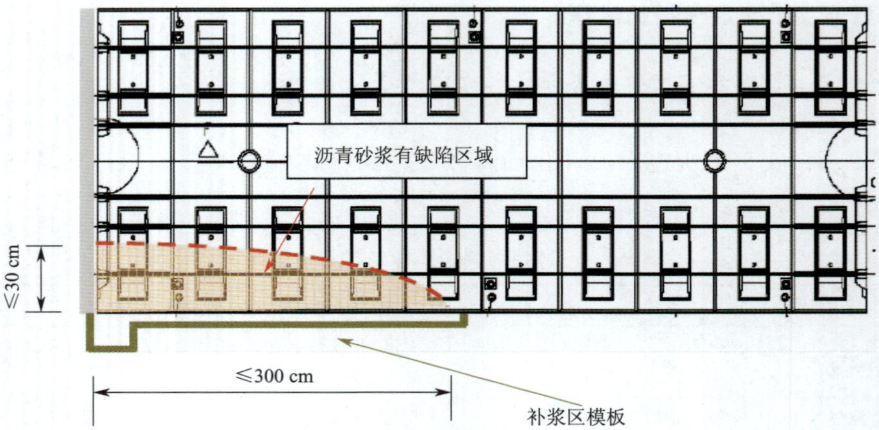

图 9-3-10 沥青水泥砂浆缺陷区

表 9-3-5 砂浆层缺损掉快修补材料性能要求

序号	检测项目	单位	指标要求	检 测 方 法
1	凝胶时间	min	≤30	ASTM D 2471《活性热固树脂胶凝时间和最大放热温度的测试方法》
2	拉伸强度	MPa	≥6(2 h) ≥20(24 h)	GB/T 2567《树脂浇铸体性能试验方法》
3	抗压强度	MPa	≥6(2 h) ≥30(24 h)	《客运专线铁路 CRTSⅠ型板式无砟轨道水泥乳化沥青砂浆暂行技术条件》(科技基〔2008〕74 号)
4	弹性模量	MPa	100～300	
5	断裂伸长率	%	≥2	GB/T 2567《树脂浇铸体性能试验方法》
6	收缩率	%	≤1	通过测量液态密度(GB/T 13354《液态胶黏剂密度的测定方法 重量杯法》)和成型硬化物的密度(GB/T 1033.1《塑料 非泡沫塑料密度的测定 第 1 部分:浸渍法、液体比重瓶法和滴定法》)计算得出
7	黏结强度	MPa	≥1.5	JC/T 1041《混凝土裂缝用环氧树脂灌浆材料》

2. 主要修补机具

电镐、模板、振捣器、搅拌机、钢丝刷、盛料容器、涂刷工具、燃烧器等。

3. 修补工艺

(1) 清理缺损、掉块处砂浆碎块和杂物,凿到新砂浆表面,清理后,烘烤干燥。

(2) 支立模板,填充树脂砂浆。

(3) 约 1 h 后拆除模板。

(4) 砂浆侧面修正,清理施工现场。

4. 环境要求

施工适宜温度 5～30 ℃,雨雪天不得施工。

(三)CRTSⅠ型板式无砟轨道水泥乳化沥青砂浆层裂缝伤损修补方法

1. 修补材料

砂浆层裂缝伤损修补宜采用树脂材料,其性能应满足表 9-3-6 要求。

表 9-3-6　砂浆层裂缝伤损修补材料性能要求

序号	检测项目	单位	指标要求	检测方法
1	凝胶时间	min	≤30	ASTM D2471《活性热固树脂胶凝时间和最大放热温度的测试方法》
2	黏　度	MPa·s	≤100	GB/T 2794《胶粘剂黏度的测定》
3	拉伸强度	MPa	≥6(2 h) ≥20(24 h)	GB/T 2567《树脂浇铸体性能试验方法》
4	抗压强度	MPa	≥6(2 h) ≥30(24 h)	《客运专线铁路 CRTSⅠ型板式无砟轨道水泥乳化沥青砂浆暂行技术条件》(科技基〔2008〕74 号)
5	断裂伸长率	%	≥2	GB/T 2567《树脂浇铸体性能试验方法》
6	收缩率	%	≤2	通过测量液态密度(GB/T 13354《液态胶黏剂密度的测定方法　重量杯法》)和成型硬化物的密度(GB/T 1033.1《塑料　非泡沫塑料密度的测定　第 1 部分:浸渍法、液体比重瓶法和滴定法》)计算得出
7	黏结强度	MPa	≥3	JC/T 1041—2007《混凝土裂缝用环氧树脂灌浆材料》

2. 主要修补机具

搅拌机、灌浆机等。

3. 修补工艺

(1) 对砂浆裂缝处进行清理,并沿裂缝凿开。

(2) 从轨道板侧面浸润或压注树脂修补材料,直到砂浆裂缝完全充填,进行封闭处理。

(3) 砂浆侧面修正,清理施工现场。

4. 环境要求

施工适宜温度 5～30 ℃,雨雪天不得施工。

(四)CRTSⅠ型板式无砟道床水泥乳化沥青砂浆层失效更换作业

水泥乳化沥青砂浆层损坏严重,采取修补措施无法保证轨道板稳定性和行车平稳性时,必须重新灌注充填层。水泥乳化沥青砂浆层更换可按以下工艺进行施作:

(1)清除受损部位凸形挡台周围树脂。

(2)松开受损部位一定范围的扣件。

(3)利用轨道板侧面吊装孔(8 个),安装起吊装置,将钢轨和轨道板抬升至适当高度,分离轨道板与水泥乳化沥青砂浆层。

(4)清除水泥乳化沥青砂浆及凸形挡台侧面,并保证底座表面及凸形挡台侧面清洁。

(5)精调轨道板状态,并固定。

(6)采用模筑法灌注固化速度较快、力学性能与充填层材料性能相当的砂浆材料。

(7)安装树脂灌注袋,灌注凸形挡台周围树脂。

(8)钢轨就位,安装扣件,轨道状态精调,恢复线路。

(五)CRTSⅡ型板式无砟轨道水泥乳化沥青砂浆层离缝伤损的修补

1. 修补材料

水泥乳化沥青砂浆层离缝伤损修补宜采用低粘度树脂材料,其性能应满足表 9-3-7 要求,离缝封边材料性能应满足表 9-3-8 要求。

表 9-3-7　砂浆层离缝修补材料性能要求

序号	检测项目	单位	指标要求	检 测 方 法
1	黏　度	MPa·s	≤100	GB/T 2794《胶粘剂黏度的测定》
2	凝胶时间	min	≤30	ASTM D2471《活性热固树脂胶凝时间和最大放热温度的测试方法》
3	拉伸强度	MPa	≥6(2 h) ≥10(24 h)	GB/T 2567《树脂浇铸体性能试验方法》
4	抗压强度	MPa	≥15(2 h) ≥20(24 h)	JC/T 1041《混凝土裂缝用环氧树脂灌浆材料》
5	断裂伸长率	%	≥2	GB/T 2567《树脂浇铸体性能试验方法》
6	收缩率(7 d)	%	≤2	通过测量液态密度(GB/T 13354《液态胶黏剂密度的测定方法　重量杯法》)和成型硬化物的密度(GB/T 1033.1《塑料　非泡沫塑料密度的测定　第1部分:浸渍法、液体比重瓶法和滴定法》)计算得出
7	黏结强度(7 d)	MPa	≥3	JC/T 1041《混凝土裂缝用环氧树脂灌浆材料》

表 9-3-8　封边材料性能要求

序号	检测项目	单位	指标要求	检 测 方 法
1	黏　度	MPa·s	≥2 000	GB/T 2794《胶粘剂黏度的测定》
2	凝胶时间	min	≤20	ASTM D 2471《活性热固树脂胶凝时间和最大放热温度的测试方法》
3	黏结强度	MPa	≥0.5	JC/T 1041《混凝土裂缝用环氧树脂灌浆材料》

2. 主要修补机具

钢丝刷、真空除尘器、注浆器(泵)等。

3. 修补工艺

(1) 使用钢丝刷、真空除尘器或压缩空气等清洁裂缝区域表面。

(2) 用砂浆离缝封闭材料封边,封边时留出注浆口和排气孔。

(3) 按规定的配合比制备修补树脂材料。采用注浆器(泵)将修补材料从注浆口注入离缝区域,同时观察修补材料渗漏情况,以灌注最高密封端出现溢流即为灌注饱满。

(4) 修补材料固化以后,拆除封闭材料,检查灌注饱满程度,如不饱满,应重新灌注。

(5) 砂浆侧面修正,清理施工现场。

4. 环境要求

施工适宜温度 5～30 ℃,雨雪天不得施工。

(六)CRTSⅡ型板式无砟轨道水泥乳化沥青砂浆层缺损掉块的修补

1. 修补材料

水泥乳化沥青砂浆层缺损掉块修补宜采用树脂砂浆材料,其性能指标应满足表 9-3-9 要求。

表 9-3-9　砂浆缺损修补用树脂砂浆性能要求

序号	检测项目	单位	指标要求	检 测 方 法
1	可用时间(树脂)	min	≥10	黏度达到 40 Pa·s 的时间
2	凝胶时间(树脂)	min	≤60	ASTM D 2471《活性热固树脂胶凝时间和最大放热温度的测试方法》

续上表

序号	检测项目	单位	指标要求	检测方法
3	抗压强度	MPa	≥2(2 h) ≥15(24 h)	《客运专线铁路CRTSⅡ型板式无砟轨道水泥乳化沥青砂浆暂行技术条件》(科技基〔2008〕74号)
4	弹性模量(28 d)	MPa	7 000～10 000	
5	收缩率(28 d)	%	≤1	DL/T 5193《环氧树脂砂浆技术规程》
6	黏结强度(28 d)	MPa	≥2	JC/T 1041《混凝土裂缝用环氧树脂灌浆材料》

2. 主要修补机具

电镐、加热器、搅拌机、振捣器、垫块、铲子、桶、刷子等。

3. 修补工艺

(1) 采用电镐修凿、清除劣化伤损的不良填充层，并向内修凿约100 mm。

(2) 清理修凿产生的碎片、残渣等。

(3) 如修凿部位残留水分，采用加热器干燥修凿部位。

(4) 为保证修补材料与基体可靠黏结，可在修凿部涂敷底漆。

(5) 根据缺损尺寸，选择是否支立模板。

(6) 按配比准确称量树脂材料、石英砂等，采用手持式搅拌机使修补材料混合均匀。

(7) 用铲子将混合均匀的树脂砂浆放入修补处，为使砂浆充分填充修补部位，插入垫块。

(8) 垫块上使用振动器，使修补砂浆充分填充，直至修补砂浆上部外露后，撤除垫块，并在垫块部分填入修补砂浆。

(9) 拆除模板，整理修补部位表面。

4. 环境要求

施工适宜温度5 ℃～30 ℃，雨雪天不得施工。

四、承轨台的更换维修

轨道板的300-1钢轨扣件系统为德国Vossloh钢轨扣件系统公司的产品(图9-3-11)，此系统钢轨安装在轨道板混凝土承轨台上，在轨底与承轨台之间安装有轨下垫片、铁垫板和高弹性垫板。为了起到绝缘的作用，扣件弹条下方安装有绝缘件。

图9-3-11 轨道板上的Vossloh300-1型扣件

在钢轨扣件系统破损的情况下，可在原来的承轨台之间安装一个新的承轨台，如Vossloh

公司的 DFF300-1 系统。承轨台 DFF300-1 系统铁垫板包括一个铸铁外壳，可替代轨道板的混凝土承轨台挡肩。

铁垫板借助 4 个新装塑料套管以及相应的螺纹道钉和两个弹簧垫圈与轨道板相连，弹条的扣紧是由两个带有垫圈和六角螺母的、穿过铁垫片的 T 型头螺钉完成的。其余扣件构造系统与 Vossloh300-1 相同，如图 9-3-12 所示。

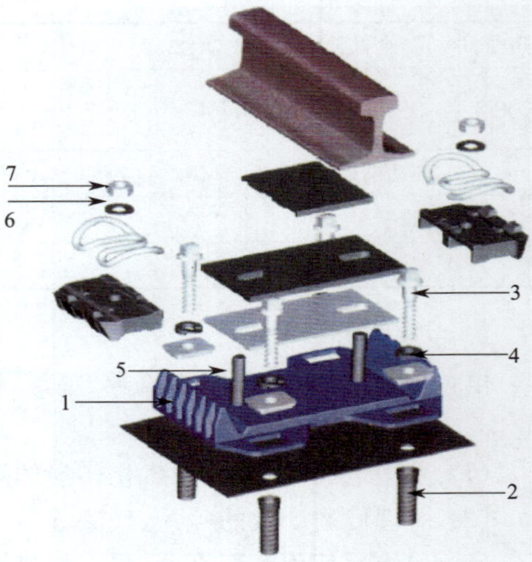

图 9-3-12　DFF300-1 扣件系统

若存在轨道高度误差或轨道位置误差，新承轨台的调节范围与 Vossloh300-1 相同。拆除损坏的承轨台和安装整修的过程如下：

1. 拆除已损坏的钢轨扣件并运走。
2. 根据损坏程度修补轨道板的表面。
3. 清洁或凿毛每个损坏的承轨台旁边的轨道板混凝土表面。
4. 在破损承轨台旁，将精调过的钢轨安装在 DFF300-1 承轨台上。
5. 钻孔、清孔，以便将 DFF300-1 承轨台与轨道板连接。
6. 立模板。
7. 用填充材料（环氧树脂砂浆或高流动性混凝土）灌孔，以及套管与道钉整体安装，然后用同样的材料灌注铁垫板，修复好的承轨台，如图 9-3-13 所示。

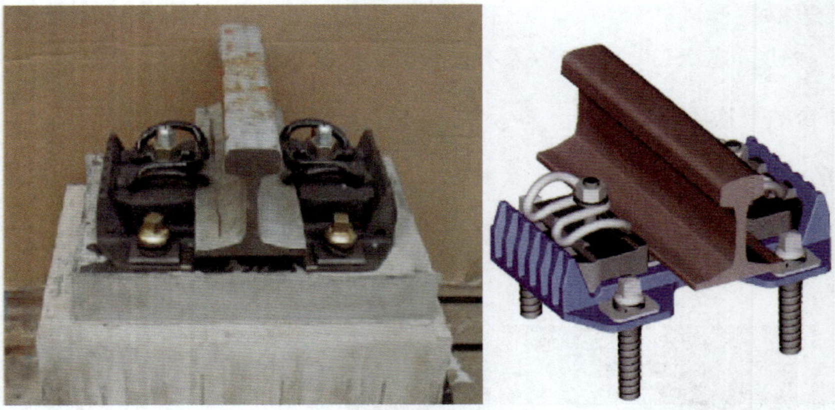

图 9-3-13　修复后的承轨台

五、无砟轨道道岔板维修

（一）道岔板上的钻孔区域受损的修复

不同于轨道板的承轨台，道岔板上安装的是 BWG 公司的弹性垫板座（ERL），如图 9-3-14 所示。这里涉及的弹性支承垫板是穿透式连接固定在道岔板上的。

在 BWG 承轨台区域遭到破坏时，把受损的钢轨扣件拆除。理想的情况下穿透式连接还是贯通的，这样就可以很容易的再次安装整套扣件。道岔板上用于穿透式连接的钻孔可以再次用于固定新的扣件。

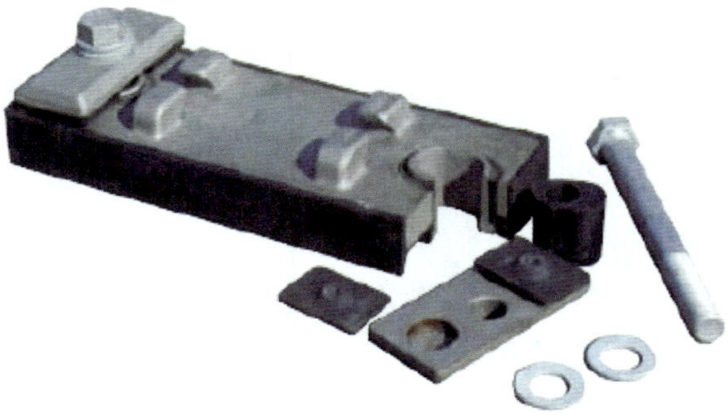

图 9-3-14　弹性垫板组件

如果道岔板上的钻孔区域由于破坏不能使用，则必须进行整修，如图 9-3-15 所示。

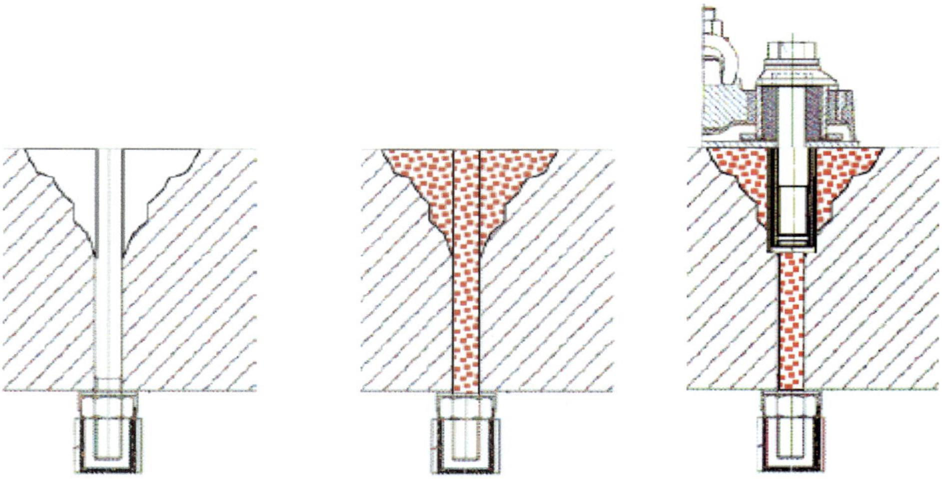

图 9-3-15　已破坏的钻孔

操作中必须清除钻孔四周松散的混凝土，直至混凝土达到密实。然后用合适的合成树脂砂浆浇筑破坏位置以及剩余的钻孔，在修补材料硬化后植入一个用于锚固钢轨扣件的套筒，如图 9-3-16 所示。

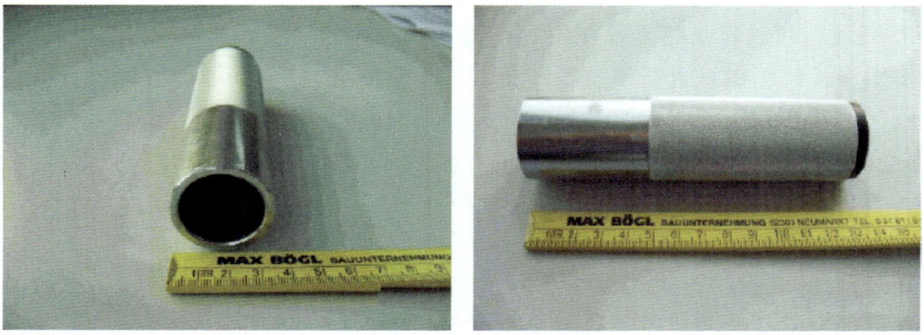

图 9-3-16　用于钢轨扣件的植入套管

（二）承轨台的支承面受损修复

在承轨台的支承面受损时，要把道岔板上该受损区域清理干净，然后采用认证许可的合成树脂砂浆重新修补承轨台的支承面。在合成树脂砂浆硬化后可以安装新的钢轨扣件并通过调整锥进行校正。拆除受损的承轨台并进行重新修补的工作步骤如下：

1. 抬高钢轨和道岔组件，如果需要把包括分离层和侧向支承在内的钢轨拆除。

2. 拆除受损的钢轨扣件并运走。

3. 在必须情况下，植入内螺纹套管替代受损的穿透式连接。

4. 根据受损程度整修无砟轨道的上表面。

5. 安装并调整新的钢轨扣件。

6. 重新安装钢轨、道岔组件。

7. 调整钢轨。

对上述工作步骤需要暂时封闭线路，在有接触网的情况下也可以进行该工作。

（三）道岔板的更换维修

如果道岔板完全破坏，可以立刻拆除再重新铺设，其步骤如下：

1. 使用轨道挖掘机去除破坏区域的侧向填砟。

2. 在路基段必须沿损毁的道岔板将中间盖板宽 50 cm 位于支承层以上的部分拆除。

3. 在破坏区域或大的道岔组件焊接区域的始端和末端分离钢轨、道岔部件。

4. 拆除钢轨和道岔组件的侧向支承（在重新使用大的道岔组件时，必须使用横梁进行拆除）。

5. 支承层钢筋以上、道岔板下边缘下约 5 cm 处设置水平分离层，水平分离层的分离使用通用的索锯完成。分离后，抬起道岔板，这样可以通过使用轨道吊车或具备驶入空间的汽车吊。必须偏转接触网导线。

6. 为了与新的混凝土能更好的连接，支承层表面必须进行凿毛处理。凿毛可以通过喷丸或铣削完成。

7. 对切削和凿毛过程中留在混凝土支承层上的残余物进行清理。

8. 由测量人员对相邻的轨道进行记录，计算必要的轨道位置，在支承层上设置必要的测量点和精调点。

9. 根据现有的施工设计，预制替代轨道板，但是不设与底座板混凝土相连的连接钢筋。道岔板中不安装穿透式连接，而代之以内螺纹套管。

10. 根据当地条件，使用载重汽车或工作列车运送新的道岔板。道岔板使用轨道吊车或汽车吊进行铺设。线路较长时推荐使用库存设备。

11. 使用成批的精调爪进行道岔板的精调。如果需要，精调爪下加衬钢板。

12. 道岔板精调并安装固定装置后，进行灌浆。在道岔板的四周支模，对道岔板的下表面以及支承层的上表面进行预湿。砂浆垫层的材料采用流动性好、颗粒直径只有 1 mm 的水泥砂浆。砂浆垫层的抗压强度等级必须符合支承层混凝土的要求，并对抗冻性和抗腐蚀性进行验证。

13. 砂浆硬化后，拆除模板和精调设备。

14. 在道岔板的四个角上各安装两个销钉以代替原来的箍筋。凿毛和清理钻孔后，销钉采用含两种组分的植筋胶进行黏结。

15. 安装钢轨和道岔部件。

六、轨道板的更换维修

（一）CRTSⅠ型板式无砟道床轨道板损坏更换作业

轨道板损坏严重，采取其他措施无法保证无砟轨道稳定性和平顺性时，必须更换轨道板。轨道板更换可按以下工艺进行施作：

1. 松开受损轨道部位附近一定范围的扣件，切断钢轨。
2. 清除凸形挡台周围树脂。
3. 在轨道板侧面吊装孔（8个）位置安装起吊装置，利用起吊设备将失效轨道板清除。
4. 清除水泥乳化沥青砂浆，清理凸形挡台侧面，保证底座表面及凸形挡台侧面清洁。
5. 运输、铺设新轨道板，按无砟轨道施工相关技术要求，精调轨道板状态，并固定。
6. 采用模筑法灌注固化速度较快、力学性能与充填层材料性能相当的砂浆材料。
7. 安装树脂灌注袋，灌注凸形挡台周围树脂。
8. 根据设计锁定轨温要求，锁定线路。
9. 轨道状态精调，恢复线路。

（二）CRTSⅡ型板式无砟道床损坏修复作业

轨道板或砂浆充填层损坏严重，采取其他措施无法保证无砟轨道稳定性和平顺性时，经论证后，可实施道床修理作业。道床修理作业应选择在接近轨道板施工铺设时温度条件下进行。道床修理可按以下工艺进行施作：

1. 利用锚固筋将受损轨道结构两端一定数量的轨道板与支承层或底座板进行锚固，锚固筋的数量和布置根据轨道板施工时的纵连锁定温度、维修作业期间的温度计算确定。
2. 松开受损部位一定范围的扣件，切断钢轨。
3. 使用混凝土切割机，在轨道板宽接缝的接缝处进行切割，采用凿子、风镐等工机具清除板间接缝混凝土，拆除张拉锁件。
4. 采用专用索锯，沿线路纵向，水平切割轨道板与砂浆结合面，分离轨道板与砂浆层。
5. 将受损轨道板、砂浆层清运出现场，并将支承层或底座板表面清理干净。
6. 运输、铺设新轨道板，精调并固定。
7. 采用模筑法灌注固化速度较快、力学性能与充填层材料相当的修补材料。
8. 用快凝混凝土浇筑窄接缝。
9. 安装张拉锁件，按规定扭矩纵向连接轨道板。
10. 接缝两侧支立模板，并用夹具固定，防止漏浆。
11. 采用C55微膨胀早强混凝土封闭宽接缝，洒水覆盖养护或喷洒养护剂。
12. 按设计锁定轨温要求锁定线路。
13. 轨道状态精调，恢复线路。

（三）CRTSⅡ型板式无砟道床梁端高强度挤塑板损坏更换作业

采取其他处理措施无法保证高强度挤塑板正常工作状态时，应进行更换。挤塑板更换可按以下工艺进行施作：

1. 材料准备：新挤塑板、薄膜、黏结剂、树脂等。
2. 机具准备：除尘器、注浆机等。
3. 采取措施从轨道两侧将挤塑板取出，并用高压风将内部清理干净。
4. 梁面滚刷黏结剂，将新挤塑板表面覆盖一层薄膜，并放入。

5. 密闭底座板与挤塑板周边，压注树脂材料，充填空隙。

6. 作业环境要求：5 ℃～30 ℃。

七、混凝土轨道板无黏结预应力钢棒断裂修补防护施工

以 P4962 型轨道板为例，如图 9-3-17 所示。

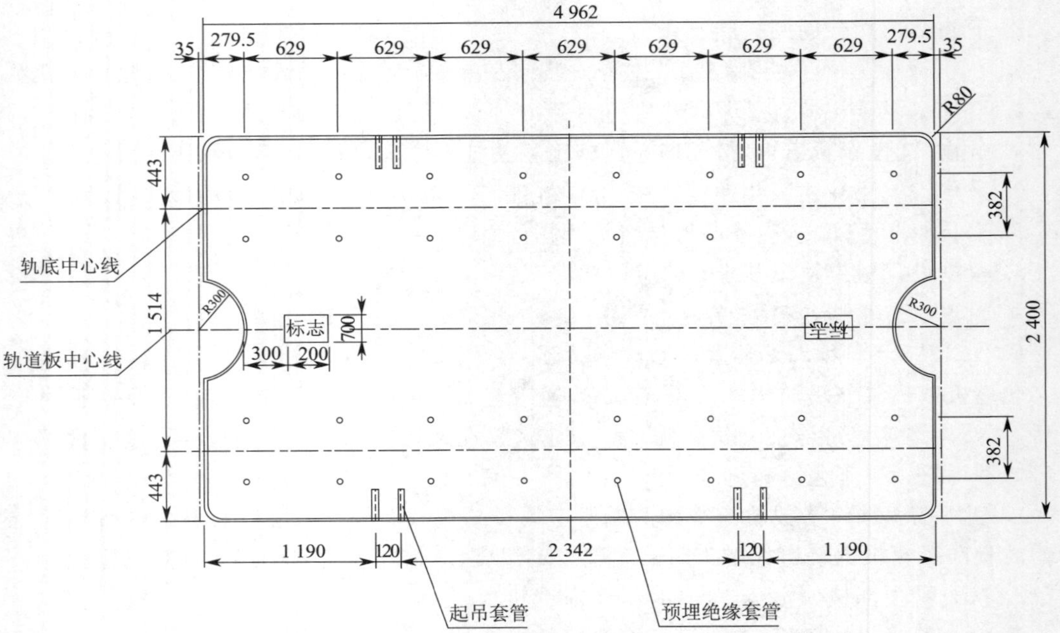

图 9-3-17　P4962 型轨道板型式尺寸图（单位：mm）

（一）施工工艺

钢棒置换及轨道板防护工艺：凿开锚穴→抽出断裂钢棒→清理锚穴和锚垫板→护套内注入油脂→穿入钢棒→张拉→封锚→养护→轨道板防护。

（二）施工工序及组织

1. 施工前准备工作

(1)所有参与施工人员必须熟悉施工现场布置情况并熟知施工内容，掌握施工所需要的技能。

(2)由于本次施工均为夜间作业，每天施工时间又较短，应施工前召开施工准备会，根据施工情况制订当天的施工工作，充分合理利用好有限的施工时间。

(3)根据施工现场情况，对于钢棒未断裂的轨道板先进行 C 钢板防护。

2. 钢棒置换

(1)现场维修前，必须做好安全防护及照明设施，人员方可进行置换作业。各类材料和机具妥善安放在指定施工地段。

(2)用凿子或冲击钻凿开锚穴后，抽出断裂钢棒，当采用人工抽出困难时，可在钢棒头部拧上套筒，用电动扳手旋动钢棒并同时向外抽出，应避免猛力抽拽钢棒而损坏轨道板。当钢棒过长时，将钢棒切断取出。

(3)锚穴凿毛处理后，用钢丝刷等工具清除锚穴及锚垫板周边杂物。

(4)然后用棉丝将护套内水份擦干,用压杆式黄油枪向钢棒护套内注入不少于 100 g 的专用防腐油脂。

(5)将钢棒套上工具螺母,用手电钻旋动穿入直径 13.0 mm、强度 1420 MPa、M14×1.5 螺纹规格的钢棒,边穿入边在钢棒上涂一薄层防腐油,钢棒穿出端应采取措施防止孔道内挤出的油脂污染锚穴,用钢板尺测量钢棒外露锚垫板的长度,控制横向钢棒固定端外露锚垫板长度在 35 mm 左右。

(6)钢棒张拉施工(关键工序):

①张拉前,必须确保张拉设备和机具安全可靠,千斤顶和油压表经过配套标定校验合格并在有效期内方可使用。

②钢棒两端拧上锚固螺母,张拉端旋入张拉螺杆并拧紧。

③顺张拉螺杆穿入千斤顶,并使千斤顶前端的锁紧装置套入锚固螺母,保证千斤顶的张拉支撑板贴紧轨道板侧面,上好张拉工具螺母,连接手动油泵后即可进行张拉。

④施加预施应力采用双控,以油表读数为主,以钢棒伸长值作校核,实际伸长值宜以 20% 张力作为测量的初始点。

⑤张拉到设计控制荷载后,静停 1 分钟,到时后如油压表有下降,重新补足,记录张拉油压值和钢棒伸长值。

⑥张拉完成后卸下千斤顶和张拉螺杆。

⑦张拉作业时预应力钢棒二端不得有人员及设备,且不得有人员来回穿插。

⑧更换钢棒后,对更换钢棒的轨道板做好标识记录,方便以后备查。

⑨预应力钢棒穿入、张拉试验如图 9-3-18 所示。

(7)锚穴封锚施工前 1 h 内,对锚穴内壁涂刷界面剂,以增加封锚砂浆与锚穴的粘接效果。如出现界面剂干燥、凝固,应清理干净后重新涂刷。

(8)封锚施工(关键工序):

①为保证封锚质量,当钢棒张拉完成后,先用 C 型钢板将锚穴临时防护,锚穴封锚工作于钢棒张拉后的第二天进行。

②锚穴封端修补砂浆材料性能应符合表 9-3-10 要求。

表 9-3-10　锚穴封端脱落修补砂浆性能指标

序号	检测项目	单位	性能要求	检测方法
1	抗压强度	MPa	≥30(2 h) ≥60(7 d)	GB/T 17671《水泥胶砂强度检验方法(ISO法)》
2	抗折强度	MPa	≥3(2 h) ≥9(7 d)	GB/T 17671《水泥胶砂强度检验方法(ISO法)》
3	抗渗性能		≥P20	DL/T 5126《聚合物改性水泥砂浆试验规程》
4	收缩率	%	≤0.02	DL/T 5126《聚合物改性水泥砂浆试验规程》
5	氯离子总含量		不应超过胶凝材料总量的 0.06%	《客运专线铁路 CRTSⅠ型板式无砟轨道混凝土轨道板暂行技术条件》(科技基〔2008〕74 号)

③采用轨道板封锚砂浆进行封锚施工,封锚砂浆水料配合比 0.08～0.1。

④封锚砂浆用吊钩称称重后,采用人工搅拌,搅拌时间不少于 3 min。搅拌完毕的浆体宜在 30 min 内用完。

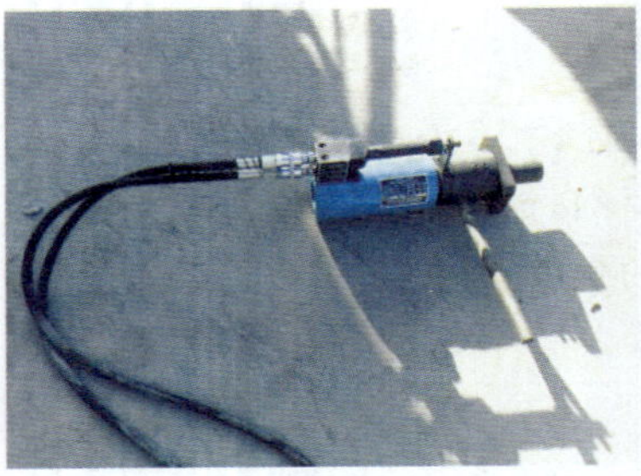

千斤顶

手动油泵

钢棒穿入

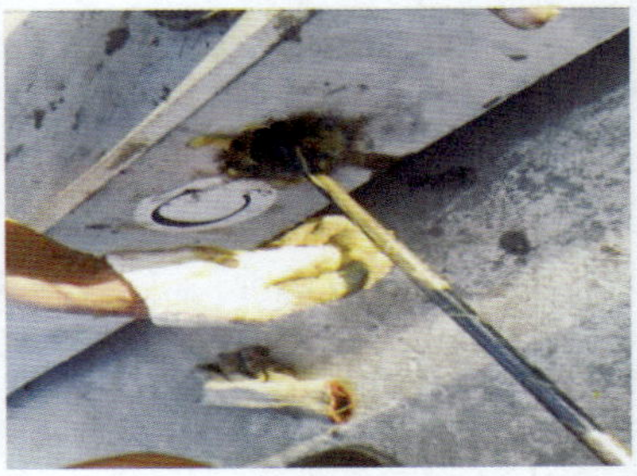

涂油

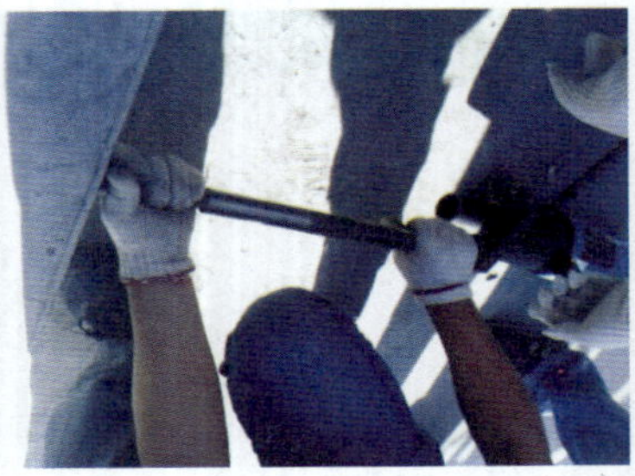

张拉螺杆拧紧

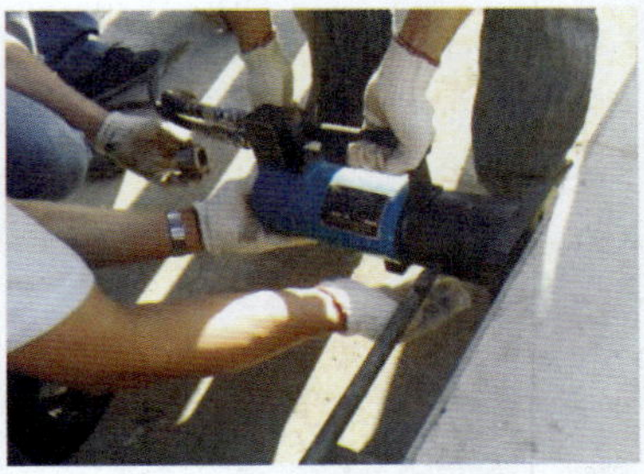

千斤顶安装

张拉记录

伸长量读取

图 9-3-18　预应力钢棒穿入张拉试验

⑤填压：

a. 封锚砂浆应分层填压，采用电动锤对砂浆进行振捣，振捣次数不得少于 3 次，每次不少于 20 s。应特别注意锚固螺栓和预应力钢筋周边砂浆的振捣。

b. 封锚砂浆填压时的施工环境温度宜为 5 ℃～35 ℃，当昼夜平均气温低于 5 ℃或最低气温低于－3 ℃时，应对封锚完成的砂浆采取加热保温措施，保温时间不少于 24 h。避免在阳光直射、雨、雪和大风环境下进行封锚作业。

c. 填压砂浆过程中，为保证砂浆的匀质型，可以二次搅拌，严禁二次加水。

⑥封锚砂浆需制作强度试块，预留 2 小时、7 天试块各三组，以备检验封锚砂浆强度。

(9)封锚成型完毕后，在封锚砂浆表面喷涂养护剂。

(10)锚穴周围轨道板混凝土缺损修补采用树脂砂浆或聚合物改性水泥砂浆，材料性能应符合表 9-3-11 要求。

表 9-3-11　混凝土缺损修补材料性能要求

序号	检测项目	单位	指标要求	检测方法
1	抗拉强度	MPa	≥2(2 h) ≥5(7 d)	JTJ/T 271《港口工程混凝土黏接修补技术规程》
2	抗压强度	MPa	≥10(2 h) ≥40(7 d)	JTJ/T 271《港口工程混凝土黏接修补技术规程》
3	收缩率(28 d)	%	≤1	DL/T 5193《环氧树脂砂浆技术规程》
4	黏结强度(28 d)	MPa	≥3	DL/T 5193《环氧树脂砂浆技术规程》

3. 轨道板两侧防护

(1)用长 L 为 4 500 mm、高 h 为 60 mm、宽 b 为 20～25 mm、壁厚 t 为 2.5～3 mm 的冷弯 C 型钢板(图 9-3-19)对轨道板侧面进行封堵，槽口朝向轨道板，用锚固螺栓穿过 C 型钢板的椭圆孔(用200 mm长 65 mm×28 mm×2 mm 厚 C 型钢板将椭圆孔处加强并加垫弹簧垫圈)与起吊螺栓孔紧固将 C 型钢板与轨道板连接，如图 9-3-20 所示。

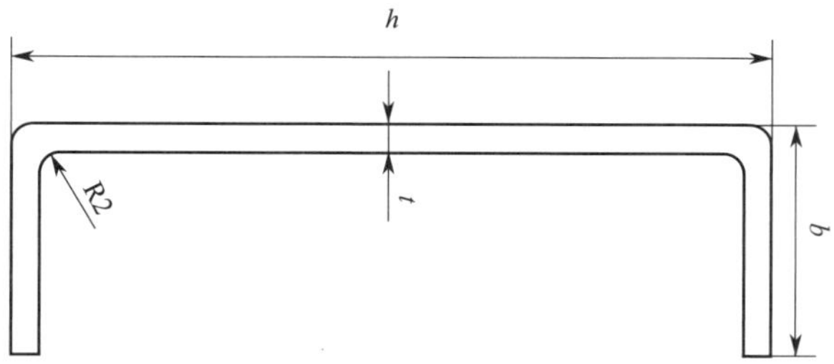

图 9-3-19　冷弯 C 型钢板截面图

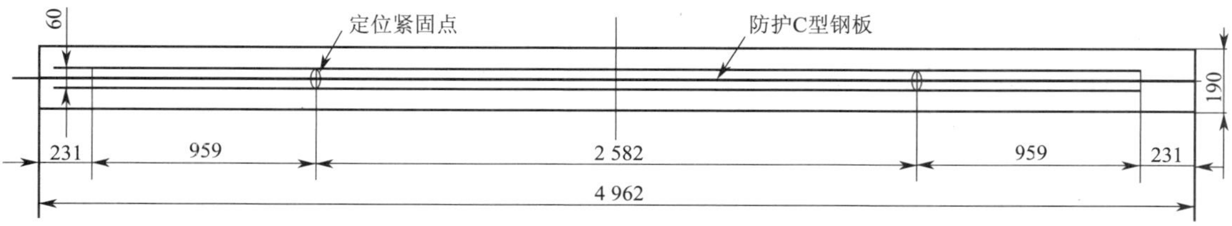

图 9-3-20　P4962 型轨道板及防护冷弯 C 型钢板组装图(单位:mm)

此方案以轨道板起吊套管孔作为定位紧固点，其相关设计参数如图 9-3-21 所示。此方案已进行了模拟钢棒断裂试验，防护效果良好。

(2)安装注意事项:

①安装时，螺栓紧固处必须加垫片或弹簧垫圈，以保证紧固螺栓与起吊套管配合紧密，同时必须用扳手将起吊螺栓锁紧。

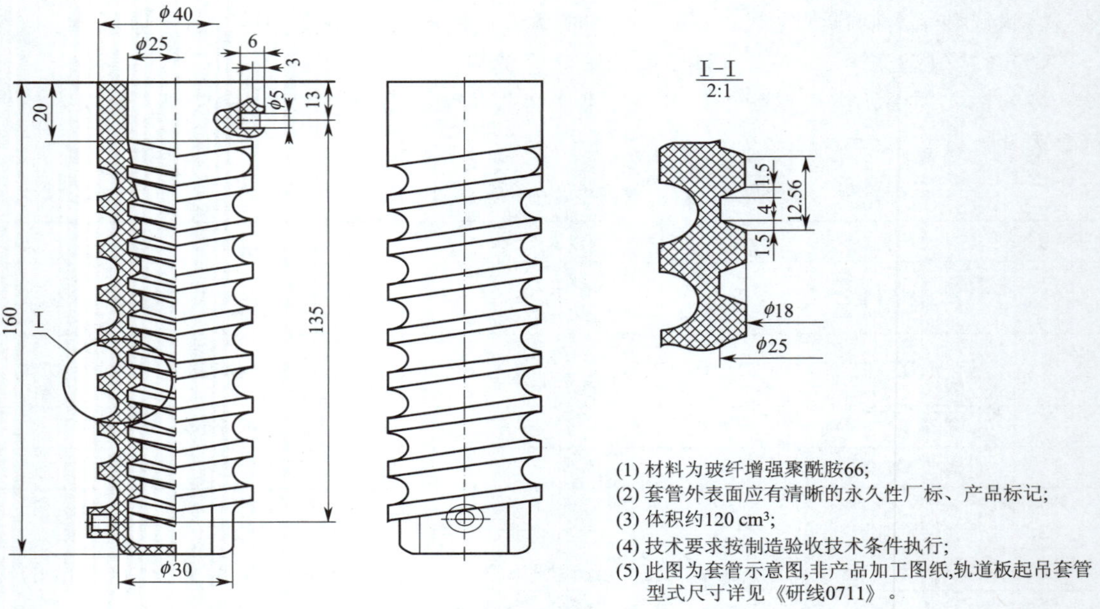

图 9-3-21　起吊套管示意图(单位:mm)

②检查 C 型钢板是否进行防腐处理,有无缺陷。

③C 型钢定位孔为长孔,安装时要确保 C 型钢的定位孔与轨道板起吊套管孔同心。

④C 型钢防护安装,如图 9-3-22 所示。

图 9-3-22　防护板安装

施工完成后,将施工现场的所有机具、材料清理干净,确认无问题后,方可离开施工现场。

(三)施工人员及施工机具、材料

1. 施工人员

现场总负责人 1 人;技术负责人:1 人;安全员:1 人;电工 1 名;张拉封锚施工人员 3 名;其他工种 2 名。

2. 施工机具见表 9-3-12,材料见表 9-3-13。

表 9-3-12　施工机具

序号	机具名称	机具数量	用途
1	张拉千斤顶	1 套	钢棒张拉、伸长量记录
2	手动油泵	1 件	
3	钢板尺	4 把	
4	电动锤	1 套	锚穴清理、锚穴封锚
5	铁钎子、锤子、钳子	各 4 件	
6	抹子	2 件	
7	吹风机	1 件	
8	电动扳手	1 套	断裂钢棒取出，钢棒涂油、穿入钢棒
9	手砂轮	1 套	
10	压杆式黄油枪	4 把	
11	吊钩称及量杯	1 套	封锚砂浆配比称重
12	小型发电机及照明设施	1 套	

表 9-3-13　施工材料

序号	机具名称	机具数量	用途
1	ϕ13.0 mm、1 420 MPa、M14×1.5 螺纹规格钢棒	20 根	更换断裂的钢棒
2	M14×1.5 mm 锚固螺母	40 个	
3	中性或碱性防腐油脂	1 桶	护套内灌注及钢棒表面涂覆
4	封锚砂浆	6 袋	锚穴封锚、养护
5	界面剂、养护剂	各 2 袋	
6	树脂砂浆或聚合物改性水泥砂浆	2 袋	修复破损混凝土
7	4.5 m C 型钢板	400 根	轨道板防护
8	3.4 m C 型钢板	160 根	
9	起吊螺栓	1120 个	
10	钢丝、棉丝、手套及其他辅助材料		

八、路基和隧道地段道床板失效修理

道床板结构损坏严重或连续 3 个及以上双块式轨枕伤损失效，采取其他措施无法保证轨道稳定性和行车安全时，应成段更换道床板。道床板更换作业应选择在接近道床板施工时温度条件下进行，可按以下工艺施作：

1. 利用锚固钢筋，将受损道床板两端相邻道床板与支承层进行锚固。可采用 4 排锚固钢筋，每排 4 个，钢筋直径为 25 mm(道床板上钻孔直径 40 mm)，长度 400～500 mm，保证伸入支承层的锚固深度不得小于 250 mm。

2. 松开受损道床板部位扣件，切割钢轨。

3. 利用混凝土切割锯对受损道床板进行切割，从更换部分最后一根轨枕旁切割开，切割深度为道床板厚度。

4. 分离道床板与支承层，将受损道床板起吊运走。

5. 凿开相邻道床板混凝土，露出纵向钢筋长度不得小于 700 mm，并进行除锈处理。

6. 对裸露支承层表面和道床板混凝土进行凿毛，清理松散颗粒及灰尘。

7. 根据设计要求布设钢筋，纵向钢筋与两端露出的钢筋焊连，搭接长度不得小于700 mm，焊接长度不得小于200 mm，并做好钢筋绝缘处理。

8. 利用螺杆调节器支撑双块式轨枕，铺设钢轨，安装扣件，精细调整轨排几何状态后固定。

9. 支立模板，对支承层及四周混凝土表面进行浇湿处理，在新旧混凝土接触面涂刷一层界面剂。

10. 根据施工时间要求，浇筑低收缩性、早强和流动性较好的砂浆材料或C40混凝土。

11. 将新浇筑的道床板表面刮平，且与相邻道床板表面平齐，并清理干净施工现场。

12. 砂浆或混凝土养护，初凝后拆除支承螺杆。

13. 砂浆或混凝土强度达到30 MPa以上后，根据设计锁定轨温，与相邻钢轨焊连，精调轨道状态，恢复线路。

九、轨道整体结构损坏的修复

(一)轨道轻微的水平位移修复

在采取修复措施前必须进行轨道位移分析并且必须将结果编制在目录表中。水平校正定位需要按如下步骤进行：

1. 去掉各轨枕螺钉之后将钢轨提升起；
2. 去掉各标准轨距板并根据校正要求安装各不对称的轨距板；
3. 安装轨枕螺钉并放下轨道；
4. 用适当的扭矩固定经校正后钢轨扣件；
5. 在必要的情况下，修复工作的结果应通过适当方法进行测试和检测。

维修操作步骤如下：

1. 松开需要校正的轨道扣件(同时放松扣件最大数量为10副)；
2. 去掉轨枕螺钉，提升起轨道；
3. 去掉标准轨距板，并用压缩空气或空气喷嘴清洗榫钉；
4. 根据校正要求安装各个不对称的轨距板；
5. 安装轨枕螺钉并放下钢轨；
6. 用要求的扭矩固定轨道扣件。

(二)轨道整体或混凝土支承层的轻微沉降修复

水硬性支承层的下沉，将导致轨道结构的轻微的垂直位移。在采取修复措施前，必须进行沉降分析(测量)，并且必须将结果编制在目录表中。按以下步骤进行高度调整：

1. 放松各轨枕螺钉同时将钢轨提升起；
2. 通过交换各轨道垫片、插入塑料调整垫片或铁垫盘进行高度调节；
3. 放下钢轨并更换轨枕螺钉；
4. 用适当的扭矩固定调节好的钢轨扣件；
5. 如果需要，修复工作的结果应通过适当方法进行测试和检测。

(三)路基沉降地段注胶抬升CRTSⅡ型无砟轨道的修复

CRTSⅡ型无砟轨道，路基不均匀沉降，可采用在支承层与基床表层之间压注4.75号双组份高效发泡树脂进行抬升。

1. 机具、材料准备

主要机具、材料见表 9-3-14、表 9-3-15。

表 9-3-14　主要机具表

序号	名　称	规　格　型　号	单　位	数　量
一	钻孔用机具			
1	发电机	10 kW	台	1
2	电锤钻	TE 80-ATC	台	3
3	橡套软电缆	3×6+1×495 m/盘	盘	1
4	电缆轴	GN-803　20 m	个	2
5	电缆轴	50 m	盘	1
6	钻　头	25×520	根	8
7	钻　头	25×720	根	5
8	钻　头	25×920	根	10
9	钻　头	25×130	根	4
10	手枪钻		个	1
11	角度定位架		个	2
12	孔距尺		套	1
二	注胶用机具			
1	注胶机	PMC GHO-40	台	1
2	注胶枪		把	2
3	保温管	注胶机配套	米	64
4	干燥器	注胶机配套	台	1
5	输料泵	注胶机配套	台	2
6	搅拌器	注胶机配套	台	1
7	柴油发电机		台	1
8	橡套软电缆轴	3×25+1×16　100 m/盘	盘	1
9	电气箱		个	2
10	空气压缩机	ET15100	台	1
11	高压风管	3/4 吋　18 m/根	根	12
12	激光扫平仪		台	1
13	手动液压堆高机	SYC-1500	台	1
14	手动油桶搬运车	CDL-I	台	1
15	柴油桶	30 升	个	4
16	柴油桶	20 升	个	1
17	塑料桶	红、蓝	个	各 4
18	塑料桶	方形(白色)	个	2
19	塑料桶	20 L (白色)	个	4
20	电缆轴	GN-80320 m	个	1
21	电缆轴	GN-50 m	个	1

续上表

序号	名　称	规格型号	单　位	数　量
22	插线板	20 m	个	2
23	加长球形内六角扳手	SATA9101	套	1
24	活动扳手	TYPE FORGED 300 mm	把	1
25	活动扳手	SATA47251 10″	把	1
26	活动扳手	ACTUaL 300 mm/12″	把	2
27	电工刀	SATA	把	1
28	中心冲	SATA90751 4/9.5/12	枚	1
29	冲　子	3 枚/套	套	1
30	工业级金属美工刀	SATA93430　8 节	把	1
31	工具刀		把	1
32	工具刀刀片		盒	2
33	油灰刀		把	1
34	牙周病器械	4 件/套	套	1
35	内六角套筒	5/16″	把	2
36	玻璃纤维圆头锤	SATA92304　32oz	把	2
37	胶锤	石牛	把	1
38	羊角锤	ACTUaL	把	1
39	钢丝钳	SATA 8″	把	1
40	圆口带刃大力钳	SATA71103 10″	把	2
41	圆口带刃大力钳	SATA71102 7″	把	1
42	圆口带刃大力钳	RUBICON　250 mm	把	2
43	水泵钳	SATA70412 10″	把	1
44	水泵钳	ACTUaL13212	把	1
45	重型管钳	SATA70815 14″	把	1
46	重型管钳	SATA70813 10″	把	1
三	轨道检查、调整机具			
1	扭力矩扳手		把	1
2	内燃扳手		台	2
3	液压起道机		台	2
4	电子道尺	0 级	台	2
5	弦　线		个	2
6	运输平车		台	1
7	精调支架		套	1
8	电子水准仪		套	3
9	轨道检查小车		套	1

表 9-3-15 主要材料表

序号	名 称	规 格 型 号	单 位	数 量
1	高强发泡树脂	4.75＃A&4.75＃B	桶	8
2	注胶管	540 mm/根	套	100
3	注胶管	690 mm/根	套	150
4	注胶管	840 mm/根	套	50
5	注胶管	850 mm/根	套	100
6	注胶管	1 000 mm/根	套	50
7	橡胶管	7.6 mm/根	个	60
8	直通内螺纹管接头		个	60
9	平扣注油嘴		个	60
10	生料带	100 盘/箱	箱	1
11	N-甲基吡咯烷酮	500 ml/瓶	瓶	10
12	丙 酮	2 500 ml/瓶	瓶	12
13	美孚液压油	DTE-24＃ 5 加仑/桶	桶	1
14	机 油	15W-40CF	桶	1
15	防冻液	蓝星 −25 ℃	桶	1
16	压缩机油	68＃/100＃	桶	1
17	锂基脂	500 g/袋	袋	1
18	铅 丝	8＃/10＃	盘	1
19	擦机布	25 千克/袋	袋	1
20	垃圾袋		个	50
21	彩条布	幅宽 2 m	m	85
22	围挡架	1.8×1.5 m	个	6
23	警戒带		m	100
24	警戒带支架		个	6
25	胶垫(含 AP20)		块	若干
26	挡 块		对	若干

2. 线路高程复核

对注胶抬升地段采用轨道测量仪复核抬升量，按照注胶地段轨道顺坡调整方案，完成注胶地段前后的轨道高程顺坡，选取高程观测基准点，完成注胶地段左右股轨面的高程数据采集工作。

3. 标定测量点及抬升高度

对每个承轨台的注胶抬升量及顺坡地段的高程调整量进行现场标注，并根据注胶孔的注胶顺序确定注胶地段的轨面高程固定观测点。

4. 标定注胶孔位

对钻孔位置及孔位注胶顺序进行标注。

5. 钻 孔

(1)注胶管设置

根据轨道板的结构，按首次、二次注胶的方法分别设计五种规格长度的注胶管，按着上部安装预留 100 mm，首次注胶下部穿过底座板 50 mm，二次注胶穿透一次注胶层(150 mm)进行设计制作，如图 9-3-23 所示。其长度分别为：首次注胶线路中心注胶管长 690 mm、两侧注胶管长Ⅱ道侧 850 mm、3 道侧 540 mm。二次注胶线路中心注胶管长 840 mm、两侧注胶管长Ⅱ道侧用 1 000 mm、3 道侧 690 mm。

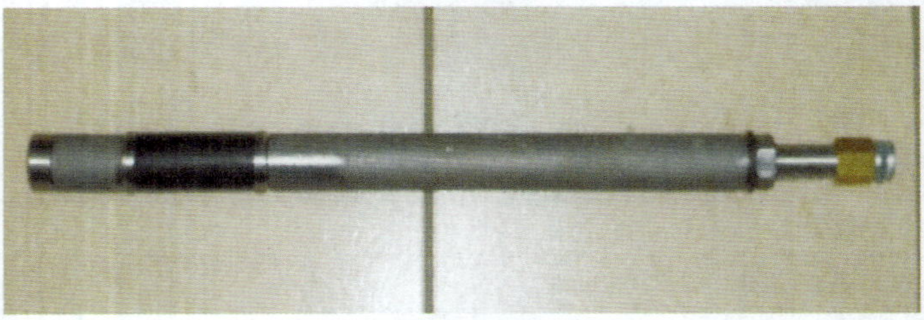

图 9-3-23 注胶管

(2)孔位布置

按轨道板注胶抬升方案进行布孔，孔径 ϕ25 mm，如图 9-3-24～图 9-3-26 所示。

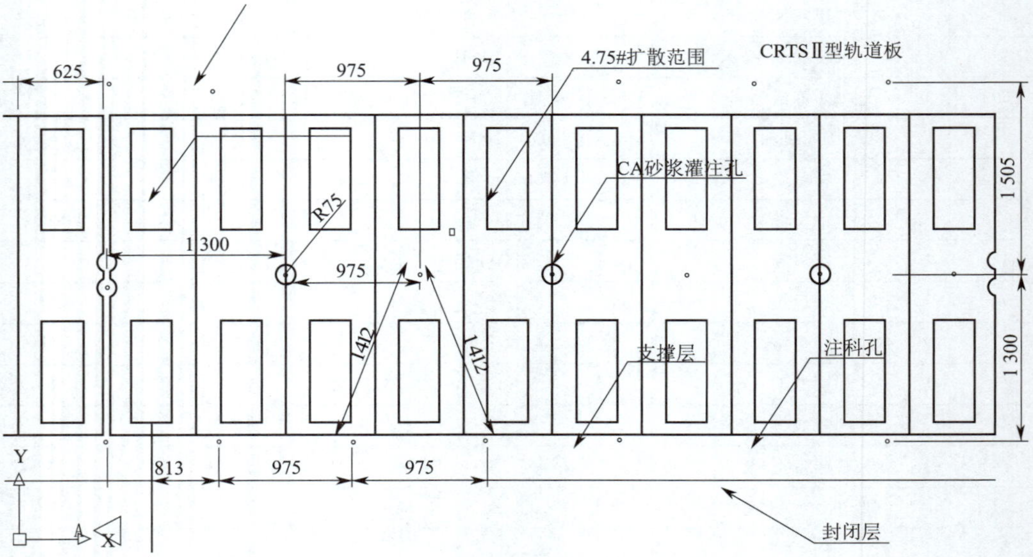

图 9-3-24 注入孔分布示意图(单位：mm)

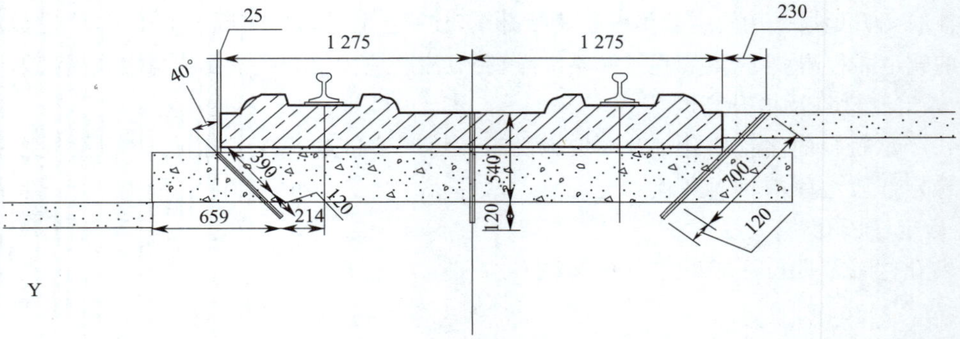

图 9-3-25 注入孔深度示意图(首次注胶)(单位：mm)

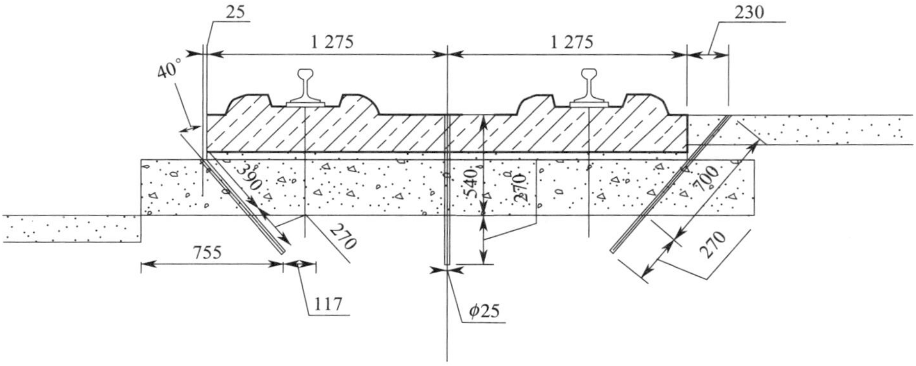

图 9-3-26　注入孔深度示意图(二次注胶,单位:mm)

(3)注胶孔的精度控制

钻孔机具:钻孔机械采用 TE80-ATC 电锤钻,钻头直径 25 mm。

钻孔精度:孔间距±5 mm,孔深±5 mm,倾角 1%。

控制措施:用特制的边孔倾斜角度控制架精确控制钻孔角度。钻孔成型后,用特制的软式孔塞进行临时封堵。

6. 注胶施工

(1)注胶前准备:进行注胶机组的安装和调试。

(2)注胶管安装:将注胶管插入注胶孔内,注胶管露出地面的高度为 80～100 mm,用扳手拧紧注入管一端的螺母,使注入管另一端的橡胶管膨胀卡住孔洞使其固定,然后在注胶管上安装注胶嘴。

(3)注胶方法及顺序:按着先两侧边孔帷幕注胶,后中心孔抬升注胶,再边孔调姿注胶的原则进行单元作业。每天抬升起终点应根据当日能够完成的作业量、抬升高度的影响范围、抬升点与宽接缝的距离不小于 2 m 的原则进行布置,不得在宽接缝处直接抬升。中心孔隔孔进行抬升作业。如果一次抬升没有达到计划抬高量,可用剩余未注胶孔进行调整或填充。如需继续抬升或调姿时,在需要调整的位置二次进行钻孔调整。

(4)注胶机自动注胶:在注胶过程中,要根据计划抬升量,实时测量抬升情况,及时调整注、停时间,以便控制抬升的精确度。每注完一个孔,及时用清洗液对注胶枪进行清洗,以防注胶枪堵塞,影响正常的注胶作业。

7. 线路精调

注胶抬升后,按照计算的每日注胶施工后的扣件顺坡调整方案进行高程顺坡调整,确保轨道平顺性满足有关技术要求。

8. 注胶孔封堵

注胶后注胶管全部拔出,并用特制的软式孔塞进行临时封堵,清洗设备。

9. 清理现场

10. 施工后检查、监测

对注胶地段线路几何尺寸、轨道结构进行定期检查、监测,分析研究变化规律,确保注胶后线路设备处于可控状态。

思考题

1. 无砟道床产生施工裂纹的原因有哪些?
2. 为什么无砟道床会产生温度裂纹?
3. 简述使用表面封闭法修补混凝土裂缝工艺流程。
4. 简述使用无压注浆法修补混凝土裂缝工艺流程。
5. 简述使用低压注浆法修补混凝土裂缝工艺流程。
6. 简述 CRTSⅠ型板式无砟轨道水泥乳化沥青砂浆层缺损掉块的修补方法。
7. 简述 CRTSⅠ型板式无砟轨道水泥乳化沥青砂浆层裂缝伤损修补方法。
8. 简述 CRTSⅡ型板式无砟轨道水泥乳化沥青砂浆层缺损掉块的修补方法。
9. 简述轨道板承轨台的更换整修方法。
10. 简述道岔板的更换维修方法。
11. 简述 CRTSⅡ型板式无砟道床损坏修复作业方法。
12. 简述路基和隧道地段道床板失效修理方法。
13. 简述轨道轻微水平位移的修复步骤。
14. 简述轨道整体或混凝土支承层的轻微沉降修复方法。
15. 简述路基沉降地段注胶抬升 CRTSⅡ型无砟轨道的修复方法。

第十章　大型养路机械维修

为适应我国快速发展的高速铁路线路修理需要，保证列车平稳、舒适、安全的运行，近几年尤其是实施铁路“十一五”装备规划以来，大型维修机械的发展步伐明显加快，大规模、多品种、多功能、高水平、高精度、高效率的大型维修机械相继投入使用，如双枕连续式捣固车、三枕连续式捣固稳定车、道岔捣固车、钢轨打磨列车、道岔打磨车、焊轨车、工务维修综合轨道车等，为高速铁路线路的养护和修理提供了保障。

第一节　大型养路机械简介

一、双枕连续式捣固车

双枕连续式捣固车适用于高速铁路有砟轨道线路捣固作业，应用机型为 DCL-32 型。

双枕连续式捣固车的主要特点有：①采用了主车与工作小车分离的结构，作业时步进加速和制动只限于工作小车。由于工作小车质量仅占整机质量的约 20%，运动惯量小，所以起动、制动快，工作效率比相同捣镐数量的整车步进式双枕捣固车提高约 30%。同时，作业中主车不需要频繁的起动和制动，也为操作人员提供了舒适的工作环境；②采用了二维激光准直测量装置，即在一维激光准直测量装置的基础上增加了线路高低检测功能，可以同时引导捣固车完成长直线路的方向、高低的修正作业。③起道控制系统增加了后电子摆补偿功能，有利于消除作业后超高误差对起道的影响，作业精度更高。

(一)功能和主要技术参数

该车具有起道、拨道、捣固及砟肩夯实作业功能。作业后可改善轨道的几何尺寸，提高道床石砟的密实度，为列车平稳、安全运行创造条件。整车共有 32 把捣镐，可以同时完成两根轨枕的捣固作业。

其主要技术参数如下：

最大捣固深度	轨面以下 585 mm
最大起道力	250 kN
最大起道量	150 mm
最大拨道力	150 kN
最大拨道量	±150 mm
最高作业效率	1 800 m/h
拨道作业精度	2 mm(16 m 弦，4 m 距离两点正矢最大差值)
横向水平作业精度	±2 mm
纵向高低作业精度	4 mm(直线，10 m 距离两测点间高差)

(二)结　　构

该车主要由作业车和材料车两部分组成，通过铰接连在一起。主要结构包括主车架、柴油发动机、液力传动箱、电气控制系统、液压系统、制动系统、主驱动和从动转向架、车钩缓冲装置、控制司机室、作业司机室、工作小车、起拨道装置、捣固装置、夯实装置、测量小车等。整车主要结构如图 10-1-1 所示。

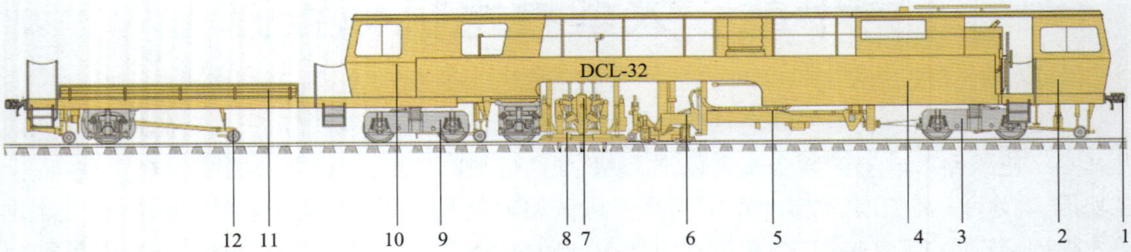

图 10-1-1 DCL-32 双枕连续式捣固车

1—车钩缓冲装置；2—控制司机室；3—主驱动转向架；4—主车架；5—工作小车；6—起拨道装置；7—捣固装置；8—夯实装置；9—从动转向架；10—作业司机室；11—材料车；12—测量小车

作业车采用主车与工作小车分离的结构方式，在作业过程中主车匀速地向前走行，工作小车为步进式运动。由于作业时主车不进行频繁地起动与制动，避免了前、后向惯性冲击，既有利于整车的结构稳定性，也改善了操作人员的工作条件。

在控制司机室主要进行轨道几何参数自动或手动输入及机械运行的操作；在作业司机室主要进行机械运行、作业走行和捣固作业的操作。

二、三枕连续式捣固稳定车

三枕连续式捣固稳定车适用于高速铁路有砟轨道线路捣固、稳定作业，应用机型为 DWL-48型。

三枕连续式捣固稳定车除具备双枕连续式捣固车技术特点外，其技术特点还有：①捣固作业与动力稳定作业集于一体，使作业后线路能同时满足精度和横向稳定性的要求，有效提高了综合作业效率和质量。同时减少了作业机组中单车数量和操作人员数量，缩短了辅助作业时间，减少了解编、连挂作业次数；②采用了三枕捣固装置，能够同时完成三根轨枕的捣固作业，与双枕连续式捣固车相比较，其捣固作业效率提高约 30％；③具有自动避障控制功能，可以有效控制工作装置避开平交道口、轨道检测装置等障碍物，有利于机械和线路设施安全。同时引入了串行数据通信、数字模型算法等技术，使整机可靠性和作业精度进一步提高。

(一)功能和主要技术参数

该车将捣固车和动力稳定车的功能综合在一起，相对于单纯的捣固车作业，捣固、稳定作业的同步进行能够更好地提高道床的横向阻力和稳定性，作业效果更好，加之效率更高，因此该车是高速铁路线路维修作业的主型捣固作业机械。整车共有 48 把捣镐，可以同时完成三根轨枕的捣固作业，此外，该车还可只对一根轨枕进行捣固作业。

主要技术参数：

最大捣固深度	轨面以下 585 mm
最大起道力	250 kN
最大起道量	150 mm
最大拨道力	150 kN
最大拨道量	±150 mm

稳定装置激振频率	0～36 Hz
稳定装置激振力	0～235 kN
稳定装置垂直下压力	0～2×72 kN
最高作业效率	2500 m/h
拨道作业精度	2 mm(16 m 弦,4 m 距离两点正矢最大差值)
横向水平作业精度	±2 mm
纵向高低作业精度	4 mm(直线,10 m 距离两测点间高差)

(二)结　　构

该车主要由捣固作业车和稳定作业车两部分组成,通过铰接相连。主要结构包括:前控制司机室、作业司机室、后控制司机室、主车架、工作小车、捣固装置、起拨道装置、测量小车、夯实装置、液力传动箱、驱动转向架、辅助驱动转向架、柴油发动机、发电机组、柴油箱、稳定装置、从动转向架、支承与锁紧装置、制动装置、液压系统、电气系统、车钩缓冲装置等。整车主要结构如图 10-1-2 所示。

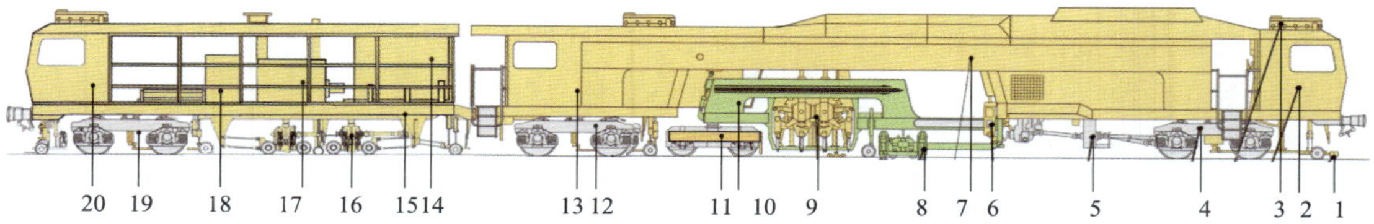

图 10-1-2　DWL-48 三枕连续式捣固稳定车

1—激光装置;2—前控制司机室;3—电空调;4—驱动转向架;5—动力传动装置;
6—小车纵向支撑装置;7—车架;8—起拨道装置;9—捣固装置;10—工作小车;
11—夯实装置;12—辅助驱动转向架 13—作业司机室;14—柴油箱;15—稳定作业车架
16—稳定装置;17—柴油发动机;18—发电机组;19—从动转向架;20—后控制司机室

三枕连续式捣固稳定车和双枕连续式捣固车设计原理类似,其走行控制系统、液压传动系统等有很多相同之处,部分零部件可以互换,主要在工作装置结构和作业功能上有所不同。

在三枕连续式捣固稳定车的前控制司机室主要进行线路轨道几何参数自动或手动输入和运行操作;在作业司机室主要进行作业操作;在后控制司机室主要进行运行操作。

三、道岔捣固车

道岔捣固车适用于高速铁路有砟轨道道岔捣固作业,也可进行线路捣固作业,应用机型为 CDC-16 型。

道岔捣固车的主要技术特点有:①采用了 4 套相对独立的捣固装置、可翻转的捣固镐、滑移回转和伸缩旋转装置,能满足捣固装置在道岔区不同位置捣固作业的需要。适用于道岔区域捣固的同时还可兼顾线路捣固;②装有一套带起道钩的起拨道装置和一套辅助起道装置,即具有组合起道功能,可同时进行直股和曲股(第三轨)起道。起道钩具有提轨头和轨底双重功能,并可前后移动及左右摆动,满足道岔区起道作业的需要;③安全控制系统可对外侧捣固装置和辅助起道装置位置进行显示、报警及限制,防止侵限。即具有作业装置超限界报警功能。

(一)功能和主要技术参数

该车和其他专用于线路捣固作业的捣固车相比较,同属于道床捣固类机械,作业适用的对象不同是两者最大的区别,该车主要用于道岔区的作业,也可兼顾道岔区外的线路作业。但由于没有采用与主车分离的工作小车结构，需要整车完全停顿才能进行捣固作业，因此在道岔区外的线路作业时效率较低。整车共有 16 把捣镐，一个作业循环只能捣固一根轨枕。

主要技术参数：

最大捣固深度	轨面以下最大 580 mm
最大起道力	250 kN
最大起道量	150 mm
最大拨道力	150 kN
最大拨道量	±150 mm
最高作业效率	捣固线路 500 m/h
	捣固一组 12 号单开道岔 35 min
拨道作业精度	2 mm(16 m 弦，4 m 距离两点正矢最大差值)
横向水平作业精度	±2 mm
纵向高低作业精度	4 mm(直线，10 m 距离两测点间高差)
捣固装置最大横向移动距离	3 200 mm(距线路中心线)
辅助起道装置最大伸出距离	3 300 mm(距线路中心线)

(二)结　　构

该车由作业车和材料车两部分组成，通过铰接连接。主要结构包括：主车架、柴油发动机、液力传动箱、电气控制系统、液压系统、制动系统、主驱动和从动转向架、车钩缓冲装置、捣固装置、起拨道装置、辅助起道装置、夯实装置、控制司机室、运行司机室、作业司机室、测量小车等。整车主要结构如图 10-1-3 所示。

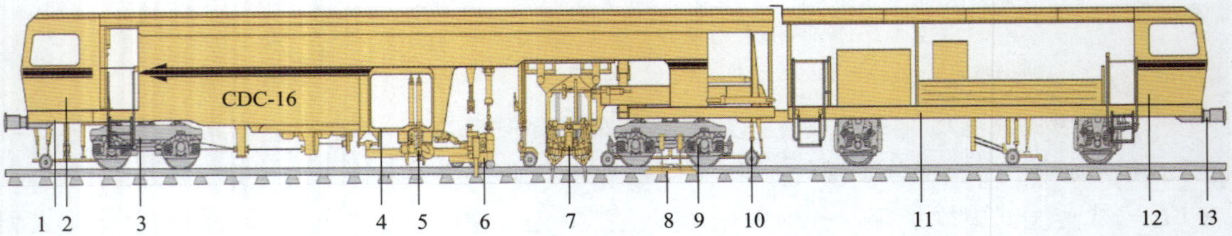

图 10-1-3　CDC-16 道岔捣固车

1—主车架；2—控制司机室；3—主驱动转向架；4—作业司机室；5—辅助起道装置；
6—起拨道装置；7—捣固装置；8—夯实装置；9—从动转向架；10—测量小车；
11—材料车；12—运行司机室；13—车钩缓冲装置

道岔捣固车工作原理与双枕连续式捣固车类似，其走行机构、液压传动系统、电气控制系统等都有许多相同之处，部分零部件可以互换，主要在工作装置结构上有所不同。

在控制司机室主要进行线路轨道几何参数自动或手动输入及运行操作；在作业司机室主要进行捣固作业操作；在运行司机室只进行运行操作。

四、钢轨打磨列车

钢轨打磨列车适用于高速铁路线路钢轨的打磨作业，应用机型为 $GMC\text{-}96_X$、$GMC\text{-}96_B$。这两种机型均安装有 96 个打磨头，二者功能相同，原理相近，但在具体结构上有各自的特点，因此分别予以叙述。

两种型号的钢轨打磨列车的主要技术特点有：①作业走行驱动系统均采用液压驱动恒低

速系统，在设定作业速度下可以实现恒速运行而不受线路坡度或打磨负载变化的影响；②分布在每股钢轨上的打磨头数量达到 48 个，可以更好地拟合钢轨轨头断面轮廓，同时增加了一次打磨作业的金属磨削量，作业效率高；③采用真空吸尘集尘装置，通过过滤装置对含有粉尘的脏污空气进行过滤，并将过滤下来的打磨粉尘收集，同时将洁净的空气排向大气，减少了打磨作业对线路和环境的污染。

（一）功能及主要技术参数

钢轨打磨列车在恒低速运行过程中利用高速旋转的砂轮对钢轨轨头表面进行磨削。对新钢轨进行预防性打磨，去除表面锈蚀和氧化皮等；对在役钢轨进行修复性打磨，消除波浪磨耗和表面微裂纹等，同时恢复钢轨的轨面廓形；此外，无论新轨、在役轨，均可通过调整打磨模式使轨面廓形达到设计要求。通过对高速铁路钢轨的打磨，一方面可改善轮轨作用关系，提高列车运行品质和旅客舒适度；另一方面可阻止钢轨病害的发展，延长钢轨使用寿命。

两种机型均可双向行驶和作业，主要技术参数见表 10-1-1。

表 10-1-1　钢轨打磨列车主要技术参数

主要参数	$GMC-96_B$型钢轨打磨列车	$GMC-96_X$型钢轨打磨列车
砂轮型式	厚壁圆柱型	
砂轮尺寸（直径×厚度）	250 mm×75 mm	254 mm×89 mm
打磨头数量	96	
砂轮转速	3600 r/min	
砂轮倾角调整精度	±0.5°	
打磨电机功率	18.5 kW	22 kW
砂轮倾角	轨廓小车：−70°～0° 波磨小车：−20°～15°	−70°～20°
打磨模式种类	根据作业需要可任意设定	
打磨作业速度	3～15 km/h 可调，速度低于 3 km/h 时，打磨头自动脱离轨面	3～24 km/h 可调，速度低于 2 km/h 时，打磨头自动脱离轨面
打磨能力	打磨速度为 7 km/h 时，轨顶面轮廓金属磨削量不少于 0.2 mm/遍	
纵向轨面打磨精度	300 mm、1000 mm 范围最大幅值分别为 0.02 mm 和 0.2 mm	300 mm、1000 mm 范围最大幅值分别为 0.02 mm 和 0.1 mm
打磨后钢轨表面粗糙度	小于 Ra10 μm	
集尘装置风机功率	22 kW	22 kW
集尘装置数量	2×6	2×4
集尘装置通风量	10 000 m^3/h	12 000 m^3/h

（二）结　　构

1. $GMC-96_X$型钢轨打磨列车

整车由五节车组成，两端为控制车（1、5 号车），中间设有两节作业车（2、4 号车）和一节动力车（3 号车）。其组成如图 10-1-4 所示。

图 10-1-4　$GMC-96_X$型钢轨打磨列车

(1)动 力 车

动力车位于整车中部，为整车高速运行或作业走行提供牵引动力，同时内设辅助发电机组，为整车提供照明和控制用电。高速运行采用液力传动，无级变速；作业走行采用液压传动，速度可调，恒速控制。动力车安装有两套动力传动系统，每套动力传动系统既可独立工作，也可同时工作。动力车结构如图 10-1-5 所示。

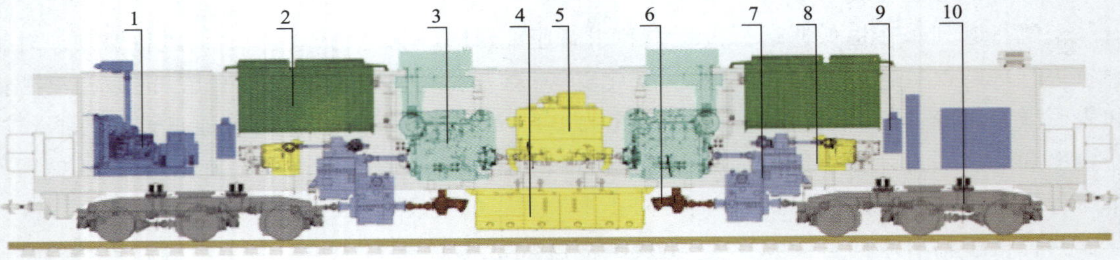

图 10-1-5　动力车

1—辅助发电机组；2—冷却塔；3—柴油发动机；4—燃油箱；5—液压油箱
6—减速箱；7—液力传动箱；8—空压机；9—电器控制柜；10—转向架

(2)控制车和作业车

每节控制车和作业车下部安装 3 个打磨小车，每个打磨小车安装 8 个打磨头。每节控制车和作业车上都装有作业动力系统、制动系统、打磨装置、液压系统、集尘装置、控制系统等。控制车还设有水系统及司机室，作业车设有材料间或维修间。

控制车外形如图 10-1-6 所示，作业车外形如图 10-1-7 所示。

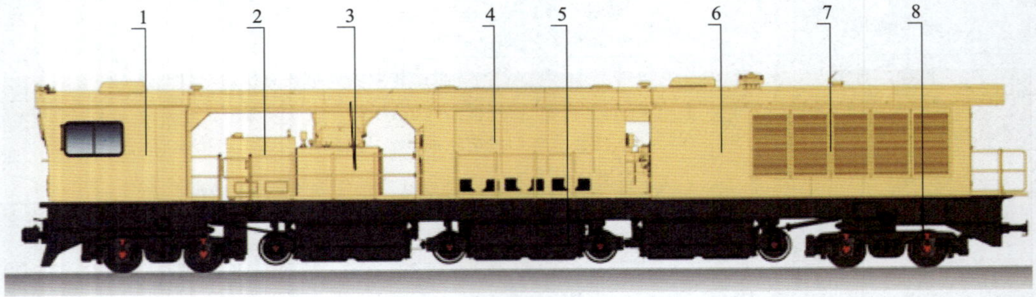

图 10-1-6　控制车

1—司机室；2—水箱；3—燃油箱；4—集尘装置；5—打磨小车；6—电气间；7—机器间；8—转向架

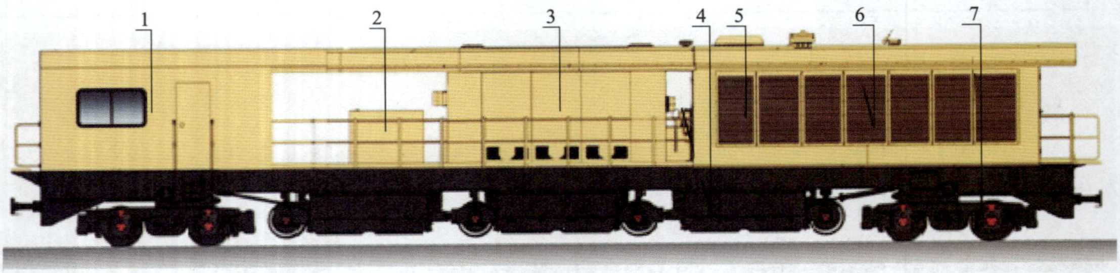

图 10-1-7　作业车

1—维修间或材料间；2—燃油箱；3—集尘装置；4—打磨小车；5—电气间；6—机器间；7—转向架

2. GMC-96$_B$型钢轨打磨列车

整车由七节车组成，两端为控制车(B1、B2 车)，中间设有四节作业车(C1、C2、C3、C4 车)和一节动力车(A 车)，其组成如图 10-1-8 所示。

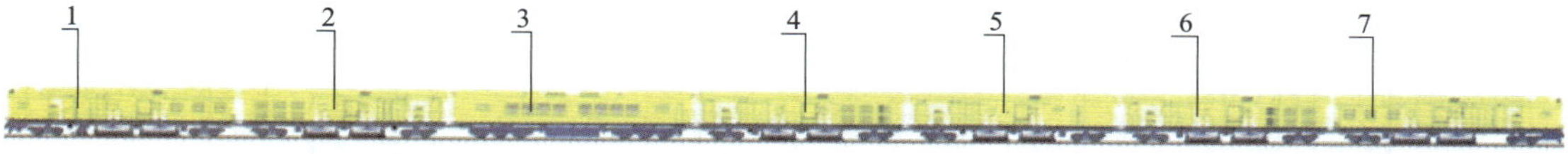

图 10-1-8　GMC-96$_B$ 型钢轨打磨列车

1—B1 车(控制车)；2—C1 车(作业车)；3—A 车(动力车)；4—C2 车(作业车)；5—C3 车(作业车)；6—C4 车(作业车)；7—B2 车(控制车)

(1)动 力 车

动力车安装有两套相同的柴油发动机和液力传动箱组成的无级变速液力传动系统，为整车高速运行提供牵引动力，每套动力传动系统既可独立工作，也可同时工作；同时Ⅱ端柴油发动机还驱动一套恒低速液压驱动系统，为整车作业走行提供牵引动力。动力车内设辅助发电机组，为整车提供照明、控制和生活用电。动力车结构如图 10-1-9 所示。

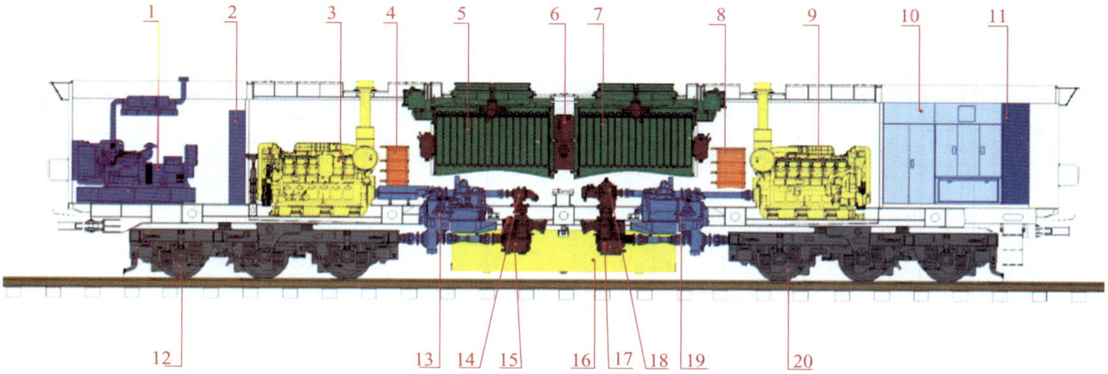

图 10-1-9　动力车(A 车)

1—辅助发电机组；2—配电柜；3—Ⅰ端柴油发动机；4—传动油热交换器；5—Ⅰ端冷却室；6—液压油箱；7—Ⅱ端冷却室；8—液压油热交换器；9—Ⅱ端柴油发动机；10—制动柜；11—电器柜；12—5 号转向架；13—Ⅰ端液力传动箱；14—泵支撑；15—Ⅰ端减速箱；16—燃油箱；17—Ⅱ端减速箱；18—分动箱；19—Ⅱ端液力传动箱；20—6 号转向架

(2)控制车和作业车

每节控制车和作业车下部安装 2 个打磨小车，每个打磨小车安装 8 个打磨头。其中安装在控制车下部的打磨小车主要用于修复轨廓，安装在作业车下部的打磨小车主要用于消除波浪磨耗。每节控制车和作业车都装有制动系统、打磨小车、水系统、液压系统、集尘装置、控制系统等。控制车设有司机室和工作间，C1、C2、C4 车设有作业发电机组，C3 车设有材料间。

B1 控制车如图 10-1-10 所示，C1 作业车如图 10-1-11 所示。

五、道岔打磨车

道岔打磨车适用于高速铁路道岔区域钢轨的打磨作业，也可进行线路打磨作业，应用机型为 CMC-20 型道岔打磨车。

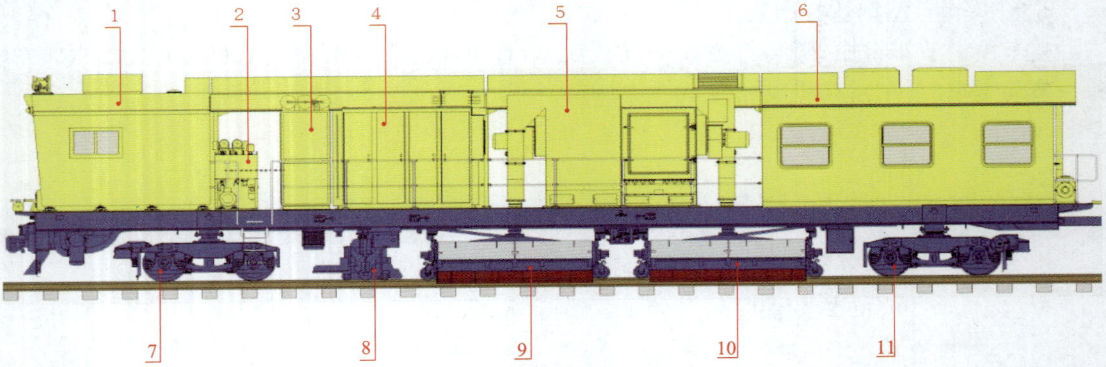

图 10-1-10 B1 控制车

1—司机室；2—1 号液压动力包；3—1 号风源装置；4—1 号电器柜；5—1/2 号集尘装置；6—工作间；7—1 号转向架；8—检测装置；9—1 号打磨小车；10—2 号打磨小车；11—2 号转向架

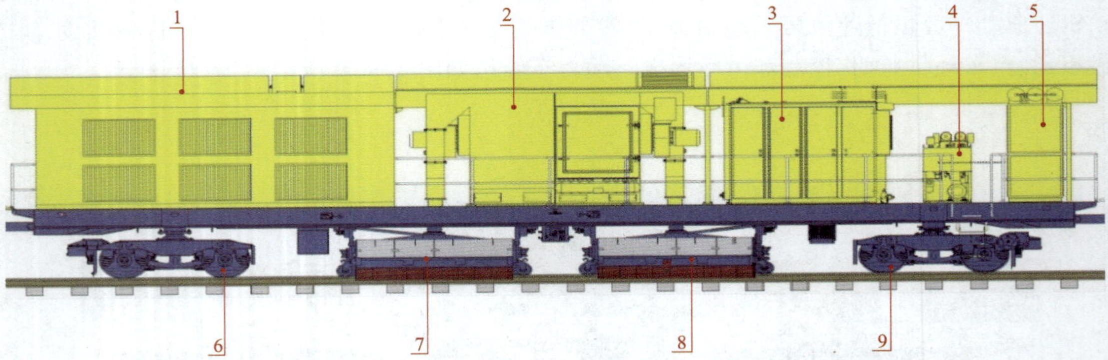

图 10-1-11 C1 作业车

1—1 号作业发电机组；2—3/4 号集尘装置；3—2 号电器柜；4—2 号液压动力包；5—2 号风源装置；6—3 号转向架；7—3 号打磨小车；8—4 号打磨小车；9—4 号转向架

道岔打磨车的主要技术特点有：①采用了液压驱动的打磨头。由于液压马达体积比电机小，更方便对打磨头偏转角度的控制；②使用了小直径砂轮，能够适应道岔区狭窄区域钢轨打磨的需要；③具有真空吸尘集尘装置，通过过滤装置对含有粉尘的脏污空气进行过滤，并将过滤下来的打磨粉尘收集，同时将洁净的空气排向大气，减少了打磨作业对道岔和环境的污染。

(一)功能和主要作业技术参数

道岔打磨车与钢轨打磨列车一样，也是利用高速旋转的砂轮对钢轨轨头表面进行磨削，对岔区新钢轨进行预防性打磨，去除表面锈蚀和氧化皮等；对岔区在役轨进行修复性打磨，消除波浪磨耗和表面微裂纹等，同时恢复岔区部分钢轨的轨面廓形。道岔打磨车也可对线路钢轨进行打磨，但作业效率较钢轨打磨列车的效率低。

道岔打磨车由两节打磨车组成，可双向行驶和打磨。其组成如图 10-1-12 所示。

主要技术参数如下：

砂轮型式	厚壁圆柱型
砂轮尺寸(直径×厚度)	152 mm×76 mm(16 个)，280 mm×30 mm(4 个)
砂轮数量	20 个
砂轮速度	5 800 r/min(直径 152 mm 砂轮)，3 600 r/min(直径280 mm 砂轮)

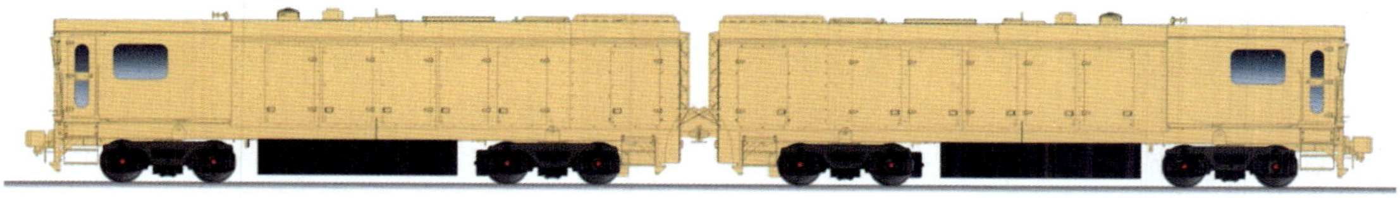

图 10-1-12 CMC-20 型道岔打磨车

砂轮倾角调整精度	±0.5°
打磨马达最大输出功率	17 kW
砂轮倾角	−75°～45°
横向位移调节范围	110 mm
打磨速度(双向)	2～16 km/h
纵向轨面打磨精度	300 mm 范围最大幅值≤0.02 mm,1 000 mm 范围最大幅值≤0.1 mm
打磨后钢轨表面粗糙度	≤Ra10 μm
集尘装置风机功率	17 kW
集尘装置数量	2 套
集尘装置通风量	8 000 m^3/h

(二)结 构

道岔打磨车由两节作业车组成,每节作业车有 10 个打磨头。每节作业车由主车架、司机室、动力系统、走行系统、制动系统、打磨系统、水系统、液压系统、气动系统、集尘系统、防火系统、控制系统、电气系统等组成。单节作业车结构如图 10-1-13 所示。

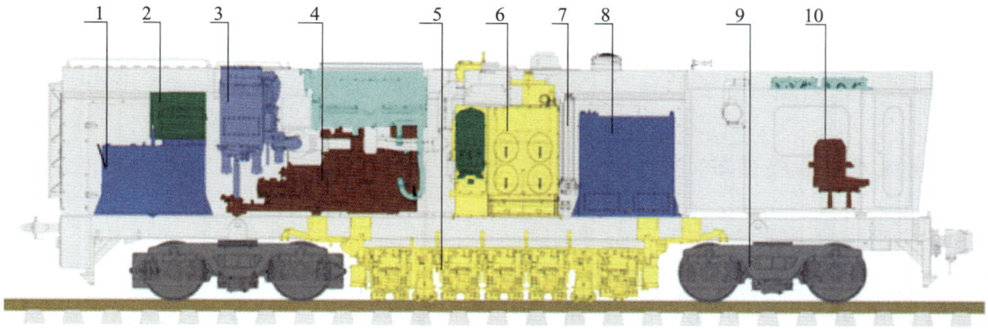

图 10-1-13 单节作业车

1—燃油箱;2—工具箱;3—液压油箱;4—柴油发动机;5—打磨小车;
6—集尘装置;7—消防系统;8—水箱;9—转向架;10—司机室

六、焊 轨 车

焊轨车适用于高速铁路钢轨的焊接,焊轨车安装有悬挂式焊机,分为闪光焊轨车和气压焊轨车,应用机型分别为 YHG-1200 型和 YHGQ-1200 型。下述内容只针对 YHG-1200 型闪光焊轨车。

闪光焊轨车的主要技术特点有：①采用了闪光接触焊机，焊接过程自动控制，有连续闪光焊和脉动闪光焊两种焊接模式，具有保压推凸功能，顶锻力大，可用于线上、线下和基地钢轨焊接；②设有拉轨对正系统，用于线下焊轨时，对两钢轨进行移动调整、准确对位，作业效率高；③采用双臂吊，设有回转限位装置保证线下焊接时不侵入邻线限界。同时具有调平功能可在超高 180 mm 曲线上正常作业。

(一)功能和主要技术参数

闪光焊轨车具有双向高低速自走行、钢轨焊接、钢轨拉伸、保压推凸等功能，可对钢轨进行线上、线下和基地焊接。

主要技术参数：

双向低速走行速度	0～10 km/h
焊接钢轨最大截面积	10 000 mm^2
可焊接钢轨类型	50 kg/m、60 kg/m、75 kg/m
可焊钢轨材质	U75V、U71Mn、U71MnK、U77MnCr 和 PG4 等
焊接接头质量	符合 TB/T 1632 标准

(二)结　构

闪光焊轨车主要由车体、转向架、柴油发电机组、拉轨对正系统、悬挂闪光焊机系统、液压支腿、双臂吊、传动系统、制动系统、电气控制系统、液压系统等组成。结构如图 10-1-14 所示。

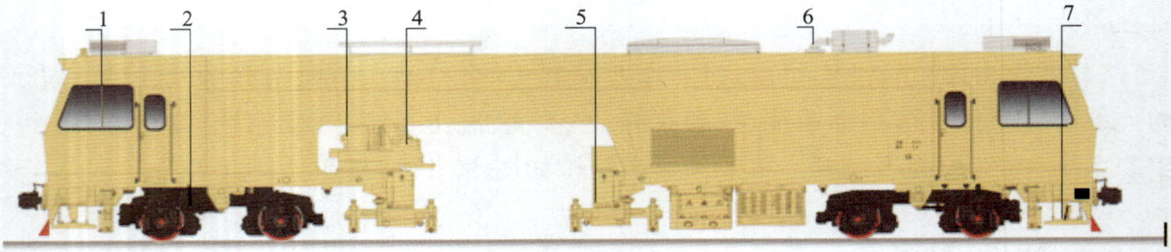

图 10-1-14　闪光焊轨车

1—车体；2—转向架；3—悬挂焊机；4—双臂吊；5—拉轨对正系统；6—柴油发电机组；7—液压支腿

七、工务维修综合轨道车

工务维修综合轨道车集多种功能为一体，适用于高速铁路线路养护作业中人员、机具和物料的运输及平车牵引、收轨作业。应用机型为 GCY-300Ⅱ型。

工务维修综合轨道车的主要技术特点有：①各系统按功能块方式模块化，可根据使用要求进行组合。底盘设计标准化，在此基础上可衍生出全车棚轨道车或其他功能的车型；②动力单元及辅助系统采用了下悬挂方式，增大了车上空间；③设有辅助支承支腿，避免起重机在车辆后端吊重时车架沉降，满足起重机在额定工况下使用时不超过线路允许最大轴重的要求。

(一)功能和主要技术参数

该车主要用途包括：物料、工具和人员的运输；提供电力、液压接口，作为外接机具的动力源；与路用平车编组进行收轨作业。

主要技术参数：

适用最高风速	20 m/s

最大持续运行速度	120 km/h(牵引 50 t)
爬坡能力	35‰
后平台面积	11.5 m^2
后平台载重	4 t
载员能力	30 人
起重机最大起重量	6.3 t
起重机最大起重力矩	167 kN·m
外接电源接口	75 kW/380 V
液压接口	14 MPa/60 L

(二)结　构

该车主要由主车架、转向架、动力单元及辅助系统、电气系统、制动系统、后平台、司机室、液压系统、液压起重机、车钩及缓冲装置等组成。结构如图 10-1-15 所示。

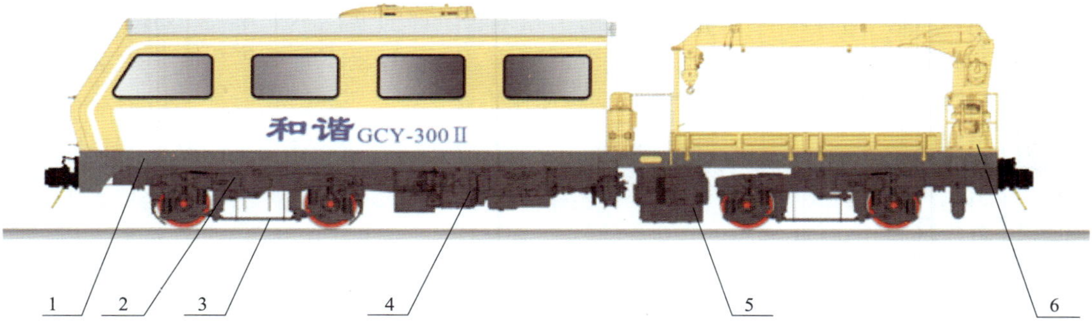

图 10-1-15　GCY-300Ⅱ型工务维修综合轨道车

1—主车架;2—转向架;3—制动系;4—动力传动系;5—液压系统;6—液压起重机

车辆前端设司机室,后部为带侧墙和端墙的载物平台,可装载运输物料、小型机具等。车辆后端安装一台液压起重机,用于材料或机具的装卸作业。同时装有 75 kW 发电机,可为现场施工供电。车架后端设液压工具及电动工具动力源接口。走行部采用两台两轴转向架,动力传动装置采用下悬挂。

思考题

1. 高速铁路线路维修常用的大型养路机械有哪些?
2. 双枕连续式捣固车的主要特点有哪些?
3. 双枕连续式捣固车主要结构由哪几部分组成?
4. 双枕连续式捣固车主要技术参数有哪些?
5. 道岔捣固车的主要技术特点有哪些?
6. 道岔捣固车主要结构由哪几部分组成?
7. 钢轨打磨列车的主要技术特点有哪些?
8. 道岔打磨车的主要技术特点有哪些?
9. 闪光焊轨车的主要技术特点有哪些?
10. 闪光焊轨车主要结构由哪几部分组成?

11. 工务维修综合轨道车的主要技术特点有哪些？

12. 工务维修综合轨道车的用途有哪些？

第二节　大型养路机械维修施工管理

一、施工内容

1. 大型养路综合维修施工包括大型养路机械线路维修、道岔维修、线路钢轨打磨、钢轨铣磨、道岔钢轨打磨施工。

2. 综合维修作用。

线路维修、道岔维修根据线路变化规律和特点，利用大型养路机械为主要作业手段，进行起道、拨道、捣固、夯拍、稳定、配砟整形作业，调整轨道几何尺寸、全面改善轨道弹性，恢复线路完好技术状态。

线路钢轨打磨、钢轨铣磨、道岔钢轨打磨消除钢轨轨面周期性不平顺（波纹型磨耗和波浪磨耗）和非周期性不平顺（擦伤、表面龟裂、剥离掉块，压溃、焊缝不平顺等），改善轮轨关系，保证列车高速运行平稳性、减小噪声和延长钢轨使用寿命。

二、施工计划

（一）安排原则

1. 大型养路机械综合维修施工由铁路局工务处统一安排。

2. 原则上综合维修安排项目次序为大型养路机械维修、打磨。

3. 高速铁路不宜单独安排铣磨作业。

（二）天窗条件

大型养路机械运行、线路及道岔维修、施工均纳入施工天窗，线路及道岔打磨纳入维修天窗，并在天窗时间内进行组织和作业。

1. 复线具备双点施工条件地段每日上、下行申请施工各1次，每次不少于240 min，扰动道床不能预先轧道线路、道岔施工，开通后第一趟列车不准为旅客动车组。

2. 复线不具备双点施工条件地段每日上行或下行申请施工1次，每次不少于240 min，扰动道床不能预先轧道的线路、道岔施工，开通后第一趟列车不准为旅客动车组。

3. 站线施工地段可按照天窗封锁时段同步作业，点毕常速开通线路。

（三）组织形式

1. 线路、道岔大机维修施工由设备管理单位作为施工主体单位，客运专线基础设施维修基地（大型机械化段）作为施工配合单位。钢轨、道岔大机打磨由客运专线基础设施维修基地（大型机械化段）作为施工主体单位，设备管理单位作为施工配合单位。

2. 段成立综合维修施工协调小组，由主管维修副段长担任组长，安全管理科、施工调度科、技术科主管科长和各专业主管工程师任组员。车间应成立相应的施工领导小组。

（四）计划编制

施工计划分为年、月、周和日施工计划，年、月、周施工计划由施工调度科负责编制和管理；日常施工计划由车间负责接收和管理。

1. 年施工计划：每年年初由铁路局工务处下达年度轮廓计划，客运专线基础设施维修基地(大型机械化段)根据年度轮廓制订详细的年度施工推进计划，每年年初以段文件形式下发。

2. 月施工计划：月施工计划以段年施工计划为依据，由客运专线基础设施维修基地(大型机械化段)负责编制，每月 21 日以段文件形式下发。

3. 周施工计划：周施工计划(本周六至下周日)以段月施工计划为依据，由客运专线基础设施维修基地(大型机械化段)与设备管理单位共同编制，每周五 18:00 前报工务处审批后，以部门通知形式下发。

4. 日施工计划：客运专线基础设施维修基地(大型机械化段)但任施工配合单位时，由设备管理单位根据周计划编制。由段调度传递《施工计划调度命令》至车间，车间应按周计划进行核对，并下达相关施工队组织实施。

(五)计划管理

1. 施工单位应于每月 9 日前将次月施工计划申请上报铁路局主管业务处室(建设项目施工计划申请应先报项目管理机构预审，再报主管业务处室)。各业务处室对施工计划申请进行审查汇总，由主管处长批准后，于 11 日前向运输处提出月度施工计划申请表。

运输处每月组织相关业务处室和主要施工单位审查编制月度施工计划，主要内容报分管运输副局长决定。月度施工计划经分管运输副局长批准后，以铁路局文件下发各站段和有关施工单位。

2. 设备管理单位于维修作业前 3 日向本铁路局主管业务处室提报日计划申请，铁路局主管业务处室根据设备管理单位的提报，与其他主管业务处室沟通协调后编制本专业维修计划，于维修作业前 2 日 9:00 前报铁路局调度所施工调度室，施工调度室负责审核维修日计划。

施工调度室于维修作业前 1 日 12:00 前将维修日计划传(交)有关调度台及主管业务处室、相关车务段(直属站)。主管业务处室负责通知作业单位、配合单位，车务段(直属站)负责通知相关车站。

3. 设备管理单位要根据铁路局工务处安排，与客运专线基础设施维修基地(大型机械化段)沟通，并在星期五 18:00 前编好下周日施工作业计划，报工务处审批后下达执行。

4. 月度施工计划原则上不准变更。特殊情况必须进行调整时，由施工单位提前 5 天向铁路局主管业务处室和运输处提出书面申请，由运输处调整施工计划。涉及 LKJ 基础数据变化的施工日期不得提前。

5. 维修计划下达后，因特殊原因需临时增加维修作业时，在不与其他施工及维修作业产生冲突的前提下，由设备管理单位报主管业务处室审核同意后，报铁路局调度所实施。铁路局所管设备越过局间分界站延伸至相邻铁路局调度指挥区段时，高速铁路由调度管辖铁路局业务处室审核同意后，报铁路局调度所实施。

6. 纳入月度施工计划的施工项目原则上不准停止施工，因专特运及调整车流等原因需停止施工时，须经分管运输副局长(总调度长)批准并于前日 14:00 前以调度命令通知有关单位。

三、前期组织

1. 施工协议

开工前一个月，施工调度科按管理范围拟定施工安全协议，经安全管理科审核，主管维修副段长审批后送相关单位签订，签订后报铁路局有关部门审查。车间、施工队应留存施工安全协议备查。

2. 安全技术组织措施

开工前一个月，施工调度科按施工类别分别制订安全技术组织措施，期间可根据施工性质，按线别、分阶段单独制订针对性的安全技术组织措施，安全技术组织措施经安全管理科、技术科审核，主管维修、安全副段长审签后上报铁路局工务处审批执行。

车间应根据施工现场特点，按线别、分阶段制订针对性的安全技术组织细化措施，并报施工调度科、安全管理科审核，主管维修副段长审批后执行。

3. 资料对接

开工前一周，施工调度科与相关设备管理单位联系，由对方准备相应资料；施工专列转场到位后，由工务车间提供，资料如下：

(1)线路、站场设备图(提供有效台账)。

(2)曲线要素表(涉及变更)(技术科审核盖章)。

(3)起、拨道量资料(涉及变更)(技术科审核盖章)。

(4)无缝线路锁定轨温资料(技术科审核盖章)。

(5)行车速度表(技术科提供电子版)。

(6)桥梁稳定表(行别、地点、可否全程稳定，道砟厚度、限界尺寸)(技术科审核盖章)。

(7)钢轨状况调查表(技术科审核盖章)。

四、开工准备

1. 上线备案

设计、生产、维修或者进口新型的大型养路机械，应经铁路总公司许可，并具有出厂合格证，并应完成落成验收。

每年初，由技术科提供上线大型养路机械车型、对应出厂合格证号，人劳科提供对应司机姓名、驾驶证号，分别报工务处审核，办理备案手续。

未经备案的大型养路机械和司机不得上线运行。

上线运行或施工前，施工队应主动提供上述证明予车站进行检查审核。

2. 岗前培训

(1)上道施工人员应进行安全教育，组织学习安全规章及有关操作技术。从事大型养路机械驾驶和操作工作和特种设备操作人员，必须经专业培训、考试合格，取得相应资格，方可上岗。

(2)所有入网作业人员必须持证上岗，按规定穿着防护服，佩戴防护帽，夜间必须穿着反光防护服。

3. 危险源识别

(1)车间组织对作业机组、宿营车进行危险源排查，针对排查出隐患实行分级管理，安全管理科负责督导。

(2)施工队上线前，必须执行随人工具上线登记、下线销记制度，并有专人复查。

4. 施工转场

施工前三天，由车间根据施工计划拟定转场电报，报施工调度科审核、技术科会签，主管维修副段长审批后由段调度室拍发。段调度室及驻铁路局调度负责协调施工专列转场工作。

施工转场尽量安排在停点日进行。如次日需施工时，从车辆转场到位后计算，应保证施工人员有 6 h 以上的休息时间(无宿营车作业机组应保证 8 h 以上的休息时间)。

5. 技术对接

施工专列到达驻地后，由施工负责人联系设备管理单位技术负责人进行对接，收集并审核相关技术资料，并就施工有关要求进行沟通。

每次施工前一天，施工负责人和设备管理单位技术负责人对次日施工共同确定施工方案，对重点工作制订解决方案。对重点施工，施工负责人应会同设备管理单位进行现场调查。

6. 施工交班会

每日由施工负责人组织召开交班会议，制订并下发“两图五表”，总结上次施工情况，安排次日施工，并按各车划分责任地段，提供针对性的安全指导意见和安全预想方案。

五、行车组织

1. 自轮运转特种设备的三项设备(机车信号、列车无线调度电话、运行监控记录装置)、GSM-R 电话、救援起复设备、防护备品、信号备品必须齐全、完好。每次运行前，必须指定专人进行检查，确认完好。运行监控装置故障时，不得上线运行。

2. 大型养路机械运行计划由车间提前一天向段调度室提供《自轮运转特种设备运行、作业计划表》，注明发站、到站、编组、运行径路、作业地点及转线计划，由段调度室向客运专线调度所上报。运行计划批准后，驻铁路局调度负责联系和协调。

3. 作业机组运行，应按车站值班员指令和地面信号机显示行车，信号机灭灯时视为红灯。作业机组运行应执行车机联控制度，由车站值班员主动呼叫司机。如车站值班员未呼叫时，司机应主动呼叫车站值班员。

4. 作业机组车站及动车运用所调车时，应按车站值班员指令和地面信号机的显示调车。

5. 作业机组及宿营车转场挂运客专线路应安排专用机车牵引，并尽量安排在与客专线隔离的综合维修工区或停留线停放。

六、施工组织

1. 天窗(或封锁时间)以外，任何人员禁止进入防护栅栏或桥面。

2. 驻铁路局调度每日 16:00 参加客运专线调度所召开的施工维修协调会议，并将会议内容及时传达至施工车间。客运专线调度所设“行车设备施工登记薄”，驻调度所人员应提前 2 h 申请登记封锁；作业机组应提前 2 h 至施工申请站，驻站防护员应密切与驻调度所人员保持联系沟通。列车调度员发布施工封锁命令后，驻站防护员应确认车站控制终端 CTC 系统控制模式状况转为“非常站控”模式(红灯亮)，及时通知施工负责人并转述调度命令。

3. 作业机组进入封锁区间的行车凭证为调度命令，由车务应急值守人员向本务机司机递交，施工负责人、本务机司机应确认调度命令。作业机组尾部应指派胜任人员携带列车无线调度通信设备值乘，并在区间协助本务机司机调车。作业机组进入施工地段时在设备管理单位现场防护人员显示的停车手信号前停车，再根据施工负责人的要求，按照调车方式进入指定地点。

4. 作业机组需由区间返回站内时，司机需得到车站值班员的同意后，凭车站值班员的指令方可返回。

5. 施工作业完毕，驻站防护员须确认整列完整返回车站后，方可申请办理开通。

6. 多单位联合施工时按铁路局、段有关文件要求执行。

思 考 题

1. 大型养路机械综合维修施工包括哪些内容?
2. 大型养路机械综合维修的作用是什么?
3. 大型养路机械施工计划分为哪几类?如何编制?
4. 大型养路机械施工天窗时间是如何规定的?
5. 大型养路机械维修线路的一般作业工序是什么?
6. 大型养路机械维修作业前,工务部门应向施工单位提供哪些资料?

第三节　大型养路机械维修作业

一、一般要求

大型养路机械线路维修施工作业的主要内容包括起道、拨道、捣固、砟肩夯拍、边坡清筛、道床稳定、道床配砟与整形和钢轨打磨等。其一般要求如下:

1. 大型养路机械维修施工作业的封锁时间每次应不少于 240 min,封锁前的准备作业和线路开通后的整理作业不得影响线路设备使用和行车安全;若有碍行车安全时,应办理施工慢行手续,慢行时间和开通速度按《铁路工务安全规则》的有关规定执行。

2. 大型养路机械的驻站与作业地段的距离不宜过长,一般不超过 25 km。

3. 封锁施工"天窗"由工务机械段负责申请,封锁区间命令下达后,大型养路机械应连挂进入封锁区间。

4. 大型养路机械在封锁区间内作业时,各机械间的间隔不得小于 10 m。

5. 步进式捣固车的捣固频率不超过 18 次/min,连续式捣固车的捣固频率不超过 22 次/min,其他机型鸿固车捣固频率按产品性能及作业要求掌握;动力稳定车的作业速度应控制在 0.8～1.8 km/h,配碴整形车的作业速度应控制在 2～5 km/h。

6. 在线间距不足 4.4 m 的双线区段作业时,配碴整形车靠邻线一侧的犁板禁止作业。

7. 在封锁施工"天窗"内,配合单位均不得影响大型养路机械作业,配合单位负责拆除的设备,必须在大型养路机械机组结束当日该地点施工后,方可恢复安装工作。

8. 施工过程中,工务机械段和工务(桥工)段必须各派 1 名联络员(或由施工负责人直接担任),以便随时联系,密切配合,确保施工顺利进行。

二、技术规定

(一)线路维修捣固作业

1. 捣固时应设置不少于 10 mm 的基本起道量。当起道量为 10～50 mm 时捣固 1 遍,起道量超过 50 mm 时捣固不少于 2 遍,接头、桥梁两头等处应加强捣固。

2. 在需变更曲线超高地段,当里股起道量大于 20 mm 时,应分 2 次进行起道。

3. 线路方向的整正可采用四点式近似法,用 GVA(ALC)自动拨道或查表输入修正值用手动拨道。当线路每隔 2.5 m 有准确的拨道量时,可按精确法进行拨道。在长大直线地段,应采用激光准直系统进行拨道。

4. 捣固作业结束前，应在作业终点划上标记，并以此开始按《铁路线路修理规则》规定的坡度递减顺坡，达到安全放行列车的要求。一般情况下不在圆曲线上顺坡，严禁在缓和曲线上顺坡结束作业。

5. 在有砟桥上，枕下道碴厚度不足 150 mm 时不能进行捣固作业。

6. 在电气化区段作业，线路起道后的钢轨顶面至接触网距离应符合《铁路技术管理规程》的有关规定。

7. 在技术状态不良的桥梁上及在线路水平严重不良地段，禁止进行稳定作业。桥梁上的稳定作业应严格控制，必须在桥梁上进行稳定作业时，应制订安全措施。稳定装置应在桥台外起振、停振；作业中设备管理单位应随时观测桥梁状态，遇异常时，应通知稳定车停止作业。

8. 大型养路机械维修后的线路几何状态应达到高速铁路线路修理标准。

(二)道岔维修捣固作业的技术规定

1. 作业范围包括岔区及其前后各 50 m 的线路，一次起道量应控制在 10～50 mm 间，接头、辙叉、尖轨曲向可弯部位增加捣固次数。

2. 拨道采用三点法或四点法，拨道量不超过 20 mm。

3. 钢枕、辙叉附近轨枕和尖轨转辙器 2 根枕等捣固车不能捣固的区域，以及受运输条件限制，捣固车不能同时捣固的曲股，应采用小型机械捣固。

4. 采用小型机械捣固曲股，应在道岔捣固车对第三点起道时进行。

(三)钢轨打磨作业的技术规定

1. 新轨或波磨深度不超过 0.3 mm 时，采用预防性打磨方式，否则应采用修理性打磨方式。

2. 预防性打磨的作业遍数一般为 3 遍，修理性打磨的作业遍数一般不少于 5 遍。

3. 相连两段线路重叠打磨的区域不少于 3 m。

4. 桥梁和道口须拆除护轮轨后进行打磨作业。

5. 两组道岔间距离超过 150 m 的线路需打磨。

(四)道岔打磨作业的技术规定

1. 波磨深度小于 0.3 mm 时，应采取预防性打磨，否则应采取修理性打磨。

2. 道岔打磨区域为岔前 25 m 到岔后 25 m。

3. 预防性打磨的作业遍数为直股不少于 10 遍，修理性打磨的作业遍数为直股不少于 12 遍。

4. 对岔心和岔尖，根据安全运行要求和维修养护需要确定是否打磨。

5. 作业前应仔细调查线路，确定各区段的主要病害，制订相应的打磨方案，剔除极个别病害特别严重的部位，减少打磨遍数，降低金属切削量。

6. 两组道岔间距离小于 150 m 的线路需打磨，如有作业衔接点，则重叠区域不少于 1.5 m。

7. 交叉渡线和翼轨高于基本轨的区域不打磨。

8. 打磨直股时已经打磨过的尖轨转辙部分，在打磨侧股时可跳过。

(五)边坡清筛作业的技术规定

1. 边坡清筛最大挖掘宽度为 2 750 mm(线路中心距离)，轨枕端至挖掘斗间应有 50 mm 距离。

2. 挖掘的最大深度应距轨面下 850 mm。

3. 边坡清筛机单独作业时不使用松碴器。

三、施工组织

线路捣固作业一般应配备捣固车、动力稳定车、配碴整形车，还可配备边坡清筛机；道岔捣固作业应配备道岔捣固车；线路或道岔打磨作业应配备钢轨打磨列车或道岔打磨车。根据需要，各维修施工队可合并作业，扩大设备组合，以加快施工进度。

各车基本作业人员为：捣固车 5 人；动力稳定车 3 人；配碴整形车 3 人；边坡清筛机 7 人；道岔捣固车 6 人；48 头钢轨打磨列车 8 人；道岔打磨车 6 人。实行轮休制的机组应相应增加足够的替班人员，并根据生产实际优化调整劳动组织。

(一)双枕连续式捣固车、三枕连续式捣固稳定车

两种机型都设置了 5 个号位且所在位置相同。其中三枕连续式捣固稳定车如图 10-3-1 所示。

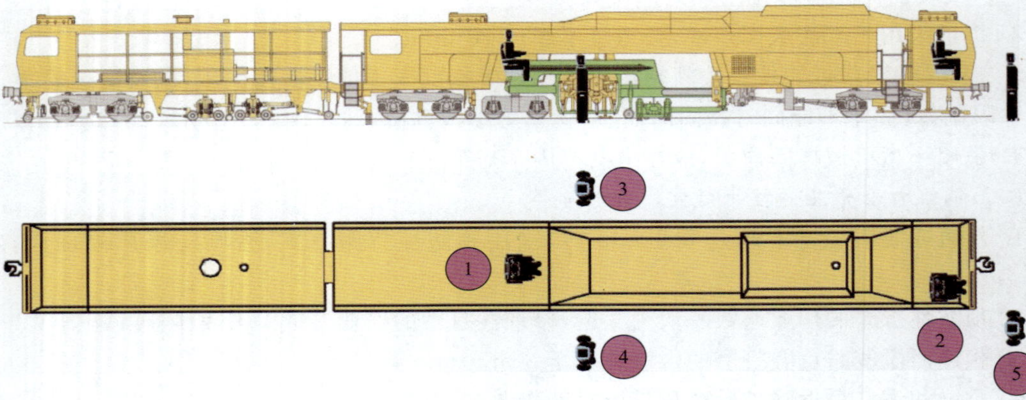

图 10-3-1　DWL-48 型三枕连续式捣固稳定车号位示意图

1 号位：位于捣固车作业司机室，负责操控作业走行和工作装置，调整作业参数；

2 号位：位于前控制司机室，负责输入曲线参数、起拨道量，监控作业仪表；

3 号、4 号位：分别位于车下捣固装置两侧，随车监控机械作业状态，及时发现和处理意外情况；

5 号位：位于车下前方，负责线路调查和激光准直装置的操作，与 2 号位核对曲线要素等数据。

(二)道岔捣固车

该车设置 6 个号位，如图 10-3-2 所示。

1、6 号位：位于作业司机室。其中 1 号位负责操控作业走行、工作装置和调整作业参数，6 号位配合 1 号位作业；

2 号位：位于控制司机室，负责输入曲线参数、起拨道量，监控作业仪表；

3 号、4 号位：分别位于车下捣固装置两侧，负责岔区捣固时配合 1、6 号位确认捣固装置、起拨道装置和第三轨起道装置的作业位置是否准确到位，同时随时监控机械作业状态，及时发现和处理意外情况；

5 号位：位于车下前方，负责线路调查和激光准直装置的操作，与 2 号位核对曲线要素等数据。

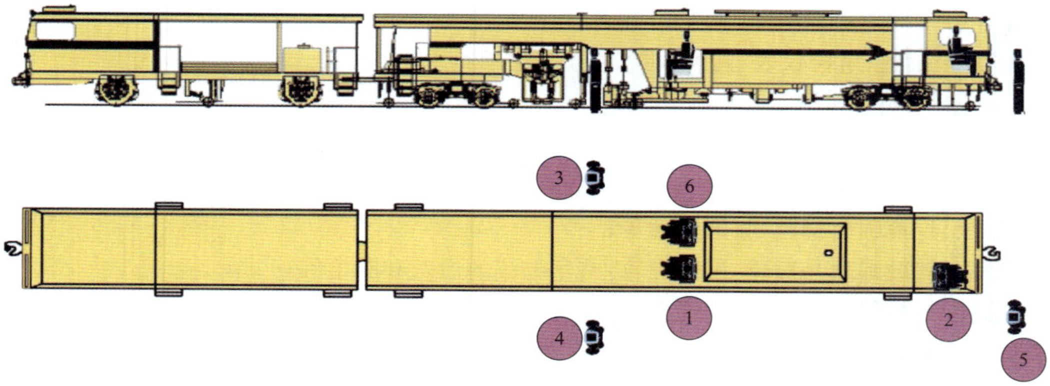

图 10-3-2　CDC-16 型道岔捣固车号位示意图

（三）钢轨打磨列车

两种机型均设置 8 个号位。以 GMC-96_B 型钢轨打磨列车为例，号位示意如图 10-3-3 所示。

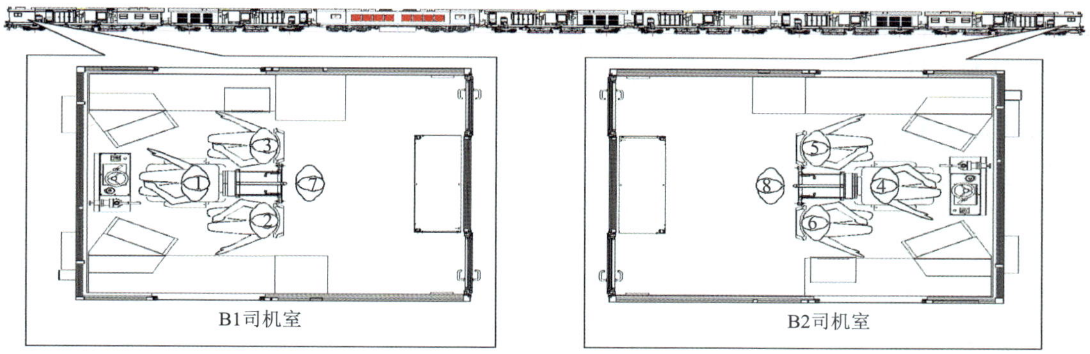

图 10-3-3　GMC-96_B 型钢轨打磨列车号位示意图

1、2、3 号位均位于 B1 车司机室内，4、5、6 号位均位于 B2 车司机室内，分别负责打磨列车的运行、打磨程序及打磨参数的设定和控制、工作装置操作、作业和运行仪表参数的监控、运监的使用及防护；7、8 号位不固定，负责作业过程中的整车巡查、处置异常情况和作业质量反馈等工作。

（四）道岔打磨车

该车设置 6 个号位，如图 10-3-4 所示。

图 10-3-4　道岔打磨车号位示意图

1、2和4、5号位分别位于两个司机室内，分别负责操纵作业走行、设定打磨程序及打磨参数、操作工作装置、监控仪表、监视火情；3号位位于车下，负责放、收提示牌；6号位位于车下，负责作业防护、质量监测。

（五）焊轨车组

主要号位分工如下：

1号位：焊前锯轨调整、打磨除锈等；

2号位：驾驶焊轨车对位，配合焊轨，整车电源的馈送和断电等；

3号位：指挥焊轨车对位，轨缝调整、发布送电或断电指令、焊接等；

4号位：监控焊接过程，对接头的焊接质量进行判定等；

5号位：焊轨车支腿升降及锁定操作；拉轨对正装置操作及锁定；配合3号位对轨等；

6号位：配合正火打磨等；

7号位：实施正火作业，协助焊接接头平直度处理等；

8号位：焊接接头的粗打磨和精打磨；焊接接头平直度处理及外观质量交验等；

9号位：与设备接收单位一起对焊接接头进行联合探伤。

四、作业操作

所有大型维修机械作业时，需按封锁命令进入作业区间，到达作业地点后，操纵各作业装置和控制系统，使机械准备就位。

大型维修机械的作业操作应按照操作规程和作业标准进行，作业操作简要叙述如下：

（一）线路捣固

1. 1号位操控捣固车开始捣固和起道抄平作业，2号位按照规定的比率顺坡至需要的起道量，1、2号位注意观察拨道表，一旦拨道表指针处于红区内，1号位即打开自动拨道系统，开始拨道作业。到达作业终点后，关断拨道系统，以同样比率顺坡，无起道量后再收车。

2. 捣固作业时，1号位同步使用夯实装置夯拍砟肩。

3. 作业中1号位随时观察起、拨道表的指针显示，必要时及时补偿修正，确认指针在红区后才可进入下一个作业循环。

4. 作业时2号位同步使用记录仪，全程记录作业后线路水平、正矢。

5. 起拨道作业采用精确法，长大直线地段使用激光准直装置，曲线地段使用轨道几何参数计算机作业，2号位注意确认同步点。

6. 捣固车距激光小车10 m左右时2号位通知1号位停车，待5号位将激光小车安装至下一个固定点后继续作业。

7. 遇影响作业的障碍物时，3、4号位应及时通知1号位收起作业装置。

8. 注意事项：

（1）作业中1号位根据需要及时调整作业装置控制开关、按钮、旋钮，以保证作业质量和安全。

（2）一次起道量一般控制在30 mm以下。

（3）稳定作业时，新线地段应采用低频中载稳定，其他地段采用高频重载，稳定装置应尽可能在桥台或桥墩处起始或停止振动，并且应先行预压。

（4）作业中各号位注意观察机械运转情况，出现异常及时停止作业。

（二）道岔捣固

除与线路捣固相同的作业内容外，道岔捣固作业操作还要注意以下事项：

1. 1 号位选择道岔作业模式、夹钳方式或起道钩方式。

2. 可动心轨道岔辙叉部位的起道量，可根据现场道床状态及起道量大小，作适当调整。

3. 尖轨、心轨转辙机部位以及钢岔枕或接头等薄弱处所捣固一般不少于两次。

4. 1、6 号位要注意车外相应侧 4、3 号位人员的手势或指令，以确认捣固镐的下插位置、起道钩的升降、辅助起道装置的收放等。

（三）钢轨打磨

1. 根据作业方向，1 或 4 号位负责选择在非道岔和隧道的直线作业地段停车。

2. 1 或 4 号位移动钢轨打磨列车，选择设定的打磨模式，顺序放下打磨电机至作业位；3 或 6 号位观察打磨电机角度与打磨压力是否正常；1 或 4 号位根据线路实际状况及时调整打磨模式，到达作业结束地点顺序提升打磨电机，并确认提升后打磨电机状态、打磨压力。

3. 作业后，3 或 6 号位记录打磨遍数及模式号等数据，填写打磨作业记录。

4. 注意事项：作业中，1 或 4 号位随时注意避让障碍物，出现异常及时采取措施；3 或 6 号位随时观察打磨电机角度和打磨压力；2 或 5 号位随时观察走行控制系统显示屏各参数；7、8 号位巡查机械运转情况。

线路及两侧有起火现象时应及时停止打磨并灭火。

（四）道岔打磨

1. 3 号位在线路上设置打磨标识牌。

2. 根据作业方向，1 或 4 号位启动打磨头马达，调整磨头角度，令其工作角度达到模式设定要求。

3. 1 或 4 号位根据设置的速度移动道岔打磨车，按照标识牌设定打磨起止点和中间跳跃点。

4. 注意事项：

（1）打磨角度为钢轨外侧 14 度到内侧 42 度，无肥边不使用大直径砂轮。

（2）打磨过程中，1 或 4 号位根据 6 号位检查和测量的结果及时修订打磨参数。

（3）尖轨厚度小于 20 mm 区域不打磨。

受限打磨区域如图 10-3-5 所示。

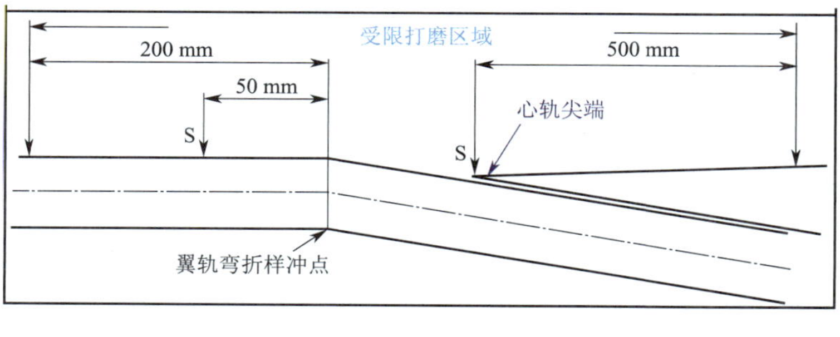

图 10-3-5　受限打磨区域

受限打磨区域只允许打磨 Y-5 mm（轨顶中部）至 Y-33 mm（轨距角）部分，如图 10-3-6 所示。

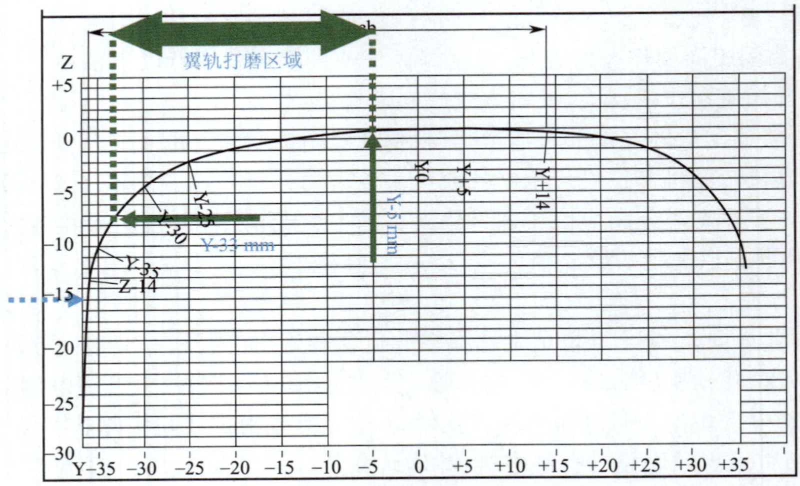

图 10-3-6 翼轨打磨区域

(4)在打磨期间,出现任何异常情况,按压紧急提升按钮提升所有打磨头,并对打磨区域进行检查。

(五)钢轨焊接

钢轨焊接分为线下焊接和线上焊接。下述内容以线上 500 m 长轨条焊接为例讲述作业过程。

1. 焊轨车组运行到距第一对待焊接头 500 m 处,车组解编,焊轨车单独运行至待焊接头处,在整个焊接作业过程中,焊轨车负责焊接作业,辅助作业车负责正火、打磨、探伤作业,两车的距离不小于 500 m。

2. 焊轨车进入待焊轨缝区域前,将焊轨车进入一端距轨缝 10 m 内的扣件全部松开,另一端从轨缝开始至轨端的扣件全部松开,并从距轨缝 40 m 处开始向远离焊轨车方向垫滚筒,焊前除锈打磨作业后,焊轨车进行对位,打液压支腿完成架车操作后,在余下的 40 m 区域内也垫上滚筒,完成轨缝对正后操作焊机夹持钢轨,确定各系统参数正常,所焊轨种的参数设置正确,在焊接管理系统输入焊接接头编号后,开始进行焊接并推凸,确认正常后再撤除滚筒使钢轨落位,然后撤除液压支腿落车。

3. 辅助作业车以 3～5 km/h 的速度行进至已焊好接头靠焊轨车一端,使用正火装置对接头进行正火。

4. 正火后,当焊接接头温度降到 200 ℃后,用仿形打磨机对焊缝处凸起部分进行粗打磨;次日进行焊接接头的外观精整(矫直和精打磨)、探伤和平直度测量。

五、作业配合

大型养路机械维修作业由施工主体单位负责组织、协调工作。包括制订施工方案,提报施工计划,施工登记要点,施工前组织相关施工配合单位召开施工准备会,施工后进行总结并提出下一步工作安排。

(一)工务(桥工)段

1. 作业前,向施工主体单位提供相关线路设备技术资料,同时主要负责以下工作。

(1)捣固作业前提供起、拨道量、曲线要素,补充均匀捣固地段石砟、抽板、方枕、改道、更换失效轨枕、调直钢轨及复紧扣件；

(2)打磨作业前提供钢轨打磨廓型和钢轨磨耗情况，处理打磨区段线路及两侧易燃物；

(3)焊轨作业前提供作业区段锁定轨温、曲线要素和钢轨的钢厂轨种轨型等，补充和均匀焊接处的石砟，配合拨轨及松紧扣件，实施应力调整，处理焊接处线路及两侧易燃物。

(4)拆除影响大型养路机械作业的线路设施及障碍物，对不能拆除的障碍物，在线路上做好醒目标记。

(5)对大型养路机械无法作业的地段，工务(桥工)段应提前准备好小型养路机械进行作业。

2. 作业中，工务(桥工)段随车验收人员应实时检查大型养路机械作业质量，发现质量不合格处所时，应立即通知大型养路机械施工负责人处理，确保作业质量和行车安全。

3. 作业后：

(1)负责处理转辙机及其他大型养路机械无法作业的处所，对因大型养路机械发生故障后无法施工的线路进行恢复处理。

(2)及时恢复作业前拆除影响大型养路机械作业的线路设施，清扫无砟轨道遗留物。

(3)施工结束后，工务(桥工)段验收人员与工务机械段施工人员根据《高速铁路有砟轨道线路维修规则(试行)》和《高速铁路无砟轨道线路维修规则(试行)》中的验收标准共同确认线路质量，由工务(桥工)段有关人员签字验收。

(二)电 务 段

电务和通信专业主要负责提供有关技术资料，处理埋设电缆，拆、装影响作业的设备，对打磨作业时有防火和绝缘要求的设备进行绝缘防护处理，作业后及时恢复。

(三)供 电 段

主要负责测量作业地段接触网参数，确认轨面红线，拆装吸上线，检查和处理接触网接地线和电力电缆，调整接触网导高及拉出值等。

(四)车 辆 段

车辆专业主要负责拆、装红外轴温检测设备，无法拆除的需派专人负责监控，处理不符合埋设规定的连接线。

(五)车 务 段

大型维修机械作业是流动性的，涉及车站停留、调车、编组、运行等，由车务专业安排配合。

六、机械保养

及时和有效的保养是机械正常运转的保证，作业现场的机械保养包括日常保养和定期保养。

1. 日常保养应做到"四勤"、"二净"。"四勤"是指勤清洗、勤检查、勤紧固、勤调整；"二净"是指油净、空气净。

2. 捣固车日常保养时间不少于 120 min，作业时间较长时，每连续工作 2.5 h，需停机对捣固装置进行一次 20 min 的保养，在返回驻地后再进行 120 min 保养，更换磨耗件、进行润滑、处理故障等。

3. 钢轨打磨列车每连续工作 2 h，应停机对打磨列车进行除尘、清渣，同时清理遗洒在轨道上的残留物，钢轨表面无残留铁屑方可动车运行；钢轨打磨列车作业结束后应进行不少于 240 min 全项目的日常保养，更换磨耗的砂轮，对打磨装置进行除尘、润滑等。

4. 焊轨车日常保养时间不少于 120 min，每焊接一个头，要及时清理电极和钳口上残余的焊渣，检查推凸后残留的凸起量，检查电极有无打火痕迹并及时予以处理，在转移作业地点时，需清理遗留在作业场地的残留物，线上焊接时需确定焊接接头温度低于 300 ℃时方可动车通过。

5. 定期保养是根据机械运转情况或按周期对机械进行润滑、检查、调整和更换易损件。

七、安全管理

大型维修机械安全管理是运用管理的重要组成部分。大型维修机械安全工作实行“安全第一、预防为主”的方针，防患于未然。为保证大型维修机械运用中的行车、作业、人身和设备安全，要认真执行各级有关规章制度。

(一)运行安全

1. 机构锁定

(1)运行前，大型维修机械的各种作业装置、检测机构等必须锁定到位，防止脱落，保证安全。大型维修机械一般同时采用机械锁定和人工锁定两种方式。

机械锁定是通过气动系统对锁销或锁钩进行操控。通过传感器检测锁定位置状态信息并传递给程控系统，并与走行驱动控制电路进行联锁，用指示灯显示锁定状态。

具有机械锁销或锁钩锁定、人工安全链双重锁定机构的装置，在机械锁定到位后，还需要用安全链进行人工锁定。

(2)线路捣固车需要锁定的装置主要包括：捣固装置、起拨道装置、夯实装置、测量小车、稳定装置(限于三枕连续式捣固稳定车)、辅助起道装置(限于道岔捣固车)等。

(3)钢轨打磨列车和道岔打磨车需要锁定的装置主要包括：打磨小车、检测小车等。同时，钢轨打磨列车作业中遇道岔应提前停止作业，通过道岔前提升并锁定打磨小车，整车通过道岔后再放下打磨小车恢复作业。

(4)焊轨车需要锁定的装置主要包括：焊机承载平台的水平调整机构、拉轨对正装置、辅助支撑装置、焊机承载平台、焊机机头等。焊轨车完成一处的焊接后，必须将各作业装置完全复位，焊机收于承载平台上并锁定承载平台，方可移动至下一待焊接处；移动距离超过 3 km，要对所有的装置进行人工锁定。

(5)工务维修综合轨道车需要锁定和固定的装置主要包括：加长踏梯、起重机吊臂及吊钩、支腿、载货平台机具和材料等。

2. 运行与监控

大型维修机械的运行主要包括施工运行、调车和长途挂运。

(1)车组运行时，由第一位车担当本务车，驾驶员按有关行车规定操作驾驶，做到“彻底瞭望，确认信号，高声呼唤，手比眼看”。各车操作还要保持同步，尽量避免后车被拖行。

驾驶员不熟悉运行区段的(站)的有关行车规定及线路等设备时，应请求带道。

在封锁区间单独运行时，前后车续行间隔不少于 300 m，运行速度不超过 40 km/h，并做好随时停车的准备。

焊轨车和辅助作业车编组时，施工时焊轨车在前，辅助作业车在后；进入封锁区间施工运行时，两车间隔不少于 300 m，速度不大于 10 km/h 的。

连挂作业时，动车执行“十、五、三”车距离和速度规定，动车在距被挂机械 2 m 前停车，调整速度，以不大于 3 km/h 的速度与被挂车连挂。

摘车时，按“一关折角塞门、二摘风管、三提钩”的作业方法操作。

(2)调车作业时要根据与站方确定的作业方案进行。挂车时，被挂车与动车连挂后方可撤除防溜设施；摘车时，被摘车先设好防溜设施后方可摘车。

在空线上调车牵引运行时，速度为 40 km/h，推进运行时为 30 km/h，在尽头线调车时，距线路终端应有大于 10 m 的安全距离。遇特殊情况必须小于 10 m 时，要严格控制速度。

(3)机车牵引大型维修机械车组长途挂运自行编组时，将重车、轴距大的车编在前面，并逐一连接风管，试风良好。运行中，一旦发现走行系统异常、制动缓解不良或其他影响行车安全的状况时，及时采取应急措施。

(4)大型维修机械均需配备机车综合无线通信设备、GYK 型轨道车运行控制设备，用于行车通信和运行控制。大型维修机械运行前必须启动运行监控装置并进行自检和放风试验，启动综合无线通信设备并进行通话试验，确保运行监控装置和通信设备工作正常。运行中严禁关机，并执行车机联控的相关规定。

跨局施工要及时安装更新监控数据，满足运行要求。

(二)作业安全

1. 机械防护

(1)大型维修机械施工作业时要加强防护，封锁区间的线路防护按《高速铁路工务安全规则(试行)》的要求设置。

(2)大型维修机械设置随车防护，实行一车一防护。由驻站联络员、随车防护员和施工负责人组成防护体系。

(3)作业中，大型维修机械与其他路用列车间设置移动停车信号防护。

(4)防护通信工具以对讲机、铁路综合数字移动通信系统手机(GSM-R)相结合，驻站联络员、随车防护员和施工负责人必须携带 GSM-R 电话，并保证良好状态。

2. 作业限界

大型维修机械作业时，部分工作装置会超出机车车辆限界获建筑限界，所以，对于影响作业的障碍物需提前拆除，不能拆除的要注意避让，并重点注意以下内容：

(1)道岔捣固车辅助起道臂单侧最大可伸出 3.3 m，外侧捣镐移出最大可达 3.2 m，均侵入邻线建筑限界，整组道岔捣固时必须封锁邻线。

(2)钢轨打磨列车作业时，打磨装置将超出机车车辆限界，会与钢轨周围的红外线轴温探测器、钢轨保护夹板等设备发生碰撞，道岔打磨车作业时，会与部分转辙器发生碰撞，为实现有效贯通打磨需提前拆除。

(3)焊轨车线下焊接时，任何部分(包括操作人员)距施工线路中心的距离在 1.9 m 以内，如图 10-3-7 所示。

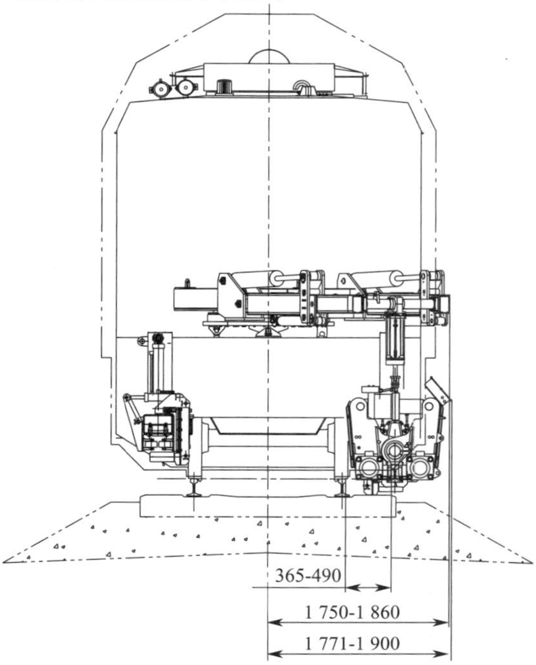

图 10-3-7　线下焊接焊机位置示意图(单位：mm)

(4)工务维修综合轨道车的吊车在垂向

高度、回转摆动宽度均可能侵入限界。要根据现场使用情况调整高度限位装置，限制起升高度，同时对回转摆动角度等涉及侵限的机构和动作加以控制，防止超限。

3. 捣固作业轨温

大型维修机械在无缝线路地段捣固作业时，作业轨温条件为：

(1)一次起道量小于 30 mm，一次拨道量小于 10 mm 时，作业轨温不得超过实际锁定轨温±20 ℃；

(2)一次起道量在 31～50 mm，一次拨道量在 11～20 mm 时，作业轨温不得超过实际锁定轨温－20 ℃～＋15 ℃。

在高温季节作业时，超过作业轨温应线进行放散作业，同时机组人员应监视线路状况，发现胀轨迹象应立即停止作业。

4. 防　　火

(1)大型维修机械的每个司机室、机械间、维修间、材料间内等分别配备两个干粉灭火器。

(2)钢轨打磨列车在前后两个司机室端部分别设有消防水炮，喷射距离不小于 8 m，用于防范打磨火花可能引起的火灾；此外还设有喷淋装置，用于防止烧坏线路固定设施；动力车还配有火灾报警(或自动灭火)系统。

(3)道岔打磨车在前端设有消防水管，灭火水枪喷射距离不小于 8 m；同时还设有固定的带喷嘴管路、采用化学灭火剂的灭火系统，在柴油发动机间有 6 个喷口、集尘装置中有两个喷口，打磨头区域每侧有 4 个喷口，灭火系统可在司机室内和车外启动。

(4)闪光焊轨车焊接工作区要配备两个 5 kg 干粉灭火器，发动机舱内设置有火灾报警装置；车身拱形部焊接作业区域内各液压油管均装防火套管。

5. 应急恢复和起复装备

大型维修机械均设有应急泵，用于在主动力装置出现故障后，将各作业装置恢复至运行锁定位。同时配备工作装置顶升器、救援起复器等，用于设备本身自救。根据大型维修机械作业特点和现场情况，需针对各种紧急状况制订相应的应急预案。

(1)捣固装置、稳定装置因柴油发动机失去动力或液压系统等故障不能提升时，可使用工作装置顶升器将工作装置顶升至锁定位置进行锁定。

(2)GY100-A 型救援起复器是大型养路机械专用设备之一，用于整车脱轨后的救援起复。使用时，需根据大型养路机械的结构特点，选择合适的顶升点，酌情锁定转向架或轮对，使脱轨机械快速复位。

(3)起复装备和应急恢复装置须定期定人检查、保养，以保持良好的状态，以备急用。

(三)检修保养安全

1. 高速铁路作业期间保养机械时，一是尽量将机械停靠在综合维修工区；二是机械只能停留在站内时，要利用封闭天窗时间进行保养，采取保养和作业隔日轮转的方式，以免影响列车运行安全。

2. 检修机械时，要停机、排风、泄压、断电。特殊情况下需起车检修时，要按照统一的指令协作、配合。

3. 作业现场抢修设备时，须做好防溜和防护。

4. 焊接修理时，按照有关技术要求连接接地线，防止损坏部件。

5. 在电气化区段检修保养机械时，人员和工具必须保持和接触网的安全距离，必要时，需停电才能进行检修保养工作。

思 考 题

1. 大型养路机械线路维修施工作业的主要内容包括哪些？
2. 大型养路机械线路维修施工作业的一般要求有哪些？
3. 大型养路机械线路维修捣固作业有哪些技术规定？
4. 大型养路机械道岔维修捣固作业有哪些技术规定？
5. 大型养路机械钢轨打磨作业有哪些技术规定？
6. 大型养路机械道岔打磨作业有哪些技术规定？
7. 大型养路机械捣固作业，工务部门应做好哪些方面的配合工作？
8. 大型维修机械在无缝线路地段捣固作业时，作业轨温条件是如何规定的？

第四节　大型养路机械作业质量管理

大型养路机械作业质量管理是通过现场进行作业调查、作业方案制订、参数设定、检查验收等项工作，实现对施工作业质量的控制。

一、现场调查

现场调查是大型维修机械作业前的基本工作，由机组人员按设备技术资料对作业地段线路状态及相关参数进行调查和确认。包括以下重点内容：

（一）捣固作业

1. 影响作业的障碍物、曲线要素及控制点、竖曲线要素及变坡点、作业参数标记等。

2. 机械捣镐数量及镐掌磨耗量。

（二）打磨作业

影响作业的障碍物、道岔打磨作业范围标记、钢轨打磨前的廓形、钢轨主要病害、影响作业的地段标记等。

（三）焊轨车作业

影响作业的障碍物、曲线要素及线间距、锁定轨温及石砟饱满度、线上焊接还是线下焊接、钢轨的钢厂轨型轨种、影响作业的地段标记等。

二、制订方案

制订施工组织方案和作业技术方案。施工组织方案包括施工区段和走向、作业计划、施工配合单位及配合内容、机械配置、作业人员、应急预案等；作业技术方案包括施工作业流程图、机械操作要点、施工安全关键点及卡控措施等。

三、参数设定（模式设置）

参数设定或模式设置的目标是要确保大型维修机械作业质量符合标准要求。

（一）捣固作业

捣固车作业参数设定除曲线控制点参数外，主要包括捣固深度、夹持时间等。

捣固频次：线路捣固一般不超过 22 次/min。

捣固深度：捣镐下插深度一般为枕底至镐掌上沿 15 mm。

夹持时间：一般不少于 0.6 s。

起道作业顺坡率：不大于 0.5 ‰。

三枕连续式捣固稳定车稳定作业一般要求：垂直预加载 6～8 MPa，预置下沉量 5～10 mm，振动频率 28～35 Hz，垂直预加载 50%～100%。新线地段采用低频中载稳定，其他地段采用高频重载稳定。

(二)打磨作业

打磨参数主要包括作业速度、打磨功率和打磨砂轮角度(模式设置)等。

$GMC\text{-}96_B$型钢轨打磨列车作业速度一般选定 7～13 km/h，$GMC\text{-}96_X$型钢轨打磨列车作业速度一般选定 10～18 km/h，道岔打磨车的作业速度一般选定 8～10 km/h。

打磨功率设定以钢轨不出现打磨发蓝现象为宜，$GMC\text{-}96_X$型钢轨打磨列车和 CMC-20 型道岔打磨车一般设定为全功率的 60%～75%，$GMC\text{-}96_B$型钢轨打磨列车一般设定为 23～30A(以电流反映压力)。

预防性打磨遍数一般为 2 遍。

打磨砂轮角度分布取决于打磨模式的选择，打磨(列)车可任意设定打磨模式。依据钢轨表面状态和需要达到的廓形采用不同的模式组合。

$GMC\text{-}96_B$型钢轨打磨列车轨廓和波磨检测装置用于作业前、后的检测，作业时应根据检测结果适时优化打磨参数，作业后提供检查验收依据。

(三)焊轨车作业

焊接前，必须按 TB/T1632 的有关要求通过型式检验，并按型式检验确定的工艺参数进行工地焊接。

四、检查验收

大型维修机械作业后的验收由工务段和施工单位共同进行，符合规定要求后才能开通线路。

(一)捣固作业质量参数

捣固作业质量参数见表 10-4-1。

表 10-4-1　轨道、道岔(直向)静态几何尺寸容许偏差

	高　低	轨　向	水　平	扭曲(基长 3 m)
幅　值	2 mm	2 mm	2 mm	2 mm
弦　长	10 m	10 m	—	—

(二)打磨作业质量参数

打磨后钢轨不得连续发蓝。

打磨后钢轨表面粗糙度为 MRR Ra_{max}10 μm(轨顶 R300 处)。

打磨后钢轨顶面不平顺度标准：波长 0.03～0.3 m，波深不大于 0.04 mm；波长 0.3～1 m，波深不大于 0.2 mm。

钢轨纵向波深超标的比例不超过 10%。

打磨痕迹的最大平面宽度如图 10-4-1 所示：R13 区域 5 mm；R80 区域 7 mm；R300 区域 10 mm。

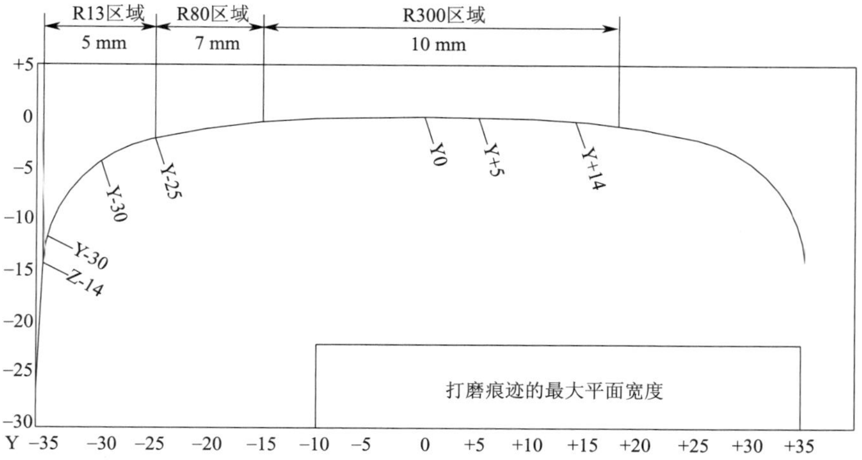

图 10-4-1　打磨痕迹的最大平面宽度图

（三）焊接接头验收参数

1. 无缝线路钢轨焊接应满足以下技术要求：

(1)钢轨焊接应按《钢轨焊接》(TB/T1632)标准执行。

(2)钢轨厂焊应采用固定闪光焊，现场焊应优先采用移动闪光焊，道岔、调节器焊接及伤损钢轨处理可采用铝热焊。

(3)钢轨焊接接头平直度应符合表 10-4-2 的要求。

表 10-4-2　钢轨焊接接头平直度标准

部　　位	平直度要求		说　　明
	200 km/h	200(不含)～300 km/h	
轨顶面(mm/1 m)	+0.3 0	+0.2 0	“+”表示凸出
轨头内侧工作面(mm/1 m)	+0.3 −0.3	+0.3 0	“+”表示凹进
轨底面(mm)	+0.5 0	+0.5 0	“+”表示焊筋凸出

注：平直度以焊缝为中心进行测量。

(4)焊接接头内在质量的验收以焊接曲线的判读和超声波探伤结果为准，发现异常须锯切重焊。

2. 焊接接头位置应符合以下要求：

(1)左右股单元轨节锁定焊接头相错量不宜超过 100 mm；

(2)由道岔前端和辙叉跟端接头焊缝确定的道岔全长偏差不得超过±20 mm；

(3)铝热焊焊缝距枕边不得小于 100 mm；

(4)单元轨节起止点不应设置在不同轨道结构过渡段或不同线下基础过渡段范围。

3. 联合接头应满足下列要求：

(1)联合接头焊接质量应符合《钢轨焊接第 1 部分：通用技术条件》(TB/T 1632.1)规定。

(2)联合接头位置不得设置在桥墩上和钢桁梁伸缩纵梁上，并要求距桥台边墙或桥墩不小于 2 m。

4. 绝缘接头应满足以下技术要求：

(1)绝缘接头应符合《铁路钢轨胶接绝缘接头技术条件》(TB/T 2975)的规定。

(2)左右两股钢轨绝缘接头应相对铺设，且绝缘接头轨缝绝缘端板距轨枕边不宜小于100 mm。

胶接绝缘接头宜采用现场胶接。胶接绝缘接头与焊接接头间距不应小于20 m，道岔间困难条件下不应小于12 m。

五、大型养路机械作业验收办法

大型养路机械作业验收主要项目包括边坡清筛、起道、拨道、捣固、动力稳定和钢轨打磨等。

大型养路机械作业应采用静态和动态相结合的验收办法，以其中最差成绩作为该千米线路的验收结果。

静态验收：使用大型养路机械作业时，大型养路机械运用检修段或工务机械段应及时提供大型养路机械记录仪的检查记录数据，并与工务段共同随同大型养路机械检查，发现超限处所应立即组织返工。返工后仍有4处及以上未达到作业验收标准、1处及以上未达到经常保养标准或无法返工的(每处长度不超过5 m，超过5m按2处计)，判该千米线路为失格，并于当日填写验收记录。

动态验收：使用大型养路机械作业后15日内，检查车进行动态检查评定。

静态与动态检查合格，大型养路机械作业项目齐全，质量优良，作业质量评为优良；大型养路机械作业质量优良，但项目不全，质量评为合格。

思考题

1. 大型维修机械作业是如何加强对施工作业质量控制的？
2. 大型维修机械作业施工组织方案主要包括哪些内容？
3. 捣固车作业参数包括哪些内容？
4. 大型养路机械作业验收主要项目包括哪些内容？
5. 简述大型养路机械作业验收办法。

第十一章 控制网维护

高速铁路的精密工程测量控制网分为高程控制网以及CP0、CPⅠ、CPⅡ和CPⅢ等分级布设的平面控制网。设备管理单位应加强精测网控制点日常检查和维护，定期对精测网进行复测，为线路运营养护提供稳定可靠的控制基准。

第一节 控制网技术要求

高速铁路工程测量平面控制网分为框架控制网(CP0)，基础平面控制网(CPⅠ)，线路平面控制网(CPⅡ)，轨道控制网(CPⅢ)。

一、各级平面控制网的主要技术要求

各级平面控制网的主要技术要求见表11-1-1～表11-1-3。

表11-1-1 各级平面控制网主要技术要求

铁路等级	控制网级别	测量方法	测量等级	点间距	相邻点相对点位中误差(mm)	备注
200～300 km/h	CP0	GPS		50 km左右	20	
200～250(不含)km/h	CPⅠ	GPS	三等	≤4 km一对点或一个点		点对间距≥800 m
	CPⅡ	GPS	四等	400～600 m		
		导线	四等	400～600 m		附(闭)合导线长度不超过5 km
	CPⅢ	导线	一级	150～200 m		
250～300 km/h	CPⅠ	GPS	二等	≤4 km一对点或一个点	10	点对间距≥800 m
	CPⅡ	GPS	三等	600～800 m	8	
		导线	三等或隧道二等	400～800 m	8	附合导线网
	CPⅢ	自由设站边角交会法		50～70 m一对点	1	

表11-1-2 250～300 km/h隧道洞内CPⅡ导线测量主要技术要求

控制网级别	附合长度(km)	边长(m)	测距中误差(mm)	测角中误差(″)	相邻点相对点位中误差(mm)	导线全长相对闭合差限差	方位角闭合差限差(″)	对应导线等级	备注
CPⅡ	L≤2	300～600	3	1.8	7.5	1/55 000	$\pm 3.6\sqrt{n}$	三等	单导线
CPⅡ	2<L≤7	300～600	3	1.8	7.5	1/55 000	$\pm 3.6\sqrt{n}$	三等	导线网
CPⅡ	L>7	300～600	3	1.3	5	1/100 000	$\pm 2.6\sqrt{n}$	隧道二等	导线网

表 11-1-3　200～250(不含)km/h 隧道洞内 CPⅡ导线测量主要技术要求

控制网级别	适用长度(km)	测量等级	测角中误差(″)	导线全长相对闭合差限差	方位角闭合差限差(″)	备注
CPⅡ	9～20	二	1.0	1/100 000	$\pm 2.0\sqrt{n}$	导线网
CPⅡ	6～9	隧道二等	1.3	1/100 000	$\pm 2.6\sqrt{n}$	导线网
CPⅡ	3～6	三	1.8	1/50 000	$\pm 3.6\sqrt{n}$	导线网
CPⅡ	1.5～3	四	2.5	1/50 000	$\pm 5\sqrt{n}$	导线网
CPⅡ	<1.5	一级	4.0	1/20 000	$\pm 8\sqrt{n}$	导线

二、CP0、CPⅠ、CPⅡ控制网 GPS 测量精度指标

CP0、CPⅠ、CPⅡ控制网 GPS 测量精度指标见表 11-1-4。

表 11-1-4　CP0、CPⅠ、CPⅡ控制网 GPS 测量精度指标

铁路等级	控制网级别	基线边方向中误差	最弱边边长相对中误差
200～300 km/h	CP0	—	1/2 000 000
200～250(不含) km/h	CPⅠ	≤1.7″	1/100 000
	CPⅡ	≤2.0″	1/70 000
250～300 km/h	CPⅠ	≤1.3″	1/180 000
	CPⅡ	≤1.7″	1/100 000

三、CPⅡ、CPⅢ控制网导线测量精度指标

CPⅡ、CPⅢ控制网导线测量精度指标见表 11-1-5。

表 11-1-5　导线测量精度指标

等级	测角中误差(″)	测距相对中误差	导线全长相对闭合差	方位角闭合差(″)	测回数		
					$DJ_{0.5}$	DJ_1	DJ_2
隧道二等	1.3	1/250 000	1/100 000	$\pm 2.6\sqrt{n}$	6	9	—
三等	1.8	1/150 000	1/55 000	$\pm 3.6\sqrt{n}$	4	6	10
四等	2.5	1/100 000	1/40 000	$\pm 5\sqrt{n}$	3	4	6
一级	4.0	1/50 000	1/20 000	$\pm 8\sqrt{n}$	—	2	2

四、CPⅢ(自由测站边角交会法)平面控制网的主要技术要求

CPⅢ(自由测站边角交会法)平面控制网的主要技术要求见表 11-1-6。

表 11-1-6　CPⅢ平面控制网主要技术要求

控制网名称	测量方法	方向观测中误差	距离观测中误差	相邻点相对点位中误差
CPⅢ平面控制网	自由测站边角交会	1.8″	1.0 mm	1.0 mm

五、高程控制网主要技术要求

高程控制网分两级布设，第一级为线路水准基点控制网(基岩点、深埋水准点和普通水准点)，第二级为轨道控制网(CPⅢ)。全线高程基准应采用国家85高程基准。

1. 高程控制网测量等级及布点要求见表11-1-7。

表11-1-7　高程控制网测量等级及布点要求

控制网级别	铁路等级	测量方法	测量等级	点　间　距	适用地形
线路水准基点测量	200～250(不含) km/h	水准	三等	普通水准点间距≤2 km，基岩点、深埋水准点根据地质情况进行设计	平原
		光电测距三角高程			山区或水域
	250～300 km/h	水准	二等		
CPⅢ控制点高程测量	200～250(不含) km/h	水准	四等	150～200 m	
	250～300 km/h	水准	精密水准	50～70 m一对点	

2. 高程控制网的测量精度指标见表11-1-8。

表11-1-8　高程控制网的测量精度指标

水准测量等级	每千米高差偶然中误差 M_Δ (mm)	每千米高差全中误差 M_W (mm)	限差(mm)			
			检测已测段高差之差	往返测高差不符值	附合路线或环线闭合差	左右路线高差不符值
二等	≤1.0	≤2.0	$\pm 6\sqrt{L}$	$\pm 4\sqrt{L}$	$\pm 4\sqrt{L}$	—
精密水准	≤2.0	≤4.0	$\pm 8\sqrt{L}$	$\pm 8\sqrt{L}$	$\pm 8\sqrt{L}$	$\pm 6\sqrt{L}$
三等	≤3.0	≤6.0	$\pm 20\sqrt{L}$	$\pm 12\sqrt{L}$	$\pm 12\sqrt{L}$	$\pm 8\sqrt{L}$
四等	≤5.0	≤10.0	$\pm 30\sqrt{L}$	$\pm 20\sqrt{L}$	$\pm 20\sqrt{L}$	$\pm 14\sqrt{L}$

注：L为对应的线路长度(km)。

第二节　控制网维护

一、精测网日常维护办法

精测网日常检查和维护由使用单位负责，并设专人建立管理台账。桩点缺失或桩位变化不能满足测量精度需要时，应结合复测进行补桩和测设。

(一)精测网复测周期

为保证精测网稳定和精度，应对精测网进行复测。

1. CP0、CPⅠ、CPⅡ、CPⅢ平面控制网复测周期不宜超过3年，开通初期及沉降区段的平面控制网复测周期应适当缩短。

2. 高程控制网复测周期：在地质条件较好、建设期沉降不大的地段，与平面控制网相同；在区域地面沉降地段、软土路基及不良地质等特殊地段，不宜超过一年；在差异沉降较大的地段，复测周期应适当缩短。

（二）精测网复测要求

1. 精测网复测宜在原网基础上进行。复测精度等级应与原网相同，复测方法及技术要求应与原测保持一致。

2. 平面复测后 GPS 控制网应按表 11-2-1、表 11-2-2 要求按对成果进行评定，水准点间复测高差与原测高差之差按表 11-1-8 要求进行评定。

3. 各级平面、高程控制网点位，不能满足使用要求时，应对该点位重新设置。

4. 复测完成后应进行系统性分析，提出复测成果和使用建议报告。

表 11-2-1 平面 GPS 控制网复测限差要求

控 制 点	同精度复测坐标较差限差（mm）	相邻点间坐标差之差的相对精度限差
一等	20	1/180 000
二等	20	1/130 000
三等	15	1/80 000
四等	—	1/50 000
CPⅢ（自由测站）	3	—

注：表中相邻点间坐标差之差的相对精度按下式计算：

$$\frac{d_s}{s}=\frac{\sqrt{(\Delta X_{ij}^2+\Delta Y_{ij}^2+\Delta Z_{ij}^2)}}{s}$$

式中 $\Delta X_{ij}=(X_j-X_i)_{复}-(X_j-X_i)_{原}$；

$\Delta Y_{ij}=(Y_j-Y_i)_{复}-(Y_j-Y_i)_{原}$；

$\Delta Z_{ij}=(Z_j-Z_i)_{复}-(Z_j-Z_i)_{原}$；

s ——相邻点间二维平面距离或三维空间距离；

ΔX_{ij}，ΔY_{ij}——相邻点 i 与 j 间二维坐标差之差（m）；

ΔZ_{ij}——相邻点 i 与 j 间 Z 方向坐标差之差。当只统计二维坐标差之差的相对精度时，该值为零（m）。

表 11-2-2 导线复测较差的限差

控制网等级	水平角较差限差（″）	边长较差限差（mm）	平面点位较差限差（mm）
隧道二等	2.6	$2m_D$	15
三等	3.6		
四等	7.0	$2\sqrt{2}m_D$	$2\sqrt{m_{原}^2+m_{复}^2}$
一级	11.0		

注：m_D 为仪器标称精度，$m_{原}$ 为原测平面点位中误差（mm），$m_{复}$ 为复测平面点位中误差（mm）。

二、控制网复测

（一）CP0 框架网复测

CP0 框架网应与 IGS 参考站或国家 A、B 级 GPS 点进行联测。全线联测的已知站点数不应少于 2 个，且在网中均匀分布；每个 CP0 控制点与相邻的 CP0 连接数不得小于 3；IGS 参考站或国家 A、B 级 GPS 点与其相邻的 CP0 连接数不得小于 2。

GPS 框架控制网的观测采用双频 GPS 接收机，标称精度不低于 5 mm±1 ppm，同步观测的 GPS 接收机不应少于 4 台。观测技术要求见表 11-2-3。

表 11-2-3　CP0 观测技术要求

项目＼等级	铁路一等
卫星截止高度角(°)	≥15
有效卫星总数	≥9
同时有效观测卫星数	≥4
有效时段长度(h)	≥2
观测时段数	≥2
数据采样间隔(s)	30
PDOP 或 GDOP	≤6

观测时段分布宜昼夜均匀，夜间观测时段数不应少于 1 个。每个观测时段不宜跨越北京时间早 8 点(世界协调时 0 点)。当观测基线 100 km 以上时，观测时段和有效时段长度可适当增加。

天线安置应严格整平对中，天线对中误差不应大于 1 mm。天线高应在测前(开机之前)和测后(关机之后)各量取一次，每次应在相同的位置从天线三个不同方向(间隔 120°)量取，或用接收机天线专用量高器量取。单次天线高重复量取的读数互差不大于±2 mm 时，取平均值作为单次天线高观测值；测前和测后天线高观测值读数互差不大于±3 mm 时，取平均值作为天线高最终观测值。

同一时段的观测过程中不得关闭并重新启动仪器，不得改变仪器的参数设置，不得转动天线位置。观测过程中若遇强雷雨、风暴天气应立刻停止当前观测时段的作业。

(二)CPⅠ控制网复测

CPⅠ应采用边联接方式构网，形成由三角形或大地四边形组成的带状网。在线路勘测设计起点、终点或与其它铁路平面控制网衔接地段，必须有 2 个及以上的 CPⅠ控制点相重合，并在测量成果中反映出相互关系。重新设置的 CPⅠ控制网宜与附近的已知水准点联测。

CPⅠ按二等 GPS 测量要求，观测技术要求见表 11-2-4。全段一次布网，统一测量，整体平差。观测时应用仪器电子手簿记录点号、天线高，同时认真填写 GPS 静态观测手簿。保证每点重复设站数大于等于 3。

表 11-2-4　CPⅠ观测技术要求

项目＼等级	铁路二等
卫星截止高度角(°)	≥15
有效卫星总数	≥5
时段中任一卫星有效观测时间(min)	≥30
有效时段长度(min)	≥90
观测时段数	≥2
数据采样间隔(s)	15
PDOP 或 GDOP	≤6

（三）CPⅡ控制网复测

一般地段采用 GPS 测量，在 GPS 观测的困难地段可采用全站仪导线测量。沿线路导线复测的 CPⅡ控制网，应联测 CPⅠ控制点。

1. 导线复测线路 CPⅡ网

（1）采用Ⅰ、Ⅱ级全站仪施测，觇标采用仪器配套棱镜和觇牌组合，光学对中器对中，对中误差小于±1 mm。

（2）水平角和距离观测应在大气稳定和成像清晰的气象条件下进行观测，视线超越的高度及离障碍物的距离均不宜小于 1 m。

（3）CPⅡ导线网应起闭于 CPⅠ控制点，按照三等导线精度施测。导线边长测量，读数至 0.1 mm。距离和竖直角往返各观测 3 测回，竖角指标差≤15″，CPⅡ控制网导线测量的主要技术要求见表 11-2-5。

表 11-2-5　CPⅡ控制网导线测量的主要技术要求

附合长度(km)	边长(m)	测距中误差(mm)	测距相对中误差	测角中误差(″)	相邻点相对点位中误差(mm)	导线全长相对闭合差限差	方位角闭合差限差(″)
≤5	600～800 m	5	1/150 000	1.8	8	1/55 000	$\pm 3.6\sqrt{n}$

(4)导线测量的方向超过 3 个时,采用方向观测法,技术要求应符合表 11-2-6 的规定。

表 11-2-6　水平角方向观测法的技术要求

等　级	仪器等级	半测回归零差(″)	测回间 2 c 互差(″)	同一方向值各测回互差(″)
四等及以上	0.5″级仪器	4	8	4
	1″级仪器	6	9	6

(5)导线测量数据使用电子手簿记录或机载模块自动记录。

(6)联测 CPⅠ时,如果有 2 个以上通视方向时应对所有通视方向进行观测。

(7)用于气象改正的温度、气压数据,在每测站测定一次,并在观测手簿上作好记录。气象观测时待气压计、温度计与周围环境一致后测记气象数据,气压计、温度计避免受日光曝晒和辐射。测距边气象改正、加常数改正通过全站仪自动设置,输入数据后要认真复核。

2. 导线复测洞内 CPⅡ网

隧道洞内复测 CPⅡ控制网,除参照复测线路 CPⅡ控制网的有关要求外,洞内导线应满足表 11-2-7 的规定,并要注意：

(1)洞口两端应与 CPⅠ控制点联测；

(2)洞内测量时应使导线边观测视线距洞内设施 0.2 m 以上；

(3)观测前应先将仪器开箱放置 20 min 左右,让仪器与洞内温度基本一致；

(4)洞口测站观测宜在夜晚或阴天进行,隧道洞内观测应充分通风,无施工干扰,避免尘雾；

(5)目标棱镜人工观测时应有足够的照明度,受光均匀柔和、目标清晰,避免光线从旁侧照射目标。采用自动观测时应尽量减少光源干扰。

表 11-2-7　洞内 CPⅡ导线测量主要技术要求

附合长度(km)	边长(m)	测距中误差(mm)	测角中误差(″)	相邻点位坐标中误差(mm)	导线全长相对闭合差限差	方位角闭合差限差(″)	对应导线等级	备注
$L\leqslant 2$	300～600	3	1.8	7.5	1/55 000	$\pm 3.6\sqrt{n}$	三等	单导线
$2<L\leqslant 7$	300～600	3	1.8	7.5	1/55 000	$\pm 3.6\sqrt{n}$	三等	导线网
$L>7$	300～600	3	1.3	5	1/100 000	$\pm 2.6\sqrt{n}$	隧道二等	导线网

3. GPS 复测 CPⅡ网

GPS 复测 CPⅡ网应尽量与建网时的网形一致，与 CPⅠ联测构成附合网，观测基本要求见表 11-2-8 所列。

表 11-2-8　CPⅡ观测技术要求

项目＼等级	三等
卫星截止高度角(°)	≥15
有效卫星总数	≥4
时段中任一卫星有效观测时间(min)	≥20
有效时段长度(min)	≥60
观测时段数	≥1
数据采样间隔(s)	15
PDOP 或 GDOP	≤8
重复设站	≥2

(四)CPⅢ平面网复测

运营期 CPⅢ平面控制网复测与施工期复测目的一样，主要是为了检验控制点的稳定性和补测失稳或丢失的控制点。复测时需采用三联架方式施测，在线路中间设站，边角后方交会构网。这样即使 CPⅡ控制点丢失或遮挡，也不会影响 CPⅢ平面网自身的相对高精度，而且还可以检查发现 CPⅡ控制点位移或变形。通过 CPⅢ控制网置平技术，便可以获得数据处理后的优化结果。

1. 联测上级控制点

每个 CPⅢ平面控制点复测时应使用同一种棱镜(包含联测的 CPⅠ和 CPⅡ等控制点)，并做好棱镜常数等参数的设置工作。CPⅢ控制网联测上级控制点时，应在设站点观测 CPⅢ点的同时观测满足联测要求的所有 CPⅡ或 CPⅠ点，若上级控制点丢失或点位被遮挡，可以不直接联测。CPⅢ控制网复测采用三联架法施测和控制网置平技术进行数据处理时，联测上级控制点的间距最长可以放宽到 4 km。

2. 仪器检校

复测 CPⅢ控制网的全站仪，应具有自动目标搜索、自动照准、自动观测、自动记录功能，其标称精度应满足：方向测量中误差不大于±1″，测距中误差不大于±(1 mm＋2 ppm×D)，配套的温度计量测精度不低于±0.2 ℃，气压计量测精度不低于±0.5 hpa。使用全站仪观测前，应进行仪器的检校。

3. 观测要求

采用边角后方交会观测的 CPⅢ控制网，每个 CPⅢ点至少从 3 个测站上分别观测。观测时间尽量选择无风的阴天或夜间，每站测量时需准确测定大气温度和气压。CPⅢ控制网水平方向应采用全圆方向观测法进行观测。当观测方向较多时，也可以采用分组全圆方向观测法。CPⅢ方向观测应满足表11-2-9的规定，距离测量应满足表11-2-10的规定。

表11-2-9　CPⅢ平面网水平方向观测技术要求

仪器等级	测回数	半测回归零差	测回间方向2C互差	测回间方向较差
0.5″	2	6″	9″	6″
1″	3	6″	9″	6″

表11-2-10　CPⅢ平面网距离观测技术要求

测回数	盘左和盘右半测回距离较差	测回间距离较差	备　注
2或3	±1 mm	±1 mm	一测回是盘左、盘右各测量一次距离

当CPⅢ平面网外业观测的水平方向和距离不能满足以上技术要求时，该测站外业观测值应部分或全部重测。

4. 技术指标

按照《高速铁路工程测量规范》规定，CPⅢ平面控制网的主要技术指标应符合表11-2-11和表11-2-12的要求。CPⅢ控制网复测平差后的点位与原有成果的坐标较差应小于等于±3 mm，相邻点的坐标增量较差应小于等于±2 mm。坐标增量较差按下式计算：

$$\Delta X_{ij}=(X_j-X_i)_{复测}-(X_j-X_i)_{原有}$$

$$\Delta Y_{ij}=(Y_j-Y_i)_{复测}-(Y_j-Y_i)_{原有}$$

表11-2-11　CPⅢ平面网平差后的主要技术要求

与CPⅠ、CPⅡ联测		与CPⅢ联测		距离中误差	点位中误差
方向改正数	距离改正数	方向改正数	距离改正数		
4″	4 mm	3″	2 mm	1 mm	2 mm

表11-2-12　CPⅢ平面网平差计算取位

方向观测值(″)	距离观测值(mm)	方向改正数(″)	距离改正数(mm)	点位中误差(mm)	点位坐标(mm)
0.1	0.1	0.01	0.01	0.01	0.1

在CPⅢ控制网中，每个测站的方向观测量，视线长在30～170 m之间，相差悬殊。由测量误差和可靠性理论可知，若方向改正数限差3″，30 m视线产生的横向误差为0.44 mm，170 m视线产生的横向误差为2.47 mm，视线长短不同的观测方向采用同一限差标准显然不合理；当上级控制点破坏或被遮挡时，CPⅢ控制网联测新的CPⅠ或CPⅡ控制点，采用约束平差后CPⅢ控制点的新坐标与原来旧的坐标较差很容易就会超过±3 mm的限差要求。因此，高速铁路竣工测量和运营维护的CPⅢ控制网复测，应采用理论更严密的精度技术指标。根据国外经验和理论研究发现，CPⅢ控制网采用以下技术指标理论更严密，更能有利于控制网的平顺性：

(1) 单位权中误差：$0.7<\sigma_0<1.3$；

(2) 标准化残差：$NV_{max}\leqslant 3.6$ & $NV_{max}\geqslant 2.5$；

(3) 可靠性、多余观测分量：$r_{min}\geqslant 0.15$、$r_{max}\geqslant 0.25$；

(4) 根据赫尔默特(HELMERT)的定义得到的点位中误差应不大于±5 mm；

(5) 根据赫尔默特(HELMERT)的定义得到的相邻点相对中误差应不大于±1 mm。

5. 外业记录

外业记录须在现场测量时记录各测站的实际情况，它是CPⅢ测量的重要原始信息，应认真填写，在每段CPⅢ测量结束后装订存档，记录格式见表11-2-13。

表11-2-13　CPⅢ测站信息表

土建　　标　　工区(或测量组)　　　　　　　　段　　　　第　页(共　页)

天气：　□晴　□阴　□雨　□无风　□微风　□大风

仪器型号或编号：　　　　　　　　　　　　司镜：

测站号：							
测站信息	测站高						
	温　度						
	气　压						
	天　气						
	时　段						
CPⅢ点号	棱镜1						
	棱镜2						
	棱镜3						
	棱镜4						
	棱镜5						
	棱镜6						
	棱镜7						
	棱镜8						
	棱镜9						
	棱镜10						
	棱镜11						
	棱镜12						
	前视镜高						
	后视镜高						
CPⅠ或CPⅡ	点　名						
	棱镜高						
备　注							
	组　长：		复　核：		时　间：		

6. 数据处理

CPⅢ控制网复测外业测量完成后，需对原始数据进行处理，以保证后序工作顺利进行。

(1)原始数据预处理

CPⅢ控制网测量数据处理要采用专门的CPⅢ测量平差软件，发现CPⅢ平面网外业观测的水平方向和距离的技术指标不满足要求时，施测单位应立即进行补测直至合格。

按照《高速铁路工程测量规范》要求，CPⅢ控制网水平方向采用全圆方向观测法进行观测，方向观测均满足表 11-2-9 的要求，距离测量均满足表 10-2-10 的要求。

(2)测段平差

原始数据满足规范要求后，方可进入平差计算。CPⅢ控制网复测后应尽量使用长测段平差。由于数据处理软件的限制，控制网不得不分段进行平差时，分段的长度应不小于 20 km。控制网分段平差，2 段相邻控制网平差的重叠测段应不少于 6 对 CPⅢ点，分段搭接处不应选择在车站或连续梁范围内。CPⅢ平面控制网平差后的改正数和验后精度指标均需符合表表 11-2-11和表 11-2-14规定，输出结果满足表 11-2-12 的取位要求。

表 11-2-14　CPⅢ平面网验后精度指标

方向观测中误差	距离观测中误差	相邻点的相对点位坐标方向中误差
±1.8″	±1.0 mm	±1 mm

当测段平差满足规范要求后，方可进行下一步计算工作。如果不能满足规范要求，则需分析超限原因，指导复测单位补测，直至各项指标均满足要求为止。

(3)控制网置平

现有高速铁路的 CPⅢ控制网，施工期均以 CPⅠ或 CPⅡ控制点为固定数据进行约束平差。CPⅢ平面网由于工程建设的实际需要分段测量，每段控制网的衔接，前后段独立平差重叠点的坐标差需要满足规范要求。满足要求后的后期 CPⅢ网以联测的 CPⅠ、CPⅡ控制点及前期连续的 1～3 个 CPⅢ点作为约束点进行平差。坐标换带处 CPⅢ平面网分别采用相邻两带的 CPⅠ、CPⅡ坐标进行约束平差。

大量的仿真实验显示，CPⅢ控制网采用置平的数据处理将更有利于控制网的平顺性。图 11-2-1 是一个仿真试验的结果，实验数据通过 CAD 获得控制网观测数据的真值，使用随机数发生器在每个测站的距离和方向观测值上以及上级控制点的坐标中加入随机误差，随机误差的方差根据《高速铁路工程测量规范》的相关精度指标设定。

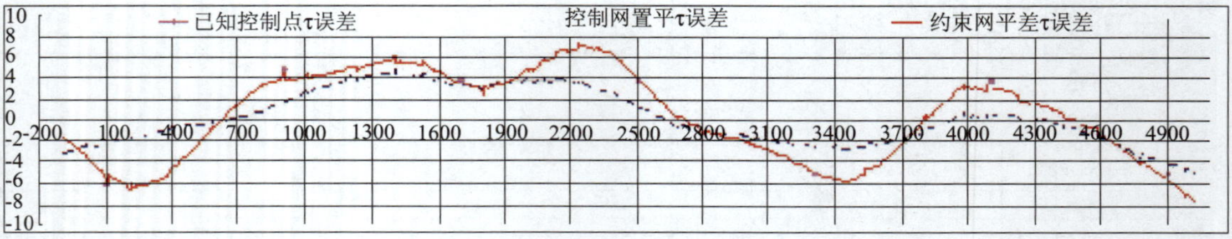

(a) (*Y*) 误差

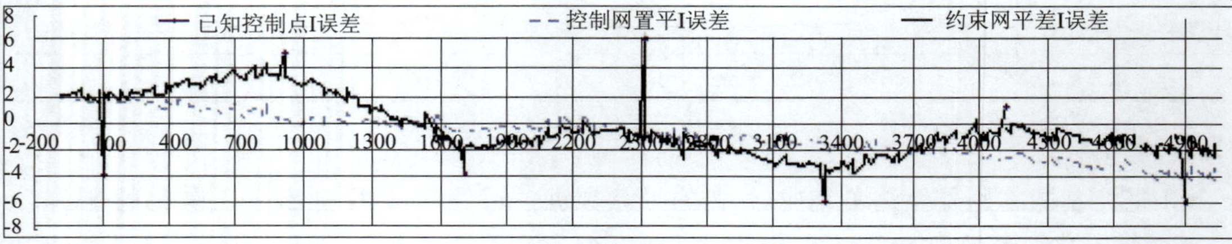

(b) (*X*) 误差

图 11-2-1　CPⅢ控制网置平与约束网平差的坐标真误差较差

图 11-2-1 中 CPⅢ点对间距 50 m、网长 4 km。沿线布设的 CPⅠ、CPⅡ控制点，X 坐标方向与线路下行方向相同、Y 坐标方向垂直于线路方向。通过随机数发生器模拟的边长(mm)和方向(sec)随机误差服从正态分布 $N(0,2)$，CPⅠ、CPⅡ网边长投影变形为 0 mm/km、X 和 Y 坐标方向相对中误差为±10 mm。CPⅢ网分别采用约束网平差和控制网置平进行数据处理，坐标真误差即为控制点平差坐标与其已知真值的较差。图中(X)和(Y)分别表示控制点的 X 和 Y 坐标真误差的图形，图的横坐标表示控制网 X 轴方向(m)，纵坐标表示平差后点位的坐标真误差(mm)，实线表示约束网平差结果，虚线表示控制网置平结果，方框表示 CPⅠ和 CPⅡ点的坐标真误差。分析实验数据和图 11-2-1 结果可以发现控制网置平技术提高了 CPⅢ网的相对精度和平顺性。

多条客运专线 CPⅢ控制网的实测结果也反映出控制网置平更有利于高速铁路的平顺性。如某高速铁路实测 CPⅢ网 1.4 km，分别采用自由网平差、约束网平差和控制网置平的测量数据处理方法，以置平结果为参考，自由网平差和约束网平差的点位坐标与控制网置平结果的差值在垂直线路方向上的投影为纵坐标(mm)、线路长为横坐标(m)，线路中线控制点坐标比较结果如图 11-2-2 所示。

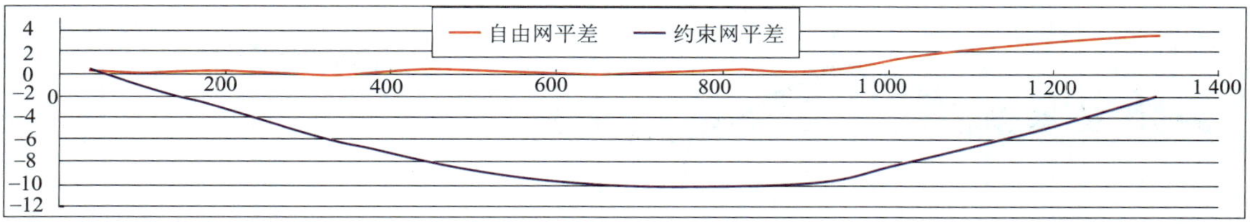

图 11-2-2　自由网平差、约束网平差和控制网置平坐标比较

从图 11-2-2 可以发现，自由网平差的线路中线控制点在末端有 4 mm 的弯曲；约束网平差的线路中线控制点在中部有 10 mm 的弯曲，使线路中线产生的弯曲约 5 秒。究其原因是 CPⅠ和 CPⅡ控制点的点位误差大所致，表 11-2-15 列出它们在控制网置平后的坐标偏差。从表中数据可以看出 CPⅠ和 CPⅡ的误差方向不一样(X 方向相差 20 mm)，使得约束网平差后整个 CPⅢ控制网扭曲变形，且最大的误差在中部。Y 方向的偏差反映了 CPⅢ控制网与 CPⅠ和 CPⅡ存在着尺度误差。

表 11-2-15　控制网置平后高级控制点坐标偏差(mm)

点　号	X	Y
CPⅡA	16.161 3	5.560 0
CPⅡB	6.108 8	6.819 0
CPⅠP	4.609 7	−3.700 4
CPⅡC	1.037 4	1.411 6
CPⅡD	16.118 5	5.510 4

注：X 为线路横向方向，Y 为线路纵向方向。

由此可见，虽然边角后方交会网的相对精度很高，但当 CPⅠ和 CPⅡ的相对精度不高时，约束网平差方法将会造成 CPⅢ网的精度损失，进而降低高速铁路轨道的平顺性。若采用控制网置平技术将能很好地削弱 CPⅠ和 CPⅡ高级控制点误差的影响，有效地提高 CPⅢ网的平顺性和点位相对精度。

(4)CPⅢ网测段衔接

在轨道结构施工过程中,CPⅢ网需随着施工的进展分段观测,前期建立的CPⅢ网需要留出一段未施工的线路,以便后期建立的CPⅢ网进行连接。高速铁路竣工后,各级控制网已经全部建成,按照测量误差理论,控制网整体平差是最好的结果。目前的CPⅢ网平差软件通常都不能进行控制网的整体平差。因此,竣工测量和运营期的控制网复测,CPⅢ网还得采用分段平差,采用控制网置平进行分段衔接将会比约束平差的效果更好。图11-2-3为在图11-2-1第1段仿真数据的基础上,增加第2段CPⅢ仿真数据,并采用控制网置平和约束网平差的结果。

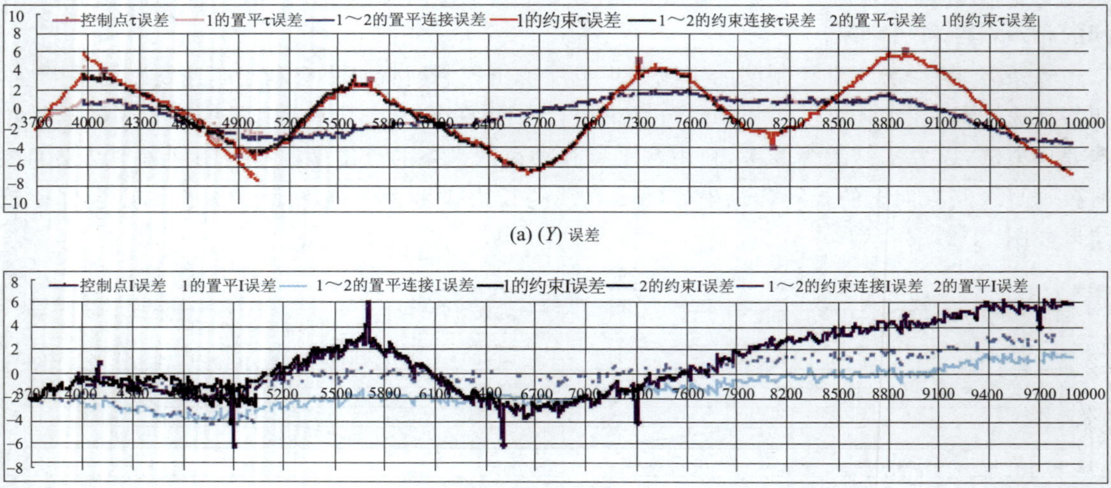

图11-2-3　第2段连接后CPⅢ点的坐标真误差

图11-2-3所示为经过12对CPⅢ点连接后,第2段CPⅢ网控制点坐标的真误差。比较图11-2-1和图11-2-3可以发现控制网置平和约束网平差结果的差异:

(1)约束网平差后CPⅢ网受CPⅠ和CPⅡ点位误差影响远大于控制网置平的结果;

(2)Y坐标较差显示CPⅢ网置平后的平顺性明显高于约束网平差的结果;

(3)约束网平差后,2段CPⅢ网连接处的横向(Y)坐标差明显小于控制网置平结果(其中约束和置平的Y坐标差分别为2.8 mm和3.9 mm),由此横向偏差计算第2段CPⅢ网,采用置平比约束需用更长的线路来调整,因此将得到更好的平顺性。

图11-2-4为某高速铁路实测的2段CPⅢ控制网,分别采用不同数据处理模型计算的连接误差。图中纵坐标表示重叠处每对CPⅢ点(约9 m)的长度误差,横纵坐标表示点号。由图可以看出控制网置平使每对CPⅢ点的连接误差从3 mm多降到不足2 mm(限差为2.8 mm),连接段CPⅢ点的相对精度和平顺性得到显著提高。

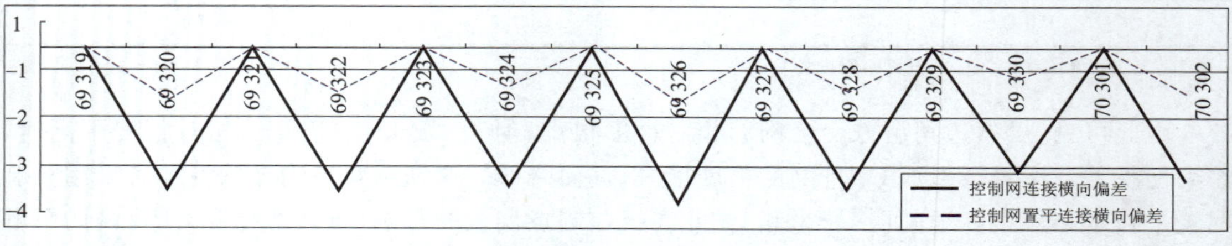

图11-2-4　控制网置平的连接误差比较

采用控制网置平连接分段平差的CPⅢ网时，相邻测段独立平差的重叠点坐标较差应不大于±3 mm。满足条件后，后一测段CPⅢ网平差，应以本测段联测的CPⅠ或CPⅡ控制点及重叠段前测段连续的1～3对CPⅢ点进行控制网置平。控制网置平衔接后，重叠段其他CPⅢ点的新旧坐标较差应不大于1 mm。若坐标差值大于1 mm时，应查明原因，或者调整重叠段重新平差，直到满足要求为止。

三、线路高程控制网复测

高速铁路线下工程高程控制测量等级为二等，其技术要求须符合表11-2-16的规定。线路水准基点控制网沿高速铁路布设，每隔2 km布设1个控制点。长大桥梁、隧道及特殊路基结构等施工的高程控制网，会按相关专业要求和工点特点设置相应测量等级的控制点。

表11-2-16　高程控制网的技术要求

水准测量等级	每千米高差偶然中误差 M_Δ（mm）	每千米高差全中误差 M_W（mm）	附合路线或环线周长的长度（km）	
			附合路线长	环线周长
二等	≤1	≤2	≤400	≤750
精密水准	≤2	≤4	≤3	—

水准网复测与建网时一样，按照国家二等水准测量施测，需要判断水准点稳定性时可联测国家水准点，构成结点水准网，进行整体平差。复测时可参照施工单位复测资料，确定最短观测路线。水准点间的复测高差与原测高差之较差应符合表11-2-17的规定

表11-2-17　水准测量限差要求（mm）

水准测量等　级	测段、路线往返测高差不符值		测段、路线的左右路线高差不符值	附合路线或环线闭合差		检测已测测段高差之差
	平原	山区		平原	山区	
二等	$\pm4\sqrt{K}$	$\pm0.8\sqrt{n}$	—	$\pm4\sqrt{L}$		$\pm6\sqrt{R_1}$
精密水准	$\pm8\sqrt{K}$		$\pm6\sqrt{K}$	$\pm8\sqrt{L}$		$\pm8\sqrt{R_1}$
三等	$\pm12\sqrt{K}$	$\pm2.4\sqrt{n}$	$\pm8\sqrt{K}$	$\pm12\sqrt{L}$	$\pm15\sqrt{L}$	$\pm20\sqrt{R_1}$

注：K为测段水准路线长度，L为附合或环线的水准路线长度，R_i为检测测段长度，单位均为km。

复测成果与原测成果较差满足上述要求时，说明控制点稳定可靠。继续采用原测成果。当较差超限时，应进行二次复测，查明原因，并进行控制点稳定性判断。

四、CPⅢ高程网复测

运营期CPⅢ高程控制网复测采用精密水准测量的方法进行，并附合于线路水准基点或三角高程点上。复测采用的精度指标、计算软件及联测上级线路水准基点的方法均应与竣工测量的一致。CPⅢ点与上一级水准点的高程联测，应采用精密水准，独立往返测量。CPⅢ高程网平差前需对梁上加密的高程点进行贯通测量，保证高程点间能满足二等水准的要求。对发生变化的梁上高程点应根据贯通结果检核，确认新成果的正确可靠，并告知路局工务部门加强此段沉降观测。

CPⅢ控制点复测主要是为了检测控制点位的稳定性，因此复测水准路线可选图11-2-5中的往测和返测的形式进行。

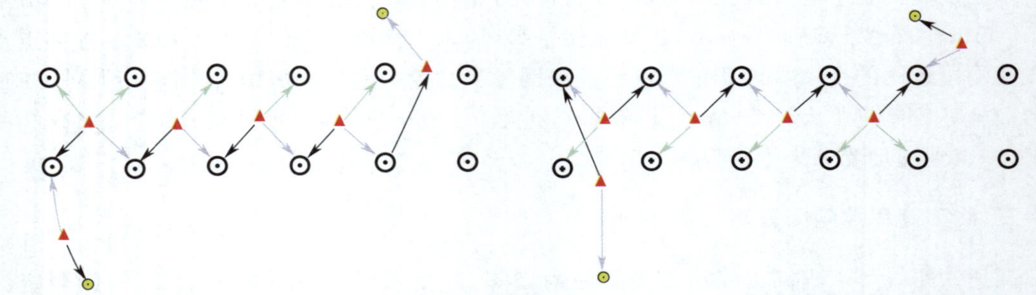

图 11-2-5 高程控制网往返测水准路线示意图

(一)技术要求

1. 每一测段应至少与 2 个二等水准点进行联测,以便检核。CPⅢ高程控制网精密水准测量的主要技术要求如表 11-2-18 和表 11-2-19 的规定。

表 11-2-18 精密水准测量的主要技术标准

附合路线长度(km)	水准仪最低型号	水准尺	观测次数	
			与已知点联测	环线
≤3	DS1	铟瓦	往返	单程

表 11-2-19 精密水准测量精度要求(mm)

每千米水准测量偶然中误差 M_{Δ}	每千米水准测量全中误差 M_W	限差			
		检测已测段高差之差	往返测不符值	附合路线或环线闭合差	左右路线高差不符值
≤2.0	≤4.0	$12\sqrt{R_i}$	$8\sqrt{K}$	$8\sqrt{L}$	$4\sqrt{K}$

注:K 为测段水准路线长度,L 为附合或环线的水准路线长度,R_i 为检测测段长度,单位均为 km。

2. 结点之间或结点与高级点之间,水准路线的长度应不大于表 11-2-18 中规定的 0.7 倍。CPⅢ高程网精密水准测量测站的主要技术要求,应符合表 11-2-20 的规定。

表 11-2-20 CPⅢ高程网精密水准测量测站的主要技术标准

前后视距差(m)	视线高度(m)	两次读数之差(mm)	两次读数所测高差之差(mm)
≤±2	≥0.3	≤±0.5	≤±0.7

3. 在下列情况下,CPⅢ高程网的外业观测值应部分或全部重测:

(1)当 CPⅢ高程网水准测量的测站数据质量超过表 11-2-19 的要求时,该站应该重测;

(2)当 CPⅢ高程网水准路线的限差超过表 11-2-18 的要求时,该段水准路线应该重测;

(3)当根据闭合环计算的每千米水准测量偶然中误差超限时,首先对闭合差较大的闭合路线进行重测,重测后 M_{Δ} 仍超限,需重测整个 CPⅢ高程网;

(4)CPⅢ高程复测的精度指标应与竣工测量时相同。约束平差后两次测量 CPⅢ点高程的较差和相邻点的高差较差,应不大于规范限差要求,否则需要复测或补测 CPⅢ高程网。

（二）数据处理

CPⅢ高程网外业观测成果的质量评定与检核内容应包括测站数据检核和水准路线数据检核。CPⅢ高程网内业平差计算和基础控制资料的选用，应满足下列原则：

（1）CPⅢ高程网水准测量的外业观测数据全部合格后，方可进行内业平差计算，数据计算取位见表11-2-21。

表11-2-21　精密水准测量计算取位

视距总和(km)	视距中数(km)	测站高差(mm)	高差总和(mm)	高差中数(mm)	高程(mm)
0.01	0.1	0.01	0.01	0.1	0.1

（2）CPⅢ高程网以稳定的线路水准基点高程为起算数据，采用固定数据平差。

CPⅢ高程网复测的数据处理，若受软件限制需要分段平差时，可以重叠一段附合水准路线，即两次平差的重叠段有2个固定的线路水准基点，分段平差后比较重叠段的CPⅢ高程值，若高程差值小于0.1 mm，可采用两段的平均值，若有高程差值大于0.1 mm的点，则从该点开始采用后一段的平差结果。

（三）成果要求

复测平差后相邻CPⅢ点高差的验后中误差应不大于±0.5 mm，CPⅢ点高程验后中误差应不大于±1 mm，满足要求的复测成果才能进行CPⅢ控制点的稳定性判断。

按照《高速铁路工程测量规范》规定，CPⅢ高程网复测的点位高程与原有成果的高程较差应小于等于±3 mm，复测的相邻点高差与原有成果的较差应小于等于±2 mm。相邻点高差较差计算式为：

$$\Delta H_{ij}=(H_j-H_i)_{复测}-(H_j-H_i)_{原有}$$

高程或高差较差超限时应结合线下工程结构和沉降评估结论辅助分析，并根据情况采取补测或重测措施。

五、控制点稳定性判断

控制网复测后，测量数据处理按常规方法应与建网时一样，而且需要采用相同的高速铁路专用的数据处理软件进行平差计算。但高速铁路运营期控制网复测已与建设期建网时有很大差异，此时各级控制网已经建好，无需再像建设期一样分期分段施测。因此控制网数据处理可以采用整体平差。为提高控制点的精度，减少原始数据误差的影响，各级控制网可以采用软约束的平差方法，不必再采用约束网平差了。

运营期控制网复测的目的主要是检查控制点的稳定性，因此控制网复测的平差基准应与竣工验收时一样。通过平差后的控制点坐标结果对比只能进行控制点稳定性的初步分析。当控制点坐标较差超限时，要进一步判断控制点是否稳定，需运用测量误差理论、数理统计及假设检验、测量可靠性理论等基础知识，运用多种数据处理技术和经验，才能在一定的概率水平下作出判断。若仅靠控制点平差后的坐标较差超限来确定其稳定性，这是非常不可靠的。

在区域性地面沉降显著地区的高速铁路，高程控制网平差基准的稳定性显得尤为重要。目前高速铁路在施工过程中，水准点埋设要求基本一致，通常由基岩点、深埋水准点、普通水准点组成。基岩点为每100 km左右设置一座，深埋水准点为每5～10 km布设一个，普通水准点为每2 km布设一个。在较大范围内存在区域性地面沉降地段，高程控制网复测的数据处理可采用整体与局部相结合的方式，即在整体性大范围的地表沉降区域，采用基岩点或个别深埋水准点作为高程基准，通过整体平差来分析高速铁路线路沿线沉降情况。当基岩点或深埋水准点间距较大时，这种方式会使局部地段的水准点高程精度降低。为此，在局部范围内可根据以前的复测资料选择较稳定的普通水准点作为基准进行平差计算。水准点的稳定性判断既要考虑复测后高程值的变化，更重要的是要考虑沿线相邻水准点高差的变化。

为此，当超限补测后的控制点坐标或高程与原来的结果比较仍超过规范的限差要求时，需运用测量可靠性理论和数理统计方法，结合线下工程结构和沉降评估结论进行分析，以判断控制点是否存在位移或沉降等变形。在确认复测数据正确，并在其他的辅助测量手段证实控制点变形后方可修正补测控制点的坐标或高程值。

思考题

1. 高速铁路工程测量平面控制网分为哪几级？
2. 精测网复测周期是如何规定的？
3. CP0 框架网复测有何要求？
4. 导线复测洞内 CPⅡ网时有何要求？
5. CPⅢ控制点复测应满足哪些技术要求？
6. 在什么情况下，CPⅢ高程网的外业观测值应部分或全部重测？

参考文献

[1] 高速铁路工务安全规则(试行). 北京：中国铁道出版社，2014.

[2] 高速铁路有砟轨道线路维修规则(试行). 北京：中国铁道出版社，2013.

[3] 高速铁路无砟轨道线路维修规则(试行). 北京：中国铁道出版社，2012.

[4] 中国铁路总公司．中国高速铁路工务技术(上、中、下). 北京：中国铁道出版社，2014.

[5] 中国铁路总公司．铁路营业线施工安全管理办法．北京：中国铁道出版社，2012.

[6] 铁道部劳动和卫生司，铁道部运输局．高速铁路线路维修岗位．北京：中国铁道出版社，2012.

[7] 铁道部工程管理中心．客运专线铁路扣件系统安装技术手册．北京：中国铁道出版社，2009.